游　历　古　文　明

TREASURES of GREECE

希腊的瑰宝

[意]斯特凡诺·马吉(Stefano Maggi)著　孙超群 译

華中科技大學出版社
http://www.hustp.com
中国·武汉

有书至美
BOOK & BEAUTY

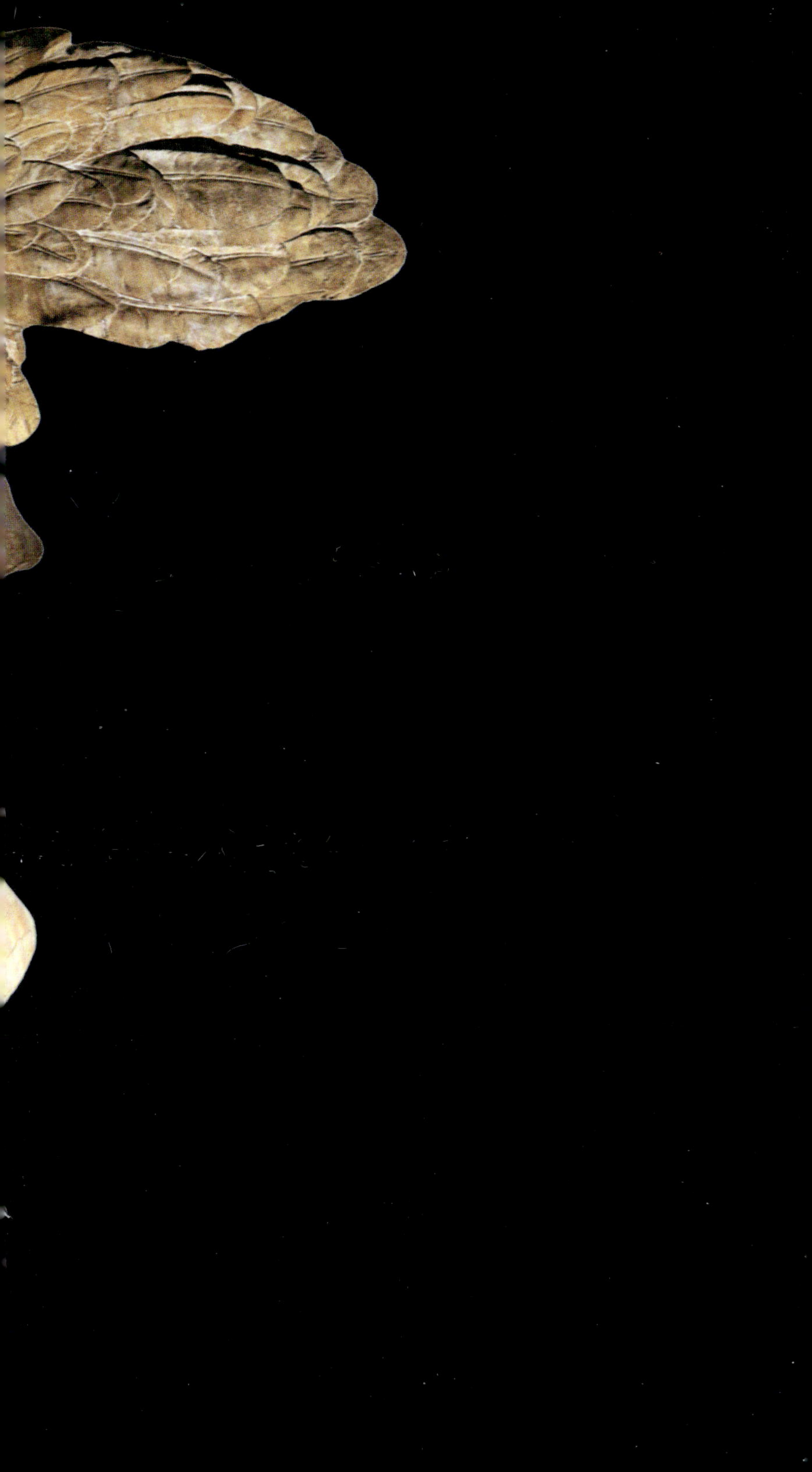

马其顿
色雷斯
腓力比
卡法拉
安菲波利斯
佩拉
萨洛尼卡
哈尔基迪基
塔索斯
萨莫特种族
阿索斯山
莱姆诺斯
塞萨利
埃皮鲁斯
麦泰奥拉
卡兰巴卡
多多纳
沃洛斯
伊古曼尼察
克基拉
科索普
阿尔塔
勒斯波斯
爱琴海
尤博亚
莱夫卡斯岛
色莫斯
德尔斐
埃莱特里亚
开俄斯
奥洛普斯
底比斯
佩特雷
塞法罗尼亚
雅典
阿提卡
伯罗奔尼撒
扎金索斯岛
奥林匹亚
迈锡尼
阿尔戈斯
梯林斯
埃皮达鲁斯
纳夫普利翁
伊卡里亚
迈加洛波利斯
纳克索斯
米斯特拉斯
卡拉玛塔
斯巴达
皮洛斯
帕罗斯
伊奥尼亚海
莫南瓦西亚
米洛斯
圣托里尼
伊拉克利翁
马利亚
克诺索斯
克里特
圣特里亚达
戈尔尼亚
菲斯托斯
卡托扎克罗斯
哥提那
地中海

目录

P7左图：阿尔忒弥斯神庙的宙斯或波塞冬，严谨时期的青铜雕像

P7中图：赫拉克勒斯，来自奥林匹亚的宙斯神庙柱间壁

P7右图：希腊化时期青铜喷口瓶的手柄，发现于维尔吉纳

阅读说明

为方便游览参考，本书将希腊在地理上大致划分为：雅典及周边、阿提卡地区、伯罗奔尼撒半岛、希腊大陆和其他群岛。其中群岛部分按从北到南的顺序进一步划分伊奥尼亚群岛、东爱琴海群岛、多德卡尼斯群岛、基克拉泽斯群岛和克里特岛。具体景点根据其在游览线路中的位置顺序进行描述，线路则由特别的颜色标出。

以下示例的意思分别是：

古典景观

拜占庭文化景观

要塞

补充的景观和线路（在每个章节的介绍部分提及但并未做展开描述的）使用同样的示例来区分，用正常的颜色。

概述

古希腊与我们

对研究古代地中海世界的学者们来说，希腊以其源远流长的历史、艺术与传统浸润着西方文明的起源，因此堪称理解现代世界的立足点。

但倘若抛开这一立场，探寻古代希腊与当下的我们有何关系，这是否是一个有意义的问题？我们与“它们”之间的距离是否遥不可及？此处存在着一种真实抑或虚幻的联结吗？单就考古和艺术领域来讲必须承认，希腊文化遗产的大众化参观方式不可避免地降低了我们的欣赏能力，在缺乏足够背景信息的情况下更是如此。

成千上万的文物遗迹在发掘之后被迁离了它们原本所处的空间，被送去博物馆或者在地震中侥幸逃脱后重建，又或者还能够留在原处（比如仍然保留着碑文，在原处和原基座上的雕像），但无论哪种情况，文物都已经失去了它们原本的功用意义。这些遗迹被良好有序地组织和保护起来，当然这是博物馆该做的，结果就变成人们只能通过“注视”的方式来参观遗迹——最好是保持距离的安静凝视。本质上，此时参观者的审美体验与主观判断已经受到了形式的干扰，毕竟这种呈现的模式绝非遗迹最初的制作者们所想——无论是一栋建筑、一座雕像、一幅肖像或者一个花瓶，所有这些在诞生之初都有其独特的功用设计。人们也许会说这种“博物馆式”的欣赏方式是一种再常见不过的“现代”方式，文物被从它们原本的环境中剥离，即便环境本身仍然存在。同时，古希腊遗迹无可争议的魅力吸引着蜂拥而至的旅行者——或是大型的团体，或是小型的队伍，甚至是一个人，到此进行心中的“文化参观”和“体验之旅”。在宣传册的一贯口吻中，伯罗奔尼撒半岛代表着“简约纯朴的生活，阳光灿烂的风景，绿色宁静的自然”，而艺术则一定是“古典时期和拜占庭时期的艺术，还流露着一丝威尼斯风味和土耳其色彩”。只是所有这些精彩的描写在堆砌之后难免流于陈词滥调，而参观者的感受最终还是被“工业化”地操纵了。我们不得不沮丧地承认，旅游业将其本来想要宣扬的价值变得索然无味，并以散失告终。

诚然，一趟短途旅行无法使背景文化大相径庭的旅行者获得对于希腊古代生活的全方位感受，但仍然存在某些可能让旅行者更加熟悉目的地的自然、艺术和历史，也就是“微观”的旅行导览：保存完好

P9：猎狮；迈锡尼匕首上的金银装饰

的麦西尼亚，田园牧歌的阿卡迪亚，山野壮观的拉科尼亚，神圣庄严的埃利斯以及物产富饶的阿哈伊亚。历史知识的储备能够更好地提升旅行的文化价值，站在历史的角度思考，是更充分的理解过去和体验当下的关键所在。因此在这种信念的驱使下，本书将带读者们以“地质学”的方式去参观雅典的古老卫城和集市，去瞻仰德尔斐古城的阿波罗神庙，去探寻麦泰奥拉的修道院，去感受奥林匹亚古城的宙斯神殿。虽然参观者们总觉得自己看到的是遗迹原始的面貌，但事实上历史原本的模样从未如此。分属于不同时期，甚至是跨越几个世纪的遗迹而今摆放在一起，显得如此不真实。有些建筑上的历史信息已经无迹可寻，有些仅仅剩下底座。但无论哪种情况，我们都极难感受到最初完整的建筑能够带来的震撼。如果缺乏足够的背景信息，我们如何保证自己对这些名胜古迹的探访，不致沦为仅仅是在贴满名称日期标签的废墟间漫步？理解一处古迹的意义在于从历史的角度看待它，换言之，就是综合考虑它从最初建造到最终毁灭的历史。古迹的参观指南如果想要真正对读者们有用，就应该遵循以下原则：指出应该注意的东西，并在宏大的历史时期内给予其精确的定位。因此指南应该力图提供丰富的信息和更新及时的景观照片，无论是简单的或复杂的，目的是能够反映一些相关的历史事件和发掘以来的物理环境。对于博物馆里难以计数的展品都给出足够的信息显然是非常难的，但信息的缺乏仍会导致展品意义的缺失。展品的魅力能够激起参观者的热情，但其本身作为历史记录的意义却减弱了，在脱离发掘环境被单独展出的情况下更容易如此。为展品提供最大程度的历史信息，在以往只有一些非常专业的博物馆可以做到；而今越来越多的博物馆也正在向这一方向靠拢，展品旁边通常可以看到讲解牌来提供长长的信息。

为方便读者们对古希腊历史和艺术有更加清楚的了解，根据不同的主题和艺术家，我们还另外增添了一些有重要意义的内容。

克里斯蒂娜·特罗索

斯特凡诺·马吉

希腊艺术

从新石器时代到铜器时代

回顾最初的岁月，希腊人于公元前2000年前后来到希腊地区和伯罗奔尼撒半岛。希腊东部的塞萨利地区发掘出很多新石器时代的遗迹，主要来自塞斯克洛（Sesklo）文化和迪米尼（Dimini）文化两个时期。在这一阶段早期，陶器以黑或红的单色为特征，并饰以有主题的花纹；部落定居建筑的方形石头房屋逐渐取代了之前简陋的圆棚屋；小型泥偶上出现了最早的雕刻手法。

在第二阶段，也就是公元前2000年早期，房屋建筑中开始出现中央大厅（megaron）的设计，金属制造工艺从东方传入开始逐渐散播。在青铜时代第三期早期（公元前2600—前2000年）的漫长时间里，陶器也慢慢进化，总的来说那时金属制品仍然非常稀少（主要是长矛的头部和短剑）。基克拉泽斯群岛（Cyclades）因一种非常独特大理石人偶而闻名，其几何外形与塞斯克洛和迪米尼出土的自然主义人偶非常不同。在这一时期晚些时候（古米诺安文明二期，公元前2500—前2200年），克里特人持续进化着并表现出丰富活跃的创造力，米诺安文明还远及埃及、叙利亚以及美索不达米亚平原的其他大城。米诺安艺术（古米诺安文明三期和中期米诺安文明一期）的传扬也标志着古代城市建设的开始（“前宫殿文明”时期）。

在丰富的形式和多变的色彩装饰中，陶器展现出最初的艺术萌芽：想象力，自由创造以及对于线条和色彩的品位【卡马雷斯（Kamares）风格】。

在“宫殿文明”时期，也就是中期米诺安文明一到三期和晚期米诺安文明一期，一种原生态文明逐渐在岛上发展起来并在希腊历史上留下深刻印记。最明显的风格表达是在建筑上，也就是所谓的宫殿或者称为大型住宅（以及内部装饰画）。虽然古希腊在建筑方面与埃及和东方有过接触和交流，但这些宫殿的建筑理念却并非汲取自那些更古老的传统，而是表现出清晰的原创性：将本地区地理条件的特性纳入考虑之中，使宫殿各不相同的部分都围绕着中庭来建设。因此各个房屋半径并不统一，对称和轴线的原则也不适用。同样，宫殿内部没有连通的路径（例如围柱式走廊），各部分的形制排列几乎可称作“夸张”或者“无政府性”（比如迷宫就是很具象征性的代表）。另外，宫殿建造对于周边地势也给予了很多关注，以便能使建筑较好地融入风景中。

这类建筑力图避免大而空旷的内部空间，选择有限但安排合理的设计，获得了有景深的视角。建筑之间多有开孔，利用门窗的光影效果连接不同的区域。整个宫殿用丰富精致的绘画艺术来装点。一些类似于意大利文艺复兴时期

P10：基克拉泽斯雕像头部，来自安迪帕罗斯

P11：浮雕金叶杯，受米诺安文化影响的迈锡尼作品

的壁画，根据不同的风格主题绘制在宫殿的不同区域。大自然是这些壁画中的流行主题：超现实的风景和真实的动物令人联想起欢乐的乡村生活。绘画形象通常是平面彩绘的，没有浮雕装饰。米诺安文化的雕塑着重于形象刻画，对雕塑体积没有更深入的研究，因此雕塑物品通常较小。壁画所表达的设计风格在米诺安陶器上也有体现，尤其是同样风格的植物。因此我们可以推知，在公元前2000年伊始希腊人初到此地，这里仍是新石器时代的生活特征，即便受到些许来自东方的影响。直到前17世纪晚期和前16世纪早期（中期青铜文化三期），希腊铜器文化时代开始通过基克拉泽斯人受到米诺安艺术风格的影响。

米诺安元素构成了迈锡尼艺术的基础，当然还有不可或缺的自叙利亚、腓尼基、安纳托利亚和埃及地区的贡献。起初，阿尔戈利斯（Argolis）和科林斯（Corinth）地区在这种新的文明发展历程中发挥了重大作用，组织良好的城镇建立起来，当时的墓地也展示出辉煌的财富和艺术文化。普通城镇与贵族住宅既有区分也有连接，但贵族住宅通常被坚固的防御工事墙包围着（始于公元前1450年前后）。这些建筑体现了等级分明的观念，以中央大厅为中心，布局更灵活和离散，明显不同于米诺安文化特点。墓葬出现于公元前16世纪末和前15世纪。公元前14世纪末，迈锡尼的丧葬文化出现了更多标志性建筑，比如瑟罗斯（圆形）墓穴。

我们很难在装饰艺术（雕塑、珠宝等）中分辨出哪些是独创性的元素，但秩序、纪律和理性是迈锡尼人最明显的秉性特征，正如标志着迈锡尼美学的图式化和形式简化一样。克里特岛的绘画风格也有了显著的发展并完好地延续了下来。许多陶器的绘制灵感来源于米诺安艺术，特别是自然主义的主题。然而，这些艺术形式逐渐变得更加精确和规范，更加几何化。

希腊艺术的诞生

相比于更早时期的其他艺术文化（美索不达米亚文明、亚述文明、埃及文明等），希腊艺术无疑被视为“新事物”。然而，它与青铜时代出现在克里特岛的艺术有着千丝万缕的联系，并在迈锡尼时期传播到希腊大陆（和其他地方）。从这一时期到更严格意义上的希腊文化的转变，经历了亚迈锡尼（Sub-Mycenaean）和原几何陶（Proto-Geometric）阶段，这在文明历史上是非常关键的一个时点，必须从多个方面来研究：除了艺术之外，还应涉及民族起源、人口迁徙、语言、宗教等方面。

迈锡尼世界的危机也导致了爱琴海地区（公元前2000年末）的文化衰落。原几何陶时代的陶器标志着地区文明的逐渐恢复，例如花瓶的形状曾经从米诺

P12和P13：献给女神的祭品细节图，来自克诺索斯的壁画

安-迈锡尼时期的60多种减少到了只剩大约12种，后来又上升到了17种（即便包括一些从迈锡尼文明晚期借鉴的样式）。但在装饰艺术方面，希腊艺术出现独立的迹象，自然主义的几何形式出现了下降趋势（将自然形式进行抽象的概念化），回归有机统一的整体设计感迅速萌发。花瓶的装饰进行精确的设计，确保与花瓶的结构相匹配，瓶身表面用整个覆盖着珍贵闪光的“贝壳”。在阿提卡地区，尤其是在雅典，发掘的大量陶器是在陶轮上制成的，能由一种特殊的“油彩”来区别，烧制后会变成棕色或光泽的黑色。在原几何陶阶段（约公元前10世纪），雅典是迈锡尼文明中唯一没有被多利安人摧毁的要塞，城市历史的延续性使其成了一个奇妙的观察路径，即从一种文化到另一种文化的过渡。事实证明，雅典传播装饰艺术的能力是巨大的，随着该城的产品在爱琴海各地进行交易，其艺术风格被各地纷纷效仿。

几何陶时期（公元前900—前700年）

在这一时期，花瓶的结构变得更加复杂、和谐和纤细。安法拉双耳罐（Amphora）和喷口瓶（crater）的体积开始变大，成为标志性的墓葬物。更成熟的装饰感逐渐脱离了单纯的黑色油彩，越来越多的图案装饰带加入进来（被织物的灵感所启发），如生动的各种人和动物形象（人、马、鹿、鸟等）。公元前8世纪中叶，精心设计的场景式图案开始出现。这个时期的杰作之一是迪皮隆工匠制作的安法拉罐，装饰图案展示了死者躺在他的葬礼床上，周围环绕着哀悼者（现存雅典，国家考古博物馆）。常见的主题还有战车和骑马士兵的游行、决斗和海上场景（包括沉船）。

神话主题的描绘（海伦和帕里斯，赫拉克勒斯的十二项功绩等）无疑是出现在几何陶晚期（公元前760—前700年）：人类的形象变得更真实，四肢更清晰，头脸部细节更多。动物形象也更加丰富起来。这种对抽象几何化的“逃离”最终使艺术风格产生了松动，仿佛对严格的形制不再容忍，迫切需要一种新的表达和叙述方式。

雅典日益壮大，科林斯也逐渐发展成为一个贸易中心，出产的陶器在贸易市场中以技术精湛和形式优雅而闻名。随着腓尼基人发挥的重要作用，希腊与地中海和东方文明的交流日密（公元前8世纪的最后几十年）。东方式的造型（动物形象，怪物以及花纹）在公元前7世纪上半叶流行起来，因其高度的装饰性逐渐成为科林斯花瓶的理想选择，体积一般较小。该世纪中叶，装饰图案开始具备更多叙事风格性，如著名的基吉的奥帕壶（olpe）被创作出来。迷你优雅，活泼生动的叙事图案与出色的色彩运用结合起来（科林斯和附近的锡西翁是最古老的绘画艺术的摇篮）。在神殿遗址内发现的一些小规模的黏土制成的装饰陶器【佩拉霍拉（Perachora）的赫拉神庙，阿尔戈斯的赫拉神庙等】让我们得以一窥这个时代的神圣建筑该有的模样。虽然到这个时期仍未出现那些不朽的雕像，但人和动物的形象描绘，尤其是马匹，其形式已经越来越生动了。

东方化时期（公元前7世纪）

尽管不同东部地区（亚述人、伊朗人、乌拉提人、赫人、利甸人、腓尼基人、埃及人等）的影响差别巨大，“东方化”风格还是在整个希腊世界传播开来。例如在阿提卡，几何陶风格顽强抗衡了一段时间，但当风格转换最终完成时，新的艺术带着奔涌的戏剧性的叙事力量冲上历史舞台。城邦的结构在公元前7世纪也发生了变化，商人作为新的社会阶层获得了权力，城市生活变得更具开放性。神殿沿着贸易大发展的轨迹雨后春笋般涌现，殿内的各种祭品也层出不穷。如此巨大的变化是历史发展中的新景象，但也因此很难精确界定其文化分期。雅典，忠实于其艺术理想，继续诞生了越来越多的装饰着有机形象的艺术花瓶，复杂的创意性得到发展。一些创新的艺术家登上历史舞台（例如棋盘图案画工、安那拉托斯画工、波里菲莫斯画工），通过更广泛地使用轮廓线与裸露的陶坯形成对比，同时也引入雕刻技艺使黑色“油彩”内部的细节更丰富。其他色彩也开始在陶器中使用（最重要的是白色和紫色）。源自东方的新造型和装饰图案丰富了城市作坊的产品，表现神话的场景也应用得更加广泛，在这一时期的图案特点强调叙事性，通过人物的身体和精神形态来表达。到公元前7世纪末，东方化艺术战胜了科林斯艺术，虽然后者一度曾主导陶器市场，但从装饰性角度看欠缺精致，更加平凡。

东方化时期也是纪念性雕塑开始出现的时期，即“代达罗斯式”的。传说中的代达罗斯（Daedalus）是第一个鲜活的人类形象（和谐地放置在空间之中，避免了初始的僵硬姿态）的创造者。神话传说将此人与米诺安-迈锡尼世界（迷宫）联系在一起，“代达罗斯式”（daidàllein）的艺术代表着“工艺的精巧”和“装饰性”，表明完全参与了东方化的趋势。代达罗斯雕塑逐渐取代了米诺安-迈锡尼时期的微小造型（miniaturist）和几何陶的形式，它的特点是身体的结构越来越有机灵活，拥有三角形脸庞和凸出的眼睛、大耳朵、小卷发型，类似于埃及风格（klaft）。当然这种造型仍然有抽象的风格，将身体结构各部分机械性地放大拼接。古风时期的雕塑家对人类相貌的兴趣有限，

P15：几何陶时期的安法拉罐，来自雅典迪皮隆墓地

而是努力寻求在空间中建构理想的人体模型。无论是人类还是神灵，男立像（kouros）都是裸体的。因此，不仅对代表人类的“典型”人体进行了探索，也适用于可拟人化的神圣形象的塑造原则。另一方面，女立像（korai）虽有着装但并没有太明显区别，有些刻有相关捐献者铭文。

雕塑在公元前6世纪打破了静态的僵化姿势，不同风格在多利克和伊奥尼亚雕塑中发展。多利克风格中的人物是通过分解主视图的平面（前面、两个侧面、背面）来创造的，这些平面是以略显笨拙的形式组合在一起，使雕像呈块状。而伊奥尼亚风格对四个基本平面进行了重构，消除了所有的尖锐角度，软化了相交点，从而达到了一种圆润的形态。当雕塑家试图为重要的细节如眼睛和嘴巴创造层次深度时，他们将用原本适用于刚性平面的办法来修饰面部，其结果就是出现了被称为“古风式微笑”的典型外观。

尽管如此，这种表情并不是为了表现平静的仁慈或神奇的内在活力，更简单的原因是雕塑家们运用了在平面上构造图像的方法，而没有真正驾驭三维空间的概念。需要再次指出的是，虽然克里特岛文明在某种程度上标志着古风雕像的诞生，但在公元前6世纪初，最终由雅典通过其巨大的创造力在这一领域取得了卓越的成就（例如国家考古博物馆的苏尼翁男立像）。这些作品反映了这个时期最具控制力的雕塑家描绘的裸体男性形象。

公元前7至前6世纪，庙宇结构的发展经历了缓慢的过程。希腊风格的基础性创造之一就是为人格化的神建造“家园”，即神庙。经过广泛的技术和结构试验，神庙的规范形式终于在公元前6世纪基本建立起来。早期主要是用石柱和用粗砖块搭成的高耸的平台，整个结构都是用石头建造的。慢慢地，简单的庙宇进化到由前廊（pronaos）引入内殿（naos），稍后又有将建筑包围在内的围柱（peristasis）。木支撑结构被石头取代，最后被柱子取代，平顶也变为斜顶。在原本只有一根中间支撑立柱的内殿逐渐出现了靠近边墙的柱子，以不遮挡神像雕塑的展示。整个狭长的内殿比例也变得更加合适。

柱列的出现重新定义了建筑的意义，并在日后成为现代欧洲建筑的基础形式。在多利克风格中，庙宇通常是自由的建造在环境中的一个封闭结构。初期建筑整体比较狭长，后来不断拓宽变短，在公元前6世纪特别是前5世纪，达到了平衡的4∶9的矩形比例。如果以N作为前后两个宽边的柱子数目，则长边

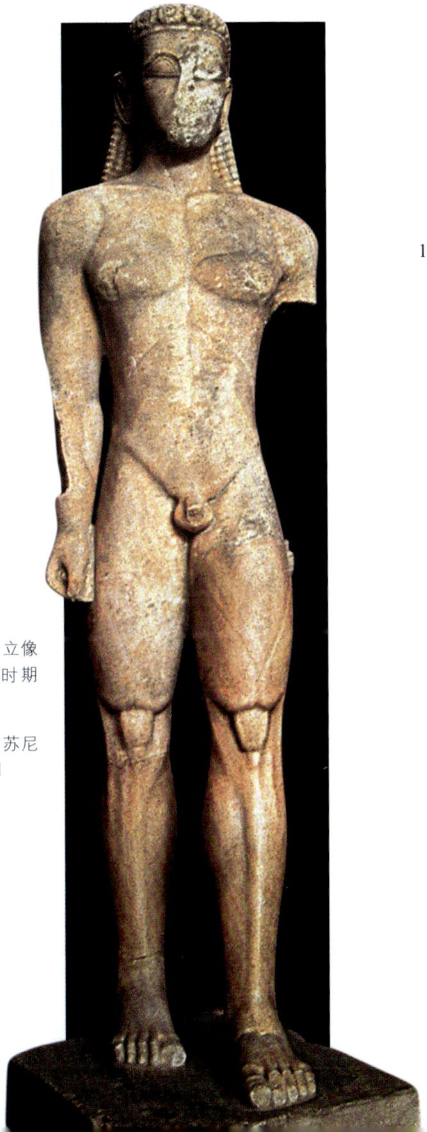

P16：迪皮隆男立像局部，东方化时期雕塑

P17：男立像，苏尼翁角，古风时期

的柱子数目为2N+1，长边的柱子数目决定了庙宇是四柱式（4）、六柱式（6）或八柱式（8）。柱的排列指明了庙宇是绕柱式（四面都有一排柱子）、前柱式（前柱只在前面）还是双面柱式（只在两个短边各有一排柱子）。这些定义也适用于其他形式。就建筑平面而言，一座神庙通常包括围柱、神庙本身和环绕神庙的部分，神庙本身指前廊（神庙的前庭）和内殿（放置神像的地方，因此也是神灵的居所），有时会有密室（内殿的后面部分，有时会从内殿中分离出来用作特殊的仪式）。至于伊奥尼亚神庙的平面设计从一开始就把重点放在主立面上，这是由内殿靠后的位置和门廊的深度所决定的。双翼排列（两边有两行柱子）赋予了建筑纪念性宏伟风格。柱式的形制规则（orders）对于多利克式柱间壁雕塑和伊奥尼亚式雕带，以及两者山墙的形式都有着精确的要求（包括山尖形装饰和其他装饰）。这种围绕定义明确的问题（以及范围狭窄的主题）进行的严格集中的研究促进了逻辑和结构的精确化，逐渐发展为普遍适用的解决方案。

最棘手的问题无疑是三角形山墙区域的装饰。早期使用的黏土绘制（紧接着是石头浅浮雕、高浮雕，到公元前6世纪下半叶为全浮雕）反映了对人物叙事的追求和逐步完成（与特定的崇拜神有关）。这种叙事在非常有限的空间中以尽可能结构化的方式完成。工匠们最初尝试了一些辟邪的动物和怪物，这些动物和怪物的身体非常适合填充倾斜的角落，然后逐渐出现神话情节发展，叙事情节更统一完整。因此，雕塑中的形象开始

P18和P19：建筑形式的图示。从左至右：多利克式，伊奥尼亚式，科林斯横梁式柱顶盘和柱体

缩小，对于布局的认真研究避免了比例失调的问题。死者的形象或其他人格化的形象被用来填补狭窄的角落空间，将雕塑主题和技法完美地结合在一起。

多利克式额枋的装饰则要简单得多：从赤陶向大理石过渡的过程中，装饰形象通过浓缩的方式构成一个图形母题并填充四边形区域，虽然一般比三角形区域大，但也因此“更容易”解决。最流行的方式是利用一些成对出现的形象，不仅在数量上能够做到平行，也很容易在一个侧面进行协调。后来装饰形象系统引入到伊奥尼亚雕带中，在公元前6世纪下半叶应用于泛希腊式神殿中，类似德尔斐的神殿样式，以及克尼杜斯和斯弗诺斯的宝库（thesauros）。伊奥尼亚式建筑中的装饰技法问题与多利克雕带不同，因为需要一个统一的形象组合，而且呈纵向排列。这种有机形式在雅典卫城有非常明显的例子，而不仅仅是表现在伊奥尼亚式建筑上（如帕特农神庙）。

古风时期（公元前600—前480年）

这一时期发生了巨大的社会变革，特别是工匠人数的增加提高了生产力，反过来又使得财富创造更有活力，生活条件更加改善。城市的政治秩序也发生了变化，僭主政治确立。在日益提高的工艺技术支持下（虽然不同的地方水平不完全相同），艺术和文化的传播相当广泛。每个城市对自身可以获取的材料进行研究利用，技术得到了进一步完善。因此，不同城市的学校和商店擅长不同的加工工艺（青铜、大理石和赤陶等）。艺术家们也开始在作品上留下姓名。森严的艺术门槛消除了，特别是在雕塑领域，艺术家变得更加自由灵活，能够进行密集的经验交流。

当时雅典的艺术领军人物之一是恩多伊奥斯（Endoios），根据历史传说他是代德罗斯的学生，他在阿提卡地区的伊奥尼亚风格传播上起了举足轻重的作用。公元前6世纪中期，雅典出现了一批真正的杰作，其中包括摩斯克弗洛斯（Moschophoros）或称负牛者、马赛的阿芙洛狄忒（Marseilles Aphrodite）、阮品骑兵（Rampin Horseman）和著名的穿多利克长袍的女立像（雅典国家考古博物馆），以及令人印象深刻的女立像系列，来自公元前6世纪下半叶，清楚地显示出伊奥尼亚风格的影响。这种影响带给阿提卡以优雅的风度，同时带有新的纪念性风格。在安特诺尔（Antenor）的作品中有充分的表达，他雕刻了德尔斐阿波罗神庙饰带和第一批“刺杀僭主者”（Tyrannicides）群雕，这批作品被薛西斯偷走，后由克里蒂乌斯（Critius）和内西奥特斯（Nesiotes）进行了再加工。

到了公元前6世纪中叶，随着科林斯陶器的迅速衰落，阿提卡陶器上升到了技艺和审美风格的最高水平，并传遍地

中海各地。花瓶样式、黑绘陶和雕刻技术都更加完善，并发展出一种清晰的叙述语言（也包括对科林斯陶器的模仿和重新诠释）。阿提卡的产品最终占领了国际市场，在这一领域，艺术家们（陶工和花瓶画家）也习惯于这样在作品上留下自己的名字。因此，我们得以熟悉这些大师的名字，比如克雷提亚斯（Kleitias），他在公元前570年前后制造了一系列精美的喷口瓶；以及索菲罗斯（Sophilos）、尼亚乔斯（Nearchos）、林多斯（Lydos）和阿马西斯（Amasis）等画工，阿马西斯是庇西特拉图统治时期极多产的人物之一。除了英雄主义风格外，克雷提亚斯也进行平静的现实主义描绘，表现家庭场景和神话中狄俄尼索斯有关的场景。该时期最伟大的雕塑家当属埃克塞基亚斯（Exekias），活跃于公元前550年到前530年前后，热爱塑造充满尊严和同情的不朽人物风格，人物的动作较多，通过精细的刻纹来实现流畅的线条。公元前530年前后的瓶饰画工安多基德（Andokides）工作坊中装饰花瓶的技巧是完全不同的。他把人物形象绘制在红色的黏土背景上，用细细的线条、更流畅的笔触，以及白色、紫色和绿色等来丰富内部细节，然后把剩余区域涂成黑色。因此，这种方法超越了黑色背景和刻纹细节的素描效果，向更明显的图像效果发展。

除了大花瓶，基利克斯陶盘艺术也有了显著的发展。到了公元前6世纪末，奥尔托斯和埃皮克托斯（Oltos and Epiktetos）因盘子上的装饰绘画和形象绘制的实验性方法而闻名。这种方法将绘画中的透视带到陶器绘制上（很明显在陶器中并未得到体现）。欧弗洛尼奥斯和欧西米德斯（Euphronios and Euthymides）绘制大型花瓶，给人物形象呈现出巨大的空间感。公元前500年前后，又有两位杰出的艺术家出现：克莱夫拉德画家和“柏林画家”。和那个时代的雕塑家们一起，柏林画家给人物引入了一种新的风格，我们称之为严谨时期风格，它超越了古风时期的传统。在公元前5世纪上半叶，波利格诺图斯（和他的同行米孔）的画作中展现出人性化和戏剧化的神话场景，陶器的演变也让我们了解到当时的大师们所遵循的道路。像尼奥彼得画工这样的瓶画家已经掌握了缩略透视的技法，在作品中展示出更复杂的图式和更丰富的深度感，正如几个世纪之后保塞尼亚斯（Pausanias，译注：2世纪时希腊旅行家及地理学家）在作品《希腊志》中关于德尔斐【克尼杜斯人的聚会厅（the Lesche of the Cnidians）】和雅典（彩绘柱廊）所做的描述那样。

严谨时期（公元前480年—前450年）

希波战争持续的年代，古风时期的人物形象开始被更自然的、具备解剖学特征的风格所取代，这导致了“古风式微笑”的衰落（因此出现了一个全新的术语“严谨时期风格”）。和绘画一样，对解剖学的兴趣激发了艺术家们对身体的观察和表现，呈现出精力充沛、简单有机的清晰裸体结构。雕塑人物的着装更加灵动，与身体的结构和运动更加贴合，创造出更自然的效果。阿提卡的大师们在严谨时期的风格，通过克里蒂乌斯公元前480年的作品男青年像（Ephebus，雅典卫城博物馆）得到明确的体现；而理想的女性形象则是卡拉米斯的阿芙洛狄忒·索桑德拉（Aphrodite Sosandra，那不勒斯有一尊复制品），大约公元前465年。在米隆（Myron）的作品中，人物形态更具动感，雕塑的节奏感变得更加复杂。著名的“掷铁饼者”（Discus Thrower），因有众多的古罗马复制品而闻名，展示了运动员即将投掷铁饼，以一个紧张的姿势半蹲的瞬间。毫无疑问的是，这一时期雕塑艺术中最重要的创作是奥林匹亚宙斯神庙山墙的雕塑。这组雕塑通过充满活力的有机裸体和重叠的服饰褶皱来进行大胆的创造，用强烈的缩略透视来使战斗场面更生动。

P21：古风晚期带有绘画痕迹的女立像，来自雅典卫城

全盛古典时期（公元前450—前320年）

在战胜了波斯人的入侵，到亚历山大大帝统治之前的150年里，整个希腊特别是雅典的发展，在艺术上也有明显的体现，这座城市注定要为西方文化和文明奠定基础。雅典的城市规划实验了“规则”城市的概念，城区沿直线设置，经过严格计算的公共区域的布局，公用设施和住宅区合理连接。亚里士多德明确地将“分区的城市”的发明归功于米利都的希波达姆（Hippodamus）。

在雕塑领域出现的两位大师丰富了古典艺术的概念：菲狄亚斯（Phidias）和波利克利图斯（Polyclitus）。前者创新了传统的主题和神话，从而完善了严谨时期的作品，流畅新鲜的艺术语言令人印象深刻，他发明了一种精细和涟漪般的风格。在创作了卫城“雅典娜·普罗马乔斯”（Athena Promachos）之后，菲狄亚斯开始在德尔斐雕刻群像，作为马拉松战役后献给阿波罗的礼物。在帕特农神庙的雕塑工作完成之后，他又为奥林匹亚制作了宙斯巨像。菲狄亚斯还参加了在以弗所（Ephesus）当地阿尔忒弥斯神殿中的亚马逊女战士形象雕刻。雕像阿那杜梅诺斯（Anadoumenos）显示出波利克利图斯在构图上的显著影响。波利克利图斯提出了人体比例的问题，形成了自己有机活力的创作标准——他曾撰文阐述（文章已经遗失），也通过雕塑来表达（持矛者像，Doryphoros）——避开了僵化的痕迹。这一标准认为裸体是纯自然主义的，通过肢体的紧张和放松状态的交错营造了雕塑的节奏感。此外，波利克利图斯还对人体比例进行了详细研究。因此从希腊化后期开始，菲狄亚斯的艺术将因其庄严与脆弱兼具而与最高形式的美感相联系，而受到人们的赞扬，尤其是作品中对诸神的描绘。同时，波利克利图斯以对人类形象的描绘而广受褒奖，提出了经典的《法则》。

菲狄亚斯还有一些门徒的艺术水平有较高的造诣，比如阿戈拉克里托斯（Agorakritos）和阿尔卡门尼斯（Alkamenes）。虽然他们遵循大师的教导，但作品中表现出很强的独创性，前者作品的结构和造型更加充实（莱姆诺斯的复仇女神，宙斯-哈德斯），而后者则选择了部分菲狄亚斯的主题，对雕像以一种真正的古典主义方式来平衡处理。阿尔卡门尼斯的作品包括阿芙洛狄忒，赫尔墨斯·普罗皮拉奥斯，以及雅典集市的阿瑞斯雕像。

对菲狄亚斯的艺术语言的模仿和解释带来了风格主义（mannerist）趋势。例如卡利马库斯（Callimachus）就把“湿”的衣着所提供的人体表现力发挥到了极致，作品如阿芙罗狄特·杰内垂克斯（Aphrodite Genetrix）、雅典娜胜利女神庙中的胜利女神像和斯巴达舞者。帕奥尼奥斯（Paionios）则走得更远，他的著名作品有奥林匹亚的胜利女神，通过衣着的刻画表现出女神温

P23左图：普拉克西特利斯的荷马，来自奥林匹亚

P23右图：波利克利图斯的持矛者像，古罗马复制品

柔又充满活力的姿态。这种后菲狄亚斯的衣着刻画效果，与之前微妙的透明度和令人眼花缭乱的褶皱形成了鲜明对比，并未与衣着之下的躯体产生太多有机的联系，比如提摩修斯（Timotheus）作品，埃皮达鲁斯的阿斯克勒庇俄斯神庙顶部雕塑和“勒达与天鹅”。风格主义对古典风格的改良也体现在公元前5世纪末的陶器中，比如梅迪亚斯画工和埃莱特里亚画工的作品。这些陶器反映了我们只从历史资料中知道的伟大绘画技法：萨摩斯的阿格萨库斯（Agatharcus of Samos）的透视法尝试，阿波罗多罗斯和宙克西斯（Apollodorus and Zeuxis）对明暗对照法的研究，以及帕拉哈修斯（Parrhasius）对“功能”线条的使用（赋予躯体三维的感觉）。

公元前4世纪，古典艺术观念日渐更新，艺术家们开始追求更人性化的外貌和更侧重自然主义的形象，不论是雕塑还是绘

画作品。尽管政治衰落，雅典却再次成为希腊地区最活跃的艺术中心。阿提卡艺术充分发展了其优雅特质，温柔的自然主义、明暗法以及放松的节奏感，最终在普拉克西特利斯（Praxiteles）的作品中实现了古典理想的人性化。普拉克西特利斯的人物处理有一种新的节奏感，重心不平衡因此需要侧面的支撑倾斜，雕像表面的处理也同样进行了创新。裸体变得柔软和充满质感，创造了微妙的阴影，与丰富的衣着明暗或粗糙的树干纹理相抵消。在公元前340年出现了杰作《克尼杜斯的阿芙洛狄忒》（*Cnidian Aphrodite*），另一个作品奥林匹亚的《赫尔墨斯与年幼的狄俄尼索斯》（*Hermes with the Infant Dionysus*）更充分体现了大师的风格：人物头发的效果如此生动，以至于有些评论家认为这是风格主义作品，是属于公元前2世纪时另一位同名艺术家的。在绘画中，画家阿佩利斯（Apelles）体现了同样的创作理想。尽管陶器画逐渐衰落和消失，我们仍然可以了解到绘画的辉煌发展，不仅通过历史资料，还可以通过罗马共和国晚期意大利人的复制品。

菲洛克西诺思（Philoxenos）、阿里斯提德（Aristeides）和尼科马乔斯（Nikomachos）等艺术家对色彩、光影、空间感和人物的心理诠释都给予了高度关注。而斯科帕斯（Scopas）的艺术气质正好相反。他出生于帕洛斯，既吸收了雅典的古典主义概念，又在伯罗奔尼撒学会了波利克利图斯的节奏和布局。然而斯科帕斯还创造了一些新的东西不同于上述两种传统，他夸张地使用色彩表现出强烈的紧张或者痛苦的感觉，如泰吉阿的雅典娜·阿莱亚神庙的山墙雕塑或者著名的“女祭司”（Maenad）。

还有许多其他著名的雕塑家：布莱希斯（Bryaxis），他雕刻了诸神的巨大雕像（Serapides）；莱奥卡雷斯（Leochares），他的名字与哈利卡纳苏斯的摩索拉斯王陵紧密联系在一起，另外还创作了马其顿维吉纳墓穴的象牙肖像。西兰尼昂（Silanion）也是公元前4世纪雕刻半身像的主要艺术家之一，作品柏拉图的半身像以众多的复制品闻名，以及著名的萨蒂罗斯拳击手头像。欧弗拉诺（Euphranor）以对比例的研究而闻名，在作品中引入了更纤细的四肢和身体。他与利西普斯（Lysippus）一道被视为一种新规范的出现。欧弗拉诺也是画家和论文作家。作为锡西翁本土艺术家，利西普斯在公元前328—前325年达到职业生涯顶峰，处于亚历山大大帝时代。他的《刮擦者》（Apoxyomenos，P27，一个运动员在格斗后正在用刮身板清洁自己身上的污垢）表现出精准的艺术眼光：雕塑的姿态复杂，一条腿放松弯曲，躯干线条蜿蜒，右臂前伸仿佛要征服空间。抬起的头、伸长的腿和比例缩短的躯干呈现出上升的节奏，头部比例略小，满头粗糙的卷发，创造出一种新的风格，改变了

P24：舞蹈的女祭司，斯科帕斯古典主义晚期原作的古罗马复制品

波利克利图斯所使用的理性模型。这种新的视觉效果具有高度的空间感和三维运动感。利西普斯为年轻的马其顿统治者亚历山大制作了多尊雕像，资料记录其中一尊亚历山大雕像手握长矛，并制作了若干缩小的版本。马其顿的“亚历山大现象”在历史研究的角度也引起了注意，如今在艺术史中成为考察公元前4世纪艺术风格演变的关键现象，以及这种现象的扩散带来的影响。

宫殿式建筑在马其顿复兴了。这种新的建筑形式传播到希腊世界，其特点是空间组织成了一个清晰而封闭的广场，通常是由柱廊环绕中央空间，房间都被布置在后部。这就是希腊式住宅的建筑准则之一，尤其体现在奥林索斯（Olynthus）和提洛岛，后来又继续向西传播，与意大利传统融合在一起。这也是其他庞大的城市公用建筑所使用的原则，例如体育馆、竞技场（露天运动场）、市集和神殿。这些建筑的原创性体现在将这一形式应用在大型建筑中，将私人和公共建筑结合，赋予了一种新的不朽感。马其顿工匠的独创性还体现在丧葬建筑中。墓穴带有前厅，上覆桶状拱顶结构，装饰着丰富的彩色壁画。绘画与建筑的结合植根于马其顿宫廷绘画艺术的迅猛发展。早在公元前4世纪初，宙克西斯就已经在为阿基洛斯国王服务，而后腓力二世把他带到了首都佩拉。最近在维吉纳的发现，以及在柳卡迪亚（Leucadia）和德米特里亚斯（Demetrias）的发现提供了最接近这些伟大画家的作品，与我们从资料中读到的一样。就像在维吉纳墓中发现的五个小象牙头像中所看到的，栩栩如生的个人肖像概念在腓力二世时代已经完全成熟，因此发生在亚历山大大帝把利西普斯带到他自己的宫廷之前。

希腊化时期（公元前320—前30年）

希腊化时期的雕塑研究通常绕不开两个问题:（1）把这段持续近300年的时期整理成编年史，以及（2）对最著名的政治和文化中心所产生的作品的实体和质量的明确识别。另一个问题是著名的普林尼《自然史》（*XXXIV*，52）中关于公元前296年至前156年所形容的“艺术的死亡”阶段，古代史学家所提供的信息的缺乏。幸运的是，新发现和对现有知识的不断修正使历史框架得到了完善。

这一时期的主要方面是出现了一系列广泛的创新过程，对作品主题的选择和所使用的风格多样性产生了影响。最有意义的创新在于对面部特征的处理；复杂的雕塑群像出现；更密切地关注现实生活（即使是最粗俗的那种），并相应的逃避以往的田园诗风格。

各地风格的多样性和自主性也许是创建统一的编年史时间划分的最大障碍。希腊化时期的匠人们主要是为市民和城市进行建造：神的“居所”本身不再代表城邦的伟大和力量；城市的形象是在本地建筑的基础上形成（无论是公共的还是私人的），也体现在城市的功能上。因此，私人住宅成了人们感兴趣和学习的对象，多柱式房屋（由柱子支撑屋顶）、公民大会会场（ekklesiasteria）和议事厅（bouleuteria）的建筑形式传播更加广泛，剧院、门廊和柱廊成为希腊化时期建筑的基础元素。除了将建筑物更有组织地整合到城市建设中，对城市结构、建筑环境与自

P27：刮擦者。竞技运动员
用刮板清洁身体

P28：米洛斯的阿芙洛狄忒，脸部细节。希腊化时期作品

P29：女性形象，希腊化时期墓葬浮雕

然景观的更具辩证性的关系探讨也逐渐展开。

多维度关系中进行选择的灵活技巧，模块化的解决方案，创造性的用地规划和结构化的基础设施发展起来。新艺术风格的多中心发展也是建筑领域的一个基本特征。在受希腊统治者统治的东方土地上，希腊工匠的作品及其构建的形象化特征被完全改变了，失去了原本的艺术特征。玻璃、镀金玻璃和彩陶首次大量用于手工艺品。更容易获得的金属和宝石矿产导致珠宝的增加，陶器几乎完全消失，取而代之的是由金属模具制作的带浮雕装饰的陶瓷。小件的青铜器和无釉赤陶开始用作家具。

罗马帝国时期

公元前146年，雅典开始失去了自由，公元前86年，罗马独裁者苏拉进攻所造成的破坏以及城邦晚期的混乱，并没有妨碍这座城市仍然在公元前1世纪发挥重要的文化作用。雅典这座最具历史感的古老城市是罗马统治阶级的年轻人去学习和朝圣的目的地。屋大维在成为未来的奥古斯都之前亦曾是学生中的一员。在奥古斯都时期，标志性建筑在雅典的建造表明了罗马中央政府对亚该亚行省的影响，尽管本身的首府并不是雅典，而是科林斯。新集市（或称“罗马集市”）的建造导致了考古的“新发掘”，即罗马人复现他们认为的这座城市的风格特征。“模拟式嵌入”（mimetic insertion）一词已被使用。即使是在卫城中专为罗马和奥古斯都建造的伊奥尼亚圆形外柱廊式庙宇也具备传统的特征，虽然它在某种程度上也是“模拟”式的。这座位于古代集市内的建筑同时也成为文化中心，具有官方的性质，改

变了城市集体生活的表达方式（一种而今的希腊城市不复拥有的集体生活）。

在建筑领域，亚该亚行省，尤其是雅典，在奥古斯都统治时期扮演了重要的和官方的文化角色，该时期罗马统治者选择古典主义作为自身的理想风格。苏拉下台之后，雅典及附近地区经历了一段经济停滞时期，艺术家们不得不为出口商品而工作，甚至被迫移民。其结果是艺术生产的“经济”价值占主导地位，强调“集约化”生产，并由此产生了不可避免的艺术品质的滑坡（即使如此艺术和手工艺质量仍然很高）。专门制作桌子、烛台、花园花瓶和支架及各种类型的装饰性物品的工坊开始专业化，往往掩盖了由于新的历史发展和失去自由而产生的思想真空。然而古典主义在这一时期却扮演了基础性的重要角色：集历史之大成，将伯罗奔尼撒艺术与阿提卡学派融合，创造一个即便是有所折中但也是全球性的希腊艺术视野。这种“文明化”的艺术特点贯穿整个罗马帝国时期，不同于意大利地区和西方，也不同于东方的一些地区——例如埃及有一种“大众”的艺术风格，虽然欣欣向荣但并没有“文明化”。这种明显的

艺术生产水平差异是性质上的，而不是文化背景不同造成的。在罗马帝国中期，由于东方的影响，阿提卡地区的工坊放弃了学院派的古典风格。最大规格的艺术作品是石棺。阿提卡的艺术标准倾向于强调建造和建筑方面，而浮雕上的人物形象在许多情况下摒弃了学院派的风格，表现出充满活力和无拘无束的场景。希腊的其他中心也受到雅典的影响，在独立的罗马行省马其顿产生了一种更开放，更“西方”的艺术风格。

拜占庭艺术

在艺术史上，拜占庭时期很难用精确的时间顺序来定义。君士坦丁堡在4世纪末开始发展出独特的艺术风格并一直延续到1453年，同年土耳其人攻占这座曾经辉煌的城市。然而在这段时间内，要划分阶段并不简单。在希腊东方盛行的保守主义背后有复杂的因素：一个重要的原因是，拜占庭人认为他们是罗马帝国的继承者，并有责任在这个巨变的世界中去保护古老文明；另一个原因是，政治和宗教当局牢牢控制着艺术活动（别忘了拜占庭政权的神权来源），尤其

P30—31：加莱利乌斯拱门细节，塞萨洛尼卡，罗马帝国晚期

是在“打破偶像辩论运动”（iconoclastic heresy，726—843年）后。

尽管如此，我们还是可以确定三个主要时期。（1）拜占庭早期阶段，在查士丁尼大帝统治下达到一个高峰（6世纪中叶）；（2）拜占庭中期，分为两个阶段：（a）马其顿时期（826—1028年）和（b）科穆宁王朝（Comnenian，1081—1185年）；（3）拜占庭晚期，也就是巴列奥略王朝（Paleologian）统治时的“黄金时代”。“打破偶像”危机发生在前两个时期，1204年第四次十字军东征和拉丁帝国征服君士坦丁堡则发生在中后与。无疑，这一时期最重要的表现媒介是马赛克。即使在拜占庭早期，在闪烁的黄金背景上描绘的去立体化风格的人物，也站在古典风格雕像的对立面。自圣保罗时代以来，希腊就有基督教存在。然而即使在拜占庭帝国在君士坦丁堡的统治开始之后，在乡村和城市的文化环境中对新宗教的抵抗仍然存在。

似乎没有一座教堂在5世纪中期以前建立于雅典地区，但基督教社区不断壮大，后来逐渐在以往神殿的位置上开始建立起教堂。尽管受君士坦丁堡、埃及和意大利北部的影响，这些教堂的建

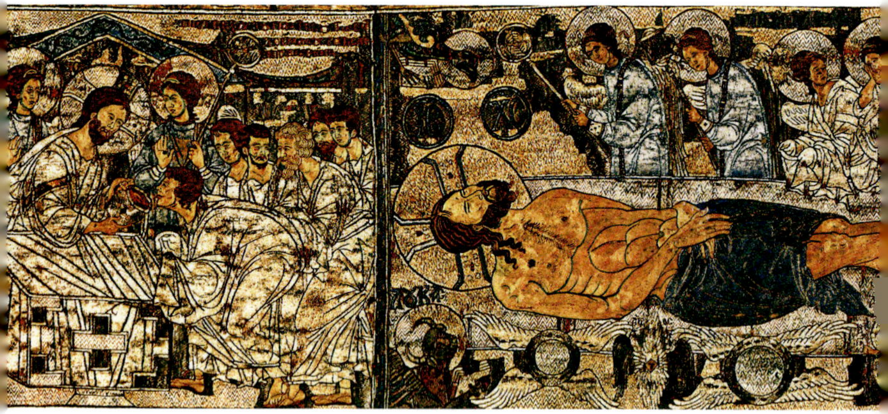

期。尽管帝王和首都的精英是艺术的主要赞助者，特别是在拜占庭中期或“黄金时代”，但主教和行省一级贵族的贡献仍然很大；中、下阶层对个人和家庭装饰品的需求也有决定性的作用。建筑和形象艺术被广泛和有意地用来展示名望、富有和权力，然而拜占庭艺术中最重要的因素是它对宗教思想和实践的参造形式仍是当时少见的。最常用的是巴西利卡大教堂的形式（通常有1个教堂正厅和2个侧廊，有时有4个侧廊，但很少没有）和殉教者纪念堂（martyria），也就是城外的墓地中供奉殉教者和圣徒的地方。建筑平面通常呈十字形，由中央大厅、圆形或八角形核心区域以及上面覆盖的圆顶组成。

巴西利卡的“形式”一般由中庭、前厅（内殿之前的厅）、两侧有廊道的内殿组成。柱子之间由矮栏杆、长老会内殿和神职人员的座位（synthronon）连接起来。殉教者纪念堂建筑中的穹顶被应用于大教堂结构中，逐步摆脱传统模式。作为覆盖在内殿和过道上的传统木制桁架，桶状拱顶出现得更加频繁。跟随君士坦丁堡教堂的式样，十字形平面并带长廊的大教堂越来越多见。中庭、前厅和教堂的附属结构越来越复杂。但从7世纪到9世纪，帝国岌岌可危的状况也同样反映在宗教建筑上：新教堂的规模相对更小更谦卑，但内部装饰非常丰富，充满了这些被缩减的空间的每个角落。在9世纪，以八角形为中心的“希腊十字”平面和正方形或“梅花形”平面慢慢普及，后者是拜占庭中期最流行的设计。

到了10世纪，伊斯兰教的影响越来越强烈，特别是在建筑装饰方面。在希腊大陆地区（除了萨洛尼卡，被称为“小拜占庭”），这个时期的宗教建筑是独树一帜的，特别是建筑的技术和装饰：上釉（cloisonné）技巧被广泛使用，因此画面明暗的强烈对比被色彩的使用所取代。

拜占庭帝国的危机始于11世纪末，但它的艺术风格并没有立即消失。教堂的建造继续简单重复着之前的样式直到15世纪，而内部装饰设计在“巴洛克化”的趋势下变得更加复杂，直到建筑结构元素都被装饰功能覆盖和转变而失去了原有的意义，融入了纯粹的幻想构图之中。塞尔柱土耳其人是在装饰带、壁凹和壁柱上使用瓦片的高手，这影响了拜占庭建筑的最后一个时期，先是从轮廓和表面的丰富开始，后来使用了彩绘。彩绘逐渐增多并应用到教堂外立面，内部也出现了美丽的马赛克镶嵌画和壁画。

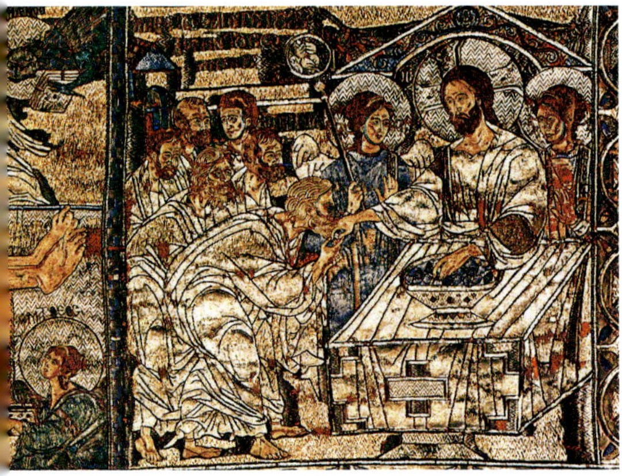

P32—33：基督的见证：塞萨洛尼卡墓葬的丝绸金织挂毯

拜占庭的美学理想，在中世纪宗教建筑上通过一系列完美连贯的彩绘和马赛克画得到了充分的实现。11世纪的大教堂，如霍西奥斯卢卡斯（Hosios Lukas）教堂或达夫尼教堂，出现了基督的“形象”——神性化身的圣人出现在教堂圆顶而控制整个空间。在“全能者”之下，他的“内庭”由天使、先知、使徒和圣徒组成，等级分明，代表着主赐予的救赎的顺序。因此，圣母玛利亚的身影出现在祭坛上方，圣餐化身的奥秘所在之处。耶稣生命中最重要的一系列事件（构成了礼拜日历），在救世主的下方。因此，这座建筑代表了神性存在的“尘世天堂”，而教堂内的一系列形象使这些含义更为清晰明确。这一建筑概念及其装饰表现出新柏拉图主义，即通过感官感知到的形式可以引导人进入神的超自然领域。这一时期形成的艺术风格突出肖像的功能：肖像由清晰的轮廓线条和鲜明的色彩对比赋予了坚实性和有机性，取得了自然主义和几何风格的平衡。作为墙的一部分，这些绘画形象也是“尘世天堂”的一部分，同时又以自己的力量与墙分离，并与膜拜者和观察者分享空间。绘画是理解拜占庭艺术发展过程最为容易的一种艺术表现形式，关键在于拜占庭绘画继承了古典主义观念和技巧的持久生命力，尤其是希腊化风格中对人的形象的有机表现。然而，这种自然主义和有机形式经常与罗马艺术的形成鲜明对比，即通过抽象化、几何化或非物质化来表现权力或权威。至少在11世纪人们就发现这两股对立的风格开始达到一定的平衡。在12世纪，新的趋势开始出现，例如科穆宁王朝晚期所谓的“动态”的“戏剧性”效果，或者一个世纪以后，二维视觉向“立体”风格的转变。更晚一些在巴列奥略时期，艺术重点又转向回归起源于希腊时代的自然主义。拜占庭艺术与教会有着不可分割的联系，本质上是程序化的、旨在对教徒进行引导和教诲的艺术，这是对其主题进行严格限制的出发点。特别是绘画，主要目的是说教的，因为这是一种所有人都能接触到的，最直接展示基督教神性的方式。

异教徒的偶像崇拜引起了基督徒的恐惧（拜占庭对雕塑的小心提防来源于他们对被偶像崇拜“污染”的恐惧）。最初的偶像破坏倾向一直持续到8世纪上半叶，导致了以人类形象来代表神性的方式被拒绝了长达100年。这对接下来的年代产生了深远的影响，并推动了成熟的拜占庭艺术中典型的“精神力量”和“抽象性”的发展。一旦肖像崇拜被重新建立，这种肖像就被广泛传播。肖像帮助基督徒脱离尘世的现实，其结果是神灵的拟人化形象被更加强调。一方面，得益于当地传统的活力出现了大众艺术阶层，例如粗犷的表现主义和现实主义，人物有着硕大的头部、厚实的身体、笨拙的动作以及冗长直白的叙述画面。另一方面，作为相应的反应，希腊化的、几乎是新古典的传统回归，这引起了拜占庭艺术风格被破坏的风险。随着马其顿王朝（867—1056年）统治开始，教会严格地控制和垄断艺术创作，强调线条的力量和平衡的构图。渐渐地，绘画需要承担更大的道德作用，抽象的风格构成了强烈的精神灵性，成为宗教性的主要表现。抽象风格的主要艺术表现手段是运用精细和程式化的线条。在教会生活的影响下，绘画作品变得讲求对称，人物都是正面朝向，画面中的一切笼罩在庄严的气氛中。到13世

P35：亚伯拉罕和三个大天使，拜占庭晚期

纪，“抽象”倾向开始被“视觉整体”倾向所取代。在这种风格中，艺术形象被赋予了和谐的空间感，引入了立体的不同平面，增加了景观元素（特别是建筑物），并将人像更自由地放置在空间中，因此人物衣着也变得更宽大。在所谓的“巴列奥略文艺复兴”时期（14和15世纪），一种统一的风格扩散开来：初始阶段集中在绘画技法上，第二阶段倾向于学术立场；然而两者都回避了绘画的纪念性意义问题。教堂的装饰逐渐失去了严格的统一规范，人物形象几乎都被当作肖像处理，呈现分离和孤立的状态。在这一时期的肖像绘画占据主要地位。萨洛尼卡因强调现实主义而独树一帜，米斯特拉斯因其仍然是希腊风格的阵地而别具一格。建筑领域存在着不同的区域性概念特点，虽然强大的外部环境影响也一直存在，不同学派开始选择各自的前进道路。

希腊编年史

克里特岛和迈锡尼文明（公元前3500—前1100年）

- 公元前3500年—前1100年：米诺安文明。这个通常分为若干时期，古代或前宫殿时期的米诺安文明I和II（公元前3500—前2100年前后），中期米诺安文明I-III（前2100—前1700年前后）和迈锡尼文明（前1600—前1150年前后）。
- 公元前2100年（大约）：第一批宫殿建造起来。考古证据表明当时的政治经济围绕着宫殿展开。
- 公元前1700年（大约）："第一批宫殿"遭到破坏，也许是由于自然原因；"第二批宫殿"开始建造。新建筑更大更精致，特别是在克诺索斯和菲斯托斯；推测当时出现了一段文化生活的繁盛期；线性文字A诞生。
- 公元前1600—前1150年：迈锡尼文明时期。
- 公元前1600年（大约）：亚该亚人抵达大陆希腊。他们是定居半岛的希腊民族的第一批竞争者。
- 公元前1450年：亚该亚人征服了克里特岛和克诺索斯的迈锡尼人定居点。征服者强制推行他们的军事和政治权威，但文化上仍然深受克里特文明的影响。他们吸收调整本地语言，从而创建"线性文字B"：这是希腊文用于写作的首创形式。
- 公元前1184年：特洛伊战争结束（根据传统的日期记录），标志着迈锡尼文明开始衰落，原因包括本土内部纷争，海盗的袭击掠夺以及遭受自然灾害等。这一时期宫殿被摧毁，推测可能是毁于火灾。
- 公元前1104年：多利安人来到伯罗奔尼撒半岛（根据传统的日期记录）。青铜时代开始过渡到铁器时代。

"希腊黑暗时代"（公元前1050—前750年）

- 公元前1050—前750年：希腊黑暗时代。这一时期标志着旧文明的解体，也标志着新的政治形式和居住形式的产生，为后续的文明发展创造条件。伊奥尼亚人、伊奥利亚人和多利安人遍布希腊大陆、小亚细亚和附近岛屿。
- 公元前800年（大约）：写作开始变的普遍，字母开始运用并出现了各种变体。可以看作是腓尼基文字的一个发展。
- 公元前776年：第一届奥运会举行了。有时希腊人以这个年份为纪元计算事件发生的年份。

古风时期（公元前750—前499年）

- 公元前750—前550年：这一时期希腊人开始广泛殖民。由于人口过剩，战败的政治派别逃亡以及寻找新商业渠道的趋势，部分希腊人开始前往西方、临近海峡和黑海，在那里分别建立了叙拉古、卡塔尼亚、克罗顿、那不勒斯和马赛等沿海城市。新的城邦大多独立于母国。
- 公元前624—前620年：德拉古立法（根据传统的日期记录）。司法责任从家族（重要家族）移交给国家，刑法应运而生。
- 公元前594—前593年：梭伦（Solon）的改革。这位伟大的政治家和诗人建立了一个以财富为基础的民主制度。
- 公元前564—前527年：庇西特拉图（Peisistratus）专政建立。执政官学院和酒神狂欢节制度性地建立起来，剧院表演受到追捧，伟大的悲剧和喜剧作家被神化。幸存至今的《荷马史诗》在那一时期写就。在公元前7世纪—前6世纪，"僭主制度"（tyranny）散播到其他地方，这个词在当时并没有今天的负面意义，只是意味着权力由单一公民把握。他们通常是贵族出身，在没有合法王朝的情况下达到了国家的权力顶峰。在比较广泛的社会基础的支持下，僭主努力调和社会各派别陷入僵持或过度冲突的局面，往往努力推进历史发展。
- 公元前508年：克利斯提尼（Cleisthenes）的民主改革。建立新机构如议会（Boulè）和公民大会（所有公民都有责任，包括选举治安法官）限制长老院的权力。

伊奥尼亚起义和希波战争（公元前499—前479年）

- 公元前499—前494年：波斯人镇压了伊奥尼亚城邦的起义。这些城市衰落后，希腊的文化中心从周围岛屿和小亚细亚——史诗、抒情诗和哲学的发源地——开始转移到希腊大陆。

雅典人在马拉松战役中击败波斯人。

■ 公元前480年：第二次希波战争。列奥尼达斯（Leonidas）带领的将士们在温泉关战役中做出巨大牺牲；雅典舰队在萨拉米斯海战中最终击败波斯人。

■ 公元前479年：希腊人又赢得了两场战役，分别是普拉提亚（Plataea）战役和在米卡勒角的一次海战，宣告了对波斯人的全面胜利。波斯人入侵的威胁被永久地击退了。

古典时代与伯罗奔尼撒战争（公元前479—前404年）

■ 公元前478—前477年：提洛同盟建立。雅典聚集了自己的盟友，反击斯巴达组织的伯罗奔尼撒联盟。由于希腊共同的敌人（波斯人）被打败了，雅典和斯巴达这两个最大的城邦开始争夺对希腊的霸主地位，关系恶化了。

■ 公元前461—前430年：雅典伯里克利（Pericles）时代。经历了一些军事失败之后，雅典迎来了相对稳定的时期，并在这一时期达到了权力和民主的高峰。帕特农神庙的建造代表着当时非同寻常的文化政策。

■ 公元前431—前404年：伯罗奔尼撒战争。经过十年的养精蓄锐阶段和短暂的尼西亚斯和平（前421年），由亚西比德领导的政党在雅典势力大增，希望继续这场战争。其倡议之一是远征西西里岛（前415—前413年），有明确的扩张主义目的，但以一场灾难般的失败告终。斯巴达在（前405年）羊河口取得决定性胜利后提出的压倒性的和平条款，标志着雅典权力的终结。

■ 公元前430年：雅典瘟疫蔓延，造成了大量死亡，执政官伯利克里也未能幸免。

斯巴达霸权到亚历山大大帝（公元前404—前323年）

■ 公元前399年：苏格拉底被判死刑。苏格拉底被民主派以“毒害青年”的罪名审判，后者在推翻了政治寡头后于前403年重新掌权，处在斯巴达保护之下。这些寡头政治成员在历史上被称为是“三十僭主”。

■ 公元前371—前362年：底比斯霸权建立，在留克特拉和曼提尼亚两次战役之间持续了很短的一段时间。底比斯两位将军佩洛皮达斯（Pelopidas）和伊巴密浓达（Epaminondas）是主要领导人物。

■ 公元前359年：腓力二世加冕。在他的统治下，马其顿成为一个对希腊世界威胁日重的存在，而与此同时，本地受过教育的阶层迅速被希腊化。到目前为止，我们对马其顿人的来历知之甚少。他们很可能是多利安人的一个分支，但比较野蛮落后。希腊人分成了两派，一派支持与马其顿建立反波斯联盟，另一派则不惜一切代价对抗腓力二世以保卫希腊民族自由。这两种立场分别由同时代的两位最伟大的演说家伊索克拉底（Isocrates）和德摩斯梯尼（Demosthenes）来代表和捍卫。

■ 公元前338年：喀罗尼亚（Cheronea）之战。腓力二世消灭了雅典城邦联盟，但两年后被暗杀。

■ 公元前336—前323年：亚历山大大帝的统治开始。这位年轻的统治者迫使希腊城邦放弃了最后的独立野心，统一了除斯巴达以外的地区并合并在他领导的联盟中。他先后征服了叙利亚、埃及和波斯，吞并了庞大的波斯帝国（前330年）。然后亚历山大大帝甚至远征印度，最终因为军队中的一次兵变而停止了前进的脚步。33岁在回国途中死于巴比伦（前323年），亚历山大大帝的一生在历史上留下了不可磨灭的痕迹。死后他所创建的帝国迅速瓦解（继业者战争），但独立出来的小王国都是希腊化的，希腊的语言和文化超越了政治的疆界。希腊文化至高无上的地位持续了几个世纪，成为“希腊化”（Hellenism）这一术语所指称的历史。政治意义上的“城邦”和希腊大陆呈现难以阻挡的颓势，在国际商业中被边缘化，人口减少，劫掠横行，市民的生活不复从前。

希腊化时代（公元前323—前31年）

■ 公元前196年：提多·昆奇图斯·弗莱米尼乌斯（Titus Quinctius Flamininus）宣布了希腊的自由。希腊半岛成为罗马保护国的历史开始了。

■ 公元前168年：第一次皮德纳（Pydna）战役中马其顿人失败，国王珀尔修斯戴着枷锁被带到罗马。马其顿被罗马人划分为4个区域，希腊化的生活方式和文化仍然占据城市主流。

- 公元前146年：马其顿人在最后一次皮德纳战役中失败。罗马分别建立了马其顿省和亚该亚省。同年，科林斯被占领，城市遭到摧毁。
- 公元前86年：雅典遭到罗马将领苏拉的洗劫。罗马帝国内部的危机也将希腊半岛卷入其中，发生了许多次血腥的战争，与失败者结盟的城市遭到报复，存放了大量珍宝的神殿遭受的损失尤其严重。
- 公元前31年：屋大维取得亚克兴（Actium）战役胜利，罗马内战结束。科林斯进行重建，城市景观得以恢复。希腊大陆仍处于政治舞台的边缘，但经历了两个多世纪的相对稳定和平。公元2世纪，随着第二次诡辩（Sophism）文化运动的到来，希腊语文化也征服了罗马帝国和西方的受教育阶层。在像哈德良和奥勒利乌斯这样爱好希腊文化的皇帝统治下，希腊尤其是雅典的文物成为人们非常感兴趣的对象。

帝国时代（公元前31年至395年）

- 67年：尼禄宣布希腊自由，但实际上仅限于财政豁免的声明，但在尼禄死后也被撤销了。
- 267年：第一批蛮族入侵希腊领土。
- 284年：罗马皇帝戴克里先（Diocletian）开始掌权。他的改革把这个庞大的而难于治理的帝国划分为四个辖区（所谓的“州”），并将帝国官邸移至尼科梅迪亚（现为伊兹米特，靠近伊斯坦布尔）。与西部相比，帝国东半部具有越来越重要的地位和中心地位。由于军事上无政府状态、缺乏稳定的统治、社会和行政组织的恶化以及野蛮人的不断入侵，西罗马开始了毁灭性的崩溃。
- 313年：康斯坦丁皇帝颁布的“米兰法令”承认基督教徒享有礼拜自由。
- 324—337年：君士坦丁大帝作为东西方帝国的唯一皇帝进行统治。
- 330年：帝国首都正式转移到拜占庭，改名为君士坦丁堡。
- 379—395年：狄奥多西一世（Theodosius I）掌权。
- 393年（大约）：第286届，也是最后一届奥运会举行，随后被镇压。
- 380年：随着塞萨洛尼卡法令颁布，基督教成为国教。帝国对异教徒采取了暴力和不容忍的态度，许多建筑物和艺术杰作被毁。
- 395年：狄奥多西一世去世后，帝国被他的两个儿子瓜分：阿卡迪乌斯在东部各省掌权，霍诺利乌斯在西部各省掌权。这次权力划分一直持续到最后帝国的彻底分裂。

拜占庭时代（395—1453年）

- 426年：奥林匹亚遗址在狄奥多西二世的命令下被夷为平地。
- 450年：伊利里亚辖区转移至萨洛尼卡。这座城市成为希腊半岛的主要中心之一。
- 451年：迦克墩（Chalcedon）会议后，主张基督一性论的埃及教会被视为异端邪说而被驱逐，但传播到叙利亚和埃及地区，这两者由于财政原因已与君士坦丁堡失和。拜占庭帝国的统一开始破裂。
- 476年：西罗马帝国在罗穆卢斯·奥古斯都（Romulus Augustulus）治下覆灭。
- 527—565年：查士丁尼（Justinian）大帝统治开始。罗马法进行了重新编纂，先后完成了三步法律法规汇编，分为《法学汇编》《法学阶梯》和《查士丁尼法典》，使罗马民法法典达到最完备的阶段；法学家又汇集了当时的一些法律，统称为《查士丁尼新律》（*Novellae*）。这一时期的特点还有宗教热情的高涨以及将帝国政教合一的梦想。查士丁尼在西方的军事行动带来了短暂的胜利，也造成了财政的不可持续，进而导致了对帝国东南边界的防守疏忽。基督教教会和寺院增加了自身权力和财富；建造了索非亚大教堂。
- 529年：查士丁尼下令关闭雅典哲学学院。
- 641年：皇帝赫拉克利乌斯（Heraclius）去世。在前几年里，阿拉伯人征服了叙利亚、巴勒斯坦和埃及；后续又把统治扩展到了整个北非。拉丁文仅限于官僚阶层使用；拜占庭失去了帝国辉煌，变成了一个讲希腊语的中世纪王国。
- 730—843年：打破偶像时期（Iconoclastic movement）。“打破偶像运动”的支持者们禁止任何形式的神性表达，反对崇拜圣像和追随宗教机构的极端权力。运动虽被镇压，但这一事件的后果导致教会等级制度处于国家的从属地位，与罗马教廷的关系恶化。
- 867—1028年：马其顿王国时期。在最初阶段发生了第一次“拜占庭文艺复兴”（Byzantine Renaissance）。世俗文学特别是古代文学被人们重新发现和重视；君士坦丁堡的弗提一世在个人图书馆收集了300多件作品。经济领域取得了重大发展，针对阿拉伯人的军事力量逐渐恢复，斯拉夫人开始基督教化。

- 1054年：罗马和拜占庭之间的教会正式分裂，罗马教宗的使者宣布将拜占庭的牧首迈克尔·色鲁拉里乌斯逐出教会。
- 1071年：曼齐克特（Mantzikert）战役（今天是马拉兹吉特）。塞尔柱突厥人成功地攻破了拜占庭帝国的边境。同年，巴里被诺曼人攻陷，标志着拜占庭在意大利半岛失去了最后的控制权。帝国陷入全面衰退，经济上被迫向西方商人提供贸易优惠。
- 1204年：第四次十字军东征君士坦丁堡。拉丁帝国是在拜占庭领土基础上建立的。军队焚烧了许多图书馆，毁掉了遗留下来的最后一批古代杰作。
- 1261年：随着君士坦丁堡的重新征服，拉丁帝国最终瓦解了。
- 1274年：里昂宗教大会召开，拜占庭皇帝米哈伊尔八世（Michael VIII）正式同意服从罗马教皇。尽管有各方面的努力，两个教会之间的关系并没有改善，这使拜占庭面对日益先进的奥斯曼土耳其人束手无策。严重的内部分歧和经济危机蔓延开来。
- 1373年：拜占庭皇帝约翰六世被迫称臣，正式承认奥斯曼帝国苏丹穆拉德一世的地位。
- 1438—1439年：在费拉拉和佛罗伦萨的议会期间，基督教东西两教会的合并得到了批准，但皇帝约翰八世不敢正式宣布这一点。
- 1453年：奥斯曼军队袭击了君士坦丁堡（5月29日）。拜占庭帝国不复存在。

奥斯曼帝国时代（1453—1833年）

- 1461年：奥斯曼人征服了最后一块独立的拜占庭领土特雷布宗帝国，后来又吞并了附近的岛屿，包括塞浦路斯（1571年）和克里特岛（1669年）。居住地的分散和艰苦的生活条件阻碍了希腊人组织反抗。
- 1571年：勒潘托（Lepanto）战役。
- 1645—1669年：威尼斯人和奥斯曼人开战。克里特岛归属土耳其人。
- 1684—1715年：威尼斯人占领了伯罗奔尼撒半岛。帝国基础设施的恶化和希腊人贸易实力的增强重新引发了希腊的独立问题。
- 1821年：希腊人在伯罗奔尼撒起义，奥斯曼军队在阿里·帕夏指挥下进行镇压。
- 1827年：在纳瓦林（今天的皮洛斯）英法俄联合舰队摧毁了奥斯曼海军。残酷统治了几百年的奥斯曼帝国结束了。
- 1830年：在英法俄的帮助下，确立了希腊国家的边界和宪法形式（君主制）。新的希腊王国只覆盖了雅典南部地区，不包括小亚细亚的塞萨利和希腊社区。巴伐利亚州的王子奥托被任命为希腊国王。
- 1833年：巴伐利亚的奥托抵达希腊就任国王。

希腊独立与当代发展

- 1834年：首都从纳夫普利亚迁至雅典。
- 1864年：伊奥尼亚群岛归还希腊。
- 1881年：塞萨利和伊庇鲁斯（Epirus）的一部分归属希腊。
- 1912—1913年：巴尔干半岛发生了两场战争，希腊吞并克里特岛和马其顿部分地区，但不包括伊庇鲁斯北部，后者成为新建立的阿尔巴尼亚的一部分。
- 1919年：第一次世界大战胜利后，希腊对小亚细亚领土的要求与安纳托利亚的冲突局势造成了混乱。希腊军队在斯迈尔纳登陆。
- 1922年：凯末尔袭击了斯迈尔纳，基督教地区被付之一炬。希腊政治不稳定的开始。
- 1923年：《洛桑条约》签署后，宗教原因导致的人员流动增多。100多万难民前往希腊。
- 1940—1941年：意大利军队企图入侵希腊，但在阿尔巴尼亚边境被击退。
- 1941—1944年：轴心国对希腊的占领。
- 1946—1949年：政府军和民主军队之间发生内战。
- 1951年：希腊成为北约成员国。
- 1960年：曾是英国殖民地的塞浦路斯获得了独立。
- 1967—1974年：军事独裁时期。
- 1974年：全民公决共和国为希腊国家基本形式。土耳其人登陆塞浦路斯，占领了该岛的北半部。
- 1981年：希腊成为欧共体第十个成员国。

1 雅典

历史

自新石器时代以来，雅典就有了人类活动的遗迹。雅典卫城南部和西北部山坡上以及周围地区发掘出的棚屋、水井和陶器就是证明，尽管这些都是小的定居点，而不是大面积的居住区。城市的历史可以追溯到迈锡尼文明时期：许多“英雄的”王室贵族传说和事迹都与卫城中那些令人印象深刻的建筑物有所关联【被厚实的城墙包围的地区被称为佩拉斯康（Pelasgikon），这与佩拉斯吉人是卫城内的第一批居民的传说相符】，包括其中的宫殿，古老的记忆在对宙斯·波利乌斯（Zeus Polieus）和雅典娜·波利阿斯（Athena Polias）崇拜中留存下来。“下城”的存在也发掘出了完整的证据。雅典是传说中忒修斯建立的统一王国的首都。伊奥尼亚人在科德鲁斯国王的领导下对多利克人入侵进行了抵抗，这并没有使城市衰落，但导致了城墙外北坡的市镇在公元前12世纪中期废弃。然而，“下城”重新出现了许多人类活动痕迹【在战神山议事会（Areopagus）西侧和市集区域的水井】和凯拉米斯地区带巨大符号的大型墓葬表明，在后迈锡尼阶段雅典曾出现过强有力的复兴，持续了整个几何陶时代（公元前1050—前700年）。该时期的活力和辉煌应该是公元前9世纪阿提卡贵族流亡和移民的结果。雅典先后经历了几种不同的政体：首先是君主制，然后是贵族的寡头统治，之后又出现了僭主政治，最后是日益完善的民主形式。从君主制向寡头政治过渡的关键转变是出现了执政官。国王先是担任终身执政官，再演变成任期10年的执政官，最后只能担任1年的执政官，慢慢

地失去了权力。此外，国王任命的权力也逐渐肢解，9名执政官组成的管理组织和41名卸任的前执政官组成的贵族会议掌握了权力。那些被排除在权力之外的社会阶层施加的压力越来越大，为重大变革创造了条件，机构的创新更多的

P40：雅典娜雕像头部复制品，菲狄亚斯作品

P40—41：重建雅典卫城，来自19世纪英国印刷品

应归功于德拉古（Draco）而不是梭伦（公元前594—前593年）。这些改革为阿提卡地区的小地主阶级带来了新的生活，这些人才是经济和人口发展的基础。梭伦提出的税制改革规定了以四个阶级以收入为基础的平等税种；为更多的人获得更高收入开辟了道路。梭伦还建立了人民司法系统，并设立了新的陪审法庭。在这一时期，城市布局也发生了基础性的变化：与卫城脚下的“旧”市集相对，“新”市集建立起来，还有一系列新的政治性建筑。梭伦的改革所带来的经济和社会的快速发展，引起了一些旧贵族的不满，他们认自己的权力被新富阶层侵蚀了。地主贵族与商人、工匠等阶级之间的冲突日益紧张，导致了政府过渡到“僭主政治”的形式。公元前636年克立顿的尝试失败后，雅典在公元前560年最终由庇西特拉图建立了僭主专政，历史资料显示当时的小农、工匠和商人对他不无赞赏。庇西特拉图在军事和外交政策上也取得了成功，设置战略将军（strategi，肩负更多责任的将军），对海峡地区的关注也更好的掌控了爱琴海地区。在文化层面，还开创了大酒神节，重新承认泛雅典娜节。

僭主专政时期进行了密集的建设，改变了城市的面貌，特别是针对卫城和市集；此外，雅典还建立了第一座剧院，巨大的奥林匹亚神庙和学院健身场所。庇西特拉图的儿子希庇亚斯和希帕丘斯无法达到他们父亲的威望，僭主专政于

公元前510年被推翻。公元前508年，克里斯提尼通过对宪法改革创造了新的权力平衡，将阿提卡地区划分出去。他建立了10个地区部落来取代之前的4个伊奥尼亚氏族部落，每个部落由3个分区组成——分别来自城市（雅典周边）、沿海和内陆——试图瓦解原有的氏族利益联盟（今天，他们将被称为游说团体或施压团体），并使公民身份更加同质化。每个部落抽签选出50人（prytanea）组成一个共500名成员的年度会议（boulè）。500人会议的任务是准备提交给公民大会（ekklesia）辩论和表决的政治议题，其权力已经发展到对长老院（旧贵族议会）的不利地位。另一项创新是陶片放逐法（源自“ostrakon”一词，意为“陶器”，公民大会成员在陶片上写下他们想要流放的人的名字）。新生的民主政体也继续其在市集和卫城的建设计划，直到被公元前480年波斯人入侵中断。马拉松战役结束后，雅典人通过选举执政官加强了制度。地米斯托克利（Themistocles）指挥一支大型船队带领雅典战胜了波斯人，并使希腊拥有了最强大的海军力量。通过公元前478—前477年建立的提洛同盟，希腊巩固了在爱琴海的霸权。但与此同时，保守派和进步的民主派之间的政治气氛紧张。保守派领导人物西蒙（Cimon）认为波斯是需要畏惧的力量，希望雅典与希腊的另一大政治力量：斯巴达和伯罗奔尼撒联盟保持和平。而在地米斯托克利领导下的进步派更考虑未来，认为斯巴达是雅典对希腊霸权的唯一竞争者（出于这种考虑，雅典建造了新的围墙，包括了比雷埃夫斯港）。地米斯托克利的继任者厄菲阿尔特（Ephialtes）通过削减到只负责管理血腥案件的方式进一步削弱了战神山议事会的力量，并将其对民事犯罪的管辖权移交给公民法庭。

厄菲阿尔特死后，伯里克利开始领导民主派，在人民的支持下多次被选为首席将军。修昔底德这样描述（II，65，8）伯里克利，“伯里克利因他的尊严和理智而强大，不为金钱所蚀。领导人民而不限制他们的自由，更多地被人民引领。所以在雅典有民主，事实上这是雅典人民托付给这位第一市民的权力”。伯里克利致力于重建这座城市的象征——卫城。这是一项最艰巨也最显眼的任务，几乎影响到整个城市及其“辖区”（埃莱夫西斯、莱姆诺斯、阿卡奈等），目的是建立一个“帝王”的形象以匹配雅典当下在希腊和地中海世界的重要角色。事实上，西蒙也曾有一个计划为市集及其周围地区建立新的精神形态和不朽的面貌。

但后续的一系列历史事件让雅典在公元前4世纪元气大伤：伯罗奔尼撒战争，寡头“政变”，公元前404年对斯巴达的屈从，克利提亚斯为首的“三十僭主”肆虐，但最终恢复了民主。这一新的发展阶段是由康农（Conon）发起的，随着许多重要建筑的开始建造或者竣工，公元前350—前330年成为莱库古斯（Lycurgus）领导下的一个辉煌时代。希腊化早期，雅典的发展一度停滞，不得不与马其顿日益强大的势力作斗争。公元前2世纪，雅典的古代文化威望再次回归并吸引了东方的统治者们的注意，特别是帕加马的阿塔利德王朝统治者们。他们向雅典卫城捐献了三笔巨款进行捐建（靠近帕特农神庙的南墙和东北角），赞助市集的大量修建工程。于是在公元前2世纪古市集一度呈现出东方的样式，侧边有宽大的门廊。罗马大将苏拉（Sulla）在公元前86年洗劫雅典，随后罗马皇帝奥古斯都发起了一项针对雅典的道德和宗教复兴计划，核心政策是城市的建设发展；还在全阿提卡地区启动了一个修复寺庙的计划。尽管拥有帝王的头衔，但奥古斯都还是小心翼翼地不去强调自己的权力，因此也不试图在建筑物上留下印记。此外，在希腊和罗马市集进行的重建工作都是“纪念性”的。哈德良皇帝对希腊的赞赏再次使雅典成为一个文化之都，也是各种哲学和艺术流派的发源地。在罗马帝国晚期雅典经历了一段新的辉煌，而后267年遭遇赫鲁利亚人入侵，在395年被阿拉里克和西哥特人入侵。5世纪，市集中心的一座大型体育馆的建造标志着雅典的又一次复兴。拜占庭皇帝查士丁尼于529年关闭雅典哲学院引发了这座城市的衰落，而582年斯拉夫人的入侵标志着这座古城历史的终结。

P42：雅典娜雕像，来自19世纪的一份英国印刷品

神话

雅典的伟大和威望来自其人民的伟大，当然也来自诸神的恩宠，尤其是女神雅典娜——这座城市就是以她命名的。这并不令人意外，雅典娜是智慧的女神，象征着创造力、精神的价值和力量。正如意大利古典学者达里奥·达尔·科诺所强调的，雅典神话的初始是以人与神共存为标志的。根据圣奥古斯丁的说法，雅典娜成为这座城市的保护神是由人民做出的选择，而不是一般情况下神灵的决定。传说在这座城市还未被命名的时候，雅典娜和波塞冬把他们不同的礼物放在卫城上供人们选择。波塞冬的礼物是海洋，虽然确实是一种非凡的礼物，但和雅典娜的橄榄树比仍然相形逊色，被国王刻克洛普斯（Cecrops）召集来的人们选择了雅典娜，尽管这很有可能因为参加投票的女人比男人多，她们把票投给了这位聪明的女神。波塞冬的愤怒引发了一场可怕的洪水，淹没了整个阿提卡地区，所以为了安抚这位感觉被冒犯的神灵，雅典人决定将妇女排除在未来的公民投票权之外。这个神话的遗迹——一座咸水之泉和一棵橄榄树，仍然保存在卫城的厄瑞克提翁神庙。这里也是纪念第一任国王蛇王刻克洛普斯的地方，传说中他从土地中生长出来（蛇是陆地动物的完美典范），代表了这个城市与土地的联系。事实上，雅典人一直认为自己是本地土著，不像其他希腊人来自别的地方。土地还与另一个关于伟大的王厄瑞克托尼俄斯的神话有关，厄瑞克托尼俄斯（Erechthonius）也是在土地中出生的，但是以一种非常特殊的方式。我们知道雅典娜是由赫菲斯托斯劈开宙斯的脑袋而诞生的，然后赫菲斯托斯爱上了这位年轻的女神。波塞冬在与雅典娜的竞争中落败后决定为自己报仇，于是鼓励赫菲斯托斯去向宙斯正式要求与雅典娜结婚，或将她武力劫持，从而获得女神的童贞。不管实际情况如何，雅典娜成功地避开了赫菲斯托斯的非礼，但他的一些精液沾到了女神的腿上。雅典娜用一些羊毛织物清理干净并随手扔在地上，却导致地母怀孕并生下了厄瑞克托尼俄斯，这个名字的后半部分暗示了他的出身来自土地。

由于被地母遗弃，雅典娜也无法直接为这个孩子负责，于是带走这名男婴并放进一个篮子里，交给了刻克洛普斯的女儿们，警告她们不要往篮子里看。但女孩们禁不住好奇，看到篮子里的内容——一个带着蛇尾巴的男婴，或者一个由两条蛇看守的男婴，这取决于不同版本的神话——之后非常害怕，以至于把男婴从雅典卫城的最高处扔了下去。后来厄瑞克托尼俄斯躲在雅典娜的庇护下长大并成为国王，他对雅典娜非常敬重，在卫城建立了第一座专门供奉雅典娜的神庙并创立了泛雅典娜节来向其致敬。另一座以他的名字命名的厄瑞克提翁神庙保留了城市的神话印记。

关于雅典还有一则重要的神话应该被提及，这个神话或许可以取名为“忒修斯，或民主”。这位英雄是雅典的国王，是爱琴海的儿子，并参与了许多赫拉克勒斯（大力神）创立的功绩。从某种意义上说，雅典人忒修斯是多利克人赫拉克勒斯的对手，尽管实际上是他的好朋友和亲戚，有共同的曾祖父佩洛普斯。忒修斯团结阿提卡周围的地区成为一个单一国家，扩大到包括雅典的郊区。后来，忒修斯以所有公民平等的名义放弃了国王的头衔，只保留了军队的指挥官和法律的守护者角色（普卢塔克，《忒修斯的一生》，24—25）。

发掘工作

雅典的发掘工作非比寻常，可以说是方式独特。与罗马不同，随着城市的扩大罗马的过往被逐步发现，而雅典由于土耳其的占领阻止了任何考古工作的可能性，直到欧洲中世纪之后很久才开始进行。

欧洲的文艺复兴与罗马文化的传承密切相关，本质上就是试图借鉴古希腊尤其是雅典不朽的古典艺术。由于土耳其人的占领和破坏，艺术复兴的借鉴范围并没有超越在希腊化时期东部地区的手稿和藏品。因此，在整个文艺复兴时期和巴洛克时期流传着的关于伟大的希腊艺术的“神话”，实际上比欧洲的历史认知更强大。

土耳其对希腊将近四个世纪的占领（1453—1832年）使得雅典客观上与欧洲文化产生了真正的距离，雪上加霜的是，通往君士坦丁堡的贸易路线也没有经过希腊城市，而是与克里特岛、罗德岛和塞浦路斯擦肩而过。由M. Kraus出版（Turcograecia，1584）的《康斯坦丁书信集》中我们可以得知，16世纪末雅典城内有大约1200名居民，其中一些基督徒住在城市的低处，土耳其人住在高处的卫城。然而这些信息是如此模糊，帕特农神庙在其中被简单地称为“万神殿”或者“未知之神的神庙”。

大约在17世纪中叶，英国和法国开始与雅典和希腊世界建立联系，最初是

P46：帕特农神庙，来自1910年的一张照片

P47：雅典卫城发掘现场，摄于1889年

政治和商业利益方面的接触。1630年，路易十三世驻君士坦丁堡大使巴伦·路易斯·德·海耶斯在他的《黎凡特之旅》（巴黎，1632年）中描述了对雅典的访问，惊讶于当时的帕特农神庙还相当坚固，“就像刚刚建造好的”。1658年法国领事馆在雅典成立，同年卡普钦僧侣在吕希克拉特（Lysicrates）周围建立了一座寺院，绘制了这座城市的第一个现代化规划。关于卫城的第一幅现代绘画作品创作于1670年，很可能出自一位威尼斯艺术家之手。

法国领事让·吉劳德（Jean Giraud）是为数不多的访问雅典的外国游客的向导，游客之一是法国驻君士坦丁堡大使（1674年）诺因特尔侯爵（Marquis de Nointel）。诺因特尔委托画家雅克·凯利（Jacques Carrey）对帕特农神庙雕塑进行绘画；这些画现在巴黎的国家图书馆里。这些记录性的文件对于今天的我们来说是极其重要的，因为几年之后神庙便遭遇了轰炸。1687年9月26日，帕特农神庙在威尼斯人试图重新征服克里特岛的一场战斗中（在拆除了建在里面的基督教教堂后，土耳其人一度把它当成面粉仓库）遭遇了炮火，将领弗朗西斯科·莫罗西尼（Francesco Morosini）以卫城为目标进行炮击，大约一半的寺庙被摧毁。莫罗西尼笨拙地试图把西山墙上的四马战车撬下来带回威尼斯，结果他们失败了，马车在卫城的岩石斜坡上摔断。这就是为什么威尼斯官员收集了很多残片然后送往欧洲不同的博物馆。

然而，莫罗西尼在雅典的征伐也

带回了关于这座城市的一些报告和描绘，使18世纪初的欧洲其他地方更好地了解了雅典。例如，弗朗西斯科·法内利（Francesco Fanelli）1707年在威尼斯出版了《阿提卡与雅典》；一位来自里昂的对金石学有着浓厚兴趣的年轻医生雅各布·斯潘（Jacob Spon），在更早些时候（1674年）出版了《雅典城市的现状》，根据与耶稣会士巴宾（J. P. Babin）的通信所写。不久之后斯潘决定亲自访问雅典，和他的英国朋友乔治·惠勒（George Wheeler）一同前往。他们出版了希腊的第一份科学地形摘要，作为《意大利、达尔马提亚、希腊和黎凡特之旅》（里昂，1678年）一书的一部分。这是除了2世纪保塞尼亚斯（珍贵的《希腊志》作者）的有关论述外，有史以来第一次在古籍和建筑遗址之间建立了联系。这本书被翻译成各种语言，在欧洲文化精英间广泛传播。从那时起，欧洲壮游就会把希腊包括在内，尤其是雅典。在18世纪的最后几十年里，法国在雅典繁荣的文物市场建立了某种垄断地位。其中一个特别的人物是路易斯·塞巴斯蒂安·富维尔（Sébastien Fauvel），他成功地将帕特农神庙额枋的一处柱间壁运到巴黎。与我们认知雅典及其艺术有关的另外一件重要的事发生在伦敦：1733年成立了“业余爱好者协会”，目的之一是鼓励和资助与古代艺术有关的文化事业。在18世纪中叶，协会请画家詹姆斯·斯图尔特（James Stuart）和建筑师尼古拉斯·雷维特（Nicholas Revett）负责测量和绘制雅典的古建筑和雕塑，他们在1751年至1753年进行了这项工作。《雅典的古迹》第一卷就是极具科学性的成果，于1762

P48—49：卫城山门，1925年

年出版。另外三卷分别出版于1788年、1794年和1816年。通过这些书籍，欧洲人第一次获得了关于希腊艺术的精确知识，特别是古建筑通过书中美丽的插图表现出来。另一个在希腊文化向英国传播的过程中发挥重要作用的人物是苏格兰的托马斯·布鲁斯，即额尔金伯爵（Earl of Elgin）。他的名字与帕特农神庙的“额尔金”大理石有着千丝万缕的联系，也与目前仍然存在的保护问题有着密切关系。额尔金设法使自己成为英国驻君士坦丁堡大使，在那里他组织了一个由意大利艺术家和工程师组成的团队，并于1800年将他们送到雅典。

在最初的拒绝之后，苏莱曼三世还是签署了一项法令，为“取走一些刻有铭文和形象的石头”打开了大门。正是

这项法令允许了对帕特农神庙一系列的掠夺，以至于拜伦爵士发出他著名的抨击“哥特人没有做的，苏格兰人做了”，暗指额尔金的苏格兰背景。1803年，所有掠夺的古迹都到运抵伦敦（经过一次多事之秋的旅行，包括一次沉船），额尔金在梅菲尔租了一所房子以容纳抵

斗争成功之后，维特尔巴赫的奥托（巴伐利亚人）被选为第一任希腊国王，于1834年就任。当他到达雅典并攀登卫城时，这个地点——西方历史上极重要的地点之一——已经被德国考古学家路德维希·罗斯（Ludwig Ross）负责修复了两年之久，负责监督的还有巴伐利亚国

达的280箱文物。经过漫长的讨论和谈判（部分原因是巴伐利亚国王路德维希一世试图竞价买下一些大理石），下议院决定购买全部文物并送大英博物馆收藏。1816年大英博物馆的介入，标志着帕特农神庙大理石的第二次面对世人，这是继斯图尔特和雷维特博士的第一次发现之后，古希腊的古典主义艺术最终融入了欧洲文化。

在希腊民族从土耳其争取独立的

王路德维希一世的私人顾问利奥·克伦兹，建筑师舒伯特（Shaubert）和克兰西斯（Kleanthes）。

由于新成立的希腊考古协会（1837年）的推动，所有土耳其建筑被拆除后，终于有可能开始雅典卫城的发掘工作，在卡夫瓦迪斯·帕纳戈蒂斯（Panagiotis Kavvadias）的指导下进行。雅典的游览就从卫城开始。

参观线路指南

我们可以说雅典的风格是古典的，或者是拜占庭式的，总而言之是混杂的。这座城市的景观确实有一些随机排列的特点，游人可以从中辨识漫长曲折的城市历史中所带来的诸多影响，即使在土耳其占领结束之后也是如此。当地人的衣着特点各异，男人们的胡须样式也体现着世界主义。也许正是出于这个原因外国人在这里会有宾至如归的感觉，因为雅典代表了整个西方文明共同的根源。但毫不夸张地说，正如西梅尔曼（N. Himmelmann）强调的，那些组织规范的旅游团所用的描述都力图将希腊之旅，尤其是在雅典，打造为一次深刻的“体验”（传统、宗教、仪式、艺术等方面），一次与充满“生命的热爱”的相遇（“文化”这个词总是被小心地避免，因为对游客要求太高了）。无论如何，雅典是因其重要的历史地位成为任何希腊之行的必经之路，因此，不需要任何“精神层面”的建议或（伪）哲学信息来“理解”这座城市。本章将要提供的是一系列围绕一个地点或者一个历史时期来进行的短途游览线路，因为

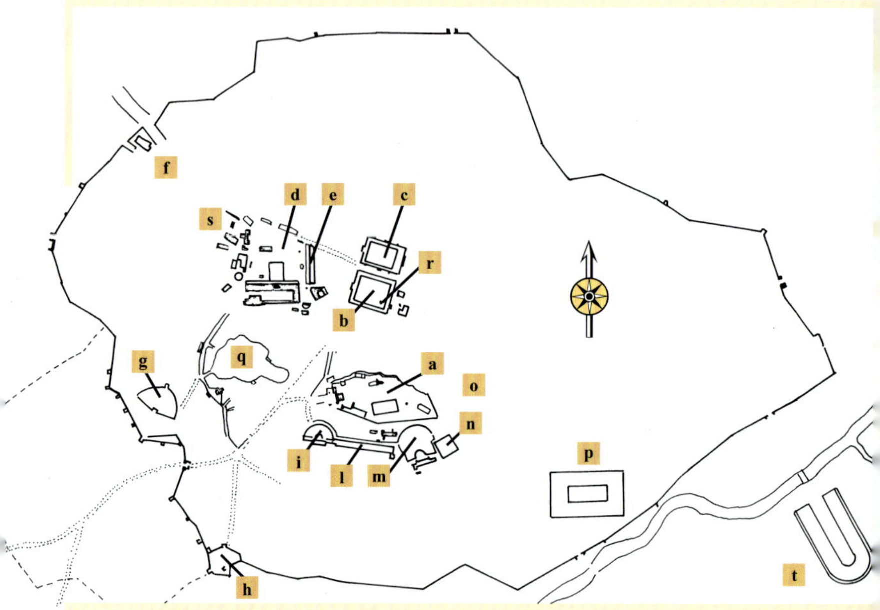

古雅典

a	卫城	l	欧迈尼斯柱廊
b	罗马市集	m	狄俄尼索斯剧场
c	哈德良图书馆	n	伯利克里剧场
d	古市集	o	吕希克拉特山
e	阿塔罗斯柱廊	p	奥林匹亚神庙
f	凯拉米斯	q	战神山
g	普尼克斯山	r	风之塔
h	缪斯神殿	s	赫菲斯托斯神庙
i	阿迪库斯剧场	t	田径场

过长的路线会耗费大量时间，让参观者们精疲力竭。这一系列短途游览将涵盖这座城市的历史，或者至少是最重要的阶段。另外，考虑到市中心的大部分地方限制机动车，这些游览线路能使参观者们在愉快步行的同时探索这座城市的奥秘。当然，不要忘记便捷的地铁系统可供利用。地铁的修建使得科学发掘工作更方便地进行（1992—1997年），75万平方英尺（约6.97万平方米）的地面在这一过程中开挖，使重要的历史遗迹重见天日。在市中心的火车站挖到了古建筑遗址，发掘了3万多件文物，换言之，这些车站自身就几乎是一座小型博物馆，自带丰富明确的信息。在所有的短途线路中，最吸引人的当属雅典卫城（a），卫城南坡以及普拉卡地区。沿着一系列从市中心呈放射状出来的路线，你可以到达罗马市集（b）和哈德良图书馆（c），是参观雅典拜占庭教堂的理想路线。不远处就是古市集（d），以及建在阿塔罗斯柱廊（e）中的古市集博物馆；紧邻着就是凯拉米斯（Kerameis，f）及其博物馆。前往普尼克斯山（g）和缪斯神殿（菲洛帕普山，h）的路线也是雅典相当令人愉快的游览之一；如果你有充分的时间，利用从莱奥福罗斯·瓦西利西斯·索菲亚斯路（Leoforos Vassilissis Sofias）的缆车游览利卡维多山，再到靠近宪法广场的国家花园中的扎皮昂（Zappion）花园。宪法广场距离体育场不远，1895年在原址重建。奥林匹亚神殿（p）和哈德良拱门也是卫城附近不可错过的古迹。最后，还有一系列现代的城市博物馆（其中最重要的是国际考古博物馆，以及珍珠般的一串小博物馆，如贝纳基博物馆，基克拉泽斯艺术博物馆，拜占庭博物馆以及国家图书馆）几乎都是沿着莱奥福罗斯·瓦西利西斯·索菲亚斯路依次排开（如果需要去大众艺术博物馆可能要绕路）。

P51：克雷西勒斯的伯利克里雕像，古罗马复制品

雅典卫城

1.1

的卫城南坡发现的迈锡尼时期文物，似乎证实了修昔底德对于当时雅典定居点扩展的描述（II，15，3）。在神话和考

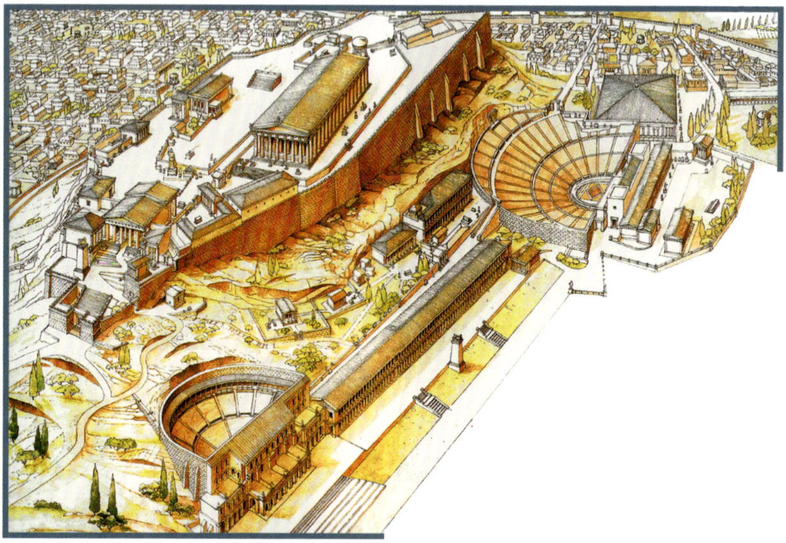

雅典这座城市出现卫城边的方式，或许可以说正如雅典娜从宙斯的大脑中神奇诞生的方式类似。这块遍布石灰岩的土地只有在西侧才能进入，曾经是迈锡尼文明的要塞。在公元前13世纪，这里似乎建造过一座宫殿；台阶和岩石上的切割痕迹表明宫殿的位置大概在厄瑞克提翁神庙（c）和帕特农神庙（e）之间，可以推测有一个中央大厅的结构，有前厅和一些附属建筑（也许是仓库）。一堵防御性的墙【帕拉斯吉肯（Pelasgikon）】保护着这座山，这段坚固的墙体至今仍在朝门（a）和雅典娜胜利女神庙（b）之间，这里也是卫城的入口。凿入岩石的石阶空地北部边缘有地下泉水。在朝向伊利斯索斯河（Illissos）

古发现之间寻找相似之处的尝试，给予迈锡尼时期的雅典超越其他城市的主导地位，因此“忒修斯推动下的地区联合”出现在公元前13世纪。但是，行政管理逐渐将权力集中（埃莱夫西斯，公元前7—前8世纪）似乎给传统的假设提供了更大的支持。几何陶时期的雅典几乎没有任何信息留下来。西南部的墓葬和卫城北坡的陶器证实这一时期有人类活动，但没有任何建筑物的痕迹。尽管如此，有证据显示雅典最古老的传说——关于厄瑞克托尼俄斯国王——就发生在公元前7世纪位于迈锡尼宫殿附近的区域。卫城的新宗教用途可能是基于户外集会的热衷：政治和行政职能必须向西北移到城墙外，后来被称为古市集或“忒修

斯的市集”。在公元前7世纪末，随着梭伦改革带来的经济和政治复兴，卫城区域继续大兴土木，在帕特农神庙区域建造了第一座山墙带装饰雕带的大型庙宇。旧神庙赫卡托佩顿（hekatompedon）用石灰石制成的山墙装饰（东山墙：两头

P52：卫城的艺术复原图

P53：卫城入口处顶端的狮子

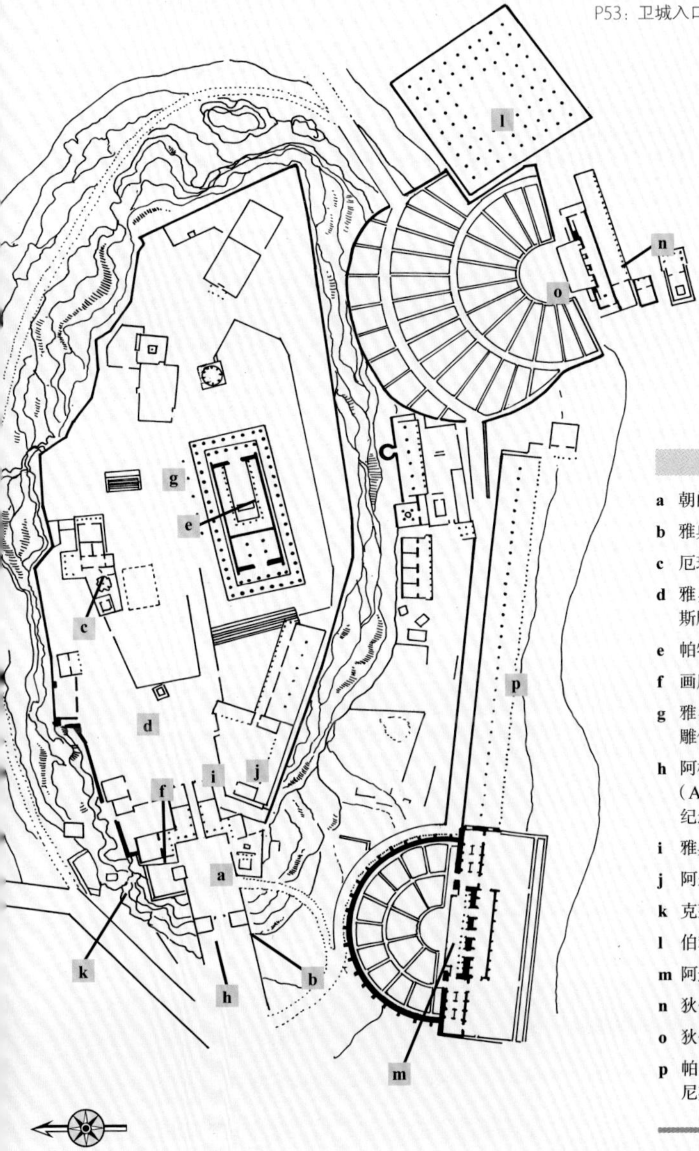

卫城

- **a** 朝门
- **b** 雅典娜胜利女神庙
- **c** 厄瑞克提翁神庙
- **d** 雅典娜·普罗马乔斯雕像底座
- **e** 帕特农神庙
- **f** 画廊
- **g** 雅典娜·波利阿斯雕像神殿旧址
- **h** 阿格里帕（AGRIPPA）纪念碑
- **i** 雅典娜祭坛
- **j** 阿尔忒弥斯神殿
- **k** 克莱匹斯德拉喷泉
- **l** 伯利克里剧场
- **m** 阿迪库斯剧场
- **n** 狄俄尼索斯神庙
- **o** 狄俄尼索斯剧场
- **p** 帕加马王国的欧迈尼斯二世柱廊

狮子和牛撕咬，赫拉克勒斯与三头怪物海神涅柔斯战斗，左侧是特里同。西山墙是两座狮子踩着蛇。)。新公共建筑开始兴建，很可能与公元前566年开始泛雅典娜节庆重新得到重视有关。例如一座新的庙宇兴起在帕特农神庙与厄瑞克提翁神庙之间，以及最初雅典娜胜利女神庙的宏伟布局等。

一些次要的建筑是在庇西特拉图专政时期建造的，但是确切位置、大小或外观由于波斯人的入侵和古典时代的大规模重建，我们已经无从知晓，只能获得许多建筑物或雕塑中遗留的残片。雅典娜·波利阿斯神庙（g）的重建发生在公元前520年前后，给雅典带来了寺庙修建传统的创新，主要是山墙装饰、大理石浮雕和柱间壁的装饰。经过多次尝试，即使是在西蒙活跃的时期，“旧帕特农神庙”已经开始用新的装饰方式，根据现有的史料人们确信这座建筑是在波斯人摧毁卫城之前建造的（建筑内部和部分暴露的凸起部分有过火的痕迹）。卫城的首座朝门应该也是在同一时期被毁。在公元前566年重新修整阶段，朝门在马拉松战役后很快修建好。献给雅典娜胜利女神的庙宇最初由石灰石建造在同一时期。从地米斯托克利到西蒙主政的时期，雅典忙于修建军事防御工事，较少关注被异族入侵破坏的庙宇，因此卫城得到的修复很少。在西蒙主政时，南墙的长而直的部分被标出，并用雅典将军欧里梅顿赢得的战利品建造，而克莱匹斯德拉喷泉（k）周围的区域都得以重新修整立碑。同时，年轻的菲狄亚斯开始建造巨大的青铜雕像雅典娜·普罗马乔斯雕像（译注：即《戎装的雅典娜》），它被视为在希波战争中大获全胜的象征。接下来在伯里克利统治下的“黄金时期”，财力和知识资源大量丰富起来。虽然当时的许多公共建筑按照官方说法是为宗教兴建，实际上

往往出于政治目的：政治思想的变化会与建筑决定建立之初的意识形态背景相悖，因此政治环境一旦改变，之前兴建的纪念性建筑往往不会完工。这里我们很有必要多介绍一些背景。公元前449年，“卡里亚斯和平”标志着雅典确立为爱琴海区域的霸主和提洛同盟的主导力量。公元前454年，同盟的财产被转移到雅典，然后迅速被花光，而非像协议中那样完全用于防卫目的。伯利克里的设想是将雅典带向全面的繁盛自由，不仅是军事上的，更是经济、政治和文化的全面超前。这个宏伟设想的一个方面就是重修几近荒废的雅典卫城。另一方面，地米斯托克利主政时在苏尼翁角发现了银矿，并建造了大型舰队。总而言之，政治经济条件的改变使得社会取得新发展，卫城也更好地融入政治和社会生活中去。

雅典娜·普罗马乔斯

“普罗马乔斯”指菲狄亚斯在公元前460—前450年，为纪念马拉松战役或者尤里美东（Eurydemon）战役胜利建造的巨大的青铜雕像，以庆祝波斯战争的结束。这尊雕像的底座（d）可以辨认，但整体外观是根据假设复原的。历史资料来源都比较模糊，罗马硬币上的相关图像又过于粗疏。在第四次十字军东征君士坦丁堡期间，巨大的雅典娜雕像曾被砸碎，尼西塔斯·丘尼茨对此进行了描述，这一点值得商榷。一种可能的情况是雕像是站立的姿势，雅典娜手持矛和盾牌，胜利女神在她的右边。

P54—55：从西侧俯瞰雅典卫城

P55：卫城中的伊奥尼亚柱

帕特农神庙

这座用黄金和象牙制成的雅典娜·帕台诺斯（Parthenos）女神像（41英尺高，约12.5米）只是庞大的修建工作的开始。当时雅典最伟大的雕塑家菲狄亚斯受托制作这座雕像，并监督相关盔，盾牌内部绘制了巨人与天神的搏斗（gigantomachy），外部雕刻着希腊人与亚马逊女战士的战斗（amazonomachy），鞋底边缘雕刻着拉庇泰族与半人马族的战斗（巨人与天神的搏斗）。

建筑事宜，最重要的就是安放这座雕像的神殿。不管是因为诅咒（Anathema）、还愿（ex-voto）还是祭祀用（最后这项是雅典娜·波利亚斯神庙木制雕像的功能），我们现存的都只有菲狄亚斯原作的复制品。复制品中最有名的是瓦尔瓦凯瓮（Varvakeion）的雅典娜雕像。这座立像穿着多利克式长袍，胸前佩戴戈耳贡之头作为保护，右手掌中托着胜利女神尼基，左手扶住立在地上的盾牌，长矛靠在肩膀。头戴装饰丰富的阿提卡式头

这些衣着装饰不断地提醒着我们希腊人与蛮族的区别，以及智慧与力量、谦逊与狂妄的区别。关于雕像制作过程的历史资料（公元前447年—前438年）和碑铭记录显示，所使用的惊人的黄金数量说明当时雅典财富的积累。或许这座雕像对当今社会平淡无奇，但在当时的雅典引起的震动甚至于催生出用黄金和象牙制作大型雕像的风气。建造开始的日期大约在公元前478年至前477年，选址在“旧帕特农神庙”的旁

P56：帕特农神庙，西侧立面

P57：帕特农神庙，柱顶盘细节

P57下图：帕特农神庙，西侧立面细节

边。原先的神庙被入侵的波斯人破坏，但给新建筑的建造留下了可供参考的模型。古神庙是一座有6×16柱的绕柱式建筑，中央是四柱式的内殿（b），向东分为3条侧廊，向西是一个四方形水池（d）。新的神庙是用同样的潘泰列克大理石建造的。旧庙宇的一些特征保留了下来：前柱式前廊（a）和后廊（e），内殿和西侧的空间区分。然而，新的神庙目的创造一个环境放置巨大的雅典娜雕像，这就需要对内殿构造进行彻底的创新，扩大了前后门廊的内立面（外置6根柱子），以及外侧前廊的立面（外置8根柱子）。因此柱基明显变宽（从77.3英尺到101.3英尺），长度略有增长（从219英尺7英寸到228英尺1英寸），长边共有17根柱子。整个列柱走廊的轴线向建筑物的中央倾斜，4根角柱的直径较大并向外倾斜，以补偿它们的位置所造成的影响。构件的厚重通过减轻整个结构的重量来取得平衡，比如增加柱身长度、拉伸柱头宽度，柱顶盘中的额枋和雕带采取1:1平衡比例，以及减轻檐口（geison）的重量等。通过对水平线的修饰对具有强烈张力的结构进行光学校正。寺庙的中央比人行道的高度上升了两个台阶。前后门廊均有伊奥尼亚式的装饰雕带，两侧的柱子也是如此。依照伊奥尼亚式传统风格，外层是富丽堂皇的柱廊，内层有4根柱子支撑着内殿的木制天花板。这是真正的帕特农神庙，其名称（处女之地）指的是为献给雅典娜的宽松外袍的处女织工。

内殿约有100“多利克尺”（译注：hekatompedon，赫卡托佩顿，此处应指在现帕特农神庙之前这里有的一座“旧帕特农神庙”，相传为卫城内的首座建筑），以

Π（10×5柱）的形式布置了柱廊，在寺庙内部为雅典娜·帕台诺斯女神像创造了一个新的空间。在基座前有一个石盆（c）盛放着油料，以保持雕像的象牙部分不会被侵蚀风干。

这尊雕像的政治和文化意义延伸到建筑的装饰元素中，也是伯利克里时期思想和艺术的顶点。整座神庙包括92面

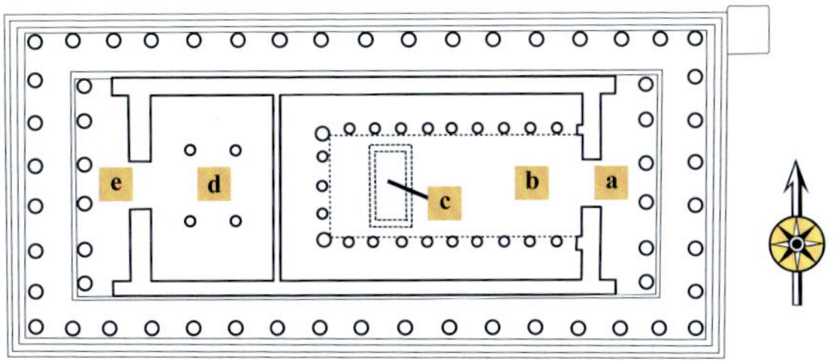

帕特农神庙

- **a** 前廊
- **b** 内殿
- **c** 石盆
- **d** 文中是水池？
- **e** 后廊

柱间壁（古建文物中绝无仅有的）和大约175码（约160米）长的雕带，以及一系列完整的山墙浮雕。史料中提到了建筑师伊克提努斯（Ictinus）、卡里克拉特（Callicrates）和卡普里昂（Carpion）的名字（也许只是一位论文作家），但对雕刻家或“巨型雕像技术大师”（就像普卢塔克所称）只字未提。保塞尼亚斯（I，24，5）只记录了一些简单的神话主题。史料信息的缺乏和人为的破坏使这些雕像仍有一些争议。那一时期全希腊最好的艺术家都前往雅典支持神庙的修建工作（阿戈拉克里图斯，阿尔卡门尼斯，克兰

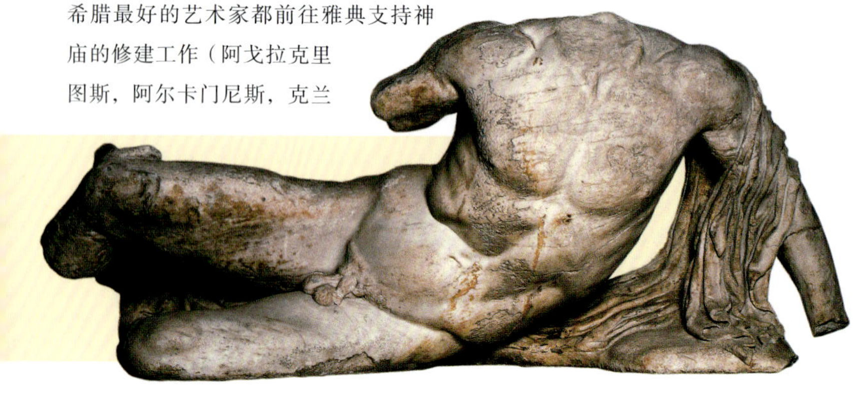

西斯，科洛特，波利克利图斯及其他人等）。前面提到的两位据传是菲狄亚斯的学生和助手。根据官方的记录和对雕塑的艺术风格进行的分析，我们整理出这些作品的大概年代顺序：首先是柱间壁（公元前447年—前442年），然后是雕带（公元前442年—前438年）和山墙（公元前438年—前432年）。在正常的多利克庙宇建造过程之外，柱间壁的风格也证实了它们处在装饰艺术早期，有些图案的风格非常紧凑。菲狄亚斯的设计首先做出模型，然后由不同的工坊用大理石雕刻而成。主题是分别为希腊人和亚马逊女战士的战斗（西山墙）、神灵和巨人的战斗（东山墙）、希腊人和特洛伊人的战斗（北山墙）以及拉庇泰族和半人马的战斗（南山墙）。在南山墙（保存最完好）的雕塑中可以看到，传统形象和菲狄亚斯在拉庇泰族的躯体塑造上进行的创新形成了鲜明对比。对泛雅典娜节游行队伍的描绘，使得雕带

P58上图：帕特农神庙
西山墙雕带复原图

P59上图：西山墙雕带，
十个部落的骑兵队列

P58下图：西山墙雕带，
伊利索斯河的化身

P59下图：献祭的母牛，
南侧雕带

中留给其他艺术家自由发挥的空间比较少，是在大师菲狄亚斯的亲自指点（西山墙）和助手的密切合作之下（东山墙）完成。有鉴于此，我们能观察到阿戈拉克里图斯的绘画风格倾向和阿尔卡门尼斯更传统的静态风格的对比。但雕带最大胆的创新（除去许多大师的共同参与）还在于表现的主题。19世纪英国建筑师斯图尔特和雷维特对泛雅典娜节游行进行了研究，认为这项活动游离于现实和神话之间。例如，最早的游行被描述为厄瑞克托俄斯组织的比赛，后遭到波斯人的破坏。也有人认为正是游行活动的热闹隆重和宗教性质这两个方面代表了泛雅典娜节，在献祭活动中达到了两者的统一。

东山墙的内容是，庆祝在奥林匹斯众神面前雅典娜从父亲宙斯的头颅里诞生的奇迹，赫利俄斯和塞勒涅均在场；西山墙是雅典娜与波塞冬争夺阿提

卡地区的保护权，地方神灵与英雄【包括人格化的赛菲索斯河（Cephissus）与厄里达努斯（Eridanus）】在左侧，卡利俄玻和伊利索斯（Ilissos）在右侧。东侧山墙比西侧早些建好，人物的动态与静态的风格交替是最成功处之一。身体肌肉的张力和衣服的丰富细节使西侧的画面更复杂和富于动感。“就好像被遏制在众神的雕像体内的力量打破了枷锁，演变出来的一个更自由丰富的

版本”，菲狄亚斯艺术研究的专家之一施威策（B. Schweitze）如是说道。除去不同艺术大师的手法，衍化的迹象在同一古典形象如狄俄尼索斯/赫拉克勒斯（东山墙）身上更容易辨识出来，其他一些形象如地形的人格化身伊利索斯河（西山墙），三姐妹（“Sisters of the Dew”，东山墙）以及衣服飘动

P60上图：帕特农神庙东侧雕带四马二轮战车的马头

P60—61：帕特农神庙东山墙复原图

P60下图：帕特农神庙北侧雕带，负水者

P61上图：赫提斯亚，狄俄涅和阿芙洛狄忒，菲狄亚斯“湿”衣着的典范之作，东侧雕带

P61下图：向雅典娜献祭的场景，东侧雕带

的伊瑞斯（西山墙）则不那么容易察觉到变化。当所有雕塑被看作是一个整体项目来进行时，菲狄亚斯的个人风格就在协调中表现得非常鲜明。同时，参与其他大师在装饰元素的塑造上也只能以此为基础进行表达（虽然我们不知道具体谁对哪个区域负责）。

ATHENS

朝门
（普罗皮来亚朝门）

帕特农神庙竣工之后，修建一个与神庙相匹配的壮观的入口来替代之前的入口就显得很有必要了。修建工程于公元前437—前436年动工，但于公元前432—前431年被军事入侵中断了。负责工程的建筑师姆奈西克里（Mnesicles）是伊克提努斯的学生，天性喜欢寻求新颖的原创灵感。最大的问题是入口处的地形和平面存在不少的问题，业已存在的多栋古老建筑又给工程增添了很多脆弱复杂的因素。最终朝门呈现出多利克六柱式和前柱式的形态。地面高低不平通过在侧边修建不同的级数的台阶来解决（西侧有4级台阶，5级沿着大门处的中墙，东侧只有1级台阶）。宽阔的西前厅被2排伊奥尼亚柱分成3条侧廊。内室与东面入口之间有一道墙隔开，其中有5扇大门的距离相等。入口的两翼对称地连接到中间，面对着入口坡道和由3根多利克柱组成的门廊；但是在门廊的后面，就出现了由上述问题造成的各种不对称空间。南侧，一个中庭连接朝门到雅典娜胜利女神庙的一处较低的地台；北侧，一个一门两窗的房间用作画廊（pinakotheke）或者宴会厅。姆奈西克里的设计同时也考虑了卫城的坡度，坡度是由两道平行墙之间的坡造成的：阿格里帕纪念碑建在斜坡的左边，右边是雅典娜胜利女神庙祭祀区的一道挡土墙（这是一组古老的结构，并入朝门区域进行整体设计）。这个结构由潘泰列克大理石建造，其鲜艳的色彩表露了自身是雅典娜神庙建筑区中比较新的，几组来自埃莱夫西斯的黑石突出了最重要的层次。柱顶盘和桶拱的彩绘完善了色彩的使用，雕塑性的装饰没有出现。

P62上图：朝门的前视图

P62中图和下图：朝门的南侧视角

雅典娜胜利女神庙

P63上图：雅典娜胜利女神小神庙

P63下图：雅典娜胜利女神小神庙，西侧雕带

朝门右边的迈锡尼要塞自古以来就被用于祭祀目的。圣坛的存在证明雅典娜胜利女神的崇拜至少从公元前566年就开始了，在公元前490年至公元前480年建造了一座小神殿。

在公元前449年至前448年，希波尼库斯（Hipponicus，卡利亚斯的儿子，西蒙的孙子）向公民大会建议建造一座新庙宇，由卡里克拉特设计，但遭到了伯里克利的反对。因此雅典娜胜利女神庙直到公元前420年才开工。这座庙宇是伊奥尼亚式的，前廊有四根柱子和带三级台阶的平台，但没有后廊，只有一个并不标准的门廊。

内殿的前墙有很大的门洞，两侧的墙上有栅栏围住的开口以提供额外的光线，因为朝门挡住了南翼的光线。额枋一圈都有带人物形象的雕带。浓重的古风风格显示出卡里克拉特的原创设计经过了一些增添和修饰：额枋经过三组不同的设计师之手，并且有明显的后帕特农风格的雕塑。巨人与神灵之战和希腊人与亚马逊战士之战分别装饰着东西山墙，还有一些残片收藏在博物馆里。

东额枋的雕带上是一众神灵，另外三面雕刻了波斯人和希腊人战斗的场面（以及伯罗奔尼撒战争，现在大英博物馆收藏）。菲狄亚斯的学生，帕罗斯的阿戈拉克里图斯被认为是雕带的创作者，但同时也有很多其他的大师参与。大约公元前410年，这一区域加建了一组栏杆以包围这一地区的城墙。栏杆的每一边各有一尊雅典娜坐像看向装饰着胜利女神的奖杯，引领人们去献上祭品。雕塑家卡利马库斯完成了这组雕塑，主要表现出后菲狄亚斯的风格主义特征。

厄瑞克提翁神庙

这座神庙是伯里克利重建卫城计划的一部分，但直到公元前421年尼西亚斯和平之后才开始实施。由于远征西西里岛的失利造成了工程暂停，于公元前409年重启，直到公元前405年完成。神庙所在的区域曾有一座十分古老的迈锡尼宫殿，在波斯人的破坏之后需要修葺一新。一群几乎不知名的建筑师（通过铭文才隐约知道有斐罗克勒斯和阿奇罗乔斯）负责建造这座神庙，建筑平面似乎是卡里克拉特设计的。平面图和地上部分的复杂程度以及对装饰的强调，意味着这可能是世界上第一座真正的“巴洛克”建筑。这是因为不同的偶像崇拜和不同的宗教功能发生在同一栋建筑物内，需要按不同的要求分配空间的体积和类型。在东侧有6柱式门廊建造在带祭坛的内殿（a）和前面。建筑的第一部分是宙斯·西帕陶斯（“最高的”）的祭坛，在门廊下方；内殿后墙上献给波塞冬和厄瑞克托俄斯（神话中的阿提卡王）的祭坛，还有以弗斯

P64：厄瑞克提翁神庙女像柱

P65上图：厄瑞克提翁神庙女像柱厅

P65下图：从西侧角度看的厄瑞克提翁神庙东立面

忒斯（Ephestus）和波忒斯（另一个神话中的王）各自的祭坛在入口两边。向西是一个几乎正方形的内殿，有些专家认为这是放置雅典娜·波利亚斯神像的地方，而不是像之前推测的那样认为放置在西边部分。入口左边是厄瑞克托俄斯墓的密室（b），以及化身为蛇的厄里克托俄斯的兽穴，他被认为是自然力量之子和阿提卡王。入口处还有一条祭坛（c），雕刻着波塞冬在与雅典娜的比赛中抛出三叉戟标志，以及他赋予水流的咸水泉。在内殿后侧是雅典娜·波利亚斯木

广泛：镀金的青铜，柱子底部的玻璃球（？），额枋上的白色大理石浮雕人物与埃莱夫西斯的蓝黑色的石头形成鲜明对比。这不仅是出于装饰的目的，正如我们已经在朝门看到的，色彩的使用创造了有力量的线条，使雕刻作品表面清晰、层次分明。我们不知道额枋雕带出自谁之手，也不清楚所表现的主题和特点，只能从雄浑的风格上判定这是菲狄亚斯的手法，尤其是衣物细节处理给予了很多关注。阿尔卡门尼斯有可能是那些朝向帕特农神庙的著名的女像柱的雕刻者。

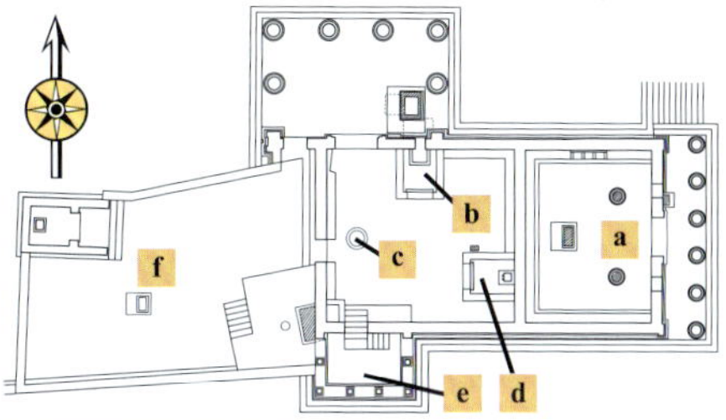

制雕像密室（d），功用是在泛雅典娜节的时候将处女织工（ergastinai）织就的宽松外袍从高处降到神像身上。卡利马库斯制作的那盏金制灯具长明。神庙的中段部分地面水平低很多，与北面通过4×2的柱廊相连。南面通过楼梯与西南角的女像柱厅（e）相通。内殿西侧可以到达刻克洛普斯墓、雅典娜种下的橄榄树（f）、宙斯·赫克伊奥斯祭坛以及潘多罗索斯的小型神庙，她是刻克洛普斯的女儿。只有轻盈、光洁的伊奥尼亚风格才适合这座复杂的建筑。色彩的用途很

这6具传统的伊奥尼亚式人物形象雕塑可能代表了刻克洛普斯的女儿们守护着父亲的陵墓，她们的肩头都扶着装有奠酒的圣碗。

厄瑞克提翁神庙

- **a** 带有祭坛的内殿
- **b** 厄瑞克托俄斯墓密室
- **c** 一处祭坛
- **d** 雅典娜·波利亚斯木制雕像密室
- **e** 女像柱厅
- **f** 雅典娜的橄榄树

就在博物馆入口处，一尊亚历山大大帝的大理石肖像（公元前4世纪下半叶），出自莱奥卡雷斯之手，以其惊人的美欢迎着世界游客。

1号展厅：在一众公元前6世纪初石灰石建筑装饰的文物残片中，有一块重新修复过的山墙，仍能显示出原始上色的痕迹。山墙的雕刻描绘了赫拉克勒斯对抗九头蛇海德拉（Hydra）的场景：在画面中心，赫拉克勒斯在伊俄拉俄斯的协助下与怪物搏斗，而赫拉派来的一只大螃蟹正威胁着他。要将这些残存的文物碎片确定归属到特定的建筑几乎不可能，但这块山墙装饰无疑来自公元前570至前560年的一座小型建筑。在表现形式上能够看出阿提卡地区最重要的创新：人物形象巧妙的安置在山墙的三角形空间内，对画面的叙事性并不造成减损。在同一间展厅里还有另一组来自山墙装饰的雕塑群，展示了狮子和一头公牛之间的战斗。

2号展厅：左侧，是一块来自山墙的雕塑，表现了赫拉克勒斯成神的时刻（公元前560年—前550年）。在这一场景中，宙斯与赫拉端坐王位为正面视角，欢迎身披尼米亚狮皮的英雄来到奥林匹斯山。山体的深度是由层次分明的渐进式构造而成的，从艺术风格的角度分析，开始吸收平面模块化的伊奥尼亚式风格，色彩使用十分多样。另一块山墙表现了是赫拉克勒斯与涅柔斯和特里同战斗，叙事节奏十分紧凑，来自早于帕特农神庙的一座建在该处的庙宇（公元前570—前560年）。

接下来是橄榄树山墙（公元前550年前后），虽然来自科林斯但画面风格是阿提卡式的。因其展现了一处真实的景观而闻名（一座喷泉和一棵橄榄树在墙后，可能是厄瑞克提翁神庙），其中一个年轻女孩抬着水罐。有人认为这表现了对庇西特拉图政策的支持，尤其是规定向城市提供水的政策。在另一块山墙中，赫拉克勒斯和特里同一起出现（公元前570—前560年）。公元前6世纪早期的杰作“负牛者”（Moschophoros）是由来自海梅图斯山（Mount Hymettus）的一块还愿大理石雕刻而成，很可能是由一个名叫罗姆波斯的人，在公元前566年泛雅典娜节的比赛获胜之后捐赠的，代表了捐献者自己将动物献祭给女神。

P66：负牛者，来自古风时期

P67上图：亚历山大大帝，莱奥卡雷斯

P67下图：卫城中古风时期庙宇的山墙浮雕

3号展厅：包括两件作品，一件是公牛和狮子战斗的雕像群，来自上面提到的赫拉克勒斯与涅柔斯和特里同战斗的山墙；以及一个精湛的狮身人面像，头部装饰非常精致（公元前575—前550年）。

4号展厅：此厅有一个来自庇西特拉图时期的令人印象深刻的作品，被称为“拉宾骑手”，收藏家拉宾把这件作品的头部捐赠给卢浮宫。1877年，这位收藏家在雅典购得该文物，并使用卫城上1866年发现的雕像碎片，由佩恩（H. Payne）凭借其出色的直觉和技艺在1935年进行了“修复”。这座雕塑完成的时间应在公元前550年前后，表现的是一位戴着橡树叶的骑手，可能是指在皮同运动会或者尼米亚运动会的比赛中取得胜利。这尊雕塑原本可能和第二个骑手（庇西特拉图的两个儿子？）一起制作的。骑手的身体线条显示出雕刻者的非凡控制力，头发和胡须上用大量图案做装饰。

或许其他博物馆也有部分作品（雅典国家博物馆的“掷铁饼者”，里昂博物馆的女立像和其他等）出自这位不为人知的雕塑家之手，甚至该博物馆“穿长袍的女立像”面部表情带给人同样的感觉。该展厅需要留意的还有一尊公元前6世纪下半叶用帕罗斯大理石雕刻的男性躯干。展厅的最后一部分有一系列女立像，被称为“卫城博物馆的女孩们”，这组雕像大多来自“波斯填埋场”。编号593的女立像成功吸收了伊奥尼亚风格，可追溯到公元前560年前后（在前一个展厅），展现出这一系列作品的广泛和丰富。

5号展厅：最令人印象深刻的作品是雅典娜神庙东侧山墙的雕塑群，来自庇西特拉图时期（公元前529—前515年）。这组大理石群雕描绘了巨人与神灵搏斗的场景（在西山墙上是动物的搏斗），雅典娜击败了巨人恩克拉多斯。其他巨人、宙斯和众神（可能是赫拉克勒斯）幸存了下来。最值得注意的一点是雕塑群使用了一个大致统一的模型和轮廓，人物的姿势自然，确保了山墙空间中色彩的和谐使用而无突兀的感觉。

P68上图：拉宾骑手

P68下图：法蒂摩斯的女像柱

P69：赫拉克勒斯与特里同

P70上图：帕罗斯大理石制作的马的雕像

P70下图：克里蒂乌斯男孩

P71：金发男孩，严谨时期雕塑

雅典雕塑家安特诺尔，同时也是从波斯人手中救回的雕塑“刺杀僭主”的塑造者，是编号681的女立像的作者，创作于公元前525年。这座很大的雕像是献给陶工尼尔乔斯的。雕像人物身穿长衫和大长袍，手臂向前举，做出献祭的姿势。尽管脸部受损，但我们知道其眼睛部分是用无色水晶做的。

6号展厅：此处有著名的严谨时期浮雕“沉思的雅典娜”（约公元前460年）在展厅的左侧，迎接着参观者们。但人们的目光也会立即被另一座雕塑吸引，就是“金发男孩”和“克里蒂乌斯男孩”。紧凑、庄重而又温柔的“金发男孩”（其名来源于头发上的镀金效果）用明暗效果来表现一位坚定的运动员形象。在运动员的躯干处理中，克里蒂乌斯（与尼西奥特斯一起，创作了“僭主刺杀者”群像）打破了古风时期男立像的僵化状态，虽然在运动员肩部和胸部有力的肌肉表现还是有一些僵硬，但通过臀部和腹部肌肉的自然重力效果得到了平衡。

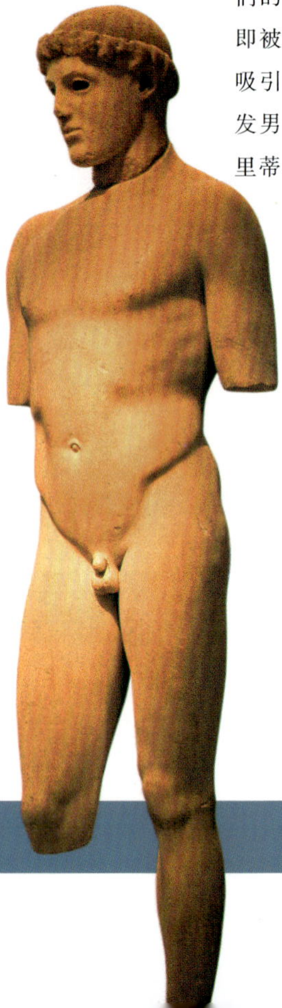

两尊朝门女立像（编号686和688），分别因其衣着的细致和面部刻画脱颖而出。另外值得注意的还有一批精美的大理石马和一个较为少见的黏土泥板绘画，画面中是全副武装的大力士麦加克勒斯（Megakles），来自阿尔克蒙尼德（Alcmeonid）家族。

7号展厅：此处展览着帕特农神庙雕塑装饰的碎片。较为突出的是来自西面的山墙“海神躯干”，编号885；以及一面表现了半人马诱拐了拉庇泰女子的柱间壁。

8号展厅：在这里会发现大约20块来自帕特农神庙的伊奥尼亚式雕带石板，描绘了泛雅典娜游行的场景。画面中有骑兵、战车、音乐家和众神集会的场面。其他值得注意的展品还有来自雅典娜胜利女神庙栏杆的部分石板，绘有带翼的胜利女神形象，包括女神正在整理鞋子的雕塑。

9号展厅：此处展览着厄瑞克提翁神庙南侧柱廊的6根女像柱中的4根。另外1根收藏在伦敦，还有一根因损坏没有展出。目前立在神庙里的是复制品。

卫城南坡

建于公元前443年的“伯里克利室内剧场”（1）是此类建筑中的第一座。室内剧场主要由一个大厅构成，覆盖着倾斜的屋顶（横梁是从被俘的波斯战船上取来的），由每行10根的9行柱子支撑。大厅的主要功能是举办音乐比赛。伊克提努斯和其他曾在帕特农神庙工作的建筑师，将他们在埃莱夫西斯建造泰

勒斯台里昂神庙（Telesterion）积累的经验用来设计建造这座剧场。这座建筑在公元2世纪下半叶被废弃，当时附近的阿迪库斯剧场已经建好。由庇西特拉图建于公元前6世纪的狄俄尼索斯神殿已经所剩无几。在对面有一座小型的双柱式多利克神庙，在它的南面是比较显眼的一座公元前4世纪的多利克四柱式庙宇的废墟。关于后者，阿尔卡门尼斯曾用金和象牙制作了放置其中的祭祀雕像。走过一段公元前4世纪多利克柱廊就到了狄俄尼索斯剧场遗址，酒神节期间公众在此聚会。施工的第一阶段发生在古风神庙修建时期使岩石规整，但公元前5世纪在矩形平面的基础上发展出一种木质结构。这一修改发生在酒神节庆祝活动从市集转移到这里的时候。公元前4世纪下半叶，剧场由莱库古斯进行了重建，以符合规定的剧院形式，有乐队舞台、中央圆形祭坛、一座简单的舞台以及能容纳15000名观众的看台。剧场的进一步改建发生在希腊化时期，曾经在普尼克斯山举行的公民大会改在了此处。在1世纪尼禄统治期间，乐队舞台用大理石筑成，与同样大理石制的高高的舞台前置部分融为一体。这座建筑装饰得十分华丽，雕刻着有关酒神狄俄尼索斯的场景。公元5世纪舞台建筑曾被改造成一座柱廊，6世纪在合唱队登场的通道处（parodos）又立起了一座教堂。在看台上方区域可以看到大量的合唱指挥纪念碑（主要是希腊化风格的），在特里波迪街（Tripodi Street）与合唱台西通道的交汇处。值得注意的是特拉西鲁斯纪念碑（公元前271年，在18世纪的绘

画稿中我们可以看到这是一个洞穴，里面安装了一个船形结构）；尼西亚斯纪念碑（公元前320年），这是一座由潘泰列克大理石搭成的多利克六面式小神庙（部分在卫城的防御工事中被重复使用）；以及最著名的吕希克拉特纪念碑（公元前334年），立在吕希克拉特街（Lysicrates Street）的尽头。

西面是帕加马的欧迈尼斯二世（Eumenes II）柱廊（公元前197—前159年）。柱廊有两条侧廊和两层楼，前面有64根柱子，里面有31根。根据维特鲁维乌斯（Vitruvius，公元前1世纪）的说法，这个柱廊是为了在恶劣天气时为附近剧院的观众挡雨。

雅典保存较完好的古迹之一阿迪库斯剧场建于160—170年，以纪念阿迪库斯的妻子安尼亚·雷吉拉。这座建筑可以容纳5000名观众，保塞尼亚斯称赞它的屋顶是由极长的黎巴嫩雪松构成的，虽然也有一些专家认为建筑中唯一有顶部分是舞台的3层部分，舞台上的柱子和壁龛上都装饰着雕像。乐队舞台是用彩绘大理石铺就的。

在雅典卫城的悬崖下，在欧迈尼斯门廊后面，雅典人忒勒马科斯（Telemachos）于418年建立了阿斯克勒庇俄斯神庙。在索福克勒斯（Sophocles）的帮助下，忒勒马科斯成功地将对药神的崇拜从埃皮达鲁斯（Epidaurus）带到了此处，建造了一眼圣泉和神圣的古老传统。经过重建，一个献给阿斯克勒庇俄斯小型多利克四柱式庙宇修建起来，并有一个祭坛和两层的柱廊（在睡梦中得到治愈的地方）。在建筑的东北角有一口井，周围有4个柱础，原本的柱子应该曾经支撑着上面的华盖，仿照埃皮达鲁斯著名的瑟罗斯圆墓样式。

罗马帝国时期，神庙南侧曾经加过一个柱廊，泉水东面曾经修建过朝圣者们的招待所（旅舍）。这个柱廊修建有4个宴会厅和阿斯克勒庇俄斯神庙的附属建筑。神庙的南侧入口修建的较为壮观。祭拜的地点在赫鲁里亚人的入侵中幸存，但最终在6世纪被一座小教堂取代。

P72上图：剧场浮雕细节

P72中图：阿迪库斯剧场

P72下图：狄俄尼索斯剧场

P73：狄俄尼索斯剧场，男像浮雕

P74：罗马市集，古罗马柱廊，风之塔

1.2 罗马市集

这个区域主要与市集上的商业活动有关。在奥古斯都时期，根据亚里士多德的理论行政中心应该与商业中心分离，因此一个新的市集紧挨着旧市集建立起来，旧市集从此失去了政治上的重要性，只具备纯粹的文化功能。此处是一个可以凭吊往日荣耀的博物馆。新市集有一个广场，周围有多利克和伊奥尼亚式柱廊以及2个入口，东侧是伊奥尼亚式入口，西侧是多利克式入口。

从西侧进入市集可以使参观者们看到一些功能性的古建筑遗迹。主要有3座独立的建筑：征服者清真寺（莫罕莫特二世的清真寺，君士坦丁堡的征服者，也叫Fetiye Dzami tou Staropazarou，是雅典最古老的清真寺）；一个大型公共厕所，因为到市集活动的人数众多；最重要的是风之塔（a）。

这座塔是由安德罗尼库斯（Andronicus）建于公元前1世纪（有人说是公元前2世纪的末期）左右的一座水钟；由于在拜占庭时代被移入一座教堂内部，因此仍然处于良好的状态。在中世纪被称为“苏格拉底墓”。这座八角形塔楼是由潘泰列克大理石制成，里面有钟表的机械装置，由克莱西德泉水提供动力。流出的水由南边的一个圆柱形容器收集起来。建筑物上方的穹顶（整个建筑都显示出东方和叙利亚的影响）被倾斜的屋顶与带有狮子的屋檐掩蔽着。在屋顶上，一个青铜风向标状显示了风的方向。在塔的上部空气流通孔附近有一些风神的人格化浮雕，不仅通过其衣服和形式进行了区别，连它们的名字也被给出了。

维特鲁威在《建筑》（i，6，4）中给出了详细解释：“据有些人说，只有4种风，即东风（Solanus）、南风（Auster）、西风（Favonius）和北风（Septentrio）。但更有好奇心的人安德罗尼库斯识别出了8种风，为了证明这一理论，他在雅典建造了一座八角形大理石塔，每边都雕刻了一个代表从对角吹来的风的人物。在这座塔顶上，特里同青铜像的右手拿着一根棍子，在枢轴上移动着，指向了风向所在的四分之一的位置。

其他上面没有提到还有欧洛斯，东南风神（Eurus）、西南风神（Africus）、

P75上图：风之塔细节，
西南风的人格化身

P75中图：哈德良图书馆西侧

西北风神（Corus）、东北风神（Aquilo）。在塔旁与大门一线矗立着2世纪中叶的长方形建筑，美观的大理石立面有3个小拱门，还有一个献给雅典娜·阿尔切提斯（“创始人”）和诸神的雕塑。此处可能是市集管理所（b），即监督市集的治安法官使用的建筑。在广场的东边有一排商店（c），南侧是由大理石砌成的双层柱廊，中心有一个喷泉（道路可能在126年铺设）。西侧可能也曾经有商店，并在公元前10年修建了第二处入口，为了纪念雅典娜·阿尔切提斯。上面挂着卢修斯·恺撒的画像，他是奥古斯都的孙子之一，在被加冕前去世了。从那里可以沿着一条长街到达古市集，途经建于100年前后潘丹诺斯（Pantainos）图书馆。

哈德良图书馆（d）与北面的古市集完美地建在一起。由里克（W.Leake）在1821年根据保塞尼亚斯作品中（I，18，9）的描述进行探明，一场火灾后那一地区的现代建筑被移除了，于是1885年由希腊考古学协会进行了发掘。即使在今天，对这一地区的勘探也只是局部的。

据专家称，受到罗马和平论坛的启发，这座宏伟的建筑群建于132年。可能也被用作档案馆或土地登记的办公室，或者其他法律或者宗教功用。一个巨大的科林斯式大门立在向西通往市集的路上。这座大门是石灰石制成的，立面华丽又保存得很好。外立面上有科林斯式柱子，原来的柱顶盘上可能有装饰雕塑。横梁两端是飞翔状态的胜利女神。大花园和水池周围环绕着一座华丽的彩绘廊柱，柱子由弗瑞吉亚大理石制成，

罗马市集

- **a** 风之塔
- **b** 市集管理所
- **c** 商店
- **d** 哈德良图书馆

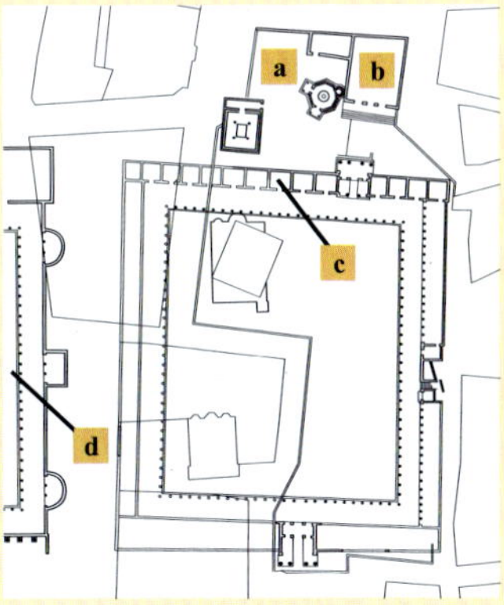

底座则由白色大理石制成。门廊的长边上有三处半圆形室外座椅，中间是长方形的。

图书馆位于东侧。馆有一个大厅，墙上有三处壁龛，用来装纸莎草和羊皮卷的容器。在主大厅的两侧有两个对称的服务室，通往阶梯平台，两处双柱式门廊围绕的半圆形座椅，用以进行哲学讨论和演说时用作观众席。在古代晚期，在水池的位置上建起了一个三角形大厅，供“博学”人士的会议之用。在7世纪，会议厅被一座教堂取代，然后在12世纪又被另一座教堂所取代。在离此处不太远，但并没有完全确定的地方有一个健身室。

P76：罗马市集，低处的拱门

P76—77：艺术家印象图的罗马市集

P77：罗马市集入口

1.3 拜占庭教堂

这条参观线路从古典时期的雅典中心开始：小巧的圣使徒教堂（Holy Apostles）矗立在卫城的阴影中，靠近东南角的市集。

这座建筑是人口密集区唯一幸存的拜占庭风格建筑，后来法兰克人和土耳其人增添的部分“理论上”因为市集的挖掘已经消失殆尽了。

现在圣使徒教堂是孤立存在的，但城市中的其他拜占庭教堂并非如此：卡

普尼卡里亚（Kapnikarea）教堂、小都会教堂、圣西奥多利（Aghii Theodori）教堂等这些都在嘈杂的市区，被沉闷丑陋的建筑包围着。一个极端的例子就是圣迪纳米斯（agia dynamis）教堂，竟然在一处现代建筑门廊的下边。

圣使徒教堂建于11世纪，位于2世纪一处喷泉的废墟上（庇西特拉图时代），建筑平面较为特殊。乍一看这是标准的十字形平面，角上有四根柱子；事实上，它更像是一个带圆顶的四足平面图。

还要注意的是有一些附属房间非常贴合内部弯曲的叶状平面。这种影响是来自东方的（白种人，尤其是亚美尼亚人），只存在于西方中世纪早期的几座建筑中，例如米兰的圣萨蒂罗（San Satiro）礼拜堂。几个世纪以来，教堂经历了很大的改变，例如随着西半边后殿的拆除，增加了第二个前廊以及侧廊被移除，形成了一个单一的内殿。1955年，美国古典研究学院对教堂进行了彻底的翻修，同时也负责对市集的挖掘。但这次令人遗憾的翻修虽然使教堂回到“最初”的风格，但使建筑内部的氛围感觉格外“冰冷”。内部风格惊人的统一，只有被低矮的圣像间壁框架稍微打破。墙壁上曾经绘满了壁画，如今所剩无几。

建于10世纪的潘塔纳萨教堂（Pantanassa，大修道院的教堂）矗立在莫纳斯提拉奇（Monastiraki）的另外一

P78：卡普尼卡里亚教堂，
天主之母马赛克画

P78—79：圣使徒教堂

P79上图：圣西奥多利教堂

P79中图：圣西奥多利教堂内部

P79下图：卡普尼卡里亚教堂

边，曾经被几次翻修过。从那里开始沿着厄莫路（Odos Ermou）朝着议会大厦的方向走（由F. von Gärtner建于1836—1842年，作为奥托一世的官邸），会看到最有特色的两座拜占庭教堂：一座是卡普尼卡里亚，现在属于大学并作为学院举行仪式的场所；稍微偏离厄鲁路（Odos Elou），会看到圣西奥多利教堂。两座教堂都属于拜占庭中期的古典建筑风格，犬牙状的雕带上古阿拉伯字母的痕迹（因10世纪中期征服克里特岛跟伊斯兰文化又有了接触）又明显带有之前的装饰风格传统。

在米特罗皮莱奥斯广场，就在厄莫路南侧靠近迈加利·米特罗波利（Megali Mitropoli）大教堂（1840—1855年新建的新拜占庭风格主教堂），还有一处建于12世纪末期的瑰宝：米可利·米特罗波利（Mikri Mitropoli）教堂（“最神圣的教堂，能使人的祈愿能立即成真”）。

许多古老的大理石被用来建造城墙，特别是公元前4世纪的阿提卡“日历”，显示了黄道十二宫的月份和星象。内部受到君士坦丁堡的影响，有4根柱子支持着拱肩上的穹顶（也见卡普尼卡里亚教堂）。

ATHENS

1.4 市集

除了雅典卫城上的神殿之外，城市第二个特色元素就是市集。市集是古代社会政治、道德和经济生活的中心。雅典的市集是在希腊城市内部形成此类性质的空间的最清晰和最早的例子。古籍资料中提到了古风时期市集的存在。我们通过阿波罗多罗斯（Apollodorus）知道这座古市集在靠近阿芙洛狄忒神庙的位置，保塞尼亚斯则指出在卫城西南坡，后来由东塔斯（Dontas）进行的发掘明确了市集的位置。后来在这一地区建造的大型建筑物，阻止了对这一早先举行公共集会的空间（这是“agora”一词的原意）进行更进一步勘察。将公众集会的职能转移到凯拉米斯（Kerameis）发生在公元前6世纪初，很可能是梭伦改革和新公民大会自治体现的结果。除此之外，凯拉米斯区还处在城乡交通更有利的位置，这一功能很快就实现了。从十二神祭坛开始，多条道路直通阿提卡。

这一地区的发掘有着悠久的历史。希腊考古学协会于1859年开始工作并持续了大约50年，其中一个德国团队支援了一小段时间。1890年至1891年，当希腊政府决定在古老的广场北缘修建雅典到比雷埃夫斯的铁路时，必须挖掘的大壕沟（约15米深）造成了巨大和不可挽回的破坏。因此当20世纪初雅典制定城市发展计划时，美国古典研究学院（依靠洛克菲勒财团的支持）提出了一项大规模“预防性”的挖掘计划，最后得以批准开工的规模要小一些。工程始于1931年，一直持续到1940年因战争中断。战后挖掘工作重新开始，至今仍在继续。自1934年以来，发掘进展报告定期在《*Hesperia*》杂志上发表，并自1953年以来一直在编写多卷出版物《雅典市集》，以及关于文物发现的文章的汇编专著。由于洛克菲勒基金会的财政支持，1953年至1956年对阿塔罗斯柱廊进行大规模的修复，并建成了市集博物馆，以展示在发掘过程中发现的大量的文物。在奥兰多斯（A.Orlandos）和特拉夫洛斯（J.Travlos）的监督下，遗址重建所用的石头和大理石使用古老的切割技术，并使用类似过去的工具。虽然

P80：剧场的雕塑

P81上图和右下图：山墙和被替换的柱头，希腊市集

P81左下图：希腊市集的浮雕，跳舞的女人

修建原则上有争议，而且这些遗址建筑至今仍是讨论的对象，但博物馆在教育方面发挥的作用得到了很高的赞扬，并且符合大众文化提出的需要。

在古风市集存在之前，这个地区大部分是被墓地占据的，从发现的一些居住痕迹上可以得知（例如井）。在公元前7世纪和前6世纪初的手工艺复兴过程中，建筑和城市取得发展，新市集中的一个区域被预留用于400人大会的政治功能。

这也是阿波罗·帕特鲁斯（伊奥尼

亚人的神圣祖先和保护者）和宙斯圣殿建造的时期。公元前479年以后，宙斯被称为宙斯·埃洛西奥斯（“解放者”）。弓箭手们做祷告的宙斯·阿戈莱奥斯的祭坛，建在宙斯·埃洛西奥斯神庙前。往北一点是巴西莱奥斯（Basileios）柱廊，那里是悬挂法律条文、举行公共宴会或者执政官行使职权的地方。

梭伦设立的人民法院（Heliaea）最有可能在广场的西南角。有关在泛雅典娜节日的庆祝活动中，游行队伍所经过的街道首先被修筑得“纪念碑化”（增加了令人印象深刻的建筑物）。人们从西北到东南穿过这个被称为多莫斯（Dromos）的地区，因为这里是举行运动会的地方。庇西特拉图的儿子们建造了十二神祭坛和恩尼阿克鲁诺（Enneakrounos，第一处公共喷泉），这个名字可能不仅仅是指一处喷泉，而是指与建造的输水管相连的9个喷泉系统。克莱斯提尼政治改革之后的这段时期，该地区进行了进一步的建设，集中在科洛诺斯·阿戈莱奥斯（kolonos agoraios）区域。这些建筑中最重要的是新的500人议事大厅以及和它相连的计量器（meter）。安特诺尔的《僭主刺杀者》雕塑群放置在空地中心，被波斯人摧毁后，克里蒂乌斯和内西奥特斯又创作了一组新作品（公元前477年）。这些发掘工作还扩大了我们对陶片放逐法的认知，这项法则在公元前488年进入雅典政治。超过1000只陶片（写着被放逐的人的名字）被找到，其中190片上的名字为地米斯托克利。西蒙和他的家族专注于市集的布局设置。

“大殿”曾经作为城市公共会堂。广场的北侧是“绘画门廊”（Stoà Poikile）的位置，因在墙上挂着那个时代最伟大的艺术家的画而闻名。公元前4世纪末，该处成为塞浦路斯哲学家泽农（Zenon）著名学派的所在地，“斯多葛”（Stoic）这个名字因而得名。在市

集还发掘出许多赫尔墨斯雕像，表明这里曾经是赫耳墨斯柱廊所在地，在文献资料来源中被提及为在古老的赫尔墨斯·阿戈里奥斯神殿的遗址上。公元前430年前后，宙斯柱廊被添加到同样献给宙斯的古神殿遗址上。建设这座新建筑意味着，巴西莱奥斯柱廊在立面两端获得两个前翼。这些建筑被用来保存刻在铜牌上的雅典法律。在公元前4世纪，一座巨大的西弥斯（Themis）雕像——正义的化身——被放置在柱廊前面。南面的柱廊和造币厂占据了广场的南缘。内，雅典娜作为智慧女神也与此处的崇拜有关。这座庙宇是多利克式建筑，有6排13列的柱子，相对式及双拜式（译注：前后有柱而两侧无柱）内殿，两层楼高的内部柱廊，还有由阿尔卡门尼斯制作的以弗斯忒斯（Ephestus）和雅典娜的祭祀雕像。这座庙宇可能是西蒙在公元前450年以前就计划好的，但实际上是公元前440年才开工，很可能是在尼西亚斯和平（公元前421年）和西西里远征（公元前415年）之间完成的。尽管有一些原始的特征（柱子之间间距

广场西侧在旧的议事大厅后面继续建造了新的议事大厅、战略处和阿提卡10个部落的英雄名纪念碑。

赫淮斯托斯神庙（Hephaisteion）建于伯里克利统治时期，尽管这座神庙并不是伯里克利计划的一部分。该神庙是希腊世界中保存较好的寺庙之一，部分原因是它在7世纪变成了一座教堂（Agios Georghios）。希腊从土耳其人的占领中解放后，该神庙变成世俗场所以存放发掘出的文物，直到雅典国家博物馆完工。作为献给工匠之神的赫淮斯托斯神庙，在凯拉米斯手工艺区较大），这座寺庙在某种程度上类似于帕特农神庙的模式，例如9∶4的长宽比例，内殿的Π型平面设计和双柱廊的设计。雕塑装饰上也体现了同样的影响。朝向市集的建筑立面柱间壁雕刻着赫拉克勒斯，四边的柱间壁上装饰着忒修斯的功绩。这位雅典的英雄出现在柱廊的两处伊奥尼亚式额枋上，以及前廊（与阿提卡有关的神话）与后殿（拉庇泰与半人马的战斗中出现的忒修斯与他的朋友）。幸存下来的一些建筑碎片让我们可以假想把赫拉克勒斯和忒修斯联系在一起。

A T H E N S

P82：阿塔罗斯柱廊，市集博物馆，雅典石山最高法院的视角

P83上图：赫淮斯托斯神庙浮雕

P83中图：南侧视角的赫淮斯托斯神庙

P83下图：希腊市集内半圆形室外座椅遗迹

除了柱间壁，其他部分似乎修建的较晚，与阿尔卡门尼斯的祭祀雕像同时代；然而，在建设之前的计划阶段，主题的选择似乎是为了在赫淮斯托斯神庙和帕特农神庙中看到的泛希腊风格之间建立一个对比。这一举动的政治用意是支持西蒙的党派反对伯利克里的体现。广场西侧的建筑进一步受到公元前4世纪作品的影响，公元前338年以后建造了2座分别献给宙斯·弗雷特罗斯和雅典娜·弗拉特里亚的祭坛，他们是雅典政治组织的守护者。西侧的另一处改变是阿波罗帕·帕特鲁斯神庙的增建，其中放置着著名的欧弗拉诺雕像。希腊化时期进行的建设不多。这种情况在2世纪又一次发生了变化，当时广场被赋予了一个东方风格，南面和东面都立起了巨大规整的柱廊，新的自然女神庙（Metroon）移到西侧。

经历过罗马大将苏拉的洗劫，奥古斯都时期市集中心地区（不再有任何政治意义）逐渐被新建筑入侵。紧挨着阿格里帕大剧场（43×51米），罗马人在公元前5世纪下半叶拆除了一座祭祀战神阿瑞斯的神庙（原址不清），并将材料运送到新的地点重新建设起来。

雕塑收藏品陈列在门廊里。其中最著名的作品是无头的阿波罗·帕特鲁斯雕像，出自雕塑家欧弗拉诺，杰出的第二古典主义艺术家之一。欧弗拉诺是青铜和大理石雕刻家，也是画家和论文作家（研究对称和色彩）。大约公元前330年，这座雕像的宏伟壮丽揭示了一种尝试——在过于繁复的衣着下——通过加长比例引入新的人体塑造标准（根据古人的判断），更纤细的躯干和更大的头部（已经丢失）。

涅瑞伊得斯女神像用来自帕罗斯的大理石雕刻，体现了公元前4世纪早期流行的后菲狄亚斯式风尚，就像宙斯神殿门廊上的胜利女神雕像一样。

博物馆里藏有各种各样的文物，大部分陶器是从新石器时代到罗马时代，也有来自拜占庭时期和土耳其占领时期的陶器。这些都是对古城中心的日常生活的忠实描述和记录。请留心度量衡器、水钟和抽签器（一种用于公职人员如治安法官等的抽签指定的工具）的样本；一个精良的青铜盾牌曾于公元前425年与斯巴达人在皮洛斯的战斗中使用；一个红绘花瓶，出自埃克塞基亚斯之手

P84上图：阿塔罗斯柱廊，市集博物馆入口

P84下图：古典时期的无头雕像

（公元前530年前后），和埃皮克托斯制作的一个杯子（公元前520年）。

最令人感兴趣的是关于“陶片放逐法”的文物，陶片上写着那些被投票流放的人的名字。其中最著名的名字是亚里斯泰迪斯和地米斯托克利。

有意思的是，那些载有地米斯托克利名字的陶片，上面的笔迹几乎是相同的。说明这些是事先“预备”好的，应该出自地米斯托克利的反对党派之手。展厅中央还有一个青铜胜利女神的头部雕像，曾经覆盖着一层金片，可追溯到公元前430年。

P85上图：帝国时期

P85中间：二轮四马马车比赛，石棺浮雕

P85下图：市集博物馆内两件罗马帝国时期的藏品

凯拉米斯，迪皮隆门和学院

入口处在霍莫斯（Odos Hermous）上；这条参观线路包括规模较小但非常重要的博物馆，参观时间为星期二至星期日，时间为8:30—15:00，需要用时约一个半小时。

古市集的北面是雅典富有吸引力的地区之一。这里是英雄凯拉米斯（Keramèis）的祭祀场所，他是手工艺和陶工的主神。公元前8世纪至公元前5世纪，那些遍布整个地中海区域的优秀陶器产品正是出自这里。

这一区域分为外内部两部分，由地米斯托克利城墙（a）分隔开，这道墙是在普拉提亚战役（公元前479—前478年）之后建成的；公元前394年被科农重建，该世纪末又由莱库古斯重建。这13扇门中最知名的是迪皮隆门（b，“双门”），它与雅典最著名的墓地相连，也被称为迪皮隆公墓，公元前12世纪开始使用。南面是朝门。

大量文物的挖掘和修复始于1862年，并断断续续直到20世纪初。第一次调查和测量该遗址（1909年）的是布拉克纳（A.Brückner），他为德国考古团队几乎贯穿了整个20世纪的系统发掘做了大量基础性的工作。墓葬方法最初是在长方形的壕沟中进行土葬，在公元前1000年前后开始对遗体进行火化，但在公元前800年前后土葬又开始流行，公元前7世纪则是两种方式并存。墓穴上面堆满了土，再上面是盛放奠酒的花瓶。从公元前8世纪开始这些花瓶的尺寸变得巨大（高达1.5米），更重要的是开始用美丽的几何图案作为表面装饰，也因此希腊的这一文明时期被命名为“几何

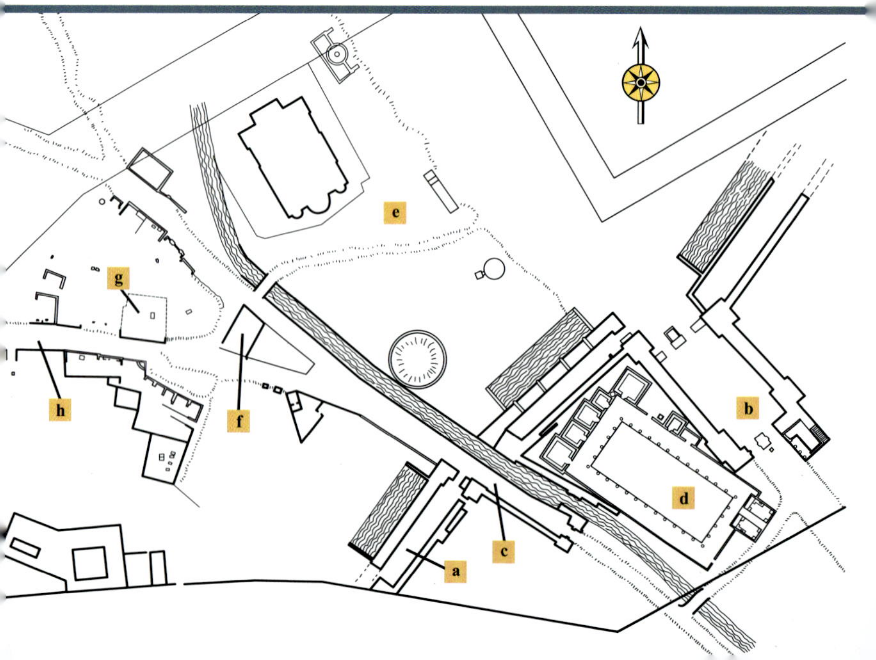

P87上图：凯拉米斯地区的墓葬

P87中图：迪皮隆门附近区域

P87下图：拱门和墙，迪皮隆门区域

陶时期”。从公元前7世纪末起出现了男立像、女立像和石碑雕像。这些石碑为柱状或为“假”神龛状，具有象征意义。最重要的变化是墓葬规模越来越大，可能是受伊奥尼亚式的启发，这些坟墓似乎是大家族（Genos）的埋葬地。针对这些越来越大的墓葬，梭伦颁布了一条法令来限制墓葬的规模，后来的克里斯提尼也继续沿用了这一政策。古典时期的墓葬石碑发展缓慢，墓地上的土堆用未烧制的砖块制成的立方体形状的纪念碑来代替，并用石头来加冕，有时还用彩绘的黏土来装饰以支撑石碑。墓地中出现的还有简单的柱子、石桌（梯形）、大理石花瓶（百叶草）、动物雕像或祭坛。公元前4世纪的下半叶，由德米特里乌斯·斐赖鲁斯（Demetrius Phalereus）发布的法令以更激进的方式又一次打击了奢华的陵墓，从而终结了这一贵族传统。

然而，后来“家族墓葬”的出现给了这个地区有序的面貌，沿着城市外围的轮廓安排陵墓的位置，从而真正成为希腊语“墓地”（“死亡之城”）的所在。在“英雄化”的意识形态力量和令人印象深刻的东方模式影响下，希腊化中晚期墓葬的特点是建立神圣坚实的墓葬建筑。在经历了一段新的长时期“丰碑化危机”之后，加之苏拉在公元前86年所造成的破坏（这导致了许多陶器和金属窑的重新建立），在罗马帝国时代豪华陵墓又一次复兴了。

迪皮隆门这一段墙占据了这个区域，北端是迪皮隆门，南端是圣门（c）。两者之间是庞佩翁（d），泛雅典娜游行队伍进行准备的地方。这里建于公元前

凯拉米斯地区

- **a** 地米斯托克利墙
- **b** 迪皮隆门
- **c** 圣门
- **d** 庞佩翁
- **e** 斯巴达墓地
- **f** TRITOPATORES神圣区
- **g** 亚西比德家族墓
- **h** 墓地小路

5世纪末，于公元前4世纪初重建，由一座伊奥尼亚式大门、绕柱式柱廊和呈船形的用来运送祭祀长袍的马车组成。还有一系列举办神圣宴会的房间。这个地方也被用作健身场馆。公元前86年被苏拉的大军摧毁，于公元2世纪重建，有3条侧廊。但267年又一次被入侵的赫鲁利亚人摧毁。

从学院开始，墓葬地道从迪皮隆门进入另一区域。地道是一条大约43米的道路，沿着泛雅典娜游行队伍的路线蜿蜒而行。在城门外一座废弃的希腊化时期的浴室后面就是“公共墓地”（demòsion sèma），即穷人被公费埋葬的地方，应该建成于克利斯提尼时期。这里也是举行各种比赛来庆祝那些被认为是“英雄”的人；也是在这里，伯里克利发表了他著名的、纪念第一位在伯罗奔尼撒战争中牺牲的战士的演说；也是斯巴达墓地（polyandrion，e）所在，这是一座斯巴达人的坟墓，埋葬着在公元前403年与起来反抗三十僭主的雅典民主派战斗中阵亡的斯巴达人。

更往南的区域跨过埃里达努斯（Eridanus）河（河水流淌穿过圣门）是一条分叉的道路，一条“圣路”通向著名的埃莱夫西斯神殿，另一条是墓葬之路。道路交叉处是三神殿（Tritopatores）的圣域（f），三位神灵是生育的守护神，有时会被认作风神或者祖先的化身。亚西比德家族墓（g）就在对面。陵墓小路（h）是墓地外观保存最完好的区域，仿佛仍停留在古典时期。但一些最著名的墓葬纪念碑已经被带到博物馆，此地取而代之的是复制品，例如黑格索（Hegeso）的墓碑。公墓占主导地位的艺术风格是帕特农式的或者后帕特农式的，从德克西洛斯的墓碑（也在博物馆里）的构图和人物衣着雕塑中可以显示出来。墓碑雕塑描绘了一位年轻的骑兵在科林斯战争（公元前394年）中用长矛刺穿倒下的敌人。

P88和P89下图：公墓中的浮雕和雕塑

P89上图：黑格索墓石碑

凯拉米斯博物馆

这座博物馆收藏了墓地里最有趣的发现。但也有一些重要的作品被送到了国家考古博物馆，例如黑格索墓碑和迪皮隆安法拉罐。

正如我们可以想见的，陶瓷在博物馆的展品中占主导地位，从而记录了墓葬发展的整个时期；跨越了原几何陶、几何陶和黑绘、红绘形象的古风时期。

在丧葬石碑中，最杰出的是作品是德克西洛斯的墓碑。它展示了一位年轻的战士在公元前394年对抗科林斯的战斗中，从马鞍上举起长矛刺向地面的敌人。墓碑浮雕明显借鉴了帕特农神庙中菲狄亚斯雕刻在额枋上的骑兵队伍形象，但阵亡的敌人形象与巴萨埃的神庙额枋有着密切的联系。

展厅的展品还有一定数量的男立

像，装饰着浮雕的葬礼纪念碑的底座，一只精美的古风狮身人面像和一只大理石狮子。要从凯拉米斯到达学院，走勒诺曼路（Odos Lenorman），然后左转上特里珀莱奥斯路（Odos Tripoleos）。在庇西特拉图时代被一堵墙包围着的地区现在已经变成了一个花园。花园的名字来自英雄赫卡德莫斯（Hekademos，学院），他在这里被供奉和祭拜，另外还有许多其他的神：普罗米修斯、以弗斯忒斯、缪斯、雅典娜、赫尔墨斯、赫拉克勒斯、宙斯和其他。花园闻名最重要的原因是柏拉图在其东北侧建立的希腊学园。这一地区发现的人类痕迹从新石器时代，迈锡尼时代和几何陶时期均有涉及，发掘自罗马时代的一个大健身室下面（现开放参观）。

P90：德克西罗斯墓碑

P91：古风时期狮身人面像

P91中间：凯拉米斯博物馆内

P91下图：早期几何陶时期的安法拉罐

希腊陶器

P92左图：水平图案的奥伊诺科壶

P92中图：洛基索斯墓葬水罐，白底

P92右图：阿提卡喷口瓶，带蜗形把手

从远古时代起人类就学会了制作赤陶容器，尤其是家用器具。但较短的使用寿命（由于它们的易碎性和低成本）促使了赤陶的形式和装饰图案迅速发展，使它们成为可按类型、风格和年代分类的一系列物品。几乎在任何考古发掘中都会发现了大量的陶器。学者们也非常重视所发掘的陶器的年代，试图通过它们重建历史，发现当时社会生活的方方面面。

最初，赤陶花瓶是手工成型的，随着陶轮的引入（两个水平轮子组成由垂直杆连接在一起的简单装置），陶器成形的速度更快、形状更均匀。当时使用的技术之一是用模型制作动物头部形状的花瓶，或“塑性”人，或那些浮雕装饰的花瓶。

在相当一段历史时期，陶器表面往往不进行任何处理，除去用一层薄薄的纯黏土（称为“滑移”）稍微打磨。这就是“普通”陶器的处理方式。另外一种工序就是“彩绘”，尽管实际上所用的“油彩”只是同样的黏土经过严格净化，再加上尿液。

这是古希腊花瓶生产过程最有趣的方面，涉及的工序包括提取和制备黏土、陶轮造型、花瓶的表面装饰等。装饰过程包括：（a）滑动，（b）用小棍或木炭画出装饰的轮廓；（c）轮廓形状“彩绘”（黑色陶器）或底色“彩绘”（红色陶器，d）添加的颜色，如石灰白色、紫色、黄色等。然后进窑进行烧制。

烧制的过程是了解这一时期陶工技术能力的一个很好的指标。烧成分为三个阶段：（1）在氧化条件下（即富氧），温度达到800℃；（2）在800℃至945℃之间的还原环境（即缺氧）中；（3）在富氧条件下900℃下再燃烧一次。三次烧制结束后让陶器慢慢冷却。

这一过程主要是为了烧制出花瓶表面不同的色彩对比。红色是将花瓶简单转动的结果，黑色则是用了“釉彩”。

在较早的黑绘陶（公元前6世纪）中，装饰元素是在红色背景上涂上黑色，内部细节由刮擦和添加颜色来实现。在红绘陶（大约公元前530年）中，装饰元素在黑色“釉彩”上未经处理（因此呈现红色）。内部细节用黑色线条、稀释的“釉彩”或添加的颜色来呈现。公元前5世纪使用的一种特殊技术被称为“白底”，通过用石灰水处理黏土而获得，精巧的颜色在流动的线条之间。

花瓶的种类

一般说来，古希腊花瓶的名称是沿用惯例而来，但在某些情况下也被古代作者所使用。

第一类花瓶包括大中型容器，用来盛放水、酒或者油，比如安法拉罐，这种提水罐专用于水；喷口瓶（crater）用于将葡萄酒与水和蜂蜜混合在一起【思达穆诺斯罐（stamnos）、蒂诺斯罐（deinos）、利比特罐（lebete）和皮斯科特罐（psikter）也有类似的功能】。大口瓷坛（Pithos）被用来储存食品，埋在地下的储藏室或庭院里。

第二类包括较小的容器，如基利克杯（kylike）、堪萨罗伊杯（kantharoi）、斯基弗伊杯（skyphoi）和柯提莱（kotylai，杯的类型），费亚莱（phialai，碗）和基亚索斯（kyathos），这是一种用来倒酒到奥伊诺科壶（oinochoai）或奥帕壶（olpai，水壶）。还有一组容器用于个人清洁和化妆用品，包括洛基索斯（lekythos，通常用于葬礼的一种水罐）、阿利巴罗斯（aryballos）和阿拉巴斯通（alabastron，小的、圆形的用于软膏和香水的容器）、阿斯科斯（askos，小罐），匹克西德斯（pyxides）和勒卡尼德（lekanides，用来装松散物品的带盖子的盒）。

世界各地博物馆的彩绘花瓶大多是在墓地挖掘的过程中发现的，而陶器则是在房屋挖掘中发现的。经过一段家庭日常使用的时期之后，原本家用的花瓶或容器经常被用作陪葬品，放置在坟墓中以陪伴死者进入往生世界。几何陶时代的花瓶通常具有标记坟墓的功能，也是盛放奠酒的方式。花瓶有时也被用来装火化的骨灰。

普尼克斯山

1.5

要欣赏雅典这座城市美好的景色，可以从狄俄尼索·阿雷奥帕赫图（Dionysiou Areopaghitou）与阿波斯托卢·巴甫卢（Apostolou Pavlou streets）街道的交界处，在背阴面爬上缪斯山（Hill of the Muses），那里有一处游人众多的神殿是献给赫拉克勒斯·阿莱克斯卡科斯（“驱赶恶魔的人”）的。在那里，裸露的岩石和马其顿人（公元前3世纪）建造的防御工事遗迹中残留着科马根（Commagene）的朱利叶斯·安条克·菲罗帕普斯（Julius Antiochus Philopappus，“热爱祖先的人”）之墓。他是叙利亚王子的后裔，曾于109年任罗马执政官。墓地东北面的纪念碑（114—116年），只有面向雅典的一面还保留着，后面是残留的墓室。墓室设计成略微弯曲的半圆形谈话间的形式，用潘泰列克大理石建造；有一个很高的石灰石柱，在较低的底座部分有执政官时期的菲洛帕普斯的浮雕，登在四马二轮战车上，后面跟随着扈从。较高的部分被2根科林斯柱分为三段：中心半圆形壁龛是用来放置哲学家形象的菲洛帕普斯雕像，两边都是长方形的壁龛，一边是他的祖父安条克四世，科马根王；另一边是塞勒楚斯·尼卡托（Seleuchus Nicator），叙利亚的第一位国王（这解释了菲洛帕普斯的名字由来）。一篇双语的铭文，分别用拉丁文（左边）和希腊文（右边）说明了他的王子头衔。所有这些，连同“插图”部分，都象征着“英雄化”的两重性，即希腊主义知识分子和罗马法官。

回到山下，然后向北侧的仙女山走，来到公民大会（ekklesia）所在地普尼克斯山，由克里斯提尼进行过改造。该处几乎什么遗址都没有留下，但其特殊的地位和历史功绩是值得人们攀登去看的。面对着城市还有一座类似剧院看台的阶梯（a），直接从山体上挖出，用大量土方作为承重墙。讲坛（b，Bema）建在北面，供演说使用。天文学家梅顿设计

P94：讲坛台阶

P95上左图：通往菲洛帕普斯山的路

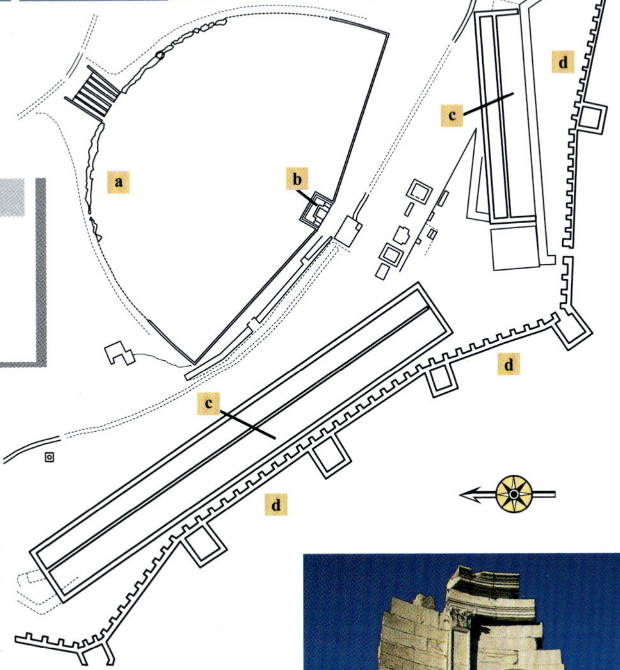

普尼克斯山

- **a** 阶梯看台
- **b** 讲坛
- **c** 柱廊
- **d** 隔离墙

P95右上图和右下图：菲洛帕普斯的墓葬纪念碑

P95左下图：空心岩，菲洛帕普斯山

的一台著名的日晷安装于公元前433—前432年，与讲坛对齐。在公元前5世纪末，该遗址改做他用，洞穴被完全翻转，讲坛变成在南侧。讲坛之上建起了一座献给宙斯·阿戈拉伊奥斯的祭坛，但在罗马时代被转移到市集；祭坛后方建起两条柱廊（c），但从未完工。

公元前4世纪末，建立了“中间隔离墙”（d，diatèichisma）和塔，以保卫普尼克斯山，同时将公民大会转移到露天剧场召开。在附近的“最高法院”（Areopagus）所在的山坡——“阿瑞斯之山”和直到公元前461年古雅典贵族议会的所在地——有许多晚期罗马的遗址。值得注意的是“欧米茄之家”，这是一座高品质的住宅，有两组绕柱式走廊，还有一个私人浴室；这里曾发掘出一组精美的雕塑藏品，涵盖了从公元前4世纪至3世纪的时间，藏品中包括历代皇帝的肖像。

1.6 哈德良拱门和奥林匹亚宙斯神殿

要到达哈德良的拱门需从罗马市集出发，沿着阿德里亚诺（adrianou）街，穿过有巨大神庙地基（哈德良的帕特农神庙，保塞尼亚斯曾在I，18，9中描述过）的普拉卡地区，然后转上利西克拉托（Lyssikratou）街。这座门的建筑风格体现了折中的建筑特点，类似于“双语言”的建筑，既有壁柱和单独的柱子（现已倒塌）形成的罗马拱状结构，也有希腊风格的三巨石结构形成类似于壁龛的中央空间。这座建筑大约于公元前131年至前132年建造，用以庆祝附近奥林匹亚宙斯神庙（Olympeion）的落成开放。南侧额枋上的铭文清晰的告诉我们，“这里是哈德良的城市，不是忒修斯的”，而在北面则写道，“这是忒修斯的雅典，忒修斯的古城”。宙斯神庙紧靠着拱门。

这座巨大神庙的挖掘始于1883年，由彭罗斯（F. Penrose）主持，后由维尔特（G. Welter）接替，完成于1920年至1921年。1961年特拉夫洛斯进行的勘察使人们更好地了解了附近的建筑物。这座庙宇是古风时期为庇西特拉图建造的，在一圈宽阔的泰美诺斯（译注：宗教建筑外围的围墙）之中。从设计中可以清楚地看出，当时有建筑师试

P96—97：从东北方向看奥林匹亚宙斯神庙

P97左上图和中图：奥林匹亚宙斯神庙的科林斯柱头和伊奥尼亚式涡形花纹

P97右上图：哈德良之门

图在雅典引入宏观构造的庙宇，类似于小亚细亚君主的伊奥尼亚式风格。建筑师是安提塞尼斯（Antisties）、卡莱施洛斯（Kallaischros）和安提马齐德斯（Antimachides），但是在僭主垮台的早期建设工作就放弃了。作为政府形式的象征，这座寺庙在公元前2世纪再次被叙利亚国王安条克四世埃普菲恩启用，他追求全球希腊化的政策，并体现在这些专门献给泛希腊诸神的神圣建筑里。

塞琉古（Seleucid）国王邀请了意大利半岛的建筑师科苏提乌斯（Cossutius）重建寺庙，保持原有的双列柱廊式、八柱式布局、加长的内殿。科苏提乌斯在柱廊上引入了科林斯风格，这是一项根本性的创新。但国王的去世使该建筑再次未能完成，只差屋顶的部分没有建好。

公元前86年，罗马大将苏拉入侵雅典，部分柱子被搬走去装饰罗马的朱庇特神殿。后来有人提议将这座神庙献给亚历山大，直到哈德良皇帝执政时才得以完成和重修。作为希腊大型的神庙之一，奥林匹亚宙斯神庙在131年至132年终于建成，雅典也成为希腊的宗教中心。伴随这一事件的是泛希腊文化（Panellénion）的机构成立，该机构是皇帝为统一所有希腊文化来源的城市而创立的一个机构。双柱廊式结构被做成三列式，立面有104根柱子。内殿非常长而且并未进行空间分割，放置着用金和象牙制成的神像（根据保塞尼亚斯的描述，I，18，6）。在北侧围墙外装有马刺，有一扇叫希帕德斯门（Hippades Gate，“骑兵之门”）的小门，在地米斯托克利所建的墙上。旁边是一个2世纪的浴场和一个古基督教教堂。

国家考古博物馆

1.7

这座精致的新古典主义建筑由建筑师路德维希·兰格（Ludwig Lange）于1866年开始建造，1889年由恩斯特·齐勒（Ernst Ziller）完成。建筑目的是为存放在希腊首都或者国家最重要的考古遗址发现的文物。在此之前，根据1834年的皇家法令这些物品一直保存在凯拉米斯的以弗斯忒斯神庙里和古代市集中，但可用的空间逐渐填满了。1925年至1939年博物馆增建了一个新翼。第二次世界大战开始时，所有的文物都包装隐藏以避免破坏。后经考古学家卡罗索斯（H.Karousos）的布局安排，文物们才被送回博物馆。下面的描述是这个布局的说明——除了史前部分的展示标准是以地理和年代顺序排列的——按文物的材质排列：大理石、青铜、陶器。每一类别内的顺序通常是按时间顺序排列的，也有例外情况。

我们的参观开始于4号展厅（迈锡尼文明）。这个展厅包括施利曼在1876年挖掘迈锡尼宫殿时发掘的文物，其中最引人注目的是：一条缠着公牛头的金色大蛇，另一组用金叶制成的缠着狮子头的金色大蛇（公元前16世纪）；一种纯金墓葬面具（公元前16世纪），施利曼曾错误地认为是阿伽门农的面具；一把青铜匕首，上面装饰有薄薄的金银镶嵌，刻画了一个准备与狮子或其他猫科动物搏斗（公元前16世纪）的人物形象；一尊由2位女神和1个小男孩组成的象牙雕像（公元前15世纪）；著名的“战士花瓶”（公元前13世纪），描绘了迈锡尼军事社会的图景；有鸭头手柄的硬水晶花瓶；以及大量的硬币及金首饰。

藏品中还有许多壁画碎片，其中的知名部分被称为“迈锡尼女子”，这件公元前13世纪的壁画被发现于1970年，描绘了一位在深蓝背景上的女性人物（可能是女神）。还有用紫水晶和黄金制成的印章，用象牙制成的小物件，以及出自皮洛斯的线性文字B写就的泥板。这里还有许多迈锡尼宫殿以及其他考古遗址的随葬品。自拉科尼亚瓦斐奥（Vaphio）出土了一些精致的金杯，有的浮雕装饰着在一片草地上俘获公牛（公元前16至前15世纪）的场景。

5号展厅（新石器时代）。最令人感兴趣的是塞萨利出土的黏土人偶，特别是来自沃洛斯（Volos）附近的塞斯克洛（Sesklo，公元前4世纪末）。青铜时代

一楼

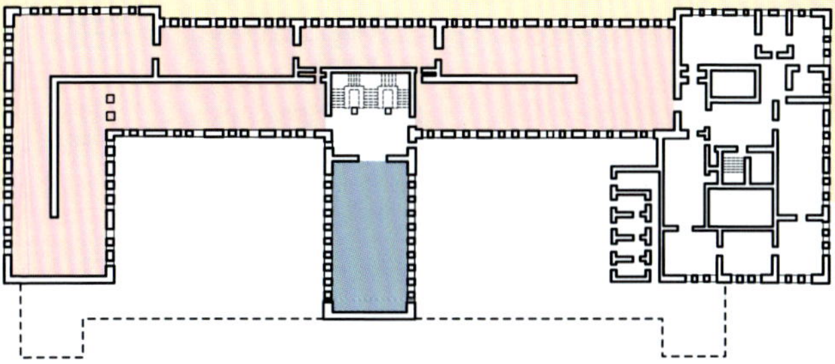

底层

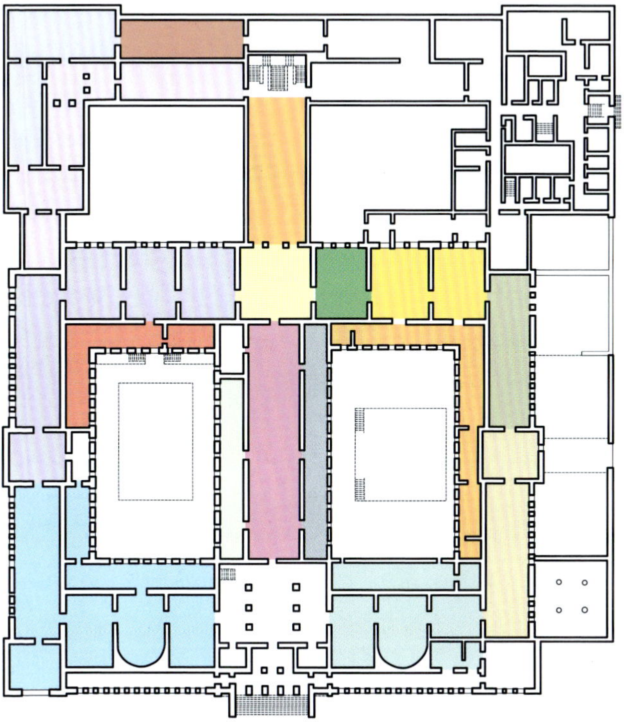

藏品

P98上图：国家考古博物馆入口。现代伊奥尼亚式门廊

P98下图和P99左图：瓦斐奥墓葬金杯，迈锡尼时期

- 迈锡尼时期
- 新石器时期
- 基克拉泽斯文明时期
- 几何陶古风
- 古典时期
- 原件和复制品
- 埃庇达鲁斯
- 墓碑
- 献祭浮雕
- 古典晚期墓葬物品
- 希腊化时期
- 罗马雕塑
- “迪亚杜梅努斯”展厅
- 青铜
- 埃及文物
- 拜占庭时期文物
- 锡拉岛壁画
- 瓷器

P100：竖琴弹奏者，基克拉泽斯群岛雕像

P101上图：迪皮隆画工绘制的安法拉罐，几何陶时代

P101左下图：基克拉泽斯人偶头部

P101右下图：小提琴形人偶，来自帕洛斯岛

的展品中有从迪米尼出土的精致的“调味汁瓶”（公元前15—前13世纪），以及金币和陶器。

6号展厅（基克拉泽斯文化）。新石器时代到青铜时代来自基克拉泽斯群岛的花瓶和人偶。尤其是几乎真人大小的阿莫戈斯人像，呈小提琴形状的轮廓（公元前2200—前2000年）。这个群岛独特的文化由于米洛斯的黑曜石和精美的白色大理石（特别是帕洛斯和纳克索斯岛）而更具魅力。大理石制成的两尊雕像分别是著名的“竖琴手”（lyre player）和凯罗斯的“双管长笛手”（twin barreled flute player，公元前2400—前2200年），其中后者因其动作需要空间来展示，人物进行了有趣的体态处理（脸部保留了传统的抽象风格）。

7号展厅。这个展厅里放置着希腊最著名的陶器文物，来自几何陶时期（公元前8世纪中叶）由“迪皮隆画工”制作的壮观的安法拉罐，它展示了死者躺在墓葬床上，身处和谐的几何装饰图案中。在这间屋子里收藏的大量雕塑中，可以特别注意由纳克索斯的尼坎德献给阿尔忒弥斯的大理石雕像（公元前660年前后），雕刻成精美的纪念碑风格，雕像的前后立面几乎是平行的平面，只有胸部和系在腰部的腰带凸出。受损的头部被赋予了埃及式的发型。

8号展厅。这里是集中展示古风时期的人物立像的地方。首先是浑圆但线条流畅的迪皮隆头像（约公元前610年），表面是硬水晶。脸部的大椭圆形轮廓是由卷曲的头发构成的，特点是眼睛略斜。这尊雕像旁边是同样著名的苏尼翁的男立像（公元前600年前后）；脸型是明显的方形，眼睛的下眼睑是水平的，上眼睑则呈弧形，“筒管”式的卷发在头发上，一只伊奥尼亚式的抽象形状的耳朵。在这一时期雕塑最有机的表现形式通过躯体表现出来，其中干净的方形表面通过解剖特征的细节被赋予了生命，而不会破坏作品的紧凑性。

9号展厅。米洛斯的男立像通过纤细的躯体和表面细节的精致处理达到了更大的统一性和更显著的自然主义特征（公元前6世纪中期）。

10号展厅。来自阿提卡地区的（公元前550年前后）沃罗曼德拉男立像，和米洛斯的雕像有传承关系，梅伦达的男立像（阿提卡，公元前6世纪中叶）也是如此。还请注意一个绘有年轻铁饼投掷者头部的石碑碎片。铁饼本身的轮廓框架几乎像一个光环（公元前560—前550年）。

11号展厅：这间展厅里的杰作是亚里斯多克勒斯（Aristocles）的“阿里斯顿石碑”（签名在底座上）。它显示死者是一个留着短胡须的重装备步兵，很可能是在一场战斗中牺牲的（公元前

P102：阿里斯顿石碑，阿里斯托克利作品

P102—103：运动竞赛，摔跤运动员

P103左上图：猫狗打架浮雕细节

P103右上图：战车与橄榄石浮雕细节

520—前510年）。浅浮雕有明显的轮廓，可能原本是彩色的。还请注意来自开俄斯的“肌肉”男立像（公元前530年前后）。

12号展厅：这里有一幅杰作“装甲步兵的浮雕”。他的头被残忍地向后扭着。这些细节在有些学者看来是舞蹈的场景，尤其是“皮鲁斯”王的舞蹈经常由武装的士兵来表演（公元前6世纪晚期）。

13号展厅。普托安（Ptoion）男立像（底比斯附近的阿波罗神庙所在地）对身体和头发进行了精心的雕刻处理

（公元前510年—前500年）。阿里斯托迪克斯的男立像是最晚一批在阿提卡地区发现的。这是一位重要大师的作品，也许是安特诺尔朋友中的一位，大约在公元前500年前后雕刻。这尊塑像保存的奇迹般的完好（只有头部受损），充满了一种新鲜的张力和弹性，但是还没有体现在动作中。另一尊有意思的雕像是来自阿提卡（公元前530年前后）的阿纳维索斯的克罗修斯雕像（Croesus）。它的底座刻有“……在克罗修斯纪念碑旁停下来哭泣：当他在前线作战时愤怒的阿瑞斯杀了他”。在他的力量和青春的鼎盛时期，这个人物平静自制似乎赋予了他更清楚的自我认知。底座3476刻有三组浅浮雕，表现了健身室（公元前510年前后）的场景；在前面的是一个运动员在准备一场比赛，两个摔跤运动员，另一个在准备投掷标枪。左侧是6个年轻人在打球，而在右边4个人在看狗猫打架。这个底座旁边是一个类似的底座，上面的浮雕将军事和比赛的场景混合在一起（公元前500年前后）。来自比雷埃夫斯的阿波罗铜像（公元前530—前520年）伸出他的右手，他的右手曾经握着一只杯子（已经丢失），而他的左手握住了一张弓（也丢失了）。阿波罗向前伸出的右腿打破了之前男立像的一贯模式，但他的身体形态仍然完全符合古风时期的传统，头部（特别是头发）似乎又与更古老的风格近似。

14号展厅。从该展厅开始是一系列古典雕塑，或者更确切地说是被称为“严谨时期”风格的极为重要的一些雕塑（公元前5世纪上半叶）。首先也是最有分量的作品是帕洛斯大理石雕像“戴冠冕的男青年”（公元前480—前469年），来自苏尼翁：雕像整体充满控制力，头部有些弯曲，身体呈四分之三的轮廓，做出有限的动作（皇冠的叶子最初是用金属做的）。一块来自奥切梅诺斯（Orchomenos）的墓碑很好地描绘了年长的死者形象，碑上有来自纳克索斯的阿莱克斯诺尔的签名（他对自己的作品是如此自豪，邀请过路人近距离看一看，“把你的目光转向这里”）。死者身着长袍，给他忠实的狗一只蚱蜢。

15号展厅：参观者的目光会迅速被一座大型青铜雕像吸引，雕塑家卡拉米德斯（Calamides）和奥纳塔斯（Onatas）均有参与制作。这就是在阿尔忒弥斯神庙海角的海神波塞冬雕像（也有可能是宙斯），正准备掷出他的三叉戟。这座雕像创作于公元前460年前后，揭示了古典雕塑在描绘四肢方面已经实现了一种结构性关系。肌肉充满了紧张

P104：波塞冬

感和控制着的力量。神灵的头发雕刻的异乎寻常的精致，胡须卷曲，他的眼睛、眉毛和嘴唇使用了其他材料加工。卡拉米德斯被认为是欧法洛斯的阿波罗（公元前470—前460年）的创作者，通过身体的张力、强壮的肌肉和脸部的紧张来表现力量。

1859年，在埃莱夫西斯发现的巨大的浮雕展示了手持权杖的得墨忒耳与手持火炬的珀尔塞福涅为青少年提供保护，画面流露出一种崇敬的态度。浮雕应该曾经是某个建筑的一部分，可能来自泰勒斯台里昂神庙（Telesterion，由伊克提努斯重建），那里是举行仪式的地方。正因为如此，一些专家认为浮雕中的青少年可能是特里普托勒摩斯（Triptolemus）或者伊阿库斯（Iacchus），这两位与神秘仪式有关；或者是珀耳塞福涅（Persephone）的儿子普鲁托（Pluto）。根据最新的研究结论，这个形象只是一个简单的无名少年。这处浮雕风格独特，与帕特农神庙的雕带有很多共同之处，但也无法直接导出其作者是菲狄亚斯的结论。

16号展厅。以仿造神殿形式展示的阿提卡石柱占据了大部分的展示区域。其中一件重要的展品是埃依纳石碑，顶端有优雅的雕带和莲花。石碑上展示了死者前面有一个小支柱，一只猫坐在上面，一个年轻的奴隶身体倾斜。一只小笼子挂在猫的头上，死者左手抱着一只小鸟。尽管有这样的手势和用以致意的右手，画面中的人物似乎与生的世界隔绝，但在这类石碑中，人物形象总是占据支配地位。另外一件杰出的展品是大理石米利奈（Myrrhyne）莱基索斯瓶（公元前410—前400年），由一位似乎曾跟随卡利马库斯学习过的雕塑家所做。赫尔墨斯伴随着米利奈（死者，他的名字写在人物形象上），在亲人的见证下来到死后的世界。色彩的使用使这简单但令人赞赏的浮雕的内容更容易理解。

17号展厅继续关于浮雕的展览，包括一些用来祈愿和献祭的作品。其中来自比雷埃夫斯的编号1500的作品展示了宴会场景，出自赛菲瑟斯的编号1783的作品进行了双面雕刻（众神的集会，英雄伊奎罗和巴兹莱坐在由赫尔墨斯驾驶的战车上），都来自公元前5

P105：来自埃莱夫西斯的浮雕

P107上图：戴冠的青年男子，运动员头戴束带，罗马复制品

P107下图：骑马的男孩，成熟希腊化时期的青铜雕塑

世纪末。然而毫无疑问，最值得注意的是一尊出自波利克利图斯之手的赫拉头像，发现于阿尔戈斯的赫拉神庙（公元前5世纪晚期）。

18号展厅是著名的黑格索墓碑所在地（公元前400年前后）。雕刻中的死者呈坐姿，穿着长袍披着斗篷，忧郁地望着她的女仆拿着的首饰盒。这一幕不仅仅是一个简单的家庭场景，还暗示了她的婚姻对象是哈迪斯。优美的线条和结构化的节奏完美呈现，与坚硬粗粝的建筑中所代表的死亡的无情和永恒的世界形成了鲜明对比。

19—20号展厅。这两个房间包含了公元前5世纪的雕塑原作和罗马复制品，包括瓦尔瓦凯恩的雅典娜（20号展厅），是帕特农神庙中菲狄亚斯塑造的黄金象牙雅典娜女神像的小型复制品。

21号展厅也被称为迪亚杜梅努斯展厅，根据波利克利图斯的青铜杰作的“戴冠的青年男子”而得名，此处是来自提洛岛的罗马时期复制品。这个作品表现了一个年轻的运动员头缠束带努力去争取胜利，相比其他在成熟期的阿提卡的艺术家如菲狄亚斯，该雕塑四肢更有机协调，得益于温和的色彩运用。这件作品和房间里的其他杰作的区别是非常明显的。在阿尔忒弥斯神庙海角附近发现的青铜器雕像“骑马的男孩”，最近确认这匹马是公元前3世纪末一座纪念碑的一部分后，雕像的焦点是从结构中心喷涌出的爆发力和骑手在疾驰中伸展的姿势，表现出极大的空间自由和自然主义。

22号展厅包含了一些来自埃庇达鲁斯的阿斯克勒庇俄斯神殿的建筑雕塑和装饰，其中2件出自提摩修斯之手的雕塑底座非常突出。一个是掠过马背的风的化身，另一个衣炔飘飘的胜利女神，有些衣服裹在一起，有些贴在身体上，对人物的优雅和动作全无影响（公元前370—前365年）。在同一工坊工作的是赫克托瑞达斯（Hektoridas），一个叫“Theo……”的人，还有另一位大师，最后这位负责两面山墙的建造【东边是伊柳帕斯（Ilioupersis），西边是亚马逊女战士的战斗场景】。大理石雕像海吉娅（Hygeia）把裸体和衣着完美地结合在一起。

23和24号展厅回到葬礼纪念碑的主题，有一些来自公元前4世纪的藏品。伊利斯索斯的墓碑非常有名，一些专家认为它是在斯科帕斯的工坊中制作的，但也毫无疑问受到同时代其他伟大大师如普拉克西特利斯和利西普斯的影响。

25、26和27号展厅收藏了刻有阿提卡法令的石碑和献祭浮雕。

28号展厅有古典晚期葬礼纪念碑和雕塑。

在展厅中心矗立着安提凯瑟拉的男青年（ephebus of Antykithera）雕像（出自帕里斯之手？），这尊大约公元前340年的青铜雕塑是在一艘沉船中发现的，船上的艺术品本来准备寄给意大利客户。这尊作品简单的体态和向上移动的动作类似于利西普斯的风格，坚实的躯干又让人想起波利克利图斯，头部则像普拉克西特利斯的手法。另一尊比平常的尺寸略小的青年雕像在马拉松海

边被发现，类似于普拉克西特利斯的作品“阿波罗杀蜥蜴”（Apollo sauroktonos）的仿制品。这一系列特别的青铜器作品还包括继续“拳击手头部”（也许是埃利斯的萨蒂罗斯），应该是西兰尼昂（约公元前340年）的作品。最吸引人的是充满活力的现实主义风格的脸部，有一些瘀伤和受损。另一个引人注目的作品是公元前330年前后的阿里斯托纳特（Aristonautes）石碑，石碑上准备进攻的士兵形象有一种宏伟的姿态并充满活力。浮雕雕像从黑色背景中凸显出来，描绘了这位不幸的士兵寻找生之欢欣的凝视。

29号展厅开始为希腊化时期的雕塑，西弥斯（司法女神）神像出自古城莱姆诺斯的雕刻家凯列斯特拉托斯（Chairestratos）之手（公元前3世纪初）。这件作品汇集了各种典型的普拉克西特里斯的特征，并有菲狄亚斯

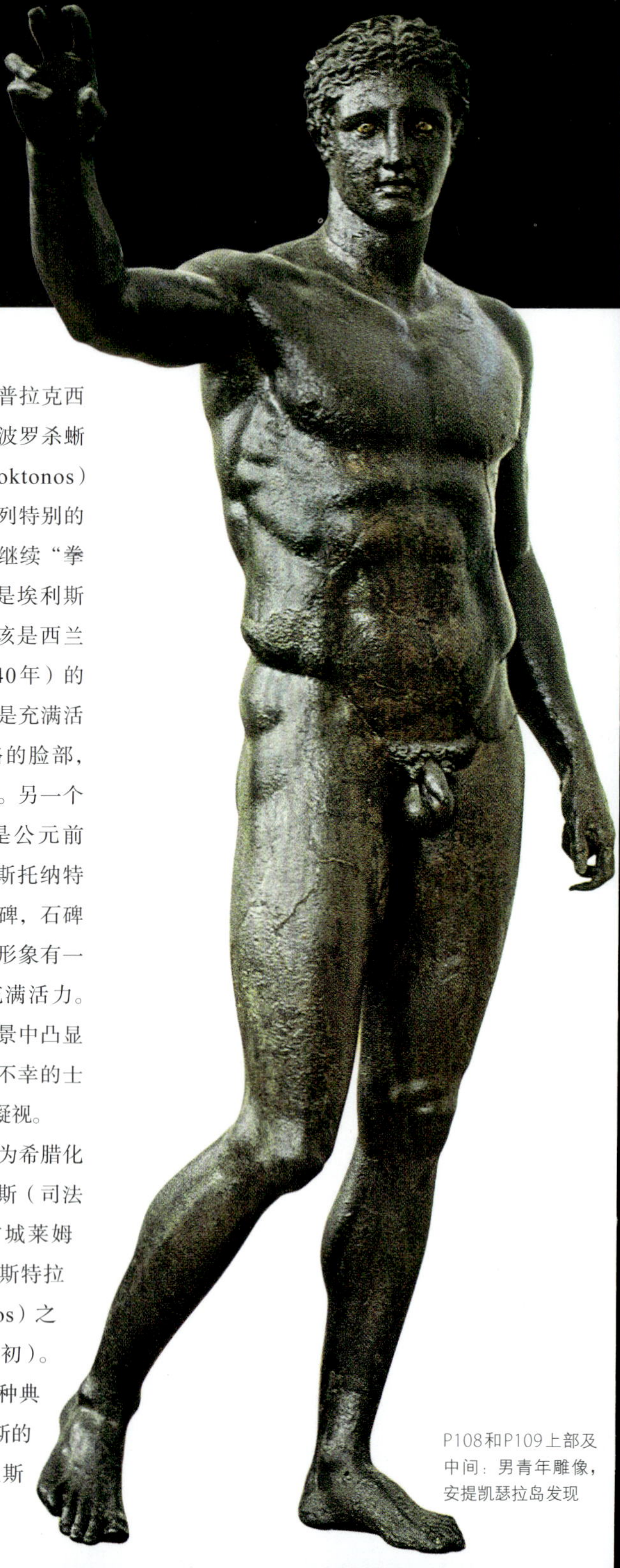

P108和P109上部及中间：男青年雕像，安提凯瑟拉岛发现

P109左上图：男青年雕像，来自马拉松，细节

P109右上图：老人头部，细节

P109下图：莱姆诺斯的西弥斯神像

学派的痕迹（最引人注目的是温柔的脸庞）。

30号展厅内有两尊高质量的公元前3世纪的哲学家形象和一个老人的半身像，到此是希腊化时期雕像结束的标志。巨大的米洛斯的波塞冬雕像（公元前2世纪末）立在展厅中心，呈现出强大但又戏剧性的姿态，雕刻者非常注重正面的描绘。来自提洛岛（约公元前100年）的潘神和阿芙洛狄忒富于鲜明对比，即使潘神的体态弯曲纯粹是为外观考虑。女神的风流和飞翔的厄洛斯的滑稽外形值得注意。

31、32和33号展厅中有罗马雕塑，这些雕塑主要是帝王肖像。值得注意的是奥古斯都铜像的上半部，在埃维亚岛海湾中被发现，以及提洛岛的“伪运动员”（公元前1世纪初），它是罗马老年男性雕像的希腊化诠释，并将一个现实主义风格的头部安置在波利克利图斯风格的运动员躯体上。这两种风格之间的分界线明显，趋向于面部特征的轻微理想化。

参观过34号展厅的献祭浮雕后，我们推荐直接到36号展厅去看在那里展出的考古学家卡拉帕诺斯（K. Karapanos）的青铜收藏品。19世纪末卡拉帕诺斯在多多纳发现了这些作品。在37、38和39号展厅陈列着更多的青铜器。

40和41号展厅是欧洲相当重要的埃及藏品展厅之一，42号展厅是一小部分拜占庭风格的藏品。从这里到楼上48号展厅，陈列着锡拉（Thera）的壁画，被认为是20世纪极重要的考古发现之一。还有其他从圣托里尼岛的阿克罗蒂里（“爱琴海庞贝”）发掘出的可爱物件。你可以在这里看到所有辉煌的壁画，如鲜艳的色彩和印象派的“海军远征”；“百合花”，火山岩背景下三朵美

丽的花成为一个美妙的组合，燕子在上空掠过；“年轻的拳击手”体态精巧，经过艺术化的处理；还有“三女性”“羚羊”“蓝猴”等。总的来说，这些壁画作品似乎沿着第一条在欧洲艺术中存在的自然主义路线回到了米诺安文明时期，但拥有更精致和饱满的印象派力量。继续在楼上参观，在49—56号展厅可以看到陶器文物。毫无疑问，这是世界上最伟大的陶器收藏品系列，哪怕仅仅就展出的数量而言也是如此。

陶器展品按年代排序排列：从早期几何陶时代开始，然后是几何陶时代，接下来是东方化时期并逐渐过渡到黑绘陶、红绘陶和白底彩绘陶的出现，直到一种特定形制的花瓶即公元前4世纪的泛雅典娜安法拉罐。这些黑绘陶罐作为奖品颁发给在泛雅典娜节的比赛中获胜的选手。以下是一些值得特别关注的陶器：

49号展厅——迪皮隆安法拉罐，展示了墓葬场景（约公元前750年）；

50号展厅——迪皮隆喷口瓶，绘有战车和墓葬场景（约公元前750年）；安纳拉托斯画工绘制的男性和女性合唱以及狮子纹章的大身细嘴

P110上图：绘有赫拉克勒斯的细颈瓶

P110左下图：绘有阿波罗战车的阿提卡水罐

P110右下图：伊奥尼亚式水罐，战斗场景细节

P111：圣托里尼壁画碎片

提水罐（约公元前700年）；

51号展厅——安法拉罐/喷口瓶?，在米洛斯岛发现，绘有阿波罗的顿悟（公元前7世纪中期）；内萨斯画工绘制的安法拉罐，绘有赫拉克勒斯击败半人半马的内萨斯（公元前615年）；

52号展厅——来自索菲罗斯的陶器碎片，展现了为纪念普特罗克勒斯（Patroclus）进行的墓葬比赛活动（公元前580—前570年）；

53号展厅——阿马西斯画工绘制的莱基索斯瓶（细颈有柄长瓶），“被诱拐的海伦”（公元前530年）；

54号展厅——希瑞斯科斯画工绘制的喷口瓶，“忒修斯和米诺陶”（公元前480年）；

55号展厅——由阿喀琉斯画工（公元前470—前450年）、萨纳托斯画工和查伦画工共同绘制的白底葬礼用莱基索斯瓶；

56号展厅——皮斯泰诺画工绘制的杯子，“俄耳普斯之死”（公元前470—前460年）；由埃里特里亚画工的羊毛毡（epinetron，公元前5世纪下半叶）；泛雅典娜节的安法拉罐（公元前4世纪）。

贝纳基博物馆

在莱奥福罗斯·瓦西利西斯·索菲亚斯路（Leoforos Vassilissis Sofias）和考巴里路（Odos Koumbari）的交界拐角处。

除星期二外每日开放，时间为8:30—14:00。

这座博物馆收藏了古代和现代装饰艺术的重要藏品，属于富有的棉商安东尼斯·贝纳基（Antónis Benaki，1873—1954年）的私人博物馆。贝纳基居住在希腊殖民地开罗。

1楼：此处有黄金珠宝和饰品、青铜器、陶器和赤陶藏品，时间跨度从新石器时代到希腊化时代，以及一系列来自埃及法耶姆的肖像。

拜占庭展厅里有礼拜仪式的物品、建筑构件和一系列圣像。该处还有一座用来自不同地方的碎片搭建的穆斯林房间，里面有（来自开罗的17世纪大理石地板；来自小亚细亚的16世纪和17世纪的彩陶）。

2楼：主要是晚期拜占庭宗教文物，织物和宗教用的黄金制品（17和18世纪）的展览；一间君士坦丁堡文物的展厅；一间从马其顿搬来重建的房屋（18世纪早期）和来自希腊不同地区的室内装饰用品。

3楼：现代历史文物收藏（19和20世纪）和东方艺术收藏品（织物和来小亚细亚的陶器，中国瓷器和埃及瓷器）。

ATHENS

P112左图：圣犬头部，神像画部分

P112右图：拉扎勒斯的复活，拜占庭晚期图像

P113左上图：拜占庭博物馆入口

拜占庭博物馆

P113右上图：博物馆展厅内有字母十字的大理石讲坛

P113下图：猎鹿的狮子，来自祭坛浮雕

莱奥福罗斯·瓦西利西斯·索菲亚斯路（Leoforos Vassilissis Sofias）22号
电话：721 10 27–723 21 78
开放时间：冬季星期二至星期日，8:00—15:00；夏季星期二至星期日，8:00—19:00。

博物馆于1914年开业，自1930年以来一直营业于一座为皮亚琴察公爵夫人建造的19世纪建筑中，皮亚琴察公爵夫人在脱离土耳其统治的独立战争期间是希腊的热情支持者。目前展厅部分已经扩大，在这座大楼的一个新建部分。在参观过程中博物馆将逐渐揭示出其迷人的艺术和精神世界，虽然它是鲜为人知的。

一楼：分开的单独展厅包括了三座重建的宗教建筑。第一座是早期基督教的小教堂（5—7世纪），由不同来源的部件组合而成（埃莱夫西斯的祭坛，塞萨洛尼卡的门等）。第二座是一座十字形的拜占庭教堂（11世纪），大理石圣幛和圣母圣子像（来自12世纪的塞萨洛尼卡）；第三座是小型的后拜占庭时期的教堂，平顶，精致的彩绘木制圣幛。

二楼：这里收集了圣像（9—18世纪）、壁画（10—13世纪）、教堂陈设、圣训和铭文。关于埃及基督教徒的展品值得留心（5—7世纪）。博物馆侧翼收藏着希腊北部和克里特岛的画像，以及壁画、陶器和莎草纸。在院子里你可以看到一些建筑的残存部分，包括一幅可爱的6世纪马赛克画。

P114上图：圣十字的发明，绘画

P114下图：基督升座，肖像

P115上图和右下图：基督和使徒，肖像细节

P115左下图：亚历山大的圣凯瑟琳，来自肖像

基克拉泽斯艺术和古希腊艺术博物馆

尼奥菲托路（Odos Neofytou Douca）4号。电话722 83 21。
除星期二及星期日外每日开放，时间10:00—15:00。

这是世界上第一个致力于为展现基克拉泽斯艺术而建立的博物馆，在古兰德里斯基金会（Goulandris Foundation）的支持下于1986年开放。该基金会是为纪念商业家、运动员、艺术赞助人和慈善家古兰德里斯而成立的。博物馆坐落在一座四层的大楼里，面积有4267平方米，由Yannis Vikelas设计建造。随后又建起了第二座楼，与之前的建筑相连。如前所述，在米洛斯黑曜石的交易的基础上，基克拉泽斯群岛在新石器时代和青铜时代一度发展起繁荣的文化。这些岛屿所拥有另一项资产是丰富而优质的大理石（特别是在帕洛斯岛和纳克索斯岛）。大量可用的石材使得“人偶”能被雕刻并陪葬在坟墓中以保护死者。代表母亲的裸体女神像双臂环绕，有时头上有个小身影或者竖琴和双管长笛手的身影。无论是神、英雄还是人的形象，都以不同的方式在人偶中表现出来。人偶有时是抽象的、示意的或轮廓扁平的，就像大理石中“切割”而来，有时是表现完整的身体（尽管仍然是平的），只在胸部和生殖

P116：古典杯子，绘制细节为一个年轻人在向基利克斯陶杯中倒酒

P117上图：古典杯子，绘制细节为一个运动员

P117下图：基克拉泽斯艺术博物馆展厅

器官有一些凸起。在其他时候，人偶的动作，例如音乐家的动作表现创造了一种空间需求，使四肢变成"管状"，能看出大概的体型结构。然而，除了鼻子的部分面部总是以抽象的方式呈现。

基克拉泽斯艺术的展品包括200多件，时间跨度从公元前3200至前2000年。展品分为3个部分并按时间顺序排列，以便人们更好地理解人偶的演变。展览以"小提琴形状"的人偶开始（公元前3200—前2800年，古代基克拉泽斯艺术I期）；接下来是"双臂交叉"的人偶"（公元前2800—前2300年，古代基克拉泽斯艺术II期）；以进入成熟的生产期结束（公元前2300—前2000年，古代基克拉泽斯艺术III期），例如编号211的神像，它有139.7厘米高。还有一些精美的大理石花瓶（盘子和小杯子）。古希腊艺术藏品包括米诺斯陶器和迈锡尼陶器、晚期罗马玻璃器皿、公元前5世纪至前4世纪的花瓶（克利奥佩特拉的画工绘制的喷口瓶）、精美的古典和希腊化时期珠宝和武器以及赤陶人偶（埃夫塔克西亚斯收藏，斯特凡诺·马吉）。

2 阿提卡

工业化发展给阿提卡地区带来的变化并没有减损古代遗址的吸引力，例如埃莱夫西斯、奥洛普斯的安菲阿拉俄斯（Amphiaraus）神殿或者达夫尼的修道院。许多小型的考古遗址证明了该地区的重要性。通往比雷埃夫斯的路从迪皮隆的朝门离开【彼埃罗斯路（odos pireos）左侧】。从港口（佩拉玛）可以乘船前往萨拉米斯岛（15分钟路程，该岛是地米斯托克利的希腊舰队和波斯舰队之间在公元前480年的战斗地点）。在公路上一直走到苏尼翁角，继续到拉夫里奥（Lavrio，雅典古老的银铅矿区，开采时间从公元前6世纪末到前4世纪末）。在那里可以参观托里科斯（Thorikos）的考古公园【韦拉图里山从公元前3000年一直被占领到公元前4世纪末；圣尼克拉奥斯半岛（Aghios Nikolaos）山上有一座海边要塞的废墟，建于公元前5世纪末至公元前4世纪末】。返回主干道，继续朝凯拉提亚（Keratea）的方向行驶，到达马克普伦（Markòpulon）【公元前8—前6世纪麦伦达（Merènda）地区的墓地】。继续往前约1.6千米后向拉夫提（Raftì）右转。沿着海岸公路向布劳伦（Brauron）进发，先后抵达卢特萨（Lutsa，阿尔忒弥斯·塔罗波罗斯神殿，公元前4世纪）和拉菲那（Rafina，古代阿佩林，从这里可以乘船到达埃维亚岛和基克拉泽斯岛）。继续向尼阿马克里（Nea Màkri）出发去参观马拉松，然后去莱姆诺斯（复仇女神的神殿）。返回到马拉松然后去卡拉摩斯，从那里可以到奥洛普斯（Oropos）。返回雅典的高速公路（E75，马拉卡萨换线）与帕尔尼斯的东边公路交叉，帕尔尼斯山（Parnes）是本地区的最高峰，在古代被迪塞勒亚（Decelea）要塞控制（公元前5世纪）。继续前往门尼第（menidi），参观菲莱（Phylè）堡的遗迹（在尼阿罗西亚左转）。要到达埃莱夫西斯，从迪皮隆朝门出发后，走右边的路【耶拉路（Iera odos）】，这条路可以追溯到古老的神圣之路。在达夫尼会看到阿提卡地区相当古老的拜占庭修道院之一（于5世纪初建在阿波罗·达菲那伊奥神庙的遗址上。其中圣母教堂有保存完好的11世纪马赛克壁画）。在到达埃莱夫西斯之前，会看到125年由哈德良皇帝建造的四拱桥。从比雷埃夫斯乘渡船到达埃依纳岛，在科洛纳（Kolona）可以参观阿波罗神殿。如果选取通往阿法亚神庙的路，就有可能到达帕莱奥乔拉（Paleochora），直到1800年那里还是埃依纳岛的首府（岛上有许多13—17世纪的教堂和修道院）。

P119：垂死的步兵，
埃依纳岛阿法亚神殿
东山墙

比雷埃夫斯

雅典西南的半岛分为三个部分【西北面是耶托尼亚（Ietonia），西南是阿克蒂（Akti），东边是芒奇亚（Munychia）】，与大陆通过狭窄的地峡相连，并形成了三个不同大小的海湾。从公元前5世纪开始，雅典作为主要港口的角色开始被附近的法勒隆（Phaleron）取代。

到公元前6世纪末，希皮亚斯（Hippias）加固了芒奇亚湾（今天的米克罗利马诺），并在那里建立了自己的住所。地米斯托克利开创的一系列工程把比雷埃夫斯变成了一个商业和军事港口。从公元前494年起半岛被建造各种海军设施的围墙包围着，但工程被希波战争打断了，直到公元前470年才完成。港湾的加固圈与雅典通过两条“长墙”相连，北墙和法勒隆墙。

稍后伯利克里又在北墙外建起一道平行墙以保护通往城市的道路。伯利克里发展城市的规划，据史料考察是由米利都的希波搭姆斯的制订的。该城的格局基于在现代规划中仍然有迹可循的网格，这种网格被应用于每一个地区，并对空间的功能进行了仔细划分。地峡中心的市集充当了坎萨罗斯（Kantharos）的商业港口和齐阿（Zea）的军事港口之间的连接（今天的帕萨里玛尼），从南到北在不同的区域耸立着一些私人建筑。雅典在伯罗奔尼撒战争中败北后，公元前403年长墙和一些防御工事被毁，港口设施变卖。仅仅8年之后，加农又重新开始港口的活动并重修长墙。公元前4世纪下半叶，罗德岛和提洛岛之间的竞争导致了雅典的商业活动的衰落，在拉米克战争中的失利加剧了这一趋势，标志着雅典海军力量的终结。公元前322年至前229年，芒奇亚是马其顿驻军的所在地，它与雅典逐渐拉开差距的过程正好与商业活动复兴的周期（防御工事被重建）相吻合，因其充分利用提洛岛的便利位置开展大量国际交通的联系。芒奇亚后来成为罗马港口，但因与米特拉达梯结盟而在公元前86年被罗马大将苏拉摧毁。

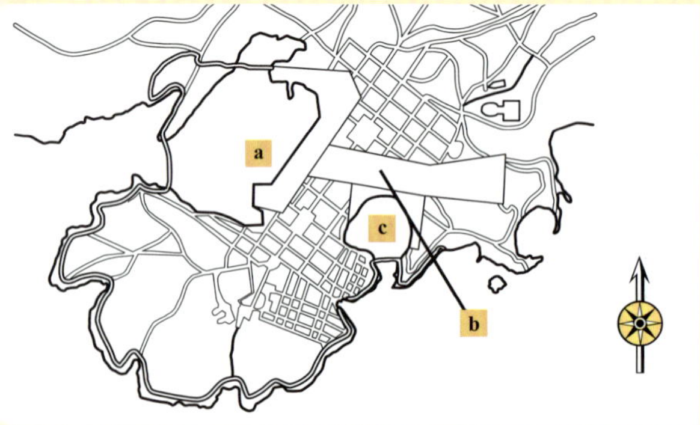

P120：比雷埃夫斯博物馆的墓葬石碑

P121：青年立像，比雷埃夫斯博物馆

比雷埃夫斯

a 恩波利昂（Emporion）

b 市集

c 齐阿的军事港口

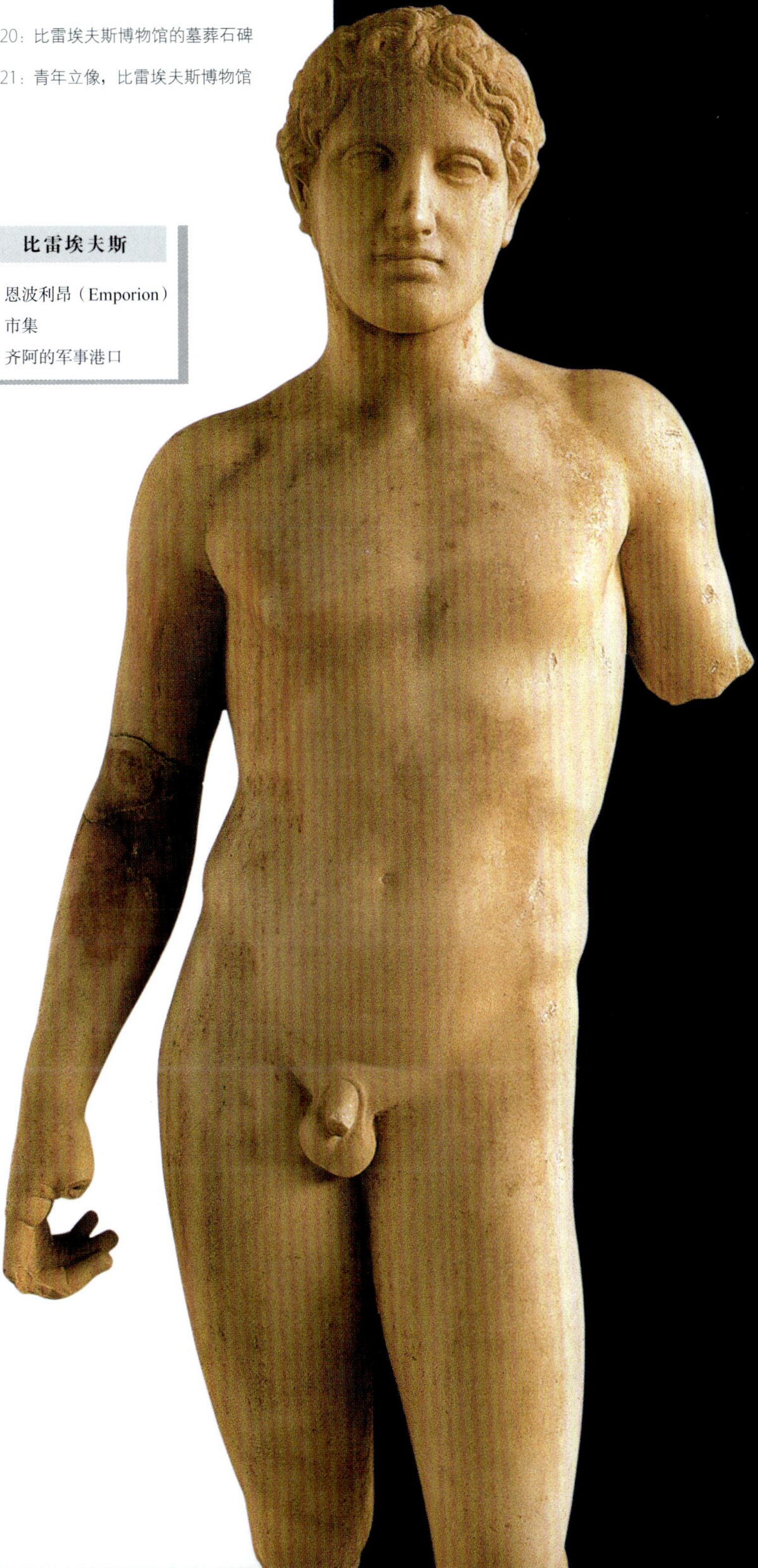

由于现代城市的存在无法进行系统开挖，因此人们获取的古代比雷埃夫斯地貌认知是很不完整的。古老的防御工事仍然依稀可见，在半岛的南面加农建造的墙，与更早的时候地米斯托克利造的墙矗立在一起。这些墙是双层墙（由干燥的六面体石块垒成，然后在两个墙面之间填充碎石，并有方形和长方形的塔楼。在面对陆地的一面有6个大门，面对大海的一面只有秘密的小门，仅有3个是已知的）。

坎萨罗斯是最大的商业进口港口（尽管南部有94个军舰的泊位）。东边的码头上是建筑恩波利昂（a），意指一组5条门廊（最南边的门廊遗址在伊阿索诺斯大街上被挖掘出来），在北边有伯利克里修建的长廊曾经作为玉米市场。靠近港口东南角的门廊处矗立着比雷埃夫斯最知名和最重要的神殿，即宙斯·索特和雅典娜·索泰拉神殿（很多遗址碎片可以在圣特里亚达教堂中看到）。在东南侧军港的部分，伯利克里修建了阿芙洛狄忒神庙以庆祝海军在克尼杜斯战胜斯巴达人的胜利。齐阿的军事港口（c）有196个军舰泊位（东南侧海域中可见），以及埃莱夫西斯的菲隆建于公元前346年的仓库，用以存放船只的装备。这座建筑中有入口可以通到附近的市集（b）以及由35根柱子分别组成的3条长廊。侧边的长廊用来存放物料，中间的是一条通道。

在遗址南部（靠近考古博物馆）留存着公元前2世纪修建的剧院。文献资料中曾经提及在19世纪开挖过程中，在卫城西坡发现了一个更大、更早的剧院（公元前4世纪），今天已经看不到了。

P122：考古博物馆公园

芒奇亚的港口有82个军舰泊位（在入口的北部和南部仍然可见），在阿尔忒弥斯·芒奇亚神殿处（只留下了寺庙或门廊的地基，还有一些来自几何陶和古代晚期的陶器）可以俯瞰。在半岛的顶端（靠近海军学校）有一座男立像柱，标志着地米斯托克利的埋葬地点。被雅典驱逐后，地米斯托克利死于梅安德河上的马格尼西亚，但他的家人把尸骨收回安葬。

P123左上图：希伯马库斯墓葬石碑

博物馆

除星期一，每天上午8:30至下午15:00开放。付费参观。

1930—1931年，人们在比雷埃夫斯发现了一系列非常有趣的2世纪浮雕，是在雅典娜·帕特农盾牌上菲狄亚斯的亚马逊战士的复制品（一楼，1—2号展厅）。第3和第4号展厅（二楼）里面有1952年发现的青铜雕像，很可能是从提洛岛运到罗马的。（克里斯蒂娜·特罗索）

P123右上图：潘泰列克大理石墓葬石碑

P123右图：雅典娜青铜雕像

P123下图：比雷埃夫斯的阿波罗青铜雕像展厅

PIRAEUS

苏尼翁

阿提卡东南端的地形对控制萨罗尼卡湾和埃维亚运河具有重要的战略意义，并能保护附近的拉夫里奥矿区。海角的尖端（荷马在《奥德赛》第二章，28中称其为神圣的）是一个古老的祭祀地。在那里发现了基克拉泽斯人偶、迈锡尼印章、几何陶和古风时期的陶器、从埃及进口的物件和可追溯到公元前6世纪初的一系列具有纪念意义的人物立像。

参观指南

每日开放，从早十点到日落。付费参观。

宗教场所和有人居住的地区都被大型防御工事（a）包围着，每20米有一座小塔（只剩下11座）。小塔是用石灰岩、砾岩、大理石于公元前5世纪末用不同技术混合建造的。入口处（b）位于靠近一个小海湾的西北段；有一个双座船坞，可以从上面通过台阶到达（仍然幸存）。波塞冬泰美诺斯（c）横跨海角较高部分的一个露台，东和东南两面都有围墙，与周围的防御工事同时建造。在北边和西边，有阶梯式的墙。入口处（d）为多利克式的朝门，北门有3条通道和双柱式前廊。入口处西面有一间宴会厅（e）和一条两条过道的门廊（公元前5世纪），是用波塞冬古庙的柱子建造的。第二道门廊（g）与神殿的西边墙相对。

位于海角的顶端并从海上可见的是

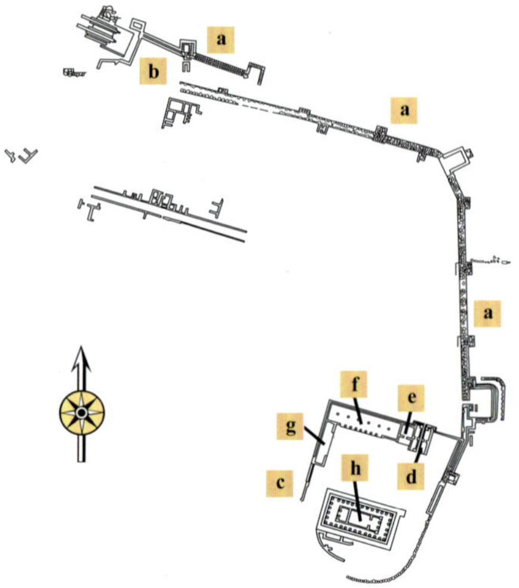

波塞冬神庙

- **a** 防御工事
- **b** 入口
- **c** 波塞冬泰美诺斯
- **d** 多利克式朝门
- **e** 宴会厅
- **f** 门廊
- **g** 门廊
- **h** 神庙

波塞冬神庙（h）。这是一座多利克式的圆形建筑，有6×13根大理石柱和光滑的柱间壁。帕洛斯岛大理石制造的伊奥尼亚式额枋，柱廊的拱梁上装饰着巨人与天神战斗和亚马逊女战士战斗的场面，以及忒修斯的功绩（在雅典的国家博物馆展出了14块石板）。山墙装饰则只保留了一尊女坐像。这座庙宇建于公元前444年至前440年，是与在雅典设计了两座庙宇（献给以弗斯忒斯和战神阿瑞斯）和莱姆诺斯的复仇女神庙的设计师是同一位。这座神庙建在公元前6世纪末的一座旧庙的基础上，建筑平面类似，但旧庙在公元前490年还未建成时就被波斯人摧毁了。在寺庙附近的一条壕沟里，发现了两尊304.8厘米高的男性雕像，可以追溯到公元前610年，是阿提卡雕塑的重要代表（雅典国家考古博物馆）。这些雕塑可能是在波斯人入侵期间被破坏的，被埋葬在神殿内。

雅典娜·索尼娅泰美诺斯（1）在下层地台上，周围是多边形的砖墙。里面是一座露天式小神庙（2）的地基，有4根柱子，还有祭祀雕像的底座。该处是在前一栋建筑被毁（公元前6世纪上半叶）后，在公元前470年前后建造。大约30年后，在南面和东边建造了一座大理石的伊奥尼亚式长廊，从海面和波塞冬神庙处可见。在这一地区的最北端，有大石块组成的椭圆形围墙（3）的痕迹。紧邻一座长方形建筑（4）的遗迹，有塑像底座和祭坛（5）位于两个献祭台基座（6）之间。此处是对英雄进行祭拜的地方，应该是献给梅内劳斯战役的指挥弗戎提斯（Phrontis）的，他战死于海角之处。（克里斯蒂娜·特罗索）

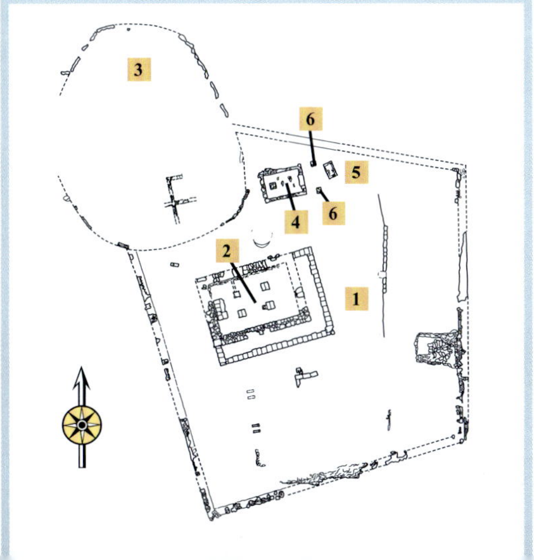

雅典娜神殿

1 雅典娜·索尼娅泰美诺斯
2 露天小神庙
3 围墙
4 长方形建筑
5 祭坛
6 献祭台底座

P124：波塞冬神庙，从西侧看

P125上图：从左至右，内殿区域视角下的庙宇南侧和西侧

布劳伦

布劳伦遗址过去是献给阿尔忒弥斯的神殿，所在的山坡自新石器时代以来一直有人居住。对阿尔忒弥斯的崇拜源自她是人类和动物繁殖力的守护神。根据阿里斯托芬斯（Aristophanes）著作中的一段可以推断【《吕西斯特拉特》(*Lysistrata*)，v.641-46】，在布劳伦的雅典女孩7岁时成为“阿瑞菲罗斯”（arréphoros，“能够运输神秘的东西”），10岁时变成了阿莱忒斯（aletris），婚前的最后一个阶段则成为阿克托斯（arktos）。为了庆祝阿尔忒弥斯每五年一次的庆典，年轻的姑娘们——无论是赤裸的还是穿着藏红花色的礼服——跳舞，模仿着熊的动作，这种动物对阿尔忒弥斯来说是神圣的，是暂时的“狂野”角色的象征。

我们从建筑物的东南角的祭品棚（神庙中放置献祭品的地方）发现的陶器中得知，对阿尔忒弥斯的崇拜是从几何陶时代就开始存在了。但是第一座庙宇却是依照庇西特拉图的意愿修建的，女神雕像稍后被搬到了雅典卫城。希波战争中波斯人的洗劫之后，公元前5世纪上半叶一个带内院双柱式相对式神庙（a，现在只剩地基）重新建立起来，内殿通过两列柱子分为三条侧廊。入口处正对着从雅典来的路，从一座大桥（b）上跨过埃拉西诺斯河（Erasinos），该桥由石灰岩构成。庙宇东面是一处古罗马露天小神庙（c）带有两个进行献祭用的房间。旁边是一块空地，一般认为是伊菲格纳亚（Iphigenia）之墓。在欧里庇得斯的作品《伊非格纳亚在塔乌里斯》中提到，布劳伦的神庙遗址属于阿伽门农的女儿伊菲格纳亚，其父亲曾想用她来献祭给神以祈祷希腊远征特洛伊的顺利。所幸被阿尔忒弥斯所救，伊菲格纳亚在遥远的塔乌斯成为女神的祭司，并在晚些时候带着对女神的崇拜和雕像回到布劳伦并去世。欧里庇得斯所写的传奇不能作为布劳伦崇拜的实证，在这种情况下伊菲格纳亚与其说是女英雄，倒不如说是当地与生殖有关的女神，人们对她的崇拜也体现在阿尔忒弥斯身上。

P126上图：几何陶时代的安法拉罐，布劳伦博物馆

P126下图和P127上图：圣殿的柱廊

P127中图：庙宇基座

P127下图：内殿北侧

在公元前5世纪末，神殿被彻底改造成了大型的多利克式柱廊（d），柱子排列呈II型。在西侧和北侧有一系列正方形房间，石灰岩地板上的空洞清晰可见，曾经用于固定木制长凳。

非常明确的是这些房间是在女神的节庆期间用来给“熊”（即未婚少女）们举行神圣的宴会的地方。柱廊是从西侧中间的一个巨大的入口（e）到达的。一条穿过北侧房间的狭窄通道连接到柱廊（f），内殿东边和西边有风格统一的大门。

此处发掘的数量众多的小型雕像将狂热崇拜的性质表露无遗，小雕像表现的是被留在此地的贞女们。神殿遗址北面是一座大型的早期基督教堂，建于6世纪，但在7世纪就被摧毁了。这座教堂有两条侧廊，双重前厅和南侧的洗礼池。

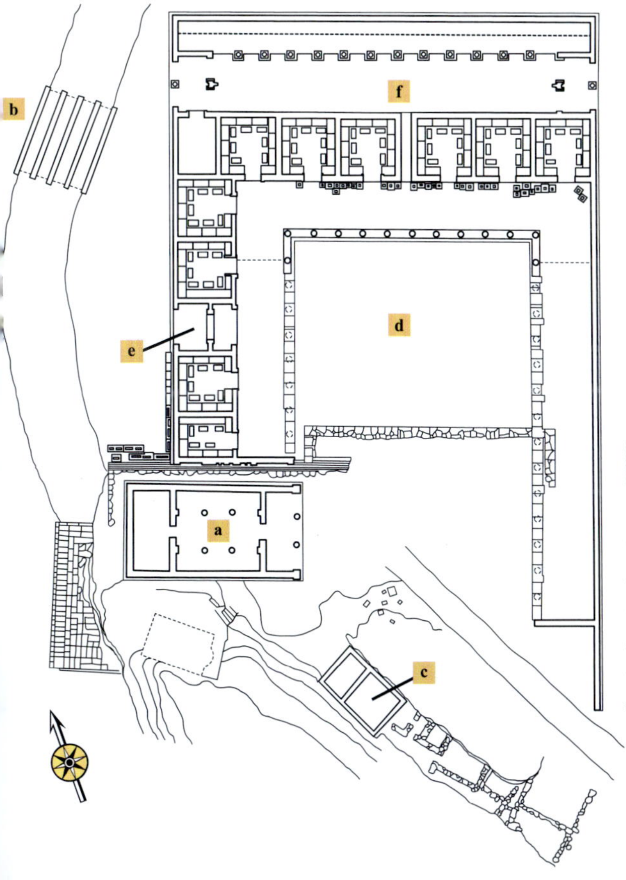

阿尔忒弥斯神庙

- a 阿尔忒弥斯神庙
- b 大桥
- c 露天神庙
- d 多利克柱廊
- e 纪念性入口
- f 柱廊

博物馆

除星期一外每日开放，8∶00—15∶00。付费参观。

展厅1到3展示了在神殿中的发现，特别是在寺庙周围发现的喷口瓶（公元前6—前5世纪），绘有一些女孩在祭坛上跳舞的情景。阿克托斯的小雕像（公元前4—前3世纪）也在内殿附近被发现。第4号展厅包含了在梅伦达家族墓地中发现的物品（公元前8—前6世纪）。（克里斯蒂娜·特罗索）

BRAURON

P128上图和P128—129：布劳伦浮雕，阿尔忒弥斯五年一次的庆典

P129上图：阿克托斯雕像（“熊”），根据阿尔忒弥斯崇拜被视为神圣的小女孩

P129下图：阿克托斯雕像和大理石浮雕的博物馆展厅

马拉松

P130：雅典人之墓，192名雅典战士之墓

马拉松的名字与古代著名战役之一联系在一起。公元前490年，达提斯和阿塔普内斯指挥的波斯舰队锚定在马拉松附近以方便军队登陆，目标是从大陆进攻雅典。希罗多德曾谈到当时波斯军队有10万名步兵和1万名骑兵。雅典人在一小撮约1000名普拉塔人的帮助下，占据了阿格里利基山东侧与大海之间的位置，从而堵住了波斯人进攻城市的道路。经过8天的对峙，波斯军队决定撤退离开，但遭到雅典人的攻击并被击败了。

当你从雅典到达马拉松时，在尼亚马克里（Nea Makri）村以北大约0.8千米处会看到一座献给伊西斯的神庙废墟。这座用以祭祀的建筑有一个不同寻常的平面设计，周围有宽阔的围墙，只有从北面才能进入。在防御工事墙的东南角附近矗立着一座浴池，年代与神殿一样很悠久，可追溯到2世纪。这可能是出生于马拉松附近的富商希罗德·阿迪库斯（Herod Atticus）在本地的住宅的一部分。正如铭文所证明的那样，健身室和赫拉克勒斯神庙的泰美诺斯都在现代村庄瓦莱利亚附近。公元前490年，雅典人的营地就建在神殿附近（也用于体育比赛）。向北走并向右转向圣潘塔莱蒙（Aghios Pantalèimon），会来到"雅典人之墓"，192名在与波斯人战斗中阵亡的雅典士兵的骨灰安放于此，他们的名字被记录在墓碑的顶部。

转回身，沿路走到现代的马拉松村庄。向左是博物馆的方向，你会看到在右边的华盖下面是早期希腊青铜时代的（公元前3000年）墓地。接下来会看到掩埋着在战斗中牺牲的普拉塔人的坟墓土丘。走过博物馆后，右手边4个土丘是希腊青铜文化中期的坟墓（公元前2000年—前1580年）。建筑物的东面有一个迈锡尼人的墓穴，里面有两具尸体和一套精美的墓葬物品。

参观指南

除星期一每日开放，时间为8：30—15：00。付费参观。

博物馆展出新石器时代（1号展厅）、早期铜器时代和几何陶时代（2号展厅）、黑绘陶器（3号展厅）、希腊化时期、罗马时期和拜占庭时期的雕塑（5号展厅）和阿迪库斯别墅的建筑残片。

莱姆诺斯

P131上图：未曾完工的石柱块

P131：女神西弥斯雕像，出自凯列斯特拉托斯之手

这处遗址有一座巨大的堡垒和一个著名的供奉着复仇女神涅墨西斯（Nemesis）的神殿。复仇女神掌管司法，神殿坐落在一个高原上，俯瞰着阿提卡东北部的埃维亚运河。神殿（A）有两座寺庙，建筑地基至今可见，建在一个地台的中心，地台北部和东部由多边形墙支撑。南面矗立着一座小建筑物（a，由一间长方形的房间和一个前厅组成，内有两根相对式柱子），可追溯到公元前5世纪初。此处用来供奉家庭行为女神西弥斯的雕像，由凯列斯特拉托斯（Chairestratos）所刻，他是公元前3世纪早期的阿提卡雕刻家（雅典国家考古学博物馆）凯列德莫斯（Chairedemos）之子。在大门的两边有两尊宝座（公元前4世纪），分别献给西弥斯和涅墨西斯，雕刻者为索斯特洛斯。

北面是一座寺庙（b，公元前430—前420年），有6×12多利克柱廊，内殿、双柱式前廊和相对式后廊。然而这座寺庙并未完工，柱子和地基都没有完全建好。这座建筑之前曾有两座庙宇，一个存在于公元前6世纪上半叶，另外一个存在于该世纪末，毁于公元前480年至前479年的波斯人入侵。内殿立着一尊由帕洛斯的阿戈拉克利图斯（菲狄亚斯的学生）雕刻的复仇女神像，雕像前有一张祭品桌。我们可以从保塞尼亚斯的描述、硬币上的图像和幸存的文物碎片中推断出，女神（掌管法律和良好秩序，以及乡村和本土的神）右手中曾握着一个杯子，绘有埃塞俄比亚人的形象，左手有一棵苹果树的树枝。一只装饰有小鹿和胜利女神的王冠戴在她的头上。寺庙山墙和雕像的基座上都装饰着勒达与海伦的浮雕。

在罗马时期，如东侧建筑中央的铭文所表示，这座建筑被修复并奉献给被神化的利维娅（45—46年）。在围墙前面长方形建筑（c），现在被认为是村落指挥官的战略指挥所在地。碑文证明了这种建筑的存在，但也可能与崇拜活动有关。

神殿立在圣路（B）上，这条路从附近的特里克利托（Tricorito）而来。一些墓葬建筑如柱子和石碑等，主要是为了纪念公元前4世纪的杰出市民，排列在游行道路的两旁。

在堡垒的港口附近，你可以看到一个小型神殿（d）的遗址，最初是献给英雄阿里斯托马库斯（Aristomachus）的，

后来与附近的奥洛普斯流传来的安菲拉俄斯（Amphiaraus）崇拜联系在一起。这座堡垒（C）建于伯罗奔尼撒战争时期，目的是控制埃维亚运河，保护前往雅典的运输船，尤其是那些运送玉米的船只。后来，隔离墙利用不同的材料和建造技术进行了扩大和固化，技术可以追寻到马其顿时期（公元前3世纪）。

南端有一座由2座塔保护的大门，它将周围的军事和民用建筑物封闭在内。军队的住宅区（e）划分为多个部分，由周围墙体和堡垒上层的地台（公元前4世纪）进行保护。一座小剧院的遗迹位于港口附近，由一座长方形的塔台保卫。（克里斯蒂娜·特罗索）

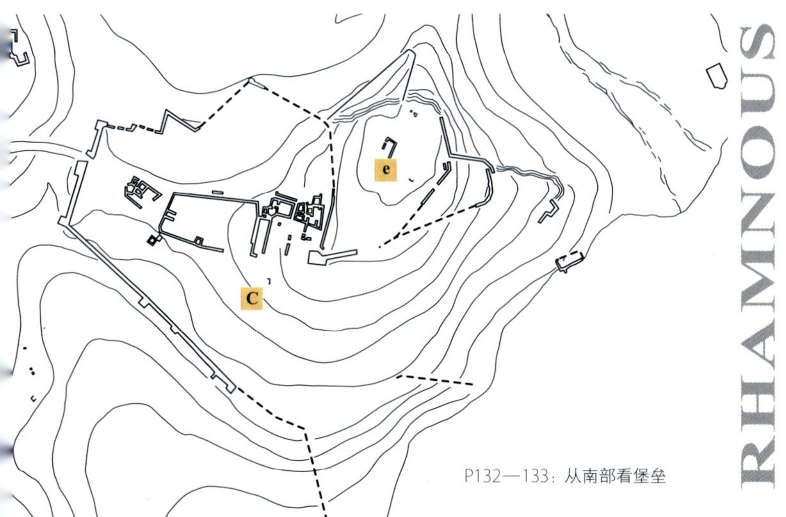

P132—133：从南部看堡垒

奥洛普斯

P134上图：剧场的草地和舞台前场

参观指南

这里是献给阿尔戈斯王安菲阿拉俄斯的著名神殿遗址。安菲阿拉俄斯从祖父墨兰普斯那里继承了预言的本领。这座神殿建于公元前5世纪末，在前4世纪安菲阿拉俄斯被奉为健康和预言之神时而出名。在保塞尼亚斯到此访问时这座神殿仍然声名远扬（I, 34, 2–5），但之后很快陷于衰落。

除星期一外每日开放，时间为8：30至15：00。付费参观。

入口通向最古老的祭祀仪式进行的地方，在圣泉附近。这里向北是一片空地，上面有供信徒进行祭祀活动使用的台阶。公元前4世纪在圣泉附近建造了一座大祭坛，这座寺庙（a）的历史可追溯到同一个时代。

在寺庙的北面矗立着一座小寺庙的废墟，还有一系列可以追溯到神殿最早的建设阶段的房间。在房间前面是许多摆放献祭品的底座。这一组建筑东面是大型的多利克柱廊（b，公元前360年）。这个柱廊给虔诚的信徒休息之用，他们睡在特别的羊皮上，等待安菲阿拉俄斯在梦境中出现告诉他们用何种方法治疗疾病。仪式的净化步骤之一就是在浴池（c）中洗浴；还有一个类似功能的建筑在中央区域。柱廊后面是建于公元前4世纪的剧院（d），经历过多次重修和改建。靠近溪流可以看到一座水钟（e）的遗址，另一边是行政性建筑，应该是神殿神职人员的居所（f）。（克里斯蒂娜·特罗索）

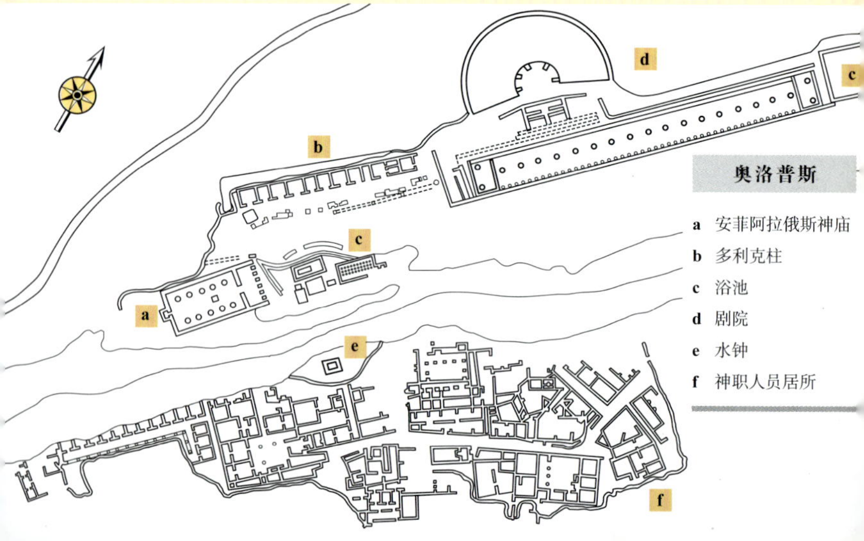

埃莱夫西斯

P135上图：拉奎德斯祭司家族献祭浮雕

P135下图：得墨忒耳拉和赫卡特石碑

这座城市和神殿坐落在距离雅典21千米的埃莱夫西斯湾的海岸附近。位于连接希腊北部和伯罗奔尼撒半岛的一个具有重要战略意义的位置。

神话传说

荷马的《得墨忒耳赞歌》（公元前7世纪）讲述了当地神话最古老的版本和埃莱夫西斯仪式相关的故事，即冥王哈德斯在埃莱夫西斯平原上将得墨忒耳和宙斯的女儿珀耳塞福涅的拐走的传说。当得墨忒耳从赫利奥斯那里得知女儿被拐走后离开了奥林匹亚，把自己打扮成一个老妇人在大地上游荡寻找，直到被欢迎进入了这座城市的创建者、埃莱夫西斯之子塞勒斯的家。后来她找到了女儿，并且珀耳塞福涅得到宙斯的许可每年返回地上生活9个月。得墨忒耳奖赏了埃莱夫西斯的领主们，尤其是塞勒斯，向他们揭示了神秘仪式的秘密。

宗教活动

由于在埃莱夫西斯进行的崇拜活动本质上是“神秘”的，所以除了荷马能告诉我们的和在基督徒间流传下来的信息，很少有关于这个仪式的资料。珀尔塞福涅每年在大地上度过9个月，而在地下度过夏季的3个月（当玉米从田野里消失的时间）。她的生活方式象征着自然和人类的死亡和复活。埃莱夫西斯向人民承诺保证大地上的繁荣和下一世的幸福，而确保这一切的仅仅是履行仪式本身，而不是遵守道德标准。虽然启蒙仪式是神秘的，然而任何人无论财富或性别如何，只要他们不犯谋杀罪并接受约束都可以进行“启蒙”。违反规则的人将受到严厉的惩罚，更不用说神灵的惩罚了。这些神秘仪式在雅典和埃莱夫西斯进行庆祝，时间从博埃德罗米奥内（Boedromione，按照古希腊历法9月下旬至10月初的一段时间）的第13天到第16天，以纪念珀耳塞福涅的顿悟。

ELEUSIS

P136：青铜时期女性雕像，来自埃莱夫西斯

历史

我们对这一遗址的了解纯粹是考古研究的结果，因为文字资料中并没有关于埃莱夫西斯遗迹的只言片语。保塞尼亚斯因为同样的原因曾经写到（I,38,7）：“一个梦中的警示禁止我描述神殿内的一切，很明显，不熟悉的人甚至不被允许通过间接的方式知道那些隐藏在他们视线以外的东西。”

这一地区早在青铜文化中期和晚期就有人居住，但尚不清楚对得墨忒耳的崇拜是否源自迈锡尼时代。此处最早的建筑物是泰勒斯台里昂神庙附近的一段围墙和一座带前厅的小长方形建筑，从两侧有台阶的平台延伸而来。这座建筑可追溯到公元前15世纪，曾在公元前13世纪进行扩建，在北侧增加了3个房间。这座建筑可能不是专门用来祭祀的，而是一个大得多的宫殿建筑群的一部分，正如迈锡尼时期其他的大规模建筑一样。另一方面，由于缺乏信息，我们不能确定该建筑是否在后来的历史中仍在使用。在这一地区发现了一些其他的建筑，可追溯到公元前8世纪上半叶，当时建造了一座支撑露台的弧形挡土墙。露台在21世纪中叶扩建，一座新的挡土墙也竖立起来，整个区域通过南向的一扇大门与一条可以到达海边的道路相接。这些建设是因为在公元前760年，一道德尔斐的神谕——在一场严重的饥荒中神灵听到了民众的祷告——命令雅典人以全体希腊人的名义，在耕作季节开始之前向得墨忒耳尔献祭。从那时起，对得墨忒耳的崇拜变得越来越普及，祭祀她的神庙也相应地增加了。主要的建设阶段与雅典最重要的几个政治人物联系在一起，首先是梭伦。在公元前6世纪初，最初的泰勒斯台里昂神庙建立起来（为庆祝神秘仪式而设计的建筑），以来自埃莱夫西斯的蓝色石灰石作为地基，还有未烧砖和赤陶冠冕（在博物馆）。在卡利科伦（Kallichoron）附近——从下层地台上挖出来的圣井——由一座祭坛和三阶讲台组成的仪式区域，信徒可以观看向女神致敬的神圣舞蹈。根据传说，卡利科伦是得墨忒耳遇见塞勒斯的女儿的地方，也是保塞尼亚斯所描述的，妇女们第一次为女神跳舞的地方。在公元前6世纪下半叶庇西特拉图专政时期，得墨忒耳崇拜传遍了希腊，因此建设更具有里程碑意义的神殿变得有必要。泰勒斯台里昂神庙扩建到原先的两倍大小（25×27米），地基由卡拉的石灰石建造。神庙天花板由5列22根伊奥尼亚柱子支撑。参加神秘仪式的信徒们站在沿墙壁的9级台阶上，阿纳克托隆（anaktoron，这间房间是为在神秘仪式期间展示神圣物品而保留的）占领了南

P137上图：石棺细节，来自埃莱夫西斯

P137下图：带叶形装饰的马头

侧的西角。东侧的入口处有一个门廊，前面有10根多利克柱，两侧有2根柱子（沿着山墙排水沟有羊头装饰，可以在博物馆看到）。此外，还有一个祭祀冥王哈德斯的露天式神殿，正是他把珀尔塞福涅拐进了冥界。泰勒斯台里昂神庙的扩大也导致了防御墙的扩建，延伸到了城市外围，并用方形塔楼加固。最后，神殿的大门被移到了北面，正对着从雅典来的圣道。

波斯人入侵后（公元前480—前479年）从城墙东南段的一条大裂缝闯入，西蒙在东侧建造了一堵新墙以包围住大部分区域。这堵墙有两个门，在新墙与已经存在的墙相连之处：第一个是东南塔下的秘密入口，另一个北部的大门。庇西特拉图建造泰勒斯台里昂神庙的决定使得卡利科伦需要关闭，原本圣井周围的仪式区域挪到了墙外靠近大门的地方；尽管后来又进行了一些建筑工程，但仪式仍然在那里进行直到罗马时期。此时泰勒斯台里昂神庙再次进行扩建（50×73米），有3排7列柱，每一侧有7步台阶，南墙中间建有一处阿纳托克隆，高度只到柱身最低的部分。公元前445年以后，伯利克里把这项工作分派给帕特农神庙的建筑师之一伊克提努斯，他设计了一座面积为51×49米的方形建筑，有5排4列柱子，在中间给阿纳托克隆留出了充裕的空间。沿墙修筑了许多供信徒们站立的台阶，四面墙上各有两个出入口。

然而新的建筑设计很难实现，特别是在建造大房间的屋顶方面，后来由克洛伊波斯做了修改加入更多的柱子（7排6列）。建筑材料选择了当地的黑石，非常适合在那里进行的崇拜活动的特点。这座建筑是由麦塔基尼斯（柱廊内部上方额枋的设计师）和谢诺克里斯完成，后者给阿纳托克隆建造上方开口，为室内提供通风和光线。因为建筑的扩建带来的墙体延伸，地台也向南和

P138上图：猎杀卡利多尼亚野猪，石棺细节

P138下图：献祭浮雕，阿斯克勒庇俄斯治疗瞌睡病人

P139：埃莱夫西斯石棺上绘制的年轻骑手

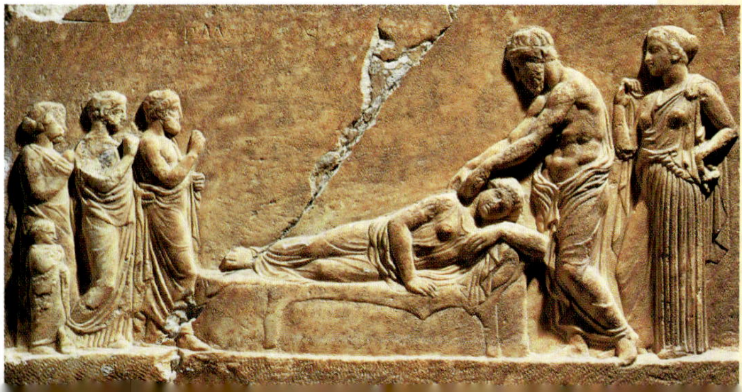

向东扩大。这部分由方形的埃莱夫西斯石块砌而成，底座简朴光滑，凸起的部分是石灰石。两座圆形塔楼插进了延伸的墙壁。庇西特拉图时代北门进行了重建，变成了为信徒保留的神圣之门（得墨忒耳和刻尔朝门）的入口。建筑工程在公元前4世纪仍在继续，在公元前370年至前360年，外墙再次延伸到东南面，达到最大历史长度。菲隆（Philon）在神庙东侧增加了一个有12根柱子的纪念性廊道，并重新安排了哈德斯神殿区域（Ploutonion）。在城市里实施了更大规模的工程：南部地区的剧院和体育场，北部建造了赛马场（Dolichos）。

罗马帝国时期，神殿又经历了新的建造，用潘泰列克大理石来表达共和国贵族和罗马皇帝对异教崇拜的尊重，他们中很多人都是神秘仪式的信徒。最大的工程项目是在哈德良皇帝的领导下启动的，但直到170年科斯托博奇人（Costoboci）洗劫神殿后，整个工程才又重新开始并最终完成。3世纪中叶，瓦莱里安皇帝修缮和加固了防御工事，作为抵抗入侵的赫鲁利亚人的一项措施（267年）。彼时的大门是封闭的，只留下中间一条小路。在大门和哈德斯神殿之间竖起了一堵高墙，将神殿的东北角留在了墙外。但圣井仍然用来确保供水。在卫城上竖起了一堵新墙，两边的角和中心都有塔楼。这座神庙一直挺立到395年阿拉里克人入侵并被摧毁，在狄奥多西皇帝下令关闭了所有的异教之后就被彻底抛弃了。

参观指南

除星期一外每日开放，时间为8:30—15:00。付费参观（门票包括博物馆入场费）。

一切仍像古代的模样，神庙连接着一个广场，而广场是从雅典方向来的圣道终点。在这里信徒们进行必要的净化仪式，以进入圣墙之内。在用大理石铺成的区域中央，矗立着一个小小的四柱式双拜式阿尔忒弥斯·普罗皮拉亚和波塞冬神庙（a），根据保塞尼亚斯的描述建于安东尼努斯·皮乌斯统治时期。在神庙的东面和北面是给两个神灵的祭坛，在西北面是用石灰板制成的小围栏，将一座四面墙的砖房围绕在内，房内有一个金属栅格用以燃烧圣火。广场的东北部分上被L形门廊（公元前6世纪）所封闭，而西北角和西南角则是两座凯旋门（b），分别献给埃莱夫西斯的女神们和潘耶利尼的马库斯·奥雷利乌斯皇帝（希腊人在哈德良创造的潘耶勒尼昂中联合起来）。两座拱门都有大型的穹窿设计，顶上有科林斯式的神龛，山墙设计的风格与雅典哈德良门相一致。

第一个门作为城市的入口，第二个是沿着东段城墙附近的那条路延伸开来的服务区域的入口。这条路一直通向港口，两旁是客栈、酒馆、浴池和喷泉。

在拱门附近可以看到皇帝家族成员的雕像底座。

在南边的门旁边有一个带柱廊的喷泉。神庙是通过大朝门（c）进入的，最

ELEUSIS

初与城墙相连（右侧是公元前6世纪的城墙，左边是公元前5世纪上半叶的城墙，一个世纪后才修复）。这些都仿照雅典卫城的模型修建。五层台阶通向一个基座，由6根多利克柱组成的双廊，由一道带5扇门的墙隔开，门对着柱子之间的空隙。较深的外廊由2排3根伊奥尼亚柱组成，沿着通道排列延伸。

一篇关于安东尼努斯·皮乌斯的铭文雕刻在立面上，内部的双柱式柱廊献给马库斯·奥雷利乌斯。

埃莱夫西斯

a 阿尔忒弥斯神庙
b 凯旋门
c 大朝门
d 卡利科伦
e 克律克斯家族房屋
f 房屋
g 小朝门
h 哈德斯神庙
i 罗马帝国时期建筑
j 泰勒斯台里昂神庙
k 议事厅

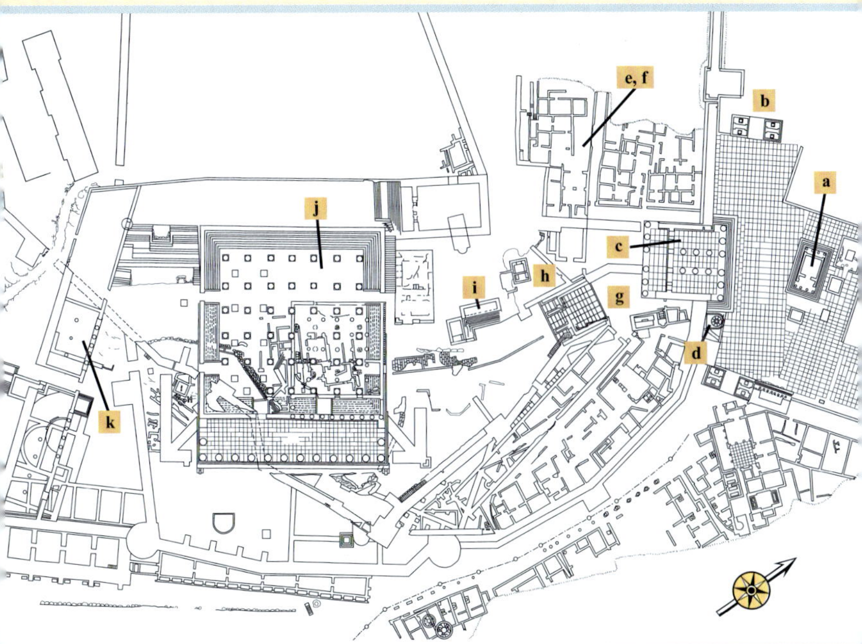

P140—141：从东侧角度看的小型入口

ELEUSIS

在朝门东北角比较低的位置上可以看到卡利科伦（d）。这口井是在西蒙时期开挖的，在一座石灰岩地基的砖砌拱墙内。井台的搭建来自同一时期,然而包围它的低矮护栏是在公元前3世纪初建造的（在“攻城者”德米特里乌斯围攻的时候），使用的是已经坍塌的原始围墙的石块。过了入口处，会在右边（北区）看到一座的罗马时代的大房屋（e），建于公元前6世纪的遗留结构上，部分被古代晚期的防御墙修建而破坏。这座罗马建筑是克律克斯家族（Kerykes）及祭司为庆祝宗教仪式而聚会的地方。东边的附近区域有一所房屋（f）是神庙的神职人员居住的地方。大理石铺就的圣路通向小朝门（g），这个入口专为信徒使用。这扇门打开有一个宽阔的门厅，周围环绕着门廊。门廊上有两扇门，两侧是科林斯柱，优雅的柱头上有带翅膀的狮子和蜗牛，内部则是女像柱。

藏有神秘仪式物品的铜箱（cista）设计放置在女像柱的头部上面。得墨忒耳崇拜的象征（玉米穗）装饰着多利克柱的额枋，圆盘饰和牛头饰装饰着柱间壁。原来门两侧各有一处喷泉，后来变成了行人的通道。入口处由阿皮乌斯·克劳迪乌斯·普尔克鲁斯（Appius Claudius Pulcrus）建于公元前54年，在得墨忒耳的大门和女像柱拆除后建造（由两根多利克柱在中间，两侧有柱子的门廊，可追溯到公元前5世纪下半叶）。这些材料在米特拉的朝门修建时再次使用。

一旦走进神庙，右手边你会看到哈德斯神殿（h）。在一处高出道路的平台上矗立着这座献给冥王的小型神殿（围墙包围的三角形庭院的中央）和一个石窟，里面有两个不同的石洞。很可能这个洞穴是珀尔塞福涅每年一次的顿悟的处所，按照神话传统，她是通过这个洞穴被带到冥界的。继续沿着在右边的圣道上行走，你可以看到半圆形室外座椅以及用岩石切割出的台阶。还有一个小门廊，供在神圣游行中的信徒们使用。另外，还有一座罗马时期神殿的地台，可能是献给哈德良皇帝的妻子萨宾娜。岩石中的一段台阶通向另一座

P142上图：打斗场景，石棺细节

P142下图：入口和大门

P143上图：大朝门区域

P143下图：大朝门山墙上的安东尼乌斯·皮乌斯雕塑

罗马时期的神圣建筑（i）——伊奥尼亚相对四柱式，也许是献给福斯蒂娜的，安东尼努斯·皮乌斯的妻子。同萨宾娜受到的待遇一样，福斯蒂娜被授予了“新得墨忒耳”的称号。

在道路左边较低的一侧，西蒙修筑的墙壁附近有一座长长的建筑遗址，被分成了六个可能是粮仓的隔间，但由于前方建造了由菲隆设计的柱廊而无法使用。一些伯利克里时期大型建筑的支撑柱原本是在地下，现在也可以看到。圣道一直延伸到泰勒斯台里昂神庙（j）的北侧。这座由伊克提乌斯设计的豪华建筑已经所剩无几，只有通往大房间西墙的岩石外的台阶，以及东侧的门廊基础。更早的建筑遗迹在此处的房间下面也有发掘。

门廊两侧的斜面地基建于公元前4世纪，当时可能是为了泰勒斯台里昂神庙的扩建做准备，但从未完工。神庙的大庭院在门廊前向左和右延伸。从这里可以看到南边保存完好的伯利克里城墙，带有圆形的塔楼，扩建于公元前4世纪。在更远的地方一处华盖顶下，有庇西特拉图时期的城墙和方形塔楼。

广场南侧靠近墙体的位置有几座建筑：一个门廊和一个类似剧场的建筑，或许曾用来举行会议。剧场建在罗马时期，在公元前4世纪的另一座有3间房间的建筑遗址上，其中的中间一间有半圆形室外座椅，也许是议事厅（k）。门的另一边是另一条门廊，在这条门廊和泰勒斯台里昂的南墙之间是罗马时期修

P144—145：朝门景观

P145上图：泰勒斯台里昂神庙西侧的台阶

筑的岩石台阶。信徒们踏着这些台阶来到中庭举行宗教仪式。在南门之外是被称为“神圣之家”的遗迹（如今已不可见）。第一栋建筑（有3个房间，前面有一个长长的门厅，朝向地面铺平的庭院）建于公元前8世纪末，一直是人们崇拜的对象之一，直到大约一个世纪后被摧毁。在公元前6世纪初，一个小露天神庙和祭坛建立在废墟上，也许还有过围墙。一个世纪后这座建筑群再次被重建，使用多边形的石头围起来并建起来一座石灰岩神庙重建。山墙装饰上有用潘泰列克大理石制成的女性雕像（现存博物馆）。

靠近神庙是一个罗马晚期的太阳神崇拜场所（Mitreum），用小型朝门的材料建造。紧靠着还有一组建筑，或许曾经是健身室，宽阔的绕柱式庭院对着两侧不同的房间。

P145下图：东侧角度看大型朝门基座

埃莱夫西斯博物馆

在入口处会注意到得墨忒耳的无头雕塑（公元前5世纪下半叶），可能是阿戈拉克利图斯的作品，他是菲狄亚斯的学生。还可以注意一下埃莱夫西斯众神的大型浮雕（原作在雅典的国家考古博物馆），被发现在圣撒迦利亚教堂的地板上。浮雕画面表现的是得墨忒耳在珀尔塞福涅面前给了特里普托勒摩斯一些玉米种子，使农业能够在世界范围内传播（公元前445年）。

1号展厅里有一个早期阿提卡安法拉罐，由波吕斐摩斯（Polyphemus，公元前650年）的画工绘制，表现了尤利西斯和他的同伴（在山上）使独眼巨人失明的场景，珀尔修斯正在被戈耳贡女妖追赶。下面的山墙装饰雕塑是一个飞奔的女孩形象，应该出自“神圣之家”（公元前480年）。在罗马时代的许多作品中，有一座来自小型朝门的女像柱（5号展厅）。6号展厅还包含青铜器时代到古希腊晚期的花瓶。（克里斯蒂娜·特罗索）

P147上图：绘有独眼巨人波吕斐摩斯的早期阿提卡安法拉罐

P146：小型朝门处的女像柱头部

P147下图：埃莱夫西斯建筑山墙上的雕塑，奔跑的女孩，可能来自“神圣之家”

埃伊纳

历史

根据希腊神话传说，当宙斯把阿索普斯河的女儿阿吉娜带到埃伊纳岛时，岛上是无人居住的。这就是埃阿库斯（Aeacus）出生的地方。当他长大后问父亲宙斯是否能给予他一些臣民去统治，于是宙斯让当地人从土地里长出来，或根据其他版本，从蚂蚁变成人（Myrmidons，Myrmex的意思是蚂蚁）。埃阿库斯的后代——珀琉斯和泰拉蒙——因杀害了他们的兄弟和父亲最宠爱的儿子福库斯而被定罪流放。珀琉斯去了塞萨利的佛西亚，泰拉蒙去了萨拉米斯。他们的儿子，分别是阿基里斯和阿贾克斯，在特洛伊战争中并肩作战。

由于在萨罗尼克湾的特殊位置，埃伊纳岛可以控制东西方之间的交流，并且是爱琴海极重要的史前定居点之一。曾在公元前12世纪至前10世纪被人们抛弃过一段时间，后来埃伊纳岛重新被殖民，也许是公元前950年到达该处的埃皮达鲁斯人。公元前7世纪岛上建立起强大的军事和商业力量，也是埃皮达鲁斯人将重量单位引入希腊（公元前656—前650年）。岛上流通的硬币被称为“海龟”，因为上面刻有海龟雕像，在整个地中海地区都有出土这种硬币。

在这一时期埃伊纳岛成为重要的艺术中心。当地的雕塑家（卡隆、奥纳塔斯和阿纳萨戈拉斯）最著名的是青铜作品，遗憾的是我们只能通过文字资料知道这些情况。埃伊纳岛在海上贸易中的重要性不可避免地引起了雅典的竞争，因此为了对抗其强大的邻国所构成的威胁，在公元前5世纪初埃伊纳岛加入了伯罗奔尼撒联盟。

P148：雅典娜头部，东山墙

P149上图：雅典娜神庙的多利克柱廊

P149下图：从南部角度看雅典娜神庙的内殿和围柱

参观指南

从新石器时代到拜占庭时代，科伦纳角（港口以北）的山丘作为城市的卫城一直有人居住。山顶的挖掘显示大的定居点（公元前2500—前1600年）高低分为10层之多。在公元前2200年至前2050年（5层），建造的防御工事只有特洛伊城能与之相比。在定居点被一场大火毁灭过之后，第二道防御墙（公元前2050—前2000年，第6层）建在更近的地方，而且墙体更厚（3.9～4.8米），有两个被塔楼守卫着的入口。在青铜时代的定居点中心处，阿波罗神庙（a）后厅柱廊的地基和柱子仍然可见。

神庙使用黄色石灰石建于公元前520年至前510年，有6×11根多利克柱，双柱式前厅和后厅。内殿有3条侧廊，由2排5根柱子组成。山墙上的装饰是用潘泰列克大理石雕刻，很多残片都保留了下来。东山墙描绘了赫拉克勒斯和泰拉蒙与亚马逊女战士的战斗（现存博物馆内）。

庙宇前曾有一座更早的建筑，后被大火烧毁。这座建筑其实了是取代了公元前6世纪初的一栋建筑，那栋建筑保存了大块的圆形赤陶屋脊装饰残片（也在博物馆）。每一座建筑都有一座祭坛，在庙宇的东侧可以看到这些祭坛的遗迹。

神殿的另一个部分是献给阿尔忒弥斯的小型庙宇，建于公元前470—前

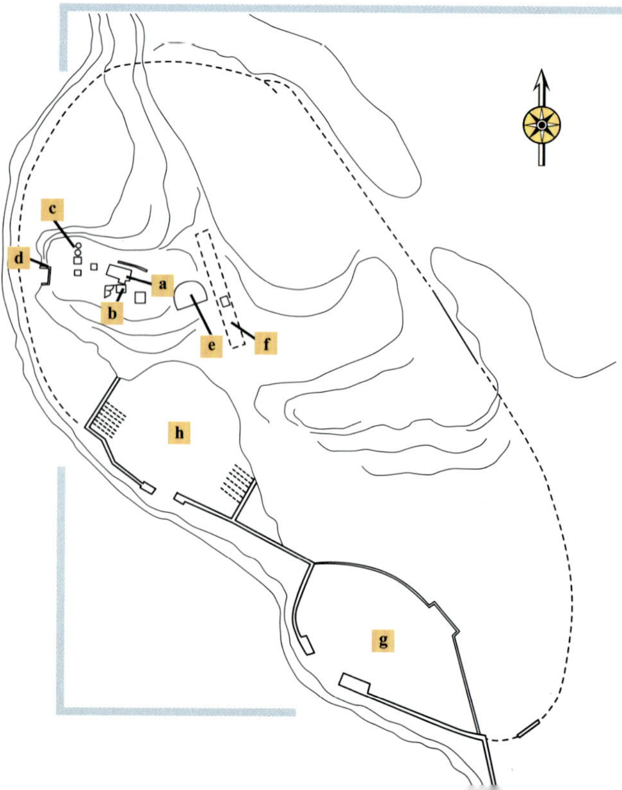

埃伊纳

a 阿波罗神庙
b 阿亚凯昂
c 福库斯陵墓
d 阿塔卢斯神庙
e 剧院
f 田径场
g 商业贸易之门
h 武器库

P150：科伦纳角，青铜时代定居点的阿波罗神庙遗址

P151上图：纵向的防御工事

P151下图：卫城的俯瞰视角

460年。宴会厅建在围墙之外，名字来源于塞阿洛伊（Thearoi），此人在一场影响整个希腊的严重干旱时期被派去领取阿波罗的神谕。

庙宇由两个房间组成，朝向5柱相对式的门廊，但公元前3世纪中叶被拆除，其材料被拿去建造保护神殿和卫城的防御工事墙。这座寺庙西南的一座围墙的废墟可以追溯到公元前490年。这可能是阿亚凯昂（Aiakeion，b），即埃阿库斯的祭祀场所。根据保塞尼亚斯的描述，这里装饰着浮雕（希腊使者到埃阿库斯要求宙斯结束干旱），包围着橄榄树和代表英雄墓的低矮祭坛。

在围墙附近可以看到的一座土墩（公元前6世纪末），可能保塞尼亚斯提及过的另一座与城市的神话有关的纪念碑，埃阿库斯的儿子福库斯的陵墓（c），在体操运动中被他的兄弟佩卢斯用石头杀死（当时用石头代替铁饼）。

阿塔卢斯神庙（d）立在山脚下，与阿塔卢斯二世（Attalus II）崇拜有关。向东，地面上的洼地标志着曾经的剧院（e）和田径场（f）所在，重复使用了在晚期古防御工事的材料。这座城市和附近大片地区被围墙包围，开有两扇大门：东南方向的商业贸易之门（g）和军事武器库（h）的门，后者被保塞尼亚斯称为“隐藏之门”。

AEGINA

AEGINA

在埃伊纳岛东北端（埃伊纳以东6.4千米）的海湾附近，阿法亚（Aphaia）神殿坐落在梅萨格罗山的一个宜人的地方。在这里发现的神灵崇拜可追溯到迈锡尼文明时期，但此地的首段围墙建于公元前7世纪中叶，围墙内有露天式神殿和献给阿法亚（“消失无影的”）的祭坛。埃伊纳人崇拜的是一位来自克雷坦的女神，为了躲避米诺斯的拥抱跳进海里，被渔民救了出来带到了岛上。还有一座建筑物，也许是牧师的住所，离入口处很近但在围墙之外。

公元前575年至前570年，一座前四柱式神庙建在原露天神庙的地址。这座建筑有双柱廊，分为两个部分的密室和一个大祭坛。通往围墙外的入口是带有双柱式柱廊的朝门。在围墙的东北角是一根献祭的雕塑柱，形象为一个带着冠冕的斯芬克斯，在博物馆里可以看到它的残片。公元前510年被一场大火焚毁后，神殿被完全重建。围墙的扩大要求建造一个新的防御墙，并开辟了一扇新的朝门（a），带有双柱式的门厅。一座巨大的神圣建筑（b）矗立在这一地区的中心，其底部有3级台阶，有6×12根多利克柱.内殿分为3条侧廊，由2排5列柱子隔开，另有相对式的前后柱廊。当地大理石雕刻的山墙和山尖形装饰，是埃伊纳艺术流派一个精良独特的例子。

P152上图：雅典娜神庙西侧柱子

P152下图：雅典娜·阿法亚在西侧山墙上的立像

P153上图和中图：雅典娜神殿东西山墙图画：希腊人和特洛伊人之间的战斗

P153下图：雅典娜神庙东山墙

山墙雕塑描绘了埃伊纳第一次（东山墙，约公元前480年）和第二次（西山墙，约公元前490年）随希腊大军远征特洛伊，其中埃伊纳英雄泰拉蒙和阿贾克斯都参加了战斗。在战斗人员中我们看到雅典娜的形象，这里对雅典娜与阿法亚的崇拜是同时存在的。

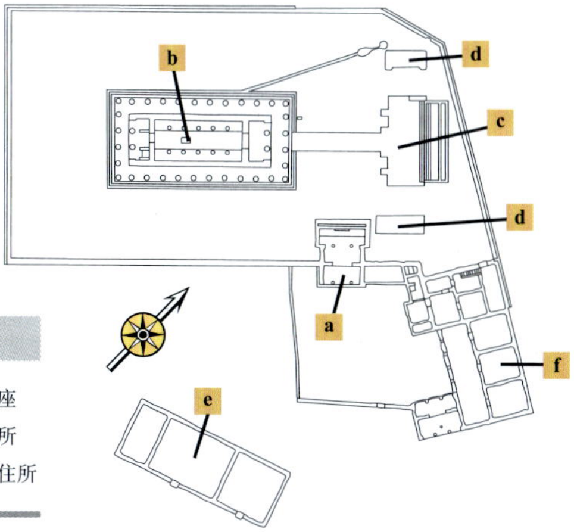

阿法亚神殿

a	朝门	**d**	雕像底座
b	雅典娜阿法亚神庙	**e**	牧师住所
c	祭坛	**f**	朝圣者住所

AEGINA

P154—155：垂死的战士，来自雅典娜·阿法亚神庙东山墙雕塑

这些雕塑是1811年由英国建筑师科克雷尔（R.Cockerell）发现的，他和哈勒·哈雷斯坦（Haller von Hallerstein）一起对这座寺庙进行了测绘（从1675年起这座庙已被人发现）。1813年，马丁·瓦格纳（J. Martin Wagner）为巴伐利亚的路德维希王子（Prince Ludwig）购买了一些雕塑并送往罗马修复。在卡诺瓦拒绝为他们工作之后，在新古典主义雕塑家索瓦尔德森（B. Thorvaldsen）的帮助下，瓦格纳自己在康托尔进行了具有当代风格品位的修复工作。这意味着要对雕塑进行全面的重新修改，因此已经很难说清哪部分是修复的，而哪部分是本来的。1828年，修复后的作品在慕尼黑的嘉士伯美术馆展出，但是山墙的修复并非基于科学的标准。直到1962年当新的嘉士伯美术馆建造的时候，奥利（D. Ohly）拆散原本的展厅（招致了一些批评），并把雕塑进行了更正确的安排。这座庙宇是由一个斜坡连接到一个大祭坛上的（c），斜坡两侧有台阶。一边是表现赫拉克勒斯与泰拉蒙与亚马逊人作战的雕塑群（d），另一边是宙斯诱拐埃伊纳仙女。这些应该是最早为神庙所制作的山墙，或许是因为政治原因被拆掉了，后来换上了埃伊纳英雄与特洛伊人战斗的场景。

祭司住所（e）和建筑（f）用来供前来朝圣的人在围墙外下榻。

奥罗斯山（或圣埃利亚斯）：从埃

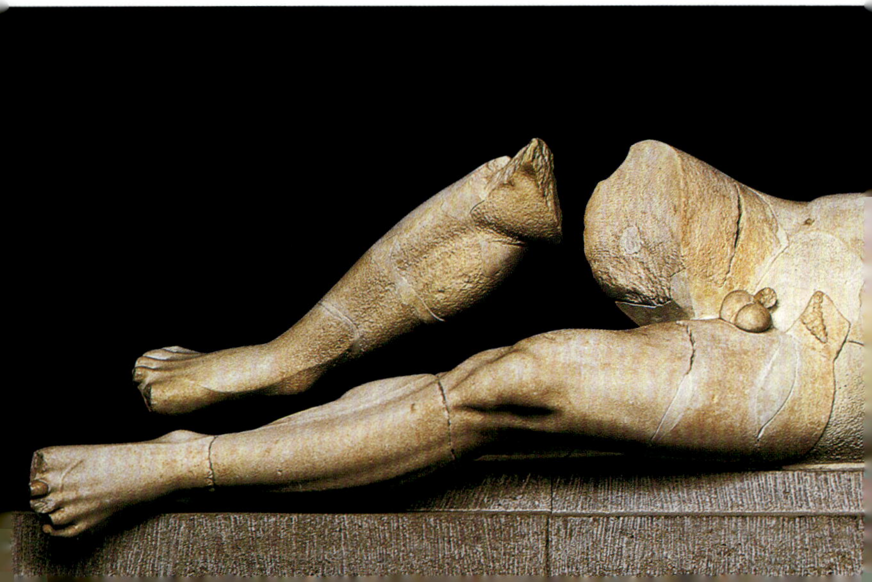

伊纳出发，选择通向马拉松的路；在第一个路口朝勒夫基（Lèfki）左转，然后继续到拉奇（Rachi）港，再顺着通往塔克夏切斯（Taxiarches）教堂的路走。山一侧是希腊化时期的神殿，献给宙斯·海拉尼奥斯，是埃伊纳地区最早的（公元前13世纪）和最重要的神灵崇拜，宙斯在这里被奉为雨水的赐予者。有台阶的道路通向一个由多边形墙支撑的露台。继续往上有一处带3条侧廊的建筑（建立在一个古风建筑的遗址之上，原有的多边形墙留下了痕迹），可能是用来容纳朝圣者的（东侧是拜占庭修道院的废墟）。在更高处有一个从岩石上凿出来的蓄水池，连接到一个较小的水箱上，这个水箱盛放着献给宙斯的圣水。

神殿最古老的部分（几何陶时代，双半圆围墙，祭坛在中间）在山顶上，根据传说，埃阿库斯为宙斯建造了一座祭坛，结束了那场影响整个希腊的干旱。

博物馆

除星期一外每天开放，冬季8:30—15:00和夏季8:00—14:30。

这座博物馆收藏着岛上各地出土的文物，包括阿波罗神殿献祭的斯芬克斯雕像，由埃伊纳雕塑家于公元前460年创作。还有阿法亚神庙修复的山墙，但部分原品在慕尼黑的嘉士伯博物馆。

3 伯罗奔尼撒半岛

前往伯罗奔尼撒的旅程代表着对希腊文明发源地的巡礼：迈锡尼、梯林斯（Tiryns）、阿尔戈斯（Argos）、皮洛斯（Pylos）等，同时也回到了古典主义时代的诸多伟大神殿，如奥林匹亚、埃皮达鲁斯和泰吉阿（Tegea）。伯罗奔尼撒也拥有拜占庭修道院和教堂，此外还有法兰克人、威尼斯人和土耳其人修筑的城堡，以及像阿卡迪亚（Arcadia）这样的充满田园风光的小村庄。

线路1

离开雅典朝科林斯方向进发，去伊斯米亚和佩拉霍拉（Perachora）。然后继续到迈锡尼，在尼米亚（Nemea）停一站。从那里去阿尔戈斯，然后是梯林斯和纳夫普利亚（Nauplia）。这是一个到达埃皮达鲁斯和阿尔戈利斯半岛的理想基地[加拉塔斯、埃尔米奥尼、科斯塔、波尔多切利（Portocheli）]。

线路2

从纳夫普利亚到勒拿（Lerna），继续到特里波利斯（Tripolis），那里有一个有趣的博物馆。向北到达莱维迪，后到达曼提尼亚（Mantinea，剧院和议事厅遗址）。继续向兰迪亚，在右边会发现奥尔霍迈诺斯（Orchomenos），有一个保存完好的小剧院和一些古风时期神庙遗迹。从特里波里斯向西南方向出发，你可以游览阿卡迪亚的首府迈加洛波利斯（Megalopolis）。再向西边是吕克苏拉（Lycosura），是专为德斯波伊纳（Despoina）修建的神殿。

线路3

从马尼（Mani）出发，沿着海岸公路到达卡拉马塔（Kalamata），此地以橄榄闻名。前往马夫罗马蒂附近的麦西尼（Messene）古城，然后向南转到皮洛斯和涅斯托尔宫。霍拉（Khora）有一个小型的考古博物馆。北至奥林匹亚和安兹里采纳（Andritsaina）的旅程，位于利基奥斯山脚下。这个城镇是个探索巴萨伊（Bassae）的理想基地，可以欣赏阿波罗·埃皮库里奥斯神庙。从安兹里采纳继续向东行驶到卡里迪纳（Karitaina），这曾经是法兰克男爵的领地首府。自奥林匹亚返回海岸，向北前克利尼（Killini）和附近的赫莱默茨（Hlemoutsi）城堡。然后沿着海岸一直走到帕特雷（Patras）。在返回科林斯的路上，还可以顺便去迪亚克普顿（Diakopton）去游览沃拉科斯（Voura Kos）峡谷，那里有大洞穴（Megaspilaion）修道院。就在科林斯前面是锡西翁古城。（克里斯蒂娜·特罗索）

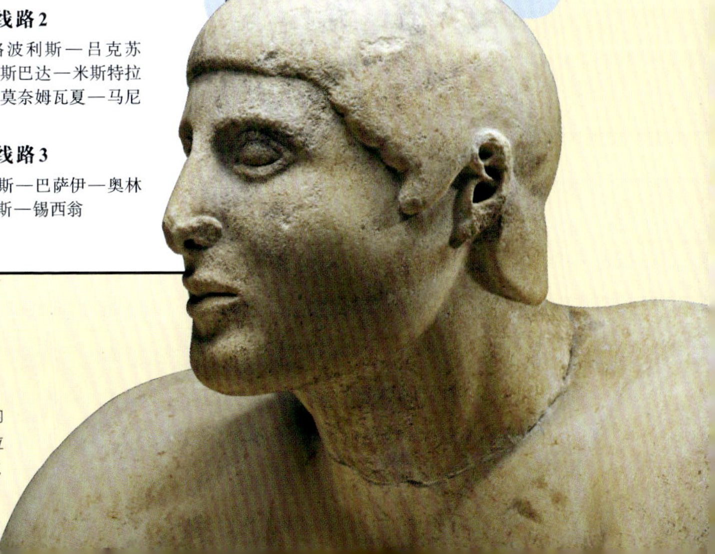

P157：奥林匹亚的宙斯神庙中的克拉迪奥斯河的人格化

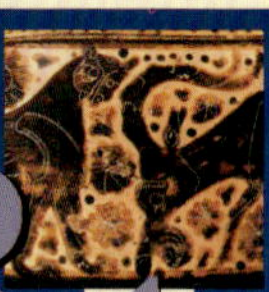

3.1

线路1

科林斯

P158上图：古风时期的科林斯陶酒坛细节

P158下图：科林斯出土的奥古斯都塑像

科林斯古城位于阿科洛科林斯的脚下（它的卫城），距1858年建立的现代科林斯城西南6.4千米。靠近科林斯地峡的地理位置保证了一直以来城市的经济繁荣和海上扩张。科林斯控制着希腊北部和伯罗奔尼撒半岛之间的陆路，而且由于有两个港口莱卡乌姆（Lechaeum，科林斯湾）和肯克里埃（Cenchreae，萨罗尼克湾），也控制了东西方之间的航路。

为了避开环绕伯罗奔尼撒的漫长而危险的旅程，船只被拖上轮式平台上石铺运输通道（Diolkos），这是在公元前7世纪末和前6世纪初建造的横跨地峡的公路，一直使用到12世纪。

铺就这条道路的工程是由古风时期的佩里安德开始的，在希腊化时期德米特里乌斯又继续这一工程。晚些时候在罗马皇帝恺撒、卡里古拉和尼禄的统治下，建造工程仍在继续，曾因尼禄的死亡而中断。现代运河是（1882—1885年）沿着尼禄时期的路线开凿的。

传说科林斯是由西西弗斯建立的，尽管他的同时代人只给了他发展贸易的好处。因为泄露了宙斯的秘密，西西弗斯死后受到警示性的惩罚：他不得不把一块巨石推到山顶上，但是每当接近顶峰时，又眼看着石头滚下了山。西西弗斯的孙子和科林斯的民族英雄柏勒洛丰（Bellerophon）经历的变迁还要复杂得多。他杀了自己的哥哥，抛弃了故土，投靠了梯林斯国王普罗托斯。当柏勒洛丰拒绝了安泰尼亚（普罗托斯妻子）的引诱时，她便向丈夫诬告他引诱了她。于是普罗托斯将柏勒洛丰送到利西亚国王那里，并带去一封密信说这位英雄应该被杀掉。但是利西亚王没有照办，他安排柏勒洛丰去完成一些危险的任务，比如去刺杀喀迈拉（狮头、羊身、蛇尾的吐火女怪）。柏勒洛丰在飞马的帮助下完成了任务。这匹从美杜莎的血液中诞生的有翼的马在科林斯喝献给皮瑞亚仙女的泉水时，被柏勒洛丰用雅典娜赐给他的金马勒捕获。

这座城市早在公元前2000年前后就有人类生活了，但是城市的基础设施仅在公元前1000年前后才出现。在公元前8世纪摆脱了阿尔戈斯的控制之后，科林斯迅速扩张，公元6前世纪加入了伯罗奔尼撒联盟，并在伯罗奔尼撒战争（公元前431—前404年）中与斯巴达结盟。但后来科林斯改变了立场，加入了雅典、阿尔戈斯和底比斯的联盟对抗它的前盟友斯巴达。

科林斯被腓力二世选为反波斯联盟（公元前338年科林斯联盟）的基地，并在公元前243年与亚该亚联盟联合起来。公元前2世纪中叶，这座城市参加了反对罗马人的起义，但在公元前146年以失败告终。公元前44年，恺撒开始重建科林斯，后由奥古斯都完成。2世纪下半叶，尽管发生了77次地震，科林斯还是希腊最富有的城市。经历了3—4世纪的赫鲁斯人和哥特人洗劫，并在375年和521年再次遭受地震。查士丁尼大帝帮助这座城市从第二次灾难中恢复，并建立了贯穿地峡的防御墙。

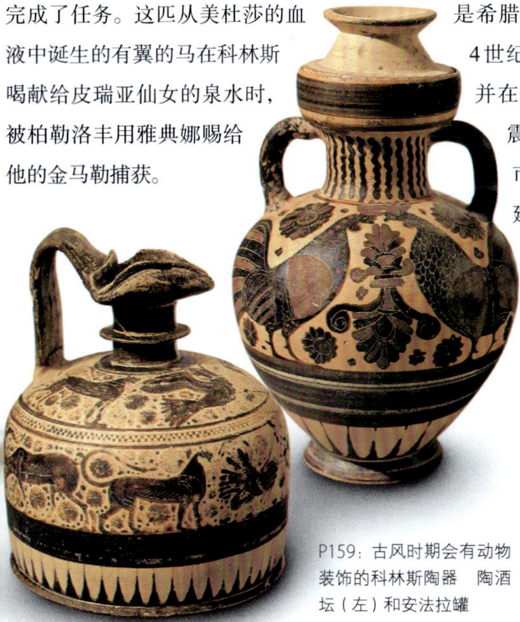

P159：古风时期会有动物装饰的科林斯陶器　陶酒坛（左）和安法拉罐

冬季8:00—17:00开放，夏季8:00—19:00开放。付费。

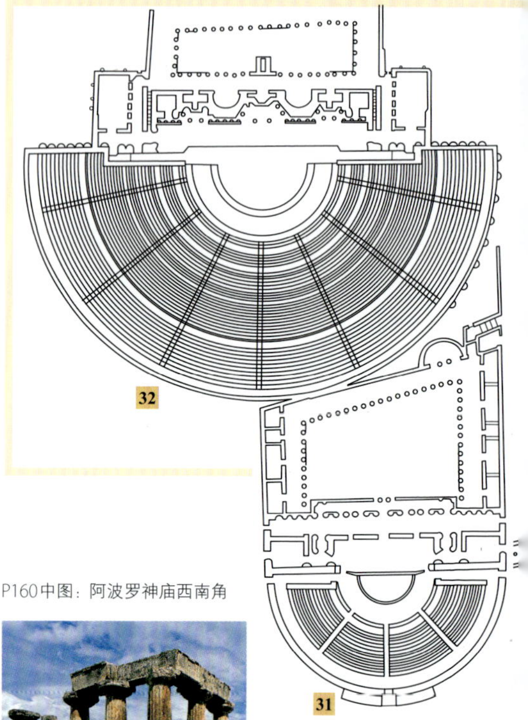

科林斯古城、科林斯卫城和莱卡乌姆港（西港）是由大约16千米长的建造于古典时代的防御工事守卫着，这些工事的遗迹在不同的地点仍然可见。古城最著名的部分是市集，这要归功于仍在进行中的挖掘工作。研究表明，希腊市集与城市其他地方毁坏于公元前146年，与此前史学家们认为与罗马论坛的毁坏时间并不重合。市集沿着阿波罗神庙的北侧铺展，那一区域尚未进行挖掘。

P160中图：阿波罗神庙西南角

这座希腊城镇中，罗马论坛下方的几座建筑被辨认出来，但唯一能看到的纪念碑是阿波罗神庙（1）占据了广场。神庙是一个绕柱式的多利克建筑，有双柱式的前厅和后厅，6×15根整体柱其中7个仍然站立着。内殿设计与众不同之处在于被一堵墙分成两个不同宽度的部分。

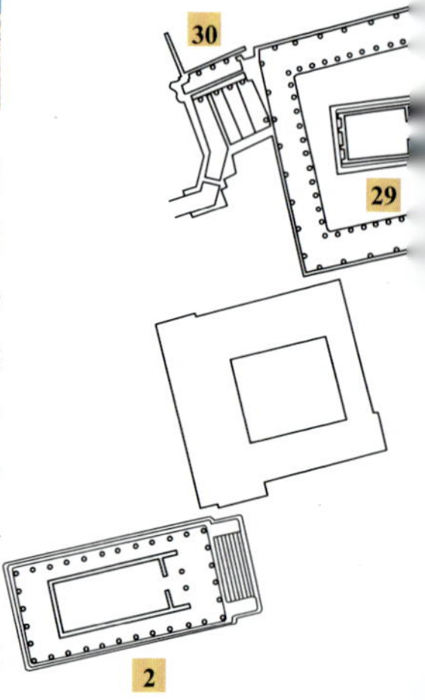

这座庙宇是科林斯寡头在公元前560至前540年在前一座寺庙（公元前675年）上建造的，以庆祝僭主统治的结束。

P160下图：阿波罗神庙和后面视角的科林斯卫城

P161上图：神庙内的多利克式柱头

市集

1 阿波罗神庙
2 神庙E
3 门廊
4 神庙F
5 神庙G
6 神庙H
7 神庙J
8 神庙K
9 神庙D
10 小神庙
11 商店
12 讲坛
13 希腊化圆柱
14 门廊
15 元老院
16 南教堂
17 朱利安教堂
18 拱架
19 地道
20 皮瑞亚的喷泉
21 通往莱卡乌姆道路起点处的拱架
22 “囚禁者”立面
23 地下泉
24 商店
25 门廊
26 密涅瓦巨像底座
27 大祭坛
28 三穹拱
29 神庙C
30 格拉夫科泉
31 室内剧场
32 古剧场
A 教堂
B 阿波罗围墙
C 浴场
D. 室内贸易市场

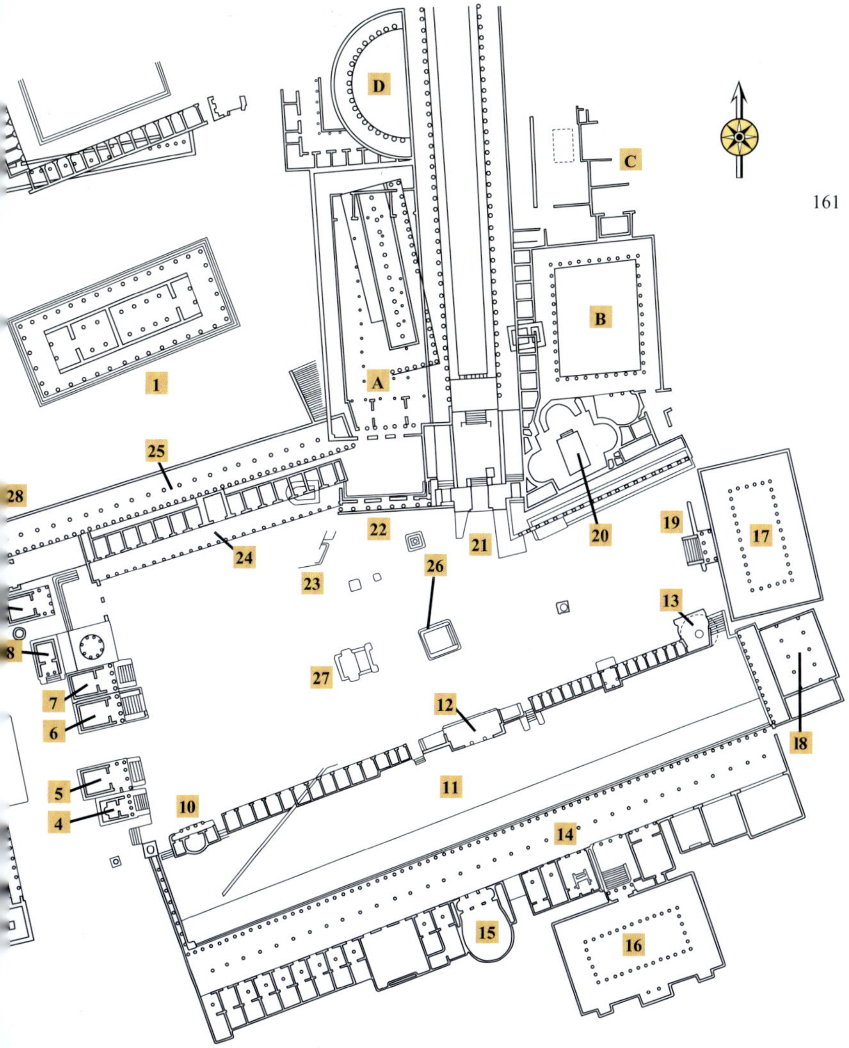

P162—163：论坛西侧商店遗址　P163左图：科林斯柱头细节　P163右图：罗马元老院和东神庙替换的柱子

在神庙的北面，可以看到绕柱式的罗马广场的废墟，周围都曾是商店（称为“北市集”），部分建筑在希腊的门廊上（公元前4世纪）。通向考古区的现代入口，可以走到论坛的西面，那里的神庙E（2）之前在一个地台上，三个侧面都有双层门廊。侧翼的神庙有6×12根科林斯柱，矗立在一个高高的平台上。人们相信朱利奥-克劳迪安的建筑是献给奥古斯都的妹妹屋大维亚的，但那个位置也有可能是卡皮托尔神庙（Capitolium）。

神庙前的一组台阶位于门廊（3）的中央，两边各有6个商店，并从门廊可以进入广场。西侧有一系列小寺庙（用字母表示）；每个神庙的内殿前都有带圆柱的前厅建在高高的平台上。奥古斯都神庙F（4）和G（5）分别献给维纳斯和阿波罗，他们对城市和奥古斯都皇帝来说都是十分重要的神。

神庙H和J（6，7）建在罗马皇帝科莫杜斯时期，可能是献给赫拉克勒斯和尼普顿的。这两座神庙在著名的奥古斯都领事巴比乌斯·菲利诺斯（Babbius

Philinus）所建的喷泉上，里面有一座波塞冬雕像以纪念阿格里帕，奥古斯都的女婿和合作者，他曾在科林斯的重建中发挥了重要作用。邻近的圆形纪念碑其作用仍不确定，应该也与阿格里帕相关。

神庙K（8）也是建于奥古斯都时期，也许是为众神崇拜而建（类似于帕特农神庙）；神庙（9）献给福耳图纳，也是奥古斯都时期的。

广场南面分为两层。下层有宗教建筑、民用建筑和商店。一座不寻常的小庙宇（10）矗立在西角；它与围墙之间有半圆形的后殿，前面有一个门廊。可能被用来崇拜阿尔忒弥斯（在中间）和两侧的狄俄尼索斯·莱西奥斯和巴奇耶斯。接下来是一系列商店（11），中心是所谓的讲坛（12）。这是一座高台，两旁都是大理石，两边都有座位，这些

座位是供做公共演讲的观众、演说家和评委之用。正是在这个平台上，被科林斯的犹太人指控违反摩西律法的圣保罗在卢修斯·阿内乌斯·诺瓦塔斯（Lucius Annaeus Novatus）面前为基督教辩护，诺瓦塔斯是塞内卡的兄弟和亚该亚省的总督（51—52年）。后来诺瓦塔斯撤销对保罗的指控，对基督教在科林斯的传播起了决定性的作用。建于拜占庭时期的小教堂，有一个正厅和两条侧廊，遗迹仍然可见。排列的商店到东面被高大的圆形希腊化风格的柱体（13）而止，这个柱子曾被用作为纪念阿格里帕和他的儿子凯厄斯和卢修斯的纪念碑，正如出土的当时硬币所证实的。

P164上图：阿波罗神庙的罗马市集和柱廊

P164下图：东侧视角的废墟；中图，莱卡斯的神庙

通过台阶可以到达上面一层，与南侧通过大型柱廊（14）相连，有71根多利克式前柱，34根伊奥尼亚柱在中间；最初的建筑平面包括33个房间，用来接待属于科林斯联盟的

希腊各地代表团，但也不排除贸易用途。罗马时期重建时外观没有改变，房间变得更大，用途变成了殖民地管理的场所。在新的布局中可以辨认出呈马蹄形的元老院（15），前有柱廊，两边都有民用建筑，或许是执政官（duoviri，殖民地最重要的两位法官）和他们存放档案的房间。南教堂（16）的入口在东段门廊的中央，而东半部的大房间可能是行会的办公室。广场东侧矗立着朱利安巴西利卡大教堂（17），其布局与南教堂相似。教堂中有一系列奥古斯都和其家族的肖像（现存当地博物馆）。紧靠着有一座有三条侧廊的建筑，带有伊奥尼亚门廊，由巴比乌斯·菲利诺斯建于公元前1世纪中叶，并在该世纪末重建。这座建筑可能被用作存放公共文件的档案馆（18）。地道（19）的起始点——希腊时代的赛马场——仍然存在于大教堂前面。

沿着北边继续走会就来到皮瑞亚喷泉（20），这是一个让科林斯在神话中闻名的原因之一。皮瑞娜是波塞冬的妻子，莱卡斯和肯克里亚（命名城市的港

P165上图和中图：奥古斯都时期和希腊化时期的皮瑞亚喷泉外立面

P165下图：中央水池视角的皮瑞亚喷泉

口）的母亲。肯克里亚被阿尔忒弥斯意外地杀死了，皮瑞亚哭了很久最后变成了一个喷泉。我们现在所见的喷泉建于2世纪，是由慷慨的希罗德·阿迪库斯赞助的；三面都是半圆形谈话间，中间是一个长方形的水池组成的中庭，原本是

用华丽的大理石砌成。

最初的设计（公元前6世纪）要简单得多，喷泉有6个出水口，每个开口都有自己的水池。在希腊化时期逐渐建起了带拱的立面和伊奥尼亚柱。在奥古斯都统治之下，还有石灰岩的伊奥尼亚门厅。靠近喷泉的是通往莱卡乌姆港大路的拱门（21）。最初是单拱，后来在144年重建时扩充了两个拱，绘有浮雕，顶部有赫利奥斯的两轮四马战车雕像。拱门旁边是被称为“囚徒立面”（22）的遗迹，这是一座两层楼高的帕洛斯大理石建筑立面，作为通往大教堂的朝门，同时用于庆祝塞普蒂米乌斯战胜帕提亚人的胜利。上层至少有4根柱子被东方囚犯的雕像所取代，这些雕像的底座上装饰着胜利和被制服的帕提亚人。

在立面之下可以看到希腊时代的一组神灵崇拜的遗迹，尽管在科林斯被毁时这个建筑群已经被埋葬了。地下泉（23）是从古风时期到公元前3世纪的一个崇拜对象，可以从台阶上到达。台阶旁的墙壁上装饰着三竖线花纹装饰，这堵墙隐藏着地下走廊的入口，而地下走廊通向一座带拱顶的庙宇（公元前5世纪的B庙），很可能被用于求取神谕的活动。广场的北面在西侧与16家商店（24）的西侧为界，商店后面可以看到希腊式柱廊（25，公元前3世纪）的遗迹。在广场的中心（最初铺设的），你会看到密涅瓦巨像的地基（26）以及大祭坛（27）的地基。

P166上图：格劳卡（左侧）与阿波罗神庙

P166下图：室内剧场的剧院后台遗迹和梯形座位

阿波罗神庙西侧区域

在广场西侧是三拱的拱门（28），这里是通往锡西翁的大路起点。路左边是一条三拱门廊，后面是伊奥尼亚的四柱式庙宇C（29），是献给水星赫尔墨斯的。门廊后面是格劳卡泉（30），三个岩石水池前面有带半露柱装饰的门面。这眼泉水以伊阿宋（Jason）的第二任妻子，科林斯王克莱翁的女儿的名字命名。因为被美狄亚下毒，格劳卡不得不跳入泉水中缓解痛苦。美狄亚是伊阿宋的第一任妻子，非常善妒。走过泉水你会看到建于尼禄时期的室内剧场（31），曾在2世纪在阿迪库斯的资助下重建，室内和露天剧场之间还添加了廊桥。在225年的大火之后，露天剧场被改作观看角斗士和动物打斗之用。露天剧场（32）的遗迹已经很少，因为建筑材料多被搬做他用。保存最好的部分是那些希腊人建造的阶梯看台，部分被罗马时期新增的部分掩盖。建于公元前4世纪，公元前3世纪上半叶观众厅扩大并增加了一个永久性的舞台建筑。奥古斯都时期，室内剧场被进行进一步的改建，增加了半圆形管弦乐队台、柱顶式舞台建筑和与三个主门对齐的后殿。77年地震后，梯形观众座台不得不重建。这座舞台建筑是在哈德良统治时期开建的，于2世纪下半叶完工。讲坛前装饰着亚马逊女战士的战斗场面，巨人与天神的战斗场面以及赫拉克勒斯的功绩（现存当地博物馆）。在3世纪初，乐队舞台转变成观赏斗兽的舞台。最终在该世纪下半叶，建起了大水池（columbetera）以演示水上戏剧（向古地中海特提斯致敬）。健身馆是周围环绕柱廊的巨大建筑，只被挖掘了部分，在建筑群的北侧。靠近城市的北缘，是阿斯克勒庇俄斯神殿，通向

勒拿喷泉。这是一座带中庭（1）的巨大建筑，周围环绕柱廊（2），三个宴会厅（3）和游泳池（4）。这座神庙建于公元前4世纪，在之前一座献给阿波罗的神庙（公元前6世纪）原址，在一个环绕柱廊的地台中央。

通向莱卡乌姆港的大路

通往港口的宽阔的柱廊道路建于罗马时期，这条路两旁都是重要的纪念物。左边是一座建于公元前1世纪的巴西利卡大教堂（A），建在前5世纪的市场（“鱼市”）的废墟之上，在2世纪再次用大理石重建。在路的右边是四边形的“阿波罗围墙”（B），旁边是伊奥尼亚式柱廊，带有半圆形谈话间，一座雕像立在中间。紧靠着是所剩无几的浴室遗址（C），其中能辨认出欧里克利的浴室，此人是生活在哈德良时代的富有的斯巴达人。

然而，欧里克利的浴室也有可能是在南边约274米远的那组雄伟建筑群中，只进行了部分发掘。食品市场（Macellum，D）在路的另一边，前面是半圆形角斗场，三面有商铺。

P167上图：通往莱卡乌姆港的路沿途建筑残片等

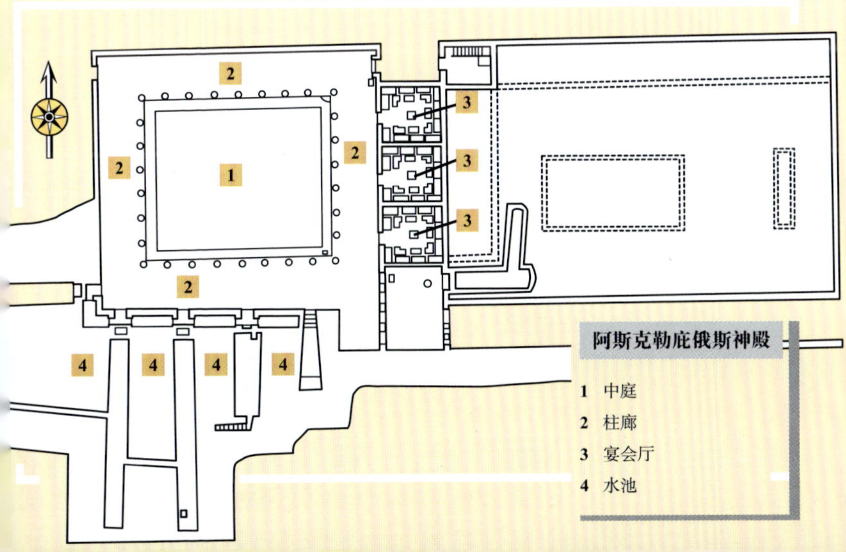

P168上图：博物馆中的无头罗马雕像

P168下图：与亚马逊人战斗的罗马浮雕

博物馆

博物馆由美国古典研究学院建造，展出了科林斯及其周边地区的发掘成果。

1号展厅（入口左边）：史前和迈锡尼时期的发现（陶器、工具和个人物品）。

2号展厅（前厅右边）：几何陶和古典时代，特别是公元前7世纪和前6世纪发现的彩绘花瓶，曾作为该地最重要的工艺品出口到整个地中海地区。

3号展厅（前厅左边）：罗马时代的雕塑，包括三尊奥古斯都家族雕像，来自朱利安大教堂。两尊巨大的野蛮人雕像，来自“囚徒立面”。波利克利图斯的多利弗洛斯头部复制品，还有展示欧菲尔特（Ophelte）之死的石棺（2世纪），他是被一条蛇勒死的。

4号展厅：来自阿斯克勒庇俄斯神庙的物品（雕像碎片，献祭物品，以及治愈的信徒作为祭物所献的身体部分的黏土模型）。

门廊下：亚马逊女战士的战斗浮雕，巨人与天神的战斗浮雕，赫拉克勒斯功绩（2世纪），发掘自露天剧场。（克里斯蒂娜·特罗索）

CORINTH

P169上图和下图：狄俄尼索斯头部。罗马时期别墅中的马赛克壁画

P169中图：田园风光的马赛克壁画

伊斯米亚

波塞冬岛·伊斯米奥斯的神殿矗立在现代村庄奇拉弗里西中间，靠近地峡的东端以及连接雅典和希腊北部至伯罗奔尼撒的道路。伊斯米亚运动会每两年举行一次，以体操和音乐比赛为主，还有战车和赛马的庆祝活动。获奖者将得到一个松树花环，是从靠近神灵祭坛的那棵神树上取得的。根据传说是波塞冬或者是赫利奥斯发起的这些比赛，或者根据另一些传说，是科林斯的第一位国王西西弗斯为了向东方的英雄梅利克特斯（Melikertes）致敬而发起的比赛，后者是爱奥的儿子、卡德摩斯的孙子，被发了疯的母亲扔进海里。他的尸体被一只海豚抬到了地峡并被埋葬在那里。

历史

从历史上看，地峡运动会的创立一般被认为是西斯佩里德（Cispelides）的功劳（公元前528年），但相关的神灵崇拜在一个世纪前就已经占有重要地位，发源自一座祭祀波塞冬的庙宇（公元前7世纪中期）和丰富的祭品就证明了这一点。在波斯战争期间古神庙被大火烧毁，公元前460年被一座新建筑取代。公元前4世纪新的建设一直在继续，包括一个新的田径场（F）和一个新的露天剧场（D）的建造。罗马人对科林斯的毁灭（公元前146年）标志着神殿历史的终结，神殿作为希腊城市代表的聚会场所也具有政治职能。运动会很可能被转移到锡西翁进行。罗马时期（1世纪）地峡再次开始动工，建造了一座专门献给梅利克特斯的围墙，并对波塞冬的神庙泰美诺斯（E）进行了广泛的重建。建筑工程由普布利乌斯·利奇尼乌斯·普里斯库斯·尤文蒂安努斯（Publius Licinius Priscus Juventianus）启动，他是波塞冬的大祭司。大约在6世纪中叶，在一些建筑拆除之后，查士丁尼大帝用它们的材料修建了横跨地峡的防御墙（A）。这些墙被称为“海克斯阿米里”（Hexamili，意思是“六英里”）。

P170上图：罗马浴场的马赛克地板

P170中图：起跑线和裁判所

P170下图：罗马时期的献祭石碑

P171：浴室视角和巴勒蒙神殿

CORINTHIA

参观指南

每天8:00—14:30开放。

进入考古区域，沿着波塞冬围墙走到巴勒蒙神殿（a），这是英雄梅利克特斯神殿，被崇拜时他被称作叫巴勒蒙（“摔跤手”）。这是保塞尼亚斯（II，2，1）提到的伊斯米亚为数不多的纪念建筑之一。神殿建于公元1世纪初，在公元前5世纪的田径场（b）起跑线处。东北部分是一块铺整过的三角形区域，三角顶点处是一块圆形凹坑，比赛裁判站在那里松开绳索，起跑线的栏杆同时倒下即比赛开始。最初的宗教仪式使用了三个方形的凹坑，盛放着土灰、动物骨骼和陶片，用于献祭黑牛的仪式，以此来向巴勒蒙致敬。前两个大凹坑（A，奥古斯都时期，50年；B，克劳迪安时期，70年）位于同一段不规则形状的围墙内，但第三个凹坑（C，70—150年）位于封闭区域东段的中心，被墙体划分为三个大小不同的区域。在狭窄的中央区域后来建起了半圆形的朝门（c），装饰着柱子。

这里作为神殿的主入口，同时也连通了波塞冬神庙和巴勒蒙神庙。在哈德良皇帝统治期间，西侧又建起了一座庙

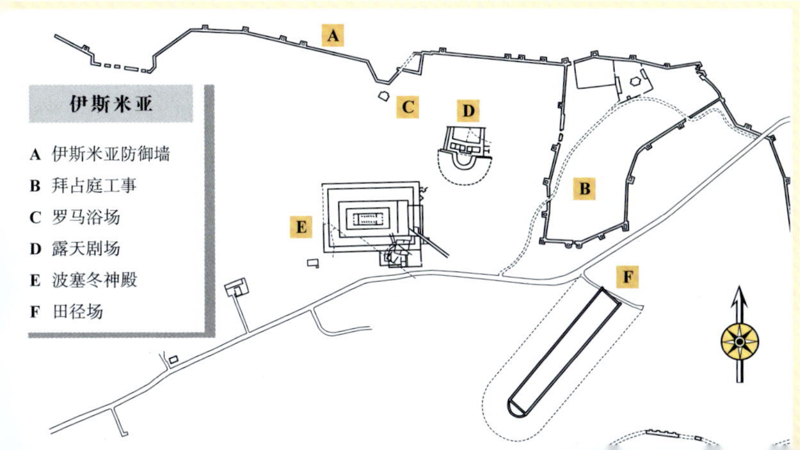

巴勒蒙和波塞冬神庙

- a 巴勒蒙神庙
- b 田径场
- c 朝门
- d.e. 巴勒蒙英雄墓和神庙
- f 神庙泰美诺斯
- g 北入口
- h 主入口
- i 围护墙
- j 祭坛
- k 伊奥尼亚拱廊
- l 东南朝门
- m 波塞冬神庙
- n 古典祭坛

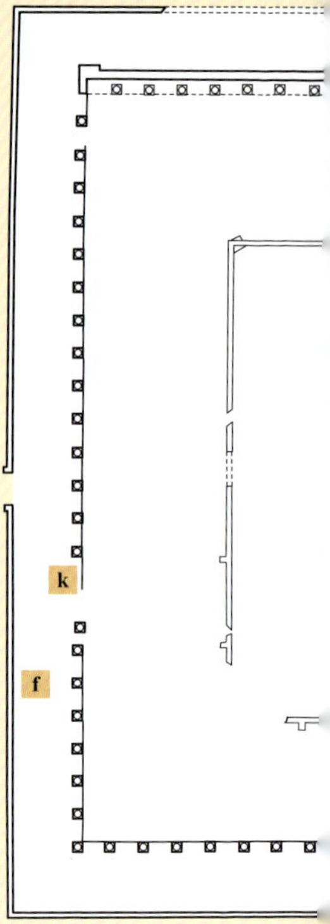

ISTHMIA

宇（d），因此西侧庭院也需要扩大。但现存的只有四面的基座，硬币上的图案展示出那是一座科林斯式的圆形外柱廊式建筑，其中有一尊雕塑，巴勒蒙骑在一只海豚的背上。在安东尼时期，庙宇变成了英雄墓（e），从波塞冬神庙围墙东北侧角落的洞穴转移到新庙宇中。波塞冬神庙泰美诺斯（f）被另一座古风时期的墙包围着，现在已所剩无几。一座相对式双柱廊入口（g）在北面被辨认出来，主入口（h）在东面，是我们难以划分类型的较少的几座建筑。一座新的围墙（i）在1世纪中期树立起来并在克劳迪乌斯皇帝时期向东扩展，那一时期东门和祭坛（j）也建立起来。2世纪，神庙建起了一个更大、更宏伟的围墙，三面都是伊奥尼亚式拱廊（k，北侧的那座尚未建成），东南是一座朝门（l）。

波塞冬神庙（m，公元前460年）是一座多利克绕柱式建筑（6×13根柱子），带有前厅和后厅。最初内殿被一排柱子分为两个部分。在公元前4世纪初被一场大火严重破坏后，重建成由两排6柱组成的传统三侧廊式。保塞尼亚斯在这里看到了黄金象牙做成的海神波

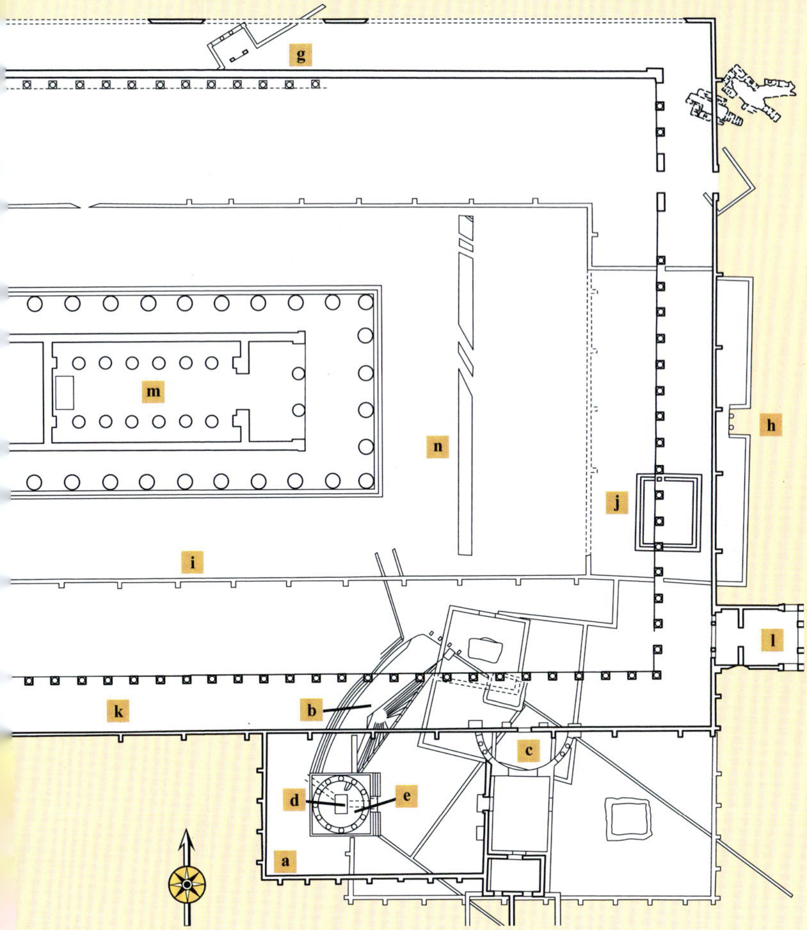

塞冬和安菲特律特的雕像在海马驾驶的二马四轮战车上，以及由阿迪库斯捐赠的骑海豚的巴勒蒙雕像。

庙宇北边是长长的矩形古风庙宇地基，有7×19根多利克式木制围柱和中央柱廊。古典时期祭坛（n）的底座在庙宇前方。

在希腊化时代神殿被废弃，祭坛的北半部被摧毁，这样建筑前的两条道路就可以较为通畅的穿越。石块上的车辙

P172上图：西南视角看庙宇的废墟

P172下图：波塞冬围墙区域

P173：沿着庙宇东立面的车辙印

P174—175：罗马浴场热水室管道

P174中图：浴室不同房间内的马赛克地板

仍然清晰可见。位于神殿南面的拉奇山的一个天然洞穴里，挖掘工作发现了取代古典时期田径场（b）的田径场（F）的起跑和结束线。公元前196年，昆蒂乌斯·弗拉米尼努斯正是在这里宣布了希腊城市的独立。神殿北面的露天剧场（D）的遗迹已经很少。

在该地区的最早阶段（公元前5世纪末—公元前4世纪初）曾有一个直角形阶梯，于公元前4世纪末以一种不寻常的方式重建：中央是弯曲的，两侧仍是直线。阶梯

ISTHMIA

博物馆

除星期一外每天开放，8:30—15:00。免费。

博物馆收藏了伊斯米亚发现的文物（从史前时期到罗马时代的陶器、波塞冬古庙的建筑材料、罗马油灯的收藏）。也有来自肯埃里克的发现：陶器、象牙制品，

特别是彩色玻璃面板，一直到4世纪的作品。表现了一些人物形象（荷马和柏拉图），埃及主题（莲花、纸莎草花和水鸟），港口和海边建筑的景观以及钓鱼的场景等。（克里斯蒂娜·特罗索）

P174中图：浴室建筑内的大厅

P174下图和P175上图：马赛克细节：骑海豚的英雄，海豚，章鱼和涅瑞伊得斯

P175下图：博物馆房间：驱邪仪式水盆，来自神殿

上部的径向支柱可追溯到罗马时期，工匠们曾试图增加座位。阶梯座位之上的洞窟逐渐发展成一个敬拜狄俄尼索斯的地点。洞窟有两个房间，直到公元前4世纪人们在那里举行宴会，长凳仍依稀可见。

佩拉霍拉

这座海角把科林斯湾与北面的利瓦多斯特罗斯湾分隔开，同时也是赫拉·阿克拉伊亚（“山中的”）神庙所在地。

历史

此地的神灵崇拜活动从公元前7世纪上半叶就开始了，当时在靠近港口的位置建起了带拱顶的神庙。在该世纪末这座神庙倒塌废弃。这一阶段佩拉霍拉处于迈加拉王国的霸权之下。但之后被科林斯征服，神庙进行了修复和发展。挖掘出的古风时期的献祭品表明，祭品来自整个希腊地区而不仅仅是当地产品。

但直到公元前6世纪下半叶，该地似乎都没有其他的建筑。后来建起了新的庙宇、祭坛和用以给朝圣者下榻的围墙区域。更重要的建筑工程是在公元前3世纪初在港口附近，以及高处的平台上进行的。

公元前146年罗马人洗劫科林斯时，上述建筑被遗弃。

CORINTHIA

P176上图：赫拉·利梅尼亚神庙废墟

P176中图：赫拉·阿克拉伊亚神庙西侧视角

佩拉霍拉

- a 赫拉神庙
- b 祭坛
- c L市集
- d L形门廊
- e 神圣宴会厅
- f 蓄水池
- g 赫拉神殿

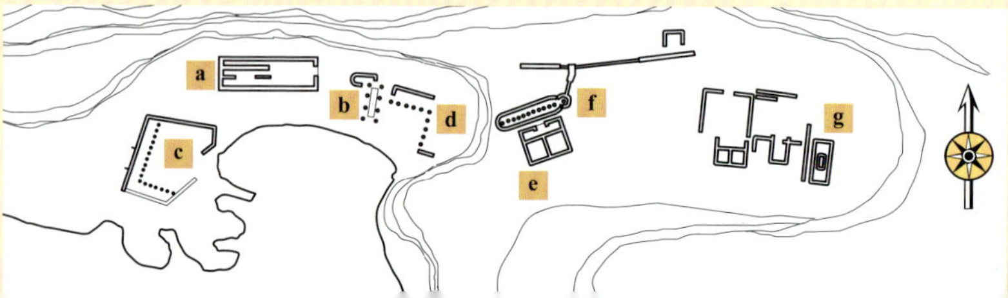

参观指南

靠近港口的位置可以看到赫拉神庙（a）的遗迹。这座神庙没有围柱，但有一个带双多利克式柱廊的内殿。神庙的位置上原有一座较早的几何陶时代的建筑（有一些遗迹在神庙北侧）。一座带有三竖线花纹装饰的祭坛（b）立在神庙之前，在公元前4世纪祭坛上曾有一顶可能是木质的华盖，由4柱支撑，至今可见柱底座。祭坛中央的炉膛表明这里是进行亡灵祭祀的地方。仪式举行时信徒们坐在石块凿出的台阶上。神庙西南侧是市集（c），这是一个五角形的庭院，周边环绕着一堵墙，沿墙有一列长凳。在南面和西边有一条建于公元前5世纪或前4世纪初的木柱拱廊。

在祭坛前可以看到L形门廊（d）的底座，有双柱廊（较低层的是多利克式和高处的是伊奥尼亚式）和朝圣者使用的长凳。从功能角度来看，神殿矗立在山坡上，可以俯瞰港口。分为两个正方形部分，每个正方形前面有一个前厅，被确定为神圣宴会厅（e，崇拜活动宴会厅），两个房间的墙壁均修有为信徒使用的石座。这座建筑建于公元前300年前后，在原先一座有相同功能的建筑物遗址上。在神圣宴会厅北侧与之相连的地方，有一个建造于同一时期的大蓄水池（f），运用了等高层砌墙法由大块石灰岩砌成，在短边有半圆形池子，沿主轴有一排支柱（这是一个围柱式水池）。

回转沿着山谷上行，会看到一系列仍然矗立在地台上城墙的废墟。祭品的储藏间所用的建筑材料来自公元前7世纪和公元前6世纪，这表明曾有一个赫拉·利梅纳神殿（“港口”）曾经建在这里，取代了更早之前的神灵崇拜建筑。虽然曾经被确定为一个带有中央壁炉的长方形房间（g），但根据地形学的最新研究表明，这一区域实际上是一处用来存放祭品的附属建筑，因为下面的神庙中已经没有空间。研究认为，长方形房间更有可能被用作宴会，而不是神庙。在海角顶部发现了大量供水建筑物的废墟（佩拉霍拉没有泉水）。一个喷泉有一个6根伊奥尼亚柱的立面，将地下水抽取到3个蓄水池中，再由管道输送到喷泉中。公元前300年，这里取代了公元前5世纪的用来容纳雨水的圆形水箱。这一地区发现的这所房子和一座小庙宇（公元前7世纪—前4世纪）不太可能是聚居地或者与崇拜活动有关，更有可能是具有军事或战略功能的建筑。

P177上图：赫拉·利梅尼亚神殿

P177左下图：蓄水池和神圣宴会厅

P177右下图：L形门廊遗迹

迈锡尼

历史

迈锡尼在早期青铜时代（公元前2500年至前1900年）就有了人类定居活动，出土的陶器碎片证明了这一点，但第一次有价值的发现来自后面的时期。位于卫城西坡的一个巨大墓地的最西面发现的墓地B圈的最古老墓穴，可追溯到公元前1600年前后。尽管属于皇室成员但陪葬物品十分简朴，表明了当时生活水平的低下。很可能曾有一座宫殿立在山顶上，围绕着这个假想建筑，目前可见的宫殿的各个部分发现的墙壁废墟被认为是属于其中的。

最近在B圈发现的墓穴和那些位于同一墓地的东端、差不多同时代的A圈墓穴（公元前1580—前1500年），包含非常丰富的墓葬物品，表明了在短时间内人们实现了非常高的生活标准以及与爱琴海、小亚细亚和埃及地区的文化联系。这一时期结束时出现了首座被人造土丘覆盖的墓室，埋葬的是皇室成员。

迈锡尼大约在公元前1400年前后达到极盛；在公元前1350年在卫城顶上修筑了坚固的防御工事，并在其中修建了宫殿。大约100年后（公元前1250年），西侧的墙体扩大将墓圈A包括进来，狮子门、西城堡和北门开始建造。大约公元前1230年前后，大火摧毁了卫城下面的房屋，在该世纪末同样的命运降临在王宫和城堡的几座房子里。而后进行了重建，城墙西侧的也进行了加固。就像在迈锡尼时期的其他中心一样，这座城市毁灭于公元前12世纪末。

在之后的历史中，人类在此处的活动遗迹也有少许痕迹。在公元前7世纪末，卫城山顶曾建起一座应该是献给赫拉的神庙。但在希腊化时期进行重建时，其原有的建筑框架基本都被拆除了。尽管事实上迈锡尼很可能只能算小城市，但在对抗波斯人的战争中仍然派出了400人，在列奥尼达斯的带领下参加

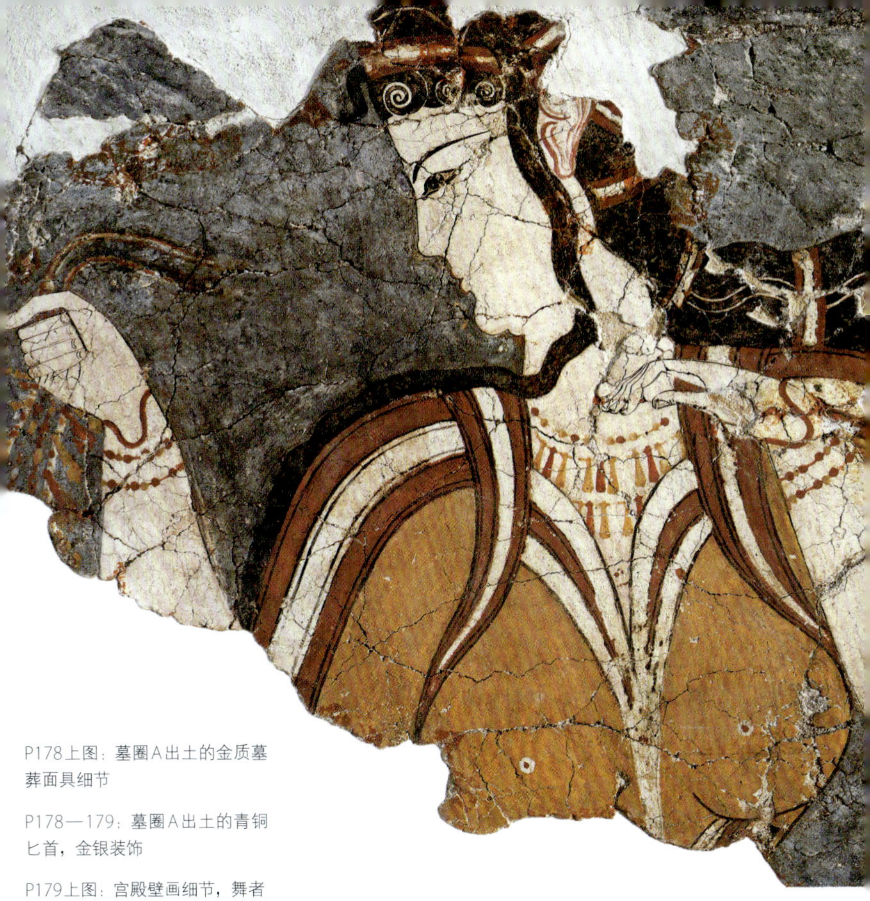

P178上图：墓圈A出土的金质墓葬面具细节

P178—179：墓圈A出土的青铜匕首，金银装饰

P179上图：宫殿壁画细节，舞者

了温泉关之战（公元前480年）和普拉提亚战役（公元前479年）。像梯林斯一样，公元前468年迈锡尼归属阿尔戈斯管辖，那时迈锡尼自身的许多防御工事已经毁坏。在希腊化时期，建起了新的定居点（公元前3世纪开始），城墙也进行了重修（使用了多边形砖块），赫拉神庙再次进行重建。在神庙下面还修建了露天剧场，田径场和宏伟的喷泉。当城市在公元前2世纪上半叶再次毁灭后就被废弃了。保塞尼亚斯在160年造访迈锡尼，只看到历史的断壁残垣。

P180：施利曼　迈锡尼卫城素描

P181上图：墓圈A出土的匕首细节

P181下图：狮子门，19世纪末的状况

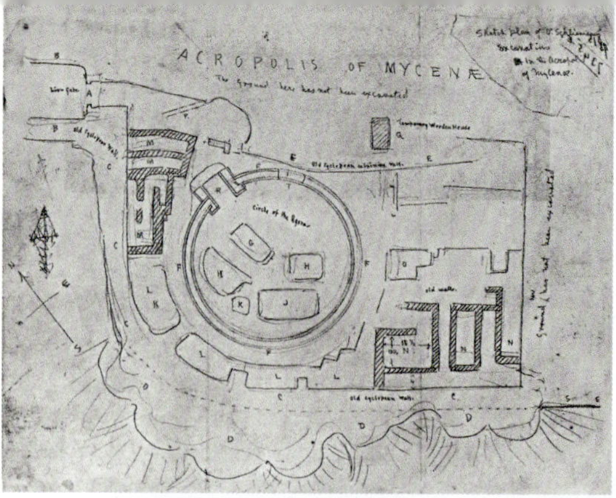

发掘工作

1840年起希腊考古协会开始对迈锡尼的发掘工作进行研究，目的是为了结束欧洲旅行者从18世纪开始陆续从迈锡尼带走文物遗迹的风潮。

然而同时，学者们的注意力也被海因里希·施利曼（Heinrich Schliemann）所做的挖掘工作吸引了。这位德国考古者在1874年到访迈锡尼，两年后再次回来时，他发现了古代特洛伊城。施利曼在迈锡尼进行考察的意图是找到阿伽门农的坟墓和所有与他一起被杀的人，保塞尼亚斯曾经声称看到了（ii，1、6、6—7）这一切。艾奎斯托斯（Aegisthus）和克吕墨涅斯特拉（Clytemnestra）的坟墓——实施犯罪的人——根据描述“距离城墙很近”。依靠保塞尼亚斯描述的准确性，施利曼开始在狮子门附近挖掘。在这里，他发现了一处内有5个坟墓的围墙，以及非常丰富的陪葬品。他理所当然地认为这些就是阿加门农及其同伴的坟墓（后续对出土文物的研究证明，这实际上是在阿加门农的生活之前350年的）。

在希腊考古学家斯塔纳塔基斯（P.Stanatàkis，1877—1878年）和特索塔斯（C. Tsountas，1886—1902年）的指导下，以及晚些时候英国雅典考古学院（Alan Wace，1919—1923年）的加入，挖掘工作继续进行。研究成果并不像施利曼取得的那样令人吃惊，但对于提供这一地点的历史背景知识，更广泛地说对于进一步研究迈锡尼文明，这些挖掘无疑具有同等重要的意义。第二次世界大战后英国雅典考古学院继续进行调查发掘【Alan Wace，1950—1957年和弗兰奇（D. French）以及泰勒（W. Taylor）1957—1967年】。

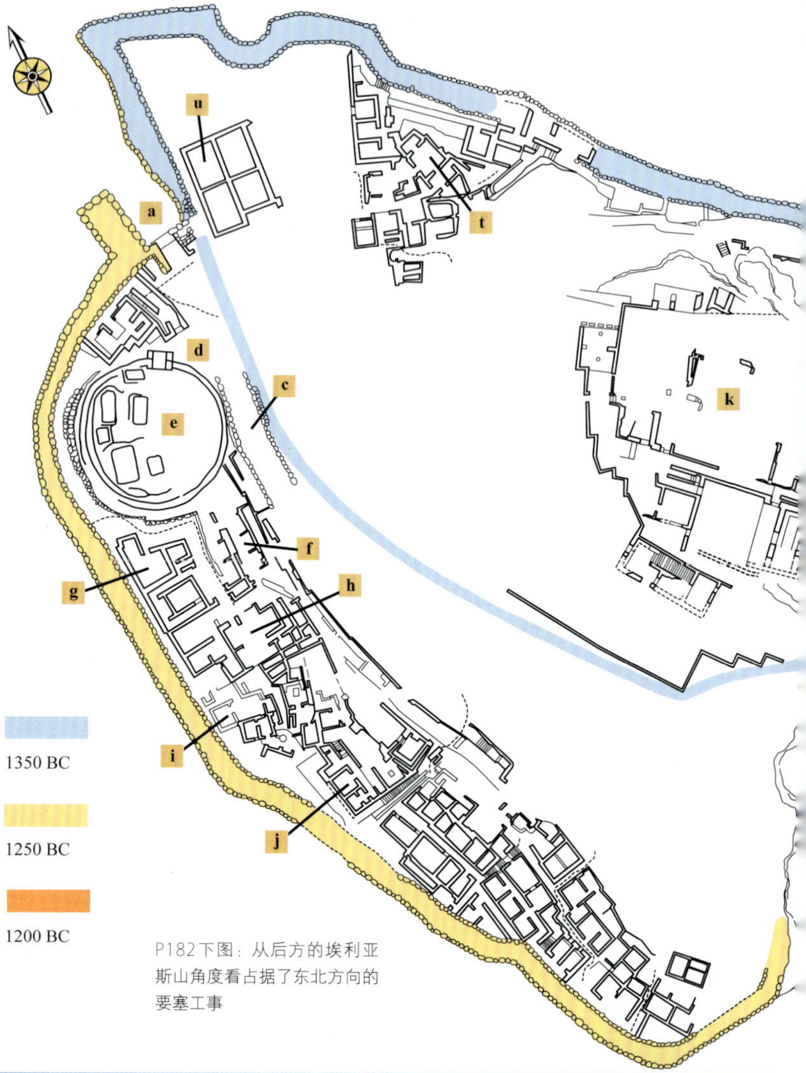

P182下图：从后方的埃利亚斯山角度看占据了东北方向的要塞工事

参观指南

每天开放时间分别为，冬季8：00—18：00及夏季8：00—20：00。付费。

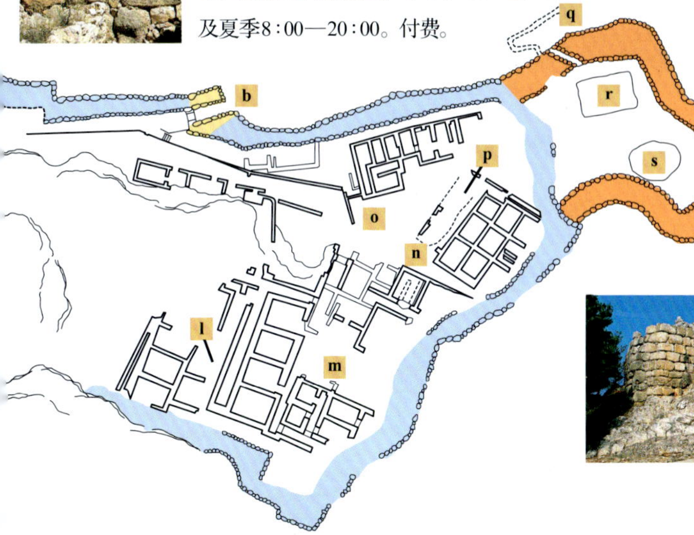

迈锡尼

- a 狮子门
- b 北门
- c 大斜坡
- d 谷仓
- e 墓圈A
- f 斜坡屋
- g 勇士花瓶之家
- h 南房屋
- i 祭祀中心
- j 塔索塔斯房屋
- k 王宫
- l 工作室
- m 柱屋
- n 广场
- o,p. 储藏室
- q 地下蓄水池
- r 住宅
- s 储藏室
- t 建筑M
- u 建筑

P183：防御墙西北角的"循环墙"

山顶的卫城被巨大的防御工事包围着；它是王宫的所在地、贵族住宅、军事要塞同时也是皇家堡垒、珍宝仓库和食物仓库。隔离墙（公元前1350—前1340年）因其巨大的石块尺寸，传说中是独眼巨人（Cyclops）所建。隔离墙是由两层平行墙组成，用大块未经未切割的石头（称为旋风石）砌成，两层之间由较小的碎石填充。后来的建筑工程（公元前13世纪中叶），即西南墙加固、狮子门修建、北门修建和东南角的塔形棱堡，是利用砾岩砌块（用于重要建筑）建造的，石块进行了小心的切割和水平排列。公元前12世纪初墙体又进行了改动，在东北角与地下蓄水池修为一体，并入城墙保护范围内。这些墙的总长度为900米，平均厚度为6米，最初的高度约为12米。墙上有两个入口：北门（也称为邮门）和狮子门。在东北延伸处还发现了两条通道：北通道允许迈锡尼士兵对从北门入侵的敌人进行出其不意的背后袭击，而南通道通向一个自然的平台，能俯瞰通往查沃斯河的陡崖，因此也起到瞭望哨的作用。

狮子门（a）立在从低处的城市拾级而上的台阶顶端，通向一条狭窄的小路，左侧是竖立的石壁，右侧是椭圆形凸出的石墙，这种结构使得任何来犯者都被逼退到右侧，暴露在他们的防护之外。该门由巨大的整块石头砌成，最初有两扇木质的门并有巨大的木横档。为减轻上方横梁巨石的重压，设计出了三角形的结构，成为晚期迈锡尼文明建筑特征之一。门上方的巨石逐渐向中央堆

砌并形成一个中空的三角形空间，以此减轻对门板的压力。三角形空间内填充的三角形巨石，上面雕刻着希腊最古老的浮雕之一。两只狮子分别以前足踏在祭坛上，一根支撑柱立在中间。狮子面部朝向所有从城市方向的来人，丢失后由不同的材料（可能是滑石）重新雕刻并安放上去。浮雕的含义仍有争议，柱子也许意指皇家宫殿，而象征着迈锡尼权力的狮子则是守卫。在这种情况下，这幅浮雕也正是迈锡尼统治者的臂章，根据传说，狮子门建设的时候正是阿特柔斯当政之时。北门（b）仿照主门的样式而建，开在狮子门后的通道的另一端。该门用四块巨大的砾岩砌成，用同样的木横档来保持门的锁闭。狮子门内有一个方形庭院，曾经被遮住了。通往王宫和大斜坡（c）的路可以直通庭院。现有的台阶可追溯到公元前13世纪末期。在西南区域的墙壁和大斜坡之间，可以看

P184左上图：带石磨的谷仓区域

P184右上图：破碎修复的陶瓷坛，谷仓区域

P184下图和P184—185：北门和狮子门

P185上图：城墙东段的假拱门和通道

到各种房屋的遗迹，但难以辨认，因为这一地区经历了希腊化时期的建设。

狮子门旁边的是谷仓（d）遗址，它的名字来自含有碳化大麦和小麦痕迹的存在。考虑到建筑的大小和位置更有可能是卫城大门的守卫处。墓圈A（e）的入口位于该建筑物的前面，是一组皇室成员的墓葬（公元前16世纪），最初位于远离史前大型墓地东端的位置。大约在公元前1250年，城墙进行了延伸并将墓圈A包括进来。墓圈的围墙比城墙的高度低，迈锡尼人在墓地周围筑起坚固的围墙支撑着一个人造平台；两圈呈同心圆状的石板竖立在地面上，相距约1.2米远，石板之间的间隔用碎石和水平放置的石板填满。

古墓现在的位置在原来位置的左侧，有石碑为证。在被发掘的17座墓穴中，其中11座用打猎、战争或体育运动的浮雕装饰墓碑；因此推断可能是男

P186上图：墓圈A

P186中图和左下图：墓圈中发现的墓葬面具

P186右下图：墓圈A 发现的金杯

P187左上图：墓圈细节

P187下图：南坡角度看墓圈A

性坟墓。墓圈围墙（直径27米）内有6个竖井坟墓，每个坟墓里都有几具遗骸（总共19人：8名男子、9名妇女和2名儿童），伴随着丰富的墓葬品（现存雅典国家考古博物馆）。这里很可能是皇室成员的专属墓地，而墓圈B则是一个支系家族的墓地。墓葬主人的重要性从陪葬品的非凡品质中可见一斑，而且这个墓群后来被并入城墙内，可能是因为围绕死者产生了崇拜祭祀活动。墓葬空间的上层还发现了典型的葬礼祭品的黏土雕像，说明了祖先崇拜的存在。

在围墙外，靠近连接大坡道和城市围墙段的道路，是斜坡屋（f）的位置。今天的中央大厅，前厅和三个小的附属房间（也许是储藏室）仍然可见。五间地下室仍保留在部分幸存的勇士花瓶之家（g）内，其名来源于在该处地下发现的一只装饰有武装战士游行场景的喷口瓶。位于南房屋（h）旁边的一组建筑物近来被确认为崇拜祭祀活动中心（i）。

在迈锡尼世界，崇拜场所似乎没有

P188下图：磨盘（lathe）底座

P189：从北面鸟瞰：右，墓圈A和住宅区；左，房屋N和宫殿

任何特定的建筑模型，导致无法通过固定的建筑布局来识别，而只能通过找寻到的一些特定遗迹（祭坛、贡品桌、祭祀石等）来识别。根据这些特点，以前被认为是普通房屋的一些建筑物现在被认为是宗教性质的。

从宗教中心沿着仪式大道（1）向前走，这是一条通过梯级和巨大的通道与大斜坡相连的道路。道路通往一个房间（2），其入口有一个方形底座的祭坛，里

面有马蹄形灰泥炉台和一块未切割的石头。祭坛高出地板只有22.8厘米，很可能是用来祭祀的。在房间后面有一个小的密室。

这组建筑物（3）现被认为是一座寺庙。穿过前厅通向一个房间，中心有一个长方形的炉台，以及沿着北墙不同高度的一系列长凳。在北面带有楼梯的小房间里，发现了一系列赤陶雕塑（17个大的人偶，许多较小的雕像和10条左右的蛇），现存纳夫普利亚博物馆。通道西侧有另一个崇拜祭祀中心（4），包括一个大房间、前厅、中央炉台和一个靠墙的石盆。在北墙上发现了一些可能是关于几位不同神灵的残留壁画。

一些可能具有重要的宗教意义（“迈锡尼的女士”和巨大盾牌）的壁画残片，现存纳夫普利亚博物馆，可能来自建筑（5）。该建筑物可能是宗教管理者的居住地。相对城墙而建的是塔索塔斯房屋（j）。现在可以看到的是沿着走廊的库房，在更高层是带有方形炉台的中央大厅和朝向院子的前厅。

P190：皇宫入口

P191左：宫殿的坡道梯级

P191右：王座的房间；中：四柱基座和炉台

宫殿

A 高层地台

B 古风-希腊化时期的庙宇

C 中层地台

D 低层地台

k1 西北入口

k2 朝北走廊

k3 通道

k4 宫殿

k5 岗哨

k6 走廊

k7 通道

k8 房间

k9 房间

k10 低层入口

k11 中庭

k12 楼梯

k13 小广场

k14 地下室

k15 宫廷客房

k16 大法院

k17 门廊

k18 前厅

k19 房间

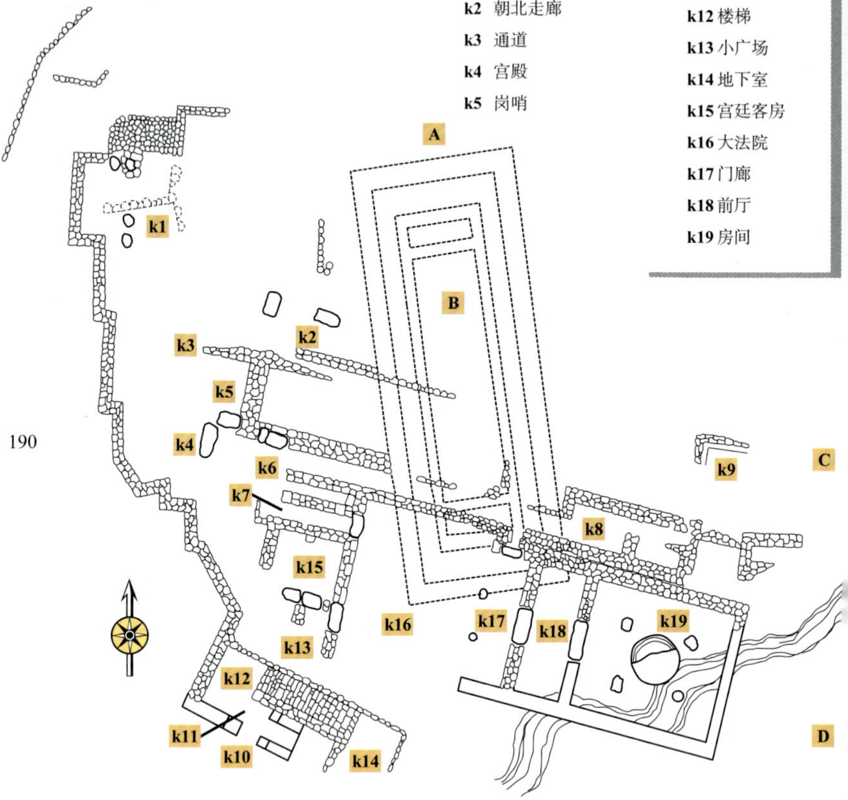

沿着大斜坡继续前进，你会来到宫殿（K）。此处包括由巨石石墙支撑的五个巨大的人造地台。最高层（A）可能是皇室的住所，但现在已经几乎完全被古风时期修建的寺庙（B）遗址占据了，这座寺庙曾在希腊化时代重建。在中层地台（C），可以看到两个长走廊的痕迹，连接到低层地台（D）。这座宫殿有两个入口：一个与高层地台在同一平面上，在大斜坡西北岔路的尽头，通往整个宫殿的通道；另一处建造相对差一些，仅供访问者出入。通过西北入口（k1）到达朝北走廊（k2）上的宫殿内最高处房间和遗迹东北角。一条宽阔的通道（k3）通往宫殿的其他地方。往南走会带你到皇宫（k4）的正门，那里有一个岗哨（k5）保护，并且从这里经过中层地台上的走廊（k6）可以到达宫殿内部，以及通过通道（k7）前往低层地台上的官方接待区。

走廊（k6）通往一个狭长的房间（k8），目前其功能尚不确定。房间内有沿着东和西墙的石凳，一个靠着北墙的炉台和不寻常的窗帘状壁画。宫殿内唯一剩余的部分是一个房间（k9），有一层红色灰泥地板（西北角），东侧和北侧的排水通道。这可能是个浴室，流行的猜测是阿伽门农就是在那里被杀的。低层地台（D）还与大坡道的另一条岔路相接，这条路的尽头靠近低层入口（k10）。从这里穿过北侧和西侧有长凳的中庭（k11），来到一个巨大的砂岩楼梯处（k12），最初有灰泥涂层。第二组楼梯应该是木质，通向楼上和一个小广场（k13），从那里可以到达宫殿。

与完美的轴向布局的核心大厅和中庭比较，楼梯表现出明显的斜度，说明这是一处后来的增建，发生在宫殿群建造的最后阶段。较早的入口处是一间地下室（k14），部分在地下，有一个中央柱。广场北侧的一间小房间，最初有一层涂层的地板和一堵壁画，在西侧连接着一个用作浴室的小房间。这可能是一个宫廷客房（k15），按照惯例这里不能进入皇家住所的。大法院（k16）的入口处是在广场的东边，现在门上只遗留了门槛。法院是一处宽阔开放的院子，其中三面被周围建筑物的墙壁封闭，但在西南侧保留了开口，提供了俯瞰阿尔戈斯平原的极佳视野。中央大厅在东侧，国王和他的臣属在那里进行着他们的日常生活。大厅前有一个带两根木柱（剩下的石头底座）的门廊（k17），从克里特岛进口的灰泥地板，以及装饰有三字形和玫瑰花结的迈锡尼主题标志。门廊通向一个前厅（k18），其中的地板内衬着石膏板，中间部分用灰泥装饰，上面装饰着蓝色、红色和黄色的锯齿状方格。房间（k19）通过一个大门到达（仍然可以看到门槛）。房间在中心放置一个大炉台（直径2.8米），由围绕着黏土内壁的石块组成。炉台区域由4根支撑屋顶的木柱（石基残存）所包围，屋顶有一个孔，起到通风照明的作用。墙上的壁画依稀可见有，有勇士、骑兵、驾驶战车的战士和女性形象。这样的组合

可能代表在防御工事前进行的某一次战斗。王座本应在进入房间后的右墙上，但随着之后的山体滑坡已经崩塌了。（东段经过修复）

根据最近的发掘工作显示，在建筑群东面的几座建筑是宫殿的一部分，该宫殿是迈锡尼时期希腊最大的皇家住所。

第一栋建筑（1）是围绕中庭而建，有两条走廊和一系列房间。在此地发现

P192下图：蓄水池和井

了融化的金属物包括青铜、经过加工的象牙碎片、无色水晶、猫眼石、绿松石和白色石英，这里应该是为国王和眷属加工艺术装饰品的地方。附近的柱廊房屋（m）由于巨大的柱廊中庭而得名，中庭作为住宅的中心，房间和储藏室都环绕而建。这些建筑构成了宫殿的东翼，于公元前13世纪末毁于一场大火，只是进行过部分的重建。

东翼建筑紧邻的一条路通向广场（n），面对着建筑（o，p），有可能是用作皇室的物品供给储藏之地。这两栋建筑立在东段城墙后面，城墙曾在公元前13世纪末延伸以将地下蓄水池（q）包括进来。这个蓄水池是卫城中最令人惊讶的结构之一。

水池深18米，可以沿着三段台阶下到水面，并通过赤陶的管道与距离卫城约274米的一处泉水相连。蓄水池入口处旁边的建筑或许是水池管理员的住所，靠墙还有一个储藏室（s）。沿着墙的北段走，经过北门到达西北角的一组服务性建筑，它们建于宫殿施工的最后阶段。

建筑M（t）可能是迈锡尼军队的指挥总部，它建在一系列走廊上，这些走廊通向墙内的武器库。然而建筑N（u）的功能并不确定，尽管可能是卫城驻军的营房。在城堡下方区域，卫城西侧和西南斜坡上的一些小居住区也进行了挖掘。那里的房屋在公元前13世纪末被大火摧毁，然后就被抛弃了。

现在剩下的部分主要是地下室，然而，地下室的大小（超过一层）和剩余其中的家具展示了当时居民（商人和工匠）较高的生活水准。我们知道这些房屋中的居民已经可以使用线性文字B在泥板上书写。

在这些房屋中发现了9个皇家墓葬。这些墓葬属于不同的年代，代表了墓室

迈锡尼古城外的区域

6 喷泉	12 油商房屋
7 艾奎斯托斯墓	13 斯芬克斯房屋
8 狮子墓	14 西屋
9 克吕墨涅斯特拉墓	15 古代房屋
10 墓圈B	16 住宅区
11 盾牌房屋	17 阿伽门农之墓

施工技术从起步到成熟阶段的完善。由于在过往的历史中已经被洗劫一空，墓葬主人的身份已经很难确认。

离开了城堡，经过了左边的喷泉底座（公元前3世纪），也许是保塞尼亚斯所指出的“珀尔修斯泉”，就会来到艾奎斯托斯墓（7）。这是这类建筑较早的（公元前1500—前1460年）例子之一，即使用未经打磨的石头、没有面对走廊的墙壁和门梁上无减重三角形结构。这类典型特征还出现在狮子墓（8，公元

P193：城堡东面视角看宫殿

P192上图：通往地下蓄水池的通道，由内向外的视角

前1350年)，在狮子墓的右边。藏有阿特柔斯宝藏的克吕墨涅斯特拉墓（9)，则达到了这类建筑的顶点（公元前1225年)。在19世纪初偶然发现的克吕墨涅斯特拉墓被纳普利亚的土耳其总督洗劫一空，当时由于入口走廊走不通，于是这位总督将墓室穹顶敲破（今天已经修复）进入坟墓。巨大的立面，位于由精细切割的砾岩建造的走廊尽头，由彩色大理石压线并绘有雕刻图案（螺纹、花结及三字形图案)。在墓室，一根石制横梁构成了穹顶底部，穹顶本身由沿墙排列的一排排石头渐进组成。

但从公元前3世纪这座墓就不见了踪影，其上盖起了一座小型露天剧场。

剧场的一排座位在原陵墓两侧的走廊位置仍然可见。陵墓本身其实建在皇室墓群 —— 墓圈B（10）—— 的围墙上，该围墙用大块未经切割且尺寸不一的石头砌成，现仅有北面一小段仍然可

P194上图：无圆顶的圆形建筑，高处和内部视角

P194—195：克吕墨涅斯特拉墓的通道和入口

P195：艾奎斯托斯墓的通道。请注意门上的巨大横梁石以及其上的减重三角形空间。

见。墓圈包含24个属于不同年代和建筑类型的墓穴，有些竖有装饰过的石碑。

最早的10座墓穴（公元前16世纪末期）是直接在土地或者石头中挖洞进行土葬。死者只有一些简朴的陪葬品如未经装饰的花瓶等。其他14座墓穴像墓圈A的形制，包含有多具遗体以及较高水平工艺的陪葬品（现存雅典国家考古博物馆）。

住宅区遗迹在墓葬去围墙南侧。盾牌房屋（11）的布局非常不同，那里发现了很多精细加工过的象牙狮子，海豚，带有螺旋花纹、三竖线花纹和盾牌样式的碎片，很可能是用于家具装饰。在走廊北端油商房屋（12）的地下室内，发现了30个马镫形花瓶，应该是用来往房间里的11个大瓷坛运油用的。斯芬克斯房屋（13）的储藏室里也发现了不计其数的牙雕，包括两个有斯芬克斯形象的匾额，这间房屋也是因此而命名。这些

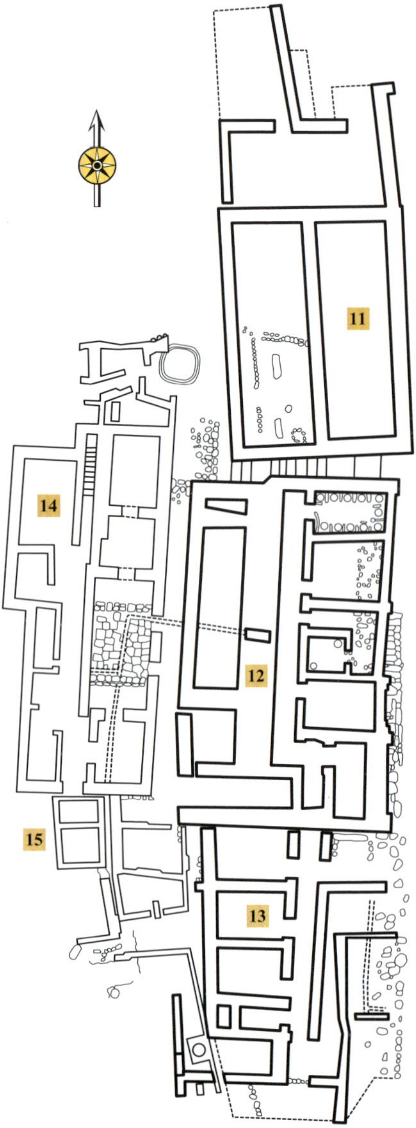

住宅区域

11 盾牌房屋

12 油商房屋

13 斯芬克斯房屋

14 西房屋

15 古代房屋

P196上图和中图：房屋遗迹

P196下图和P197上图：阿特柔斯的宝藏；地道和入口

P197下图：阿特柔斯宝藏的假穹顶，下方视角

象牙制品很可能是用来装饰家具，大火的时候从楼上的房间掉落下来。

在这些建筑背后高处的地方发掘出了另外两栋房屋。一座是西房屋（14），有一个中央大厅和朝向庭院的几个小房间；在此处发现的线性文字B泥板书，内容是讨论香料的，因此这里可能是香水制作场所。西房屋南部有另外一座房屋（15），有中央大厅和前后门厅，建于迈锡尼早期（与墓圈B同时期建设），因此也是迈锡尼遗址中较古老的房屋之一。

正如布兰迪（C. Brandi）所评价的，“经过仔细计算的尺寸、精确的设计和阴影区域的尺寸，光线在其中真正散发出来，像从三脚架发射出来，创造了极为奇妙的建筑空间之一”。

南面一点，就在大约公元前13世纪中叶被地震部分摧毁的住宅区（16）附近，矗立着阿特柔斯的宝库，即阿伽门农之墓（17），迈锡尼建筑的杰作之一。门面最初装饰得很典雅，大门由两边绿色大理石半柱装饰的锯齿作为边框（其中一些碎片在伦敦大英博物馆和雅典国家考古博物馆）。在横梁上方，减重三角形两侧有2根半柱，由彩色大理石镶边，装饰着螺旋和玫瑰花结的水平条带。穹顶由30块条状石头组成，用金属片装饰，用钉子固定（我们从钉孔得知）。穹窿的北侧有一间较小的房间，墙壁原本都面对着雕刻的石板。（克里斯蒂娜·特罗索）

尼米亚

尼米亚山谷中的这座城市位于克利奥纳（Cleonae）和弗伦特（Fliunte）之间，是著名的宙斯神殿所在地，每两年举行一次尼米亚运动会以纪念宙斯。这项运动会是泛希腊运动会中的第四个也是最后一个（其他是奥林匹克运动会、皮同运动会和地峡运动会），举行包括田径、音乐以及赛马和战车比赛等。

历史

尼米亚运动会普遍认为是在公元前573年创立的，但是此地的竞技传统要古老得多，有传说是在七将军远征底比斯时举行的。在远征途中，来自阿尔戈斯的七位英雄在山谷里停下来喝水，遇到了被奶妈带着的利库格斯国王的儿子奥菲尔特（Ophelte）。为了给七人指出泉水所在，奶妈离开了奥菲尔特一小会儿，结果小王子被蛇杀死在摇篮中。七将军发起了一场葬礼纪念小王子，将其重命名为阿尔克莫罗斯（“死亡之初”）。为悼念死去的王子，比赛的评委们穿着黑色的衣服，获奖者戴欧芹花环。在另一个版本中，运动会是赫拉克勒斯为了纪念宙斯·索特而设立的。赫拉克勒斯杀死了城市附近特雷图山洞中的狮子，这是他著名的十二项功绩之一。因为用箭无法射透狮子的皮肤，于是赫拉克勒斯扼死了狮子并披上了狮皮。我们从当地发现的科林斯陶器中知道该遗址是在公元前7世纪使用的，但崇拜活动似乎从公元前6世纪中期左右开始，并在那时建造了神庙。在尼米亚运动会转移到阿尔戈斯（公元前430年）举办之后，该神庙曾被废弃了一段时间，在公元前4世纪下半叶当运动会又回到尼米亚（公元前330年）举行的时候，神庙经历了另一个建造阶段（大部分建筑都建在那一阶段）。公元前270年运动会又一次转移到阿尔戈斯之后，锡西翁的阿拉托斯试图让运动会重归原址但没有成功（公元前235年），这个神庙最终被遗弃了。

保塞尼亚斯到此造访时，神庙已经空余废墟，也没有任何雕像留下。6世纪，一座小镇和教堂在此地建起，使用了从宙斯神庙拆除的材料。

P198上图：欢迎建筑的废墟

P199上图：浴室

P199中图：南部视角，宙斯神庙可以从后方看到

尼米亚

a 道路
b 裁判所
c 旅舍
d 浴室
e 献祭台底座
f 家庭房屋
g 石墓
h 宙斯神庙
i 柏树圣林

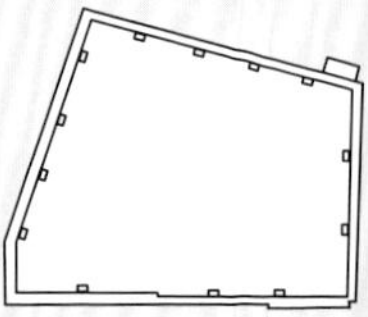

参观指南

除星期一外每天开放，夏季8:00—14:30；冬季8:00—15:00。

神庙南边有一条路（a），沿路的房子（b）从公元前4世纪晚期到前3世纪后期由比赛裁判居住。在路的另一边是旅舍（xenon，c），这座建于公元前4世纪下半叶的建筑为访客们提供住宿。附近有座带三条侧廊的早期基督教大教堂，教堂前厅和洗礼池后来部分建立在旅舍之上。浴池（d）与旅舍同时建造，有两个大的正方形部分。继续前进来到建于公元前5世纪上半叶圆形献祭台底座（e），以及时间更早的纪念碑。还可以看到9个家庭房屋（oikoi，f，译注：最基本的社会和经济单位，包括了家庭和家庭成员耕作的田产的地基（公元前5世纪上半叶建造，在公元前4世纪末重建），有一个柱廊立面，厨房和宴会厅。可能具有类似于希腊化时期神殿里的国库功能。

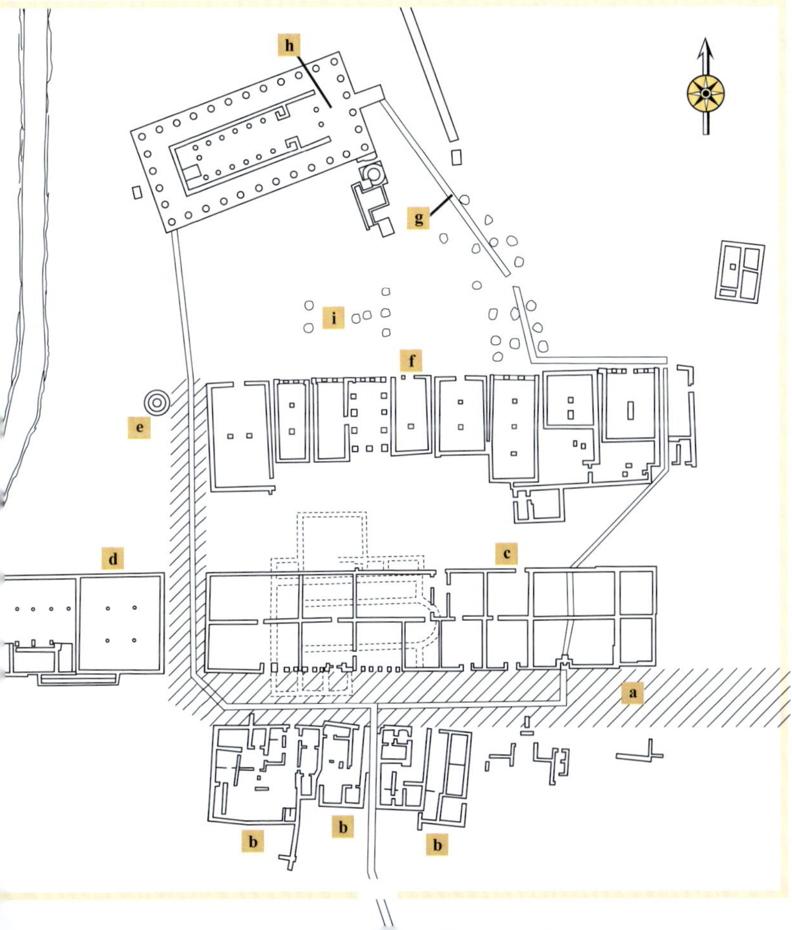

NEMEA

神圣区域（依皮波拉，“平坦地带”）的标志是石墓（cippi，g）；宙斯神庙（h）矗立在柏树圣林（i）的中心，根据传说奥菲尔特是被蛇杀死的。在建筑东南的区域发现了木材的残留，根据对根部遗留痕迹的研究，可上溯至公元前5世纪至前4世纪，但根据品达的记录我们可以得知还有更早的树林存在过。周围建筑物（公元前330—前320年）有6×12根多利克柱，并接近斜坡。需要穿过双柱式前厅（没有后厅）到达内殿，两列柱子（科林斯式和伊奥尼亚式）分出3条侧廊。

在内殿后部，有4根柱子平行于墙壁，圈出了一个可能用于领取神谕的地下密室。地下室西面可以看到早期古风时期庙宇的地基，一座很长的祭坛矗立在庙宇前。北部（公元前4世纪）的古风时期部分向南延伸并被华盖覆盖，用来向奥菲尔特致敬。两个雕像的底座，也许是献给宙斯和奥菲尔特的，仍然矗立在祭坛的南边。

河边还有一座梯形的围墙，建造在希腊化时代的初始时期（公元前4世纪的后半期）。墙内发现了一些小型的石头祭坛和许多祭品（现存当地博物馆），表明这里是奥菲尔特的祭祀场所，保塞尼亚斯声称（ii, 15, 3）在这里看到了奥菲尔特和他的父亲莱库古斯的坟墓。折回到东面铺好的朝向博物馆的道路上，田径场是在公元前4世纪建造的，很可能古风时期的田径场建造得离宙斯神庙很近。田径场长度是178米，并有一条黏土划线的跑道；在起跑线和终点线之间还有每隔30米的距离标注。起跑线上运动员脚踩的凹陷和木桩将跑道划为13条。裁判的平台在东面，建于公元前320年的入场通道位于西侧，与田径场连接。通道里有许多运动员们在等候入场时留下的涂鸦。

P201上图：尼米亚田径场

P201中图：田径场入场通道

P201下图：田径场入场通道外部视角

博物馆

该博物馆展出本地发掘的文物以及来自宙斯神庙的一些建筑遗迹。（克里斯蒂娜·特罗索）

P200左图：宙斯神庙的三根幸存的柱子

P200右图：神庙柱子的柱石

阿尔戈斯

阿尔戈斯古城曾经矗立的位置，部分被现代城市覆盖着，被认为是希腊古老的城市之一。这个地区原先在（拉里萨，今天被称为卡斯特罗）卫城修建的地方；以及先知以利亚山，过去被称为阿斯匹斯（Aspìs，盾牌），两座山被戴拉斯（Deiras，山脊）分开。

历史

从几何陶时代开始，阿尔戈斯就在平原上的人类聚居区中扮演重要的角色，比如青铜文化中期的聚居地（在阿斯匹斯山上）和迈锡尼的城镇（在拉里萨山上，戴拉斯附近的墓地）。从公元前7世纪开始，阿尔戈斯就持续的与斯巴达进行军事对抗，只有过短暂的休战。公元前450年，阿尔戈斯与拉科尼亚城签署了一项和平条约，并与雅典建立了更密切的关系（雅典的影响导致了从阿尔戈斯的政治从君主制向民主的转变），并建造一座巨大的纪念性市集（该城的政治和宗教中心）。保塞尼亚斯描述过阿尔戈斯罗马统治下的繁荣，但这座城市后来被赫鲁里亚人（267年）和高卢人（395年）两次洗劫。

P202上图：几何陶时期喷口瓶细节，来自博物馆

P202下图：克吕墨涅斯特拉杀死卡珊德拉，青铜浮雕板

P203上图：赫拉雕像头部，来自神庙

P203下图：阿尔戈斯的赫拉克勒斯。利西普斯原作的罗马复制品

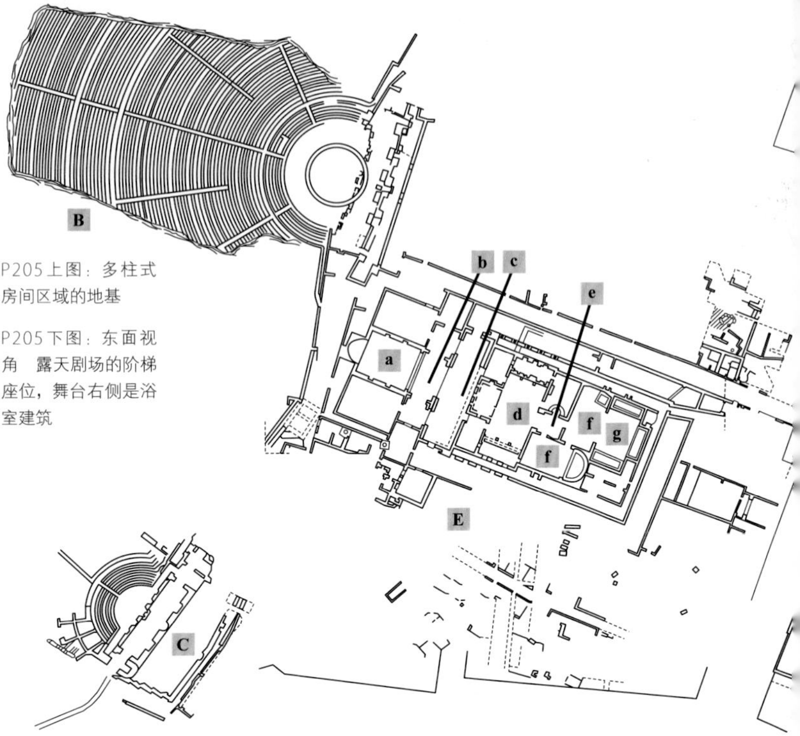

P205上图：多柱式房间区域的地基

P205下图：东面视角 露天剧场的阶梯座位，舞台右侧是浴室建筑

参观指南

现代城市的存在导致无法进行大规模的挖掘，只能进行有限的研究；虽然这是一个非常具有考古价值的遗址，因为这里的人类居住活动从史前时代开始几乎一直未曾间断。露天剧场区（距主广场91米）和市集区（通往特里波里斯的道路出城的区域）仍然可见一些规模很大的遗迹。曾有一些学者评论过市集的布局，包括修昔底德、索福克勒斯、斯特拉波等，最重要的是保塞尼亚斯，他给我们留下了详细的长篇描述（II，19，3-23，5）。然而，我们现在所有的关于这一地区的地形学知识却是十分零散的，虽然这里有众多的纪念性建筑（保塞尼亚斯在《希腊志》中提到的就有18座神庙）。市集在平原上一直延伸到拉里萨山脚下，山的东南支脉称为普雷恩（海角），资料显示那是阿尔戈斯居民聚集进行政治活动的地方。大约公元前460年，这个地方还建造了一座剧院，这第一家剧院也被用作民主城市的公民大会召开地点。在罗马剧场的上部仍然可以看到部分废墟。剧院的南面矗立着阿芙洛狄忒神庙（公元前430—前420年），有内殿和门厅。地基包括两堵属于公元前7世纪末的一座小建筑的墙体。在这座建筑的前面，在公元前6世纪下半叶建造了一座祭坛，其中的地基仍然可以

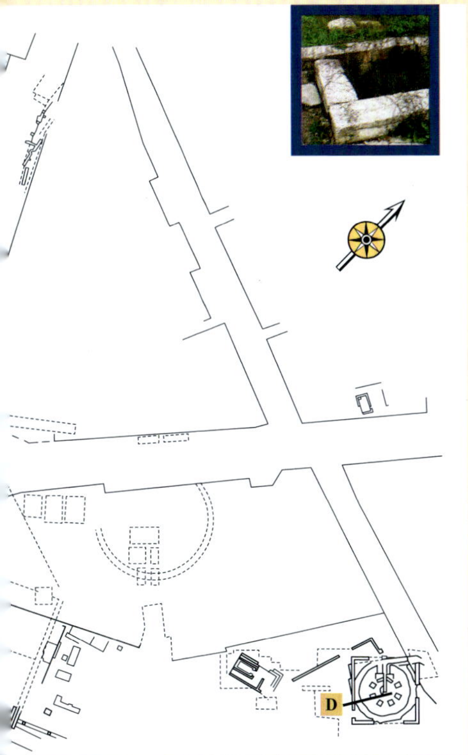

ARGOS

阿尔戈斯

- **A** 多柱式房间
- **B** 露天剧场
- **C** 室内剧场
- **D** 瑟罗斯圆墓
- **E** 浴室A
- **a** 房间入口
- **b** 横向走廊
- **c** 更衣室
- **d** 冷水浴室
- **e** 走廊
- **f,g** 热水浴室

看到。神庙一直使用到公元前4世纪末被摧毁，建筑材料也被掠夺一空。市集中心是阿波罗·利修斯（杀狼者）神庙，根据展出的城市公共文件，阿波罗在此地的政治生活中扮演了非常重要的角色。这座寺庙还没有被完全辨认出来，但挖掘出来的几块在门廊和祭坛上的砖石，还有许多提到阿波罗神庙的铭文，表明这座神庙的位置应是西边的一个地台上，目前只有神庙东西的界限被挖掘出来。神庙应该是在宙斯泰美诺斯中心位置，除了神庙外还有一个功能统一的建筑群。

这个建筑群包括多柱式房间（A）、南面柱廊紧靠的健身室、陵墓地道、合唱团舞台和小花园。根据传说，这些建筑很可能是阿尔戈斯国王丹尼俄斯为他的50个女儿挑选夫婿修建的。和丹尼俄斯姐妹一样，阿尔戈

P206上图：浴场的冷水浴室

斯的年轻姑娘们在比赛的时候组成合唱团站在专门的舞台上。合唱团舞台紧靠跑道起跑线（跑道长度约182米）。小花园，即宗教仪式用的喷泉（现存的遗迹是罗马时期修建的，但是建在更早的遗址上），是等待结婚的年轻运动员和女孩们必然要经过的地方。方形的多柱式房间被两列柱子分成三条侧廊，这里很有可能是祭祀达那俄斯的地方。

公元前3世纪初，这里建造了一座露天剧场（B），用于尼米亚运动会期间的戏剧竞赛和政治集会。观众席（81层）是从岩石上切割而出，侧翼则建在土方工程上。现在存留的仅有舞台的基础部分，曾在2世纪用中空的砖和大理石重建过，舞台前端有神龛。罗马时期，广场的作用逐渐发生了根本性的改变。2世纪上半叶，室内剧场（C）建在原直角剧场的位置，用来音乐演奏；观众席最早是被矩形周长的墙围在里面，3世纪进行扩建，变成了两个辐射状的房间。舞台上最初沿大理石板有三个壁龛，

A R G O S

P207上图：浴室柱子底座

P206—207：露天剧场的扇形座位

P207下图：浴室与露天剧场之间的画廊

许多残片已经被发掘。乐队舞台，入场通道和观众席走廊都曾用彩色马赛克装饰。在剧院的东面建造了一座塞拉皮斯神庙，它在2世纪初被改造成公共浴室A（E），在蛮族入侵毁坏后又进行过修复。即使建筑物已经失去了华丽的彩色大理石装饰、马赛克地板、粉刷的灰泥拱顶和很多雕像，其当年的辉煌仍是显而易见的。

在拉里萨山坡上有一个小花园，带有两个水池和一个拱顶的建筑，标志着哈德良皇帝建造的水渠的到达点。在2世纪下半叶，连接南门廊的古建筑也变成了浴池。门廊一直延伸到新地段的门厅和商店。市集作为古代宗教中心到市场的转变，一直持续到在跑道起跑线边上修建起一座方形喷泉为止，这表明跑道已经不再使用了。在同一时期，古市集的其余两座建筑也进行了改造：乐队舞台变成了一个水池；二是小花园变成了一个简单的纪念式喷泉。

拉里萨山

拉里萨山（A）的山顶有一座堡垒，是在10世纪使用公元前6世纪—前5世纪（尤其是东北面）防御工事的遗留材料建造的。后来的建筑工程是法国人（角塔）、威尼斯人（西南面棱堡）和土耳其人分别进行的。椭圆形的外墙（a）围成一个六边形的堡垒（b），里面有两个寺庙的地基，根据保塞尼亚斯的记录，分别是献给宙斯·拉里索斯和雅典娜·波利亚斯的。

P208上图和中图：拉里萨山顶的中世纪堡垒。东北面和南面。

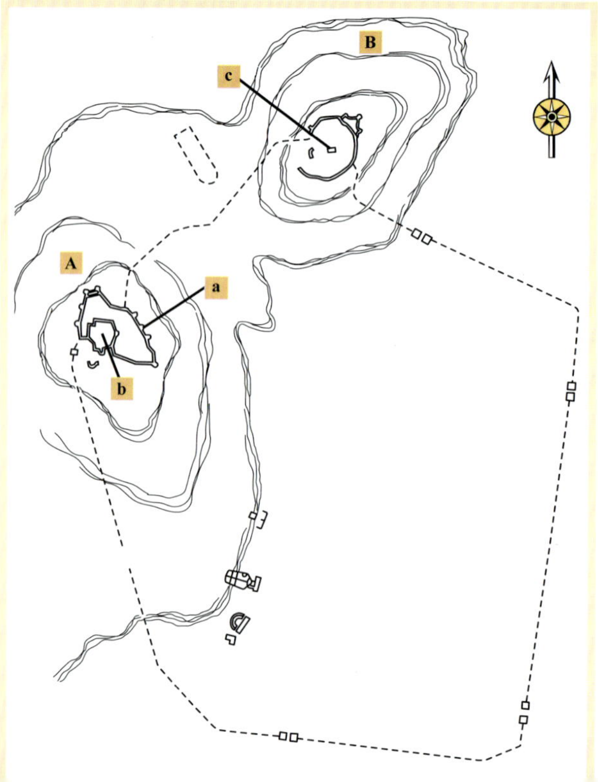

P209左下图：几何陶晚期喷口瓶

P209右图：带顶头盔，几何陶晚期

拉里萨山

A 拉里萨山
B 先知以利亚山
a 外墙
b 六边形堡垒
c 多边形防御工事（公元前6世纪）

先知以利亚山

在先知以利亚山（B）的山顶上可以看到多边形防御工事遗址（公元前4世纪），工事与城墙在角塔处相交。根据保塞尼亚斯的记录，这座山是赫拉·阿克里亚（“山的女神”）和阿波罗·皮提奥斯和雅典娜·奥克斯德克（“有敏锐的视力”）的圣地，后来在此处建起一座早期的基督教大教堂（5世纪）。阿波罗的神庙覆盖了西坡上的两级地台，在下层地台上有一座大祭坛，用大理石建造，还有从岩石中凿出的献祭台的底座。在北侧带有门廊建筑的废墟可能是曾经的朝门。在这后面，岩石上凿出的一大片台阶通向第二层地台，那里曾矗立着神庙（因为建造教堂而被毁）和神谕台（一块石头上用砖块砌成的方形建筑）。东面还有两个地台，很可能属于曾经的雅典娜神庙，建筑物遗迹被拆除用来建造一个蓄水池和一座圆形拱顶墓。

博物馆

博物馆位于奥尔加街（Vas. Olga Street.），靠近教堂，距离主广场91米。
除星期一外每天8:30—15:00开放。付费。

大厅右侧的房间：城市遗址中发掘的文物按希腊青铜时代中期、希腊青铜时代晚期、几何陶时代和古风时代的时间顺序排列。展品主要是陶瓷，因为阿尔戈斯是当时一个重要的生产中心（注意几何陶时代花瓶）。在房间的中央矗立着在室内剧场以东的一座坟墓中发现的盔甲；制成于公元前8世纪末期，它由两个部分的外壳和带有侧面保护的头盔组成。其余值得看的展品（特别是军舰形状的铁制炭架）在八号展窗。在一楼：罗马时代的雕塑来自浴场A。勒拿的一些文物展出在“卡勒盖特”展厅。

赫拉神庙

这座献给赫拉的神庙是希腊世界中古老和著名的宗教场所之一，在阿尔戈斯以东大约9.6千米处，位于尤比亚山的斜坡上。

参观指南

除星期一外每天开放，8:30—15:00开放。免费。

巨大的台阶（a）通向下层地台（A），地台三面由墙支撑。这墙是以台阶的形式出现的，从阿尔戈斯来的信徒在攀登的时候可以看到被赫拉的大祭

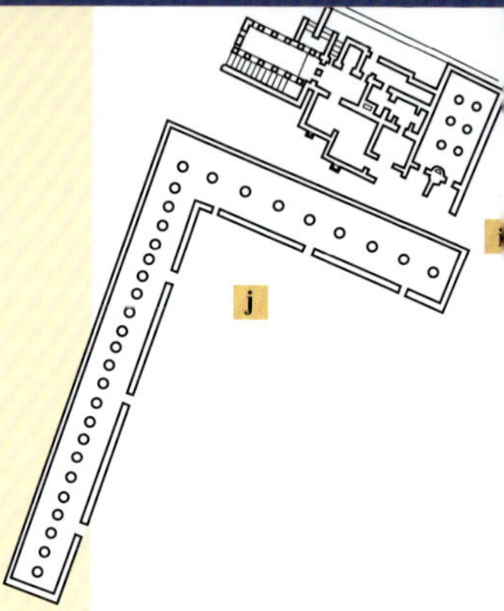

P210上图和P211：寺庙南边门廊的多利克柱

P210下图：从港口视角看赫拉神庙遗迹

司引领的游行队伍。祭司会坐在一辆牛拉的马车上，走在一百只献祭的动物面前。在台阶顶部左侧有一个门廊（b），前面有19根多利克柱，9根伊奥尼亚柱在后面。神庙（c）的地台在右侧，这座神庙是由阿尔戈斯建筑师优普罗姆斯（Eupolemus）在公元前420年至前410建造的，但现存已经很少。神庙是多利克围柱式（6×12根柱子），由当地大理石建造成，屋顶瓦片和装饰雕像由帕洛斯大理石制成，有前后相对的前廊和后廊以及3条侧廊的内殿。

东山墙上装饰画为宙斯的诞生，西山墙为特洛伊的掠夺，额枋的雕带则描绘了巨人族的战斗和亚马逊女战士的战斗。此处的建筑风格明显受到以帕特农神庙为代表的阿提卡建筑风格的影响，因为阿尔戈斯曾与雅典结盟共同对抗斯巴达。内殿放置着由黄金和象牙制成的赫拉神像（公元前420—前417年），由阿尔戈斯雕刻家波利克利图斯制作。赫拉头戴冠冕，手里握着权杖和石榴。在她身边另有一尊黄金象牙的雕塑青春女神赫柏（Hebe）是由雕塑家纳塞德斯

（波利克利图斯的兄弟）制作。此外还有两个非常古老的女神雕像，一个可能属于原先的神庙，另一个在梯林斯城被毁时被阿尔戈斯人移走了。官方宴会厅（Katagogeion，d），在神庙西侧，有一个大型围柱式庭院，庭院北面有3个房间，墙壁上有砖砌的座位。在宴会厅后面低一层的平台上有一处柱廊（e），标

（6×14根木制柱子），有前后相对的前廊和后廊，但这一切在女祭司克莱赛德（Chryseid）的疏忽造成的火灾中被毁。祭坛（h）的遗迹在神庙后面，建于希腊化时期；但后来宗教活动的衰落开始了，对赫拉的崇拜也转移到阿尔戈斯地区。罗马时代神庙西侧建起了浴场（i）和健身室（j），再次拥有了声望。

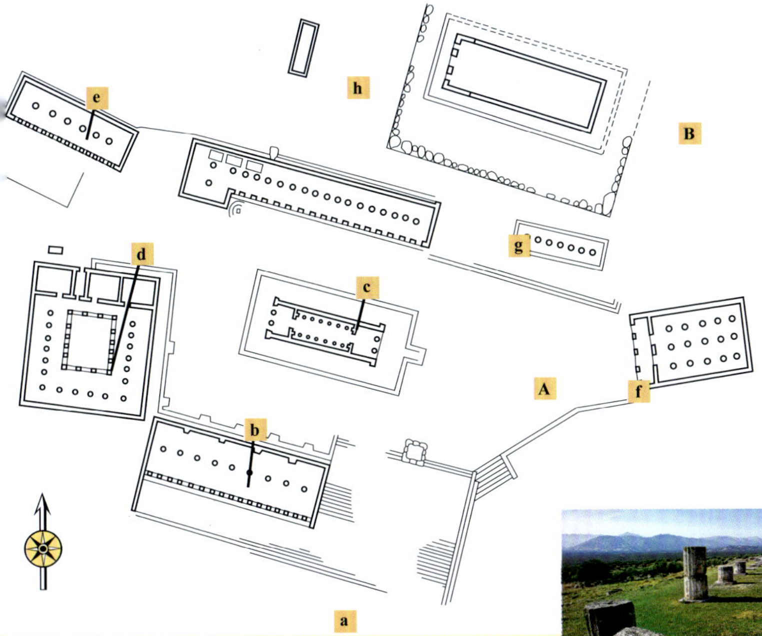

志着古典神庙的西部边界。东侧有一处矩形建筑（f）由柱子分为3条侧廊，这座建筑的功能未知，可能是用来举行神秘仪式的场所。最古老的一部分建筑在高层地台（B），部分直接从岩石切割而出，部分由公元前8世纪的一道石墙支撑。两处门廊（g）的遗迹在地台处可见，建于公元前7世纪晚期到前6世纪早期（东边的小一点，西边的大得多），两者之间有楼梯过道。神庙建筑本身（公元前7世纪下半叶）只有一些柱座留存。这座围柱式神庙建筑平面非常长

赫拉神庙

A 低层地台
B 高层地台
a 台阶
b 门廊
c 神庙
d 官方宴会厅
e 门廊
f 泰勒斯台里昂神庙
g 柱廊
h 祭坛
i 浴场
j 健身室

梯林斯

梯林斯一直在阿尔戈斯平原的东南部，在地势低矮的石质海岬上，从南向北倾斜。古时候这座城镇离海很近，正因如此梯林斯发展成为海运货物的中心。

历史

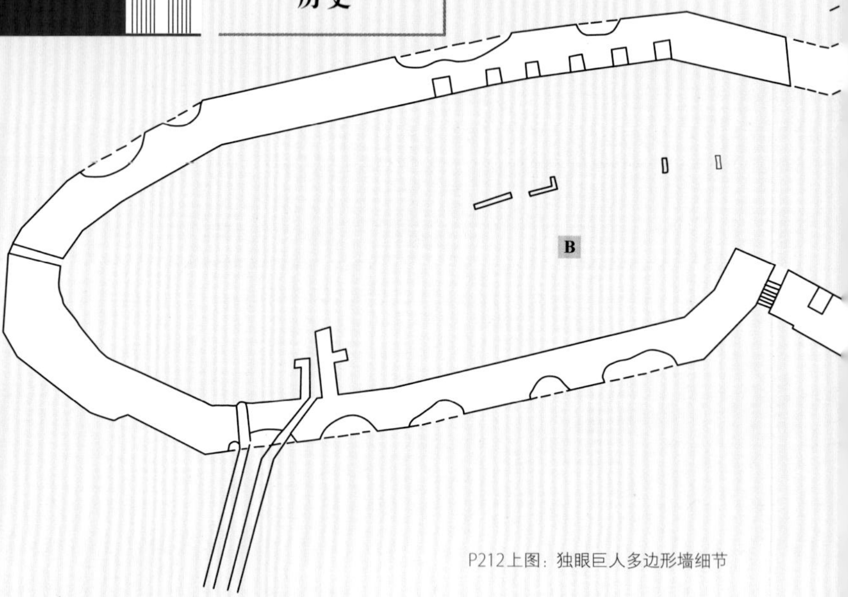

P212上图：独眼巨人多边形墙细节

最早的人类活动遗迹是在宫殿的中央大厅下面发现的，可以追溯到早期的青铜时代（公元前2500年）。这是一座有瓦屋顶大型圆形两层建筑遗址（直径28米），可能是低处地台上那座房屋主人的一个粮仓。铜器文化中期曾有一个小村庄在山顶处，但遗留的信息很少。但在铜器文化晚期，那里出现一座宫殿式的住宅。公元前1400年前后，逐渐建造了一座宫殿（其中有墙壁和壁画的残片遗迹），大约公元前1300年建造了防御墙，扩大到中层地台。在公元前13世

梯林斯

A	中层地台	j	朝门
B	低层地台	k	警卫处
a	斜坡	l	大庭院
b	入口	m	中央大厅
c	东入口	n	小浴室
d	入口	o	走廊
e,h,p	庭院	q	小中央大厅
g	大朝门	r	公寓房间
i	防御要塞		

纪中期，宫殿被大火烧毁，取而代之的是一座更复杂的建筑，同时防御墙也扩展到低层地台。梯林斯在公元前12世纪末被摧毁，但并没有被完全遗弃。几何陶时代一座神庙建在巨大的中央大厅原址上。就像迈锡尼一样，公元前479年梯林斯也派了一队战士在列奥尼达斯的带领下前去与波斯人作战。然而，在公元前468年阿尔戈斯人洗劫了这座城市之后，居民们搬到了阿戈利斯半岛海岸的哈利埃斯（Halieis）。

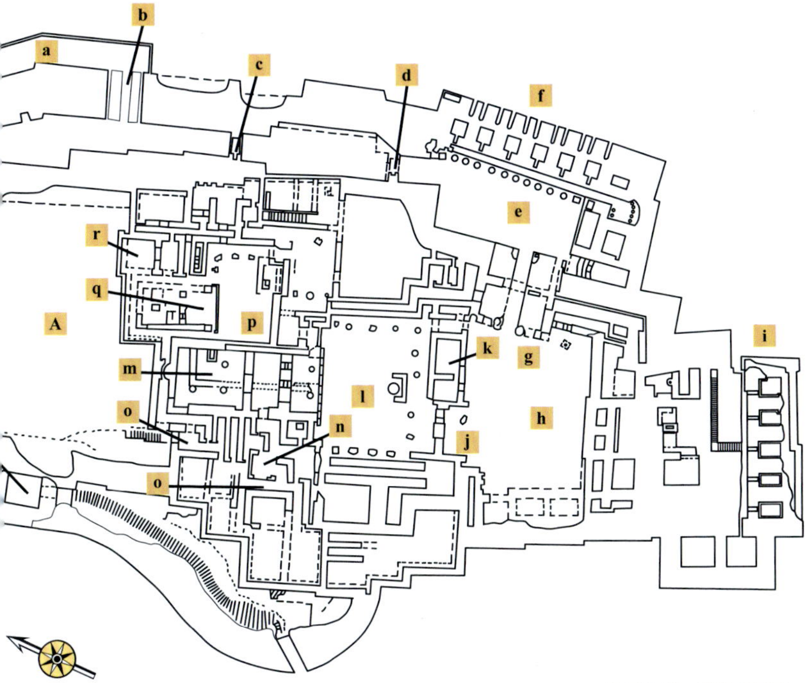

P213下图：要塞俯视图，城堡在右侧

每天开放，冬季8:00—17:00及夏季8:00—20:00。

传说中梯林斯城墙是由七个独眼巨人修建的，其中普罗埃图斯（Proetus）是这座城市的创建者，被从利西亚特别邀请来。后来珀修斯又请求他们建造迈锡尼的防御设施。此后，梯林斯的名声一直与城墙联系在一起：荷马称它为“城墙围护的城市”，欧里庇得斯称其为“独眼巨人之城”，2世纪保塞尼亚斯称“梯林斯的城墙比埃及金字塔更受人尊敬”。城墙使用圬工和巨大的石块精心建造，石块呈水平排列，首道围墙只包围着宫殿，入口在东边，宫殿的大朝门也建造在那里。后来围墙的扩建向着东面和北面延伸，将中层地台（A）围起，这里可能是工匠作坊和仓库的所在地。同一时期还加固了南部要塞（i），并在两个棱堡之间设置了一个狭窄的入口。大约在公元前1200年之前，低层地台（B）也被墙所包围，东入口（c）被重新设计成与迈锡尼狮子门的类似布局，从而无懈可击。

在墙前的西侧，有一座坚固的弧形土墙和一座塔，是那一时期建造的最令人印象深刻的防御结构之一。一段宽广的石阶连接到一个小通道和墙壁中的出口，如果被敌人围攻，整个通道能保证从附近一条小溪里给城内的居民供水，让士兵坚持抵抗敌人。但如果敌人试图通过通道进入这座城市，他们会发现自己暴露在防御者四面八方的炮火下。无论如何，一旦敌人到达台阶的顶端，他

们就会掉进位于塔边的深竖井里。城墙的东南部和南部也进行了加固。

低层地台（B）可以通过一个狭窄的斜坡通道到达。另外两扇密门和墙上的两个通道通向蓄水池。挖掘工作主要是在这一层地台上，揭示出居民区的面貌。

宫殿

一个很大的坡道（a）通向外墙的一个开口（b），那里有一条狭窄的走廊向北通向卫城的主门（c）。经过更古老入口（d）的门槛后进入一个东边带有门廊的庭院（e）。在这下面的墙上有一个拱形走廊，连接着几个方形炮台（f）。这种布局是梯林斯晚期极具特色的特征之一。穿过门廊朝门（g）进入另一个庭院（h），南面有一段防御要塞（i）是分几个阶段建造的。在这座城市的最后一个阶段，墙上建起了一座画廊，可以通过梯子到达，并通向一些小储藏室。在北侧有另一个朝门（j），与前一个相似但规模较小，两侧有两个房间，可能是警卫处（k）。从这里可以到达大庭院（l），环绕三面柱廊，形成了宫殿地区的中心。北面是传统形制的中央大厅（m），双柱式门廊。朝向前厅的3扇大门，墙上的壁画以及半玫瑰花结和三竖线的装饰（现存雅典国家考古博物馆）。前厅的一道门通向王座间，王座在房间右墙上，房间中心是一座方形炉台。地板是经过涂整装饰的，画着章鱼和海豚的图案。墙体缩减了房间的长度，这间房间曾属于几何陶时代赫拉神庙的一部分，公元前468年被阿尔戈斯人摧毁。私人住宅的核心区域靠近城墙西段，连接到门廊庭院和中央大厅。其中一个房间是小浴室（n），其地板由整块石板铺成，重量超过20吨。地板是倾斜的，因此水流通过城墙的开口流入地下系统。这间浴室中发现过一些会有螺旋形花纹的赤陶残片。

走廊（o）将这些房间和另外一些房间分割开，这些在中央大厅后面靠着西侧防御土墙修建的房间面对着另外一个庭院（p）和中央大厅（q）。走廊（p）通向大厅形私人公寓（r）。这里仅有少量的墙壁绘画残留：狗追逐受伤的猪，马车游行中的女性形象，带长矛的男性形象，所有这些都保存在雅典国家考古博物馆。（克里斯蒂娜·特罗索）

P214左图：围墙的外环

P214右图：棱堡南侧

P215：房屋遗迹和所在的地台

纳夫普利亚

216

P216上图：布尔齐（bourzi）岛上的威尼斯堡垒

P216下图：圣马克的狮子；阿克罗纳夫普利亚堡垒的大理石浮雕

现代纳普利亚是一个明显受到威尼斯和土耳其影响的小港口。这座小城位于帕拉米德山脚下，阿尔戈利斯湾东岸的岩石半岛阿克罗纳夫普利亚（Acronauplia）上。半岛曾经一度通过地峡与大陆相连。古聚落的遗迹很少，根据传说，纳夫普利乌斯（波塞冬和阿米蒙的儿子）从埃维亚岛来到阿尔戈利斯，建起了这座小城，并用圬工筑起坚固的城墙。他的后代是帕拉米德是一位伟大的发明家，成就之一是在特洛伊围城期间发明了供人们娱乐的比赛游戏。

纳夫普利亚几乎没有记载下来的自身历史，公元前628年归属阿尔戈斯并成为其港口。公元前7世纪，成为源自卡劳里亚岛的波塞冬崇拜的希腊城市联盟成员。公元前3世纪，阿克罗纳夫普利亚更加强大。但这座城市在罗马时代被废弃了：保塞尼亚斯（II，38，2）只提到了墙壁、港口和海神尼普顿神庙的废墟。5世纪拜占庭占领了这座小城，并在希腊化时期建筑的基础上重建了防御设施和希腊人的城堡。旁边是法兰克人（1210—1377年）建造的堡垒，以及威尼斯人建造的堡垒。1450年威尼斯人为收容来自被土耳其人征服的哈尔基斯难民而设的低等城市。1540年割让给土耳其人，1686年又被弗朗西斯科·莫罗西尼（Francesco Morosini）围城一个月后夺取，纳夫普利亚成为威尼斯王国的东方部分的首都，名叫罗马尼亚拿波里。在占领的第二阶段，威尼斯

人建造了一个长方形的城墙，把城市、旧城墙以及通向帕拉米德山的路联系起来。他们还在帕拉米德山上建造了一个由8个交通要塞组成的壮丽堡垒，周围环绕着防御墙。经过长期围困和随后的屠杀，1715年被土耳其人重新占领直到1822年才获得解放，成为希腊独立后的第一个首都直到1833年。

P217上图：帕拉米斯山的空中俯瞰视角，8座多面堡之一

博物馆

位于宪法广场（Plateia Sintagma）。除星期一外每日开放，时间为8:00—14:30。付费参观。

博物馆位于武器库所在的区域，这座武器库可以追溯到第二次威尼斯占领时期（1713年）。收藏品来自该地区的主要遗址（迈锡尼、梯林斯、阿辛纳和米底亚），主要是陶器。

一楼：来自弗兰克西（franchthi）石窟的新石器时期的文物，迈锡尼墓圈B的陶器和墓碑，来自公元前13世纪迈锡尼宗教中心人偶和壁画碎片，梯林斯宫殿的壁画残片，米底亚古墓的青铜器物，包括公元前15世纪的青铜盔甲，非常罕见的完整装备，带有护腿和修复过的羽毛头盔。

二楼：原几何陶时代至希腊化时期的文物。（克里斯蒂娜·特罗索）

P217下图：兽骨加固的羽毛头盔，迈锡尼时期

埃皮达鲁斯

这座古城坐落在阿克泰半岛（今天的尼西）埃皮达鲁斯湾沿岸，位于现代村庄帕莱亚·埃皮达夫罗斯东南部。阿斯克勒庇俄斯神庙建于城市西南方9.6千米处，坐落在被山川环绕的山谷中。

P218上图：瑟罗斯圆墓天花板装饰

P219：埃皮昂怀抱鹅，被认为是提摩修斯作品

神话传说

阿斯克勒庇俄斯崇拜起源于塞萨利。他是阿波罗和仙女科洛尼斯的儿子，但是仙女因为不忠被阿波罗杀死了。母亲尸体火化前阿斯克勒庇俄斯被取出，托付给人马奇隆抚养，在人马的指导下学习医学。阿斯克勒庇俄斯成为一名技术精湛的医师，甚至能让死者复活。宙斯因此降下雷电，阿斯克勒庇俄斯升入奥林匹斯山众神之列。根据保塞尼亚斯的说法，阿斯克勒庇俄斯是科洛尼斯的儿子，但他是由一只母山羊喂养并由狗保护的。

历史

自古以来，基诺丁山就是马来阿斯崇拜的地点，他是前希腊时期的英雄和神，常与庆祝自然和重生的春季节日有关。大约在公元前7世纪中叶，这一崇拜被同化为对阿波罗的崇拜，并与神谕联系在一起。

对阿斯克勒庇俄斯的崇拜始于公元前6世纪末，尽管在公元前2世纪末阿斯克勒庇俄斯本人才在希腊被人们熟知。在这一时期，人们所知道的最早的献祭给了疗愈之神；在阿波罗·马拉阿塔斯神殿西北的一个露台上发现了一座与敬拜和疗愈相关的建筑（E楼），形成了阿斯克勒庇俄斯神庙的原始核心。在伯罗奔尼撒战争（公元前429年）期间瘟疫爆发，很可能对崇拜的传播起到决定性作用。从那时起，这一崇拜扩散到所有希腊城市，并获得了巨大的国际声望。公元前4世纪，这座神庙成为希腊世界重要的圣地之一，并在公元前380年开始经历了密集的建筑活动。其他的宗教和附属服务建筑的修建活动持续了整个世纪。在罗马时代这座神庙仍然有非常重要的地位。但随着公元前395年狄奥多西皇帝下令关闭异教崇拜场所，神庙被抛弃了。之后一些建筑材料被拆走用于修建北朝门东部的教堂（在那里治疗方法仍在实践中）。

EPIDAURUS

参观指南

每天开放，时间分别为冬季8：00—18：00及夏季8：00—20：00。付费参观。

目前的入口处通向古城的南部，在那里露天剧场（a）建在基诺丁山上。保塞尼亚斯（2，27，5）赞扬了剧院建筑的和谐美丽，并将其建设归功于波利克利图斯，他也设计了瑟罗斯圆墓。这座建筑始于公元前4世纪中期，可容纳12000名观众。朝神殿中心方向走，会看到旅舍（b），为前来朝圣的人提供食宿（公元前3世纪

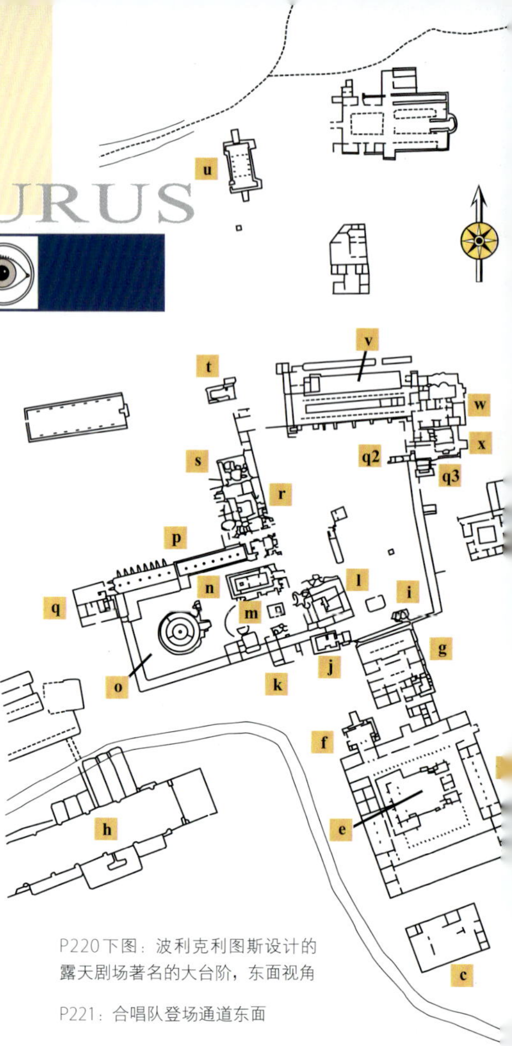

P220下图：波利克利图斯设计的露天剧场著名的大台阶，东面视角

P221：合唱队登场通道东面

早期）。这座建筑由4段对称的建筑物组成，带独立入口，内部连通着走廊和庭院。在希腊浴室（c）废墟旁边有一座方形建筑，内部围柱式房间（公元前4世纪晚期至前3世纪早期），此处被认为是健身室（d）。实际可能用来做宗教宴会场所，曾在这里发现支撑宴会桌的石头，在东面和南面的柱廊房间内。宗教功用可以解释罗马时代中央围柱式庭院发生的变化，室内剧场（e）建起来，沿墙有弧形台阶。室内剧场或许是用于神秘仪式的表演。在北侧可以看到公元前4世纪末的一具原为圣殿南门的遗迹。在罗马时期它与宴会厅相连，可能是为了给后者一个令人印象深刻与神圣区域的连接。当室内剧场建成后这座建筑失去了功用，后来变成了一个专门献给海吉娅（Hygeia）的小神庙。此外，在北面建造了另一个健身室（g），一个大的中央房间分为三条侧廊，东侧和西边都有较小的房间。在这些建筑的西边是田径场（h），建于公元前4世纪下半叶，但很可能是在类似的早期建筑遗址上建造的，通过一条拱形通道与健身室相连的。四边相接处成弧形，石质座位环绕一周。

神庙出口右侧是一座不太寻常的建筑遗址，一般认为是西弥斯神庙（i，建于公元前4世纪末）。此处是无顶的矩形围墙，分为两段，从东西侧均可进入，各有一个祭坛。

左侧是阿尔忒弥斯神庙（j）的石灰石地基，屋顶和雕像底座是帕洛斯大理石。神庙西侧矩形建筑的地基依然可见，前有8柱式门廊，可能是以前的特拉叙墨得斯工坊，制作黄金和象牙制成的阿斯克勒庇俄斯雕像。神庙有一圈围墙（现在可见的墙体是拜占庭时期的），

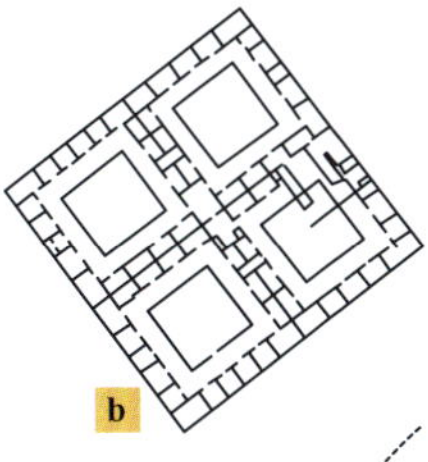

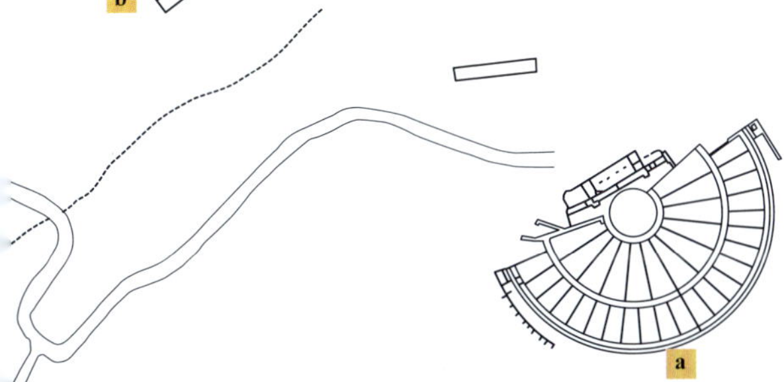

阿斯克勒庇俄斯神庙

- **a** 露天剧场
- **b** 旅舍
- **c** 浴室
- **d** 健身室
- **e** 室内剧场
- **f** 朝门
- **g** 健身室
- **h** 田径场
- **i** 西弥斯神庙
- **j** 阿尔忒弥斯神庙
- **k** 特拉叙墨得斯（Thrasymedes）工坊
- **l** 建筑E
- **m** 祭坛
- **n** 阿斯克勒庇俄斯神庙
- **o** 瑟罗斯圆墓
- **p** 双拱
- **q** 大喷泉
- **q2** 喷泉
- **q3** 喷泉
- **r** 浴室建筑
- **s** 图书馆
- **t** 阿芙洛狄忒神庙
- **u** 北朝门
- **v** 柱廊
- **w** 浴场建筑
- **x** 埃比多泰神庙
- **y** 方形围墙
- **z** 罗马房屋

从南部可进入，北部也有一个入口连通着通向埃皮达鲁斯的路。圣路从神庙中呈南北向修建，路两侧有石碑，官方的铭文，献祭的桌子和雕像等。

建筑E（l）的废墟矗立在围墙附近，这可能是神庙原本的密室所在地（公元前6世纪末）。这座建筑的功用是治疗病人，一旦他们进行了净化仪式，就在这里度过了一夜。密室是U形的，开口端向西朝向一座与铺过的道路相连的祭坛（m）。朝圣者在大庭院前进行献祭仪式。

紧邻东边是阿斯克勒庇俄斯神庙（n）。有6×11根多利克式石灰柱。内殿铺着白色和黑色的石板，玫瑰花叶装饰的木制天花板。这座建筑的铭文告诉我们，这是由建筑师西奥多图斯在公元前380至公元前370年建造的，耗资10万德拉克马（drachmas，译注：古希腊银币名），历时四年零八个月。

潘泰列克大理石装饰完全是由雕塑家提摩修斯设计的，正如铭文所指出的，设计师也准备了字体（模型）；制作工作是由不同的艺术家共同完成的，建筑所呈现的不同风格清楚地证明了这一点。东山墙呈现了特洛伊毁灭的场景，建造者是赫

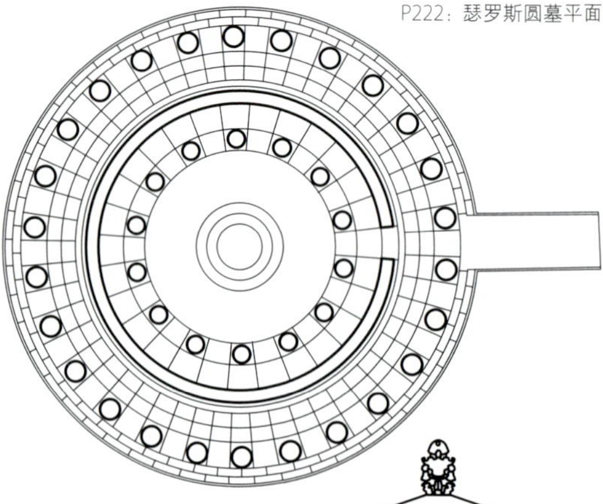

P222：瑟罗斯圆墓平面图

P222—223：北面俯瞰视角，瑟罗斯圆墓在阿斯克勒庇俄斯神庙地基旁边。上面是以室内剧场为中心的体育馆

克托瑞达斯，其上的山尖形装饰雕塑是名字以the开头的雕塑者。西山墙的作者尚不明确，在铭文中已经模糊不可辨认，场景是亚马逊女战士的战斗。山尖形装饰是提摩修斯的作品，中间是胜利女神的形象，两名骑马女性的形象在两侧。

内殿墙壁和内柱廊。另外3层可以通过内殿的木梯到达。它们被横向墙封闭，并通过连接的小拱形通道通行。这种布局带来了几种不同的猜测（例如神蛇养在那里），但这种设计的意义要跟整个建筑的功用进行整体的评估。总之这座

建筑在阿斯克勒庇俄斯崇拜中扮演着很重要的角色，它的体积巨大（直径21.6米），在此处发掘的文物比起其他地点更为丰富，装饰也更为精美。

黄金象牙雕（chryselephantine）的神像，根据保塞尼亚斯的描述，是由特拉叙墨得斯大理石制成的。根据保塞尼亚斯的《希腊志》、埃皮达鲁斯硬币上的图案以及献祭浮雕，我们得知雕像是阿斯克勒庇俄斯带着一条狗，右手拿着权杖，左手放在一条蛇的头顶上。

公元前4世纪中叶建在地台西侧的瑟罗斯圆墓，如今只剩下地基，是小波利克利图斯设计的。地基显示有6层同心圆墙，外面3层墙分别连接着外柱廊、

保塞尼亚斯没有提到这座建筑，但是铭文中引用了这座建筑的“祭祀场所”（thymele）一词表明，这座建筑物是用来进行对阿斯克勒庇俄斯进行祭祀的（在公元前3世纪的铭文中提到），作为神庙中的神而受到崇拜。

神庙到北边为止是一座伊奥尼亚式

双拱廊（P）。这个单层建筑的西段建于公元前4世纪，一个世纪后又增建了一个两层的门廊。也许这座建筑曾经满足了密室（E楼）的部分或全部功能，但对越来越多的朝圣者来说已经不够用了。大喷泉（q）建于公元前3世纪，以满足拱廊西段的朝拜者需要。在北面，有罗马时期的浴室建筑群（r）和图书馆（s）。前往神殿最北端时会经过建于

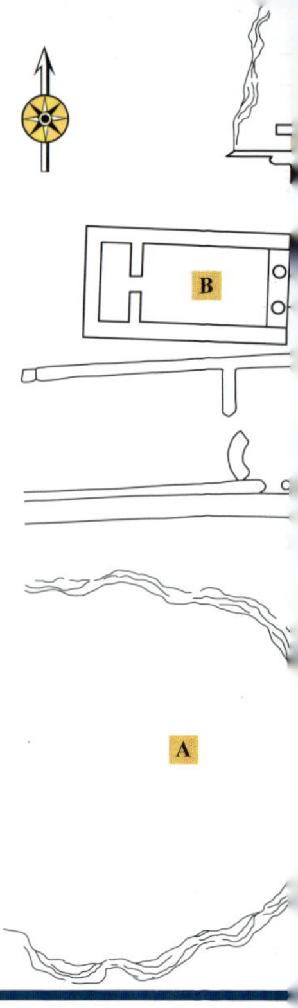

公元前320年前后的阿芙洛狄忒神庙地基。北朝门（u）是神庙的主入口，建于公元前4世纪下半叶。朝门由一个长方形的平台组成，向北和南的台阶延伸，到达6柱式伊奥尼亚式前柱廊。这个通道由边墙围柱，内侧有14根科林斯柱支撑屋顶。

到了神庙的大广场，北边是一组结构不同的建筑，所谓的“科提斯的走廊”（v）。另一面是多利克门廊，中央庭院两旁布满商店。建于希腊时代，这座建筑公元1世纪初由罗马帝国的附庸色雷斯国王科提斯修复，后由塞克斯图斯·朱利乌斯·安东尼乌斯·皮特奥多鲁斯（Sextus Julius Major Antoninus Pitodorus）继续修复。一个宗教性质的喷泉（q2）矗立在南门廊的墙壁旁边，但在安东尼乌斯修复建筑群的时候进行了重建。另外一个喷泉（q3）位于东南方，主要用于观赏性而非宗教仪式；也是由安东尼乌斯修复的，就像广场东北部富丽堂皇的浴场建筑（w）一样。埃比多泰神庙（Epidòtai，x，即阿波罗·马来阿塔斯和阿斯克勒庇俄斯）在罗马时期建于浴场南端，使用早期建筑的材料。它包括一个前厅朝南面对庭院，一个半圆形开敞谈话间。另有两栋建筑废墟坐落在浴场西侧，其中一个是一处方形围墙（y）由4柱式多利克柱门廊组成，通过3扇门与一个无屋顶的水池相通，另一种是被称为“罗马房屋”（Roman House，z）的建筑，其功能不明确。回到剧院然后走向左的路，这条路通向基诺丁山顶，从那里可以参观阿波罗·马来阿塔斯神庙废墟。

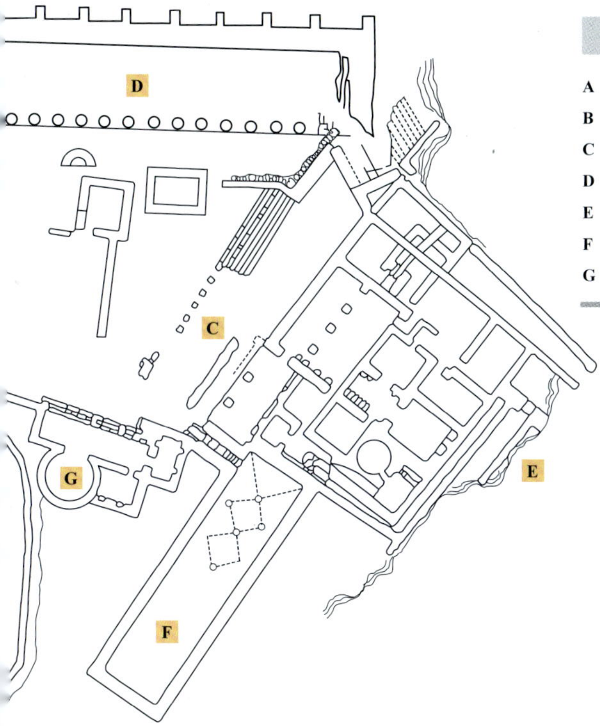

阿波罗神庙

- A 史前聚居地
- B 阿波罗神庙
- C 圣域
- D 柱廊
- E 浴室
- F 大蓄水池
- G 喷泉

P224：安托尼乌斯喷泉地基

P225：遗址东部区域

阿波罗·马来阿塔斯神庙

走向山顶的半途中会看到左侧一座寺庙的遗迹，可能是献给阿芙洛狄忒的，建于公元前4世纪末至公元前3世纪上半叶。这座伊奥尼亚四柱式建筑位于坡道向上的三阶平台上，是在伯罗奔尼撒岛的一种不常见的类型，因为它的伪围柱式形式。神庙的装饰立面是现存较古老的遗迹之一。

山顶（A）在史前就有人居住，在迈锡尼时期就有神庙修建。迈锡尼宗教的重要性在出土的陶器、印章、陶偶、青铜矛尖和斧头以及在祭祀沉积物中发现的材料中得到体现。阿波罗·马来阿塔斯神庙分布在三级地台上，其中第一座建筑的年代可追溯到古风时期。有两堵墙的低矮遗址已经与古典时期建造的建筑物地基融为一体。在公元前4世纪建起了前后廊相对式的阿波罗神庙（B），带有密室，后来还增建了一座祭坛和围墙，也许是献给阿斯克勒庇俄斯的。献给神灵和缪斯（C）的圣域在建筑群东侧，这个区域三面有石头围墙，一面有7根柱子。这个建筑群建造于公元前4世纪末或公元前3世纪初结束，北端竖起了坚固的阶梯看台墙，并修建了一个门廊（D）。在米特拉达梯战争期间神庙受到严重破坏，直到罗马时期由安东尼乌斯努力进行了广泛的修复，包括北面的承重墙、浴场建筑（E）、大蓄水池（F）和一个喷泉（G）。

博物馆

该博物馆收藏了发掘该遗址时发现的文物，阿斯克勒庇俄斯神庙出土的部分雕塑在雅典国家考古博物馆展出的除外。

第1号展厅：古代医疗器械和铭文，包括阿斯克勒庇俄斯神庙和石碑的造价表。

第2号展厅：来自北朝门和健身室的建筑残片。

第3号展厅：最重要的文物，包括阿尔忒弥斯神庙的雕塑，是对阿斯克勒庇俄斯神庙和瑟罗斯圆墓的部分重建。（克里斯蒂娜·特罗索）

P226上图：保存完好的柱头，波利克利图斯设计

P226—227：雕塑、建筑残片，来自北朝门和体育馆

P227：男性雕塑，希腊化时期浮雕

3.2

线路 2

勒拿

参观指南

该遗址从新石器时代早期就有人居住，直到罗马时期。然而由于山体上层的侵蚀，造成迈锡尼晚期之后文物发掘的减少。公元前1000年至公元前6世纪，该遗址发生过7次人类的定居活动（勒拿一期至七期）。

每天8：30—15：00开放。付费参观。

曾有一个长方形的房间（a，公元前5000年至前4000年）因修建围绕聚居地的防御工事（b，公元前3世纪中期）而被拆除。围墙内有同一时期的两所房屋（c，d）。瓦片屋（e）建于这两座房屋之上，在此之前还建造了另一座宫殿建筑（f），其废墟就在瓦片屋东北角下面。瓦片屋在建造过程中被火烧毁，废墟碎石上建起了一座低矮的土墩，四周环绕着一圈（g）。很长一段时间后北面建了一座房子，到了公元前16世纪，挖了两个井坑（i）。勒拿四期房屋废墟（j，k，l）在瓦片屋的东边。（克里斯蒂娜·特罗索）

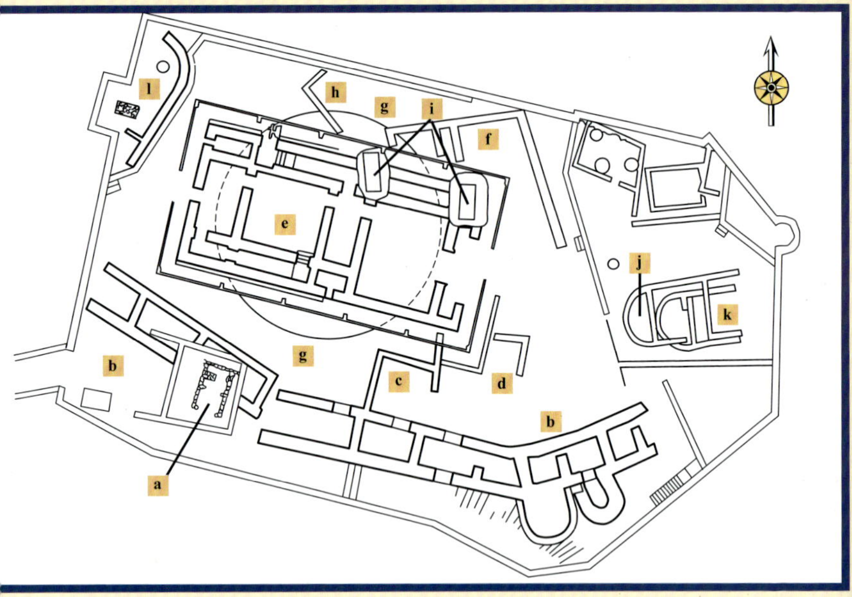

勒拿

a	房间	e	瓦片屋	h	房屋
b	防御工事	f	宫殿建筑	i	井坑
c,d	房屋	g	圆石土环	jkl	修道院房屋

P228上图：砖瓦地基，迈锡尼时期

3.2 迈加洛波利斯

这座“伟大的城市”——与麦西尼和曼提尼亚一起——是伊巴密浓达在留克特拉（leuctra）战役（公元前271年）之后对斯巴达人采取政治行动的一部分。40个村庄被整合起来，在短短四年内成为一个有规划的独立城市和阿卡迪亚的联盟首府。城市被巨大的城墙包围着，并由赫尔松河隔开，城市位于北部地区；联盟中心被称为奥雷斯提亚（Oresteia），位于南部。南区的主要结构是一个大型露天剧场——希腊大型的剧院之一——与一个同样令人印象深刻的“万人大会”会议厅相连，该会议是负责选举的机构，也是城市联盟的执行政府。作为古典时代伟大的柱式大厅的遗产，它以其建造者的名字被命名为“塞希利安”（Thersilion）。这座大厅有巨大的外墙立面，前有多利克门廊（后期增建），也被用作舞台的一部分。因此戏剧作品上演时，临时的木制设施只是安装在塞希利安和乐队舞台之间。在塞希利安成为废墟后一段时间，公元前2世纪中叶间这里又建造了一个石质舞台。实际上，提拜同盟是短暂的，迈加洛波利斯于公元前235年加入亚该亚联盟，但不久就被常胜的斯巴达（前223年）击败。这座大厅被毁后再也没有重建过。经过政治更迭带来的短暂复兴后，那一时期活跃的政治人物如菲洛皮门（Philopoemen）、莱科塔斯（Lycortas）和波利比乌斯（Polybius）等。罗马人的到来终结了这一乌托邦。当保塞尼亚斯访问迈加洛波利斯时，许多宏伟的建筑已成一片废墟。在奥古斯都时期，斯特拉波（《地理》，8，388）提到了一位喜剧诗人的尖刻评论，这座“伟大的城市”享受着“伟大的孤独”。根据19世纪末英国雅典学院的考古发现，这里的遗迹所剩无几。除了露天剧场，保存最好的部分是市集建筑：以马其顿国王腓力二世的名字命名的腓力市集，是位于广场北侧的一个有三条过道的多利克柱式走廊；曾经售卖香水的广场东侧的柱廊；南端的宙斯·索特神庙，被河水侵蚀。（斯特凡诺·马吉）

P229上图和左下图：剧院

P229右下图：米洛波利斯柱廊基座

吕克苏拉

吕克苏拉（Lycusura）小镇位于迈加洛波利斯以西约8千米处，是被联合起来以建立“伟大城市”的众多城镇之一。然而与其他村镇的情况不同，这里因为著名的得斯波那（Despoena）神庙的存在而一直有人居住，这是一位与珀尔塞福涅地位相当的阿卡迪亚女神。根

据保塞尼亚斯的描述，小镇只剩少量遗迹（viii，37–38），但这片废墟很迷人。山顶上是一片地台，在上坡的一侧筑有楼梯，供参与者观看神秘仪式。此处是多利克式六柱式的神庙（只剩下一些地基）。东边有一个门廊（a），前面有三座祭坛，供奉着得墨忒耳（b）、得斯波那（c）和大母神（d）。奥兰多斯（A. K. Orlandos）和卡夫瓦迪亚斯（P. Kavvadias）在19世纪晚期发掘了建于公元前4世纪的得斯波那神庙，不断的增建与修复工作从公元前2世纪就开始了。内殿中发现了很多宗教雕像的残片，这些雕像代表了希腊化时期雕塑的最高水平，出自麦西尼的达摩丰之手，随后于公元前183年遭遇了可怕的地震。我们对这组建筑的了解是基于迈加洛波利斯铸造的硬币上朱莉娅·多姆纳（Julia Domna）中年头像，她是罗马皇帝西弗

P230上图和P230—231：得斯波那神庙东面和南面视角

P231上图和下图：神庙前的祭坛和柱廊

勒斯（Septimius Severus）的妻子（2世纪晚期，3世纪早期），现存雅典国家考古博物馆（只有少部分在当地博物馆）。

在基座中间的平台上，是举着火把的得墨忒耳雕塑，旁边的得斯波那手握权杖坐在王座上。阿尔忒弥斯（在这个地区被认为是得墨忒耳的女儿）和阿尼图斯的雕像较小，站在一边，比主要人物稍稍靠后。人物的脸和头发的造型特别引人注目，特别是在眼睛周围可以注意到的优雅的明暗变化。据评论家说，眼睑的扩大的轮廓和柔软的质感反映了亚历山大时期的影响。（斯特凡诺·马吉）

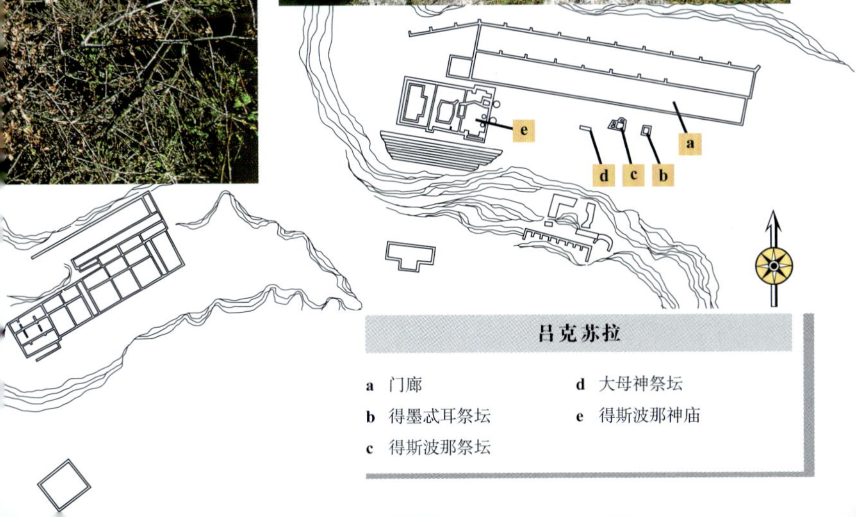

吕克苏拉

a 门廊
b 得墨忒耳祭坛
c 得斯波那祭坛
d 大母神祭坛
e 得斯波那神庙

泰吉阿

根据传说，阿留斯（Aleus）在公元前9世纪前后将9个村庄联合起来创立了这座城市，并建造了著名的雅典娜·阿雷亚神庙。虽然今天人们认为村镇联合应该是在公元前5世纪初，但神庙建设于更早时期是无可辩驳的，因为附近出土的雕像和胸针证明了从公元前12世纪开始这里就有宗教活动存在。这种宗教崇拜贯穿了整个几何陶时代（在小溪附近的祭坛上证明了这一点）。泰吉阿的名字的意思是“热”或“避难所”，并与冥界的力量有关联，能够使土地丰产，并使沼泽地多余的水排出，有利于泰吉阿的种植业。城市的命名有保护的内涵，事实上根据传说，这个地方确实被阿伽门农的儿子阿瑞斯忒斯（Orestes）用作避难之处，因为他杀死了母亲克吕墨涅斯特拉（Clytemnestra）。阿瑞斯忒斯死后就埋在泰吉阿，但据说他的骨头后来被秘密挖出来带到斯巴达去了。这个神话似乎暗示了民主的泰吉阿和斯巴达贵族之间的历史争端。事实上，泰吉阿长期遭受古代斯巴达的霸权控制，公元前6世纪中叶曾多次起义，但始终被击败。

P232上图：海吉娅头像

P232—233：泰美诺斯南部区域的地沟石块

P233：泰美诺斯南部区域的地沟石块

由于迈加洛波利斯和曼提尼亚的建立，这个城市在公元前4世纪逐渐衰落。

参观指南

这座城市的遗迹是公元前4世纪末的露天剧场，在两个世纪后的罗马时代被翻新过。关于此处的古市集只有保塞尼亚斯提到的零星线索。主要的遗址是古风时期建造并在古典时期重建的神庙。首次修建是在公元前7世纪用大理石建造的，是6×18根多利克围柱式建筑，带有双柱廊式内殿、前厅和密室，木制框架的未烧砖墙。这座神庙与奥林匹亚的赫拉神庙、阿尔戈斯的第一座赫拉神庙和斯巴达的阿尔忒弥斯神庙非常相似。公元前4世纪初，一场大火彻底摧毁了神庙，重建工作委托给公元前350—前340年从哈利卡纳苏斯回来的斯科帕斯进行。当时阿卡迪亚女神被同化为雅典娜，雅典娜·波利亚斯（“城市”）开始在古市集受到崇拜。

雅典娜·阿雷亚神庙

a 前廊
b 后廊
c 内殿

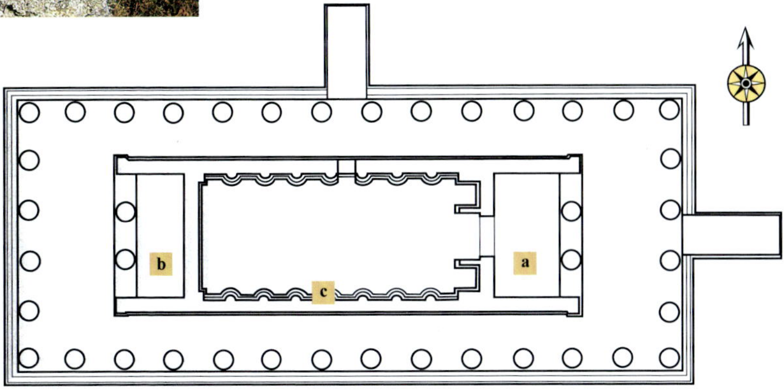

1819年被多德韦尔（E.Dodwell）在皮亚利村的圣尼科拉斯（Aghios Nikolas）教堂附近首次发现，但神庙第一次挖掘是由米考佛（A.Milchofer）于1879年进行的。米考佛探明了建筑物的尺寸并挖掘出各种雕塑碎片，特别是两个男头像和一个公猪头，都是原本山墙上的雕塑，后被带到雅典。

现在的神庙只有地基部分可见。优雅的多利克围柱式，6×14根苗条的柱子，没有凸肚状造型。结构上有深长的前廊（a）、短促的后廊（b）和长长的内殿（c），内殿的侧壁和后壁上是科林斯半柱，连接着由交织在一起的棘叶构成的檐状，几乎覆盖了祭祀雕像所在的空间。古风时期的象牙雕像是恩多伊奥斯（Endoios）的作品，从大火中拯救出来并被奥古斯都带到了罗马。总之内殿的装饰是典雅的伊奥尼亚风格（根据保塞尼亚斯的描述）。

在这种情况下，一个同时也是雕塑家的建筑师，其细腻之处能发挥的更多。这座建筑的主要特征是空间充满动感，尤其是在封闭的内殿不断变化的明暗之中，几乎已经靠近巴洛克风格。前厅和后厅的额枋上都雕刻着当地特色的神话，山墙装饰也是同样：东面是梅莱格、阿塔兰塔和其他当地英雄的猎杀野猪，以及忒勒福斯（Telephus，赫拉克勒斯和庙宇女祭司奥吉之子）与阿喀琉斯在凯科斯河西岸平原上的斗争。根据我们接触到的少数但艺术水准很高的残片，我们对构图的张力和戏剧性已经有了认识。重要的是体现了斯科帕斯艺术语言的本质特征。

由帕里安大理石制成的女性躯干是否来自山墙目前仍有疑问（其他雕塑是用多利亚纳的大理石制成）：皮卡德（Ch.Picard）认为它来自祭坛，保塞尼亚斯曾称祭坛上装饰着雕像（人们认为斯科帕斯的助手撒提罗斯就是作者）。然而朱利亚诺（A. Giuliano）认为来自山尖形装饰，因为这个形象和来自另一个山尖形装饰的胜利女神尼克都有幅度较大的动作。

P234：雅典娜·阿雷亚神庙的东西山墙素描图

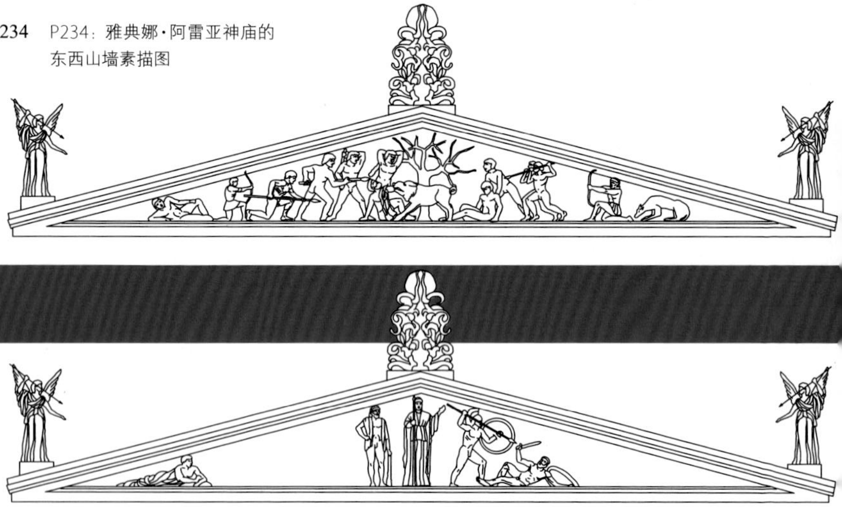

P235：海吉娅头像，她是阿斯克勒庇俄斯的女儿，出自斯科帕斯之手，来自雅典娜神庙

博物馆

除星期一外每天开放，时间为8:30—15:00。

值得参观的是披着狮皮的忒勒福斯头像；戴着头盔的阿喀琉斯头像；年长的赫拉克勒斯的胡须头像；以及胜利女神的躯干。评论家们认为，泰吉阿的雕塑代表了斯科帕斯所达到的艺术高度。主要特点是通过明暗对比表现出来的艺术张力，同时并不会扭曲实际的形状或物质；相反还会提升它们。在雕刻生动的头像中，哀伤集中表现在深邃的眼睛里，蓬乱的头发与紧张而有弹性的皮肤形成了鲜明的对比。

斯巴达

根据保塞尼亚斯（III，11，2 ff）的描述，斯巴达在其自身的整个历史中一直到中古帝国时代，还只是一座典型的普通城市：防御性城墙、一处市集、一座剧院、几个健身室，一些门廊和64座寺庙。这与我们读到的伟大历史学家修昔底德（I，10，2）在伯罗奔尼撒战争相关的描述（公元前431—前404年）有很大不同：“……如果［现代斯巴达］沦为一座死城，而只有寺庙和建筑物的地基幸存下来，那后人不太可能把它认为是传统记忆中的军事大国。然而斯巴达人占领了五分之二的伯罗奔尼撒半岛，统治了整个军事联盟。然而，因为斯巴达不是一个建筑了许多庙宇和宏伟建筑的城市，而是一个按照古希腊世界的规范建立的人民聚居地区，所以斯巴达似乎看上去并没有那么强大。”

一语成谶。今天很少有古代斯巴达的遗迹，那些1906年由英国雅典学院考古队发掘的遗址只是这座最著名的古代城市一些苍白的印证。即使在修昔底德时代，斯巴达的城市布局也呈现出“原始的”特点：分为5个奥拜（obai，村社区），没有任何古代特色“城市形象”的元素，所能仰仗的主要是其公民的勇敢。这座城市的布局是希腊化时期的产物，虽然也经过罗马时期的改造。其中卫城地区仍有一些遗迹，“车轮状”的下城（或者说是“风扇状”）根据波利比奥斯（Polybius）的描述（V，22，1）就在现代城市的北面。

P236上图：彩饰酒杯细节

P236下图和P237："拉科尼亚"风格石碑（梅内劳斯和克吕墨涅斯特拉，左）在斯巴达博物馆

神话传说

迈锡尼文明的遗迹足以撑起斯巴达神话的主要内容：为了得到廷达鲁斯（Tindarus）国王的妻子勒达，宙斯变成一只天鹅与其结合；但同时那天晚上勒达也与自己的丈夫在一起。后来勒达产下两枚蛋，孵化出四个孩子：两个男孩卡斯托耳和波吕丢克斯，还有两个女孩海伦和克吕墨涅斯特拉。这两名男孩就是著名的狄俄斯库里兄弟（Dioscuri，"宙斯之子"），参与了希腊神话中阿尔戈英雄远征以及狩猎卡吕冬野猪；而这两名女孩则与特洛伊战争有着不可分割的联系。海伦嫁给了梅内劳斯（Menelaus），克吕墨涅斯特拉则嫁给了阿伽门农。海伦被绑架是特洛伊战争爆发的原因。

斯巴达国家的组织不是由单一立法者（莱库古斯）建立，而是在公元前8世纪和公元前7世纪逐渐形成的。希腊历史上最早的文献对此有记载，“瑞特拉”可追溯到公元前7世纪。斯巴达国家由两位国王（archagetai），公民大会和长老会（Gerusia）以及斯巴达勇士（apella）组成。

在斯巴达早期历史上，所有最重要的决定都是在这三个议事机构的协商下做出的。“瑞特拉”（Rhetra）建立了部落和村庄，又进一步组成了“开放阶层中还有庇里阿西人（perioeci）和黑劳士（helots）。庇里阿西人也是之前居住在拉科尼亚平原的多利安人，并构成了军队士兵的主要来源，但他们不属于斯巴达勇士。社会的最低阶层是黑劳士（麦西尼人和拉科尼亚的前多利安居民），他们是属于国家的奴隶阶层，只能贡献税负以支持国家运转。这种以国家利益为重的社会组织形式，私人属性的缺乏和军国主义的性质使得斯巴达成为历史上极为特殊的例子。人口的缺乏（oliganthropia）是斯巴达衰落的主因，

的城市”，有5个村庄在公元前800年以前统一在一起。古籍资料中没有提到5位监察官是如何出现的，最早他们应该是5位祭司之类的角色（“观察天空的人”），随着民主化的进程他们成为君主制权力下的政治裁判官。然而到公元前6世纪末，监察官们已经篡夺了君主的权力，君主所剩的职责就是指挥军队。除了斯巴达人（全权公民），社会在对伯罗奔尼撒半岛长达两个世纪的占领之后（对希腊大陆的占领也有几十年），最终在留克特拉战役中惨败。

在罗马帝国时代斯巴达曾一度复兴，在396年再次被阿拉里克和哥特人以及9世纪的斯拉夫人入侵所打断。而后这座城池被彻底抛弃了——某种程度上米斯特拉斯获益——在19世纪30年代，一座新的城市盗用了它的名字，但并未

SPARTA

P238：卫城

P239上图：基督教堂废墟和砖块的等高线

P239中图：阿基奥斯尼科斯的教堂废墟；卫城

P239下图：古典时期的雕像碎片

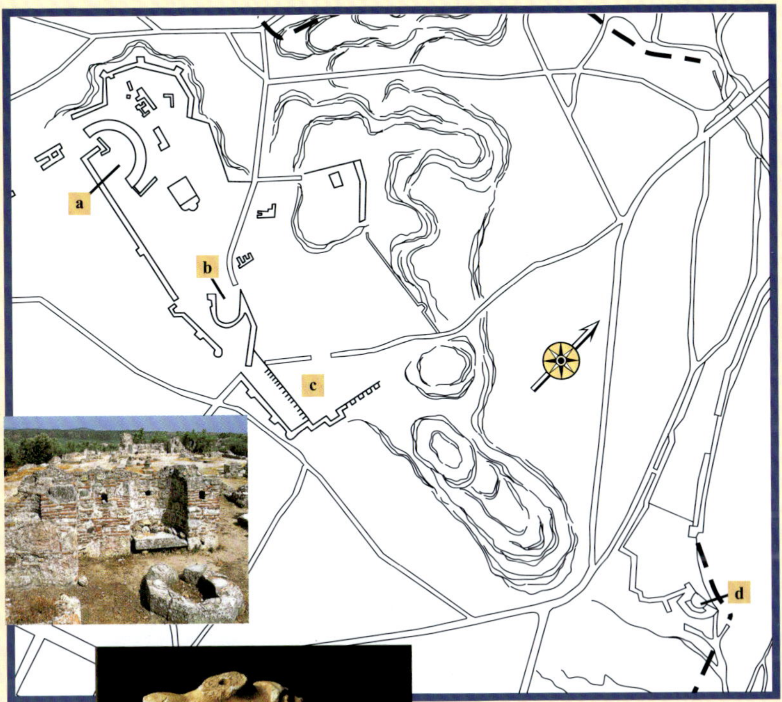

斯巴达

- **a** 剧场
- **b** 布拉西达斯（BRASIDAS）的英雄祠
- **c** 罗马柱廊
- **d** 阿尔忒弥斯神庙

P240左上图：梅内劳斯和海伦的陵墓及祠堂

P240右上图以及下图：剧场遗址；卫城西端

达到它的荣耀。这座新城是奥托国王在1834年希腊从土耳其人手中赢得独立后建立的。新的斯巴达有大约12000居民，城市本身没有特别之处，但可作为访问米斯特拉斯的理想基地。

卫城的北侧是雅典娜·查基奥克斯的神殿，可追溯到公元前6世纪初。再往东是一座直径超过40米的大型半圆形砖结构，由无黏结剂的石头砌成，矗立在一个3级高的平台上，据说是（再一次感谢保塞尼亚斯的记载）布拉西达斯英雄祠（b），这是一位在伯罗奔尼撒战争中立下战功的将军。一座剧院建筑（a）遗址已在卫城西南斜坡上出土，从外观来看似乎可以追溯到公元前2世纪，曾在奥古斯都时期被修复。希腊国家考古协会于1970年至1971年的发掘发现了卫城以东的罗马柱廊（c）遗迹，可以追溯到125—150年。这座巨大的建筑（最大长度182米）的南立面连接着一个巨大的喷泉，并有一系列封闭的区域，之前可能布满商店。研究还进一步证实这里此前是著名的"波斯柱廊"（保塞尼亚斯，III，II，3），用波斯战利品建造而成。不过也有专家认为此处不过是市集的附属结构。但这里有非常开阔的视野：由柱廊支撑的地台上有一处广场，中间有两座帝王崇拜的寺庙（献给恺撒和奥古斯都），"波斯柱廊"则在靠近山体的一侧作为遮挡。在欧罗塔河的右岸，是阿尔忒弥斯·奥斯亚的神殿（d）。零星的废墟与在那里发现的大量的文物相匹配，对于确立这个非常古老的宗教崇拜发生的年代阶段非常有用。似乎在公元前10世纪开始这里就作为宗教崇拜的场所；公元前9世纪一个祭坛被竖立起来，在公元前8世纪中期有过一个露天小教堂。公元前6世纪，在围墙内添加了一些具有纪念性的庙宇，整个区域向南延伸，这些建筑在2世纪进行了完全重建。重建时在祭坛周围建造了剧场阶梯座位，使朝圣者得以旁观一种当地在节日期间对整编的年轻人进行例行性的鞭打仪式（diamasdigosis）。

许多出土文物都是陶器，包括一种特殊的曾因其装饰作品而被认为来自北非昔兰尼加的物品，后被朱普（J. P.

Droop）鉴定为是当地生产的。同样著名的还有黑绘陶杯，由阿克西拉斯画工制作，绘制的场景显示了给罗盘草称重的场景（珍贵的药用植物，巴黎国家图书馆）。在公元前6世纪，斯巴达的工匠们凭借这种和其他形式的陶罐打开了巨大的市场，从意大利一直延伸到小亚细亚的爱琴海岸。

梅内劳祠（献给英雄梅内劳斯和其妻海伦）在城市东南部不远处。1833年路德维希·罗斯从废墟中辨认出了这座纪念建筑，并立即引起了海因里希·施利曼的注意。英国雅典学院的发掘使人

P241 上图：阿克莱西斯画工绘制的彩色杯，场景是对香料和药用植物称重

们对这处神殿有了更细致的了解。迈锡尼文明仍是该处宗教崇拜的起源，并于公元前8世纪建立起来。首先建立的是一座简单的神庙及围墙（泰美诺斯），带有一座祭坛；在公元前7世纪末或公元前6世纪初一座石头圣殿建立起来，但在公元前5世纪初被拆除后，代之以我们今天看到的建筑。这可能是更大的建筑项目的一部分，以庆祝希波战争中对波斯人的胜利，纪念英雄列奥尼达斯在温泉关战役的胜利。

这座城市南面几千米处是阿米克莱（Amyklai）的古代中心，拉科尼亚-亚该亚联盟的首府，这里建造了两处神殿：一处是献给阿伽门农和卡桑德的英雄祠（heroon of Agamemnon and Cassandra），更重要的一处是阿密克勒斯神庙（Amyklaion），即雅辛托斯的陵墓，这位英俊的斯巴达王子曾是阿波罗的挚友。

第一处祠堂的位置不甚确定（大概在Aghia Paraskevi教堂附近），第二个是在1890年在圣基利亚基（Aghia Kyriaki）的山上被塔索塔斯（C. Tsountas）发现，然后于20世纪20年代由德国考古队进行了系统地发掘。所出土的遗迹较少，几乎看不到曾被保塞尼亚斯（III. 18、10-19、5）称为“阿米克莱王座”（Amyclae Throne）的巨大纪念碑。这座纪念碑是在公元前540至公元前520年由马格尼西亚的巴希克莱斯（Bathycles）设计和建造的。

P241 下图：浮雕装饰的康塔罗斯杯

博物馆

除星期一外，每日开放时间为8:30—15:00。电话（0731）28575。

博物馆是一座矗立在花园里的新古典主义建筑。参观只需半小时左右，展品以来自古风时期的文物为主。

中庭：几个用镰刀雕刻装饰的献祭石柱，献给阿尔忒弥斯·奥斯亚。

右边的第一个展厅：精美的罗马马赛克和在公元前7世纪末至前6世纪初制作的巨大康塔罗斯杯，绘制有狩猎场景、战斗场景和战车游行的浮雕装饰。

2号展厅（右）：古风时期的锥形石碑，装饰着阿伽门农和克吕墨涅斯特拉夫妇，梅内劳斯和海伦夫妇雕像，还有两条蛇代表着迪俄斯库里兄弟。

3号展厅（右）：这里的主要部分是严谨时期著名的“列奥尼达斯”雕像的躯干。

左边的第1个展厅：这个房间里有最有趣的展品。这些公元前6世纪下半叶的青铜作品在自然主义和优雅形态角度而言已经达到了卓越水平，

P242上图：古风时期博物馆入口

P242下图：博物馆石碑

大部分是镜柄部分雕刻成男立像、音乐家或者战士的形象。青铜的铸造和浮雕技术一定从该世纪初就兴盛起来了。历史记载中提到了这一时期某些艺术家的名字：基迪亚达斯（Gitiadas）、东塔斯（Dontas）、多利克雷达斯（Dorykleidas）和戈加斯（Gorgias），最后一位曾被普利尼提到在公元前530年前后活跃在雅典。还有一些来自阿尔忒弥斯神殿的有趣的黏土面具，在宗教仪式期间佩戴的，也许是为了驱除面具本身所描绘的怪物。事实上有些面具来自腓尼基，但在公元前7世纪，这些面具是在斯巴达制造的并达到了卓越的质量，这要归功于以更人性化的形式诠释这些令人恐惧的东方怪物。有很多东方的象牙制品。还有来自古风时期的几块石灰石制成的献祭匾额，代表猎人形象的阿尔忒弥斯的陶片，以及仍保留着多色痕迹的黏土柱间壁（武装人物形象）。

2号展厅（左）：献祭浮雕和可爱的希腊化风格马赛克，特别关注一个泥塑的罗马战船模型（公元前1世纪末至1世纪初）。

楼上展厅：该地区出土的迈锡尼文明时期文物，包括一些精细武器。（斯特凡诺·马吉）

P243：被认为是列奥尼达斯雕像残件的部分

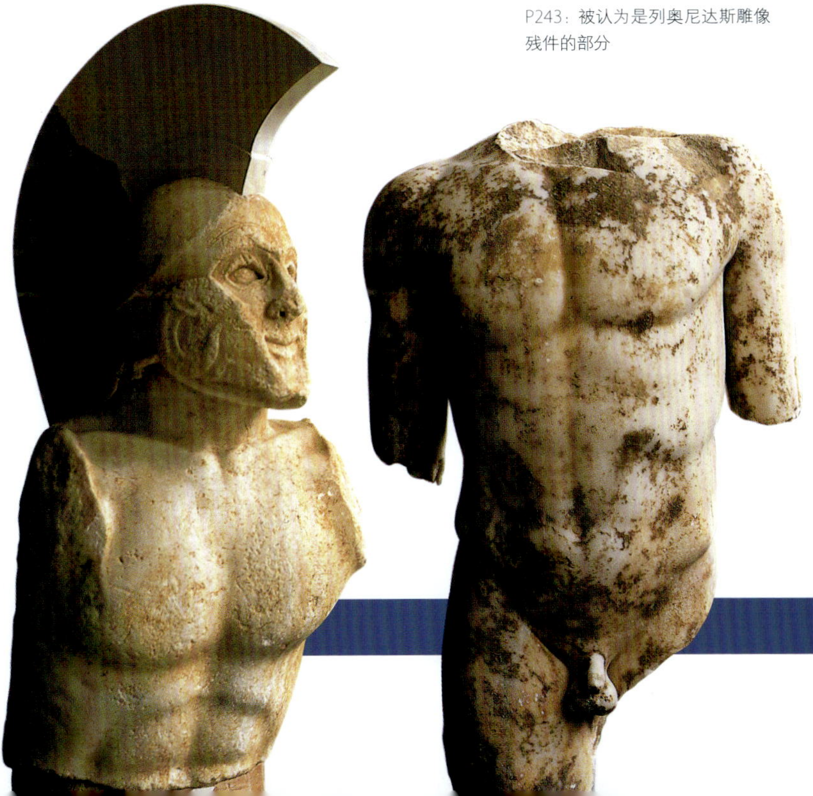

米斯特拉斯

1249年，亚该亚王子威廉二世·德·维尔哈杜安（William II de Villehardouin）在斯巴达西北约5.6千米处的塔盖托斯（Taygetus）山顶的一片岩石上，建造了一座堪称坚不可摧的堡垒。城堡的建造标志着在第四次十字军东征和君士坦丁堡陷落之后，法兰克人对拉科尼亚平原的征服。当时此地被称为“米兹拉斯”（Myzithras，在那里生产的一种奶酪的名字），而王子给要塞取名米斯特拉斯（方言中意为“情妇”）。这一时期在城堡的山脚下发展起来的聚居地外围建起了保护的城墙，有两座大门：东面的莫奈姆瓦夏门和西面的纳夫普利亚门。更早以前的定居点没有留下任何痕迹。这里发现的古代大理石曾来自古典时期的斯巴达，但后来又曾被中世纪的斯巴达城重建所用。

要塞城堡建立后不久，威廉二世在帕拉哥尼亚被拜占庭打败被迫放弃了此处，这座城镇转而成了拜占庭重新征服伯罗奔尼撒的战略要塞。于是该镇成为附近地区的行政中心，教区主教也从斯巴达迁移过来，这时米斯特拉斯变成了一个真正的城市。虽然建造聚居地的条件相当恶劣，米斯特拉斯还是逐渐发展起来了，但道路和房屋的分布并不规则，有的是平直的，有的垂直于斜坡。而后米斯特拉斯进入了一个经济和文化上都较为繁荣的时期。13世纪末，富有学识的教士尼斯弗如斯·莫斯科普洛斯（Nicephorus Moschopoulos）和帕乔米乌斯（Pachomius）促进了广泛的建设，完成了圣德米特里大教堂（Aghios Dimitrios，大约于1270年开始）、帕纳加·奥迪基特利亚教堂（Panagia ODigria）和西奥多利教堂（Teodori），这些教堂被并入隆托西翁（Vrontochion）修道院。这一地区外围很快就竖起第二道城墙，标志着高度城市化的“下城”的形成。

皇帝约翰六世·坎塔库齐（John VI Cantacuzene）使米斯特拉斯成为摩里亚地区的首府，他的儿子曼纽尔成为第一任君主（1349年）。曼纽尔扩大了总督的宫殿（从此以后称为君主宫），并建立了圣索菲亚教堂以及帕利夫勒托斯（Peribleptos）修道院。14世纪末，巴列奥略（palaeologian）王朝控制了伯罗

奔尼撒，加强了对这一地区的统治。米斯特拉斯发展成为一个大都市，住宅区开始扩张到城墙外，向东南方的平坦地区发展。这一时期君主的宫殿也再次扩大，福音（Evanghelistria）教堂被建造，米特罗波利斯大教堂被重建。贵族家庭（Laskaris，Phrangopoulos）的大宅也在这一时期纷纷建造，潘塔纳萨（Pantanassa）修道院的建立与这些贵族家庭关系密切。城市的文化生活日益繁盛，吸引着艺术家和文人云集。其中最著名的是乔治·格米图斯·普莱顿（George Gemistus Plethon），创立了著名的哲学学校。尽管如此，随着奥斯曼土耳其人的权力壮大，米斯特拉斯在几无反抗的情况下于1460年易主给苏丹穆罕默德二世。那是城市衰落和毁灭的开始。17世纪末在威尼斯人统治的短暂时期，米斯特拉斯又一次因大豆贸易而繁荣起来。

P244上图：在圣尼科拉奥斯教堂（Aghios Nikolaos）立面三叶草装饰

P244—245：米特罗波利斯（圣德米特里教堂）走廊的石棺

P245上图：教堂走廊景观

P245下图：圣尼科拉奥斯教堂的基督

参观指南

开放时间：冬季，上午8：30—15：00；夏季，8：00—19：00。星期一闭馆。电话。（0731）93377。整个行程至少需4小时。

考虑到地形，我们推荐短途旅行。穿过“下城”的正门右转，朝米特罗波利斯教堂和附属博物馆方向走。从那里去隆托西翁修道院，然后向上爬到福音教堂，继续向前到君主宫殿和附近的圣索菲亚教堂。在参观了潘塔纳萨修道院后，下到伯利夫勒托斯修道院，然后从那里到出口。之后可以开车去山顶的城堡（从圣索菲亚步行）。

山顶的城堡（a）将周围景观尽收眼底，实际上这里原本是米斯特拉斯的中心。威廉二世·德·维尔哈杜安建造的要塞在双排防御工事的后面。尽管拜占庭人和土耳其人在不同的阶段进行了改造，但整体布局基本维持不变。正门由巨大的四边形护栏围住。在第一排墙内，有驻军军营、一个大蓄水池和一座瞭望台。要塞本身是一座塔楼，建在一个大水池上面，还包括一个小教堂（部分被毁）和西端的一个哨兵点。米特罗波利斯教堂（b）是该市相当古老的建筑之一（13世纪），被设计为一个简单的巴西利卡式大教堂，有一个内殿和两条侧廊。但在15世纪翻新时借用了阿芬迪科教堂（阿芬迪科教堂）的形式，结果就是希腊十字平面叠加在大教堂的侧廊上，中央圆顶的支撑立在画廊中。因此，教堂内部的绘画装饰也无法表现出形象或文体的统一。教堂最

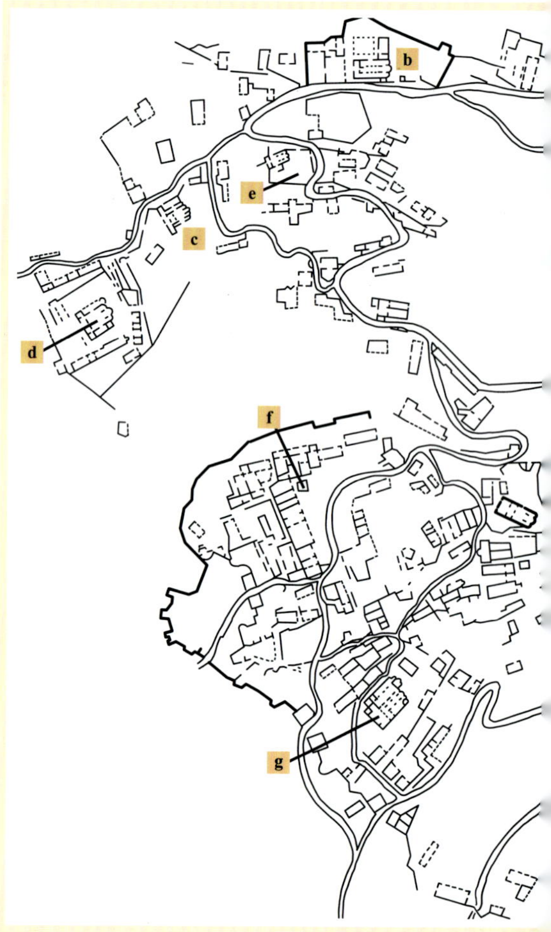

MISTRAS

古老的部分（建筑的东部、圣器室、南侧廊的拱顶、北侧廊的墙壁是在1270—1285年建造的）风格是最保守的。而在14世纪初完成的墙面装饰风格明显更生动活泼，有更复杂的背景、更优雅的人物形象。

圣西奥多教堂（c）建于1296年之前，设计成一个复杂的十字形平面。教堂

247上图：法兰克人修筑的城堡大门

247中图：额枋上的殉难者壁画

247下图：米特罗波利斯教堂外部

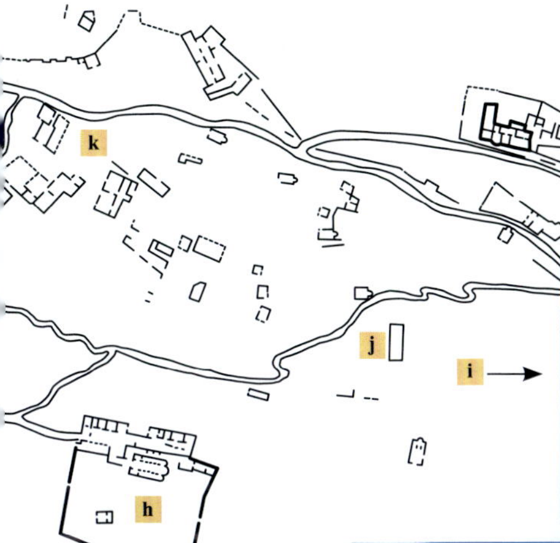

米斯特拉斯

- **a** 城堡
- **b** 米特罗波利斯教堂
- **c** 圣西奥多教堂
- **d** 阿芬迪科教堂
- **e** 福音教堂
- **f** 宫殿
- **g** 圣索菲亚教堂
- **h** 潘塔纳萨修道院
- **i** 伯利夫勒托斯修道院
- **j,k** 拉格普洛斯和拉斯卡里斯家族宫殿

内部壁画只剩少许残片，风格古朴简洁。

阿芬迪科教堂（d）毫无疑问是米斯特拉斯独特的建筑之一。建于1310至1322年，这座庙宇是献给帕纳加·奥迪基特利亚的，“领路的贞女”（这座建特点却折射出这座地区首府城市过去的辉煌。内饰的壁画约1320年完工，画面非常丰富，并且极好的配合了建筑。虽然与传统紧密联系，但在用色上也体现出创新的趋势，使用厚重和迅速的绘

筑经常以A指代该教堂的内殿，由精力充沛的修道院长帕乔米乌斯负责建设）。它的独特之处在于两种叠加的建筑平面，圆顶和两条侧廊的巴西利卡式以及希腊十字。虽然这座建筑很小，但建筑画笔法，令人联想起印象派的风格。画面中的背景也引人注目，视角复杂，人物形象修长精致。教堂前厅北侧的帕乔米乌斯墓葬小教堂，其中的壁画也十分出色。

MISTRAS

福音教堂（e）建于14世纪末，有着简单的希腊式十字形平面。现存的少数壁画绘制于15世纪早期。

P248—249：从东面看圣西奥多教堂

P249上图：阿芬迪科教堂，献给帕纳加·奥迪基特利亚，“领路的贞女”

P249中图和下图：迦南的奇迹和婚礼，阿芬迪科教堂壁画

王宫（f）的每个方面都体现着西方的建筑风格，尤其是整体设计，一个长方形的建筑分为几层，带有拱顶和尖拱形长窗（以及地下蓄水池）。14世纪由坎塔库齐增建的部分是一条可以俯瞰山谷的走廊，也带有明显的西方风格，在西面由巴列奥略（15世纪上半叶）修建的部分则受康斯坦丁的风格影响。

圣索菲亚教堂（g）有着简单的希腊式十字形平面，由第一位君主曼纽尔

P250：防御工事墙内的废墟

P251上图：圣索菲亚教堂圆顶和拱点

P251中图：潘塔纳萨修道院外观

P251下图：拉斯卡里斯宫

建立于1350年，作为小教堂和他的陵墓。现存壁画较少。

潘塔纳萨修道院（h）的建筑语言发生了变化【由约翰·弗拉格普洛斯（John Phrangopoulos）于1428年建造】：建筑的布局是直接参照了阿芬迪科教堂的形式。有柱门廊沿着北面延伸，东侧有一个画廊。最重要的是除了中央穹顶，其他部分的圆顶被屋顶连续的起伏巧妙的遮掩起来，紧靠教堂还有一个钟楼。

整个建筑群清晰的表现出了意大利南部的风格。类似的建筑技术和装饰手法可以在意大利城市萨莱诺和巴勒莫找到：矩形框架、三段式细长窗、长柱支撑的盲拱，拱上饰有羽状叶片和百合垂花饰。这种富于想象的风格杂糅的外观与内部壁画装饰相匹配，在拥挤的空间内几乎要喷薄而出。

在15世纪中叶建成的伯利夫勒托斯修道院（i）也使用希腊式十字形平面，内有一些保存非常完好的晚期拜占庭绘画。绘画风格完全反映了拜占庭首都的潮流，而不仅仅在于其线条和细节处理，也注意到了光线的明暗。在君士坦丁堡的艺术作品的启发下，不断地使用蓝色背景，使小教堂看起来很宽敞。米斯特拉斯的许多小教堂和坚固的公共建筑都反映了西方流行的风格：首层通常光线较暗，带拱顶的天花板；第二层则有一个长而明亮的大厅，可能会通向露台。弗拉格普洛斯（j）和拉斯卡里斯（k）家族宫殿就是这种风格的极好例子。（斯特凡诺·马吉）

杰拉基

除星期一每日开放（可能！），8∶30—15∶00。
电话（7310）71329。

历史资料中曾以杰隆里亚（Geronthrae）的名字称呼杰拉基，认为它是古典主义时期一个相当重要的城市。保塞尼亚斯（III，22，6-7）在记录中表达了对那里的两座庙宇的敬慕之情，分别是献给阿波罗和阿瑞斯的。英国考古队的发掘证实，这一地区自迈锡尼时代以来就一直有人类聚居，农业现在是这个仍保留着中世纪风貌的小镇的主要收入来源。作为伯罗奔尼撒半岛上的12个独立城市之一，杰拉基不是热门旅游线路的目的地，这意味着在此地的参观会是愉快平和的，可以去看看拜占庭时期乡村神圣建筑的瑰宝（1995年，阿姆斯特丹大学在该地区设立了一个关于拜占庭文物的研究项目）。建于12世纪的福音教堂有希腊十字平面，这也是当时教堂最广泛采用的建筑形式。教堂内的壁画——穹顶上的基督潘托克尔托（Pantokrator），以及拱顶处的圣母——反映了康斯坦丁时期的“男子主义”风格。圣阿塔纳西乌斯（St. Athanasius）教堂可追溯到13世纪，也是十字形建筑平面，但教堂内的14世纪壁画是以一种明显更受欢迎的风格建造的。紧靠镇子外面是圣约翰·克里索斯托教堂，里面有一幅14世纪初的优美壁画，还有双大厅的圣尼古拉斯（St. Nicholas）教堂建于13世纪。在田野里还有一个小教堂，里面有13世纪初的壁画。若需要找到所有这些小教堂的看守人和钥匙，就往福音教堂那里去。

M E S S E N I A

P252上图：希腊十字和礼拜象征；雕刻在软石板上。

P252下图：福音教堂侧面视角

P252—253：宗教建筑遗迹以及一个希腊十字形教堂

P253上图：棱堡和垛口

P253下图：现代城镇入口立面

莫奈姆瓦夏

开放时间

夏季，星期一8：30—15：00，星期二至星期日8：00—19：00；

冬季，星期二至星期日，8：30—15：00。

莫奈姆瓦夏遗址的历史实质上反映了摩里亚（伯罗奔尼撒）的历史。最初于6世纪由逃离阿瓦人威胁的拉科尼亚人建立，后来由威廉·德·维尔哈杜安建造了带有坚固的防御工事的“上城”。像米斯特拉斯一样，在帕拉哥尼亚战役（1262年）之后，王子把它割让给了拜占庭人。在巴列奥略王朝统治时期，莫奈姆瓦夏经历了一段文化和经济繁荣时期。这座城市利用港口来运送本地出产的著名葡萄酒——马尔瓦西——后来这种葡萄酒从伯罗奔尼撒半岛消失了。在威尼斯占领期间继续蓬勃发展（1464—1540年），这个时期被称为马尔瓦西的那不勒斯。被土耳其人占领后再次被威尼斯人夺回，但最终仍落入土耳其人之手。这是本地区的历史上最黑暗的一段时期，当地许多大家族的成员被野蛮地处决或被迫移居国外。尽管如此，莫奈姆瓦夏仍是1821年希腊独立起义期间第一批恢复自由的城市之一，第一次希腊国民大会在这里开会。

今天，这座城市的历史积淀吸引了成群结队的游客，也造成了每个夏季的交通问题。“Moni envasis”是指“单一的通路”，即这座岩石岛仅能通过唯一的路径到达。“希腊直布罗陀”——正如本地名诗人伊安尼斯·里索斯（Iannis Ritsos）所描述的那样——是一座在16世纪城墙保护之下的迷人的中世纪小镇。小镇的样貌充分反映出不同的统治者和文化的融合。例如，一座建于拜占庭教堂原址上的威尼斯教堂，俯瞰着与土耳其清真寺帕莱奥·德扎米（Paleo Dzami）面对的相同的广场。小教堂圣米提迪奥提萨（Panagia Myrtidiotissa）可追溯到法兰克时期（13世纪），而圣赫里萨菲提萨（Panagia Hrissafitissa）则是17世纪建造的，具有精美的威尼斯式外观。

一条陡峭的小径通向山顶城堡，那里防御工事的废墟令人印象深刻，但主要关注点是圣索菲亚（Aghia Sophia）教堂。它建于12世纪中叶，覆盖着圆顶的十字形平面，称为“八角形”，因为其圆顶是建立在八个小三角形结构上。这座教堂是米斯特拉斯的圣西奥多教堂的灵感来源，一些评论家相信这种完美的建筑创作反映了来自君士坦丁堡或亚美尼亚的影响。然而，更简单的解释是，这个模型很有可能是来自希腊达夫尼，只是转换成更紧凑和不那么复杂的形式。

马尼半岛

在一座土耳其城堡中有一个关于马尼历史的小型博物馆（每日9:00—17:00）。

马尼是伯罗奔尼撒最干旱、最贫瘠、最陡峭、最不适宜居住的地区，而矛盾的是，这些也正是此地如此引人入胜的原因。马尼人认为他们是古代斯巴达人的直系后裔。到达这一地区的最佳路线是穿过伊西恩（Gythion），这是一

个海滩度假胜地，过去曾经是拉科尼亚地区的重要港口。当你到达阿雷奥波利斯，这段不寻常的精彩乡村之旅才开始，但此地还没有充分的旅游设施。这条线路的特点是零星分布的村庄，与世隔绝的小教堂，一直绵延至马塔潘角（Cape Matapan）。因此至少要花半天时间。塔楼是这片土地的象征，由逃亡的拉科尼亚人建造，以躲避始于7世纪的斯拉夫人的不断侵扰。现在作为政府提供旅游住宿的一部分，这些塔楼房屋正在被修复。马尼人（maniots）始终是独立的，他们成功地抗击了拜占庭人和土耳其人，并站在独立解放斗争的最前线（然而当面临失去独立的可能性，他们暗杀了希腊第一任总统伊奥尼斯·卡波迪斯特里亚斯）。每部落都会建造一座塔，象征着领土权力，进行着无休止的部落争斗和世仇报复，直到20世纪初当移民成为摆脱贫困的唯一途径。住宅、商贩、水井和教堂都设置在塔楼周围，在围栏的保护之内。在这一带的土地上约有800个类似的灰石垒成的塔，塔基的颜色较浅，几个聚成村落。还有一组迷人的建筑是在皮尔戈斯的斯拉乌马库斯（Slavoumakos），有坚固的篱笆，巨大的塔楼，带公墓的教堂，动物饲养区和一个两层楼的房子。

P254上图：法兰克时期的圣索菲亚教堂浮雕

P254中图：埃庇达鲁斯湾边的圣索菲亚教堂

P254下图：博物馆内的黏土制品

P255：瓦西亚的塔楼和村庄

3.3

线路3

麦西尼

这座古城的废墟靠近马夫罗马蒂（Mavromati），一个仿佛遗落在时光之外的村庄。当地农民经常邀请游客到他们的家中品尝无花果、面包和新鲜奶酪。

发掘工作

19世纪起就有许多欧洲游客参观了古代麦西尼的遗址。他们中的一些人写了一些迷人的游记，包含很多图画，比如现存法国国家图书馆的材料由哈勒斯泰因（Haller von Hallerstein）撰写的丰富资料。首次系统的地形学研究当属布卢埃（Abel Blouet），这本出版物名为《摩里亚的科学探索》（巴黎，1831—1838年）。当地学者的科研工作始于19世纪末，1895年希腊考古协会开始了发掘工作，先后由索弗里斯（T. Sophoulis）和奥科诺莫斯（G. P. Oikonomos）带领。然而直到20世纪二三十年代，所有参与探索和研究伯罗奔尼撒半岛自青铜时代以来各种发现的评论家们，对麦西尼的兴趣寥寥。半岛的这个偏远角落——直到最近都还没有通铁路——正式落在了官方的兴趣之外。

对这一地区的研究因为瑞典学者瓦利姆（N. Valim）的推动再次兴起，第二次世界大战后由美国明尼苏达大学的考古项目来推进。项目技术有很大的飞跃，标志着在希腊首次使用航空摄影。

保塞尼亚斯是这样描述麦西尼（IV, 1, 1–2）的：“别人告诉我这个地区曾是一片荒芜，第一批居民是这样来的：在统治现在拉科尼亚的首领勒莱克斯（Lelex）死后，他的长子迈尔斯（Myles）得到了权力，而幼子波尔卡恩（Polycaon）只好作为一个普通公民，直到他与来自阿尔戈斯的特里奥帕（Triopa）的女儿麦西尼（Messene）结婚。麦西尼以她父亲为荣，在那个时代特里奥帕（Triopa）曾是希腊有威望的领导人物之一，因此她不甘于做一个普通公民的妻子。聚集一支来自阿尔戈斯和斯巴达的军队来到这个地区，然后这一地区被笼统命名为麦西尼。”

MESSENIA

不仅如此，后来的考察不仅是发掘点扩大了，而且在整个区域进行（包括耕地和相关的基础设施，比如供水点，灌溉渠等）。在没有明显的建筑遗迹的情况下，考古人员付出了巨大的精力对出土的陶器进行研究，以确定周围的农业定居情况，规模和年代。

因此，这个项目也被看作是倚重人类学研究的“新考古”。城市周围的研究由奥兰多斯（A. K. Orlandos）完成（始于1957年），剩余的由塞麦利斯（G. Themelis）继续完成，对于该地的历史背景信息作出了决定意义的贡献。

P256：阿卡迪亚门，照片拍摄于1891年

P257：左朝门；雕刻柱细节

历史

麦西尼发掘出的迈锡尼时期和之后多利安人占领时期的遗迹都非常少，在公元前1200年之后，亚该亚人和来到此地的新移民最终得以和平共存。到8世纪末期，在这座城市占据统治地位的伊索姆山区（Mount Ithome）在麦西尼亚战争期间成了抵抗斯巴达的中心。7世纪上半叶，第二次麦西尼战争导致了该地区居民彻底沦为奴隶，降级到黑劳士的地位，只有少数村镇幸免。一些麦西尼人拒绝屈从于斯巴达统治，其中一部分逃到了意大利，重建哈尔基斯殖民地并命名为麦西尼，也就是现代西西里岛上的同名城市；另一部分则逃往阿尔卡迪亚山脉，在阿利奥米尼斯（Ariomenes）的指挥下进行争取自由的斗争。抗争引发了公元前464年的第三次麦西尼战争，该地区直到留克特拉战役（公元前371年）之后才获得解放，由伊巴密浓达于公元前369建立的。公元前3世纪末这里建立了民主政体，开启了城市的黄金时代，也有部分原因在于它参加了亚该亚联盟。离开联盟之后城市开始衰落，到了罗马时代麦西尼只是一个附属于过去的“省”地区。

参观指南

挖掘现场基本围绕着马夫罗马蒂村。入场参观是免费的（向公众开放的小博物馆也是免费的）。参观需2至3小时。这座城市建成后建造的城墙是十分壮观的，面对着正方形的城池、错综复杂的城垛和间隔开一定距离的塔楼。城墙长度超过8.8千米，将整个卫城包围在内，包括宙斯·伊西奥马塔斯神庙地基。对宙斯的崇拜至少可以追溯到公元前9至公元前8世纪。现存的城门中北门称为“阿卡迪亚门”（a），是军事工程的杰作。这是一个“双门”的形式，有一个圆形的庭院和两个面向田野的边塔。附近有几座罗马时代的墓葬建筑。在防御工事区域内，城市沿着伊西奥姆山南坡布局于地形最有利的区域，需要建筑梯田和进行广泛的重整来使土地变得平坦。还有两个建筑突出了城市景观：市集和阿斯克勒庇俄斯神庙，两个建筑彼此相连。穿过阿卡迪亚门，沿着一条在星罗棋布的建筑遗迹间交错的小路可以到达这个区域。所剩无几的希腊露天剧场（b）是个例外，这个地区仍有很多地方待挖掘所以较难辨认。公共广场（c）的遗迹也很少，辨认工作长期处于争议之中。已经呈现的部分是南门廊（直到4世纪建成），在门廊西端有一处喷泉。根据保塞尼亚斯的记载，喷泉是献给阿尔西诺伊（Arsinoe），使得辨认市集成为可能。宙斯、波塞冬、阿尔忒弥斯、爱勒提亚、得墨忒耳和狄俄斯库里兄弟的祭祀庙宇也都在这里。

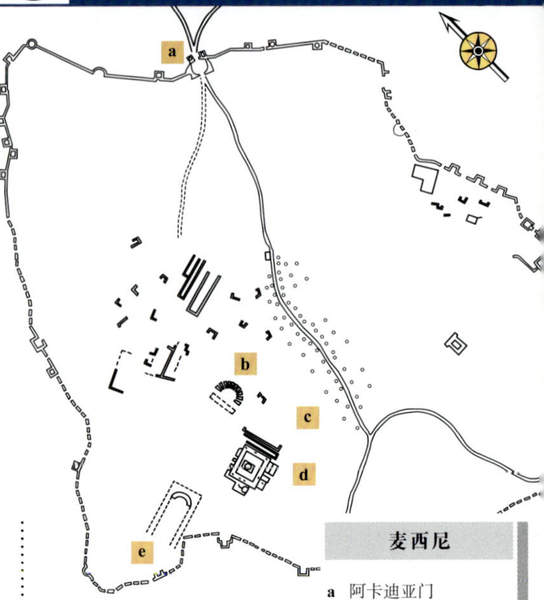

P258下图：阿斯克勒庇俄斯神庙

P259上图：剧场的阶梯座位

几乎所有这些神灵都与城市的神话历史有某种连接，因此也都是“政治性”的崇拜。

保存最好的公共建筑群是阿斯克勒庇俄斯神庙（d），位于南面。麦西尼的传说给了他一个与埃庇达鲁斯主神庙不同的起源，认为他是阿尔西诺伊的儿子。因此在这里，阿斯克勒庇俄斯更像是一个“政治”人物，而不是普遍意义上负责医治的神灵。

神庙（A）是建于公元前4世纪的多利克式6×12柱的围柱式建筑，有一座大祭坛，位于围墙中心的东面。在对这座城市的描述中，保塞尼亚斯从未提及有一座献给阿斯克勒庇俄斯的神庙，因此许多评论家确信，这座神圣的建筑是献给女主人公麦西尼的。然而，大量有特色的献祭台底座和复原的

阿斯克勒庇俄斯神庙

A 神庙
B 朝门
C 剧场
D 多柱式房间
E 塞伯斯汀神殿
F 麦西尼小庙宇
G 浴室
H 萨迪达和格劳库斯（Saitida and Glaucus）的英雄祠
I 阿波罗神庙
J 赫拉克勒斯和缪斯
K 底比斯神庙
L 提喀
M 阿尔忒弥斯

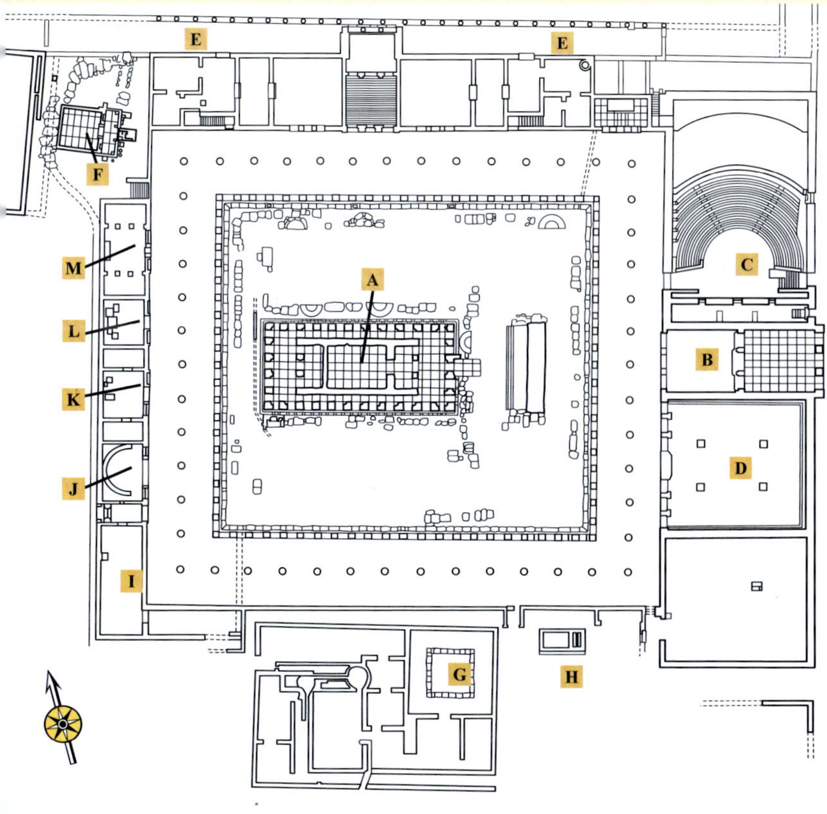

铭文证实了这确实是献给健康之神的。

P260左上图：假拱顶，墙中间的通道

P260右上图和P261：希腊化时期露天剧场门廊和看台

P260下图：议事厅地基

环绕广场的柱廊（外层柱式伊奥尼亚式，内层柱式科林斯式，胜利女神的形象穿插在柱头的装饰板上）串起一系列的房间。在东边一个小的朝门（B）将室内剧场（C）或一个露天剧场（因为屋顶的存在还没有被辨认清楚）和一个柱廊大厅（D）分开。此处的石头阳台优雅地沿着三面铺开，因此这里也被认为是市议会的会议场所。

在北面有一个带楼梯的朝门可以到达市集。由于连接了城市中两个重要地点的“战略”地位，在奥古斯都时代这里被改造为一个塞伯斯汀神殿（Sebasteion，E，一个用于帝王崇拜的建筑）。西面的布局相当复杂，各种房间都用于宗教目的。根据保塞尼亚斯的描述，我们可以识别出这些分别是献给哪些神灵的。从南端开始首先是阿波罗神庙（I，此处出土过一个优美的雕像头部，应属当地艺术家达摩芬的作品，他于公元前2世纪初较为活跃。头像现在博物馆内）、赫拉克勒斯和缪斯神庙（J）、底比斯的波利斯（K，内有赫拉克勒斯与伊巴密浓达雕像）、提喀（L）、阿尔忒弥斯（M，“青春的守护者”，在本地的许多铭文中都认为她与斯巴达奥斯亚同族）。正如之前提到的，在西北角有一个多利克四柱式寺庙（F），位置较高。可能是献给麦西尼的，她是本地的神话传说中第一个女王。这个小型建筑的不同朝向似乎表明，在公元前3世纪末该建筑群主要工作完成时是在向其“致敬”。在那里出土了一些官方的城市文件 进一步证明这一定是一座重要的建筑物（出土后在博物馆展览）。这座建筑近在咫尺的是专为得墨忒耳、迪俄斯库里和留西波斯的女儿们的祭祀所保留的房间，这些人物都与本地神话传说中的女王有关联。尽管有些不确定，城中心的这种布局似乎指向将这一地区解释为“国家神庙”或“神圣市集”（旁边则是“民间市集”）。

正如在其他地点所表现出来的，在古典时期的结束和希腊化时期的开端有

一个演变过程，其特点是与当地历史相联系的宗教逐渐统一。虽然初步看来不可否认的是这个建筑群是献给阿斯克勒庇俄斯的，实际上缺乏一些通常在这种环境下会出现的治疗活动的典型元素。相反，每个建筑似乎都显示出一种政治功能，一种“自我代表”的功能，对于这个当时成立不久的城市来说，它渴望给自己一个国王、英雄和女英雄的谱系。这个过程也被视为罗马帝国时期神话建立的典型过程。

南面的建筑似乎印证了上述假设。这里有一座前希腊化时期的浴室（G），在罗马时期重修过，也是用来崇拜城市的一些最重要的英雄人物，萨迪达和格劳库斯英雄祠（H）。继续向南方是城市的创立者的伊巴密浓达祭祀的地方。

最近挖掘出的建筑物（其中一些仍在修复中）可以看到更南（和下坡）面的情况：健身室和纪念性田径场（e），修建于希腊化晚期。在后者的内部，仍然有崇拜民族英雄的迹象，其中最重要的是阿里斯托梅尼斯（Aristomenes）。因此，任何从下到上进入城市中心的人，在此处都会体验到强烈的情感升华。（斯特凡诺·马吉）

皮洛斯

涅斯托尔的宫殿

但当太阳从美丽的大海升起，升入天空照亮逝者和不朽的人，他们到达了奈留斯之城皮洛斯。……他们到达了皮洛斯人集会的地方。在那里，他们发现内斯托尔和他的儿子们坐在一起，而仆从正忙着准备晚餐，把几块肉放在地上，而其他的正在被烹调。

——荷马，《奥德赛》，

第三卷，第一页（塞缪尔·巴特勒译）

伊巴诺·伊戈拉尼奥斯（Epàno Eglaniòs）山上发现了一座令人印象深刻的迈锡尼宫殿，距乔拉镇以南4千米，现代皮洛斯村庄以北16千米。人们相信这里是皮洛斯国王涅斯托尔的居所，在特洛伊聚集的年长的希腊人之一。古代遗址的很多痕迹都消失了，这一句话来自阿里斯托芬的“皮洛斯之前曾有一个皮洛斯，之后还有另一个皮洛斯”；唯一能找到具体位置的地形学标志是当荷马谈到涅斯托尔的城市是“沙地”，而且从伊林思（Eleans）或普雷埃（麦西

P262上图：山顶城堡的遗址

P262—263和P263：拱顶墓穴C，1906年由多菲尔德发掘

尼湾）出发只有一晚的行程。

然而，皮洛斯的位置肯定靠近大海，因涅斯托尔参加了由90艘船组成的远征特洛伊的舰队。斯特拉波（公元前1世纪）提到了三个城市时都用到了皮洛斯这个名字——在北面的埃利斯，在麦西尼亚和特里菲利亚（南部埃利斯）——并相信在最后一个地方有涅斯托尔的宫殿。另一方面，保塞尼亚斯认为荷马提到的皮洛斯是在麦西尼亚附近的克里法森（Koryphasion）海角，在那里他看到了涅斯托尔的房子，附近有他畜牧羊群的洞穴，以及他的儿子苏鲁塞德斯（Thrusades）的坟墓（见保塞尼亚斯《希腊志》IV, 36, 1）。

出于对斯特拉波的信任，多菲尔德（W. Dörpfeld）开始调查特里菲利亚地区卡克瓦顿（Kakovaton）村附近的一个地点。1912年和1926年，希腊考古学家考罗尼提斯（K. Kouronitis）发现了与纳瓦里诺湾北部的区域内同一类型的墓葬，都是沿着从现代皮洛斯镇到乔拉村的公路沿线建造的。出于这个原因，希腊考古协会在辛辛那提大学的帮助下开始对该地区进行调查。1939年，在纳瓦里诺湾东北终于发现了一座大型宫殿的遗迹，然后在1952年至1966年间由卡尔·布莱根（Carl Blegen）和玛丽纳托斯（S. Marinatos）率队进行挖掘。

历史

在中期青铜文化的初期（公元前1580—前1400年），亦即迈锡尼时代初期，山顶被围成墙的定居点占据。很可能在公元前1400至公元前1330年那里建造了一座宫殿，目前可见的下方各处发现的墙壁遗骸应该都属于这座宫殿。与其他迈锡尼人的住宅不同，这座宫殿的建造没有像其他建于公元前1300年前后的古建筑遗址上的防御工事。从西南到东北，这座山的斜坡被一片广阔的聚居住宅区占

据着。宫殿在公元前1200年前后被大火烧毁废弃，直到公元前7世纪才有一座小型的榨油坊建在建筑群的东北侧。

这座住宅占地面积很大（根据最近的调查，大约6.5公顷），由一个中央区域（A）和宫殿本身组成，同时具备宗教仪式和公共设施的职能。在皇宫旁边的是西南区域（B），这可能是最古老的部分，是建筑平面中组织比较松散的一片建筑。东北侧的服务建筑（C，工坊和酒窖）可能是后期增建的。所有区域

都面对着一个宽阔的庭院（1），有灰泥铺地的地面。

穿过一个朝门（2）会到达中心建筑群（A）和由木柱支撑的双层柱廊（底部和灰泥留下64个沟槽痕迹）。从外层柱廊可以进入档案馆（3），这里存放了1000片由线性B文字书写的泥板。内层柱廊有丰富的墙壁装饰，其中幸存下来的残片包括黄色和蓝色的海洋动物、坐姿的女性人物、狮子和格里芬形象的纹章。这个门廊通向一个大的中央庭院（4），宫殿的各个部分都会通向此处。北侧有门廊（5）和前厅（6）紧接着正厅（7），有通往宫殿私人部分的侧通道和通向楼上的台阶。房间中间有四根柱子，中间有一个大的圆形壁炉的空间。壁炉内衬灰泥，边缘有装饰的火焰图案。入口的右侧在墙和门的中间安放站着王座。地板上有两个大约2米的空隙，通过一个管道连接起来，是国王王座上进行祭酒仪式所用。

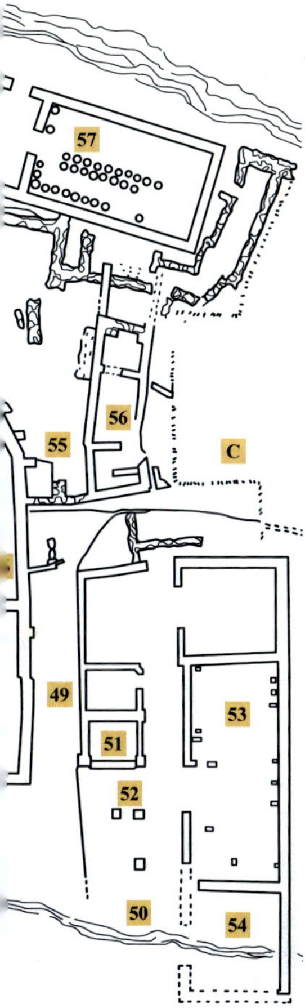

PYLOS

涅斯托尔的宫殿

A	中心部分	**23**	楼梯	**42**	号多柱式房间
B	西南部分	**24**	会客厅	**43**	花瓶间
C	服务建筑	**25**	大门	**44**	储藏室（？）浴室（？）
1	庭院	**26**	浴室带浴缸	**45**	原宫殿房
2	朝门	**27**	庭院	**46**	综合建筑
3	档案馆	**28**	门廊	**47**	庭院
4	中庭	**29**	走廊	**48**	油坊
5	门廊	**30**	正厅	**49**	斜坡
6	前厅	**31**	庭院	**50**	柱廊庭院
7	正厅	**32**	壁画	**51**	祭拜场所
8、9	连通房间	**33**	浴室	**52**	祭坛
10	走廊	**34**	楼梯	**53、54**	工坊
11	房间	**35，36**	塔楼	**55**	水池
12	楼梯	**37**	斜坡	**56**	奴隶住所
13	储藏室	**38**	储藏室	**57**	酒窖（？）
14—20	储藏室	**39**	双入口		
21	走廊	**40**	大院		
22	储藏室	**41**	前厅		

在前厅里可以看到带有祭祀队伍的壁画碎片，以及带有五颜六色线性图案的方格地板装饰痕迹。王座室的地板以不同颜色（红色、黄色、蓝色、白色和黑色）的方格装饰，在王座前方的地板上绘有一只大型章鱼。原本房间的所有墙壁都有壁画，但目前只有少量残存的碎片：一对格里芬的纹章（最初在王位的两边），一个身穿长袍的竖琴演奏者坐在岩石上。在他面前，有一只鸟在飞翔，还有坐在桌子旁男性形象（也许是一个宴会的场景）和一些大型动物。庭院（4）穿过东西侧的2个通道都能到达住宅的私人区域。西南方有2间连通房间（8，9）；第一间有500～600杯个酒杯，平时可能储藏在隔壁房间里的大罐子里。在第二个房间里沿墙壁有一圈长凳，有装饰的灰泥图案（西角）和南角有两个大罐子支撑，表明这个房间是为国王的客人安排的等候室。继续通向一个长长的走廊（10），最初曾经延伸到正厅西侧，但在后来的阶段部分地由墙封闭成了储藏室（16，18）。穿过房间（11）后，与大庭院（40）所属的宫殿中央部分相连的走廊继续延伸，经过楼梯（12），到一个储藏室（13）结束。

在本部分最西侧的储藏室中发现了大量的花瓶（约6000个）。从紧邻西南翼的庭院（47）进入房间（15），里面发现有大约500个花瓶的碎片，最初这些花瓶放置在由柱子支撑的木架上（地板上仍有柱子的孔）。相邻的房间（14）内发现了2853个酒杯，在另一个小房间（16）中发现了474只花瓶的碎片和一张祭品桌。桌子周围环绕着一些小的祭祀花瓶，就像桌子一样，这些花瓶可能是由于宫廷大火而从楼上的地板掉下来的。花盆和花瓶在（17，18）房间里也有发现，这两个房间不与前面的房间联系，但仍可从庭院（47）进入。17号房间内有2146个酒杯，18号房间则有601个器皿，很可能是用来在2个大储藏室（19,20）中保存油料；这里有许多罐子放在灰泥涂层的长凳上。

宫殿的东北侧也是一条长廊（21），这里可以到达另一个有16个油罐的储藏室（22）以及一系列5个不确定功能的小房间。在楼梯（23）之外，走廊还通向一间客厅（24，从罐子、安法拉罐

P266：正厅的艺术想象复原图

P267：正厅的壁炉和水池

和花瓶的碎片判断），然后通过一个大门（25），这个入口最初是皇宫通往另一个庭院（27）的东北入口，与之前的庭院（31）一样，修建于宫殿的最后一个阶段。从客厅（24）可以到两个朝北的房间，南部有一个小浴室（26）。浴室有一个陶盆，放置在黏土台子上，2个大罐子放在一个黏土长凳上。这个房间被发现含有许多狩猎场景的壁画碎片（装备有长矛的猎人、狗、鹿、狮子和野猪），可能从楼上的房间掉下来

的。皇家家族的房间很可能位于宫殿东南区翼。这一区域的重要地位的证据是，从大庭院到此要经过一个双柱门廊（28，柱廊为石质柱础，灰泥环形装饰，有60道凹槽），并可以通向南北向走廊（21），通过另一个走廊（29）到达正厅（30）。房间里有一座中央壁炉，灰泥涂层，并有火焰、折线和螺旋形装饰，墙壁上有格里芬和狮子的壁画。

从这里可以到达庭院（31），那里的地板上有很多功能未知的孔洞。正厅南侧的一扇门通向一条宽阔的走廊，从这条走廊可以到达两个房间。第一个房间（32）内有一些壁画碎片，地板的部分装饰得以幸存（东角），是一些方格内的线性图案如鱼、海豚和章鱼等。房间（33）可能是浴室，因为有一个排水通道和一些花瓶，而且与其他房间稍有分隔，只能从走廊（29）的尽头进入。楼梯（34，现在只剩3阶）从门廊（28）通向一座不确定用途的塔状建筑（35，36）。房间（36）与朝门相连的位置表明可能是一个警卫室。

东北区域（B）可通过从大庭院（1）开始的斜坡（37）到达。斜坡上的一个储藏室（38）里放着850只花瓶，这些花瓶原来都放在细柱支撑的木架上（地板上的洞仍然存在）。在坡道的尽头，两个入口（39）被一条走廊隔开，进入一个大庭院（40）和宽阔的前厅（41）。前厅有2个立柱在前部和另一个在内部（石材底座和灰泥带，留下44个凹槽的痕迹）。墙壁从地基上方开始有壁画痕迹，线条构成的多色图案，表现了带有猎犬的战斗场景。一个大房间（42）位于西侧，以根内柱作为区分。在房间里有4根柱子，排列的形式不同寻常（三座柱基围绕着中间一座），将房间做了不对称的划分。没有找到中央炉台的痕迹，可能是因为那一段的土地侵蚀导致上层建筑的损失，屋内的壁画也不见踪影。

一扇小门从前厅引到一套功用尚不清楚的房间里。在小房间（43）中发现了大约300个花瓶，主要用于厨房。在房间（44）中发现至少6个大罐子和具有涂漆装饰的陶盆碎片，这可能是一家储存油料或葡萄酒的商店，但也不能排除它是浴室的可能性。

继续向东北面的建筑物也是宫殿的一部分，很大可能是用于储存石油或葡萄酒的。另一个房间（45）可追溯到宫殿建造的初始阶段，现已被3或4个房间（46）的综合建筑所取代，覆盖在原先宫殿之上。在庭院（47）的南面，2个用于油料加工的房间（48）可能是建于几何陶晚期，重复利用了建筑材料。

东北翼（C）由一个斜坡（49）与中心建筑群隔开，主要是一个长方形的建筑物组成，其中有一个柱廊庭院（50，东北面的2个柱底座幸存）和6间大小不一的房间（南部已被侵蚀毁坏）。另一个房间（51）直接朝向庭院，很可能被用于宗教目的；在立面对面有一块装饰过的长方形石头看起来像是一座祭坛（52）。最大的房间里有许多青铜碎片、17枚印章和56枚铭文泥板，书写的内容是讨论皮革和金属的修理，另一些提到部分马车的零件，或者提到皮革和青铜器的供应订单。这显然是一个修理金属物品和武器的工坊（53）。在隔壁房间有上百支小箭头和象牙碎片，有一些已经雕刻过了，说明这里是一些精细物件的加工作坊（54）。

在坡道末端的工坊北面，是宫殿的最后一个阶段建造的蓄水池（55）。相邻的矩形建筑物（56）部分在宫殿之前就已经建造，有4间大小不一的房间，供

P268—269和P269左上图：宫殿区域遗迹

P269右上图：瑟罗斯圆墓，一般认为是涅斯托尔之墓

P269下图：帕里奥卡斯特罗城堡

国王的奴隶使用。酒窖（57）可以通过一个小门厅进入，然后是一个大房间。里面有35个大罐子，分布在南边的墙壁上，部分在房间的中央。此外还有60枚黏土印章，用来封印容器。

卫城东北部的挖掘工作发现了一个迈锡尼人的定居点，但在宫殿建造之前就被摧毁了。一系列的房屋沿着一条道路排列，整个定居点都在围墙的保护之中。有一扇门后有一条用石板铺成的道路通往墓穴（可从停车场进入）。乔拉村还有一个小型但有趣的博物馆，展示了宫殿里的部分文物（尤其是壁画的碎片），以及佩里斯特里亚的一个墓室中的墓葬物品（金杯、珠宝和印章）。

纳瓦里诺湾

北临克里法森海角，古典时期（公元前5世纪）曾有一座城市矗立在此。这座城市被雅典人称为皮洛斯，被斯巴达人称为克里法森。这座城市的许多遗骸已经被发现。在1278年法兰克人建造了山顶城堡帕利卡斯特罗，将古城墙的遗迹也包括在内。在山下有先知以利亚教堂（Prophet Elijah），人们可以看到特拉叙墨得斯（涅斯托尔之子）的墓穴位于围墙的中心，这些围墙可以追溯到青铜文化晚期。斯法克蒂里亚（Sphacteria）在海角附近，雅典人在公元前425年的一次战斗中在那里夺取了斯巴达人的一队步兵。在海湾的最末端可以参观现代的皮洛斯村。高处有土耳其人在1573年建造的新城堡。

博物馆

除星期一，每日开放时间为8:30—15:00。付费参观。

博物馆的主要展品是基帕利萨（Kyparissa）的陶器、库库纳拉（Koukounara）的迈锡尼墓地和迪瓦里（Divari）的墓地出土的文物。

皮洛斯的泥板书

当卡尔·布莱根（Carl Blegen）在1939年发现涅斯托尔的宫殿档案馆时，里面大约有一千块陶片泥板，人们认为上面雕刻的文字——线性B——是米诺斯文明的一种书写方式。亚瑟·埃文斯爵士1900年在克诺索斯宫发现了这类文字的首例，根据他的说法，线性文字B是比线性文字A更高级的形式。线性文字A在公元前18世纪至公元前15世纪在克里特岛使用，公元前1450年起被取代。然而这两种文字都与现代希腊语无关，因此无法破译。线性文字B泥板书在迈锡尼、梯林斯、底比斯和皮洛斯均有发现，被认为是米诺安文明在迈锡尼王国扩展的证据。随后迈克尔·温图斯（Michael Ventris，一位在第二次世界大战期间拥有密码学经验的建筑师）于1952年破译了线性文字B，导致了人们对“线性B”认识的彻底修正，这意味着迈锡尼人是希腊血统，是他们征服了克里特岛而不是相反。

迈锡尼人学习使用米诺斯人的书

写，使得线性文字A符合他们的语言要求。书写时是用尖笔写在潮湿的黏土上，然后在阳光下晒干，再将它们放置在木制篮子里，最后存放在档案室墙上的架子上。我们要把泥板的幸存归功于在宫殿的火灾：火焰烘烤的更为结实。不幸的是，像在其他迈锡尼文明发掘点一样，在皮洛斯发现的泥板书只提到了在被大火摧毁之前宫殿的管理情况：土地财产的盘点、仓库中的货物以及军事和海军装备。泥板书还列出了定居点的专业、与中央权力的关系，以及向众神献祭的物品（提到的神灵有：宙斯、赫拉、雅典娜、波塞冬、也许还有狄俄尼索斯）。

总体来说，泥板书还是提供了迈锡尼宫殿的经济和组织等不同方面的大量信息，表明当时已经是一个经济结构复杂和专业化的社会。（斯特凡诺·马吉）

P270—271：来自涅斯托尔宫殿的泥板书，用线性文字B书写

巴萨伊

"如同洪流褪去后搁浅的冰块，这些碎裂的大理石散落满地：它们使我感到困扰。"

——赫尔曼·麦尔维尔

靠近安兹里采纳（Andritsarina）的考迪里奥斯（Kottilios）山上（古代的科蒂翁），在1005米的高度橡树已经纷纷让路给岩石的地方有一处古老的宗教崇拜遗迹，起码追溯到公元前7世纪（通过发现的献祭品来判断）。该处遗址

与菲加里亚（Phigalia）市有关，该城市据此约9.6千米远，并在山上分为高度不同的两个区域。高处的围墙里有一座祭祀阿芙洛狄忒的小庙宇，还有一座更大的庙宇——有前厅和后厅，但并没有绕柱——是献给阿尔忒弥斯·奥斯亚的。低处的区域有类似的神庙建筑以祭祀阿波罗，重修过若干次，直到它成为希腊重要和保存完好的寺庙之一。就目前的情况来看，这座神庙献给阿波罗·埃比克鲁斯（"助人者"），根据保塞尼亚斯描述（VIII，41，8），对他的崇拜与伯罗奔尼撒战争时爆发的"黑死病"瘟疫有关。然而另一些人则认为，这座庙宇可能与战争有关，因为在此发现了许多以前的青铜器。庙宇由本地的石灰石建造，有柱子、内侧额枋，前厅有一个围护的天花板，还有大理石屋顶瓦片。这座寺庙的建筑平面似乎与德尔斐的阿波罗神庙相仿，6×15围柱式，长宽比为2∶5。还有一个密室是获取神谕的房间。1765年，这座古建筑瑰宝的发现是在法国建筑师博彻（J. Bocher）的带领下完成的，当他试图进行更仔细的调查时被谋杀。他对这一地区的初步绘制地图保存在伦敦的维多利亚和阿尔伯特博

P272上图和P273上图：亚马逊女战士的战斗场景和巨人与天神的搏斗场景；额枋细节

P272下图：内殿；贴墙的伊奥尼亚半柱

物馆，但直到19世纪初英国人科克雷尔（C. R. Cockerell）、福斯特（J. Forster）和德国建筑师哈勒斯泰因（K. Haller von Hallerstein）才着手继续开始发掘。但是内殿中的科林斯柱头却不久就神秘消失了（当然是被偷了！），这对该建筑来说是一处十分新奇的设计。希腊考古学协会在1902年至1908年在卡瓦迪亚斯（P. Kavvadias）的指导下对巴萨伊进行了挖掘。在被遗忘了很长一段时间后，巴萨伊的阿波罗神庙被联合国教科文组织宣布为世界遗产。于是人们对这座建筑重新产生了兴趣，特别是对它的保护工作（即使几年前决定遮盖保护布的举措都引起了争议）。保塞尼亚斯（VIII，41，9）把它的建造归功于伊克提努斯，但现代专家一致认为这是伊克提斯与卡里克拉特（两者不是第一次合作）合作的成果。实际上，寺庙的建造分为两个阶段：首先，建筑平面延长、外层柱子与内部横梁都呈现出公元前450至公元前440年的伯罗奔尼撒风格；然后在该世纪末，这座建筑以阿提卡风格进行了改建。另一些人则认为这座建筑重复使用了425个从一个公元前6世纪晚期的寺庙中拆除取出的材料。

伊克提努斯和卡里克拉特共同创建一些新的建筑蓝本，成为在公元前6世纪不断重复的样式，甚至在希腊化时期也有影响，尤其是在如何组织内部空间的技术上。这种南北向较长的建筑平面，对我们而言一般是出于宗教目的。这座建筑有6×15根多利克柱，很深的前廊和后廊，与当时盛行的建筑样式有很大不同。

阿波罗神庙

a 前廊

b 后廊

c 内殿

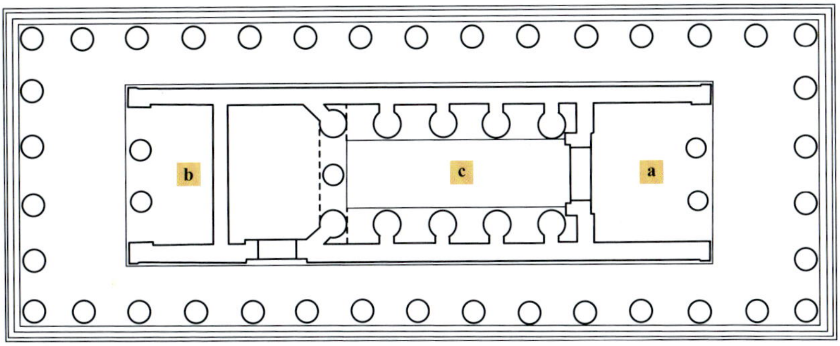

274

这里的装饰效果的重要性似乎超过了建筑结构本身，虽然内殿和密室的分隔仍然保留着，内部的横墙和伊奥尼亚式半柱结合制造出了很多壁龛，额枋上雕刻着亚马逊战士战斗的场景（东南面）和巨人与天神的搏斗（西北面）。而且这里有一处创新，使用科林斯柱列将内殿与密室区分开。总之，空间的统一更多的是因为“绘画”效果而非建筑结构而达到，标志着与古典风格的一次脱离和向着巴洛克风格的迈进。

通过一系列的投影元素和体积的改变，墙壁被赋予了动感，装饰性效果使得原本的功能性黯然失色。这种新的

BASSAE

内部空间安排方式去除了侧廊，解放了柱子和柱顶盘的建筑功能，正是这种做法打破了古典时期的基本原则：建筑风格向装饰性转变，因而是伪功能性的。（斯特凡诺·马吉）

P274—275上图：埋葬半人马（左），来自西额枋

P274—275下图：赫拉克勒斯与亚马逊人战斗，东额枋中部

奥林匹亚

在19世纪末法国教育家皮埃尔·德·顾拜旦（Pierre de Coubertin）的积极奔走下，奥林匹克运动会重新开始举办，这个消失已久的地名重又回到公众的视线。在394年因为罗马皇帝狄奥多西下令取缔“异教”而停办奥林匹克运动会，相关的设施建筑逐渐在自然侵蚀下（地震、洪水和滑坡等灾害）烟消云散。在拜占庭时期，一个小村庄安蒂拉诺在阿尔提斯（Altis）附近逐渐成形，这片树林根据神话传说是赫拉克勒斯向其父宙斯致敬的地方，靠近英雄珀罗普斯之墓，古希腊最著名建筑的真实遗址就这样湮没了。

发掘过程

经过几个世纪的遗忘——曾被土耳其人占领——现代希腊史学的奠基人之一，伯纳德·德蒙西蒙（Bernard de Montucoon）希望重新发现奥林匹亚。本笃会僧侣在1723年写信给科孚的大主教，要求在伊利斯地区组织挖掘，但徒劳无果。几十年后，温克尔曼（J. J. Winkemann）获得了土耳其苏丹的准许去挖掘在奥林匹亚的体育场，但因温克尔曼随后死亡，该项目从未真正执行。在那些年里去奥林匹亚河谷旅游的人不多，游客对那里有一种乌托邦式的模糊情感，但对古代遗迹的确切位置全无线索。那些从欧洲各地前往希腊想要帮助希腊人反对土耳其争取独立的年轻人来心中，奥林匹亚这个名字是一个象征。

正如历史上常常发生的那样，最终是直觉帮助英国人理查德·钱德勒（Richard Chandler）确定了古代城市的确切位置，并提供给我们第一手的描述。在他的《希腊之旅》（1778年）中，讲述了几年前很偶然地了解到阿尔菲奥斯

宙斯神庙的区域。法国人企图将一些绘有人物形象的柱间壁运往卢浮宫，引发了希腊政府的强烈抗议，几乎威胁到发掘工作的进行。

河（Alfios）附近存在着一处大规模遗址，他立即将之与伟大的泛希腊城市联系在一起。他历尽艰辛却又心满意足的到底了目的地，在那里看到了一座伟大的多利克神庙的废墟，很可能就是宙斯神庙。

1787年，刘易斯·弗朗索瓦·塞巴斯蒂安·福维尔（Louis Sebastien Fauvel）在法国驻苏丹大使的命令下对遗址进行绘制。这条道路开辟之后，许多学者萌发了对奥林匹亚的兴趣，其中2人是里克（W. M. Leakke）和多德韦尔（E. Dodwell），他们在1827年绘制了非常有价值的地图并进行了注释。

在纳瓦里诺战役（1827年）这一对希腊的独立起了决定性作用的事件之后，法国考古学家杜博伊斯将军（J. J. Dubois）在对摩里亚地区的远征中发现一座建在菲狄亚斯工坊原址上的拜占庭教堂，在

P276上图：安提努斯雕像头部

P276下图：宙斯神庙复原图，绘制于17世纪

P276—277：奥林匹亚平原，来自约翰·贝利的《希腊景观》，1820年

P277上图：温克尔曼肖像，17世纪

奥林匹亚命运的决定性年份是1874年，德国的威廉一世与希腊新王国之间签署了一项关于挖掘工作的合作协议。伟大的德国历史和考古学家恩斯特·柯蒂乌斯（Ernst Curtius）开启了一个项目，通过六个阶段（1875—1881年）系统地发掘了保护区的中心区域。在建筑师费德里希·阿德勒（Friedrich Adler）的帮助下，几乎阿尔提斯区域所有的遗址点都覆盖在项目中，建筑物和出土文物的确切位置被绘制成地图并标注清楚。挖掘报告显示发现了大量的文物：130件雕塑，400件铭文，6000枚硬币和1000多件金器等。

早在1852年柏林的一次会议上，恩斯特·柯蒂乌斯就表达了发掘奥林匹亚的想法，描绘了一幅关于希腊和希腊人民的理想主义画面。在当时在德国也正流行着爱国主义和民族团结的思潮。因此1875年开始的发掘工作代表着德国的国

P278上图：德国考古队在宙斯神庙，1876年

P278下图：菲狄亚斯工坊的发掘，1891年

际声望。当然，奥林匹亚的名字现在可以在各种文化圈子中听到，在希腊也引发了类似的爱国情绪，所以一度希腊议会驳回了两国之间的协议。最后达成的文件在历史上有非常重要的意义：这是第一次发掘的文物应被宣布为希腊的财产，并保留在当地；文物将被放置在一个专门建造的博物馆中，意即不将文物与它们发掘的原始环境分离。不出所料，这引发了德国和俾斯麦总理的批评，上述人等从不能接受希腊驳回原来的协定。

但对于德国探险队来说值得称赞的是对挖掘成果的整理和公布非常迅速：在1890年至1897年，研究小组就出版了5卷由柯蒂乌斯和阿德勒编辑的文献（陆续又出版4卷），使得奥林匹亚的伟大的发现进入科学研究领域的正轨。1894年阿德勒绘制的地图资料出版，不久后又进行了模型重建。1921年至1930年由多菲尔德进行了同样一丝不苟的挖掘工作，文献出版的时间缩短。1936年至1941年进行了更大规模的发掘；从1952年到现在，发掘工作与对发掘结果的系统整理仍在交替进行。

P279上图：窄轨轻便铁路的帮助下对体育场的发掘，1958年

P279下图：多菲尔德与同事在赫拉神庙南侧

要了解一个地方的历史，最好是从本地的神话传说入手。保塞尼亚斯总结了错综复杂的传说，例如，有的传说认为奥林匹克比赛的开始随着宙斯的诞生，是从克里特斯兄弟（Cruetes）开始的，他们的职责是在克里特岛上照看幼小的宙斯。当他们搬到伊利斯时，两兄弟因为好玩而赛跑，这项比赛就算非正式的方式诞生了。另一个版本是说，宙斯在伊利斯击败了他的父亲克罗诺斯（Cronus）。在关于奥林匹亚的许多神话中有两个人物脱颖而出：佩洛普斯（Pelops）和赫拉克勒斯。这一对人物代表了希腊历史的两个阶段：亚该亚人的迈锡尼时代和多利安人的时代。品达（Pindar）和阿波罗多罗斯（Apollodorus）对于塑造第一个神话的贡献最多，也就是关于奥运会起源更不祥的那个版本的传说。在这个故事里，皮萨国王俄诺马乌斯（Oenomaus）希望避免他的女儿希波达米亚（Hippodamia）结婚，因为有一则神谕预言俄诺马乌斯将死于未来的女婿之手。出于这个原因，他向任何想要求婚的人宣布了一项挑战：即要和他本人进行战车竞赛，胜利者可以娶到希波达米亚，如果求婚者输了就会被处死。国王自信无人可以取胜，因为他的父亲战神阿瑞斯给了他一个像风一样快的马队和一个高超的驾驶战车的人，即赫尔墨斯的儿子弥勒提鲁斯（Myrtilus）。他把希波达米亚放在战车上，想让求婚者的挑战更加困难。在比赛中，不幸的追求者们总是失败再被杀害。当来自东方的王子佩洛普斯出现时，已经有13名年轻人在宫殿前被斩首。佩洛普斯是利迪亚领主坦塔勒斯（Tantalus）的儿子，被希波达米亚的美丽和挑战的诱惑所吸引。他得到了波塞冬赠予的飞马，成功击败了俄诺马乌斯。

P280：古风时期的跑步者，驾驶战车的人和战车，古典时期，青铜制品

P281：奥林匹克运动会拳击手头部，严谨时期的青铜雕塑

根据另一个版本，希波达米亚爱上了佩洛普斯，说服了弥勒提鲁斯对父亲的战车动了手脚；也有版

本说是佩洛普斯拉拢了弥勒提鲁斯。但是也有内容差异较大的传说，即赫拉克勒斯才是运动会的创建者。在赫拉克勒斯完成了他的第五项功绩后被驱逐出伊利斯。赫拉克勒斯杀了国王奥革阿斯复仇，并创立了奥林匹克运动会向佩洛普斯致敬。因为这个地方缺少树来提供荫凉的地方，赫拉克勒斯回到北方乐土，从多瑙河边泉取了一棵野橄榄树。这棵树的树枝上后来就用来做比赛胜利者的冠冕。

历史

公元前776年作为著名的泛希腊运动会的一部分，奥林匹亚运动会的起源甚至在古代也不乏讨论。奥林匹亚神殿第一阶段的历史似乎与宙斯的神谕有关，是关于战争的问题，因此发掘出的有价值的祭品（主要是公元前10世纪至公元前8世纪的武器）均是军事相关的。不过，即使人们认为的运动会起始日期是计算滞后的结果，那段时期也是奥林匹亚神庙声望日盛的时期。与其他希腊神庙一样，没有预先确定的计划可以解释宗教中心的建立和逐步发展。这片建筑群似乎持续不断的，毫无规划又毫不相关的建筑。只有在希腊化的时代才有了总体规划，使这里呈现出统一的外貌。

参观指南

参观路线建议以神殿内建筑物的历史发展为重点，因此从阿尔提斯的中心位置开始。如果要参观发掘地点和博物馆需要一个完整的一天（或至少4小时）。

开放时间：夏季8：00—19：00；冬季8：00—17：00。

（星期日8：30—15：00）。

奥林匹亚

a 宙斯祭坛
b 佩洛普斯神庙
c 赫拉神庙
d 田径场
e 议事厅
f 管理处
g 宝库
h 宙斯神庙
i 菲狄亚斯工坊
j 阿尔提斯的围墙
k 女英雄祠
l 希腊浴室
m 克劳得斯浴室
n 祭司府
o 母神之庙
p 东南建筑
q 回声柱廊
r 列奥尼达斯英雄祠
s 健身馆
t 健身室
u 腓力祠
v 希罗德·阿迪库斯 nymphaeum

P282—283：遗址俯瞰，对照旁边的地图

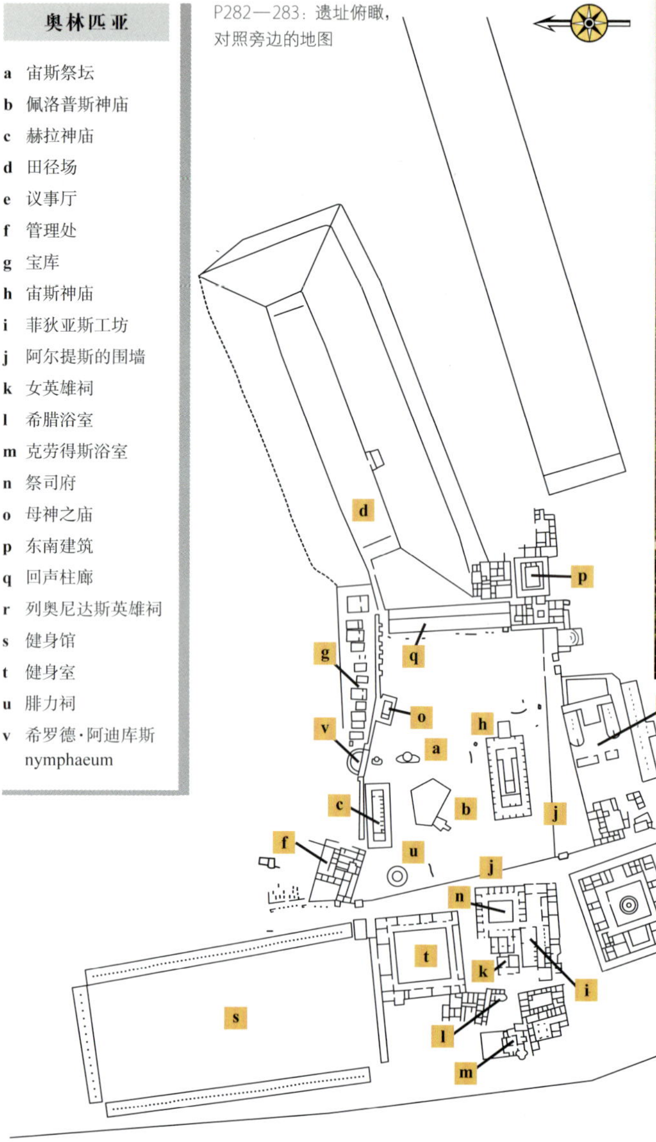

很长一段时间里，阿尔提斯一直保持着简单的乡村风貌。直到公元前5世纪上半叶，宙斯在此处完全没有属于他的庙宇。一座非常古老献给宙斯的祭坛（a）根据传说是赫拉克勒斯建造的。每年祭品的遗骸都被灰烬覆盖，因而增加头并铺有一层地板。这可能是一个敬拜的地方，也可能是求取神谕的地点。历史上曾认为是佩洛普斯的坟墓，于是一座朝门在古风时代建立起来，是公元前4世纪初的前柱式四柱式结构。当时的围墙呈现多边形，是典型的英雄祠特征。

了堆的高度（在保塞尼亚斯的时代，这堆灰烬周长38米，高22米）。祭坛标志着体育场跑步比赛的终点线（最初跑步是不同竞赛中最重要的一项），因此跑步比赛一般与宙斯的崇拜和对佩洛普斯的英雄崇拜相联系。佩洛普斯神庙（b）就在旁边。在发掘出青铜文化早中期村庄的区域有一个小山丘，上面有一圈石围墙内有树木和雕像遗迹献祭黑绵羊的地方。在公元前8世纪不仅有当地人，资料显示还有来自邻近地区的人来参加比赛。一个世纪后，奥运会已经向整个希腊和殖民地的人民开放。但这个时期，神殿区域的建筑并不多。

第一座纪念性建筑（建于公元前7世纪中叶前后）是赫拉神庙（c），被认为代表了阿尔戈斯的政治影响力。有限的资料表明，这座庙宇是即将盛行的多利克式的先驱之一，也是建造者们试图将神圣建筑的丰碑风格在唯美主义和技术难题之间取得折中的一个明显例子。于19世纪的发掘中重见天日的这些建筑的地基和遗迹引发了一场激烈的辩论。这座围柱式的寺庙是多利克风格，有6×16根柱子，双柱式前廊和相对式后廊。为了更好地展示圣像，内殿的中央没有了支撑屋顶中梁的柱子，而是被替换成靠近边墙的两列8根的柱子。边柱几乎都保留了下来。但这些柱子在使用材料和柱头样式上都有很大不同，有些明显是后来替换的。根据文献，有些木制的柱身和柱头是和青铜的制作在一起的（保塞尼亚斯曾看到后殿有橡木制作的）。从木材到石头的柱顶盘的转变与内殿的新布局有关，这种布局使屋顶负荷得到了更好的分配。屋顶是用黏土做成的，覆有弧形瓦片，这是典型的拉科尼亚式。

P284上图和P284—285：赫拉神庙的多利克柱列

P284下图：赫尔墨斯带着年幼的狄俄尼索斯，普拉克西特利斯之作

保塞尼亚斯的描述让我们明白这座庙宇是某种博物馆。内殿的墙壁有一系列的“壁龛”来盛放献祭品，其中包括普拉克西特利斯的著名雕像“赫尔墨斯带着年幼的狄俄尼索斯”。除了其他宗教崇拜雕像，还有一尊宙斯像也在内殿中。后殿中有著名的“西浦路斯之柜”（chest of Cypselus），西浦路斯是科林斯的君主：这是一个非常有价值的雪松木柜子，装饰有象牙浮雕和金箔，表现了与奥林匹亚神话有关的场景。另有一尊金箔浮雕的宙斯像也保存在后殿中。但最重要的文物是一件带有铭文的青铜盘，上面刻着伊利斯的伊菲托斯和莱库古斯的名字、奥林匹克运动会的制度、首席裁判官（hellanodikai）必须遵守的条例规定等。

P286上图：通向体育场的走廊

P286—287：从南部角度看体育场，“东南建筑”（左），祭品间的地台

P287：管理处地基

与奥运会有关的重大建筑基本都建设于公元前6世纪。这是田径场、议事厅（奥委会所在地）、管理处（Pritaneion，圣殿管理的地方）和许多宝库（小的神殿式建筑，用于存放不同城市的献祭品）的集中建设时期。由于公众的大量涌入，赫拉神庙的空间已经不够用了。我们今天可以看到，田径场（d）是连续建设阶段的产物。原始跑道在宙斯祭坛的更西边，向运动会的宗教起源致敬。跑道的东移与公元前6世纪利用克罗尼奥斯山坡继续进行建筑的时间重叠（阶段1）。在公元前5世纪初，跑道南端被土方工程截断，上面堆满了曾在古风时期展示在跑道旁边的众多青铜器（阶段2）。在公元前4世纪田径场已经呈现出现在的形式，增加了裁判官席位（3a阶段），大约公元前330年至公元前320年轨道旁又出现了一条人行道（3b阶段）。正式入口是建于公元前200年的一条长拱顶走廊，公元前100年又加了一道优雅的大门。在1世纪，周围

的土方工程进行重整，并建起了献给得墨忒耳的祭坛。

在裁判官的席位前，议事厅（e）的遗迹已经所剩无几，运动员们要在那里宣誓遵守比赛的规则。位于神圣区域的南部，经过许多次重建和翻新最终产生了一座方形建筑（也有一些人说是只是一座简单的庭院加一个中央祭坛），前有伊奥尼亚式柱廊（公元前4世纪），两侧有两个长拱（北面的是公元前6世纪，另一个大概是5世纪）。议事厅有一个中央柱廊，终端有一个房间，在功能上类似于古风时期希腊的闺房（thalamus），但用途仍然很模糊。

管理处（f）是神殿管理人员的正式场所，在那里欢迎重要的客人，招待比赛的优胜者。这座房子有一个很大的双柱式接待厅，一系列提供招待和做厨房用的房间。在祭坛的位置的发掘显示（借助斯特拉波的作品）这是献给赫斯提亚的，祭坛的圣火一直燃烧着。

在公元前6世纪初，体育场与赫拉神庙之间建起一座地台，上面修建了许多宝库（g）。从西至东我们发现了锡西翁、叙拉古，埃皮达姆斯、拜占庭、希巴瑞斯、匿名的、昔兰尼、另一个匿名的、塞利努特、迈达本都斯、迈加拉伊布里亚和杰拉。最古老的是杰拉，迈达本都斯和希巴瑞斯（公元前6世纪上半叶），时间最近的是属于叙拉古和拜占庭的。公元前5世纪锡西翁的也曾经重建。因为每一间都有独属于城市的建筑风格，我们得以通过比较来自建筑各自故乡的材料来比较修建的日期。因为建有神庙，奥林匹亚经常被认为是进口工艺品而非产地，但有一些小型祭品除外，它们确实是在本地生产的，与其他信徒众多的宗教胜地一样。

第一批祭品和献祭的运动员雕像出现在公元前6世纪末。一个世纪后，在希腊人先后取得对波斯人和迦太基人的胜利之后，终于有机会在希腊大陆和殖民地展示自身的骄傲。捐献的祭品包括宙斯的巨像，因为这些城市参加了普拉提亚战役；埃莱特里亚人造公牛，感谢神救他们的脱离波斯人控制；还有叙拉古将军弗摩弥斯所献的供物。

公元前5世纪完成的主要建筑是宙斯神庙（h），建于公元前5世纪的上半叶，在阿尔提斯的中心。那里原有的许多献祭建筑被拆下和埋藏在神庙下面。其中有些可以查证的建筑日期非常精确，与历史资料相吻合，说明神庙是在公元前472年至公元前471年特里菲利亚（triphylia）军事会战后旋即建立。公元前456年建造完工，斯巴达人在东山墙上搭上金顶以纪念塔纳格拉（Tanagra）战役。建筑师的名字也镌刻其上：伊利斯的里本。

这座神庙显示出在古典时期起始阶段宗教建筑的限制。有力和坚实的造型比例具有伯罗奔尼撒的时代特征，这也是为什么建筑材料使用本地的薄砾岩。另外，粗糙的表面适宜灰泥涂层，能够

突出最重要的建筑特征。这座庙宇还是模块化建筑形式的代表，大大启发了那一时期的建筑师们。基础模块以围柱式的柱间距作为基础单位（16多利克尺），整栋建筑的衡量——平面图，突出部分和细节——都以二倍或三倍基础单位。比如整个建筑的尺寸是80×192多利克尺，即5×12基础单位，内殿尺寸48×144多利克尺（3×9基础单位）。三竖线花纹装饰的柱间壁砖块、檐和栏杆的长度相当于一个模块。

围柱有6排13根相当大的柱子，这标志着第一次通过将长边和角柱稍微向内倾斜来进行光线调整的尝试。这是为了创造一种向上的推力，一个大约3米高的土堤所筑的高平台又进一步推动。该平台有三阶，其中最后一阶（最高的）在水平上稍微弯曲。内殿有一个前廊和相对式双柱式后廊，比侧廊位置

P288：宙斯神庙废墟的多利克柱廊的雕刻柱础

P288—289：阿尔提斯城的想象复原图，宙斯神庙在中央

略高。内殿由2排根列的柱子分为两个侧廊，排列在2层，中间的殿堂是侧廊宽度的两倍，这与当时流行的规范是一致的。内殿是为了放置宙斯的雕像而建造的，这也涉及神庙带来的另一个建造问题。在寺庙建成20年后，菲狄亚斯才被邀请，专家们倾向于认为是在公元前438年之后，也就是帕特农神庙完工后获得了这项重要的委托。

OLYMPIA

为了使大师的工作更加方便（更好的计划雕像所需的贵重材料），一座工坊（i）以内殿同样的尺寸和朝向建立起来。后来这个工坊在拜占庭时期改成了一座小教堂，直到1958年由考古学家昆泽（E. Kunze）发现了它最初的用途。研究发现这座建筑的墙体地基是公元前5世纪的，出土了一些工具如小锤子、小铁砧、骨工具、象牙碎片等工作材料，还有玻璃饰品。有用于熔化金和铅板的模具，将已加工的零件固定在木支架上，以及一些普通的用具，例如一个小壶上面写着“我属于菲狄亚斯”（phidio eimi）。这些物件和它们的样式以及装饰，共同说明了这里曾经开展的工坊的活动持续了若干年。

一些历史资料以及在哈德良皇帝时期出土于伊利斯的硬币，提供给我们对这个世界七大奇迹之一的想象。（其余的是以弗所的阿尔忒弥斯神庙，哈利卡那索斯陵墓，罗德岛巨像，亚历山大法罗斯岛灯塔，吉萨的金字塔，巴比伦的

P290和P291上图：菲狄亚斯工坊的凿子、斧头和支架

P290和P291下图：菲狄亚斯工坊；后来占据建筑的教堂的柱子和栏杆

空中花园）。

斯特拉波对菲狄亚斯的宙斯雕像的看法是批判的："它（雕像）太大了，虽然神庙相当大，但艺术家似乎没有尊重空间比例。他虽然雕塑的是坐像，但神灵的头顶几乎碰着屋顶，这样给人的印象是如果宙斯站直了，他就会把屋顶掀翻。"（斯特拉波：地理，VIII，3，30）为了以一种有价值的方式来容纳这尊黄金象牙雕像，内殿从入口的第三根柱子开始就铺上一层黑色的大理石地板，从第二组柱子开始就用轻质墙隔开容纳雕像的空间。雕像的底座被放置在内殿后部。这尊巨像有12.5米，在木制框架上覆盖着金箔（chrysos）和象牙条（Elepha）。

保塞尼亚斯提供了关于巨像的详细描述（V，11）：“神灵坐在宝座上，是用黄金和象牙制成的。他头上戴着一顶看起来是橄榄枝做的皇冠。右手拿着一尊胜利女神雕像，也是用象牙和黄金制成的；胜利女神戴着一条丝带，头顶皇冠。在宙斯的左手里有一个用各种金属装饰的权杖，权杖末端是一只鹰。宙斯的鞋和长袍也是金的，上面装饰着动物和百合。”接着对王座进行了详细的描述，使我们了解到古人对待一般艺术作品的看法与现代有很大的不同。保塞尼亚斯对绘画和雕塑的主题进行了非常详细的描述，通常与伯罗奔尼撒神话有关，但没有提到它们的质量如何。

在这一点上似乎应该记住，卢修斯·埃米利乌斯·保卢斯（Lucius Aemilius Paullus）在公元前168年希腊战胜马其顿的珀尔修斯之后进行的希腊之行中一段与奥林匹亚有关的插曲。李维（Livy，译注：罗马历史学家,《历史》，XLV，28）告诉我们，进入宙斯神庙后：“……他的目光转向神像，仿佛他在神的面前并被深深震撼了。就好像准备在战神山献祭一样，他的祭祀比平时准备得更宏伟了。”这一幕似乎已经超越了美学的感知跨入虔诚的范畴。彼时流行的艺术无疑是有宗教性质的，尤其是考虑到艺术家的重要地位。神的感官形象是首要的，人们做出献祭的回应则是一种宗教的体验。

而在现代文化旅游中人们怀有乌托邦式的希望，即从与该遗址相关的纯艺术角度去体验历史的存在，这与古代世界人们的出发点是很不一样的。对古人来讲，乡村的经验首先与神话紧密联系在一起，在宗教和（伪）历史的意义上。乡村是神性的：山脉、洞穴、河流、泉水、树木或者仅仅一棵树都是众神居住的；然后是那些被认为与英雄有关的风景的特征：一个英雄的坟墓，另一个英雄建造的墙等。所以在宗教建筑区域最引人注目的艺术往往有其原始的宗教功能。对于游客来说，艺术作品的形式的作用就是提升它们的内容。因此对于雕像、浮雕、绘画等古代记录，总是专注于它们所涉及的神话。例如想想保塞尼亚斯得以幸存至今的关于雕像的描述，对于我们现代人来说雕塑艺术史上最为重要的一个时期，他几乎未曾提到艺术作品的质量如何，只是描述它们代表的含义。

东面的主山墙，描绘了俄诺马乌斯与佩洛普斯在宙斯面前进行比赛准备，西山墙则画着忒修斯的半人马。前廊和后廊的柱间壁绘制了赫拉克勒斯的十二项功绩，从西面开始：勇斗尼米亚

P292—293：宙斯神殿的想象复原图，菲狄亚斯的黄金象牙雕像

P293下图：宙斯神庙的多利克柱

狮子、杀死九头蛇许德拉、驱赶斯廷法罗斯湖的怪鸟，征服亚马逊女皇希伯吕忒（hippolyte）；东山墙是活捉厄律曼托斯山上的野猪、制服狄俄墨得斯的牝马、牵回巨人革律翁的牛群、摘取赫斯珀里得斯的金苹果、带回地狱的恶狗刻耳柏洛斯、清扫奥革阿斯的牛棚。

虽然我们知道了建筑师的名字，但还是对构思和建造这座非凡建筑群的人的生平一无所知。经过激烈争论专家们仍未能成功地将其辨认为某位已知名的雕刻艺术家。保塞尼亚斯提到过的名字——东山墙的雕刻者门德斯的帕欧尼乌斯（Paeonius），以及西山墙的雕刻者、菲狄亚斯的学生和合作者阿尔卡门尼斯（Alcamenes）——由于差了一整代人的时间所以肯定是不正确的。上述两人均活跃于21世纪晚些时候。然而两者都在某种程度上与神庙有关联。因为正是帕欧尼乌斯是因为雕刻了神殿东侧著名的胜利女神像，这是麦西尼和那乌帕克图斯的居民为纪念公元前425年对斯巴达人的胜利而敬献的。正如铭文所告诉我们的，帕欧尼乌斯也负责庙宇本身山尖形装饰。阿尔卡门尼斯可能负责过西山墙的修复，因为有三尊雕像是潘泰列克大理石雕刻的（来自阿提卡），而其余的雕像大理石来自帕洛斯。

东山墙上体现的是佩洛普斯和俄诺马乌斯比赛前的时刻。在这个空间内有人格化了的河神阿尔甫斯（Alpheus）和克劳狄斯（Cladeus）、准备就绪的战车、马夫以及两个年长的形象，应该是预言家。中间宙斯的形象被隐去了。两边的竞赛者分别是，右侧是佩洛普斯和希波达米亚，左侧是冷酷的国王和妻子斯特洛普（Sterope）。另一面山墙的主题是拉庇泰族和半人马在佩里修斯（Perithous）的婚礼上。阿波罗占据了中间的位置，右边的忒修斯手持双刃斧，与一个正准备掳走拉庇泰妇女的半人马战斗。左边是佩里修斯，试图将自己的新娘从半人马欧律提翁（Eurytion）的拉扯中抢回来。成群的战士们一个接一个投入战斗，角落里的拉庇泰妇女也试图在打斗中脱身。

整个雕塑场景的比例、风格和构成都十分和谐，只是相比较而言东边的雕塑比西边的更偏静态，但这一点被其反

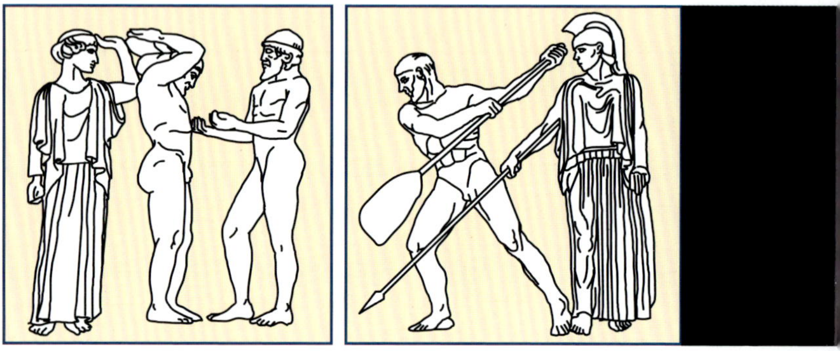

P294上图：宙斯神庙柱间壁的赫拉克勒斯的功绩。左边是赫斯帕里得斯的苹果，右边是奥革阿斯的牛棚

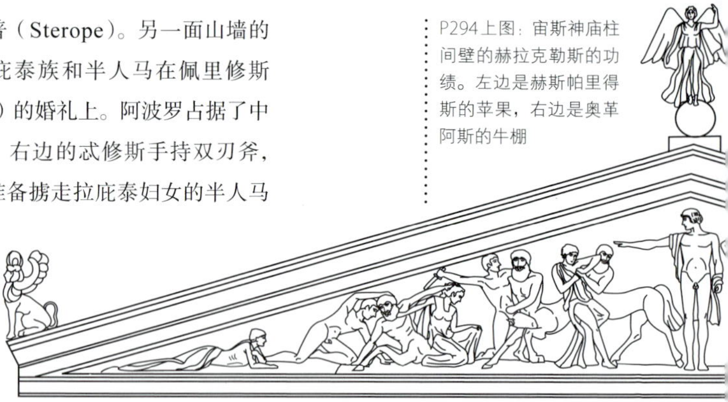

映的场景中和了。试图辨认这组雕塑中不同艺术家的手法风格是困难的，认为是出自一人之手的看法现在被越来越多专家接受【1914年首先由罗威（E. Loewy）提出，后来在1934年兰格洛兹（E. Langlotz）和1939年贝卡迪（G. Becatti）给予支持。】另一方面，如果由许多雕刻者以同样的手法完成人物众多的雕塑也不可能手法如此统一。

P294—295：西山墙的想象复原图和实际的残片

P295上图：赫拉克勒斯头部，来自奥革阿斯牛棚部分

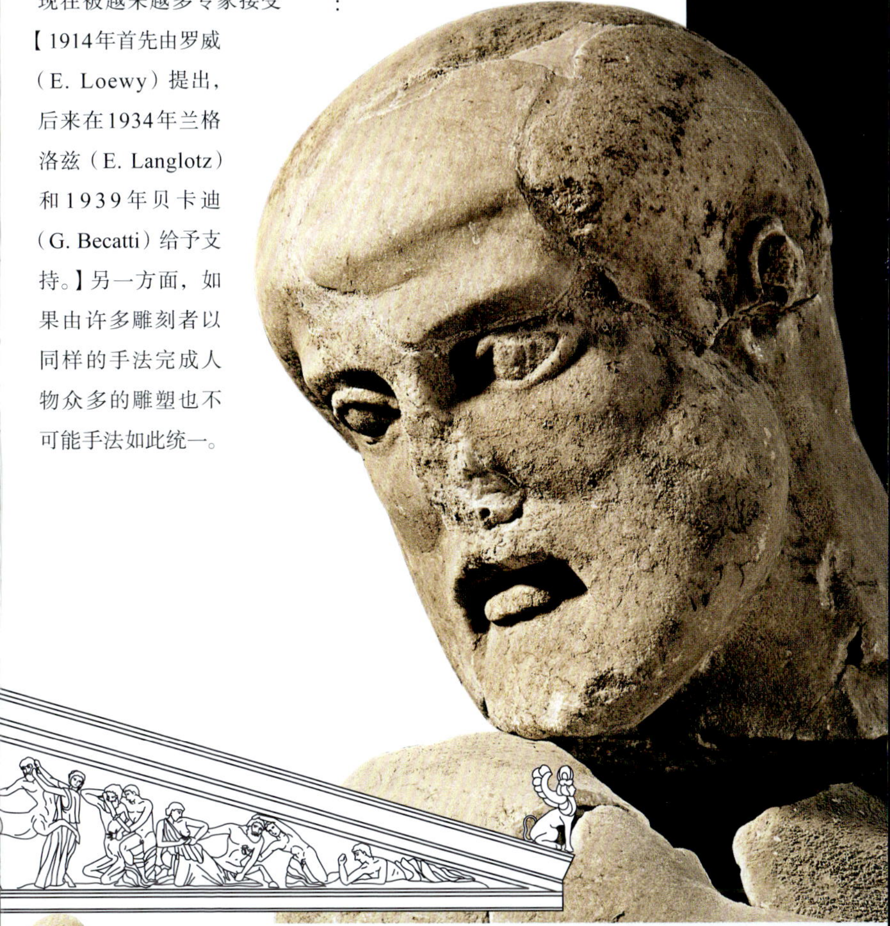

最有可能的是整个雕塑部分交由一人完成，这位大师负责组织整个雕刻工坊的工作，为其他人的雕刻画出样本草图。毫无疑问他本人也要参与人物形象的设计。因此这些重要而享有声望的工作应当会交由已经在国际上声名远扬的大师，并且有能力带领一个团队的工作。

但是截止现在的辨认成果，认为山墙的雕塑风格不属于任何一个已知的帕里斯大理石雕塑工坊：雅典的雅典娜波利阿斯神庙东山墙，埃莱特里亚的阿波罗达夫尼罗斯神庙，德尔斐的阿尔克玛尼奥尼兹的阿波罗神庙东山墙。因此，“奥林匹亚的大师”头衔只能给予这个未知的艺术家了。在所有的猜测中，可能性较大的是作品风格与这里的雕塑绘画有明显联系的波利格诺托斯（Polygnotus，公元前5世纪古希腊画家）和米孔（Micon）。

奥林匹亚的“黄金时代”是公元

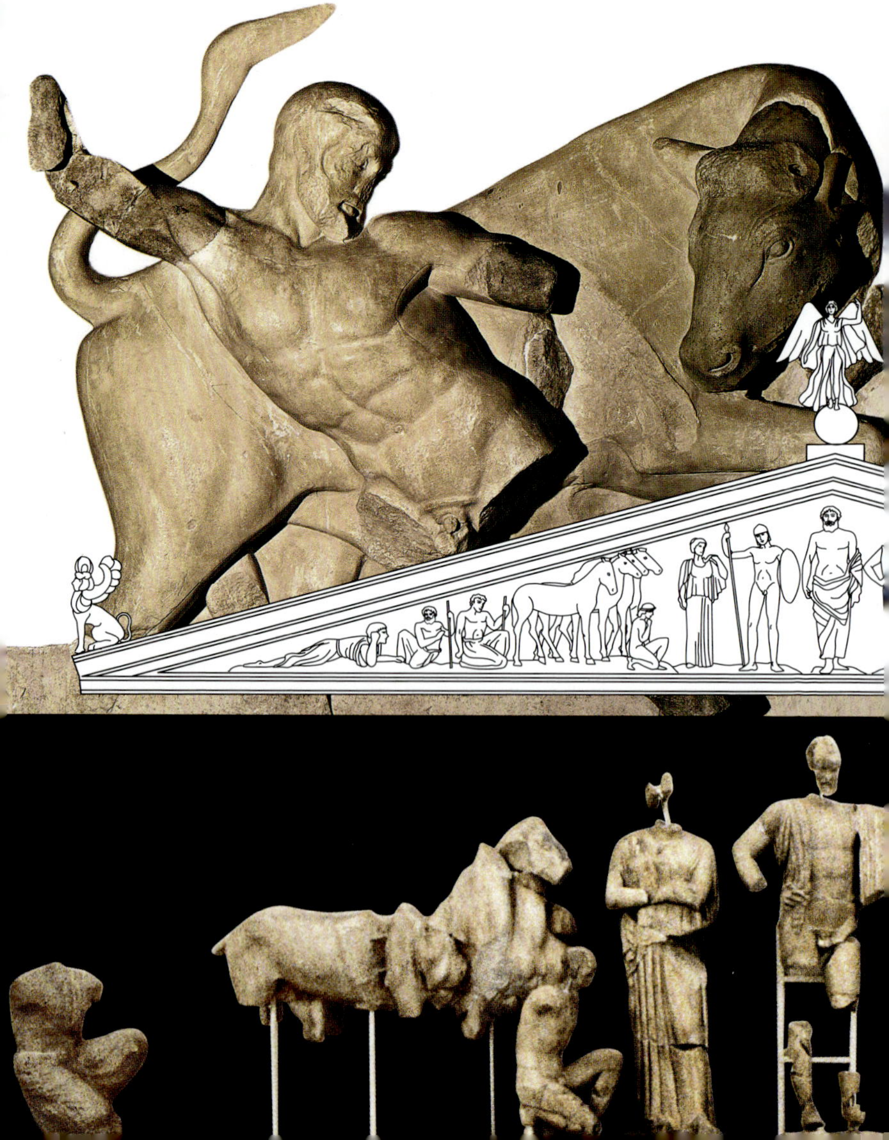

前5世纪。在特里菲利亚被征服后，伊利斯附近的村镇联合得到了推广，民主制度被采纳（在雅典的影响下），节日延长到了5天，奥运会裁判（hellanodikai）人数从2人增加到10人，这是一段围绕神庙进行密集建设和对献祭建筑进行装饰的时期。

P296上图：赫拉克勒斯与克里特公牛，来自宙斯神庙柱间壁

P296—297：半人马与拉庇泰族的战斗，宙斯神庙西山墙遗迹修复

P297上图：赫拉克勒斯打败尼米亚狮子，柱间壁修复

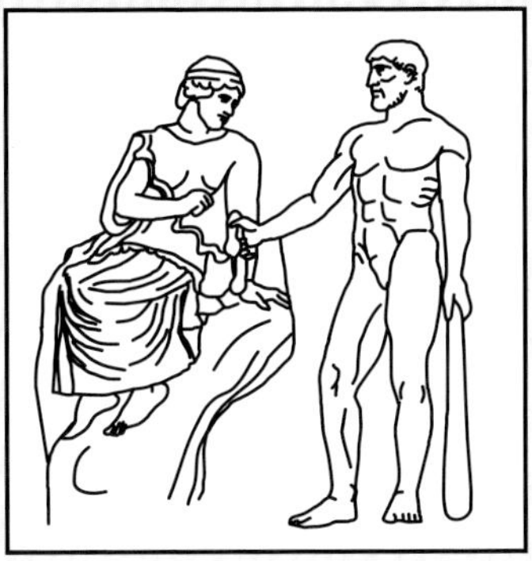

P297中图：赫拉克勒斯打败克里特公牛（左），获得响板吓退斯廷法罗斯湖的怪鸟

宙斯神庙的建造已经在上面讨论过了。现在来到圣林周围的第一道围墙，阿尔提斯（j）。这里有一组建筑建在一起，就在围墙的西边，其中之一就是所谓的英雄祠（k）。这是一座神秘的建筑，有一条走廊通向一片长方形的区域和一个房间，里面有一圈护墙石板：一些献给这位未知“英雄”的祭品，一些专家认为此处就是为了纪念菲狄亚斯。如果是这样，那奉献的祭品可能是由负责维护宙斯巨像的一群人（“光亮者”）献上的。这个房间旁边是“希腊浴室”（l），它在罗马时代被所谓的“克劳得斯浴室”（m）所取代。浴室由单人浴室和大浴池组成。另一个建筑是祭司府（Theokoleion，n），传统上被认为是大祭司的住处。虽然实际上是一个健身室，或作为不太重要的神殿工作人员与体育活动有关的临时住所。在公元前5世纪末至前4世纪初，除了已经提到的佩普洛斯英雄祠外，还建造了母神之庙（metroon，o）。这是一座6×11的多利克围柱式建筑，神庙区域内的第三大神殿。原本作为地母瑞亚（Rhea）的祭祀地，在罗马时代被改造成一个帝王崇拜的地方。另一座至今尚未确定的建筑是所谓的“东南建筑”（P）：这里有四个正方形的房间，前有多利克式柱廊和庭院，功能上好像赫斯提亚的神殿。公元前2世纪向东部和南部扩建，1世纪被改建为传统上称为“尼禄住宅”的正常房屋。在3世纪经过了进一步的工程改建成了一座浴室。公元前374年的地震和随后公元前364年阿卡迪亚人和伊利迪亚人（elidians）之间的冲突造成了破坏，使建造新的建筑成为必要。在此期间，建筑师试图通过建造柱廊定义中心空间，从而使神庙有统一的外观。于是南柱廊——给阿尔提斯墙的庄严背景——和回声柱廊（q）或“七次回声”（heptaphonon），也被称为绘画柱廊。以其捐献者纳苏斯的列奥尼达斯命名的列奥尼达斯英雄祠（r），是一个巨大的长方形结构，有一个中央围柱式庭院，用来招待参加奥运会的杰出运动员。这项功能一直维持到罗马时代，由于贵族参与者越来越少，这座建筑变成了亚该亚行省总督的府邸。著名宙斯青铜像为真人大小，矗立在中央区域的东侧。这些雕像是由违反体育法规的运动员支付的罚金修建的。在希腊化时代这一区域进行了为数不多但意义重大的改建。健身馆（s）是在围墙外建造的，作为赛跑、跳跃、铁饼和标枪投掷的训练场；一个室内运动场（xystus，一个有顶棚的常规长度的跑道），一个优雅的朝门代表着通往神庙区域的通道。还有一个为摔跤和拳击练习设立的角力学校（palaestra，t）。

腓力祠（u）是一座相当重要的建筑，由马其顿的腓力二世在公元前338年切罗涅纳战役后建造的。直径约为15米，有18根伊奥尼亚柱环绕，内殿有9根科林斯半柱。这座建筑既有英雄崇拜的典型特征，也标志着在神庙内庆祝王朝的开始成为普遍做法。那里放置的黄金象牙雕像有腓力本人、他的妻子、父母和儿子亚历山大。后来又有了迪希多斯（Diaochs，亚历山大大帝的继任者）

的骑马像。在罗马时代，神庙内最重要的位置被后来的占领者雕像占据着。

公元前146年，穆米乌斯（Mummius）在宙斯神庙中放置了21枚黄金盾牌，代表被亚该亚联盟击败的民族，同时，伊利迪亚人提供了一尊骑马像。在神庙被罗马大将苏拉洗劫（以补贴与本都斯国王米特拉达梯六世的尤普特战役）后，到奥古斯都时期奥林匹亚的一切终于又恢复了正常。总的来说，帝国时代带来了遗址的修复和很少的变化。最重要的是围墙的扩大、纪念性大门的建造、母神之庙改造成为一个帝王崇拜的地方，以及建造希罗德阿迪库水道（v），目的是结束长期以来比赛季节缺水的现象。这座建筑简洁地展示了由一条长长的渡槽将水输送到奥林匹亚的情况。旁边的半圆形谈话间内立有希罗德的雕像、其妻子瑞吉拉和皇家家族雕像。随着参观奥运会的富有罗马人以及来访公众的增加，周围的服务设施也相应增加了：罗马时代建立了4个浴场。267年赫鲁利亚人的入侵是对神庙的一次沉重打击，之后拆除了一些宙斯神殿和议事厅周围的建筑为代价建造了防御工事。如前所述，基督教皇帝狄奥多西反对异教并颁布了禁止奥运会的法令，直接导致了神庙辉煌的终结，虽然那时它已经开始衰落了。菲狄亚斯的宙斯巨像转移到君士坦丁堡也没有逃过劫难，毁于475年的一场火灾。在6世纪发生地震后，宙斯神殿倒塌了。

P298：南柱廊内的科林斯柱头，在议事厅南部

P299：腓力祠的圆形地基，背景是健身室的柱廊

博物馆

除星期一闭馆，博物馆的开放时间与挖掘现场开放时间相同：夏季12∶00—19∶00；冬季11∶00—17∶00。电话（0624）22 517/22 529。

博物馆是一座巨大的现代建筑，主要展示发掘出土的大量文物。这些文物按年代顺序和不同主题排列。前厅有两个神庙的模型，是神庙刚刚建成的样子。继续参观，从左边的1号展厅开始，这里有迈锡尼和几何陶时代的展品，包括了两尊镇馆之宝：青铜马和“荷马式”头盔，装饰有野猪的牙齿。

2号展厅有一系列几何陶晚期的青铜器，已经有明显的古风风格，它包括装甲、头盔、胸板、护腿、盾牌和许多武器，制作于科林斯、哈尔基季斯岛和

P300上图：青铜的格里芬像，来自一块献祭盾牌

P300下图：青铜马

P301上图左：赫拉雕像头部，来自赫拉祠

P301右上图：艾奎斯托斯（右）逃跑，俄瑞斯忒斯刺杀克吕墨涅斯特拉。青铜浮雕

P301下图：宙斯诱拐加尼莫得古风雕塑

克里特岛。有些作品表现的是神话场景，例如公元前7世纪中叶的一块石板显示阿波罗在两个极北乐土女孩的陪伴下演奏竖琴，宙斯和两个少年正在欣赏。其中一个头盔来自米太亚德将军，马拉松战役的胜利者。值得注意的是一个罕见

3号展厅包括杰拉宝库的山墙第一版重制品（公元前560年），由彩饰的赤陶制作而成，以及迈加拉宝库山墙（公元前500年）石头复制品。另外还有来自斯巴达、科林斯和阿提卡的陶器，一些青铜器，包括一尊可爱的马头。

的有翼女性雕像（公元前6世纪初），铸打的青铜制成。有趣的作品还包括那些雕刻着英雄故事场景的青铜浮雕（朝代或城市的礼物），其中一个是拉庇泰人与半人马族的战斗（公元前7世纪中叶），一个有雌性格里芬兽哺育幼崽（约公元前625年），还有一些大型的东方风格的容器装饰着格里芬和狮子头像。一些石像的碎片展示在房间的后半部分，包括著名的赫拉头像（约公元前560年）。

4号展厅有古风晚期的黏土人偶，包括头戴花冠（公元前490年前后）的雅典娜头像和一件过渡风格的杰作：宙斯和加尼莫得（Ganymede）的黏土群像（公元前65—前47年）。宙斯正在诱拐这位美少年，给这个年轻人一只公鸡作为礼物。这座雕塑与宙斯神庙山墙上的人物十分相似。构图的力量由人物之间的反差体现出来，披着斗篷的宙斯和少年的优雅（在这个戏剧性的时刻，他天真地抓着礼物）。右边的一扇窗户显示了菲狄亚斯工坊中出土的物品。

在与博物馆入口呈一线位置的半圆形谈话间，放置着帕奥纽斯的有翼胜利女神（约公元前425年）。这位雕塑家来自色雷斯，在这尊雕塑中把菲狄亚斯的风格元素即“湿”衣物特点推向了极致。通过让我们想象风吹向女神的身体，这位艺术家把她的衣服作为个人技术技巧的展示平台：部分是透明的，另一些则成了褶皱的漩涡，几乎变成了面纱，这是他描绘的唯一构成的限制雕塑材料本身。继续到5号展厅，这里有古典时代的雕塑，其中包括一个可爱的阿芙洛狄忒大理石头像，出自普拉克西特利斯之手；一个运动员的头像和一个亚历山大大帝头像。另一个有趣的展品是来自列奥尼达斯祠（公元前350—前325年）的黏土管道。一小段弯路通向雕塑“赫尔墨斯带着年幼的狄俄尼索斯”，这尊雕像在单独的房间展示。这是在赫拉神殿的内殿中发现的普拉克西特利斯艺术成熟时期的杰作。其实，对普拉克西特利斯的作品归属一直是有争议的。保塞尼亚斯的资料中（V，17，3-6）认为他是公元前2世纪的艺术家，但当今倾向于认为他是公元前4世纪的艺术家。在这尊雕塑中，普拉克西特利斯将他对人体的感知发挥到极致。神灵的面部用色彩刻画，几乎接近矫饰主义的风格。微妙的阴影表现出精湛的技巧，表面的抛光与衣物和头发的粗糙造型形成了强烈的对比（也许最初是镀金的）。雕像的主题是成年人和孩子之间的理解，由普拉克西特利斯的父亲瑟斐索多特斯（Cephisoidotos）创造的这一主题也体现在雕塑“伊莲娜和普路托思”（Eirene and ploutos）。

6号展厅：罗马时期的雕塑。最令人印象深刻的是来自母神之庙的雕像，有一个可爱的安提诺乌斯和希罗德·阿迪库斯水道附近的雕像。

7号展厅是专门展出与奥林匹克运动会有关的文物。刻有铭文的建筑底座、小青铜器、赤陶制品和一些配件，包括吊带和刮身板（用于比赛后清洁运动员身体的弯曲器物）。

P302上图：马其顿雕像头部

P302下图：帕奥纽斯的有翼胜利女神残片复原，由麦西尼和纳夫帕克斯人敬献

P303：安提诺乌斯面部

博物馆的中央房间是留给宙斯神殿的文物的。其中有一个遗留问题是东山墙雕塑中的人物安排。考古学家特鲁（G. Treu）在其著作《奥林匹亚的发掘》第三卷中给出的顺序经常引起争议。关于这个话题，还有另一本在1967年由阿什莫里斯（B. Ashmolis）和亚罗瑞斯（N. Yalouris）编辑出版的著作，这两位学者各自提出了不同的人物排列方式，特别是东山墙的雕塑。现在西山墙的雕

塑布局更为平衡，两位与半人马战斗中的英雄——忒修斯和皮瑞苏斯——在阿波罗的左右两侧，后面还有各自的人马。但对于东山墙，佩洛普斯与俄诺马乌斯的位置意见不一。他们对于神的左右位置上，保塞尼亚斯曾经说，对于宙斯而言或者从观察者的角度而言（现今在博物馆中，佩洛普斯在宙斯左边）。还有一个未曾解决的问题是两个女性形象。其中一个身穿带腰带的长袍，右手

P304—305：宙斯神庙柱间壁，赫拉克勒斯在雅典娜的支持下得到赫斯珀里得斯的金苹果

P305左图："占卜者"，来自东山墙

P305右图：阿波罗雕像细节，西山墙中间形象

牵起衣角，似乎更天真和年轻，因此应该是希波达米亚。另外一位看上去更温柔，双臂交叉，代表哀悼的特征姿势；因此逻辑上来说应该是斯特洛普。宙斯的头部是转向左边还是右边也不确定。

长袍，“眼形”的褶皱，以及弯曲的线条或移动的人物中。雕塑原形创造了人物之间的互动，西山墙上用透视法塑造的人物形成了个体间紧凑的组合，因此这种更接近于二维而非三维的设计方式表明了这出自一位画家之手。东山墙有一种静态的平衡，传达出比赛前双方的严肃和紧张。宙斯的形象是最能体现风格演变的，而阿波罗的形象则是最保守的，仍然与严谨时期风格联系在一起。群像中的细节并不完全统一，例如男人和女人戴的几顶帽子，以颜色的不同暗示了佩戴的频繁。

除了山墙，针对柱间壁雕刻的赫拉克勒斯十二项功绩也有很多评论。最伟大的希腊艺术专家乔瓦尼·贝卡迪（Giovanni Becatti）强调说，“雕刻中选取了（十二项功绩中）最具动感的时刻，

虽然着有衣物，山墙上的人体形象还是比较统一，有些自然有活力，有些非常强壮。宽宽的压扁的褶皱是典型的黏土造型（因此是青铜雕刻家）的方法，而不是大理石雕刻家的方法。这个假设的根据的是我们在令人惊讶的细节中看到了錾刀的使用，尽管对表面的处理呈现出宽而简单的趋势，但在头发和胡须的处理中还是非常精细。在雕塑的体积分布中使用了模块化的处理，比如垂落的

体现了新的人性……与其说是描绘壮举的巅峰时刻，不如说是强调英雄的心境与付出的努力和雅典娜的支持有关。”在这些柱间壁描绘的画面中，赫拉克勒斯是最后一个古典主义贵族的化身，这是品达在他的颂歌中所描述的光辉伦理形象的化身。

奥林匹克运动会

建立奥运会的官方文件是一个刻有铭文的青铜圆盘，保塞尼亚斯声称在赫拉的寺庙里看到过（亚里士多德认为这是伯罗奔尼撒的历史上最重要的文物）。这块圆盘上铭刻着条例（ekecheiria），即伊利斯的伊菲托斯和斯巴达的莱克格斯按照德尔斐的神谕休战。条例代表了一种国际法，为希腊所有城市所接受，这些城市承认奥林匹亚地区在比赛期间是神圣不可侵犯的。条例禁止武装部队通过其领土，并保证所有参加庆祝活动的人的行为安全。对违反者的惩罚非常严厉。夏至之后的第一个满月标志着长达一个月的比赛的开始（训练和资格赛都是在比赛之前进行的）。奥运会的四年一次的举办周期形成了希腊历法的基础。

最初的比赛只包含一场跑步：一场超过体育场长度的赛跑，即600多利克尺，相当于大约192米。其他比赛依次增加：

第1届奥林匹克运动会公元前776年：短跑（田径场赛跑）

第14届奥林匹克运动会公元前724年：中跑（双倍长度田径场赛跑）

第15届奥林匹克运动会公元前720年：长跑（耐力赛）

第18届奥林匹克运动会公元前708年：五项全能（五项比赛：铁饼、跳远、标枪、赛跑、摔跤），摔跤

第23届奥林匹克运动会公元前688年：拳击比赛

第25届奥林匹克运动会公元前680年：四马战车比赛

第28届奥林匹克运动会公元前648年：混斗摔跤，赛马

第66届奥林匹克运动会公元前520年：武装赛跑

第93届奥林匹克运动会公元前408年：两匹战马战车比赛

第96届奥林匹克运动会公元前396年：传令号手和笛手音乐比赛。

其中一些比赛（短跑、摔跤、五项全能等）也在男孩子中间举行。赛程是这样的：运动员们由10人组成的“裁判小组”告知规则，然后他们在议事厅前宣誓。优胜者会得到一片棕榈叶，最后一天还会收到野生橄榄枝花环（kallistephanos）。希腊化时代和罗马时代，奥运会的道德和宗教价值的逐渐下降，而体育的专业性不断增加，随之而来的奖品是贵重物品和金钱。保塞尼亚斯的记录仍然是我们最可靠的有关比赛的信息来源。

第一个获奖者名单是由伊利斯的希皮亚斯在公元前5世纪末拟定的，但后来被亚里士多德修改，然而这两个版本最终都丢失了。我们今天所拥有的记录更新于217年，来自基督教编年史作家塞克斯图斯·朱利叶斯·阿弗里卡努斯（Sextus Julius Africanus）。尽管有些不可靠，这份记录仍然展示了神殿和比赛的名望是如何逐渐增长的：最初的获奖者都是来自伊利斯，然后有了伯罗奔尼撒半岛其他城市的人，后来又了阿提卡运动员，小亚细亚运动员，最后还有来自西方殖民地的运动员。

获奖者所在的城市竖立了雕像以纪念这些伟大运动员的荣誉。诗人们如西蒙尼德、巴奇利德斯和品达也从奥运会获取灵感谱写颂歌，以纪念奥林匹克冠军。（斯特凡诺·马吉）

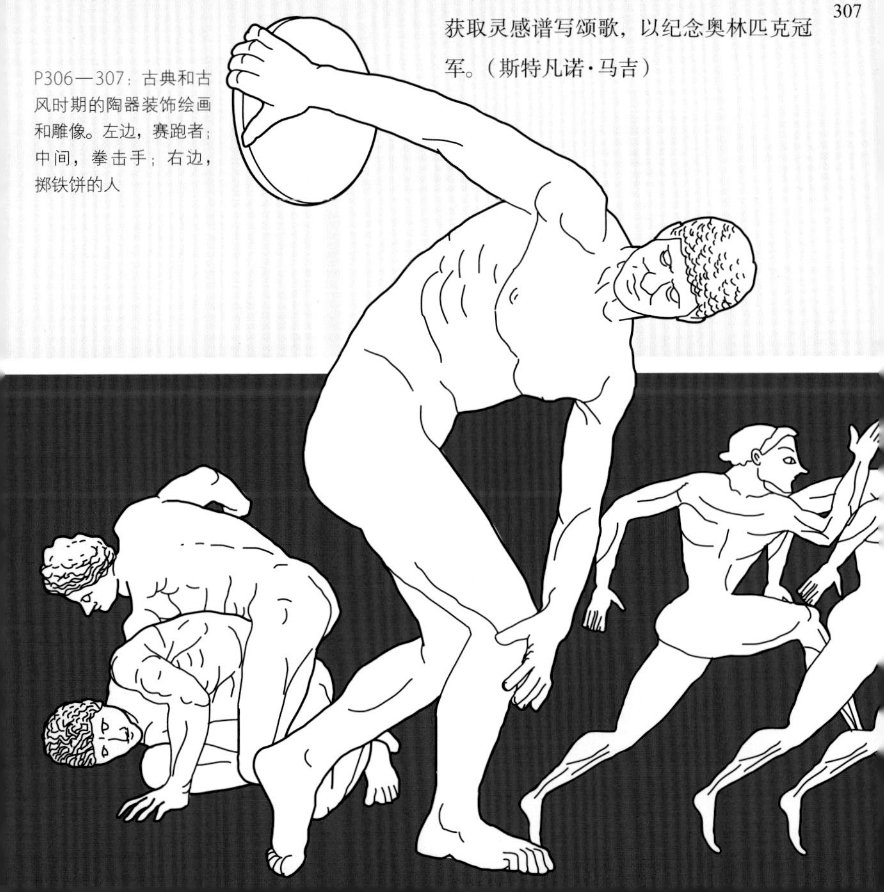

P306—307：古典和古风时期的陶器装饰绘画和雕像。左边，赛跑者；中间，拳击手；右边，掷铁饼的人

帕特拉斯

作为亚该亚地区的首府，希腊第二大港口和第三大城市，帕特拉斯在游客的印象中似乎没有什么历史感可言。这是一座现代而又喧嚷混乱的城市，街道面貌乏善可陈也是其近代历史造成的。这座城市的历史其实可以追溯到很早，在希腊独立战争期间也表现非常活跃，因而

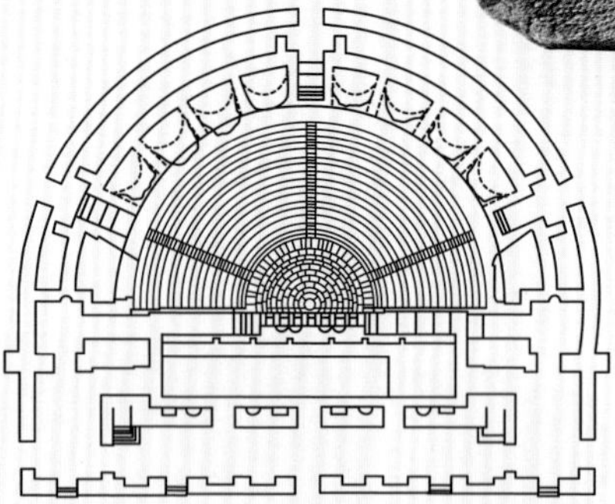

遭到土耳其的凶狠报复，一场大火几乎将城市夷为平地。20世纪无序的工业发展将城市进村的一些希腊化时期的痕迹也彻底抹去，方正的街道、广场和房屋几乎荡然无存，直到1830年卡波斯蒂亚总督时期才开始重建。

“佩鲁斯河（peirus）40千米处是城市帕特里，离帕特雷不远，格劳库斯河流入大海”。根据古代帕特雷历史学家的说法，欧墨鲁斯（Eumelus）第一个定居在这片土地上，他是这片土地的国王，但只有很少的人可以统治。但是当特里普托勒摩斯从阿提卡来到此地，欧墨鲁斯从他那里得到了玉米的种子并且学会了创建一个城市：他将自己耕耘的土地取名为阿罗（Aroe）。传说在特里普托勒摩斯睡着后，欧墨鲁斯的儿子安

塞亚斯驱赶着龙去驾车，想要自己尝试耕种。但是安塞亚斯从车上摔了下来并死去了，于是特里普托勒摩斯和欧墨鲁斯将共同创建的城市命名为安塞亚斯以纪念他。在安塞亚斯和阿罗之间又建起了第三座城市，命名为梅萨迪斯。后来亚该亚人驱逐伊奥尼亚人，阿吉诺的儿子帕特鲁斯禁止亚该亚人再在安塞亚斯和梅萨迪斯上定居，但是在阿罗城外修建了一圈围墙，并将此城市命名为帕特雷。这是保塞尼亚斯所记载（VII, 18, 2–5）的此地村镇联合而发展为城市的过程。在古风时期这里人烟稀少，直到公元前3世纪因为靠近亚该亚联盟其重要性才开始凸显。

在征服希腊之后，罗马对这座城市的兴趣给经济带来了刺激，随后对城市的布局造成了影响。奥古斯都确立了这个殖民地城市的地位，城市的新名字概括了它的整个历史：科洛尼亚·奥古斯塔·阿罗·帕特伦西斯（Colonia Augusta Aroe Patrensis）。

P308上图P309上图和P309下图左：室内剧场区域，墓葬雕刻细节

P308—309：打猎场面，罗马帝国时代浮雕

P308下图：剧场建筑平面

P309下图右：罗马时代的马赛克地砖

各种公共建筑矗立在卫城内部，这些建筑物的材料取自法兰克时期的城堡（后来的土耳其人，然后是威尼斯），这是摩里亚地区极具规模的城堡之一。带有宙斯神殿的市集在“下城”，神庙现在被一座清真寺占据着。罗马时期城市的废墟更为广阔。室内剧场是唯一座仍然可以看到的古代建筑物。据保塞尼亚斯的说法，这座剧场靠近市集，是“希腊最美丽的剧场之一。”在保塞尼亚斯参观（2世纪）时剧场是一座砖砌结构，用于音乐和诗歌表演，有大理石阶梯座位和一个装饰着壁龛的舞台。舞台后立面通常有三扇门和雕像的壁龛。今天我们知道城市中还曾有过圆形露天剧场（1世纪末至2世纪初）。最近的发掘工作证实了保塞尼亚斯把帕特雷描述为一个繁荣的城市（因为它的棉花和细麻布贸易）；已经发现了许多房子有高质量的马赛克地板和服务设施（收集水的盆、小型热水系统、花园等）。圣安德鲁曾在帕特拉斯布道，他殉难的十字架以及其他遗物被保存在献给他的新拜占庭教堂里。（斯特凡诺·马吉）

锡西翁

“锡西翁是绘画的故乡。但是后来所有属于公共的画都被拍卖以偿还城市的债务，斯库鲁斯在担任地方执政官的时候把它们带到了罗马。”

公元前58年或公元前56年，普林尼，《自然史》，第三十五卷，第127页。

历史

公元前7世纪至公元前6世纪是这座古城（迈锡尼起源的）的黄金时代。东正教的垄断使它成为希腊最早的艺术中心之一，特别是在绘画方面。科林斯画家克拉通（Craton，公元前8世纪末7世纪初）被认为发明了彩绘，他在一块黏土板上画出男人和女人的轮廓，并用一种不同于背景中使用的技术来画人物的内部。另一方面，泰利弗恩斯（Telephanes，公元前7世纪初）被认为已经发明了在人物中使用勾线细节的画法。如今专家们倾向于把在皮萨（Pitsa，靠近锡西翁）的洞穴中发现的著名的涂漆木板人物（公元前6世纪下半叶；现在雅典国家博物馆）认为是科林斯工坊的杰作。当然这座城市是一个重要画派的发源地，正如普莱尼告诉我们的，诸如尤博普斯（Eupompos）、帕姆菲罗斯（Pamphilos）、帕乌西亚斯（Pausias）和阿佩莱（Apelle）等大师们都在此学习过。公元前4世纪，出身良好家庭的孩子们首先要学习的就是木板绘画（graphikè，普林尼《自然史》，XXXV，77）。

雕塑也在锡西翁兴盛起来。布塔迪斯（Butades）被认为是第一个制作黏土人偶的人（公元前7世纪中叶），还有两个克里特岛人——迪普伊诺斯（Dipoinos）和斯基里斯（Skyllis），

"代达罗斯的学生"——据说也在这里工作了很长时间。这两人被认为是大理石雕刻的伯罗奔尼撒流派的创始者（《自然史》，XXXVI, 9, The Olympiad，公元前580年—前577年）。德尔斐的锡西翁宝库的柱间壁上的人物形象（公元前560年）被认为是锡西翁源头的画面构造。

公元前6世纪下半叶的另一个人物是卡纳科斯（Kanakos），他是一名熟练

P310上图P310—311：献祭场景的木板画，来自皮萨（锡西翁）

的木材、大理石和青铜工人，他为米利都人创作了著名的阿波罗·菲利西奥斯（"仁慈的"）雕像。根据普林尼（《自然史》，XXXIV，75）的描述，神灵身体赤裸左腿前伸，左手拿弓右手抓鹿。还有一系列赫尔墨斯（"带来羊的人"）的青铜小像被认为是卡纳科斯的作品（其中在美国马萨诸塞州波士顿美术博物馆的一尊精彩绝伦）。

公元前4世纪利西普斯的崛起，希腊化主义开始传播，本地又一个新城市诞生。在公元前6世纪末斯巴达推翻了奥萨格拉（Orthagorid）的统治之后，锡西翁加入伯罗奔尼撒联盟。留克特拉战役后，德米特里乌斯占领了城市（公元前303年），他把定居点转移到古卫城所在的山上。公元前3世纪中叶，锡西翁进入了亚该亚联盟，公元前146年前后获得罗马的支持以对抗科林斯，但这座城市在政治和文化上已经变得相对不重要了。如普林尼所述（《自然史》，XXXVI，9）。

我们对这座城市在古风时期和古典时期的历史几乎一无所知，尽管从雅典到帕特拉斯的道路建设证实了它在海岸的位置。除了公元前5世纪至公元前4世纪的墓地外，人们还发现了一些像奥林索斯（Olinthos）和佩拉（Pella）那样的鹅卵石马赛克地板的房子。由于美国在19世纪末的挖掘工作和希腊考古学协会最近的持续工作，一些保塞尼亚斯曾经记录的公共建筑已经陆续找到，给予我们关于希腊化时期更多的城市信息。

对发掘现场和小型但有趣的博物馆的访问需要大约1小时。

（除周一每天开放，8∶30—15∶00）。

电话。（0741）31207

参考指南

最杰出的建筑是公元前3世纪初的剧院（a）。站在卫城的山坡上能看到所有剩下的9层阶梯看台，所以观众的容量还是比较大的。经过几次重建，在罗马时代增添了舞台建筑，里面有几个后台和一个面向平原的门廊。稍微向西矗立着田径场（b，保塞尼亚斯的记载中没有提到），最近开始的对它的探索已经揭示了与山坡的水土保持有关的有趣的技术问题。市集位于剧场东面，有一座寺庙（c）在北面，现存仅有地基。

寺庙的长条状平面表明建设始于古风时期，但在公元前2世纪重建。最初人们认为这是献给阿尔忒弥斯的神庙，但现在认为是献给阿波罗的，根据保塞尼亚斯曾提到过的这神庙在市集的入口旁边来确定庙宇的位置，以及保塞尼亚斯应该是从剧院的方向进入的。广场南侧是议

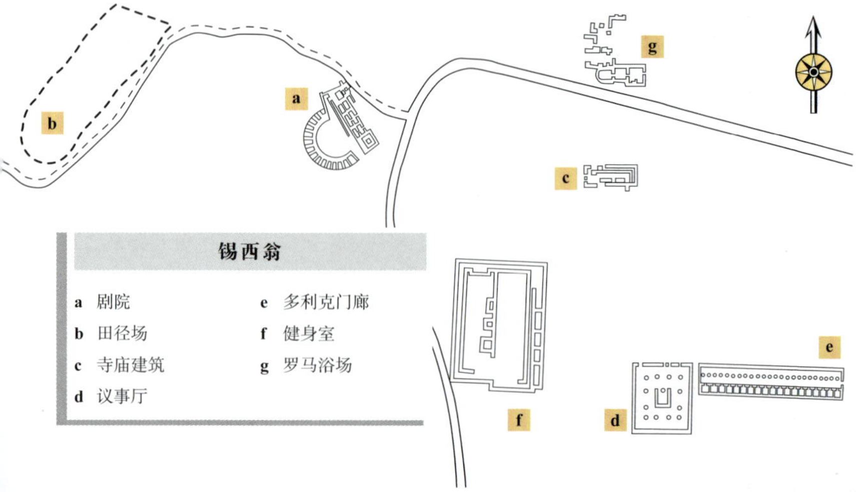

P312—313和P313右上图：东南角度看阶梯看台，舞台底座

P313左上图：寺庙建筑废墟

P313中图和下图：健身室和喷泉

事厅（d），是用于当地参议院开会的多柱式房间，有 4×4柱支撑屋顶。后来被改造成了一座浴室。旁边是一条长约100米的多利克门廊（e），内有伊奥尼亚柱。门廊的远端有20个房间，这表明它是出于商业原因而建造的（此处让我们回想起upodemata sykyonia，因其优雅舒适而闻名的鞋子，一直到西塞罗时期都非常流行）。健身室（f，公元前3世纪）是一座带门廊的地台的建筑，入口处的喷泉位于市集和卫城之间。保塞尼亚斯（II，10，1）写道这里是著名的斯科帕斯的赫拉克勒斯雕像所在地（与这座城市的硬币上的赫拉克勒斯雕像相同），还有其他一些雕像。利西普斯的赫拉克勒斯在市集之中（II，9，6）。游览结束时参观博物馆——2世纪的罗马浴场（g）——让你欣赏在发掘过程中发现的最重要的文物。最令人印象深刻的有鹅卵石马赛克，古典时期的阿波罗头像和希腊化时期的雕刻肖像，也许是德米特里乌斯（Demetrius Poliorcetes）。（斯特凡诺·马吉）

SICYON

4 希腊中部

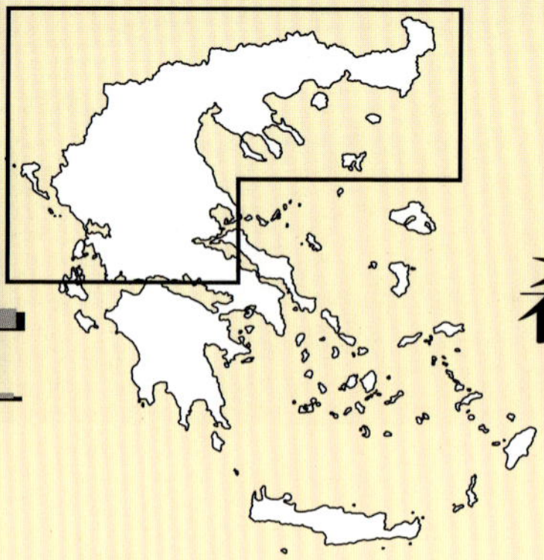

在自史前时代以来的几千年里，人类的活动改变了希腊大陆的面貌使其更加多样化。山区塞萨利的麦泰奥拉（Meteora）地区就与福希斯（Phocis）的德尔斐不同。然后是佩利翁山（Mount Pelion）和卡斯特里安地区，离马其顿王朝的壮丽的维吉纳（Verghina）不远。伊庇鲁斯的多多纳神庙的宁静与萨罗尼卡的“利文汀”（Levantine）城市的浓烈色彩形成鲜明对比。还有北方的平原直面着亘古不变的大海……在任何地方，在礼拜堂，教堂和墓地都能发现拜占庭人钟爱的闪闪发光的装饰。

线路1

从伊古曼尼察取道E55号公路，朝布莱韦扎（Preveza）的方向开去参观尼克罗曼特翁（Nekromanteion），属于美索波达摩地区。然后沿着19号公路走到科索普（Kassope）的废墟，再往海岸的方向开，可以到达尼科波利斯（Nicopolis）。然后走21号公路朝阿尔塔方向，之后是E951号公路去多多纳（Dodona）。最后到达约阿尼纳（考古博物馆，阿维洛夫街（AvéRoff Street）。开放时间8：30—15：00。付费参观。注意从多多纳神庙出土的文物。位于卡斯特的拜占庭博物馆，星期二到星期日开放，8：00—19：00；星期一12：00—19：00。付费参观。

P315：金面具，塞萨洛尼卡博物馆

P317：德尔斐的斯普尼斯宝库南额枋碎片

线路 1
尼克罗曼特翁—科索普—尼科波利斯—阿尔塔—多多纳

线路 2
塞萨洛尼卡—奥林索斯—阿索斯山

线路 3
安菲波利斯—腓立比

线路 4
佩拉—维尔吉纳—迪翁

线路 5
麦泰奥拉—沃洛斯—尼亚·安奇亚洛斯

路线 6
底比斯—霍西奥斯卢卡斯—德尔斐—瑟姆

线路2

离开塞萨洛尼卡朝尼阿玛乌达尼亚（Nea Moudania）的方向开，沿着卡桑德拉半岛，这是哈尔基斯半岛的三条分支之一。在靠近尼阿波提狄亚（Nea Potidia）的地峡，可以看到波提狄亚（Potidea）的旧城遗址。这座希腊殖民地建于公元前600年，由这一地区的科林斯人修建。古风时期和古典时期的城市遗址尚未找到，现今只有希腊化时期的一座房屋和两段城墙留存下来，约公元前316年。

继续沿着这个半岛分支（75千米长）前行会来到门德（Mende），这座殖民地由埃莱特里亚建于公元前8世纪中叶（城市在山丘以南，可在卡拉德拉斯海滩上看到为巩固沙地而建的部分墙，公元前6世纪的房屋也被围起来了。在西面的海角上正在挖掘一座献给波塞冬的神庙；有3座神殿并排，建于公元前7世纪至公元前480年）。返回尼阿玛乌达尼亚，朝着奥林索斯（Olynthus）的方向，经过半岛的中间分支（西索尼亚，约109千米长），沿着西边前进会到达波尔图库弗奥斯（Porto Kouphos），这是埃维亚殖民地托洛内（Torone）的遗址（公元前3000至公元前2500年的史前聚居地的遗迹已经在附近的海角上找到了。在与地峡分离的一座小山上，殖民地的城墙建于公元前7世纪。古典时期的城市建在山脚下，那里还发现了一群墓地，可追溯到公元前11至公元前9世纪；即这座城市在被殖民之前就已经有人类居住了）。

在西侧继续行驶，经16号公路到帕莱奥科瑞翁（Paleochorion），途经Pyrgadikà。从那里走向半岛的第三个分支，继续到斯塔基拉（Stagira，安德罗斯的殖民地和亚里士多德的出生地），然后是耶里索斯（Ierissos，安德罗斯的另一处殖民地，海岸上有一个墓群，其中发现了5500座公元前6世纪和罗马时代的墓葬）。在古代这被称为阿克特（Akte），自公元前9世纪以来一直是修道院的设施，被称为阿索斯山（Mount Athos）修道院。

线路3

从塞萨洛尼卡出发，走E90号公路向卡瓦拉（kavala）方向行驶（这条路实际沿着公元前146年埃格纳提亚的古老的道路）。经过尼阿科迪利亚（Nea Kerdylia）之后，左转参观古安菲波利斯发掘现场。然后继续在海岸公路上行驶，直到到达卡瓦拉为止【考古博物馆在埃里罗普鲁·斯塔沃街（Erithrou Stavou），星期一12:00—19:00，其余时间8:00—

19:00。付费参观。】。沿12号公路驶向德拉马，11千米后将到达腓立比。

线路4

从帖萨罗尼卡上E86号公路向埃德萨（Edessa）方向行驶。38千米后右转向佩拉市，从那里可以到达马其顿古都的发掘现场。参观埃德萨后转回斯基德拉（Skidra），右转前往维利亚（Veria），在距纳乌萨（Naussa）约3.2千米的地方参观马其顿的勒夫卡迪亚陵墓（Lefkadia）。然后在距离科帕诺斯（Kopanos）村不到1.6千米处有米耶扎（Mieza）水道。从这里可以到维利亚（考古博物馆：除星期一外每天开放，8:00—15:00。付费参观。）。维尔吉纳遗址位于维利亚东北4.8千米处。在吉普赛利（Kypseli）地区看到从扎尼察（Jannitza）方向来路的交界处；从此处右转朝卡特里尼的方向到达迪翁，在奥林普斯山下。

线路5

从伊庇鲁斯出发，在迈特索沃（Metsovo）穿过品都斯山脉。迈特索沃是一个古老的城镇，居民来自瓦拉契亚（现代罗马尼亚的一部分），然后下山经过64千米的路程前往麦泰奥拉地区的卡拉姆巴卡（Kalambaka）。从那里到特里卡拉（Trikala），那里是塞萨利地区的首府。从特里卡拉经过拉里萨到达沃洛斯，这里是去往德米特里亚德（Demetriade）和帕格赛（Pagasai）的短途旅行的良好基地。

线路6

从勒瓦迪亚（levadia）可以到达一些值得参观的地方：奥尔霍迈诺斯（Orchomenos）和底比斯（底比斯可作为访问普托安、格拉（Gla）的基地，这是一座修建有宫殿和城墙的迈锡尼村庄；以及阿拉乔瓦（Arachova），这最后一座城镇提供了前往霍西奥斯卢卡斯（Hosios Lukas）修道院的可能。

福希斯-在帕纳苏斯山脚下，对于去德尔斐的远足来说，阿拉乔瓦是理想的选择。从那里经过安菲萨（Amphissa）前往温泉关（Thermopylae）。

从德尔斐开车到纳乌帕克托斯（Naupactos），在那里可以欣赏威尼斯人城堡，然后去卡吕东（Calydon），一个著名的神殿遗址。继续前往米索隆吉（Missolonghi），这里是希腊独立战争的“圣地”。当沿特里霍尼达湖到达阿格里尼奥（Agrinio），就会看到著名的瑟姆（Thermum）神庙。（克里斯蒂娜·特罗索）

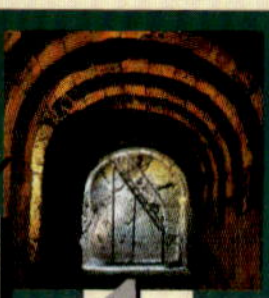

P318上图：神谕建筑的地下室

P318：圣约翰·普罗德罗莫斯教堂壁画。

4.1

线路1

尼克罗曼特翁

除了多多纳的神庙，伊庇鲁斯地区最有名的神庙是献给冥王普鲁托（即哈德斯）和冥后珀耳塞福涅的，相传在那里活人可以与亡魂对话。这座神庙在一座低矮的山丘上，山脚下阿刻戎（Acheron）河与科塞图斯河（Cocitus）相交，神庙可以俯瞰阿刻卢西奥湖（现已干涸）。根据《奥德赛》中的描述，这里的场景与女巫瑟西（Circe）所描述的冥府入口惊人的相似，尤利西斯曾被派去听取提瑞西阿斯的意见。她说，“你会找到这样一个地方，皮里弗勒格松（Pyriphlegethon）与科塞图斯河（斯提克斯河的支流）流入阿刻戎，你会看到附近有块石头，两条咆哮的河就在那里交汇。”有些人认为第二条河就是现在的翁沃斯河（Vouvos），科塞图斯河的支流。其他人说卡卡瓦斯河（Kakavas）是湖水的支流，只在冬季流动。现在我们无从知晓神谕的最早版本是什么样的，但无疑在公元前7世纪具备可操作性，因为科林斯的君主佩里安德（Periander，公元前627年至前585年）派出代表前去询问其妻的亡灵是否有隐藏的宝藏。

参观指南

求取神谕所使用的建筑物，现存的可追溯到公元前3世纪初。18世纪，圣约翰·普罗德罗莫斯修道院在原址上建立，广泛使用了原先的建筑材料。但是修道院到今天也只剩下小教堂了。该综合体的建筑平面几乎是矩形的，并被厚砖块砌成的多边形墙所包围。入口处在北边并通向一个庭院（a），库房、祭司住所和到访者的等候室曾经在那里。这些建筑物在后来奥斯曼时期的罗马建筑（b）和带防御工事的宫殿（c）施工过程中被破坏了很大一部分。在庭院的底部发现了一个迈锡尼人的墓穴（d，公元前14世纪）。

P319左图和中图：教堂正面以及俯瞰阿刻戎河的角度　　P319右图：盛放祭品的罐子

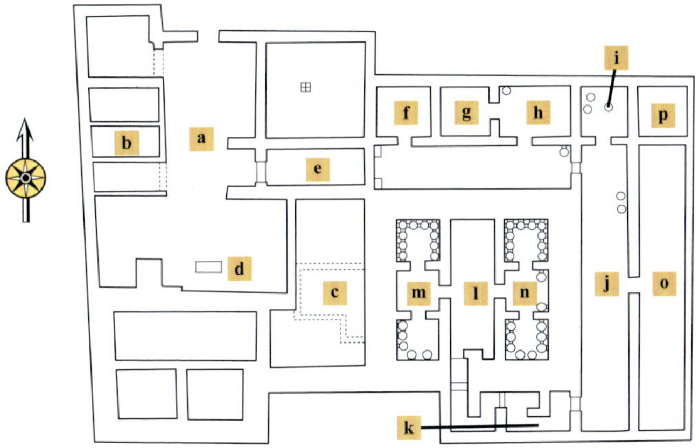

尼克罗曼特翁

a	庭院	d	地下墓穴	h	浴室	k	迷宫	o	外走廊
b	罗马时代建筑	e	走廊	i	献祭室	l	神谕室	p	净化室
c	防御宫殿	f,g	进食室	j	走廊	mn	储藏室		

进入神庙主要部分的入口位于东面，最初是有两扇门封闭的。这就是通往冥府的路开始的地方：首先沿着一条黑暗的走廊（e），两边有许多房间。在前两个房间（f，g），信徒吃下葬礼的食物（猪肉，蚕豆，大麦粉和贝类），喝水、牛奶和蜂蜜。然后洗澡（h）来净化自己。然后要用石头朝右对着一扇窄门扔过去以避免厄运，在一间小房间（i）里停下来，献祭一只公羊。继续沿着一条长长的走廊（j），在那条走廊的尽头右转进入迷宫（k）；这是一条扭曲的通道，有3个铁门代表着通往冥界的大门。此时已经困惑又无助的信徒地走进神谕室（l），在那里死者的灵魂用机械的形式呈现在他们面前，此处出土过一些平衡重物和齿轮。两个房间（m，n），每个房间分为3个部分，在神谕室的两旁，装着巨大的罐子用来收下来访者的祭品。在收到他们的回应后，信徒将返回外走廊（o），然后在离开神谕的国度之前，在另一个房间（p）里待三天来净化自己。在中央房间下面的岩石上凿出了一个地窖，很可能是在史前的山洞里进行祭祀。地窖的天花板由15个石拱支撑。（克里斯蒂娜·特罗索）

科索普

这座城市作为实行村镇联合之后的卡西奥比地区（Cassiopean）的首府，建于公元前5世纪末或公元前4世纪初，之前此地的居民都是生活在零散的小村庄中。之所以选择这一地点，是因为它的地理位置能够控制通向北方和南方的道路，以及通往米迦利提（Michalitsi）港（安布拉奇亚湾）和卡斯特罗斯基亚（Kastrosykia）港（位于伊奥尼亚海）的通道。

另一个因素是，该遗址南侧有天然屏障保护，由悬崖下至平原；北面则是一列山脉，起到卫城的作用。这座城市在皮德纳战役后被罗马人摧毁（公元前167年），后又重建。公元前30年，在屋大维亚克兴战役击败安东尼后，城中居民搬到尼科波利斯。

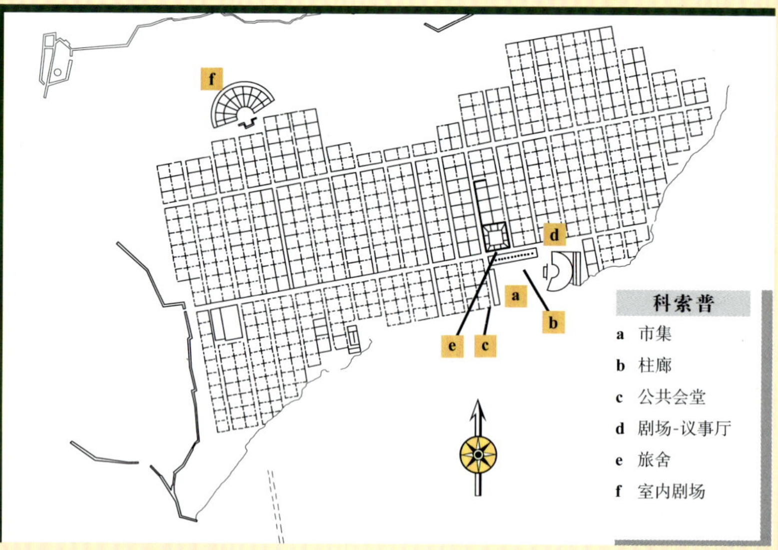

P320上图：从市集角度看北柱廊废墟

P320下图：通向公共广场的笔直的城市街道

参观指南

每天营业，时间为8:30—15:00。付费参观。

这座城市是建立在由东西两条大路形成的网格模式之上的。这个布局创建了60个矩形块。街区被纵向分成2排房屋，一条通道和运河沿着中心穿过。在每个街区的尽头，砖砌的下水道从厕所收集废物。房屋都是相同大小（47英寸3英尺×52英寸6英尺=2480平方英尺），反映出每个人都享有同样权利的城市民主性质。在入口处，庭院（c1）的两旁是男士宴会厅（andron，c2）、马厩（c3）还有厨房（c4）。最重要的房间是家庭房屋（c5），中央有一个壁炉，在院子边缘的位置与主人的小隔间（c6）和浴室厕所（c7）联系在一起。楼上是男女客房，可以从院子里走上一段砖级楼梯到达。

沿着大理石道路A进入遗址，到达市集（a）；北面是一条大柱廊（b），有两条侧廊，立面有27根多利克柱，另有13根方柱在里面。建于公元前3世纪末，又长又窄，可能被用作档案馆。在门廊前有20个青铜雕像底座，根据铭文可追溯到公元前167年的毁灭之后建造的。市集西侧是公元前4世纪的公共会堂（pritaneum，c），许多房间围绕中庭排列，应该是用作执政官的宴会或者公共档案存放。

长方形谈话间前面有3根立柱，此处作为赫斯提亚祭祀的地方，前有长燃的火焰。执政官在市集进行宗教仪式庆祝时坐在半圆形谈话间内。此处遗址在公元前167年被毁时，公共会堂重建并一直沿用到城市被废弃。公元前2世纪，在建筑群的前部建造了一座廊道，将其与东侧的一个铺好的围墙连接起来。围墙前发现了一系列石灰石基座，应该是用来支撑一座不知名的纪念碑。还有4

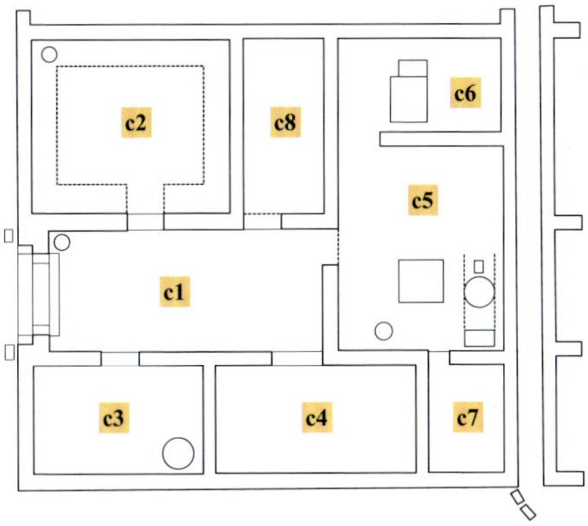

座祭坛，其中一座是献给宙斯·索特的。市集北面是剧院（d）的所在地，也被用作议事厅。这座建筑在东立面有双排方立柱柱廊，后端有房间。市集南面没有任何建筑遗存，并向山谷下坡。市集西面是旅舍（e），建于伊庇鲁斯联盟时期（公元前233—前168年），之前的建筑（公元前4世纪中叶至公元前3世纪初）可能具有相同的功能。（克里斯蒂娜·特罗索）

典型的房屋

c1 庭院
c2 男性宴会厅
c3 马厩
c4 厨房
c5 家庭房屋
c6 主人隔间
c7 浴室及厕所
c8 服务房间

P321：旅舍周围的房间和围柱

尼科波利斯

这座“胜利之城”由屋大维创建，以庆祝他在亚克兴（Actium）战役中（公元前31年）击败安东尼。由于此地居住的有罗马退伍军人和该地区各城市的居民，所以它既是一座罗马城市，也是一座希腊城市。从公元67年起，尼科波利斯作为伊庇鲁斯省的首府，在整个罗马帝国时代都兴旺发达。虽然在375年的地震和随后哥特人的入侵中遭受了严重的破坏，但在基督教早期仍然是一座很重要的城市，城中巴西利卡教堂的数量就证明了这一点（共6个，其中2个尚待研究）。

参观指南

除星期一每日开放，时间为8:30—17:00。付费参观。

这次参观可以从米迦利提山（Michalitsi hill，a）开始，屋大维曾在那里设立了他的军队总部，在获胜后在那里建了一座宏伟的纪念碑：北端有一个门廊的露台，另一端有一堵挡土墙；露台被用来展示从安东尼那里捕捉到船队祭祀用的公羊。山脚下是露天剧场（b，建于奥古斯都时期，在2世纪修复）和田径场（c）的遗址，每四年在那里会举行阿克蒂亚（Aktia，体操和音乐）比赛。往古城走去，右边是一座浴场（d）的废墟。这座城市的住宅区发掘工作仍在进行中，显示出了许多在尼科波里斯铸造的硬币上所描绘的建筑物。通过北门（e）进入城市（建于5世纪下半叶或6世纪初，查士丁尼于540年修复）可以看到左边的巴西利卡教堂C（f，6世纪末—7世纪初）。教堂有一个内殿和两条侧廊，半圆形后殿和突出的前廊，但没有中庭。接下来是巴西利卡教堂B（g），在公元6世纪前半叶由阿尔吉森（Alkyson）主教建造；前面是一个柱廊环绕的中庭、内殿和4条侧廊，分为3

P322上图：罗马时代的剧场-议事厅的附属建筑

P322下图：从北面看露天剧场

P323中图：巴西利卡教堂B的柱廊以及前院

P323下图：保存完好的室内剧场结构

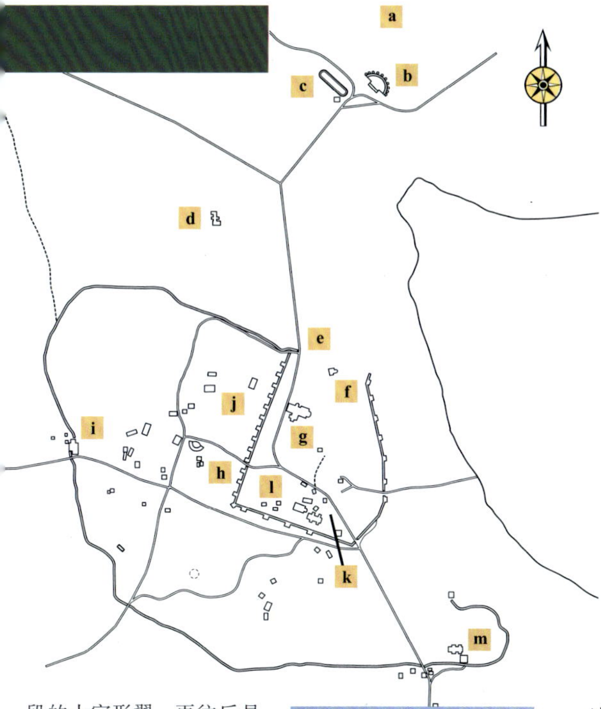

尼科波利斯

- a 米迦利提山
- b 露天剧场
- c 体育场
- d 浴室建筑
- e 北门
- f 巴西利卡教堂C
- g 巴西利卡教堂B
- h 室内剧场-议事厅
- i 西门
- j 奢华房屋
- k 巴西利卡教堂A
- l 早期基督教建筑
- m 巴西利卡教堂D

段的十字形翼，再往后是主教座位（synthronon），最终南端有一个圣器室（diakonikon，自6世纪中期以来铺有马赛克地板）。内殿尽头有∏形的内殿台阶，祭坛的底部的9个支撑，还有圣礼容器的底座。

走左边的路经过拜占庭墙的西门，到达室内剧场议事厅（h，奥古斯都时期，2世纪进行修复）。从这座建筑物的顶部可以看到全城和罗马墙的西门（i）。大门的内部看起来像一个宏伟的水道，有大理石墙和壁龛雕像（2世纪）。

室内剧场北部是奢华房屋（j，建于2世纪，在3—4世纪重修），大理石地板和马赛克墙面。再回到拜占庭墙继续往南门走。在右边会看到罗马建筑的遗迹，是伊庇鲁斯省总督的所在地。另一边是巴西利卡教堂A（k），由主教迪米特里奥斯在6世纪上半叶建造的。有一个内殿和两个侧廊，分为3段的十字形翼，柱廊环绕的中庭。中庭西边的早期基督教建筑（l）尚未被发掘，有环绕房间的小庭院，可能是主教的住所。从南门出来会发现巴西利卡教堂D（m）。从6世纪上半叶开始这个教堂有一个内殿和两个侧廊，分为3段的十字形翼，柱廊环绕的中庭，南端有一个摩西纪念堂（6世纪中叶开始铺上马赛克地板）。

夏季博物馆：星期一12:00—19:00；星期二至星期日8:00—19:00；冬季8:30—15:00。付费参观。重点关注大理石雕塑和铭文收藏。（克里斯蒂娜·特罗索）

阿尔塔

参观指南

这座现代城市坐落在古代安布拉奇亚（Ambracia）的遗址上，由来自科林斯的殖民者创建于公元前645年。主要发展阶段与皮拉斯（Pyrrhus）登上伊庇鲁斯王位的过程相契合，这座古城也因为其战略地位而成为伊庇鲁斯的首都，当时是希腊最美丽的城市。因为与安条克三世（antiochus）联盟对抗罗马，公元前189年遭到了罗马大将马库斯（Marcus Fulvidus Noilibus）的报复破坏，大量艺术品被掠走。公元前30年人们被迫迁移到尼科波利斯，放弃了原来的定居点。11世纪末，一座名为阿尔塔（arta）的新城建立起来，在拉丁人占领君士坦丁堡后，成为独立的希腊国家的首都（伊庇鲁斯君主国，1204—1479年），由拜占庭君主迈克尔一世（Michael I Angelius Comenius Ducas）创立。直到土耳其占领时期，阿尔塔一直是一个重要的文化中心，对君主国其他城市有着深远的影响。

这座希腊城市的遗迹仅剩一些建于公元前4世纪的防御工事（近4.8千米长）。在这个格局不规则的城镇内（公元前5世纪末）发现了两家公元前4世纪末的露天剧场，一家在康斯坦蒂努街（Odos Konstantinou），另一家在萨卡洛夫街（odos Tsakalof）。在靠近市集的皮尔鲁街（Odos Pirrou）还发现了一座多利克神庙（公元前500年）的地基，供奉阿波罗·皮西奥斯（城市的守护神）。

拜占庭时期的城市遗迹散布的更为广阔。最大和最著名的教堂是圣帕里戈里提萨（Panagia Parigoritissa）教堂（除星期一每日开放，8:30—15:00），在1282年至1289年为君主尼斯弗罗斯（Nicephorus）和其妻安娜·巴列奥略（Anna Paleologus）建造。从外面看就像一个巨大的立方体，上面有5个圆顶和一个灯笼顶。长长的双条窗户上有半圆形拱。内部的建筑结构混合了圆顶、中央集中式和在希腊十字上建造的凸起的部分八角形的跨度；圆顶的穹隅由不寻常的结构支撑，3种不同的建筑风

格体现在柱子上。水平嵌入墙体的对柱逐渐形成突出的支架（所有材料均为重复使用）。内殿墙壁上部的浮雕是罗马式的风格（也许是意大利艺术家），反映出尼斯弗罗斯对西方艺术的偏爱。然而圆顶的马赛克镶嵌装饰又是典型的拜占庭风格（基督被小天使和智天使包围

P324上图：维拉切恩修道院

P324下图：帕纳加·帕里戈里提萨教堂，圆顶和灯笼顶

P325上图：希腊化时期和拜占庭时期的物品，当地博物馆

P325下图：耶稣的光辉；帕纳加·帕里戈里提萨教堂圆顶

着，以及12名先知），反映安娜·巴列奥略的亲拜占庭政策。

圣西奥多拉（Aghia Theodora）大教堂作为圣乔治修道院（只有正面的遗迹）的卡索利康教堂（katholikon译注：专指修道院内的教堂）是由迈克尔二世的妻子西奥多拉在13世纪建造的，

她被埋葬在这里（宏伟的雕刻石棺矗立在前廊之中）。巴西利卡教堂的一个特点是在屋顶的斜坡上高耸着山墙。教堂内部，2行两柱将空间分为内殿和两条侧廊；（重复利用）的柱子都是5世纪或6世纪带有拜占庭叶装饰与传统的图案混合，还有基督的形象。圣瓦赛里奥斯（Aghios Vasileos）教堂的立面（14世纪建成）也有高于屋顶的山墙。镶有漆包的装饰砖广泛应用。教堂内部原本只有一个内殿，后来两边各增加了两个房间，由带有拱顶的通道隔开（17—18世纪壁画）。

在城市东北6.4千米处（前往约阿尼纳方向，在桥后右转）可以参观12世纪的维拉切恩（Vlacherne）修道院，科穆宁王朝的统治者埋葬在那里。教堂有一个内殿和带有拱顶的两条侧廊。考虑到3个圆顶和装饰精美的壁画和大理石浮雕，13世纪中叶天花板曾经被抬高过；在该世纪末增加了前廊，绘制的壁画展示了康斯坦丁的圣母（Theotokos Odighitria，“引领者”）。这幅著名的圣像据说是圣卢克（st.Luke）所画，1453年君士坦丁落入土耳其人之手后这幅圣像就消失了。

P326上图：维拉切恩修道院立面的大理石浮雕，大天使加百利与迈克尔

P326下图：阿拉基索斯河上的桥；基督教早期的桥基，中世纪结构

P326—327：维拉切恩修道院的圆顶

P327左下图：圣瓦赛里奥斯教堂立面

P327右下图：内部柱子的柱头，圣西奥多拉教堂

多多纳

多多纳的神谕被认为是希腊世界中最古老的神谕。据希罗多德说，是由腓尼基人从底比斯带到埃及的两个女祭司中的一个发现的。另一个在西瓦绿洲建立了阿蒙神谕，亚历山大大帝也去咨询过。根据另一种说法，有两只鸽子从底比斯离开，那只黑色的鸽子飞到了西瓦，白色的飞到了多多纳，从橡树的顶端用人声告诉居民们要为宙斯建造一个神庙。原本（公元前2000年）神庙是献给前希腊时代的一位神，也许是地母盖亚，这能够解释后来的神庙遵循的占卜程序的特点。现在所见的神庙是献给宙斯·奈奥斯（“居民”）的，旁边有3位女神：他的妻子迪翁、她们的女儿阿芙洛狄忒和西弥斯。神庙开始存在的首批证据可以追溯到公元前14世纪（宫廊下的茅屋和陶器的遗迹），在公元前8世纪和前7世纪（三脚罐、小青铜器和武器）的遗迹就频繁出现了。在经历了一段时间的衰落之后，神庙在公元前4世纪上半叶获得了声誉，当时它成了摩洛西亚（Molossian）联盟第一个宗教中心（将伊庇罗特的牧羊人部落聚集在一起），然后是伊比罗特部落的宗教中心（公元前340—前234年），在公元前234年建立民主政权之后，又成了伊庇罗特联盟的中心。

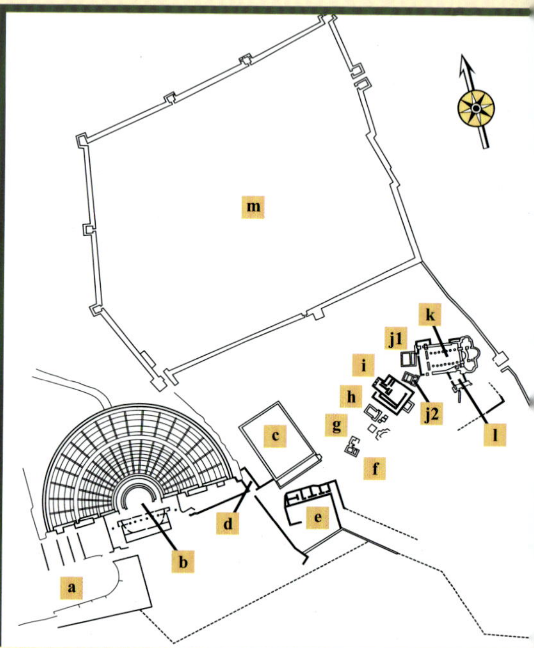

多多纳

- a 田径场
- b 露天剧场
- c 祭司之家
- d 议事厅
- e 公共会堂
- f 阿芙洛狄忒神殿
- g 古罗马建筑
- h 西弥斯神庙
- i 宙斯神殿泰美诺斯
- j 庙宇
- k 早期基督教教堂
- l 庙宇
- m 居住区

P328上图：露天剧场西侧附属建筑

P328左图：从东北角度看露天剧场的阶梯看台，乐池和舞台

在皮拉斯统治时期（公元前297—前272年），神庙进行了大规模的重修，

被埃托利亚人洗劫（公元前219年）后再次重建。公元前168年，连同70个其他的宗教中心一起被卢修斯·艾米利乌斯·保卢斯（Lucius Aemilius Paullus）摧毁，作为对支持珀尔修斯的伊庇罗特人的惩罚。公元前86年被米特拉达梯（Mithradates）洗劫一空，城市一直被遗弃到罗马帝国时代。而后新城市奈亚（Naia）建立起来，直到3世纪。

参观指南

P329右图：白雪覆盖的品都斯山环绕的宙斯神庙废墟

每天8:00—19:00开放。付费参观。

从入口处到达田径场（a，公元前3世纪初）。露天剧场（b）建于同一时期，虽然它两次被摧毁和重建（公元前219年和公元前169年）。下半部分koilon靠着缓坡，上半部分由2面墙支撑，由6座塔形支座加固而成。走过剧场后就进入神殿区域，会看到祭司之家（c）和议事厅（d），这里是举行教区会议（公元前3世纪初）的地方和公共会堂（e）。几座寺庙矗立在与宙斯官方神庙相隔的地区：有前后相对式伊奥尼亚柱的阿芙洛狄忒神庙（f，公元前4世纪末一前3世纪初），一座建于罗马时代的建筑（g），前置四柱式的西弥斯神庙（h，公元前4世纪晚期）。宙斯神殿泰美诺斯（I）内种有一课神圣的橡木，传说神灵就住在树根的地方。解释为对神灵提问得到的回答。这些问题刻在铜牌上，其中一些铜牌可以在约阿尼纳博物馆看到。公元前4世纪建起了一座带有前廊和内殿的建筑，其功能很有可能是放置朝圣者的祭品。在建筑和圣橡周围建造了一个低矮的围墙（公元前350—前325年）。在皮拉斯统治期间，围护结构扩大，并在北面、西侧和南侧修建

了柱廊。公元前218年建造了一座朝门和一座伊奥尼亚式四柱式庙。神殿东侧有两座庙宇献给迪翁。第一座庙宇（j1）是伊奥尼亚式和四柱式的，建于公元前4世纪末至前3世纪初，但在公元前218年后，它被一座新的伊奥尼亚四柱式建筑（j2）所取代。

在基督教大教堂旁边（5—6世纪）矗立着一座多利克四柱式的庙宇（l），是公元前3世纪初为了纪念赫拉克勒斯而建造的。居住区（m，尚未发掘）在神庙北边的山上。（克里斯蒂娜·特罗索）

4.2

线路2

塞萨洛尼卡

这座城市是在公元前316年由卡桑德建立的，并将塞马伊湾（thermai）沿岸26个村庄的居民统一在一起，以妻子塞萨洛尼卡的名字命名，她是亚历山大大帝的妹妹。由于地处东西方陆地联系的中心位置，这座城市很快就发挥了重要的商业和军事作用，即使在罗马人的征服后也是如此。公元前146年，这里成为马其顿省的首府，连接杜拉索和拜占庭的道路“埃格纳蒂亚”（Via Egnatia，公元前148年）在此穿过。奥古斯都时期，塞萨洛尼卡是希腊半岛上最繁荣的城市之一，在德西乌斯（Decius）皇帝的统治下（249—251年）成了罗马殖民地。然而正是在四分领地时期，这个城市扮演了重要的角色。皇帝加利利乌斯（Galerius，293—311年）选择塞萨洛尼卡作为他的住处，并使其成为帝国的首都之一。这座城市的又一次飞跃发展得益于地理位置上与东罗马帝国首都拜占庭的邻近，从330年起是一个繁荣的建设阶段。这座城市多次遭到野蛮部落的袭击：473年被奥斯特罗哥特人袭击，540年被匈奴人袭击，5世纪和6世纪被斯拉夫人袭击，904年被萨拉森的利奥黎波里袭击。1185年，塞萨洛尼卡被西西里的诺曼人征服，1204年被法兰克人征服，并作为博尼费斯家族（Boniface de Montferrat）的封地直到1224年。在伊庇鲁斯君主西奥多（Theodore Dukas Angelus）的统治时期被拜占庭占领，经历了一段艺术显著发展的繁荣时期，。

1261年，巴列奥略王朝的迈克尔八世收复君士坦丁堡，重建拜占庭帝国；1321年至1328年，塞萨洛尼卡卷入安德罗尼库斯（Andronicus）二世和他的孙子安德罗尼库斯三世之间的斗争。1387年，塞萨洛尼卡成为奥斯曼帝国的一部分，并保持这样的状态一直到1912年。从19世纪末起由于修筑了连接贝尔格莱德和整个中欧的铁路线，这座城市成了一个重要的商业城市，各个国家的商贾往来云集。

P330上图：祭祀场景；加利利乌斯拱门细节

P330下图：金面具；塞萨洛尼卡博物馆

P331：雕刻有奥林匹亚形象的金质奖章，亚历山大大帝的母亲

参观的第一部分是“下城”，那里保存了很多希腊化时期和罗马帝国时期的建筑，还有一些拜占庭时期的教堂。在奥斯曼帝国时期，“下城”是希腊人的家园；在15世纪末，大批被驱逐出西班牙的犹太人也来到这里。统治的土耳其人喜欢住在俯瞰海湾的山丘上，因为“下城”总是疾病横行且人满为患。直到1866年环城的城墙被拆除，才有可能清理这一地区。1917年的一场大火几乎完全摧毁了城市，只有少数几个区幸免于难（拉达奇卡区）。

今天环绕上城的城墙可以追溯到拜占庭的巴列奥略王朝时期。14世纪的皇帝们重建了5世纪中叶在希腊化时期的城墙废墟上建造的防御工事（在埃斯基·德利克门和曼努埃尔·巴列奥略塔之间可以看到一些部分）。通往上城的通道就在安德罗尼库斯塔楼附近，在那里有一条狭窄的街道和一层层迷宫似的楼梯，有典型的上层突出的土耳其式房屋。从这里你可以到达希腊化时期的要塞（Heptapyrgon），曾在14世纪重建，直到1989年才被用作监狱。

希腊化时期和罗马帝国时期

希腊化时期的城市遗迹较少，但其方格状的布局，尤其是其中东西两条主要街道仍然存在于现代的埃格纳提亚斯街（Egnatias Street）和迪米特里欧街（Dimitriou Street）。市中心可能有过一座市集。从古代作家的记录可知，田径场和健身室位于市集以北。城市西段的一个地区是为宗教建筑预留的，发现了大约公元前500年的一座庙宇的地基（属于卡桑德建城之前的定居点，是古代作家所提到的古老的塞尔玛）。塞拉皮斯神庙（Serapeum）的遗迹也在这个城市的西南地区被发现。这座希腊化时期的城市被厚厚的围墙包围着，为5世纪中叶重建的防御工事提供了基础；在城市西侧的那些仍清晰可见的工事下面发现了一些延伸段。最多的废墟遗迹来自罗马帝国时期，它们首先可以追溯到四分制时代（284—311年）。城市规划是建立在一条南北向街道卡杜斯大街（Cardus maximus）基础上，也就是今天的维尼泽洛斯街（Venizelos）和一个东西向街道（Decumanus maximus），今天的埃格纳提亚斯街。罗马论坛（a）是在希腊市集的原址上建立的，在不同的层次上有两个带柱廊的广场。1966年的发掘发现的是上层（北）广场；大理石铺地马赛克镶边。在东边有一个室内剧场（b）。门廊的南边建在一座隐柱廊地道上（c），也作为上层广场的露台，下层广场的门廊。低层的广场尚未挖掘，延伸到现在被圣卡尔康教堂（Panaghia ton Kalkeon，d）占据的地区。下层广场在拜占庭时期被称为迈加洛弗洛斯（Megalophóros，e）。在那段时期，它的西廊被重新用作“青铜工人的门廊”（Chalkeutikèstoà）。与罗马论坛相连的是一座知名建筑，拉斯康塔达斯（las incantadas，f，“魔法者”），吸引了17和18世纪的旅行者。这个名字来源于一个故事，根据这个故事，一对来自色雷斯的皇室夫妇被咒语变成了石头。这座建筑立面有两种不同的柱式：下面有5根圆柱，上面是方柱（剩下4根）。建筑两边都装饰着高高的浮雕。很可能是在严谨时期论坛重建的时候建造的。这个结构是在1865年拆除，部件和雕塑被运到卢浮宫。

P332左图：狄奥多西皇帝时期的城墙部分

P332右图：室内剧场的壁龛和座位

P333：加利利乌斯宫殿的附属拱形建筑

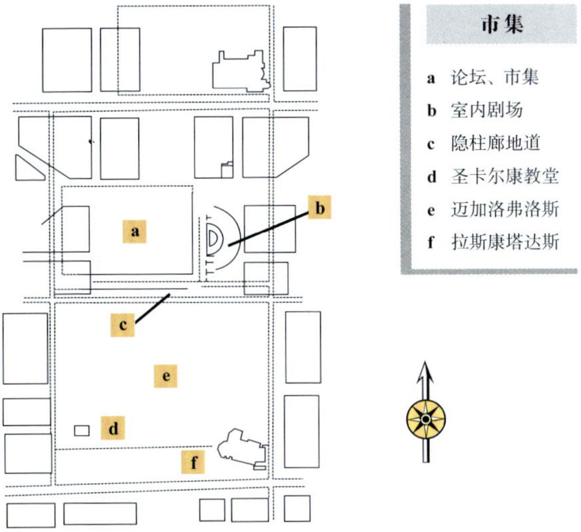

最重要的建筑是加利利乌斯皇帝在城市东南部的宫殿建筑群，占地17万平方米。虽然进行了挖掘，但其整体地形尚不清楚。这座宫殿唯一为人所知的地方是一个四面的带门廊的庭院，围绕着许多小房间，走廊宽阔。在走廊的东侧有一个长方形的房间，分为4个拱形区域，南端有一个尖顶。在北边发现了一座圆形建筑，庭院中有一座神秘的八角形建筑（王座室？），其南侧有一个椭圆形的前厅。在伊萨弗伦街（Odos Isàvron），非常靠近前厅的拱廊的地方发现了一个小拱形的遗迹，有丰富的装饰性图案和雕刻纹章。

一条柱廊式街道从宫殿一直延伸到一个巨大的长方形前厅，门廊上铺满了马赛克，通向加利利乌斯拱门。这是在297年至305年建立起来的，以庆祝皇帝对波斯人的胜利。最初的项目是一个带有穹顶的四面拱门，但后来增加了两个侧穹窿，将拱门的一边与宫殿，另一边与圆堡连接起来。最宽的中央穹窿两侧各有四根柱子，上面装饰着浮雕，展示了加利利乌斯对波斯国王纳赛特的军事行动。东北侧的穹窿装饰着阿迪亚贝的军事行动场景，西南穹窿展示了阿尔梅尼的场景。最后一个穹窿展示了加利利乌斯受降敌人的场景。浮雕是四分制时期最重要的艺术代表之一，在风格上他们借鉴了在罗马兴起的图拉真和安东尼纳斯·皮乌斯时期的圆柱。

在拱门的另一边，门廊的街道通向圆堡。这是一个圆形的大房间，上面覆盖着一个半球形圆顶。圆柱形墙面上有长方形壁龛，再往上有8个大拱形窗户。房间中部有一口深井，正对着穹顶之下。这座建筑最早修筑是为了祭祀神化的帝王，狄奥多西时期改成了一座献给圣乔治的教堂，还建了教堂正厅，东端有尖顶，西端有前厅。室内镶有大理石，圆顶的金色背景上镶有彩色马赛克：展示基督在四位天使的环绕下发出神性的光辉，天使和使徒只有脚部还可以看到。下面的部分是8个具有复杂建筑物表示

P334左上图：加利利乌斯拱门东南侧

P334右上图：从东南角度看罗通达堡，狄奥多西教堂尖顶在右侧

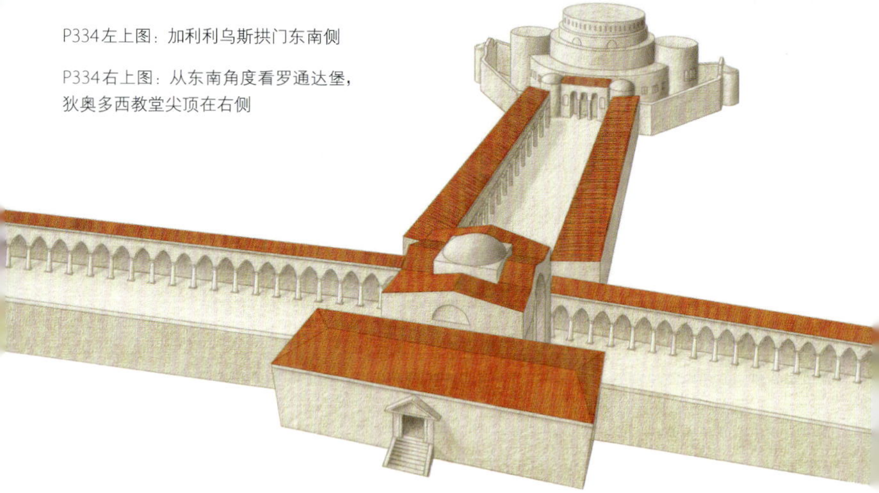

法的面板；这些面板采用了希腊化时期在剧院和公共建筑中使用的技术，非常写实的人物祈祷形象。壁龛拱的底部装饰着几何图案、鲜花、水果和鸟类形象。与宫殿紧密相邻的是竞技场，按照罗马样式建造，为帝王观看比赛之用。因为在宫殿高处，民众们也可以在比赛时看到皇帝。

P334下图：加利利乌斯宫殿的拱门，柱廊，圆堡的想象复原图

P335上图：对波斯人的胜利和四分制的胜利；加利利乌斯拱门，南塔

P335下图：身穿盔甲的士兵；与波斯人作战时的细节。

P336上图：圣德米特里奥斯教堂立面，从东南方向看

P336下图：圣德米特里奥斯内殿和穹顶

拜占庭时期

塞萨洛尼卡有许多宗教建筑的遗存，从拜占庭早期到土耳其占领时期都有。不幸的是，1917年的大火严重破坏了其中一大部分，其余的因被忽视或改造成清真寺也不复原状。下面按照时间顺序来介绍这些教堂。

最古老的是基督教堂圣迪米特里奥斯（Aghios Dimitrios），献给这座城市的守护神，他于304年在论坛附近的浴池中殉难。在其殉难的地点建起了一座祠堂，411年又建起了一座巴西利卡式大教堂。在7世纪上半叶被大火严重破坏后，这座教堂被按照同样的建筑平面重建，重复使用了许多石头和马赛克材料。1917年摧毁再一次被大火摧毁，今天原地的复制品已经尽量多地利用了原始材料（柱身大部分来自7世纪，柱头来自5世纪，还有一些大理石材和马赛克碎片也是之前的遗迹）。这座教堂是带有十字形耳堂的巴西利卡大教堂相当成熟形式的例证之一，这种建筑形式从这一地区传播到周围地区。前有前廊，巴西利卡教堂的内殿与侧廊通过4个柱组成的双拱分开；还有一条前廊和拱顶有5个宽的开口。原本华丽的内部装饰可以从内殿西端的墙壁遗留想象出来，那里有着阿提卡式柱底座的绿色柱子，狄奥多西时期的柱头和柱子等。

小片的马赛克残留在西墙（圣德米特里奥斯和天使们，5世纪）和唱诗班入口的柱子上（左边，维尔吉和一个圣人，7世纪；右边，圣德米特里奥斯和一个主教和国家行政长官，圣德米特里奥斯和一个助祭，均为7世纪）仍然可见。还有较少的壁画残留。南墙上的画面反映了历史事件，查士丁尼二世在与斯拉夫人作战后凯旋的场景。

罗马浴室的东半部分是地窖。本来这部分是与街道平齐的，后来因为巴西利卡式教堂的修建被推到了地下。进

入唱诗台右侧的楼梯可以从浴室下到一个房间，一度被改建成带有拱顶的小礼拜堂；曾经从这里可以看到祠堂的遗迹。7根柱子围着一个大理石神龛（柱头来自狄奥多西时期）：这里是一口圣井（hagiasma），通过此处把圣油倒在圣徒的坟墓上，以使其得到祝福。

P337上图：从左至右 圣德米特里奥斯教堂内马赛克；神圣雕塑，一个圣徒和一个官员的脸部

P337下图：圣德米特里奥斯和一个助祭；唱诗台入口右边的柱子旁边的马赛克

P338上图：阿奇罗波伊托斯教堂外门厅

P338中图：阿奇罗波伊托斯教堂内殿，圣像门

教堂的东南角矗立着圣尤蒂米乌斯（St. Eutymius，10—11世纪）教堂，里面有1303年起始的壁画（12个宗教节日、圣徒生活和奇迹场景）。

阿奇罗波伊托斯教堂（Theotokos Achiropoietos）是献给圣母的，其建筑日期可追溯到5世纪下半叶。教堂名称意味着“不用手制造”，意指神迹的出现，据说是从天堂掉落下来的。

教堂是典型的有画廊的大教堂，有一个与侧廊的房间相连的外厅，内部有两个高低不同层次的拱廊，末端连接在一起并与内殿隔开。在东正教教堂里，像长老会教堂一样的内殿为神职人员所保留，而会众则使用侧廊和画廊。精美的内部装饰如今只剩拱门上的马赛克花卉、水果和飞鸟（5—6世纪）。内殿中可见大片的大理

P338下图：圣索菲亚入口拱门

P339上图：先知被十二使徒包围的场景；圣索菲亚穹顶

P339下图：圣索菲亚教堂长老会教堂外部，前置有圣像门

石地板，还有狄奥多西时期的精美柱头，带有双层雕刻的叶形装饰。

圣大卫教堂（Hosios David）被认为是圆顶十字形教堂的先驱，即早期拜占庭建筑的基础模型。建于500年前后的这一教堂作为拉托莫（Latomou）修道院的卡索利康，穹顶上仍然有非常宏伟的马赛克（6世纪），描述了年轻的耶稣形象，周围环绕着先知和传道者。基督诞生和基督受洗的壁画是塞萨洛尼卡这一时期艺术的仅有代表（12世纪下半叶）。

圣索菲亚教堂（Aghia Sophia）是少数得以幸存至今的真正的希腊十字平面的教堂，保存的状态也十分完好。这座献给神性智慧（divine wisdom）的教堂建于8世纪初，在一座旧的大型巴西利卡教堂原址上建造。小型半圆后殿内有主教座位和神职人员座位。穹顶上装饰着11世纪末的马赛克，周围环绕着十二位使徒，圣母在两个天使之间。“圣母与圣子”（12世纪）取代了传统时期的耶稣十字架的形象。拱顶上装饰有十字架和植物图案的马赛克（8世纪末）。

THESSALONICA

从圣索菲亚教堂建成直到11世纪上半叶，塞萨洛尼卡没有其他突出的建筑范例。圣卡尔康（Panaghia Kalkeon，青铜工人的保护女神）教堂，由拜占庭帝国的一位显贵在1028年捐建的。这是另外一座在方形平面内的十字教堂，圆顶建在由柱子支撑的四个拱肩之上。十字的两臂都伸展至等边三角形的山墙处。内部装饰着精妙的壁画（11世纪），由康斯坦丁的艺术家绘制。半圆形后殿绘制的形象是祈祷的圣母，以及主教和圣人；基督升天以及其他一些生活场景绘制在墙壁高处和穹顶处。内殿中展示的是“最后的审判”中的场景。

圣埃卡特里尼（Aghia Aikaterini）教堂建于13世纪最后20年，代表了拜占庭晚期风格的开始。方形希腊十字平面属于传统形式，新出现的形式则强调中央圆顶的垂直性，桶状拱和半圆形后殿。现在仍有一些壁画在半圆形后殿（履职的主教和众门徒的圣餐仪式）和中央圆顶（耶稣的奇迹和圣人的形象）。

1327年建成的圣阿波斯托利（Aghii Apostoli）教堂也沿用了同样的建筑平面，通过降低内殿的高度，更加强调圆顶的垂直度，给予建筑全新的形象感受。外墙用大量单色瓷片装饰，夹杂使用白色石头以及3到4组红砖。教堂内部，穹顶上的马赛克描绘了基督和先知；那些在拱顶和主室墙壁的高处的马赛克，显示了耶路撒冷的节日和“耶稣下降到地狱边境”（descent to Limbo）的景象，而壁画则描绘了圣约翰的生平和圣母童年时期的

P340上图：圣阿波斯托利教堂圣像门

P340下图：卡尔康教堂，北面角度看立面

P341上图：八角形建筑，奥斯曼帝国时期

P341下图：圣阿波斯托利教堂，外廊和角鼓

生活。所有这些装饰工作都是由康斯坦丁的一个工坊完成的。

与圣阿波斯托利教堂类似的设计还体现在几座14世纪的教堂上，如圣潘塔勒蒙（Aghios Pantaleimon）教堂，瓦拉塔迪（Vlatadi）修道院献给耶稣变容的卡索利康教堂。这些教堂并未对传统的希腊十字平面做过多改动，圆顶仍然支撑在长老会墙上，西边有两根立柱。

在14世纪上半叶的一些小型巴西利

卡教堂建造了木质屋顶；比如塔萨奇斯（Taxiarchs）教堂建在一个地窖上作为僧侣的埋葬地，和圣奥芬诺斯（Aghios Nikolaos Orphanos）教堂属于塞尔维亚国王斯特凡·乌罗斯建立的修道院。修道院常收养孤儿。以其大型的壁画闻名，描绘了十二圣徒、耶稣的奇迹以及圣尼古拉斯和圣格拉修斯的生平。

伊利亚先知大教堂可追溯到1360年至1385年，由3个半圆形后殿组成的建筑平面是典型的阿索斯山修道院风格。在3个半圆形后殿之间的四个角落有4座圆顶小礼拜堂和一个非常广阔的中央穹顶。外墙由普通石砌制成，水平方向上与砖块交替；也有常见的三角形瓦片装饰，交织的图案和钥匙图案。

奥斯曼帝国时期

这一时期的建筑物在1917年的大火中幸存下来的很少。除了肯德里克市集（Kendrikì）的一些公共浴室外，这曾是一处热闹的东方风情的商业区，可以参

观贝泽斯塔尼（Bèzestani），一座建于15世纪有8个圆顶的长方形建筑，用作带顶棚的市场。

博物馆在白塔（建于1535年）附近，是塞萨洛尼卡的象征。

考古博物馆

星期一12:30—19:00；星期二至星期五及星期日8:00—19:00；星期六8:30—15:00。付费。

入口处展厅：从圣帕拉斯克维和波蒂迪亚等马其顿墓葬中发现的文物（大理石长凳，饰有彩绘）。

入口对面的展厅：来自辛多斯墓地的文物，该墓地发现于1980年，可追溯到公元前550年至公元前480年（阿提卡红绘、黑绘陶、武器、珠宝等）。

展厅1—3：古风时期（公元前7—前6世纪）和古典时期（公元前5—前4世纪）来自该地区的雕塑。

展厅4：希腊化时代和罗马时代的物品（大理石、马赛克和雕像）。

展厅5—6：来自城市的罗马雕塑（皇家肖像，石棺）。

展厅7：代尔维尼（Derveni）墓地发现的文物，因1962年建设通往卡瓦拉的道路偶然发现的。特别是6座陵墓石板，制成于公元前4世纪下半叶。墓葬物品的质量很好，特别是在墓碑B中的：镀金的青铜和银器、花瓶、青铜和铁武器、黄金首饰和纸莎草的碎片（在希腊发现的首例），上有18行有关俄耳浦斯

的诗。特别注意一个高质量的镀金青铜喷口罐，盛放着死者的骨灰（其名字写在边缘上的铭文上），装饰着狄俄尼索斯和萨迪斯和女祭司的浮雕。高质量的艺术和次等的装饰表明这个双耳罐是来自利西普斯派。

地下室：新石器时代、青铜时代和早期铁器时代的物品，来自马其顿和色雷斯的发掘点。

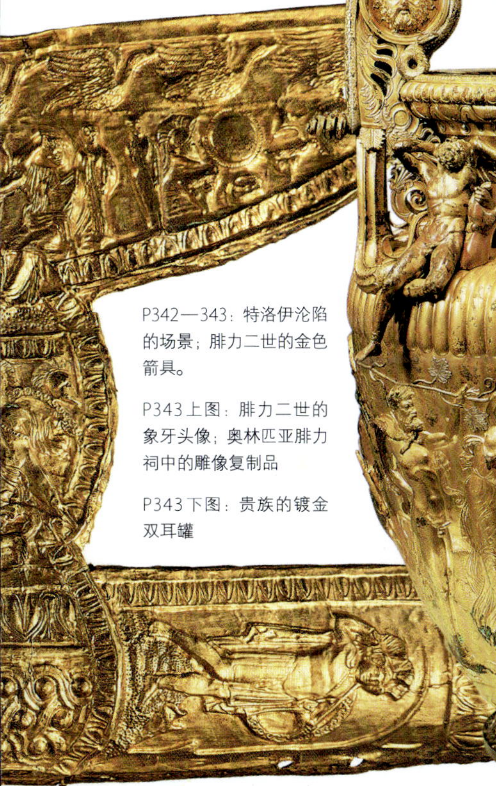

P342—343：特洛伊沦陷的场景；腓力二世的金色箭具。

P343上图：腓力二世的象牙头像；奥林匹亚腓力祠中的雕像复制品

P343下图：贵族的镀金双耳罐

拜占庭文明博物馆

星期一，12:30—19:00；星期二至星期日，8:00至19:00。付费参观。

第一部分：伟大的早期拜占庭绘画和雕塑。

第二部分：日常生活中的物品。

第三部分：基督教早期的葬礼仪式和拜占庭时代的葬礼绘画。白塔内还有一个早期基督教和拜占庭艺术博物馆（除星期一每日开放，8:30—15:00开放，免费）但部分藏品已运到新博物馆。

P344上图：腓力二世的盔甲，由铁和黄金饰物制成。

P344下图：金箱（LARNAX），腓力二世的墓葬物品

P345上图：拜占庭文明博物馆：重新组合建筑元素。

P345下图：柱头和重建的柱身，带有绘画的一段墙

奥林索斯

这座短命城市的第一次历史记载可以追溯到公元前479年，当时波斯人驱逐了古代色雷斯人（Bottieans），用哈尔基季（chalkidikii）殖民者重新填满了这座城，他们与东方有着牢固的商业联系。大约在公元前5世纪中叶，奥林索斯是提洛同盟的一员，但在公元前432年，马其顿的珀迪加迫使这座城市与本区的其他民族组成哈尔基季基联盟（Chalkidikian League）。在现有城市的北面建立了一个新的城市，附近一些地点的居民都搬到那里去了。公元前379年被斯巴达所征服，奥林索斯被迫在公元前356年与马其顿的腓力二世结盟。然而因为害怕马其顿国王的扩张主义政策（腓力决心征服整个哈尔基季基），这座城市试图与雅典和解。然而这却给了腓力宣战的借口。公元前349年他彻底摧毁了这座城市，并将城市居民卖做奴隶。

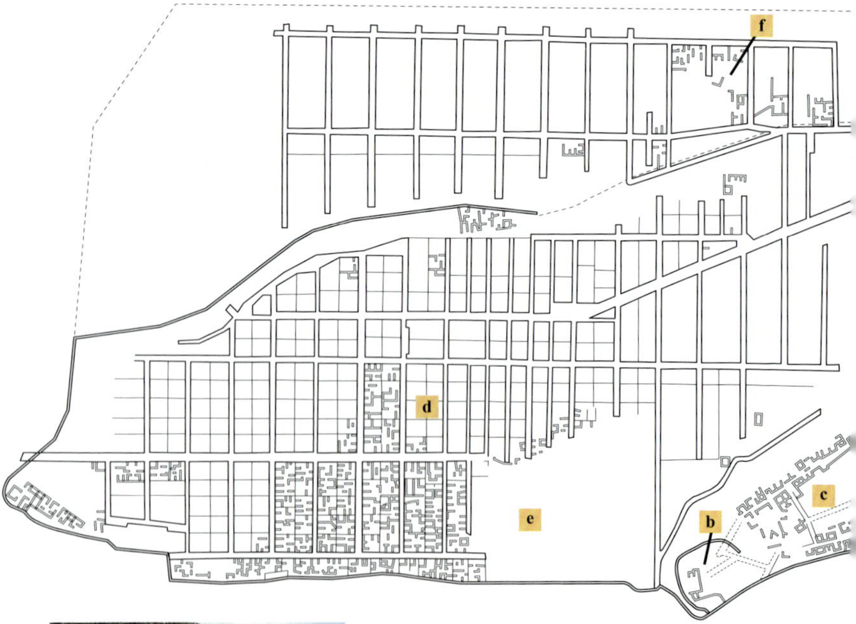

P346上图：石棺，葬礼石碑和石砌成的到现场的入口大道。

P346底部：北部住宅区的地基

奥林索斯

- **a** 新石器时代聚居区
- **b** 议事厅
- **c** 首座城市的布局
- **d** 新城
- **e** 市集
- **f** 幸运别墅

参观指南

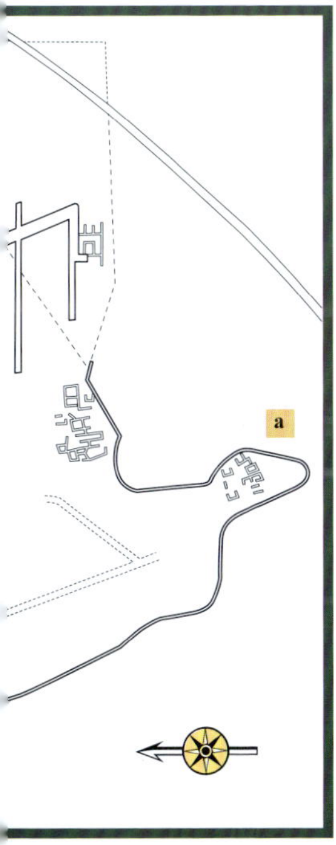

我们从南山的南端开始，在那里发掘了公元前3000年上半叶的新石器时代定居点（a）。经过一段长时间的荒废之后，此地在公元前8世纪被色雷斯人占领，有当时的陶器材料出土。最早的建筑可以追溯到公元前6世纪中叶：发现的是多利克柱头的一部分，发现了一堆未知圣殿的废弃材料上的灰泥装饰。在公元前6世纪末至前5世纪初，在山的北端一个开放的温泉东侧，有一座三部分的长方形建筑，可能是一座议事厅（b）。这就是哈尔基季基殖民者设置市集的地方（公元前479 年）。当时他们把第一座城市按常规布局（c）布置在沿山的东侧和西边的两条纵向开阔地带，有三四条路横着交错而过。

新城（d，公元前432年）在北山的开阔地上发展，其基础是由7条南北向街道（宫殿，A-G）组成的网格，每38米与24条垂直街道相交。除Plateia D外，所有轴向街道都测量为4.8米宽。所创建的城市街区约86×34米（相当于

P347：沿着主街的住宅区，入口大道

300×200阿提卡尺），并在东西向被一条小巷切断，这条巷子把两排五间房子隔开。市集位于山的南端，议事厅在东侧。这是一座长方形建筑，内部被一列7根柱分开，建造材料是从旧的建筑上拿来重新利用用。在北面有门廊、喷泉和巨大的外墙立面。

街区

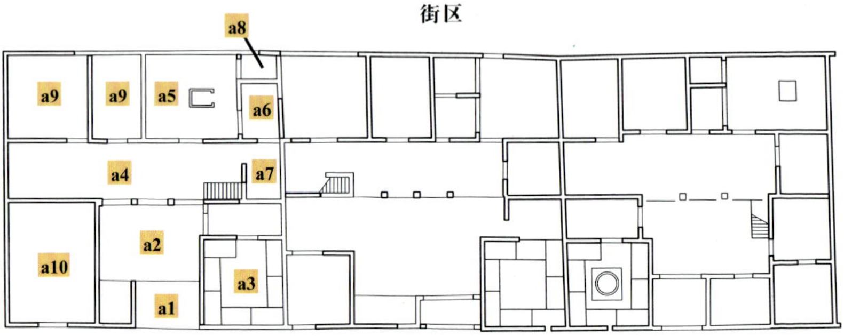

关于房屋，最常见的类型就是先有一个入口前厅（a1），然后走到庭院（a2），通常（但并不总是一定）会对着男士房间（a3），一般作宴会之用。庭院的远端是帕斯塔斯柱廊（pastas，a4），就是由木制柱身夹在石头的柱头和柱底座之间的柱子组成的。私人房间朝向这个柱廊。一家人聚在一起吃饭的房间（a5）两侧是厨房（a6）、餐具储藏室（a7）和浴室（a8），通常有浴缸，靠近主人的卧室（a9）。其他家庭成员和仆人的卧室分布在上层。在入口处，一家商店（a10）直接朝向道路。虽然这些房屋的布局非常相似，显示了中产阶级居民在社会属性上的明显一致性，但不同屋主的偏好在马赛克地板花纹和墙壁绘画装饰上得以流露。房子的一个独特之处是有男士专用房间的存在，代表了“男士宴会”这种贵族阶层的典型行为。

在市郊的大型住宅中，比如城市东侧的幸运别墅（Villa Of Good Fortune，f），帕斯塔斯柱廊等住宅中的基本元素以更豪华的形式呈现。此外，除了宽阔的帕斯塔斯柱廊（v2），院子（v1）的中间有一圈围柱（v3），男士专用房间（v4）和它的前厅（v5）用黑白两色的高质量鹅卵石制成的马赛克装饰地板，充分体现了贵族的价值观：胜利的狄俄尼索斯在战车里，把武器交给了阿喀琉斯。

房子东侧的厨房（v6）和浴室（v7）后面有两间连通的私人房间，铺满了鹅卵石马赛克，刻着符号和祝福的铭文。在前厅（v8），“祝你好运”伴随着财富之轮的装饰。左上角不完整的铭文（“Dikaio”）可能是指房子的主人。隔壁房间里写着“EutykiaKalè”（运气好极了）。“Aphrodite kalèe”（爱是美丽的）刻在房间中间的一个盒子上。围绕着这句话有一些双刃斧头，十字标记和一个类似手掌的雕刻符号。（克里斯蒂娜·特罗索）

街区

a1 入口大厅	**a6** 厨房
a2 庭院	**a7** 客厅
a3 男士专用房间	**a8** 浴室
a4 帕斯塔斯柱廊	**a9** 卧室
a5 餐厅	**a10** 商店

幸运别墅

v1 庭院	**v5** 前厅
v2 帕斯塔斯柱廊	**v6** 厨房
v3 围柱式庭院	**v7** 浴室
v4 男士专用房间	**v8** 前庭

P348—349：根据在奥林索斯发现的考古数据重建一幢两层的房子

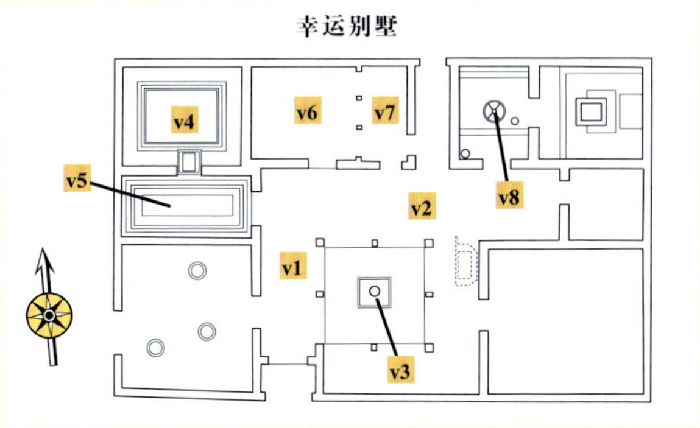

OLYNTHUS

阿索斯山

哈尔基季基的第三个半岛是一根狭长多山的分支，伸入大海45千米，到雄伟的阿索斯山（Haghion Oros，“神圣之山”）为止。这片几乎无人居住的林区从9世纪开始出现了一些隐士和僧侣，他们在拜占庭城市开始打破圣像的斗争之后，试图进入深山树林进行躲避寻求庇护。典型的是住在洞穴里的苦行僧，阿索尼特（Athonite）的彼得和圣尤蒂米乌斯。

阿索尼特的圣阿萨那苏斯建立了修道院社区的组织和规则。他于957年在这里退休成为一名隐士。然而，他跟随他的朋友尼斯弗罗斯·福卡斯（Nicephorus Phocas）参加了对坎地亚（克里特最大的城市，现在被称为伊拉克里翁）的战争。后来在收集了一些战利品的基础上，建立了拉夫拉（Lavra）修道院（一小群隐士组成的社区）。在尼斯弗罗斯（他后来成为皇帝）的支持和保护下，拉夫拉修道院变成了一座巨大而富饶的修道院（963年），有80名僧侣和扩展的地盘。虽然修道院的建立引起了居住在半岛上的隐士僧侣的敌意，并拒绝了新的僧侣生活方式，但伊韦隆（Iviron）修道院（978年）和瓦托佩迪（Vatopedi）修道院相继建立起来（985年）。修道院建设很快就在整个半岛上兴盛起来。皇帝和官员们建立了一些；大多数得到拜占庭统治者的支持，也得到了潜在的商业势力的支持——由于半岛的地理位置，僧侣们进行了一些商业活动，因此可以与塞萨洛尼卡和拜占庭进行便捷的海上交流。

巴列奥略王朝的安德罗尼库斯二世继位后（1282—1328年）继续支持僧侣们的活动，反对东正教和天主教会统一，开启了一个深刻的精神和艺术复兴时期。这段时期阿索斯山成为拜占庭世界宗教和文化吸引力的中心，并在其自身的历史中扮演重要的角色。14世纪修道院遭到海盗的袭击和内战的破坏（1341—1347年），又多次被外族占领。

C H A L K I D I K I

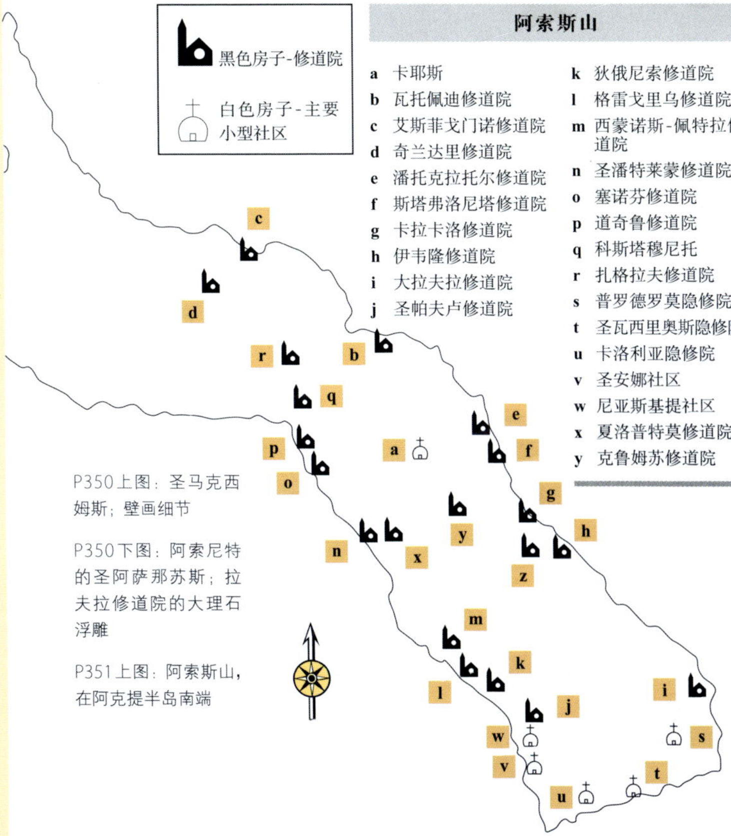

阿索斯山

a 卡耶斯
b 瓦托佩迪修道院
c 艾斯菲戈门诺修道院
d 奇兰达里修道院
e 潘托克拉托尔修道院
f 斯塔弗洛尼塔修道院
g 卡拉卡洛修道院
h 伊韦隆修道院
i 大拉夫拉修道院
j 圣帕夫卢修道院
k 狄俄尼索修道院
l 格雷戈里乌修道院
m 西蒙诺斯-佩特拉修道院
n 圣潘特莱蒙修道院
o 塞诺芬修道院
p 道奇鲁修道院
q 科斯塔穆尼托
r 扎格拉夫修道院
s 普罗德罗莫隐修院
t 圣瓦西里奥斯隐修院
u 卡洛利亚隐修院
v 圣安娜社区
w 尼亚斯基提社区
x 夏洛普特莫修道院
y 克鲁姆苏修道院

P350上图：圣马克西姆斯；壁画细节

P350下图：阿索尼特的圣阿萨那苏斯；拉夫拉修道院的大理石浮雕

P351上图：阿索斯山，在阿克提半岛南端

1424年，奥斯曼帝国迫使他们屈从于土耳其人，但能够保持一定的政治和管理自主权并且保留他们广泛的田产。由于修道士们参与了反抗奥斯曼帝国的起义，1821年土耳其人占领了阿索尼特社区长达9年，并对那里的建筑、艺术品和图书馆造成了不可弥补的破坏。1927年，希腊宪法将该半岛确立为一个神权和完全自治的共和国，但仍是希腊国家的一部分，并由一名外交部雇员作为议会代表。自治国由位于卡耶斯的"埃皮斯拉西亚"（Epistasia）管理，由20名代表组成，每个修道院一名代表，每年1月选出。

除了海岸上或海岸附近的20个大型修道院，半岛还有12个较小的修道院社区（skite），通常集中在中等建筑中。有时候是修道士三人一组，居住在分散的定居点（Kellia，Kathismata）：隐士们居住在洞穴和山谷中，尤其是半岛南部区域。

僧侣生活是由两种不同方式系统组织起来的。在团体隐修体系中，僧侣在伊古门诺斯（Igoumenos，意为方丈）的指导下共同生活；而独自隐修（"按照自己的节奏"）在18世纪被引入，僧侣们拥有更大的独立性。

因为建造自不同的时期，从建筑学上看修道院也各不相同。一般建造有坚固的围护设施，有塔楼、巡逻通道、堡垒、狭小的窗户和一个由巨大的铁钉铁门关闭的入口。靠墙内面是"科德斯"（Kordes，就像围绕着修道院的环形"绳索"）。修道院多数是多层建筑，屋顶有凉廊，建筑内分布着僧侣的卧室、管理中心、地窖、医院、招待所、图书馆，还有一些小礼拜堂。卡索利康在庭院中心，通常是按照君士坦丁希腊十字平面进行建设。但后期是又加上了两个半圆形后殿（也许出于礼拜需要），因此创建了独特的阿索斯山三后殿建筑形式。为特定的礼拜仪式而建在卡索利康前面的前廊是该修道院的特点，被2根独立在中间的柱子划分为6段，有一个中央拱顶和两个侧圆顶。教堂前是净化泉（phiala）和餐厅（trapeza）。后者对于僧侣生活非常重要，因为集体聚餐的是庆祝弥撒的最后一环。

P352—353上图和下图：僧侣生活场景。“圣山”上的僧人都是出色的工匠

P352—353：空中视角，被建筑环绕的卡索利康

修道院墙壁上装饰着系列壁画，这些壁画已被重新粉刷过好几次。12世纪留下的壁画很少，但那些画确实在那个时期拜占庭绘画中占有重要的位置。最重要的阶段是在巴列奥略王朝的安德罗尼库斯二世统治时期，他是阿索尼特僧侣的伟大支持者。这一时期的壁画是由马其顿学派的倡导者，塞萨洛尼卡的曼努埃尔·潘塞利诺斯（Manuel Panselinos，13世纪末）画的。他的作品以精巧的建筑为特征，人物形象有着逼真的脸和明亮的颜色。克里特岛的画家活跃于15和16世纪，当时克里特岛是东正教重要的艺术中心之一，有着悠久传统的绘制圣像的历史。其中一位画家是西奥芬尼斯·斯特雷利塔斯（Theophanes Strelitzas），他于1535年在“伟大的拉夫拉”（The Great Lavra）内工作；他的画因其完美无缺的正统性，优雅平衡的构图和丰富的人物形象而受到人们的特别赞赏。除了克里特画派，还有底比斯画家弗朗戈斯·卡泰拉诺斯（Frangos Katelanos，1560年），他们喜欢更自由的场景，以体现运动和空间为特征。在18世纪阿索尼特绘画发展了自己的地方风格，渗透了强烈地向潘塞利诺斯时期回溯的倾向，也与当时兴起的复兴安德罗尼库斯二世时期的艺术运动融汇为一体。修道院也有许多艺术作品（圣像、金饰、布料、石碑和祭坛陈设）和珍稀的宗教书籍（包括约11,500份珍贵手稿）。

P354：大公会议，圣约翰和圣加布里埃拉，伊韦隆修道院壁画

P355：耶稣的祝福，卡耶斯教堂壁画

IC
XC

参观指南

只有年满21岁的男子才能参观阿索斯山。如果想要获得最多4天的停留许可，必须给本国在雅典的领事馆写信申请（或在其他希腊城市的领事馆）。或者可以向希腊的外交部、宗教事务部提出申请，地址在瓦西里西斯·索菲亚大街（Zalokosta e Vassilissis Sophia Street，电话01 362 6894），或者塞萨洛尼卡的马其顿和色雷斯事务部，政治事务办公室218室，办公地址在迪基底里乌广场（Dikitiriou Square），塞萨洛尼卡市。或者到阿乌拉诺波利斯（Ouranopolis），每日登船时间为9:45，前往达夫尼方向，这里是进入阿索斯山的起点。要获得停留许可必须出示前往卡耶斯的许可证，然后从达夫尼可以通过公共汽车或步行（约3小时）到达。

在从达夫尼到卡耶斯的路上，可以参观夏洛普塔莫（x）修道院（10世纪，但在18世纪下半叶重建并画了新壁画）和克鲁姆苏修道院（y），后者建立于13世纪，由于罗马尼亚僧侣的影响在14世纪下半叶非常繁荣。壁画来自克里特岛画派，可追溯到1540年，最近又被重新粉刷了。

卡耶斯

在地区首府（a）可以参观最早的普罗塔顿（Protaton）教堂，本地区最古老的教堂；以及大拉夫拉修道院（i）、瓦托佩迪修道院（b）和伊韦隆修道院（g）。大理石神庙（templum）是本地区古老的神庙之一（10世纪下半叶），内部的壁画（圣母的生活）于13世纪末由曼努埃尔·潘塞利诺斯（Manuel Panselino）绘制，画面非常精美。在卡耶斯来的修道院参观都是靠步行。要想在修道院住宿，必须在黄昏前到达。

P356上图：位于卡耶斯东南的克鲁姆苏主教堂

P356下图：圣人祠，在克鲁姆苏修道院的壁画

P356右和P357上图：虔诚的女人；普罗塔顿教堂壁画

P357下图：在卡耶斯的普罗塔顿古教堂，从南面看

P358上图：瓦托佩迪修道院中的手稿

P358中图：瓦托佩迪修道院，重要性仅次于大拉夫拉修道院

东北方向

瓦托佩迪修道院（b，从卡耶斯步行约1小时30分）

10世纪末由哈德里安奥波利斯的三位修道士创立，献给“圣母报喜”（Annunciation of the Virgin）。由于拜占庭皇帝的支持，瓦托佩迪修道院一直是阿索斯山修道院社区最重要的一员。此处有杰出的青铜大门（15世纪，来自塞萨洛尼卡的圣索菲亚教堂）和马赛克（阿索斯山地区唯一保留的），在通往门厅山墙内三角面上（圣母祈祷，11世纪中期）。同时代马赛克的墙把长老会同圣餐台和圣器室分开。壁画由马其顿画派（1312年）绘制，但已被重新粉刷过几次。

艾斯菲戈门诺修道院（ESFIGMENOU，c，距离瓦托佩迪修道院约3小时30分钟）

建于10世纪末或11世纪初，其中卡索利康教堂建于1806年至1810年。木刻神庙（1813年）和一个罕见的马赛克圣像（12世纪）值得关注。

P358下图：奇兰达利修道院空中视角

P359上图：潘托克拉托尔修道院，东南视角

P359下图：斯塔弗洛尼塔修道院，北面视角

奇兰达里修道院（d）

这座修道院是由塞尔维亚王子斯特凡·内曼贾（Stefan Nemanja）于1192年前后在一个茂密的山谷中建造的，他在这里退休，改名西米翁（Simeon）。他的儿子拉斯特科（St.Sava）是塞尔维亚东正教（1219年）的创始人和首位元老。1299年，塞尔维亚国王后裔斯特凡六世重建了这座修道院。卡索利康教堂前面是一个巨大的外厅，上面覆盖着十字拱顶和两个圆顶。这是这类建筑的第一个例子，并被其他修道院采用。后来又添加了第二个外厅。里面有13世纪初至14世纪初的马其顿壁画，于1803年重新粉刷。

南部

潘托克拉托尔修道院（e）

（瓦托佩迪以南2小时路程）传统认为，这座修道院是由迈克尔八世的指挥官阿莱克西斯（Alexis Stratigopoulos）建立的，1261年他夺回了君士坦丁堡。卡索利康教堂的历史可追溯到1363年，西侧的大塔可追溯到1536年。马其顿壁画是14世纪，1854年被重新粉刷。

斯塔弗洛尼塔修道院（f）

（潘托克拉托尔以南1小时路程）这座修道院矗立在一块凸出的岩石上，由一座俯瞰大海的高耸的防御塔。修道院用水从上面的斜坡和拱形水道提供的。1541年，君士坦丁堡长老耶利米在以前的一座修道院（10世纪末）基础上重建了这座寺院，并奉献给了哈吉奥斯·尼克劳斯·斯特里达斯。由于空间限制，教堂没有唱诗班或圣水池。内饰壁画是由克里特岛画家提奥芬尼和他的儿子西蒙（1546年）绘制的。

卡拉卡洛修道院（g）

始建于12世纪，13世纪被废弃，由巴列奥略王朝的安德罗尼库斯二世修复。俯视着修道院的塔楼十分壮观。卡索利康教堂中的画可以追溯到18世纪。

伊韦隆修道院（h）

由富有的贵族约翰·托尼基奥斯（来自乔治亚州，也称伊比利亚，修道院的名字就是由此而来）于10世纪末建立，这组建筑献给圣母永眠。卡索利康教堂于1513年重建，但保留了11世纪中期的地板。壁画可追溯到15世纪和16世纪。一个小礼拜堂奇迹般的保存着10世纪潘哈吉亚·波塔伊蒂萨的圣像，由一个名叫加布里埃尔的僧侣从海里找到的。

大拉夫拉修道院（i）

这是半岛上最宏伟的修道院。963年建于阿索斯山脚下，由圣阿萨那修斯所建。从外表上看像一个堡垒，带有炮塔，通过一个三重通道进入。庭院内主要是卡索利康（1004年完工）占据主要位置，其大型中央穹顶内部由4根粗大的柱子支撑。前廊由两个小礼拜堂组成（圣尼古拉斯教堂由弗朗戈斯卡特拉诺斯壁画装饰，1560年；四十忠烈祠内有修道院创建者的墓）。卡索利康的壁画

P360上图：卡索利康教堂 伊韦隆修道院

P360下图：大拉夫拉修道院防御工事，卡索利康教堂从南部看

P361上图：圣人尤蒂米乌斯，提奥芬尼，马克西姆斯，伊韦隆壁画

P360—361：提奥芬尼壁画，大拉夫拉修道院

是克里特岛画家提奥芬尼（1535年）的作品，可能是在早期潘塞利诺斯的作品（14世纪）上重新作画。

在教堂前面有十字形的餐厅，西侧有一个半圆形后殿。墙上是画家提奥芬尼的系列壁画（约1535年）。从大拉夫拉出发，在半岛顶端可以访问一些小型的修道社区：普罗德罗莫（s），由摩尔达维亚的王子创立，以及卡夫索卡利威亚社区、圣瓦西里奥斯隐修院（t）和卡洛利亚（u）隐修院。

P361下图：大拉夫拉修道院壁画：一群僧侣

回到西海岸，在经过圣安娜（Aghia anna）和尼亚斯基提（nea skiti）修道社区之后，可以去参观圣帕夫卢（Aghios Pavlou，j）修道院，该寺坐落在山的一侧，建于10世纪下半叶。后来由塞尔维亚乔治·班科维奇王子扩建，并建了新的卡索利康教堂（19世纪重修）。圣乔治礼拜堂内有克里特画派的壁画装饰（1555年）。

P362—363：狄俄尼索修道院，空中视角

P362左下图：狄俄尼索修道院餐厅，内有佐尔齐斯壁画

P362右下图：格雷戈里奥修道院南面视角

P363左上图：圣潘特莱蒙修道院现代建筑

P363右上图：塞诺芬修道院及卡索利康教堂

P363中图：道奇鲁修道院

狄俄尼索修道院（k）

建于1370年，占据海上优势位置，于1535年被大火摧毁。

格雷戈里乌修道院（l）

建于14世纪，其中卡索利康教堂于18世纪重建，内部绘有加布里埃尔和格雷戈里（1779年）的壁画。

西蒙诺斯-佩特拉修道院（m）

由14世纪的隐士西蒙创立，位于岩石顶部，只能从由三层拱廊组成的一座不寻常的桥梁到达。

在达夫尼以北，可以参观由俄罗斯僧侣（1830—1890年）建立的圣潘特莱蒙修道院（n）。在19世纪末重建，但大部分被摧毁1968年的火灾。

塞诺芬修道院（o）

根据记载该修道院在10世纪由一位圣阿萨那修斯的修道士建立的，献给圣徒乔治。旧的卡索利康教堂内（新的一座建于1890年）有克里特画家安东尼奥斯（16世纪中叶）的壁画装饰。

道奇鲁修道院（P）

建设可追溯到10世纪下半叶。卡索利康修道院是16世纪重建的，有克里特画家佐尔齐斯（1568年）的壁画。

科斯塔穆尼托修道院（q）

建于11世纪，曾被加泰罗尼亚海盗摧毁，并于14世纪重建。

扎格拉夫修道院（r）

建于13世纪，并于14世纪重修。（克里斯蒂娜·特罗索）

4.3

线路 3

安菲波利斯

安菲波利斯市占据了斯特里蒙（Strimone）河口的战略位置，能够更加便捷的前往内陆的色雷斯。该地区的内陆地区有丰富的木材和金银矿藏。因此从史前到公元前6世纪中叶，这个地区一直被一个名叫埃尼亚·奥多伊（Ennea Odòi，“九条路”）的定居点所占据。公元前6世纪末帕罗斯人占领这个定居点的企图失败了；公元前498年米勒坦人的尝试同样也没能成功；公元前476年雅典夺取了伊翁地区，这是河口的最后一个波斯堡垒，然后就是埃尼亚·奥多伊。然而当雅典人试图继续渗透到内陆时遭到了色雷斯人的阻击。雅典人在公元前437年才成功地占领这一地区，最后建立了安菲波利斯。几年后在伯罗奔尼撒战争期间，这座城市被斯巴达占领（公元前423年），他们成功地控制住了几次雅典人的进攻。依附于腓力二世的马其顿王国，安菲波利斯一直占据重

P364上图：古代定居点的砖瓦工程

参观指南

要地位。甚至在皮德纳战役后罗马人将马其顿一分为四，安菲波利斯仍然作为第一个地区的首府。在色雷斯人反抗罗马人的斗争中，安菲波利斯遭到过一些破坏。后来在奥古斯都时期修复，在帝国晚期享有了巨大的繁荣。

每天8:00—19:00开放。付费参观。

从南侧进入考古区域，在越过斯特林河之前会看到安菲波利斯的狮子（a），这是公元前4世纪末的一座葬礼纪念建筑，可能是为亚历山大大帝舰队的海军上将劳米顿（Laomedon）建造的。继续沿着墙的南段（b）前进，由于目前正在进行的挖掘工作，我们对这座希腊城市的这部分了解的更充分。在公元前5世纪末使用等距技术精心建造，部分在公元前3世纪至公元前2世纪重建，防御工事反映了这座城市对防御的专注和建造这个社区的殖民人民的力量。墙长7.4千米，由圆形或四边形塔楼加固，还有几扇加固城门（c）。在门的两边有两尊雕塑底座，一个是奥古斯都（在碑文中提到的城市的创建者），另一个是被称为“赞助人和恩人”的卡尔普纽斯·皮森（L. Calpurnius Pison）。这两尊雕像很可能是对城墙上进行大规模修复工作时被树立起来的。

P365：安菲波利斯的狮子，很可能是劳米顿墓葬建筑

继续往前走，一直到通向塞勒斯的路口处，右边是墓地（d）；此处向左转到现代的安菲波利斯村庄，然后经过拜占庭的一段防御工事，建在原来希腊卫城城墙的废墟上。然后继续走到博物馆（e），在博物馆前面可以看到一座箱型石坟（公元前6世纪初），里面有装有高级人物骨灰的银器和一个金色的皇冠（现在安菲波利斯博物馆）。据修昔底德的说法，这座墓穴被认为是布拉西达斯（Brasidas）的坟墓，他于公元前423年在与雅典人的战斗去世，按照英雄的礼仪埋葬在市集靠近城墙的地方。

穿过博物馆继续前行200米，右转后可以攀爬到卫城（f）。在挖掘现场发现了巴西利卡教堂的遗迹，约在450年至550年，重新使用了许多古老的建筑材料。在这条路的左边矗立着巴西利卡教堂C。教堂结构中有一个内殿、两条侧廊、带主教座位的半圆形后殿，十字形翼的一边有密室。路右侧是巴西利卡教堂A，也有一个内殿和两条侧廊，还有一个密室（带有精美的伊奥尼亚柱）。密室的北面和南面分别有洗礼池和圣器室。在教堂A的东南方是教堂D，有内殿和两条侧廊，还有一个围柱式中庭。在该地区的东部边缘可以看到巴西利卡教堂E的遗迹，建立在一个不常见的马蹄形平面之上，前置一个围柱式中庭。最后，在其南面有巴西利卡教堂B。

从平台下来，沿着一条向西南方向的小路走，会来到罗马时代的一座建筑（g），里面有优雅的马赛克地板（表现了欧罗巴被宙斯诱拐、波塞冬和阿米农，海拉斯被尼费斯绑架，现都在卡瓦拉博物馆）。这座建筑可能是一座别墅，或更大建筑群的一部分，即罗马帝国时代的体育馆。在这座建筑的西南方有一栋希腊化时期的房屋（h）已被挖掘出来（公元前3和前2世纪），有趣的墙壁装饰（用灰泥涂层模仿的假等高线；假长方形大理石板在一排柱子后面，柱子上有用灰泥做成条板）。一条小路通向健身室（i），可追溯到公元前5世纪，但今天看到的废墟是公元前3世纪至公元前2世纪进行翻新后的。（此时参观者可以乘车返回，走通往塞勒斯的路，90米后再向右转）。一段宏伟的楼梯通

P366左：柱头，柱身在巴西利卡教堂区和卫城

P366右：健身室区域替换的柱子

P367：放大的细节；巴西利卡教堂区马赛克地板

向一个大的健身室，在一个绕柱式庭院周围，三面有房间。在北向的伊奥尼亚式朝门两侧是浴室，在浴室地面上仍然可以看到洗浴盆的支撑物，在右边，还有两个连通的房间用于擦身体的油。另一侧的房间是男性进行体育锻炼的房间，而西侧的房间则被公众使用：长的房间做官方比赛用，体操运动员办公室（负责监督比赛和运动员的公职人员），除此之外，还有一个次入口和献给赫尔墨斯的露天礼堂，带着三个雕像座和一张祭品桌。

在角力学校的北面有一座宽阔的院子，内有大祭坛（两边有双排四座带铁环的底座，用来系住献祭的牲口）。一个长长的蓄水池连接着西侧的浴池，在东北角还有一条带顶的多利克走廊式的跑道，供冬季运动训练之用。南面墙前的地上有一排20个孔，用来插放走廊式跑道与室外跑道分隔开的木杆。庭院是由一条楼梯斜交叉而过，通过宏伟的台阶能到达建筑群的北门。

回到通向塞勒斯的路，左转，经过可以去往村庄的十字路口，然后再次左转前行大约822米，参观了古典时代的城墙（j）的北端。东北段（167米）最高达7.4米，此处有一个引人注目的排水系统与墙面垂直，在大门的两边各有一座塔。

继续往西经过一个拜占庭塔，就会看到第二段墙（107米）；第三段墙（199米）有一个在希腊化时期建造的防御工事门。再往前一点经过一座圆形塔楼，是在希腊化时代的方形塔楼上改建的，能看到华盖下的木栅（k）支撑着河上唯一的桥梁。因此，这是整个防御系统内最脆弱的一处。当殖民地刚建立时这座桥还没有被并入城墙之内，斯巴达人在公元前423年利用它来靠近和进攻城墙。在接下来的几年里，这部分的墙壁被加固以充分保护桥梁，逐渐成了整个城防体系中最坚固的。

博物馆

除星期一每日开放，8:30—15:00。
付费参观。

装着斯巴达将军布拉西达斯的骨灰的银器在入口处。

楼下展厅的文物从旧石器时代至拜占庭时期。（克里斯蒂娜·特罗索）

腓立比

这个城市最初的名字是克里尼季斯（Krenides），因为该地区有许多水源。该城是在公元前6世纪由来自萨索斯岛的殖民者建立的，他们被此处肥沃的平原吸引而来，还有潘格乌斯地区的金矿。这座城市曾被当地部落征服，公元前361年又被雅典将领卡里斯特拉图斯（Callistratus）占领。五年后马其顿的腓力二世占领了这里，并以自己的名字重新命名了这座城市，通过铸造一系列货币来庆祝这一事件，这些硬币雕刻了赫拉克勒斯像，还身披尼米安狮皮。硬币的另一面是阿波罗，以及铭文“腓力”。腓立比的名字与公元前42年马克·安东尼和屋大维与刺杀恺撒的刺客鲁图斯和卡修斯的战斗有关。屋大维与安东尼的胜利标志着罗马共和政权的结束。战役结束后此地建立了一个殖民地，由屋大维更名为朱利亚·菲利宾西斯（Colonia Julia Philippensis），他于公元前30年将本地军队从古老的联盟中划出来编入意大利并没收了他们的财产。所有平原地区被划分为农业用地，并建立了许多农民定居点。

这个在亚克兴战役后被命名为腓立比（Augusta Julia Philippi）的殖民地，由于位于埃格纳蒂亚大道上优越的地理位置，在安东尼执政晚期享有了巨大的繁荣。在50年圣保罗建立了第一个欧洲基督教社区后，这里也成为一个重要的基督教中心，但473年随着哥特人的入侵开始衰落。拜占庭时期城市范围一直在马其顿城墙范围内变动，7世纪中叶地震引起了巨大的破坏，但一直有居民居住。

P368上图：柱头细节，巴西利卡教堂B

P368下图：剧场浮雕

P368—369：论坛区域，图书馆大门，背景中是巴西利卡教堂B废墟

参观指南

除星期一每日开放，冬季8:00—17:00；夏季8:00—19:00。付费参观。

今天可见的废墟可以追溯到2世纪下半叶和基督教早期。目前希腊化阶段的定居点还没有被发掘（位于论坛下面，在食品市场以东还有一个居民区），目前只有一些城墙和方塔可以看到。进入挖掘现场后，将看到位于卡瓦拉-德拉马道路右侧的论坛（a）。这条路是埃格纳蒂亚大道的城市内部分。

在马库斯·奥雷利乌斯（161—175年）时代，广场面貌得到了一次宏伟的重修，但没有实质性地改变之前创建整体布局。广场的三面（东、南、西）被高耸的门廊所包围，门廊后面有各种房间。东段为重要公职人员为纪念皇族和早期殖民者而建造的建筑物。

在东北角有一座双柱式相对式科林斯神庙用于进行帝王崇拜（Sebasteion）。这是由马其顿的财务主管官吏鲁菲尼雅努斯（C.Modius Laetus Rufinianus）负责修建的（他的名字出现在两个分立在入口两侧的雕像底座

P370上图和P371左图：巴西利卡教堂B废墟及细节

P371右图：建筑东北角的健身室的公共厕所

腓立比

- a 论坛
- b 巴西利卡教堂B
- c 角力学校
- d 公共厕所
- e 浴室建筑
- f 主教的区域
- g 八边形
- h 巴西利卡教堂A
- i 寺庙
- j 巴西利卡教堂C
- k 西瓦努斯神殿
- l 剧院

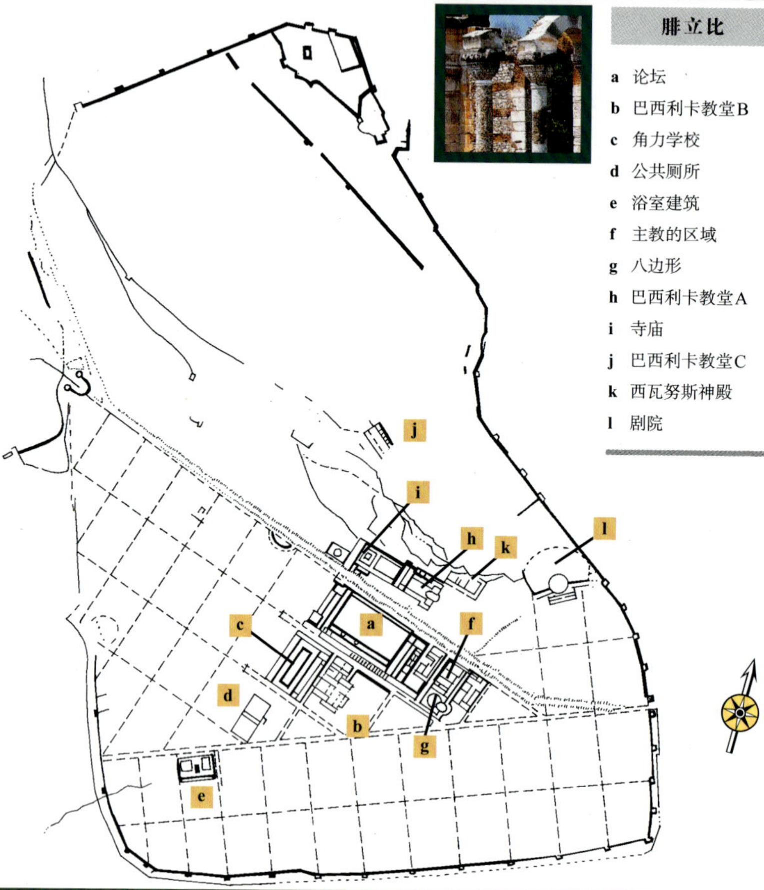

上）。这个神庙取代了之前一个小些的祭祀奥古斯丁家族的寺庙。庙前是7个雕像底座，是奥古斯丁之妻利维亚的女祭司。当新的更大的神庙建立起来后，雕像缩矮并减少到5个。附近是4个大房间和1个图书馆，朝向有3组相对式柱子的门廊。广场的西侧是殖民者的政治和行政建筑。库里亚（议会见面议事的地方）设在西北角，跟对角的建筑类似，这栋也是双柱式相对式科林斯建筑。然后是巴西利卡大教堂，一间长方形的房间，入口有5组相对式柱子，北面有一座神龛。论坛的南端矗立着档案馆（Tabularium），放置公共档案和办公

的地方（负责监察公众、街市及商品价格的官员）。广场的北面由库里亚和帝王崇拜神庙的两座建筑组成，形成了一种建筑背景。装饰建筑在演说者讲坛两侧对称地安放：有两个长方形的庭院，两个大喷泉和两个拱形坡道，这些都是通向德库马努斯（decumanus）东西大街的。论坛的南面被用于商业，有21家两层楼高的商店面向南下的一条道路。路的另一边是食品市场（macellum）。6世纪，食品市场的废墟被夷为平地并建保罗巴西利卡大教堂（这座城市的基督教社区的第一个礼拜场所）已经被发现在教堂的北部。建于4世纪上半叶，靠着一座希腊化晚期的主教（Porphyrius）的英雄墓（公元前2世纪，如马赛克地板上的铭文所示，现在博物馆里）。巴西利卡教堂的遗迹上有八角形建筑平面，建于阿卡迪乌斯皇帝统治时期（395—408年）。教堂有一个中央大厅，周围环绕着回廊，上有穹顶。然而，在6世纪上半叶，教堂建成了广场的一部

起了巴西利卡教堂B（b）。大教堂的前厅是建在圣安东尼时期的一座角力学校（c）的室内剧场之上。这座古建筑是一座长方形的绕柱式内院的建筑，并被用作教堂的中庭。

继续向南会看到一所大型公厕（d）和一座浴室建筑（e），于250年建在献给利伯拉和赫拉克勒斯的神庙废墟上。现在折回到论坛，去参观东边的圣公会区（f）。这是希腊保存得最好的地方之一。前两座的南部被“八边形”（g）占据，这是一个特殊的大教堂，广场内有八角形规划；有中庭和前厅，建在500年前后。入口在东西大街上，通过一个宏伟的三重门户进入，有柱廊和两端的山墙。入口进入后会走向教堂前厅。圣分，并添加了半圆形后殿。“八边形”北侧的一条走廊通向中庭，西北角还有洗礼的5个房间，这些房间使用的是隔壁浴室里的热水。这些浴室建于奥古斯都时期，于6世纪下半叶重建。东边的街区是主教官邸。有一个中庭和双长方形储藏室。另一座被挖掘的房子矗立在4区。这座房子（5世纪下半叶）铺有海洋形象的马赛克地板，内有一张躺卧餐桌（triclinium），结构上有中庭和一系列南侧的库房。5区的开挖仍在进行中。

在主要道路另一边可以参观挖掘现场的北段。位于卫城脚下的平台能够俯瞰论坛，和巴西利卡教堂A（h）的遗迹成一线。这个平台建于5世纪，使用至少3座早期建筑的材料，几乎完全抹去了该地区旧建筑的遗迹。只在这个建筑的北部部分，有可能识别一个古庙（i）的部分结构，有前廊和内殿，现在已经改建成一个水池时。寺庙及其西翼朝向论坛，它通过一个巨大的楼梯连接，到达西入口的拱形坡道。东端可能有一座类似的建筑。在中间与论坛演讲台一线

巴西利卡大教堂A

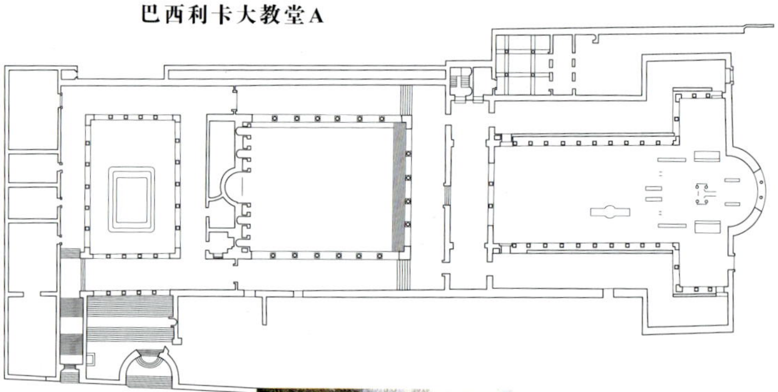

P372上图：巴西利卡教堂A平面图

P372下图：巴西利卡教堂A大理石地板

的位置，矗立着卡皮托尔神庙（capitolium）。上层平台延伸并结束在一个拱廊处，以利落的方式划分开了政治区域。博物馆附近可以看到巴西利卡大教堂C（j）的废墟。建于6世纪上半叶，取代了5世纪末的建筑，它有一个中庭、两个条侧廊和一个耳堂。大教堂在一次地震中严重受损，在10世纪一座新教堂建成于北部附属地区。后来大教堂的废墟被用作墓地（11和12世纪）。

向露天剧场走去，在大教堂A之后向左拐会来到西瓦努斯的神殿（k），内有三座大神龛和一张长凳。拉丁文铭文（2世纪和3世纪）在长凳右侧，列出了与此处墓葬有关的宗教团体成员；和另一表列出为建立神殿作出贡献的成员。

露天剧场（l）可追溯到腓力二世时期，但在罗马时代经历了各种改建。在2世纪下半叶，较低的台阶被移除，边廊建成，乐池铺就，舞台也进行了装饰。在3世纪，乐池又改成了圆形舞台以便进行角斗士和斗兽比赛用，地下走廊也建成了。在卫城的南坡和西南山坡上可以看到各种各样的岩石雕刻（总共有187个），许多黛安娜猎鹿的场景（也

有朱庇特、密涅瓦、西贝利和色雷斯骑兵)，雕刻在方格内并附有拉丁文铭文(2—3世纪)。最小的神龛中间是女性人物，可能是那些进行了献祭的人的形象。

沿着通往卫城顶端的道路，可以看到在2世纪献给埃及诸神的神殿地台遗址。在上面的那个地台，最初有五个方形的房间内衬着大理石，第二层地台是献给埃及神灵伊西斯的。在克里尼季斯村，可以参观大教堂A的废墟，始建于337年之前，在473年哥特人进犯时遭到破坏。在查士丁尼统治时期重建，有世纪末—5世纪初)。教堂旁边有一个地下墓葬建筑群(公元3世纪)，其一个前厅通过滑动的大理石门与两个房间相通。房间由菱形格的围屏分为两部分，死者被放置在石棺中。

一个中庭和两个侧廊，但在保加利亚人的袭击(821年或837年)中又一次被摧毁。在中庭东边有一座小教堂，采用马赛克花纹地板(动物、植物和几何图案)构建。在这里南面384米处的地方是巴西利卡教堂B，有一个中庭、两个侧廊和一个前厅。中庭有几何图案的马赛克地板(4

P373上图：希腊化时期剧场台阶，在罗马时期重建

P373下图：西瓦努斯神殿柱子

博物馆

除星期一每日开放，时间为8:30—15:00。

在遗址内发现的希腊化时期、罗马时期和基督教早期的文物。

史前文物来自迪基利-塔赫和西塔格里。(克里斯蒂娜·特罗索)

4.4

线路 4

佩拉

公元前5世纪末，卢迪奥湖沿岸的小定居点成为马其顿王国的新首都，可能是因为这里方便沿河旅行到邻近的海。这座城市（其名字的意思是“石头”）延伸在湖滨和卫城的两处凸起之间（今天帕莱·佩拉村占领了一处高地和西面的山）。李维曾写道堡垒法科（Faco）曾经立在湖中——后来湖水干涸了——马其顿国王的宝藏藏在那里。

这座城市的布局是阿奇劳斯（Archelaus）时代（公元前413—前399年）或阿明塔斯（Amyntas）时期（公元前393—前371年）定型的，之前经历了一系列建造阶段。卡桑德时期的建造阶段似乎特别重要，在公元前3世纪完成。佩拉是一座繁荣而优雅的城市，即使在罗马人征服之后也仍然保持重要地位，而且很可能是行省长官所在地。在公元前90年的地震中受到破坏，行省长官迁到塞萨洛尼卡时城市开始衰落。在恺撒（或马克安东尼）时期佩拉成为殖民地，由奥古斯都改名字叫茱莉亚·奥古斯塔·佩拉。据历史记录，该城市在1世纪和2世纪人口减少。但2世纪和3世纪初曾有过造币厂。很有可能罗马时期的定居点是建在一个与希腊城市不同的地方，而后者（也许是被废弃的）才是历史记录所描述的地点。

P374上图：狄俄尼索斯房屋围柱式庭院内伊奥尼亚式柱头

P374下图和P374—375：马赛克猎狮场景，来自狄俄尼索斯房屋细节

P375上图：“诱拐海伦”马赛克细节

除星期一每天开放，冬季8:30—15:00，夏季8:30—19:00。付费参观。

这座城市是建立在一个统一规划上的由东西向道路组成的网格上。这些道路交织出了不同长度的长方形社区，居民房屋就建造其间。卫城和宫殿和谐地融入了城市的结构中，东西两侧被两条较宽的南北向道路连接，标志着城市中心市集界限。

这座城市外延部分的范围还不清楚。墙壁的部分由未烧砖砌在石基上，由方形塔楼加固。已发掘出的是住宅区南面和城市东面一直到卫城的部分，城墙沿着宫殿的北部边界向北弯曲。

参观从城市南部开始，这里发掘出了公元前4世纪末的一栋豪华房屋，正是从这些房子里出土了最重要的马其顿鹅卵石马赛克。

狄俄尼索斯之家（a）有一个双绕柱式庭院，北面是伊奥尼亚式，南面是一个更大的多利克式。后者布置有躺卧餐桌和优雅的马赛克地板。在西边一间小餐室内，有狄俄尼索斯骑在一只黑豹（在博物馆里）上的装饰徽章，还有一座镶有铭文的前厅。在两个绕柱式庭院之间的三个房间，中央和最大的一间地板上装饰着黑白菱形图案；在餐室中间有一个徽章，表现了猎狮的场景。

在诱拐海伦房屋（b）中还发现另一系列出色的马赛克装饰；这座房子是以在住宅北侧庭院中发现的马赛克画的主题命名的。隔壁房间里的马赛克也很特别，有工匠诺希斯（Gnosis）的签名；

P376：狄俄尼索斯之家中的马赛克地板和伊奥尼亚式庭院

P377上图：诱拐海伦房屋：亚历山大和赫菲斯托斯猎鹿场景

P377下图：诱拐海伦房屋细节（现存博物馆）

描绘的是与亚历山大与赫菲斯托斯一起猎鹿的情景，相比之下，东面餐室中表现亚马逊人战斗场景的马赛克画在构图和处理工艺上都略逊一筹。

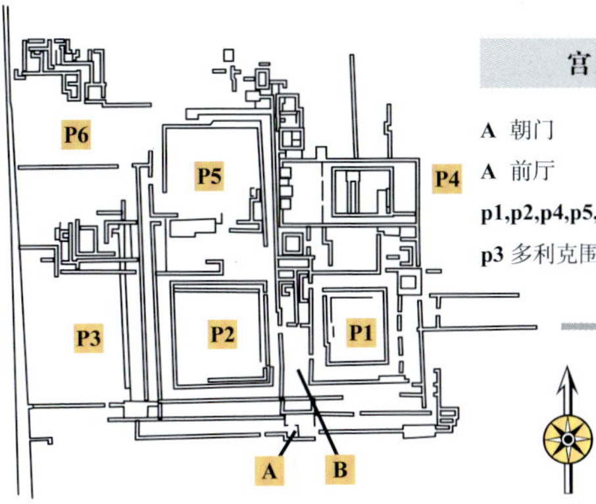

宫殿

A 朝门
A 前厅
p1,p2,p4,p5,p6 建筑群
p3 多利克围柱式庭院

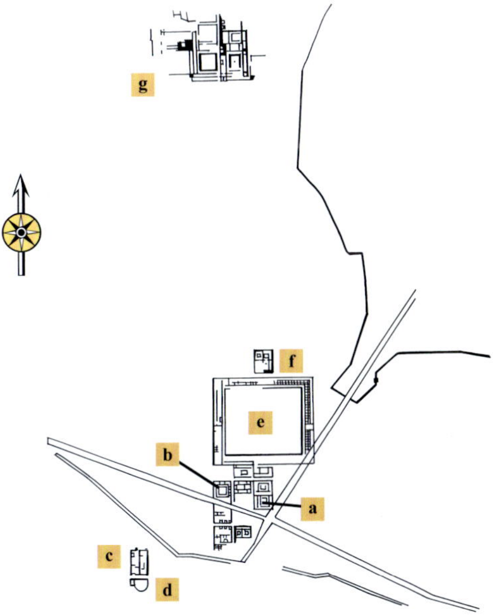

佩拉

a 狄俄尼索斯之家
b 诱拐海伦房屋
c 达伦神殿
d 圆形建筑
e 市集
f 自然女神庙
g 宫殿

在这个街区的南面（离博物馆有347米）可以看到一整片废墟，曾是一座献给马其顿英雄达伦（Darron）的神殿（c），他有治愈疾病的能力。继续往南是一座圆形建筑（d）的遗迹（直径35米），这在希腊建筑中独树一帜，不仅因为其巨大的体积，也因为其内部三个圆形房间。其中较小的两个门开在建筑内部，较大的一个有走廊相连。这座建筑群建于公元前4世纪末，是在古风时期用于祭祀目的巨型建筑原址上建造的。这座新建筑装饰着壁画和马赛克地板（只有在西北较小的房间里的壁画幸存下来，现在在博物馆里），可能是专为赫拉克勒斯崇拜而建，他被认为是马其顿王国的英雄祖先以及城市和王朝的保护者。

继续往北会来到市集，市集覆盖的面积等于5个街区的宽度和2个街区的长度。市集有门廊，可以从南北两侧的人行道进入，同时也有一个正式大门在东侧，通向大理石大道的，此门东西向横在大道中，并将其划分为2个不均等的部分。我们今天看到的广场是公元前2世纪末至前1世纪初按照腓力五世的计划建造的。公元前1世纪末的一次地震破坏，导致在门廊后面的房间里发现了一些物品，能够确定门廊的作用。东门廊用来盛放工匠有关的一些物品，包括赤陶的磨具和瓷器等；南门廊与食品商店一线，西门廊处有两个铁器商店和一个香料商店。因此这个广场主要是商业属性。只有北面的机构具有官方属性，我们从那里的雕像柱底座可以推断出来，以及雕刻着大师名字的碎片。一系列商店被一个半圆形喷泉打断，喷泉最初装饰着雕像；左边则有一个半圆形谈话间，可能用于政治会议。西南角落的建筑——四边形绕柱式庭院——应该也是官方用途，或做城市档案馆之用。这座城市的主要神庙自然女神庙（f）紧靠在市集北面，献给伟大的西布莉（Cybele），它是在公元前3世纪中期前后使用的。神庙涵盖与城市一个街区相同面积的地区，并有一个长方形的庭院，由门廊分隔成两个部分。南部有一个相对式的露天神庙，内殿祭品桌和一系列服务房间。北部有一个座谈会的空间，还有另外两个较小的区域，功能未知。从那里来到占据着卫城的宫殿（g）。这座宫殿由至少三个建筑单元（挖掘仍在进行中）从东到西排列而成，占地约

0.06平方千米。每个单位有两座建筑物。富丽堂皇的多利卡门廊给了建筑群一种统一的感觉，形成了宫殿的南面（面向城市的一面）。入口处是一个巨大的朝门（A），在东部和中央建筑之间有一个宽阔的前厅（B）。东楼（P1）可能是用来接待客人，并建有绕柱式庭院；庭院北侧有一间长长的房间，东端和西端都有半圆形后殿，除此之外还有一间巨大的房间，两边各有一小间。建筑（P4）在东楼北侧，由于缺乏足够的调查资料我们还不知其用途。

中间一段完全由两个建筑物（P2，P5）占据。这些建筑被多利克拱廊所包围。北院用作健身室，并与东北角的浴池（“大浴池”）相连。西侧也分为两栋楼：南楼有巨大的多利克庭院（P3），但从未完工。在东北角的附属建筑（P6）有另一个浴场（“小浴池”）。这座宫殿的布局的复杂程度和面积与维尔吉纳的住宅有很大的不同，这一事实无疑证明这里不仅仅是皇室庭院，也是整个王国的行政和政治机构之一。

P378左图：市集西侧的商店地基

P378右图：圆形建筑遗迹，或许是献给赫拉克勒斯，城市的保护者

P379：西侧市集发现的完好的大口陶瓷坛

博物馆

除星期一每日开放，冬季8:30—15:00；夏季，星期一12:00—19:00，其他日子8:00—19:00。付费参观。

博物馆收藏了所有在该遗址上发现的文物，包括一系列雕刻作品（公元前5世纪晚期的墓碑；公元前4世纪中叶的狗和无头骑手；公元前4世纪末的亚历

山大的头像）和马赛克画（豹上的狄俄尼索斯，亚历山大猎杀狮子和瑟洛斯圆墓出土的马赛克）。（克里斯蒂娜·特罗索）

P380—381：亚历山大（左）狩猎狮子；狄俄尼索斯宫之家的地板马赛克

P380下图：豹上的狄俄尼索斯上；狄俄尼索斯宫之家的地板马赛克

P381上图和下图：古典时期的墓葬石碑

维尔吉纳

1977年对一群皇家坟墓进行发掘并得到了非凡的发现，证实维尔吉纳是马其顿王国的古首都埃盖（Aigai，1968年由N. Hammond提出假设）。正如巨大的古墓葬群所表明的那样，本地区第一个定居点可以追溯到公元前10世纪初，墓葬物品（特别是武器和珠宝）暗示了当时较高的生活水平。公元前7世纪上半叶，马其顿的阿盖德（Argeads）王朝从哈利亚卡蒙山谷攻占了这一地区，并建立了埃盖（“山羊”）作为它的首都。

公元前5世纪末，阿基劳斯将皇宫转移到佩拉，但国王和贵族继续在维尔吉纳举行婚礼，并埋葬在此处。这座城市保持了较高的水平的繁荣，尤其是腓力二世对它的青睐，他在这里建造了一座宫殿、剧院和神殿。

公元前274年，皮拉斯王在与安提戈努斯（Antigonus Gonatas）的战争后占领了这座城市，雇佣军洗劫了墓葬群（普鲁塔克,《皮拉斯的一生》，26，11）。罗马时期保留的信息较少，但挖掘工作仍在进行中，表明这座城市至少到基督教早期都是一个重要的居住中心。

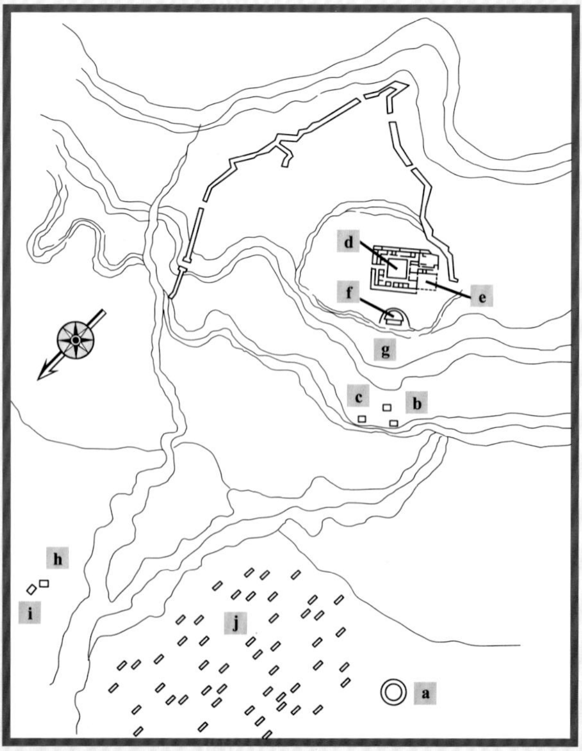

维尔吉纳

- **a** 皇室墓葬
- **b** 菱形墓葬
- **c** 欧律狄刻墓葬
- **d** 宫殿
- **e** 工作人员住处
- **f** 剧场
- **g** 圣区
- **h** 尤兹古墓
- **i** 贝拉古墓
- **j** 墓葬群

P382：地板马赛克细节

P383上图：古代希腊金币腓力二世头像

皇家墓穴

A 墓室1

B 墓室2

C 墓室3

D 墓室4

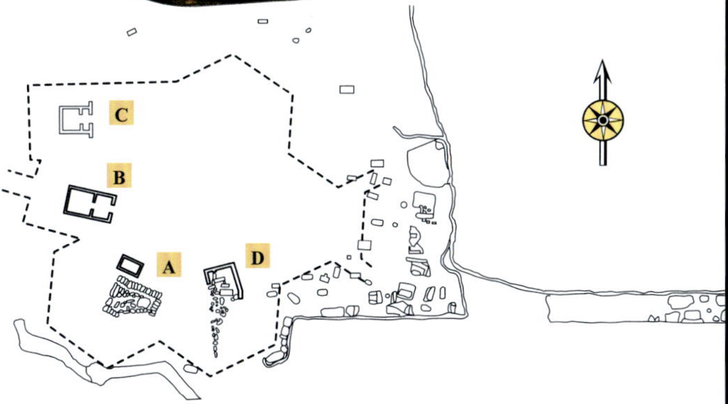

参观指南

参观始于皇家墓穴（A）。其中塞萨洛尼卡大学的安德罗尼库斯（M. Andronicus）发现了四座坟墓和一座墓葬建筑的地基。陵墓上有两座土墩，一座在另一座上。在加拉提亚人洗劫之后，安提戈努斯在原址上建造了一个新塔以保护这些坟墓免受进一步的掠夺，因此两座坟墓得以保存至今。进入大墓穴后会看到彩绘的葬礼墓碑（公元前4世纪）在门的两边，左边又有另外7个雕刻于在同一时代的墓碑。此时面前有其他材料搭成的窗户（公元前7—前4世纪）。墓室4（D）的外立面上面装饰着4根多里克半柱（窗户里有少数几个没有被洗劫的物品：陶器、两个小象牙头像）。墓穴旁边的建筑地基被认为是一座英雄祠（公元前4世纪下半叶）。

墓穴1（A）的墓室内是平顶，里面没有墓葬物品。虽然墓室很小，但墙上装饰着精美的壁画，表现了哈德斯绑架珀尔塞福涅（北边）的场景、得墨忒耳（东侧）和莫伊拉伊（“命运”，南边）据说尼科马库斯所画。这座坟墓可以追溯到公元前4世纪上半叶，可能是为亚历山大大帝的曾祖父阿明塔斯三世建造的。一条楼梯通向墓穴2（B），位于墓地中心。在神庙形状的正面有巨大的灰色大理石门，由两个多利克半柱支撑着上方的额枋。其上是彩绘的额枋，可能出自雅典人尼齐亚斯之手，表现了10人左右的皇家狩猎场景。正准备用长枪刺中狮子的骑马人可能是腓力二世，这个墓被认为是他的，因其公元前336年在此地的露天剧场被杀。画面中间的年轻骑士可能是他的继任者亚历山大。墓穴内有两个房间，每个房间内都找到一套精美的陪葬品。在前厅（可能是为腓力妻子中的一位所建）的石棺内，有盛放着烧过的女性骨头的金箱（年龄23～27岁），包裹在紫色布料内，还有一顶精致的金王冠。此外还有一只金桃金娘，一只金箭壶，上面绘制着伊柳帕斯人的场景和两个警卫。在主墓室里有另一个石棺，里面有一个更大、装饰更丰富的金箱，装着死者的骨头。它们也被裹在一块布料里，旁边放着金橡树叶王冠。武器放在地板上（用黄金装饰的铁盔甲、头盔、枪、一把剑、一把匕首和护腿）和一套宴会用的银器。在角落里有一套用于浴室的青铜器、一个极好的黄金和象牙盾，还有一系列象牙小头像（腓力、他的妻子奥林匹亚和儿子亚历山大）。

墓穴3（C）的前部封闭在两个半柱之间，门两侧有两个大盾牌。多利克额枋之上有彩绘额枋，但没能保存下来，也许是因为绘制在易腐败的材料上。前室的墙壁上铺着白色的灰泥，装饰着战车比赛的场景。葬室的后部有一个大理石桌子，中间有洞，一个银质提水罐放置在那里。罐中有一个13～14岁的小男孩被烧焦的骨头。长凳上镀金象牙装饰，绘制着潘神和一个年轻的女子陪同着醉酒的狄俄尼索的场景。小男孩的遗骨可能是亚历山大四世，亚历山大大帝和罗克珊的儿子，罗克珊与她的儿子卡

P385上图：根据轴侧法重建的腓力二世墓

P385下图：罗马伊奥斯古墓立面

P384：墓穴1中的壁画

桑于公元前311年在安菲波利斯被杀害。

回到村庄会看到另外两座马其顿陵墓。罗马伊奥斯（Rhomaios）墓（b）始建于公元前3世纪上半叶，是以其建筑的优雅而闻名的墓穴之一。墓室内（在古代被抢劫）目前仅剩一个大理石王座和石头长凳。

1987年在东侧发现了另一个大型墓穴（c），可追溯到公元前4世纪中叶，可能是腓力二世的母亲欧律狄刻（Eurydice）之墓。墓室后壁的建筑装饰就像一座建筑的外墙，有四根半柱，镶着一扇门和两扇窗户。只有一个巨大的大理石宝座，但墓室的尺寸和内部装饰仍显得其十分独特。宝座的靠背环绕着涡卷形彩绘浮雕装饰，中间的精美绘画表现了哈德斯绑架珀尔塞福涅的场景，显然是某位大师的作品。

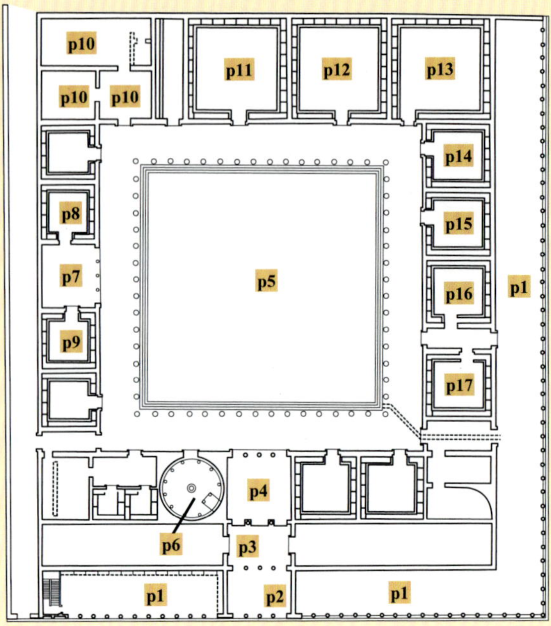

宫殿

P1	两层门廊
p2—4	前庭
p5	绕柱式庭院
p6	瑟洛斯圆墓
p7	南侧中心房
p8—9	侧房
p10	储藏室
p11—13	西侧的大房间
p14—17	北侧房间

P387：宫殿区域的柱子，北侧视角

继续沿着通往宫殿（d）的道路走，这是建于公元前4世纪末的一个长方形的建筑群。入口在东边，前面有两个不同高度的拱廊（p1，分别为多利克式和伊奥尼亚式），延伸到北面形成阳台的样式，俯瞰着下面的平原。入口有三个前厅（p2—p4），前后排列着并由柱廊分隔开，一直通向绕柱式庭院（p5）。庭院每侧有16根多利克柱，环绕形成了宫殿的中央。四面的房间也环绕着庭院排列。

就在入口处左边是瑟罗斯圆墓（p6），整个建筑中最有特色的房间。外部呈方形，内部是圆形，有壁龛和靠墙的座位。献给赫拉克勒斯（阿盖德家族的神话祖先）的铭文表明这里是用来祭祀崇拜的地方，也有可能被用作王位室。南侧中心的一组房间，由一间朝向庭院的中央房间（p7）和一些侧房（p8，p9）组成。庭院地板上的鹅卵石马赛克仍然存在；圆形的花纹图案刻在中间的正方形上，而花萼上的女性图案则刻在角落里。这可能是官方宴会厅。庭院西侧排列有3间储藏室（p10）和3间大房间（p11—p13），也许是宫廷警卫的餐厅。北翼有4个房间，其中2个朝向庭院，2个朝向通往阳台的通道。

大型建筑（e）的地基是在宫殿西边发现的。建于公元前3世纪上半叶，围绕着一个绕柱式庭院，可能是宫廷工作人员使用的。露天剧场（f）位于北翼坡下，与王室官邸相连。根据在其他希腊化城市首府所见的例子，这里的宫殿和剧场应建于同一时期。

公元前336年腓力二世在这里观看十二神雕像的游行时被暗杀，年轻的亚历山大只得马上继位。剧院附近发现了一个神圣区域（g），里面矗立着一座多利克神庙，建有前庭和内殿。在圣殿的西侧有三个雕像底座，其中一座是塞拉的女儿欧律狄刻献给埃乌克莱亚（Eukleia）的。欧律狄刻是阿明塔斯三世的妻子，腓力二世的母亲。神殿的北部是相对柱式多利克神庙，在内殿的中心有献祭炉膛，宙斯·梅利希奥可能就是在那里被祭祀的。

大型公共建筑的地基在神圣建筑群的西边被发现。这些建筑物排列在市集一侧，在剧院西北侧有迈加拉·米特（Megale Meter）神庙。从维尔吉纳到帕拉提撒的路上可以看到尤兹（Heuzey）古墓（h），可追溯到公元前4世纪末。墓室的侧壁内衬着石灰石，长凳涂上了灰泥，经过雕刻看起来像个木床。附近的贝拉（Bella）古墓（i，以埋葬的家庭命名）有三个坟墓。最大的（公元前3世纪下半叶）有4个伊奥尼亚式半柱支撑着横梁，多利克式额枋和山墙。墓室内有一块石棺雕刻得像一张木床，床腿上装饰着棕榈、玫瑰花结和螺旋形浮雕。额枋中段的红色背景上有一只黄色的格里芬。

第二座坟墓的立面（公元前3世纪初）除了门之外没有其他建筑性元素。上面画了三个人物：中间是一个年轻的战士，毫无疑问地代表了死者；右边是一个高大的女性形象，拿着金冠朝向年轻勇士；左边的年轻人可能是战争的化身，也可能是阿瑞斯神的化身。里面只有一个房间，里面有一个大理石王座。

第三座坟墓（公元前3世纪末）墓室里有一具石棺。古墓墓地（j）位于埃盖和帕拉提斯特之间，含300多个墓穴，其中大部分仍有待探索。最早的墓葬（公元前1000—前700年）位于墓地的北部，后来墓地逐渐向南蔓延，与城市以一条小溪隔开。每个墓穴都有一个家庭中的几个男性和女性成员坟墓，并在很长一段历史时期内使用。大部分发现的坟墓可以追溯到公元前9世纪至前8世纪，而目前却没有公元前650至公元前400年的坟墓，尽管这些坟墓可能位于尚未探明的地方。还有许多坟墓来自公元前4世纪至公元前3世纪，他们的墓葬品表明死者来自一个相当低的社会阶层。

迪翁

这座城市是献给宙斯·奥林皮奥斯（正如“迪翁”的名字）的圣地，马其顿国王阿奇劳斯为纪念宙斯（以及在该地区被崇拜的缪斯女神）组织发起了重要的体育和戏剧竞赛。阿奇劳斯的继承人在这里庆祝他们的胜利；亚历山大在远征小亚细亚之前在这里进行盛大的祭祀，放置了25名骑兵的青铜雕像以纪念公元前334年格拉尼克斯战役中阵亡的同伴。公元前219年埃托利亚人洗劫了神殿和城市，但在皮德纳战役（公元前168年）之后，迪翁最终归属罗马。不久之后，罗马大将昆图斯（Quintus Caecilius Metellus）最终征服了马其顿，将那些青铜骑兵雕像运到罗马去以装饰华丽的梅泰利门廊（Portica Mehtelli）。在奥古斯都的统治时期迪翁成为殖民地，并在帝国时代繁荣昌盛直到473年哥特人入侵。由于地震和洪水造成的破坏，这座城市可能在5世纪被遗弃。

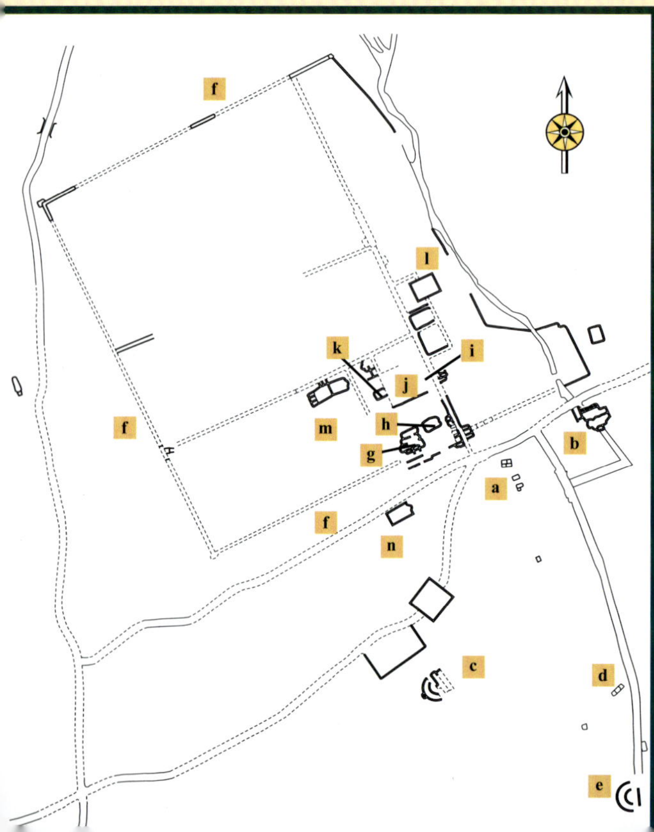

迪翁

- a 得墨忒耳神庙
- b 伊西斯神庙
- c 希腊化时期的露天剧场
- d 宙斯神庙
- e 罗马剧场
- f 防御工事
- g 浴场建筑
- h 室内剧场
- i 盾与盔甲的浮雕墙
- j 论坛
- k 帝王崇拜的神庙
- l 狄俄尼索斯别墅
- m 早期基督教巴西利卡教堂
- n 墓地巴西利卡教堂

参观指南

每日开放。8：00—19：00。付费参观。

入口处的小路通向得墨忒耳神庙（a），一个早在迈锡尼时代（公元前15世纪）就常有祭祀活动的地方。公元前6世纪，两座小型的祭祀建筑（a，b）建造起来，但在公元前4世纪末，这些建筑被两座相对式的多利克神庙所取代。其中一座庙宇中的得墨忒耳大理石头像表明了这座建筑很可能是献给这位女神的。寺庙旁边是一口井，四周环绕着一座围栏，类似埃莱夫西斯的圣井（Kallichoron）。在圣殿的北面是一系列的家庭房屋，其中一间房屋内有早期的水果和蔬菜产品被放置在雕像底座前的桌子上。

P388：狄俄尼索斯别墅马赛克细节

P389：伊西斯神殿内的阿芙洛狄忒雕像

其次是伊西斯神庙（b），位于巴菲拉斯河的沼泽地带，今天其遗迹向东延伸的比古代更远。

对水的崇拜促使人们建起了祭祀阿尔忒弥斯的神殿，这位女神被视为生育的保护神。在古典主义后期，伊西斯神殿建在得墨忒耳神殿原址之上，但保留了祭祀阿尔忒弥斯的功能。在公元2世纪末完全重建，这座神庙一直香火旺盛到4世纪末被地震摧毁。这组神圣建筑群外围有墙，东侧有主要入口，从那里游行队伍可以直接通向祭坛。前有一组伊奥尼亚式门廊，女神庙建在较高的平

台上，通过台阶可以到达。

在建筑物的右边矗立着阿芙洛狄忒·希波米迪雅（“奥林巴斯山坡上”）的神殿，殿内没有地板，而有一个由泉水汇入的水池。左边是另一个小庙宇，也许是献给波塞冬的，是根据在殿中找到的神像推断的。在这前面稍南边是伊西斯的神庙，被看作是海员的监护女神，在入口处两边各有一个神龛，中央有一个水池。

北侧的次入口把一个正方形的房间和一个三重门廊分隔开。根据铭文可以发现这座庙是由殖民者的元老之一安菲奥斯（Anthestius Amphios）捐资修建的，他是一位富有而慷慨的自由人，还有他的妻子安塞斯提亚（Anthestia Maxima）。这对夫妇在200年前后为神殿的重建提供了担保。回到主干道，向左转向罗马剧场。沿着这条路会在右边看到希腊化时期的剧场（公元前200年）废墟，观众厅建在人工垒起的高台上，还有砖砌的台阶。乐池通过一条地下通道与舞台相连，这是必要时用来使来世的灵魂出现在表演中的。狄俄尼索斯的神殿已在此区域附近被识别出。

宙斯神殿（d）侧面的路上发掘出了多利克柱、雕塑和铭文的碎片，以及大约100米长的墙，这可能是围墙的一部分。2世纪罗马剧场（e）位于南部几码处。观众阶梯看台由楔形拱顶支撑，舞台装饰着雕像（在博物馆里）。

返回北面继续参观城市遗址。这个希腊城镇被长方形的防御工事（f）包围（公元前4世纪末），每32米有塔和城门，其中6个已被发现位于主要街道的尽头。北墙的西门是保存最好的，门两边各有一个塔。这座城市被阿托利亚人洗劫后，城墙曾被修复，但在罗马时期却被忽视了。3世纪当野蛮部落进犯时，城墙又被重建了一次，许多材料取自当时现有建筑物，包括附近的墓地，并对城墙走

向进行了修改，以便沿着西面河岸的走向。最后一次翻修是在早期基督教时代，当时周围的地区被排除在城墙的北段和东段之外。罗马时期从南门铺开的马克西姆斯（cardus maximus）大道，已经成为当时希腊城市间的主要道路之一。道路左边是的一组浴场建筑（g），在一系列商店（右边）和厕所（左边）之间

的通道，然后通过一个大广场到达入口。入口处的前厅能到达浴室建筑的不同区域。在西边是冷水浴室，装饰有马赛克镶嵌地板，还有另外两个浴室和一个大型的游泳池。南边是热水浴室和两个中温浴室，加热装置至今可见。北边的一间房间可能被用作祭祀阿斯克勒庇俄斯，因为此处（博物馆）发现了这位神灵和他的家族雕像。

室内剧场（h）在广场的北面，有楔形拱顶支撑的阶梯看台和伊奥尼亚式拱廊，建于2世纪末，应该用于政治会议。

继续沿着马克西姆斯大道，会看到左侧的城墙（36米长）装饰着盾牌和盔甲的浮雕（i），原先曾有彩绘（公元前4世纪末）。

P390左图：伊西斯神庙，游行大道和祭坛

P390右图：城市浴室的热水室装置

P391上图：罗马室内剧场

P391下图：罗马浴室的马赛克地板细节

392上图：东面墙上的马其顿盾牌和盔甲雕刻

392下图：露天神庙的半圆拱

这堵墙可能曾属于一座纪念建筑或公共建筑的地下室。附近是论坛（j）的区域，地下的希腊化时期市集建筑物已经被发现，但对于通常位于罗马城市的政治和宗教中心的那些建筑来说，到目前为止只发现了帝王祭祀庙（k，在西侧的中部）。

再往前走，右边是一处豪华住宅，称为狄俄尼索斯别墅（l）。这座住宅的中央有一座浴室（A）在南面，北侧两座很大的绕柱式庭院。有两个大入口（1，6），第一个入口通过一个前厅（2），有4根伊奥尼亚柱和一口水井，到达大的中庭（3）那里有家谱室（4）。家谱室连接着一套两个房间，到了一个带半圆形后殿的长房间（5）。这个房间是住宅的私人神龛室，通过房间内的狄俄尼索斯雕像和地板马赛克看出来的，神明头戴常春藤坐在王座上。

第二入口（6）通向一个更大和更豪华的中庭（7），并由一条走廊（8）连接到第一入口。在中庭西侧有一个房间（9）有优雅的黑白色马赛克地板，以及东侧面积略超过1000平方英尺的华丽餐室（10）。地板马赛克具有较高品质，狄俄尼索斯在画面中央，在西勒诺斯陪伴下从波涛中升起，乘坐着由两只海豹驾驶的战车。这一场景由两排三块小板组成，在戏剧面具之间展示了神灵的头像。房间里还发现了从中庭移过来的四座无头的哲学家雕像（头部被移除了），也许是在地震对房屋造成严重破坏之后移动的。

房间左边有一座大理石神龛（11），供奉着赫拉克勒斯。

回到城门处，可以右转去参观早期基督教巴西利卡教堂（m）遗址，建于4世纪下半叶。建成后很快被地震破坏，

DION

又在原址重建。沿着街道会看到3世纪至4世纪的房屋遗址。离开城市时，5世纪的墓地巴西利卡教堂（n）可以在右侧看到。

狄俄尼索斯之家

A	浴室	**6**	入口
1	入口	**7**	中庭
2	前厅	**8**	走廊
3	中庭	**9**	马赛克房间
4	家谱室	**10**	餐室
5	半圆形隔间	**11**	大理石神龛

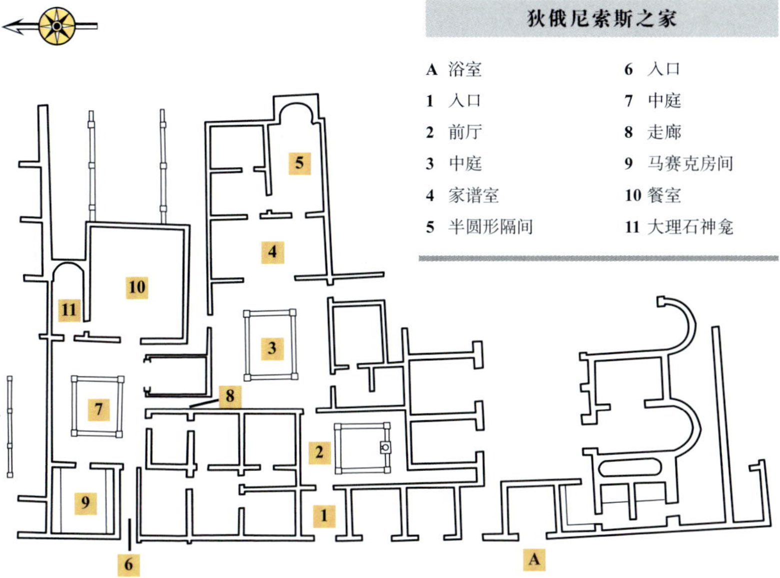

博物馆

星期一开放时间为12:00—19:00；星期二至星期五8:00—19:00；星期六、星期日及假期8:00—14:30。付费参观。

一楼：来自伊西斯和得墨忒耳神殿的碎片，特别是阿斯克勒庇俄斯及其家族的雕像，优秀的2世纪的复制品和希腊化早期的原品。

二楼：公元前3世纪克提西比奥斯发明的水压器（液压装置），在希腊和罗马时期非常流行。还在拜占庭宫廷中使用。在迪翁发现的装置可以追溯到公元前1世纪，是已知最古老的。以及其他在狄俄尼索斯别墅发现的物品。（克里斯蒂娜·特罗索）

P393上图：前厅柱子和中央水井

P393下图：伊奥尼亚柱头；房屋遗迹

4.5

线路 5

麦泰奥拉

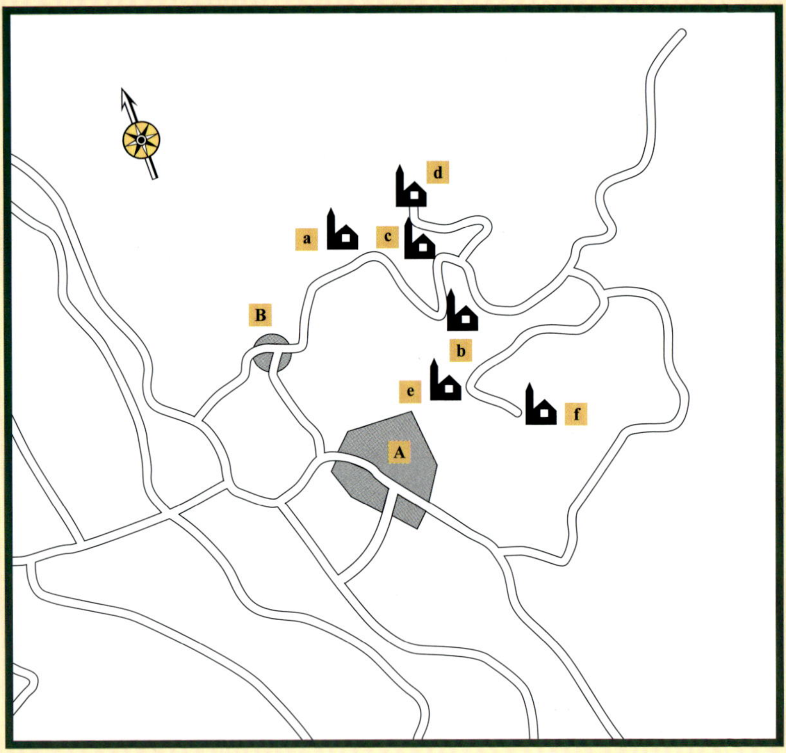

此处的修道院“悬挂在空中”紧贴着险峻的峰顶。奔腾的皮尼奥斯河（Pinios）在史前时期就创造了这些砂岩峰柱。1834年，英国人迈尔斯（R. Monckton Miles，美学家）称这一地区是“自然与艺术的奇妙组合”。初来乍到的游客往往会惊叹不已。有些岩石看起来呈条状，其他的岩石就像巨大的岩石块，有些是如此苍白削薄，几乎与旁边葱郁的柏树相混淆；还有些岩柱像大教堂一样是方形的和坚固的，还有一些则说不清是什么形状。自然的鬼斧神工给需要隐修冥想的人提供了适宜的环境。

麦泰奥拉

A 卡拉姆巴卡
B 卡斯特拉基村
a 圣尼克拉奥斯
b 圣罗萨诺修道院
c 瓦拉姆修道院
d 大麦泰奥拉修道院
e 圣特里亚达修道院
f 圣斯特法诺斯修道院

历史

麦泰奥拉（“高地”）的历史资料基本上是由创始圣徒伊斯托里康（Syggramma Istorikon）的生平记录和修道院中发现的铭文提供的。这里何时开始成为僧侣聚居地，尚不得而知。然而许多隐士可能从12世纪起就住在这里，每人有独立的房间，小礼拜堂都集中在杜皮亚尼（Dhoupiani）地区。在该世纪下半叶，一个“寺院村”的中心教堂（kyriakon）和食堂被记录为斯塔戈依主教的辖区内（今天的卡兰巴卡）。这个社区的早期存在的另一个迹象是由杜皮亚尼地区成立的1200个“上帝之母”教会（TheoTokos）。

14世纪的历史记录变得更加详细和可靠，当时大修道院多是由出身自贵族家庭的僧侣创建的，例如塞尔维亚王子约翰·乌罗斯·巴列奥略（大麦泰奥拉修道院，14世纪末）和拜占庭皇帝约翰四世坎塔克兹恩（Cantacazune）的兄弟安东尼（圣斯特法诺斯修道院，14世纪末）和阿普萨拉德（Apsarade）家族的子女（瓦拉姆修道院，16世纪初）。在那个时期，斯特凡·杜尚和他的继任者统治着一个庞大而强大的塞尔维亚王国，其中包括塞萨利。这个王朝对麦泰奥拉的支持使修道院拥有庞大的地产，从而更加繁荣昌盛【幸存至当代的财产被希腊独裁者维尼泽洛斯（EluthéRios Venizélos）于1922年没收】。

在16世纪，修道院经历了第二个辉煌时期，许多发展并保留到今天的面貌。就像在阿索斯山地区一样，每一组宗教建筑都是由一个卡索利康教堂、礼拜堂、餐厅、厨房、宿舍、图书馆和医务室组成的。在16世纪中叶由于土耳其人的严格控制而逐渐衰落，有些修道院被废弃了，给麦泰奥拉带来名声的《圣经》抄写室（scriptoria）消失了。从18世纪起修道院的许多珍贵手稿流向欧洲各地的私人收藏家和图书馆。在最近的几个世纪里，僧侣们得到了摩尔达维亚和瓦拉基亚领主的经济支持，但只有在第二次世界大战和残酷的希腊内战结束后，修道院的生活才开始好转。然而即使在今天，只有很少的宗教团体真正居住在修道院里。

P394和P395：圣尼克拉奥斯修道院，以其克里特画家提奥芬尼的壁画闻名

P396：圣罗萨诺修道院，连接大路的步道

P397上图：圣罗萨诺修道院内的克里特画派壁画

P397左下图：瓦拉姆：陡峭的攀登台阶

P397右下图：峭壁下的卡斯特拉基村庄

参观指南

从卡拉姆巴卡（Kalambaka，A）出发到卡斯特拉基村（B），在通往麦泰奥拉的路上会看到杜皮亚尼修道院，实际上是一个带拱顶的12世纪教堂。

圣尼克拉奥斯修道院（AGHIOS NIKOLAOS ANAPAUSAS）(a)

（夏季开放时间：9:00—16:00；冬季9:00—13:00，15:00—17:00；电话0432 22 375）

建于13世纪末至14世纪早期，卡索利康教堂内有1527年出自伟大的克里特岛画家之一提奥芬尼之手的壁画，他的名字还出现在前厅壁画“最后的审判”。卡索利康其他的壁画是圣厄佛雷姆的安眠（Dormition of Saint Ephrem）、“圣母和圣子”“亚当在天堂”（可能出自大师学生之手）；在内殿中绘有“十二大事”（Dodekaorton，12个纪念基督生命中的大事），唱诗班墙壁上绘有“约拿和鲸鱼”。阿吉亚·莫尼修道院的废墟位于左边。

圣罗萨诺修道院（b）

（开放时间：9:00—18:00；冬季9:00—13:00，15:30—17:00；电话0432—22 649）

（也被称为圣芭芭拉修道院，因为圣芭芭拉的头像一直保存在这里，但现在特里卡拉）是最精巧的建筑范例。创建于于14世纪，但直到16世纪中叶在两位僧侣马西莫和乔萨普的推动下才修建出今天的面貌。这个修道院的卡索利康也是克里特岛艺术家们绘制的壁画，前厅有“最后的审判”、内殿有“十二大事”、穹顶上有“基督的荣耀”，而侧穹顶绘制了“基督变容和基督复活”。在此处走左边的岔路，会来到瓦拉姆修道院。

瓦拉姆修道院（c）

（开放时间：9:00—13:00，15:00—18:00，星期二关闭；电话：0432 22 277）

瓦拉姆是以该修道院第一位居住者的名字命名，他在14世纪中叶建造了一座教堂和一间卧室。然后在1518年，来自约阿尼纳的耐克塔里奥斯和西奥芬尼

投入了大量的钱修建卡索利康。这些壁画是卡斯特拉诺斯（F.Kastelanos）的作品，灵感来自巴列奥略晚期和意大利的绘画。瓦拉姆后来成为麦泰奥拉地区繁荣的修道院之一；16世纪末它拥有本地区组织最良好的抄写室，在餐厅里也发现过部分手稿。16世纪的“三圣堂”小教堂值得一游。

堂献给“基督变容”，根据阿索斯山社区的形制在16世纪重建；壁画系列由提奥芬尼派的艺术家在16世纪下半叶绘制。18世纪的木雕特别漂亮。北面是19世纪废弃的亚潘迪斯（YPapandis）修道院。回到路口，右边的岔路是通往特里亚达修道院。

大麦泰奥拉修道院（d）

（开放时间：9:00—13:00和15:30—18:00，星期二关闭；电话：0432 22 278）

由圣阿纳斯塔修斯于1365年创建，具有拜占庭晚期修道院的典型特征，包括长餐厅、凸出的半圆形后殿、方形厨房和圆顶壁炉。医务室分为9个隔间，中间一间由4根柱子支撑。卡索利康教

圣特里亚达修道院（e）

（开放时间：9:00—17:00，星期四关闭；电话：0432 22 220）

建立在一个非常高的岩石柱上，创建日期不详，也是本地富有的修道院之一。圣约翰洗礼堂的圆顶是从岩石上雕刻出来的，较为少见。

P398上图：圣斯特法诺斯木制和石制建筑

P398下图：圣特里亚达，供奉圣三位一体的神龛

P399上图：圣斯特法诺斯俯瞰卡拉姆巴卡

P399下图：圣母和圣子，来自大麦泰奥拉修道院

圣斯特法诺斯修道院（f）

（开放时间：上午9:00—13:00，15:30—18:00，星期一关闭；电话：0432 22 279）

该修道院矗立在12世纪一个隐居地的遗址上。在16世纪得到了拜占庭皇帝安德罗尼库斯二世（1282—1328年）的大笔捐赠，这就是被称为"皇家修道院"的原因；在第二次世界大战中遭受了严重的破坏。在修道院的两座教堂中，庭院中所见的那座献给圣哈拉兰博斯，追溯到18世纪（注意19世纪早期的圣像）。圣斯蒂芬教堂要早得多（15世纪），但条件已经非常简陋。之前的餐厅里还有一些圣像和手稿。

如前所述，重要的抄写间在16和17世纪特别活跃。他们制作的圣像非常有趣，包括一群来自约阿尼纳的匿名艺术家在14世纪末的大麦泰奥拉进行的创作。瓦拉姆修道院有一间刺绣工坊特别活跃，专门使用金线。还有精雕细琢的木雕，是由埃庇鲁斯的工匠生产的。

（斯特凡诺·马吉）

沃洛斯

沃洛斯是希腊第三大港口。除去考古博物馆和赛奥菲罗斯（Theophilos）博物馆之外，并无太多艺术类的景观。考古博物馆因其收藏的超过200块彩绘石碑而闻名（距离市中心1.6千米，在通往赞加拉达的道路上；除星期一每天开放，8:30—15:00。电话0421-25 281）。赛奥菲罗斯博物馆则因其收藏了精美的20世纪早期壁画闻名，绘制灵感取材于希腊历史（选通向佩里昂山的路，然后在Ano Volos标志处左转，博物馆在左边大约274米处。除星期一每日开放，时间为8:30—15:00。）但在城市内进行环游仍可发现一些有趣之处。

佩里昂山占据的海湾北侧的特点是在利加罗玛河（Ligarorema）附近有一些咸水泉。在古风时期和古典时期，这片地方属于帕加塞（Pagasa），前身就是迈锡尼城市伊奥尔克斯（Iolkos）。

根据斯特拉波的记载，这座城市建于公元前8世纪，就在神话中的大船阿尔戈斯号靠岸之地。沃洛斯发展辉煌的时期与附近斐赖（Pherea）的霸权建立分不开（现代村庄维勒斯提农Velestinon），希腊和法国考古队曾在那里有大量发现。亚历山大和莱科夫伦在斐赖的统治结束于公元前3世纪初，大约是在帕加塞被废弃的时候。公元前290年前后的马其顿国王“攻城者”德米特里乌斯（Demetrius I Poliorcetes）在距原城市东北1.6千米的地方以德米特里亚斯的名字重新建立了城市，给予了再次繁荣的可能。沿着双层城墙（a）修建的175个塔楼，至今仍有70座可见。卫城废墟上有巴西利卡教堂A的遗迹，也就是达摩克拉提亚（Damokratìa）教堂（b），此人在拜占庭时期资助了教堂的修建，从4世纪末到5世纪末，经历了五个建筑阶段才最终完成。德米特里乌斯设计的安提冈尼德宫（c）是由他的儿子安提戈努斯·贡纳塔斯（Antigonus Gonatas）建造的，由后者的孙子腓力五世在公元前3世纪末重建。目前并不对游客开放。这座宫殿是一个皇家住宅和行政中心，围绕着两个大型庭院铺开。其中一个庭院有围柱式柱廊，四角还有加固的塔楼，在较低的西侧以画廊相连。整个建筑群西侧还有第三个开放区域。

在宫殿的南面，市集（d）在阿尔忒弥斯·伊尔基亚（Artemis Iolkiia）神庙

P400上图：德米特里乌斯建造的堡垒废墟

P400—401：项链，吊坠做成安法拉罐的形式

THESSALY

中。整个城市是网格模式布局的。与卫城平行的一道墙边建公元前3世纪早期的剧院。剧院（e）顶上有类似纪念祠之类的建筑，认为是献给创建者迪米特里乌斯的，最近的解释也有人认为那是德米特里乌斯的船形陵墓。这座城市在马其顿的腓力五世的统治下兴盛起来，但公元前187年罗马人占领它的时候城市就开始衰败了。

P401上图：带金橡树叶装饰的金皇冠，现存沃洛斯博物馆

P401中图：希腊化时期城市的网格格局遗迹

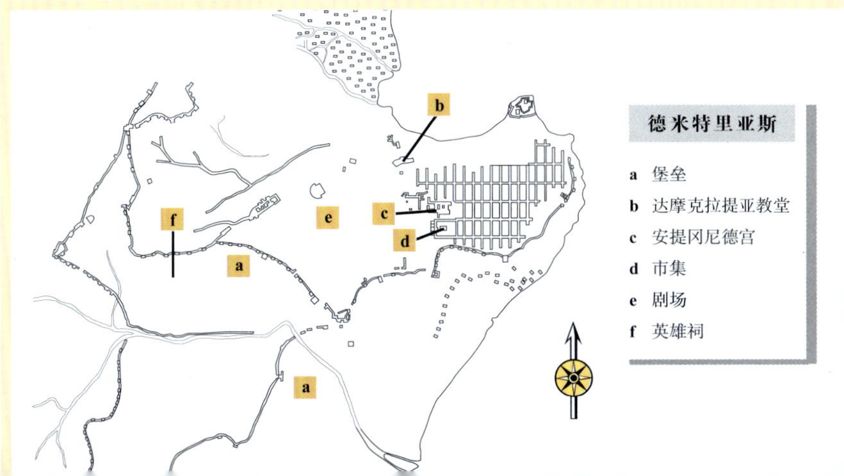

尼亚安奇亚洛斯

古老的城市底比斯佛提亚的废墟，曾经的普西奥提斯（Phthiotis）的首府【现代拉米亚沃洛路上的米克罗提维斯（Mikrotives）村】，坐落在1906年至1907年建造的现代城镇附近以容纳保加利亚难民. 在19世纪利克（W. M. Leake）发现了这座古镇遗迹后，1907年由阿凡特诺普洛斯（A. S. Arvantinopoullos）领导的发掘工作开始了。底比斯佛提亚这个名字最早见于公元前4世纪的记录，但最早的定居记录可以追溯到新石器时代。公元前217年这里被马其顿的腓力五世摧毁，但又在东边更远的比拉索斯山间逐渐发展起来（荷马《伊利亚特》，II，695），是普罗提西拉乌斯王国的三座城市之一，还有一个海边港口。在早期的基督教时期，底比斯佛提亚非常繁荣，包括许多教堂都是在那一时期建造的。希腊考古协会仍在对此地进行研究。这座城市于7—8世纪被野蛮人入侵。巴西利卡教堂A（a，献给圣德米特里乌斯）在市中心，它有一个正厅和两个耳堂、宏伟的半圆形后室、前厅、大型前院，西侧呈弧形。中庭北边是一间洗礼

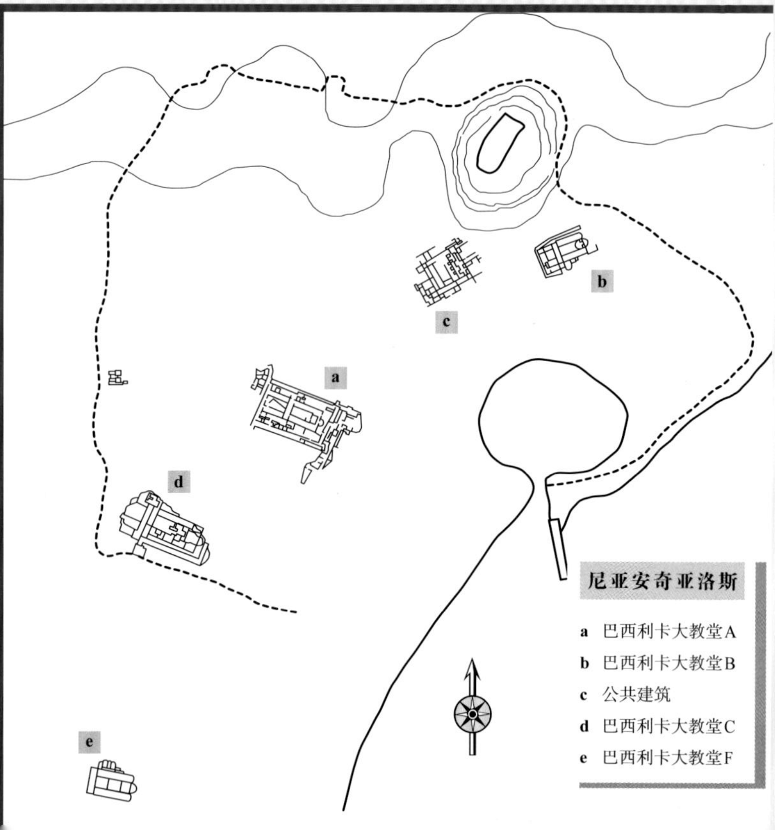

P402和P403左上图：大教堂A区域的建筑残片

P403右上图：浴场热水池遗址

P403下图：大教堂C修复的柱廊

用的房间（德米特里乌斯的马赛克拼贴形象），南面是一间圣器收藏室。在废墟中发现的大量装饰作品（包括读经台非常精美），使得这座建筑的历史可以追溯到5世纪。靠近西北角是与大教堂附属的浴场废墟。再往北是一座5世纪别墅的遗址，东面是一座门廊和一座墓地；墓葬建设于两个时期，第一个时期与大教堂同时，第二个时期的建造使用了相同的建筑元素。第二组浴室建筑位于一座3至4世纪体育馆的遗址南面。主教的宫殿在西边91米左右。巴西利卡教堂B

（b）在附近的比拉索斯山脚下，靠近沃洛斯-阿尔米罗斯路（Volos-Almyros）。这座教堂有一个正厅和两个耳堂，一个带台阶的半圆形后室。在圣公会的椅子周围，西边有前院、中庭、洗礼堂，南边则是一座长廊和一座圣器收藏室。这座大教堂比大教堂A稍晚建造（5世纪晚期，修复于6世纪），并使用了早期的建筑材料。

自1960年以来在两个大教堂周围地区进行的挖掘还发现了几座公众建筑（c），矗立在古城的市集中（甚至可以追溯到迈锡尼时期），包括一座公元前3世纪的浴场。

巴西利卡教堂C（d）曾被献给大祭司彼得罗斯，南边耳堂的马赛克铭文所示。它矗立在大教堂A的西南，是底比斯佛提亚最大的巴列奥略时期的基督教建筑。这座建筑物的建设历史有三个阶段的记载：第一阶段4世纪下半叶，第二阶段5世纪中期，以及查士丁尼统治时期的第三阶段（约530年）。早期结构中有一个正厅和两个耳堂、双前厅、八角形读经台，还有一个很大的正方形中庭。第二次修建后稍微向东移动，并建了一个较小的半圆形后室。在第三阶段，大教堂最终被移向更远的东面，并建了一个较大的半圆形后室。有华丽的马赛克地板，图案以动植物世界为特色。洗礼堂建在中庭的南面，同时也是大教堂的第一个时期修建的。北部的4世纪浴池显示出明显的重建迹象。其他大教堂也均被识别出来：大教堂D和E（5—6世纪）在向阿尔米罗斯方向；大教堂F（e，马蒂里奥斯教堂，5世纪上半叶）靠近该镇南部海边；还有在该镇中（5世纪中叶）的大教堂 H。（斯特凡诺·马吉）

4.6

线路 6

底比斯

底比斯也许不值得参观，因为这座古老的城市被埋在现代的城市之下。但它的神话一直持续到现代，根据弗洛伊德的说法，命运的力量是：一定是我们内心深处的某种东西，它使我们立即理解俄狄浦斯……神话中命运的束缚力量。（西格蒙德·弗洛伊德，《梦的解析》）。

历史

这座城市的历史事件集中在公元前4世纪中叶取得在希腊的霸权地位。伯罗奔尼撒战争后，雅典至高无上的地位被斯巴达取代，斯巴达的好战促使雅典领导的海军联盟重组。然而由于盟军的反叛，联盟持续的时间很短。在接下来的时间中底比斯成功地扩大了自己的地盘，扩大对塔纳格拉和塞斯比亚的影响，直到与斯巴达人短兵相接。公元前371年，伊巴密浓达率领的军队打败了斯巴达的将军克莱奥布鲁图斯（Cleombrotus），标志着底比斯霸权的开始。但其实这只是历史上的小插曲，领导人伊巴密浓达和佩洛皮达斯的命运相系，他们都是寡头政治的支持者（因此内部反对）。前者的军事活动参与了在伯罗奔尼撒地区反抗斯巴达军队，后者在马其顿和塞萨利很忙。这两位领导人的死亡——公元前364年佩洛皮达斯在对抗塞萨利君主斐赖的亚历山大时死亡；公元前362年伊巴密浓达在曼蒂尼亚死亡，标志着底比斯统治的终结。众所周知，这是马其顿君主在希腊世界建立权威的时期，对被亚历山大夷为平地的彼奥提亚城市造成了毁灭性的影响。

神话传说

这一切都始于卡德摩斯（Cadmus），最初这位腓尼基人的英雄来到希腊寻找被宙斯拐走的姐姐欧罗巴。后来听从阿波罗的神谕，卡德摩斯放弃了自己的使命，在克服了严峻的考验之后——杀死一条龙，与从龙牙上长出的巨人战斗——建立了一座城市（底比斯）。这些巨人被称为斯帕蒂（“播种下去的人”），底比斯的大家族声称他们是这些巨人幸存者的后裔。奥托诺厄（Autonoë）是卡德摩斯与哈尔莫尼所生的女儿之一，嫁给了阿里斯特俄斯（Aristaeus）；奥托诺厄的儿子阿西翁（Atheon）在打猎时无意中看到阿芙洛狄忒的裸体，于是被变成一只鹿然后被猎犬撕成碎片。卡德摩斯的另一个女儿塞梅尔（Semele）被宙斯强奸并生下了狄俄尼索斯。卡德摩斯的地位被儿子本特俄斯（Pentaeus）继承，却被酒神的女祭司米纳德斯撕成碎片。后来安提俄柏的父亲尼特奥（Nitteo）来到此地，安提俄柏被宙斯迷住生下了双胞胎安菲翁和泽图斯（Amphyon and Zetus）[他们后来惩罚残忍对待安提俄柏的王后狄刻（Dirce），让她被公牛拖死]。安菲翁负责建造城墙和著名的城门。安菲翁和尼俄柏结婚后生了很多孩子，但这位母亲的傲慢和骄傲却受到阿波罗和阿尔忒弥斯飞镖的惩罚（这一事件是古风时期和古典时期偏好表现的艺术主题之一）。但毫无疑问，最著名的神话是关于俄狄浦斯的，他是拉尤斯的儿子。在打败了斯芬克斯之后，俄狄浦斯在不知情的情况下杀死了自己的父亲，并成为亲生母亲的丈夫。甚至他的孩子们，希特克勒斯和波林尼斯（Heteocles and Polynices），以及他们的妹妹安提戈涅（Antigone）也是悲惨的结局。希特克勒斯放逐了自己的兄弟，但是波林尼斯带着六名阿尔戈斯战士回来报复，最后兄弟俩在城墙下向彼此射箭而死，而妹妹因为埋葬流放者也被处死了。

P404上图：博物馆的科林斯柱头

P405：二月景象，拜占庭时期马赛克

最近对彼奥提亚地区的古老首府底比斯的考古研究主要集中在上城区，而在较低的下城中发现的定居点更多是零星的，大部分始于拜占庭和中世纪时期，尽管那是底比斯的繁荣时期。1981年地震后的紧急发掘与现代城市重建计划相结合，有助于更清楚地了解古代卫城卡德梅亚（A）的地形。然而新的挖掘成果尚未公布。

在梅加洛卡斯泰利河（Megalo Kastelli）的北边，在雅典——底比斯路的左边，有俄狄浦斯的儿子们希特克利斯和波利尼斯的"孪生坟墓"（a）。实际上这处墓葬（合而为一，形成一个长方形，但有不同的入口）修建于两个不同的时代，其中较大的来自迈锡尼文明三期a（约公元前1350年），另外一座是迈锡尼文明三期b（约公元前1250年）。

离博物馆不远的地方，在一座阶梯式金字塔之上有一个带石棺的古墓［被称为安菲翁和泽图斯（c）的坟墓］。尽管在构造中包含一些较新的材料来自迈锡尼时期，整个古墓仍是青铜文化时期的产物。在博物馆的外围墙体中有一座塔（b），建于法兰克时期（约公元前1210年），但建造材料取自于迈锡尼时期的卫城城墙。虽然青铜文明中期的定居点在卡德梅亚附近的所有山丘上都有遗迹（此处是爱琴海沿岸和近东最大的定居点之一，在紧急挖掘过程中发现了数以百计的房屋和坟墓），但迈锡尼宫殿时期（公元前1402—前1200年）无疑才是底比斯的历史上最辉煌的阶段，也是大多数底比斯古老神话的历史背景时期。

底比斯宏伟的宫殿是当时迈锡尼世界的中心之一。这座宫殿矗立在山丘上，建在巨大的宫墙之后，几乎控制着彼奥提亚的所有地区；它的影响延伸到了埃维厄岛、阿提卡地区和埃伊纳地区，在该地区出土的文物表明这个城市与东方有着密切的联系。1906年，凯拉莫普洛斯（Keramopoullos）发现了所谓的"卡德摩斯宫"（d），它是一个受米诺安文化影响的皇室住宅。内部装饰的迈锡尼三期a的绘画与迈锡尼和梯林斯的画非常相似（博物馆里可以看到绘有一队妇女的画）。目前这片遗迹所剩无几（只有一个在公元前14世纪末，在现代市场后面被火烧毁的有储藏室侧翼房间）。

南部是公元前1250年前后被摧毁的"新宫"，在现在商业银行的地下室里也能看到一些遗迹。各种建筑似乎曾是商店或储藏室，还有一些是宫殿仆役的住房，以及陶器、象牙、黄金和羊毛加工

P406：法兰克时期塔楼的废墟

P407上图：迈锡尼古墓入口

P407下图：迈锡尼时期的安法拉罐，带线性文字B铭文；发现于“卡德摩斯宫”

的作坊。发现了很多线性文字B的泥板，记录了本地人们向神灵敬献的祭品，包括大麦、酒和橄榄等。

古典时期的城墙环绕着卫城脚下的下城，现在只剩部分遗迹，可以在安菲奥诺斯街（Odos Amphìonos）和所谓的厄勒克特拉之门（e）的尽头看到。该门有两座圆形塔楼，底部呈锥形，内部为圆形庭院。

要想看到彼奥提亚建筑的更多遗迹，可以参观底比斯的一些著名神殿：伊斯梅尼昂（Ismenion）、安菲阿莱恩（Amphiaraion）以及最重要的卡比里安（Kabirion）和普托安（Ptoion）。普托安远离城市，坐落在群山中。

伊斯梅尼昂神庙（f）是以河神伊斯梅诺斯的名字命名的，后来与阿波罗崇拜合二为一。这座神庙位于“厄勒克特拉之门”外，是一个神谕崇拜的地点。这座多利克风格的神庙，有6×12根柱子，有双柱式前廊和后廊；公元前4世纪的一段地基仍然可见。这座建筑的前身是公元前7世纪或公元前6世纪的一座神庙，有赤陶内饰，更早之前这里还有一座几何陶时代的小庙。拜占庭时期城市在这个地区发展，利用古代大型工程提供的建筑材料。圣德米特里乌斯教堂有3个半圆形后室，有许多古典时期外墙的浮雕碎片。

安菲阿莱恩神庙是献给阿尔戈斯的占卜者安菲阿莱奥斯（Amphiaraos），他曾经怂恿（虽然没有成功）他的姐夫安德拉斯陶斯（Adrastos）和波利尼科斯（Polyneikes）参加对底比斯的远征，这座神庙的遗迹在通往塔基的路边可以看到。

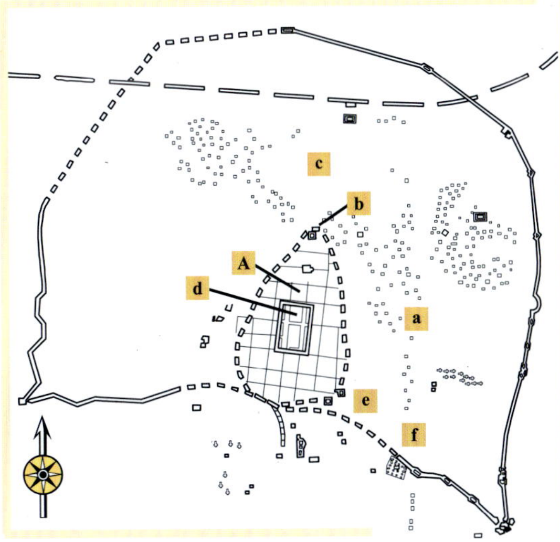

底比斯

A 卡德梅亚（卫城）
a 希特克利斯和波利尼斯的“孪生坟墓”
b 法兰克时期的塔楼
c 安菲翁和泽图斯的坟墓
d 卡德摩斯宫
e 厄勒克特拉之门
f 伊斯梅尼昂神庙

卡比里安神庙（卡比立是为大母神服务的魔鬼；像他们的父亲赫菲斯托斯一样，是神明的铁匠和水手的保护者）矗立在通向利瓦迪亚的路上（朝赛斯派斯方向）。这个神庙是古老的男性崇拜仪式的所在地，神庙中心卡比罗斯-普罗米修斯（得墨忒耳的儿子）珍藏着圣火的秘密，并在仪式上告知他的儿子帕伊思。卡比里安神庙在公元前8世纪至前9世纪建起，在第一个帝国时期达到了辉煌阶段，启蒙仪式建筑（a）以寺庙形式出现，庙前有一个门廊，一个中央房间，庭院内有两口长方形的井。公元前5世纪增建了半圆形后室，接着是公元前四世纪的建筑。最古老的泰勒斯台里昂神庙（b）这是以戏剧形式举行启蒙仪式的长方形建筑物，沿着内墙有座位，正好在前一栋建筑的南面。这座神庙还有两个圆形会议厅（c），在那里举行了神圣的讨论会。神庙东侧的那座小山是在朱利奥-克劳迪安时代出现的，那里有一座露天剧场阶梯看台（d）用于观看仪式舞蹈。两座门廊把南（e）和西（f，公元前1世纪）边的地区连接起来。这里是卡比里克花瓶出土的地方：这些黑绘陶作品以诙谐而逼真的手法表现了神圣游行场面、宴会场景或神话情节，以一种流行的滑稽模仿的风格进行了诠释。

普托安神庙是献给阿波罗的，在这里用了本地的英雄人物普托伊奥斯（Ptoios）的名字。阿波罗-普托伊奥斯在佩迪科·维里西（Perdiko Vrisi）泉附近地区被崇拜，离阿克拉菲亚

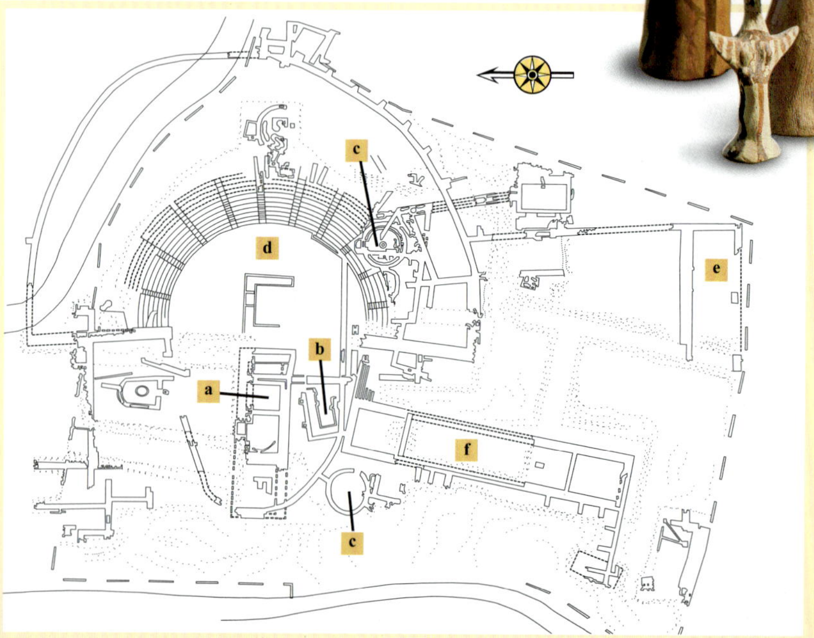

（Akraiphìa）的老城（今天的卡尔季察）不远，在卡斯特拉基附近的山区也被崇拜。神谕的名声传播广泛，地位重要，由此地的献祭品可见一斑。例如至少有11个男立像能够追溯到公元前5世纪晚期或者前6世纪早期（这些雕塑体现了各种流派，最初是地方风格，后来具有阿提卡风格和基克拉泽斯风格）。雅典艺术家阿尔克蒙尼德（Alcmeonids）负责制作了阿波罗雕像（公元前6世纪中叶），根据历史记载这座雕像在寺庙前面的广场上（以多利克柱头形式的地基仍然存在）。

作为彼奥提亚联盟的中心之一，这里曾受到底比斯毁灭的影响，但在公元前316年在卡桑德的治下获得了一个新的、巨大的和戏剧性的布局，也就是今天仍然可见的状态（尽管在罗马时期进行了许多修复和整合）。泰美诺斯覆盖了三层地台：上面一层有阿波罗的神庙，建于公元前4世纪，有石灰泥涂层的8×13根多利克围柱。有双柱式相对式前廊，木柱支撑的内殿。在东边有一座祭坛，周围有许多祭品。西侧有坡道，通向神谕所的阶梯看台和圣泉。第二层地台有两个平行的柱廊，于寺庙建于同一时期，还有一个长方形的旅舍（为朝圣者提供住所），其痕迹仍然清晰可见。第三和最低的一层地台是一个分开的水池，早期此处也是类似的水池。

卡比里安

- **a** 启蒙建筑（泰勒斯台里昂）
- **b** 古代泰勒斯台里昂
- **c** 圆形会议厅
- **d** 露天剧场阶梯看台
- **e** 南柱廊
- **f** 西柱廊

P408—409：安法拉罐形状的小雕像和座位；底比斯的迈锡尼时期陶器

P409下图：线形文字B的泥板书铭文；来自底比斯

博物馆

博物馆于1962年开业，保存着一些在彼奥提亚地区发现的重要文物。

除星期一每天开放，冬季8∶30—15∶00；
夏季8∶00—15∶00（星期一中午12∶00至19∶00）。
电话（0262）27 913

展厅A：包含了一系列有趣的马赛克画描绘了不同月份的景观，还有著名的来自普托安神庙男立像和古典时期的丧葬石碑。

展厅B：来自整个附近地区的各种文物，包括从迈锡尼时期到古典时期。公元前16至公元前13世纪的一些个人洗漱用品（展窗1）；卡德摩斯宫的壁画残片（展窗23）；“新宫殿”时期的东方风格圆柱形青金石印章；小块的装饰象牙板（展窗15）；象牙化妆品盒，来自迈锡尼时期的底比斯，绘有面对面的狮身人面像（展窗16）；黑绘花瓶和红绘花瓶（展窗4—8）和卡比里克花瓶（展窗20）。

P410和P411上图及中图：博物馆内保存完好的拜占庭壁画

展厅C：有一些葬礼雕塑，例如从公元前5世纪末至公元前4世纪初绘制精美的战士石碑。展厅D：藏有精美的彩绘黏土石棺（云雀）发现于迈锡尼时期的塔纳格拉墓地。（斯特凡诺·马吉）

P410—411下图：迈锡尼时期黄金珠宝，来自“卡德摩斯宫”

霍西奥斯卢卡斯

在距德尔斐37千米的福希斯地区，靠近古城斯蒂里斯（Stiris）的橄榄树林中，坐落着希腊非常著名的修道院之一。联合国教科文组织已将其列为世界文化遗产。根据《圣卢克的一生》书中记载，此书是出于圣徒卢克本人的意愿所写的关于10世纪当地隐士和圣徒生活的记述，这是一座献给圣芭芭拉的教堂，于946年由军事领导人克里尼茨（Krinites）的财政援助下建造的。953年圣徒卢克去世。教堂完成后，几个僧侣继续在卢克墓穴上方建造了一座十字形建筑，周围配以适合僧侣生活的房间，逐渐成为修道院。

另一个传说是说这个修道院是拜占庭皇帝罗曼努斯二世（Romanus II）为致敬圣卢克而建，因其预测了克里特人在他统治期间从阿拉伯人手中解放出来；这一事件发生在961年。这个具有重要历史意义和艺术意义的修道院的起源显然存在一些争议，总之，建筑本身的辉煌与历史记载中相当平淡无奇的形象形成了鲜明对比。在坚固的防御墙内的3座大型建筑中——西奥托科斯（Theotokos）教堂，卡索利康教堂和食堂——最近进行的发掘表明，这两处主要建筑分别可以追溯到最初的建设阶段和紧跟其后的阶段。西奥托科斯教堂被认为是10世纪中叶的圣巴巴拉教堂，而卡索利康教堂被认为是在11世纪初取代了之前十字形的圣徒坟墓上的建筑。

西奥托科斯教堂（圣母），也被称为帕纳吉亚教堂（Madonna），建筑布局呈希腊十字状，有3个半圆形后室和一个宽的6隔间前厅，由两根柱子支撑。这是希腊第一座典型康斯坦丁风格建筑的重要范例，尽管6隔间前厅是一个例外的变化。教堂内的砖瓦隔板上装饰

P412上图：卡索利康教堂柱廊细节

P412下图：卡索利康教堂内部；圣像间壁

P412—413：卡索利康教堂半圆形后室；西奥托科斯教堂

P413上图：卡索利康教堂外部的飞扶壁

PHOCIS

着阿拉伯字母浮雕，其他伊斯兰风格影响的装饰可以在八角鼓上见到。装饰雕塑具有明显的东方风格。最早的图案装饰只遗留有一些“约书亚和天使”壁画的碎片。前厅和内殿用砌石工艺（opus sectile）装饰地板。

卡索利康教堂是一座大型圆顶教堂，位于八角形地基上，上面有圆顶和十字形墓穴的上隅角结构。一系列由画廊连通的房间围绕中心区域排列，并辅助支撑屋顶的重量。在东边有一个大的半圆形后室，此处的砖瓦工艺有些不同，这些砖块更大，更不规则，用水平的砖块隔开。外面的雕塑装饰特别有趣，似乎想要重现4—5世纪的风格。内部装饰也有高水准的艺术元素，如雕刻精美的柱头、小玫瑰花浮雕和格里芬兽的形象等。

HOSIOS LUKAS

冬季开放每天8:30—17:00，夏季开放8:00—21:00。
电话（0267）22 797

P414上图从左至右：卡索利康教堂及入口处的壁画，狮子吞食猎物

P414下图：半圆形后室；圣母子登基图

P415上图：大天使加百列；通向高坛的拱门内拱

P415下图：卡索利康；圣母和圣徒皮特

最近进行的修复工作使马赛克画和图案装饰恢复了古代的辉煌；这座建筑包含了马其顿时代（大约在11世纪中叶）拜占庭风格绘画最重要的代表作品之一，马赛克画是典型的后打破圣像阶段特点之一。《圣母子登基图》充满了半圆形后室的空间，而《圣灵降临》绘制在讲坛上方的穹顶。三个上隅角结构处绘制着（第四角的装饰图画已经丢

失）《天使报喜》《圣殿的呈现》和《洗礼》的场景。在圆顶和鼓座壁上，19世纪壁画取代了《基督耶稣》和《先知》，在前厅墙壁上有《清洗基督的脚》《基督受难》《基督重生》《圣徒托马斯的怀疑》以及巨大的、不朽的《基督耶稣》半身像。专家们认为，由于作品的简洁性、对称性，有时非理性的比例，前厅的这些画作呈现出极高的艺术质量。大眼睛主宰的脸庞具有灵性。曾经一度被认为是“乡土僧侣艺术”的作品，如今被认为是出自康斯坦丁的大师手笔，因此我们认为，即使在当时的大都市也存在着各种不同的艺术潮流和水平。图案的装饰不那么容易辨认：在附属房间里壁画上的圣徒和天使可能与房间本身的功能有关，然而，这些功能尚不清楚。目前的看法是这些画与马赛克画属于同一时期。

教堂地下室墙壁上分为《受难》与《复活》等7个部分组成的系列壁画，还有《圣母之死》以及其他使徒、战士和神职人员的形象。被认为与卡索利康教堂建于同一时期。在两座教堂的南面是一座巨大的食堂（Trapeza）。根据通常的建筑习惯，食堂是没有耳堂的正厅和半圆形的后室（外侧为多边形）。防御工事将服务区和生活区都包括在内。

P416：从露天剧场阶梯看台的方向看阿波罗神庙

德尔斐

“太阳从帕纳苏斯落下，扰乱了世界的中心。卡斯塔利亚在游客的唇上滴上了温暖的水，卖水的人在喷泉旁笑着，模具中扣着两尊潮湿的雕像……”（萨尔瓦多·夸西莫多，德尔斐）

发掘工作

意大利安科纳的西利亚库斯（Cyriacus，1391—1452年）是第一个“重新发现”德尔斐的西方人，在1456年土耳其占领希腊之前。这位探险家非常仰慕那座陡峭的悬崖下仍然保存完好的田径场，但起初认为那是一座赛马场，他只是抄写了一些铭文。直到200多年后斯伯恩（ J. Spon）和维勒（G. Wheeler）探寻遗址（1675年），但又过了许多年德尔斐才赢得与其历史地位相匹配的尊重。首先试图弄清遗址具体布局的是1838年乌尔里奇（H. Ulrich）所做的考察，主要根据保塞尼亚斯在《希腊志》中的描写，而非在现代村庄卡斯特里中留存的遗迹。1840年引起国际科学界兴趣的第一个目标是围绕阿波罗神庙地台的大墙，德国的穆勒（O. Müller）首先对此进行了研究，随后还有法国人福阿特（P.Fouart）和韦舍（Ch. Wescher）。根据能看到的大量铭文，这堵墙很明显曾经属于一个档案馆。经过法国人的调查和发掘，1865年出版了第一份有关此地的考古研究报告。显然对于这个古老神庙区域的发掘需要投入更多的资源，尤其是对研究方式也需要彻底的改变。早期由拿破仑三世支持的发掘项目没有继续，紧接着希腊国王奥托一世于1862年退位。1882年希腊和法国签署了一项协议，将该遗址的研究委托给雅典的法国考古学学校，但官僚主义和外交上的束缚却仍然使工作陷于停滞。

P416—417：法国考古队在德尔斐，1893年5月

P417左图：斯伯恩和维勒，1676年：德尔斐区域地图

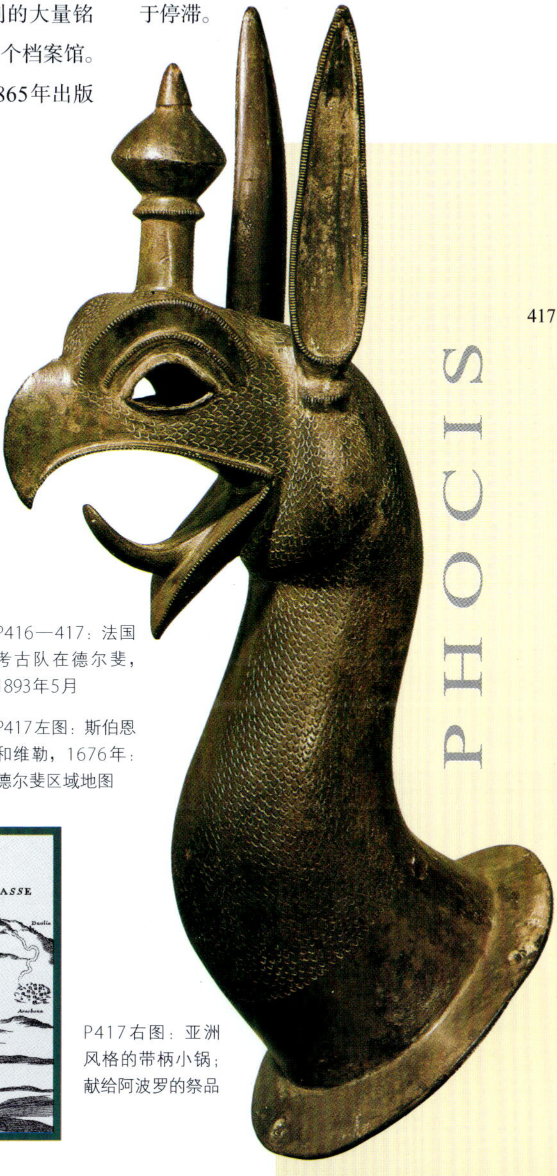

P417右图：亚洲风格的带柄小锅；献给阿波罗的祭品

DELPHI

P418上图：泰奥菲尔·霍摩尔（中间）和其他探险队员

P418下图：安提努斯雕像，来自哈德良统治时期，现存当地博物馆

P418—419：岩石上的考古工作滑梯，普雷斯托斯山谷，1893年

有限的挖掘和部分勘探一直持续到1891年，那时泰奥菲尔·霍摩尔（Théophile Homolle）成为法国考古学校的主任。与他的任命随之而来的还有一份明确的协议，类似于希腊人与德国人在奥林匹亚发掘的问题上签署的协议。本协议规定宾国需要承担现场挖掘的费用并进行工作组织，而主国保留对发现的所有文物的所有权。当时法国的主持项目得到了大量支持，他们计划“拆除”现代的卡斯特里村，并在考古区域之外重建。这导致了当地居民的强烈抗议，继而发生了村民对考古遗址的占领。因此挖掘工作直到1893年春天在希腊军队的保护下才开始。

挖掘工作进行的令人十分满意。神庙的格局最终探明为分布在帕纳索斯山一侧的三层地台上。到1897年整个遗址都已被绘制成地图；保塞尼亚斯的描述使识别工作进行得更为顺利。1898年至1902年，考古工作集中在马尔马里亚区（“大理石”），在该地区发现了雅典娜·普洛奈亚（Pronaia）的神殿。1902年开始，发掘成果陆续公布一系列报告《德尔斐的发掘》（*Fouilles de Delphes*）。1902年至1903年在希腊艺术赞助人辛格罗斯（A. Syngros）的支持下建造了一座博物馆以存放在发掘过程中出土的物品。该博物馆于1937年至1938年重建，此后进行了多次改造和扩建。

德尔斐的“史前历史”可以追溯到神话世界的起源。自众神从混乱中诞生起，神谕就存在于德尔斐，大地女神盖亚（GE）就是第一位占据此地的先知。根据另一个传说版本，一个名叫科雷塔的牧羊人发现了这个地方的奇特之处，他注意到每当羊群朝某个地面缝隙移动时会变得骚乱，当他走近这条地缝时也开始能够预言了。阿波罗的故事告诉我们，在出生于提洛岛和下降到奥林普斯山后，他回到大地去寻找建立先知的地方。走了很远的路后，他来到了白雪覆顶的帕纳索斯山脚下的德尔斐，找到了一眼被蛇（或雌性龙）守护的泉水。阿波罗杀死了守护怪物并让它在原地腐烂，此地获得了皮提奥斯的名称，取自怪物皮同（python）的名字。为了庆祝胜利，阿波罗谱写了一首在三角竖琴上演奏的赞美诗，后来逐渐发展出公元前582年第一次在德尔斐举行的竖琴比赛。此后又逐渐加入了体育运动和赛马的项目，每四年举行一次的模式是参照奥林匹克运动会，最终形成了皮同运动会。阿波罗在冬季离开了德尔斐去寻访北方乐土的希柏里尔人（Hyperboreans），在那里人们为他献上祭品。在那段时间狄俄尼索斯管理着神庙，但德尔斐的领地以及帕纳索斯山更适合阿波罗。在那里他和缪斯众神

一起庆祝诗歌、音乐和舞蹈的秘密仪式。阿波罗的第一间屋子是一间小屋，是由来自塞萨利坦普山谷的月桂树枝做成的。随后，蜜蜂用蜂蜡和羽毛混合建造了一座小房子（阿波罗后来将这座小寺庙转移到了北方乐土）。第三座用青铜建造的神庙被神明摧毁了，因为——品达告诉我们——山墙上的人物用他们的歌声迷惑了凡人。在后面的传说中，我们逐渐接近真实的历史。在建筑师特里弗尼乌斯和阿卡米德斯的帮助下，阿波罗建造了第四座庙宇，这实际上是在挖掘中发现的。这座建筑的遗迹——柱子和石碑碎片——可能来自公元前7世纪。希罗多德告诉我们，这座神庙在公元前548年至公元前547年被烧毁。

P420：金质献祭牌匾

P420—421：斯弗努斯的宝藏，楣梁雕刻

在迈锡尼时期，一个大的定居点占据了神圣围墙的东北部地区。在几何陶时期的地层我们找到了定居点的第一次出现的痕迹，以及一个或多个神庙的存在。神谕的重要性和知名度在8世纪大增，与它在殖民地中发挥的作用有关。发现的很多献祭品有着极高

元前480年波斯入侵，阿波罗的神谕发布的似乎更加谨慎；他的立场似乎对东方的入侵者并未抱有敌意。

传统上人们把从波斯人手中拯救神庙的功劳，共同归属于神灵和当地英雄菲拉科斯（Phylakos），当时当地的一处山体滑坡封锁了敌人通往此处的道路。

的工艺质量，从公元前7世纪开始的献祭物品普遍受到东方风格影响。神谕所由一个由12个部落组成的邻邦同盟（Amphictyony）管理，后来与福希斯当地人发生冲突，最终导致了第一次神圣战争（公元前600—前590年）。然而，这并没有阻止神谕所的名声延伸到整个地中海地区。像伊特鲁里亚人和吕底亚人这样的力量也来向神谕征求意见，他们带来价值连城的礼物，塑造雕像，建造献祭宝库。一场大火在前548年摧毁了阿波罗神庙，后在阿尔科梅尼德斯的帮助下重建，这位建筑师来自一个被庇西特拉图放逐的高贵雅典家族。伟大的艺术家安特诺尔被委托制作雕塑装饰，似乎是神灵通过说服斯巴达人摧毁雅典的暴政而获得了这一礼物！然而，在公

德尔斐的神灵对希腊世界的献祭在此后给予了“回应”，于是希腊最终在公元480年萨拉米斯海战和希梅拉战役两次取得胜利。第二次神圣战争（公元前448年）在斯巴达人和雅典人之间爆发。公元前356年的第三次神圣战争标志着马其顿的腓力二世的势力进入了邻邦同盟。第四次神圣战争在公元前338年马其顿对希腊的霸权结束后，发生了喀罗涅亚（Chaeronea）战役。在公元前86年被苏拉洗劫之后，邻邦联盟进行改革，但也并不足以重振神谕所的声望，尽管他们得到了奥古斯都皇帝的支持。继任的哈德良的支持也没有改变局势。德尔斐的衰落导致了公元380年主教制度的建立。现代村庄卡斯特里的建立将神谕所的遗迹掩盖，直到法国考古队的到来。

参观指南

除星期一每日开放，冬季8:30—15:00；夏季8:00—19:00；电话（0265）82966

这座被称为“希腊化时期的帕特农神庙”的寺庙坐落在帕纳索斯山的山坡上，俯瞰着绵延12.8千米直至海边的高原，一片迷人的橄榄绿。这些岩石和废墟以及投下的精致灰色阴影，使德尔斐成为一个存在于时间之外的地方。从远处看，形形色色的众多遗迹无差别的隐约在群山之中，但当你到达建筑物的墙壁和石头面前，这些岩石变成了几何学建筑，会突然意识到了其中仍然存在的生命。

两块非常高的岩石占据了阿波罗神庙，正对着帕纳萨斯山南侧狭窄的普莱斯托斯（Pleistos）山谷：这些石头被称为“菲德里迪斯”（phaedriades，“闪闪发光”），其中一块名为“弗莱姆博库斯”（Phlemboukos），“明亮的”；另一块称为“罗蒂尼”（Rhodini），红色的。卡斯塔利亚泉从两块岩石之间的峡谷里向西流去，那里以前曾有一个裂缝，蒸气喷涌而出，会使人和动物陷入迷乱失去知觉。阿波罗神谕所就是建造在这个裂缝旁边的。进入围墙后会看到罗马市集，在到达神庙的中心位置前所经过的神道，两旁都有献祭建筑，似乎本着竞争的精神要宣扬献祭城市的名字。这场比赛只在阿波罗神庙停止，希腊世界在那里团结在一起共同庆祝对野蛮人的胜利。

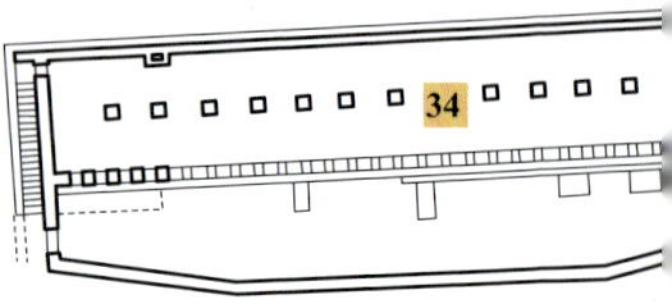

P422上图：斯弗努斯的宝库

P422中图和下图：圣道

各城市献祭的包括

T1	锡西翁的宝库	**T8**	斯彼纳的宝库（？）
T2	斯弗努斯的宝库	**T9**	卡伊莱的宝库（？）
T3	彼奥提亚的宝库	**T10**	克尼杜斯的宝库（？）
T4	底比斯的宝库	**T11**	无名宝库
T5	雅典的宝库	**T12**	无名宝库
T6	波提狄亚的宝库	**T13**	科林斯的宝库
T7	波提狄亚的小宝库		

DELPHI

阿波罗神谕所

1 公牛雕像底座
2 海军指挥官（navarchos）纪念碑
3 马拉松的礼物
4 特洛伊木马
5 阿卡迪亚的礼物
6 菲洛皮门（PHILOPOEMEN）雕像
7 无名纪念碑
8 阿尔戈斯英雄纪念碑
9 阿尔戈斯国王纪念碑
10 塔兰廷斯的礼物
11 第二次马拉松礼物
12 议事厅
13 雅典门廊
14 西比尔岩
15 勒托之岩
16 纳克索茨柱
17 阿波罗神庙
18 普拉提亚的黄金三脚架
19 塔兰廷斯的第二件礼物
20 阿波罗巨像
21 锡拉库萨的黄金三脚架
22 弗鲁西亚纪念柱
23 欧迈尼斯纪念柱
24 埃米里乌斯·保卢斯纪念柱
25 阿塔卢斯一世纪念柱
26 阿塔卢斯一世雕像
27 欧迈尼斯二世雕像
28 祭坛长方形底座
29 家庭房屋
30 道乔斯（DAOCHOS）谈话间
31 舞者柱
32 奥里加（AURIGA）雕像
33 克拉特鲁斯（CRATERUS）的礼物
34 埃托利亚联盟的柱廊
35 露天剧场
36 克尼杜斯大厅

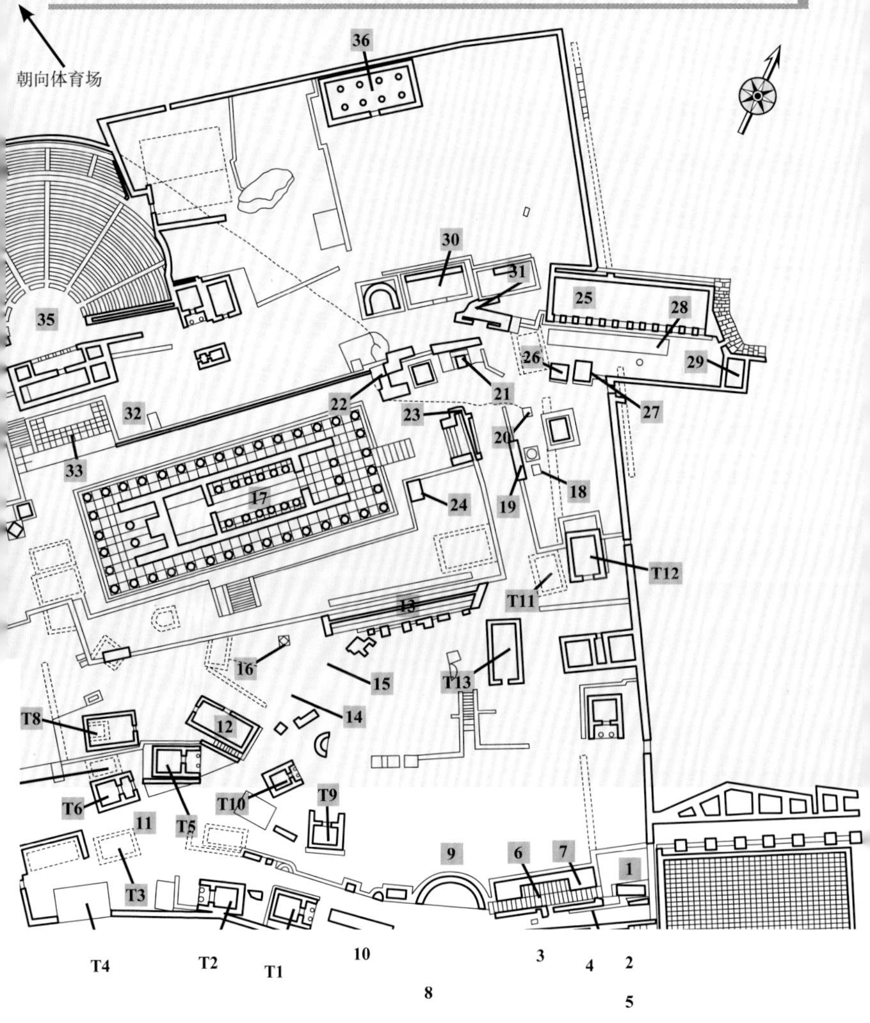

圣道的起始处体现了公元前5世纪至公元前4世纪那场塑造了希腊大陆历史的冲突：民主的雅典和阿尔戈斯反对斯巴达寡头政治。在大约公元前480年由柯西拉的居民们向阿波罗献祭了公牛雕像底座（1），感谢神灵指引的一次神奇的金枪鱼捕获（在海滩上的公牛所指示），之后会看到在左边是海军指挥官纪念碑底座（2）。这是为了纪念公元前405年在伯罗奔尼撒战争结束时，斯巴达在黑格斯波塔米斯对雅典的胜利。一列39座青铜雕像代表斯巴达对舰队司令莱山德（Lysander）的嘉奖；第二列和更高处的雕像代表了其他海军将领及其盟友。斯巴达修建一系列纪念建筑的目的是隐藏，或至少掩盖雅典人在公元前467年战胜波斯人后在此处敬献的马拉松礼物（3）。这份礼物代表了对公元前490年马拉松赛胜利的庆祝，这场胜利是在西蒙的父亲米太亚德将军的领导下取得的。根据保塞尼亚斯的说法，就连菲狄亚斯也在16尊铜像上工作过。其中两尊著名的在海里发现的骑士铜像（有些学者认为是菲狄亚斯的亲手作品）：米太亚德本人和一个英雄式的国王，可能是科德鲁斯，塞克罗斯或埃雷丘斯。斯巴达人的献礼还力图减低特洛伊马（4）的威望。公元前414年阿尔戈斯在提利亚提斯战胜斯巴达人而敬献的礼物。海军将领纪念碑对面另外一个献礼的竞争者是阿卡迪亚人的献礼（5），在留克特拉和曼提尼亚战役后他们从斯巴达的霸权统治中解放出来（公元前371年和前362年）。旁边是菲洛皮门

雕像（6），亚该亚联盟的将军在公元前3世纪末击败了斯巴达人军队。背后还有几个无名纪念碑（7）和一个大的地台，此处被认为是公元前405年莱桑德将两颗巨大的金星献给迪俄斯库里的地方。阿尔戈斯修筑的两个对称的谈话间——让圣道从两侧的城市献礼竞赛中稍得解

脱——差不多成为第二入口。

左边是阿尔戈斯英雄纪念碑（8）底座，其中有“七人对底比斯”和“埃皮戈尼”等场景，以纪念公元前456年阿尔戈斯人第一次击败斯巴达人的奥伊诺（Oinoe）战役。阿尔戈斯国王纪念碑（9）在右边，建于公元前371年的留克

特拉战役之后，记录了战役后的一段时间发生的故事。此处还有神话中的达那俄斯王朝的雕像，并再现了阿尔戈斯人从赫拉克勒斯继承而来的血统的故事，据称他出生在底比斯，是宙斯和阿尔克梅尼的儿子。继续向前，左侧是塔兰廷斯家族（10）的献礼，庆祝公元前473年取得了对梅萨皮的胜利。

后面立着的就是一系列宝库。这类小而优雅的庙宇中最早的一座修自公元前6世纪末，之后几乎每个城市都来向阿波罗献礼，最早的这座即来自锡西翁（T1），尽管今天只能看到所剩无几的残迹。几个弯曲的石头块属于锡西翁君主克利索提尼（Cleisothenes）建造的一个较早的长方形门廊，这位君主曾在公元前582年在皮同运动会的战车比赛中胜出（柱间壁现存德尔斐博物馆）。然后是斯弗努斯（T2）的宝库，是古风时期伊奥尼亚式建筑的一颗明珠（公元前525年），由基克拉泽斯岛上著名的黄银矿提供的十分之一的收入来资助修建。西侧额枋上是帕里斯裁决的场景，南面是“掳走留西皮得（Leucippids）姐妹”的场景以及阿喀琉斯与梅农之间的决斗，东面是众神聚会，北面（也在博物馆里）是巨人与天神搏斗。东山墙是阿波罗和赫拉克勒斯之间为得到德尔斐的三脚架而进行比赛。

P424—425：遗迹全景

P425上图：圣道景观

DELPHI

梅加里西亚人的地台在圣道的另一侧，建于公元前5世纪下半叶，以取代早期（公元前500—前475年）的一个宝库。

在此处圣道拐了一个锐角，西边是彼奥提亚人的宝库（T3）和底比斯（T4）的宝库。附近的一个锥形石灰石块代表着大地女神盖亚（GE，地球），和一个大地中心的象征（但我们不知道它的原始位置）。雅典人的宝库（T5）是1893年发掘时第一个被发现的，于1903—1906年间进行了重修。根据保塞尼亚斯的说法，这座用帕里斯大理石建造的庙宇用到了十分之一马拉松战役（公元前490年）战利品。从建筑和雕塑两种角度看，它都代表了从古风时代向严谨时期的变化，柱间壁的风格仍然是古风晚期，表明保塞尼亚斯或许被马拉松的第二礼物（11）误导了，这间献礼在寺庙的南侧，因此更早一些（公元前510—前500年）。30块柱间壁的主题是赫拉克勒斯的十二功绩（南北两面），以及忒修斯与亚马逊人的战斗（南侧和东侧）。这些实物现在在博物馆里，放在原处的是复制品。山墙的残片非常少。

在这后面是另外两座宝库，波提狄亚的宝库（T6，公元前530年—前520年）和波提狄亚的小宝库（T7）。稍高一点是另外一个宝库（公元前4世纪中期），或许是来自埃特鲁利亚斯彼纳（T8，宝库T9 或许属于卡伊莱）。宝库（T10，公元前6世纪中叶）是由克尼杜

斯人建造的，立面的柱子也是雕刻成女像柱。

现在来到传统上认为阿波罗之前的最早开始预言的地方。盖亚的神殿（不对游客开放）立在道路、议事厅（12，

理事会的会议地点）和雅典门廊（13）之间的三角形区域。“西比尔岩”（14）矗立在一片有岩石和泉水田野里，此处被认为是第一个女先知（盖亚的实际身份？）给出神谕的地方。另一块岩石，“勒托之岩”（15）被认为是阿波罗的母亲被毒蛇皮同杀死的地方。再往北第三块岩石在纳克索茨柱（16）附近，建于公元前570至公元前550年（著名伊奥尼亚式柱头，上有斯芬克斯，现存博物馆），据推测这里是传说中的巨蟒皮同被杀的地方。怪物的巢穴就站在雅典门廊对面，这座门廊被视为城市海上力量的“宣言”。尽管保塞尼亚斯将这座门廊与雅典人于公元前429年在福希斯战胜斯巴达的胜利联系在一起，但有可能是与公元前478年雅典战胜波斯人的纪念有关：因为铭文中提到的霍普拉（hopla，“缆绳”）很可能是指薛西斯阻挡在达达尼尔海峡的缆绳。另一个参考是希罗多德提到的敌船上的弓被作为“神的圣殿”的祭品。当提洛同盟成立的时候门廊有七根伊奥尼亚式柱，成为伊奥尼亚文化影响力日益增长的有形标志。

P426左图：沿着圣道从北侧看雅典人的宝库

P426—427：雅典柱廊，右图，俯瞰城市宝库

P427上图：雅典柱廊中的伊奥尼亚式柱头

最后一组宝库包括两个匿名的（T11和T12）建筑，还有建于公元前7世纪最古老的科林斯人的宝库（T13），公元前540年驱逐了君主西浦路斯后献礼于此。然后爬上阶梯斜坡，到达阿波罗神庙前的空地。这里有一个多边形砌块的挡土墙，它是在神庙第四次遭火后建造的，许多希腊城市献礼也在那一次火灾中被毁坏。这座墙被数百篇铭文所覆盖，其中许多涉及公元前2世纪至1世纪奴隶的解放。

阿波罗神谕所（17）是公元前548年（第五次）重建，所涉及的费用部分是由阿尔卡门尼德家族支付，他们被庇西特拉图从雅典驱逐出来，但我们今天所能看到的只剩一片废墟。第六座寺庙在地震（或火灾或山体滑坡）后重建，这次灾害于公元前373年摧毁了之前的建筑。当时一些雕塑被保存下来，东山墙上的雕塑描绘了阿波罗来到德尔斐的场景，西山墙则是天神与巨人族搏斗的场景（也许是安特诺尔的作品）。虽然建造成多利克风格，但这座建筑的比例和朝向与之前的第五座神谕所大体相同，围柱呈6×15排列，有双柱式的前廊和后廊，内殿后部有一条通道通向地下空间，那里就是获取神谕的地方。地缝上覆有木制华盖，旁边是阿波罗的镀金雕像和“狄俄

DELPHI

尼索斯墓”的石头。这就是蒸气从地下冒出来的地方，同时吃下女祭司咀嚼的月桂叶，坐在地缝上方的三脚架上的皮提亚会陷入迷乱状态并给出神谕。山墙装饰（博物馆中的碎片）带有明显的德尔斐地方风格，即展示了阿波罗和狄俄尼索斯崇拜。东墙展示了阿波罗演奏竖琴，和他的妹妹（阿尔忒弥斯）、母亲（勒托）、缪斯和赫利奥斯在山顶祭坛；西边的山墙描绘了狄俄尼索斯和水仙女们（Thyiads）的狂欢。

在圣道两侧，各种城邦之间的对抗和竞争在庙宇前方停歇，转变为赞美泛希腊人战胜野蛮人。或者更确切地说，从其他人中脱颖而出的愿望转变成了一份统一的伟大献礼以避免内部冲突。此处有普拉提亚的黄金三脚架（18），以纪念泛希腊联盟在公元前479年普拉提亚战役中战胜波斯（一些学者认为，今天可见的三脚架底座与克洛托人在公元前6世纪末至公元前5世纪初之间献上的另一个三脚架有关。真正黄金的三脚架在第二次神圣战争中被福希斯人熔炼了）。然后是塔兰廷斯第二件献礼（19），纪念战胜大希腊地区蛮族切提人（Peucetii）和亚佩德斯人（Iapodes）的胜利。还有希腊人因为去的萨拉米斯海战中对波斯人的胜利而敬献的阿波罗巨像（20）。

P428—429：阿波罗神谕所东西山墙的艺术想象复原图

P428—429：阿波罗神谕所的全景

P429：叙拉古君主雕塑底座，背景是阿波罗神谕所的柱子

两个黄金三脚架（21）是由叙拉古君主盖伦和希隆为他们各自战胜“西方的野蛮人”（公元前480年，在希米拉战胜迦太基人；公元前474年，在库马战胜伊特鲁里亚人）而敬献的。紧接着是拜蒂尼亚的国王普鲁西亚（Prusia）纪念柱（22）和帕加马国王敬献的欧迈尼斯二世纪念柱（23），这两根柱子是埃托利亚人在公元前184年奉献给希腊世界对抗加拉太人的将士们的。另一个令人印象深刻的礼物是利帕里的克尼杜斯人在公元前5世纪初取得对伊特鲁里亚人的海战胜利的献礼：底座大约60米，总共有20个巨大的阿波罗雕像，每艘船在战斗中载着一个。最后是卢修斯·埃米里乌斯·保卢斯（Lucius Aemilius Paulus）纪念柱（24），在神谕所的东南角。这座纪念柱是由最后一位马其顿国王珀尔修斯修建的，他于公元前168年在皮德纳战役中被罗马将军击败。保卢斯在这座纪念碑中刻画了自己骑马像。这是希腊领土上第一座拉丁文铭文的官方纪念碑。

俯瞰庙宇的东侧地台，公元前3世纪末起，帕加马的阿塔卢斯一世纪念柱（25）以及阿塔卢斯一世雕像（26）和其子欧迈尼斯二世雕像（27）矗立在这里。一个大型长方形地基（28）被认为是公元前241年庆祝战胜加拉太人的纪念碑底座，也有其他人认为是阿喀琉斯之子尼奥普托列墨斯（Neoptolemus）的祭坛，阿塔利德人声称是他的后裔。家庭房屋（29）作为整体建筑的补充，被认为是一个向神灵展示礼物的地方，也可能是狄俄尼索斯·斯法莱奥塔斯（Dionysus Sphaleótas，“犯错误和救赎的人”）崇拜的所在地，还与忒勒福斯（Telephus）有关，他是传说中帕加马王国的创始人。

后面是一系列建筑废墟，包括道乔斯谈话间（30）。然后是德尔斐著名的纪

P430—431：搏斗场景，埃米里乌斯·保卢斯纪念柱

P431上图：埃托利亚联盟柱廊，德尔斐地区最大的柱廊

P431左中图：田径场

P431右中图：露天剧场

念建筑之一舞者柱（31，现存博物馆）。这根柱子高约15米，从神谕所区域的每个地方都可以看到，柱底座很高，大理石柱体上环绕着月桂叶装饰。柱顶有三个跳舞的女孩形象，每个人头上都有一个

卡拉提斯科斯（芦苇叶制成的篮子），她们原本应该支撑一个三脚架。

一些学者认为这座纪念碑看作是阿坎苏斯城及其盟友和保护者斯巴达的寓言写照。斯巴达在公元前422年将从阿坎苏斯城雅典解放出来，并在公元前382年至公元前379年再次保护该城免遭奥林索斯的进攻。另一些学者则更倾向于认为，这根柱子是雅典人在公元前4世纪末设立的。

经过著名的青铜奥里加雕像（32），由在公元前475年的四马战车比赛中获胜的叙拉古君主波利扎勒斯（Polyzalus）所献；就来到克拉特鲁斯的礼物（33），那里曾矗立着利西普斯和洛克斯的铜像。这件礼物寓意猎狮期间克拉特鲁斯拯救了亚历山大大帝的生命（公元前320—前300年）。从那里继续，在去露天剧场（35）的路上，左侧会经过埃托利亚联盟的柱廊（34），用来存放公元前278年从加拉太人手中缴获的武器。克尼杜斯大厅（36）矗立在剧院的东面，在神谕所里最高一级地台上。这是一个大约公元前475—前460年建造的会议和宴会厅，由塔索斯的波利格诺特斯绘制，描绘了征服特洛伊和尤利西斯的后代在地下世界的场景。在剧院的西边有一条通向田径场的小路，田径场矗立在公元前5世纪坚固的地下结构上，但现在存留的面貌是希罗德·阿迪库斯时期经过彻底重修而成的。

雅典娜·普罗纳伊亚泰美诺斯（“先于阿波罗神谕所存在的雅典娜”）

参观从雅典娜·普洛纳伊亚神庙（a）开始。这是一座公元前6世纪的多利克围柱式建筑（6×12根柱子），有两层平台，一个宽而深的内殿和双柱式前廊。公元前480年山体滑坡后，神庙在公元前7世纪的一座建筑基础上重建，先前建筑的少数遗迹在神庙前的区域可见。祭坛（b）在较早的祭坛（c）右侧。最早的祭坛可能是（d）。两座小建筑物（e，f）矗立在东面的小地台上，也是公元前6世纪的建筑，被认为是献给当地英雄菲拉科斯的神庙，此人在公元前480年从波斯人手中解救了德尔斐（另一种说法是寺庙是献给雅典娜和阿尔忒弥斯）。

西边有两座宝库（g，h），其中第二座最近被确定为是马赛的宝库，建于公元前535年至公元前500年。在克劳迪乌斯皇帝统治期间，很可能变成了帝王崇拜的场所。旁边的多利克风格的宝库（g，约公元前475年）可能与公元前480年希波战争的胜利有关，正如之前德尔斐人所奉献的纪念碑地基（i）。地台中央是巨大的瑟罗斯圆墓（j），是伟大的建筑师维特鲁维乌斯（公元前1世纪）的作品，为福西亚的西奥多罗斯所建，可以追溯到公元前380年至公元前370年。虽然被认为是一座“古典时期”的纪念碑，但它的古典主义风格仅仅是外在的，可以从多利克风格的围柱（20柱）和柱顶盘（40

块柱间壁），以及整个建筑的比例与和谐程度上看出来。然而在建筑内部展现了明显的新趋势：10根优雅的科林斯柱紧贴着内殿墙面，引入了图案和色彩元素，围绕着内殿的外缘地基的水叶檐和门廊天花板上的菱形装饰充满了动态的张力。潘泰列克白色大理石和埃莱夫西斯深色大理石之间的对比，并没有破坏建筑线条的纯粹性，反而体现了结构的均衡。这座建筑物的用途仍不确定，一种假设是这是菲拉科斯的纪念祠。再往西是一座多利克式的庙宇（k）废墟，带有六柱式前廊。内殿有三段分的入口，由伊奥尼亚式半柱分开，建于公元前365年至公元前

360年。旁边是一座被该庙的建造部分毁坏的建筑物的痕迹，公元前5世纪的欧普罗塞克（oplothèke，l）。从休息区可以到达公元前4世纪的健身室。用于训练和比赛的露天跑道（paradromis）和用于坏天气时训练的有顶的长廊（xystòs）在上层地台，角力学校（南面）和一个圆形游泳池（北面）在下层地台。健身馆旁边是罗马浴室。回到现代的道路上，此时会看到卡斯塔利亚喷泉。今天仍有三个喷泉可见：一个在地面铺整过的古风时期庭院中，经过希腊化时期的修复；一个现代喷泉；第三个是希腊化时期的，有一个长方形的庭院，还有一个装饰着半柱的水池，带6个出水口。最后这一座被称为“会说话的水”，女祭司皮提亚（Pythia）在给出神谕前就在这里洗头发。

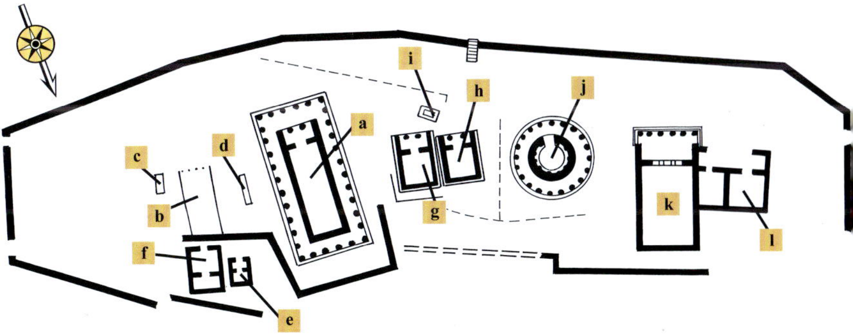

P432—433：玛勒玛利亚地区，中间是瑟罗斯圆墓，左侧是雅典娜·普罗纳伊亚神庙

P433：瑟罗斯圆墓上的三根多利克柱

雅典娜·普罗纳伊亚神庙

a	雅典娜·普罗纳伊亚神庙	i	纪念碑地基
b-d	祭坛	j	瑟罗斯圆墓
e,f	祭祀建筑	k	多利克风格寺庙
g,h	宝库	l	欧普罗塞克

冬季8:30—15:00；夏季8:00—19:00（星期一中午12:00—19:00）开放。

电话（0265）82 312

雕塑展品是该博物馆的强项。就像卫城博物馆（而不是国家考古博物馆）一样，德尔斐的博物馆提供了一个壮观的雕塑横截面，兼具古风时期和严谨时期的风格，这也是接下来我们介绍展厅的线索，当然博物馆内还有很多其他优秀的展品。

1号展厅：浮饰（omphalos）。最近法国历史学家阿曼德里和马丁内斯提出的一个假说，认为这块代表了世界中心的大理石曾是舞者柱的一部分。

2号展厅：青铜盾牌。公元前7世纪的一系列青铜盾牌，还有格里芬兽的头部形象装饰。

3号展厅：斯弗努斯宝库。这是博物馆重要的展厅之一，展出了建于公元前525年前后的这座宝库的额枋和东山墙。创作者在额枋的西侧和南侧雕刻（"帕里斯的裁判"和"掳走留西比得姐妹"），他用清晰的人物创造了对比鲜明的作品。负责北面和东面的额枋的人（在神明面前与特洛伊木马作战的希腊人和与巨人的搏斗）更多地利用颜色，浮雕程度更立体，背景更复杂，叙述更分散（一些专家认为这位艺术家可能是恩多伊奥斯）。小山墙上（"阿波罗和赫拉克勒斯争夺德尔斐的三脚架"）人像与背景分离，但因为是剪影的形式，体现不出立体感，优雅或精细的感觉。这

P434上图：斯弗努斯宝库，众神的聚会

P434—435：斯弗努斯宝库额枋

P435上图：浮饰的罗马复制品

P435中图：纳克索茨柱头的斯芬克斯

个房间里还有两尊从宝库里来的女像柱，以及另一尊生动的女像柱头部，可追溯到公元前530年。

纳克索茨柱头的斯芬克斯像（约公元前550年）雕刻的精美气派，细长灵动的躯干，一双有力的翅膀以及流畅的羽毛造型，怪兽的表情中透露着一种警惕的自信。

P435下图：斯弗努斯宝库的古风时期女像柱

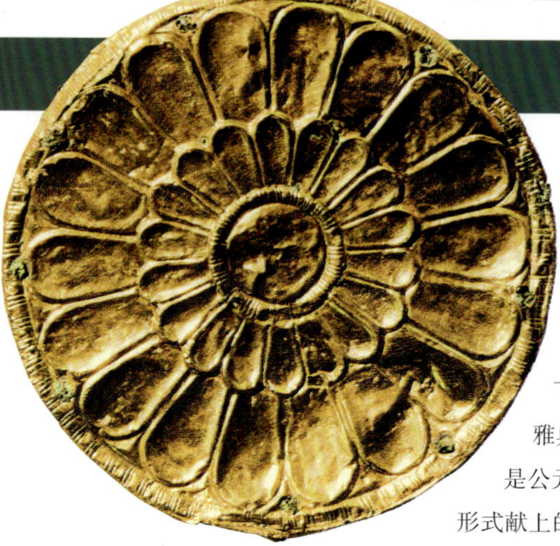

4号展厅：男立像。最杰出的作品是一对孪生兄弟的男立像，被认为是克利奥比（cleobis）和比顿（biton），他们把母亲（赫拉的女祭司）从阿尔戈斯亲自拉车送去赫拉女神的神庙。这些作品应当是公元前6世纪初的阿尔戈斯雕刻家波利梅德斯的。两个人物强壮的躯干上仅有很少的必要的线条来显示出解剖学角度的人体结构。头部仍然有类似几何图形的坚实，脸部扁平。该展厅还展出了4块来自锡西翁宝库的柱间壁（欧罗巴女神和公牛、阿尔戈英雄、迪俄斯库里兄弟和猎杀卡利多尼亚野猪）。这些作品的寓意不易解读，因为在伯罗奔尼撒艺术中这种非常紧凑和坚实的风格较为少见（公元前560年前后）。

5号展厅：公牛。这里的文物是1939年在圣道下面进行发掘时找到的，在雅典门廊前方。最重要的作品是公元前4世纪上半叶以祭品的形式献上的镀银公牛。其余值得赞赏的作品还有一些青铜和象牙雕像。还请注意3个真人大小的金质象牙雕像的碎片（公元前4世纪中叶）。公元前5世纪带有浮雕装饰的青铜香炉，是真正的青铜器杰作。

P436左上图：仪式服装上的黄金纽扣

P436右上图：镀银公牛雕像碎片

P436下图：古风时期带格里芬兽装饰的盾牌

P437上图：象牙男性头像（某个神灵？），黄金饰头巾；献祭礼物

P437下图：孪生兄弟的男立像，可能是克利奥比和比顿

P438上图：雅典宝库额枋上的战斗场景

P438下图：胜利女神；阿波罗神谕所山尖形装饰雕塑

6号展厅：展品来自雅典宝库。这座建筑古风晚期建筑装饰演变过程中的一个里程碑。虽然山墙中幸存的建筑残片数量很少（战斗场面可能是用于美化赫拉克勒斯和忒修斯的场景）阻碍了对作品的风格品质的判断，但相对保存较好的柱间壁（东面是与巨人搏斗的场景，南面是忒修斯的远征，北与西面是赫拉克勒斯的功绩）使人们对场景特点统一性有了认识，尽管它们出自不同雕刻家之手。有些采用高浮雕的手法，一些人物形象（特别是头部）几乎完全脱离了背景，使人物动作更鲜明，尽管场景整体是一种传统的和有点保守的方式（约公元前500年，其他人根据保塞尼亚斯的说法判断为公元前490年以后）。

7号和8号展厅：展品来自阿波罗神谕所，以及公元前6世纪的“阿尔卡蒙尼德神庙”。最重要的展品是巨人族之战（西山墙）和“阿波罗到达德尔斐”的雕塑碎片（东山墙）。这个巨幅的系列一定花了工作室很长时间才制作出来，我们可以注意到（公元前6世纪末）一些构图上的不确定性，但人和动物的个体形象都显示出非凡的创造力，例如山

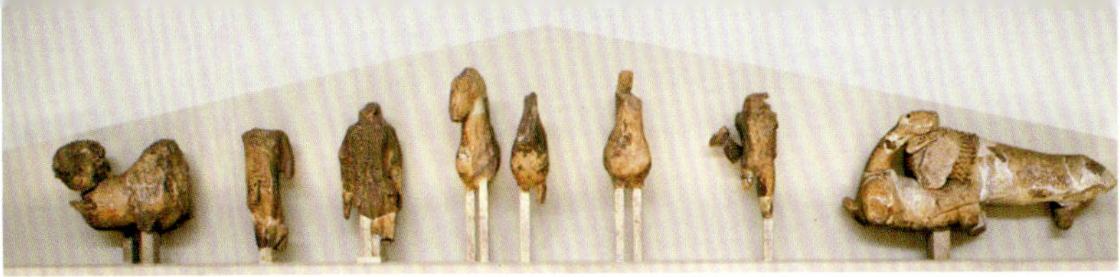

尖形装饰上的胜利女神，躯体充满了动感。公元前4世纪部分重修过的建筑部件也在这个展厅。与德尔斐历史有关的一系列法令具有非常重要的历史地位。

10号展厅：葬礼石碑。最杰出的墓碑是公元前470年前后的“刮擦者”（运动员用刮擦板清洁自己）。还有一些青铜制品和武器是送给潘神和仙女的礼物。

11号展厅：展品来自瑟罗斯圆墓。这间屋子展示了著名的马尔马利亚的瑟罗斯圆墓建筑装饰中尚存的部分。

不幸的是，两块多利克风格的额枋几乎没有留存下来（外部是与亚马逊人的战斗和与半人马的战斗；内部是赫拉克勒斯和忒修斯的事迹）；山尖形装饰也由于建筑材料的重复使用而几乎没有留存。

因此只有4块保存较差的柱间壁在重建时被装上去。但古迹残片的现状并不能掩盖它们精湛的工艺品质，与在巴塞埃发现的额枋较为相似。柱间壁旁边是一个女性形象雕塑（可能是胜利女神），很有可能是瑟罗斯圆墓顶上的装饰。

P439上图：阿尔卡蒙尼德神庙东山墙

P439中图：赫拉克勒斯捉住赤牝鹿；雅典宝库额枋

P439下图：饲养的马匹和骑士；雅典娜·普罗纳伊亚神庙内的瑟罗斯圆墓的柱间壁

11号展厅："舞女"。这里展出了阿塔利德的门廊柱顶的三个跳舞女孩，周围还装饰着月桂叶，这是德尔斐最不寻常的纪念碑，诠释起来也颇费思量。关于这一问题的争论至今仍在持续。一般认为制作日期在公元前380年前后（可能是斯巴达人的某次未知的献礼）到公元前335年至公元前325年（雅典在其战败于喀罗尼亚后试图恢复其影响力的献礼）。如果是后一种情况，那么就不是简单的蒂亚德人或者是三女神，这些女孩可能是厄瑞克透斯的3个女儿。舞者们衣物轻巧，与阿提卡传统或伯罗奔尼撒风格都略有不同（卡利马克斯的"斯巴达舞女"是最常提到的参考作品）。

这间屋子里还有其他重要的展品，例如法国考古学家认为是罗马时代的领事提图斯·昆蒂乌斯·弗莱米纳斯（Titus Quinctius Flamininus）的雕像，他在公元前196

P440页上图：阿吉亚斯雕像，奥林匹克运动员

P440页下图：安提努斯雕像脸部，罗马帝国时代

年宣布了希腊从马其顿统治下获得自由。以及道乔斯二世的奉献雕像，这位塞萨利领主从公元前337年开始参加了德尔斐同盟。在9尊原始雕像中，有6尊是完整的，第7尊只有底座。这些单体的雕像用以庆祝王朝建立，并以强烈的绘画风格提供了一系列活泼流畅的形象。细节的模糊表明这些肖像应该是离创作者有一段距离的地方进行的。这些雕像的作者身份仍不得而知：关于作者是利西普斯的儿子尤斯克拉茨（Euthycrates）的推断是纯粹的假设。还有人认为是出自伯罗奔尼撒人之手，也需要进一步调查证明，因为他们和波利克利图斯流派有很多相像之处。阿吉拉奥斯和阿吉亚斯的雕像似乎是利西普斯的手笔，很明显，这位来自锡西翁的伟大雕塑家至少为法萨卢斯（Pharsalus）的青铜祭品创造了第二尊雕像，他在德尔斐的大理石上复制了这尊雕像，被一致认为是理解大师特点最重要的作品之一。该展厅还有一尊出色的安蒂诺斯雕像（哈德良时代）。

12号展厅：从奥里加发掘出的文物。这组雕像是波利扎鲁斯在公元前478年战车比赛取得胜利后所奉献（战车、马、抱马的小男孩）的，此处只有一部分。四年后他又重复敬献了这组雕塑。这尊著名的铜像融合了所有严谨时期风格的突出特征，例如浑圆的头部、紧绷的面部（男孩的眼神非常传神）、卷曲的头发、简洁的衣物，以及手臂和脚符合严格的解剖学比例。底部似乎印有雕刻家的签名（塞斯匹亚的索塔德）；然而这并不确定，因为风格更贴近伯罗奔尼撒式而非阿提卡，或者说是大希腊地区风格。雷乔的毕达哥拉斯的名字也曾经被人们提出，他长期为锡西翁的君主服务。特别值得一提的是，靠墙展窗里有一个阿提卡杯，白色质地，绘有阿波罗的形象，左右抱着竖琴，用他的右手从一个碗里倒一杯酒（公元前470年前后）。（斯特凡诺·马吉）

P441左图："舞者"

P441右图：德尔斐的奥里加，严谨时期风格的青铜庆祝雕像

瑟姆

发掘演示时间表：除星期一外每天开放，8:30—15:00。免费。电话（0641）27 377

位于埃托利亚地区的瑟姆虽然不是希腊壮观的遗址之一，但它是了解多利克神庙起源重要的地方之一。自迈锡尼时代起这里开始有人定居，发展到古典晚期开始获得重要地位，当时它成了埃托利联盟的神庙（公元前367年）所在地。由于联盟的宝藏储存于此，公元前218年神庙遭到一次洗劫，十年后马其顿的腓力五世再次摧毁了这座城市。这里流行的是对阿波罗·瑟米奥斯的崇拜，在人们的信仰中阿波罗是火和热之神，也是牲畜和牧人的守护神。发掘工作揭示了公元前3世纪希腊化时期的神庙的面貌。一堵大墙保护着寺庙的三面，第四面即东面则是梅加拉克斯山（Mount Mega Lakkos）。墙体是由巨大的石灰石块组成，自然晾晒的砖砌在上部。两座圆塔保护着西南大门，方塔是围绕着墙建造的。阿波罗神庙（a）矗立在城墙内。今天除柱底座的部分外还有一些遗迹，能够帮助依稀辨认一连串的建筑物位置。自北至南，这座寺庙的最后一个版本可以追溯到公元前3世纪末或公元前2世纪初（在208年这座城市摧毁后），但公元前630年至公元前620年古风时期的建筑格局保持了很长时间（一些专家认为首次

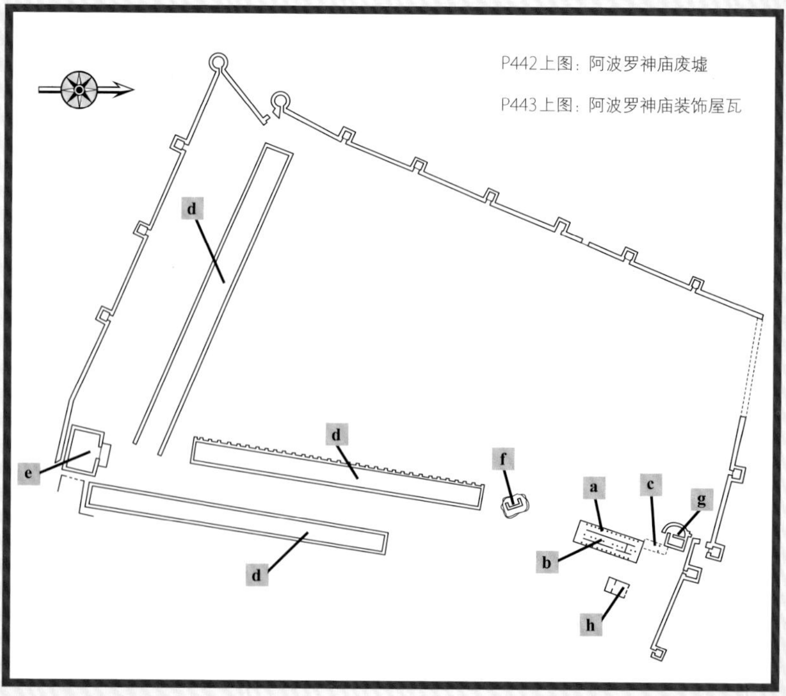

P442上图：阿波罗神庙废墟

P443上图：阿波罗神庙装饰屋瓦

P443中图：神庙区域，东北角视角

P443下图：雅典国王潘迪翁的女儿菲洛梅拉，墙绘

建造是在208年马其顿远征之后）。在建设的第一阶段，寺庙周围有5×15排列分布的圆柱，一个内殿，无前廊而有后廊。中厅有一列10根的柱子分为两半，柱子支撑着斜屋顶。所有的支撑梁架均为木制。古风时期的建筑上有一系列彩绘的柱间壁，代表了已知最早的柱顶盘形式的存在。但古风时期的柱间壁在希腊化时期是否被重复使用仍然是有争议的问题。最近有人提出了这样的假设，即曾在公元前3世纪末或前2世纪初对柱间壁进行了复制。还有一座更早的公元前9世纪建筑在神庙的地基下被发现，这就是所谓的中央大厅B（b），有长长的前廊、内殿和密室。这座建筑应该是一座史前村庄的一部分，至少有10栋附属建筑，包括一座建于公元前13或前12世纪的中央大厅A（c）。中央大厅周围有一些石板围成椭圆形，像一圈围柱，应该是在中央大厅B损毁后的时期增加的。它们的作用尚不清楚。在市集中有两条长柱廊（d），北端是寺庙，南端是议事厅（e）。一座纪念性喷泉（f）立在东北角。整个布局可能是公元前3世纪形成的。神庙还包括两个小型的神圣建筑：中央大厅A西侧的献给阿尔忒弥斯的小神庙，另外一座献给阿波罗·利西奥斯的神庙（h），就在主神庙东侧。其他在围墙内能够辨认的建筑痕迹还有一座纪念碑，庆祝埃托利亚联盟在公元前278年在卡利恩战胜加拉太人。

瑟姆

- **a** 阿波罗神庙
- **b** 中央大厅B
- **c** 中央大厅A
- **d** 柱廊
- **e** 议事厅
- **f** 喷泉
- **g** 阿尔忒弥斯神庙
- **h** 阿波罗·利西奥斯神庙

5

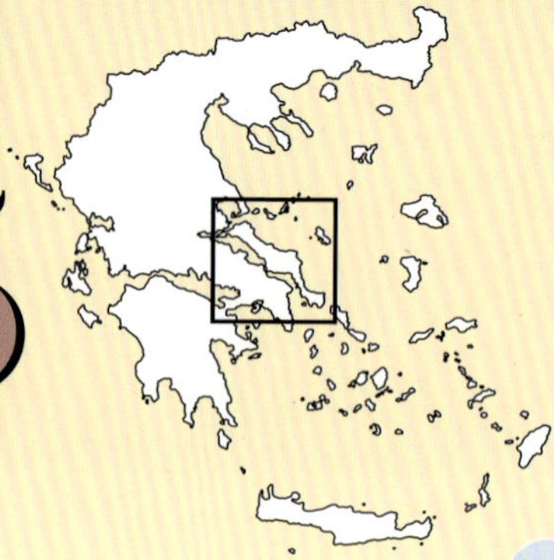

埃维亚岛

埃维亚岛与希腊大陆之间隔着狭长的尤利普斯海峡（Euripus），其中的海水受潮汐的影响极大。这个岛仍然与希腊大陆相连的时候，即旧石器时代以来就一直有人居住。岛上的两个主要城市哈尔基斯（Chalkis）和埃莱特里亚（Eretria），从这里开始了公元前8世纪西进地中海的殖民化进程，建立了城市皮塞库萨（Pithecusa，即后来的Ischia）和库马（Cuma，公元前756年），代表了希腊文化对罗马的影响（拉丁字母来源于哈尔基斯字母）。西西里岛也曾被哈尔基斯建立殖民城市，包括赞克莱，纳克索斯，雷迪尼和卡塔尼亚以及意大利大陆城市雷乔。斯索尼亚（Sithonia）半岛上建立的殖民城市也同样重要，后来半岛（哈尔季基斯）就取城市的名字（哈尔基斯）为名。

从哈尔基斯（考古博物馆，开放时间：星期二至星期日上午8:30—15:00，7月1日至10月31日上午8:30—19:00。付费参观。）往北走到曼托迪（Mantoudi，一个希腊青铜文明中期的聚居地，以及公元前7世纪至公元前3世纪凯林托斯城的废墟）。继续前往卢特拉埃迪普索（Loutra Edipsou，赫拉克勒斯神庙和罗马浴室），再经埃利姆尼昂（Elymnion）和斯特罗菲利亚（Strophilia）返回。离开哈尔基斯往更南部的方向去参观勒夫坎迪（Lefkandi，有两个居住阶段的重要的定居点：第一个从公元前2100年到迈锡尼时代，第二个从公元前11世纪下半叶到公元前700年前后，之后城市被大火烧毁）。继续向埃莱特里亚的方向走，会经过阿玛林托斯（Amaryntos，阿尔忒弥斯神庙）、埃

P445：追溯到公元前440年的花瓶，在埃莱特里亚发现，现存雅典国家考古博物馆

里维利（Aliveri，TamyNai的废墟）和勒普拉（Lepoura，玛尼奇亚村附近的前青铜文化时期的定居点）。继续到迪斯托斯（Dystos，公元前5世纪的墙壁和房屋），然后是斯提拉（Styra）和卡利斯托斯（Karystos，云母大理石采石场）。波塞冬·格拉斯托斯神庙的废墟可以在曼迪林海角（cape Mandilion）上看到。

埃莱特里亚

这座城市以希腊语中的“桨”（eretmoi）命名，并在早期几何陶时代由于海上贸易而兴盛起来。

埃莱特里亚是在夏罗波利人（也许是在勒夫坎迪山上的定居点）在公元前8世纪末或前7世纪初建立的，这一部落在挺进莱拉斯河平原时与哈尔基斯人遭遇并战败，不得不放弃原本定居点。

埃莱特里亚在公元前490年因支持伊奥尼亚起义（公元前 499 年）而受到波斯人攻击；城市被摧毁，居民被驱逐到埃克巴塔纳。和其他埃维亚城市一样，埃莱特里亚后来加入了提洛同盟，但在公元前446年反抗雅典的霸权，并为此受到了严厉的惩罚。公元前4世纪中期归顺了马其顿人，此后一直与马其顿王国联系在一起直到罗马时代。

公元前198年，埃莱特里亚被卢修斯·昆蒂乌斯·弗拉米尼乌斯（Lucius Quintius Flamininus）洗劫和摧毁，后在安条克三世的帮助下重建；因为曾在与罗马的战争中支持本都斯国王米特拉达梯六世，公元前 87年埃莱特里亚被苏拉夷为平地。

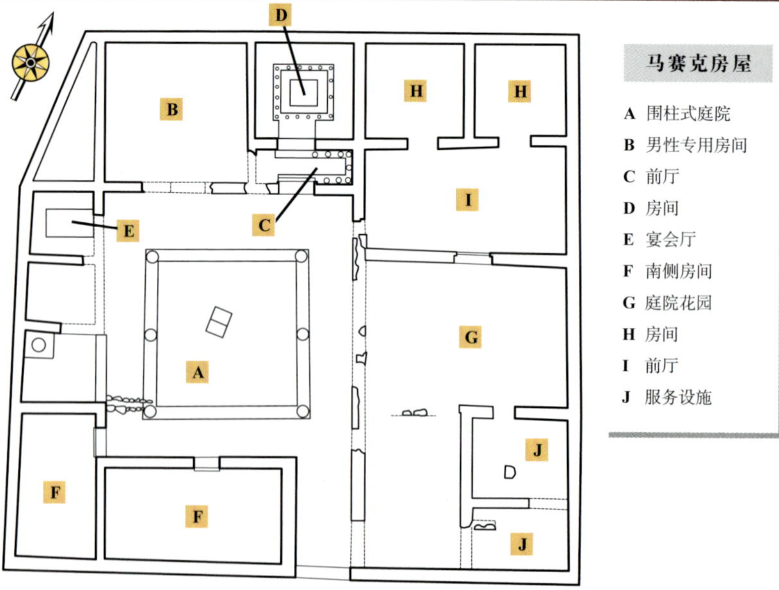

P446上图：大口陶瓷罐，考古博物馆

P447：遗址景观

考古区域位于卫城山脚下，哈尔基斯至卡利斯托斯公路左侧。目前这片巨大的废墟区域几乎完全来自公元前198年之后重建的城市，之前的所有遗迹均已消失殆尽。

参观从马赛克房子（a）开始（与博物馆一样的开放时间和门票）。房子立在东西两门之间，在与南北向道路的交会处，可以通向市集。房屋平面略呈正方形（约585平方米），由两个部分组成：公共部分有一个围柱式庭院（A），最重要的房间（男性宴会房间）在北面。男性专用房间（andron，B）包括11条长凳（长凳），墙壁内衬着彩色石板，装饰着戈尔贡、萨蒂尔和蛇的黏土镶贴图案。

穿过一个前厅（C）——用鹅卵石马赛克组成的斯芬克斯和黑豹相对而立，檐口装饰着棕榈叶和莲花——来到隔壁房间（D），房间里有7张长凳，鹅卵石马赛克地板上拼出的图案中央是一颗马其顿星，围绕着棕榈叶和莲花。所有图案在一个方框内，四角有展翅的鸟装饰。额枋环绕房间一周，在两个格里芬兽和狮子攻击一匹马的浮雕中间有阿里马斯普族的象征标志。在入口前面的石板上是海中仙女涅瑞伊得斯将武器递给阿喀琉斯。

另外一间宴会房间（E）在围柱的东面，内有三条长凳，马赛克地板上装饰着植物图案。南侧的房间（F）的用途尚不清楚。

私人区域在东边，中央有一个庭院花园（G）。花园北面是两个房间（H），朝向宽阔的前厅（I），南面是厨房和浴室（J）。这座房子建于公元前375年前后，一个世纪后被大火烧毁。公元前2世纪末，一座陵墓建于男性专用房间（B）之上，内有2座石棺。

从马赛克房屋（a）出发，向右朝卫城方向走。在左边会看到田径场（b）和健身室（c）的遗迹，都是古典时代（公元前4世纪）修建的，在公元前2世纪被罗马执政官卢修斯·昆蒂乌斯·弗拉米乌斯摧毁后重建。大型围柱式庭院在北面有一系列的房间：中间为圆形房间，西侧3个房间（有白色马赛克地板的是做私人祈祷用），浴室在东侧（浴池仍保留着）。

希腊化时期的瑟斯莫弗里昂（Thesmophòrion，d）废墟在健身室东北面，是献给得墨忒耳的，走过一组中央台阶后可以到达一个正方形内殿。附近是阿尔忒弥斯·奥林匹亚神庙（e），有一个公元前6—前5世纪的露天神庙，毁于公元前198年。

保存最完好的建筑是露天剧场（f）。建于公元前5世纪，在前4世纪末进行过翻修。阶梯看台是在一个人工斜坡上建造的，地下走廊覆盖着拱顶，将乐池与舞台的下层连接在一起。附近的狄俄尼索斯神庙（g）修建于同一时期；这是一座围柱式建筑，有6×11根多利克柱，窄长的内殿，以及双柱式前廊，但没有后殿。然后就来到了古城的边缘，此处还有西门（h）的遗迹。挖掘成果表明大门经历了5个建筑阶段，城墙也是如此。

大门的建设要回溯到公元前7世纪，当时穿越这个区域的河流被转移到从东侧进入城市。建设的第二阶段发生在公元前6世纪中期，当时河流恢复到原本

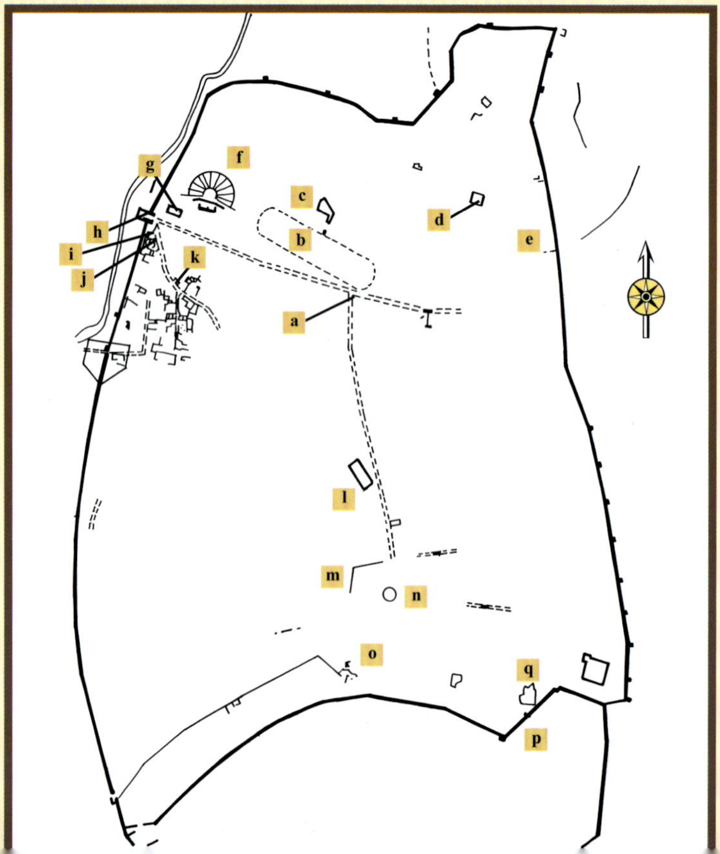

的路径，并在其上建造了一座桥梁。同时建的还有一个有两个堡垒的大门。桥梁和大门（有2个方形堡垒）都被重建（公元前450—前400年）；首次重建被波斯人摧毁之后，公元前198年被罗马人毁灭后再次重建。在最后的建造阶段，大门被改造成一个堡垒，北面和南面各有一个入口。河流改道向西后，河上的桥被拆除了。

在通往大门的道路的南边，有一座大型建筑，被称为宫殿1（i）。这座建筑有一个不常见的梯形平面，许多房间围绕着2个围柱式庭院布置。该建筑的北段是住宅；男性专用房间在北面朝向庭院，西面连接着卧室。在中央部分也观察到了类似的布局，其中大的庭院环绕着一个宴会厅和两间卧室，南面有第二个男性专用房间，前面带一个前厅。储藏室和浴室位于南段。今天可见的废墟追溯到公元前2世纪，该建筑的历史与城市发展的最早阶段有关。公元前725年至公元前680年，这个地区被用来为富裕地主（hippobotai，“放牧马匹的人”）作为墓地。在公元前680年前后建造城墙时，在墓葬上方形成了一个三角形的祠堂，代表了祖先崇拜的建立。在其西南方，公元前600年前后建起一座小寺庙，两侧有家庭房屋，一系列5个房间用于丧葬宴会。公元前550年前后，该建筑群以类似的形式重建，但位置东移。波斯人洗劫了这座城市之后，建造了一座长方形建筑，中间有一个房间和两个横向侧翼，类似于之前的家庭房屋结构。建于公元前411年的新建筑保留了相同的布局。

公元前2世纪建造的宫殿被认为是3个家庭的住所，这些家庭是祖先崇拜的守护人，为了纪念祖先会在男性专用房间举行庆祝丧葬宴会。

P448上图：露天剧场入场通道

P449：露天剧场景观

埃莱特里亚

a	马赛克房屋	j	梯形建筑
b	露天体育场	k	居住区
c	健身室	l	阿波罗神庙
d	瑟斯莫弗里昂	m	市集
e	阿尔忒弥斯神庙	n	阿波罗祭坛
f	露天剧场	o	浴室
g	狄俄尼索斯神庙	p	堡垒
h	西门	q	伊西斯神庙
i	宫殿1		

建筑的南面是另一座梯形建筑（j）的遗迹，建于公元前5世纪末或4世纪初。公元前2世纪中期重修，并于公元前198年被罗马执政官卢修斯·昆蒂乌斯·弗拉米乌斯摧毁。建筑格局与之前的建筑相当接近。

在这两个住宅的南边——城墙和南北路之间——住宅区（k）已经发现有4栋大房屋（公元前4世纪）。这些建筑的公共部分具有中央围柱式庭院的惯常布局，以及围绕庭院花园的私人区域和附属服务部分。

回到马赛克房屋后，向右转向古城的中心，那里有阿波罗·达夫尼弗洛斯（"月桂树"）神庙（l）。目前可见的遗迹是建于公元前520年至公元前490年的建筑物（d4），具有6×14根多利克柱，带有相对式前廊和后廊的内殿，由两排柱子分为三条侧廊。发现了许多西山墙雕塑碎片，表现了亚马逊族女战士的战斗场景（在博物馆）。

这块绘制着亚马逊女战士与赫拉克勒斯和忒修斯战斗场景的山墙，很有可能属于重建的寺庙，可能是在波斯入侵之后的公元前5世纪下半叶进行了重修。在苏拉摧毁这座城市之后，山墙被带到罗马并砌入奥古斯都统治时期建造的阿波罗·索西亚努斯神庙。

在建筑物下面的土层进行发掘，可以更好了解寺庙的悠久历史。最早的建筑达夫尼弗里昂（Daphnephòreion，d1）模仿了由月桂树枝搭成的小屋，保塞尼亚斯认为与德尔斐神话中的第一个神庙有关。这座小屋有一个带有石墙的半圆形后室，侧面是11对黏土基座，原本有用于支撑屋顶的杆子，另有3个三角形排列的内部的柱子底座帮助支撑屋顶。

在所有连续的建筑物中都是南北朝向，意寓了神灵的冬季在北方乐土（Hyperboreans）度过。小屋北面是一座类似大小的建筑，内部呈椭圆形，外部为多边形。其蜂窝状外观类似于德尔斐神话中的第二座神庙（在寺庙的东北角下可以看到墙壁）。公元前800年前后，一座30米长的寺庙矗立在这里，即赫卡托佩顿A（d2）。该建筑有一个非常长的半圆形平面，在公元前700年前后被一个6×19根木制围柱的神庙取代，即赫卡托佩顿B（hekatòmpedon B，d3），随后被并入了古风时期的建筑物中。

寺庙紧挨着市集（m），北面和东面都是门廊。东部门廊建于公元前4世纪，建在一座类似的古风时期建筑之上，后部有一系列商店。在南端可以看到一座圆形建筑物的地基（公元前5世纪、前4世纪和前3世纪修复）。

在石头地基上环绕着62根木杆，中心有一个圆形的炉膛（bothros），被认为是为阿波罗·达芙妮奥罗斯（n）的

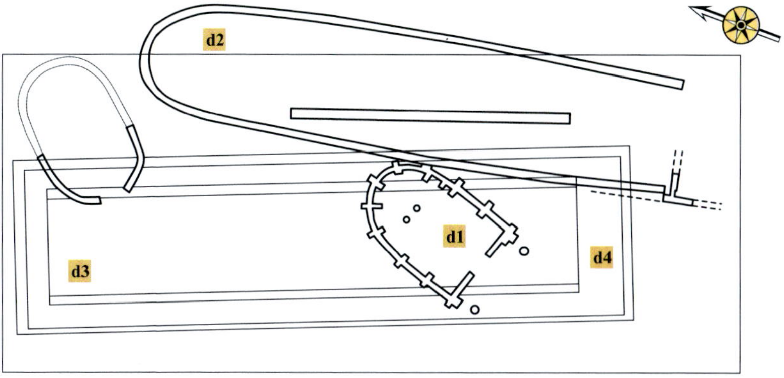

阿波罗神庙

d1 达夫尼弗里昂

d2 赫卡托佩顿A

d3 赫卡托佩顿B

d4 古风晚期建筑

P450：阿波罗神庙地基

P451：忒修斯与安蒂俄柏，来自阿波罗神庙山墙

祭坛，此处阿波罗被敬拜为水手的守护神。

近期对阿波罗神庙和古代港口之间的区域进行了发掘，揭示了青铜时代早期定居点的遗迹，包括一个加工从迈罗斯岛进口的黑曜石工坊和陶器窑。遗迹表现出来的居住的连续性似乎与斯特拉波在《地理》中声称古城曾建在不同地点的说法相矛盾。

发掘出的遗迹中还有几何陶时代定居点的相关信息，例如有椭圆形或半圆形房屋的地基。

在集市的南边是浴场建筑（o，公元前3世纪建造，公元前198年重建），可能是港口健身室的一部分。继续向东将通过公元前4世纪平行于城墙的堡垒（p）的东翼；这座堡垒有圆形和矩形塔，曾经环绕着古老的港口。

由于亚历山大港水手的慷慨捐献，伊西斯神庙（q）建于公元前300年前后，在公元前198年后重建，最后在公元前87年后被废弃。神庙的北部有15个房间，可能用于净化仪式，而专门的祭祀场所——双柱式相对式神庙——在该区域的南部。

走向城墙的东段会来到古风时期的健身室，到公元前2世纪初已经多次重建。此处有一个大型庭院，北侧有2个过道的门廊，南侧和西侧有一个L形门廊。

博物馆

除星期一每天开放，从11月1日至3月31日，8∶30—15∶00；从7月1日至10月31日，8∶30—19∶00。付费参观。

博物馆展出了1885年以来在埃维亚岛各地的发掘成果。

1号展厅：来自勒夫坎迪墓地的物品（公元前2100年—前700年）；8—15号展窗：来自埃莱特里亚的文物（几何陶时期和古风时期）。

2号展厅：亚马逊女战士与忒修斯战斗场景的山墙残片。构图的中心是雅典娜；在她的右边，忒修斯绑架了亚马逊女王安蒂俄柏。（克里斯蒂娜·特罗索）

P452上图：博物馆陈列房间，包含山墙和相关的雕塑碎片

P452下图和P453：墓葬石碑

ΑΡΙΣΤΟΝΙΚΗ
ΠΑΡΑΜΟΝΟΥ

6

伊奥尼亚群岛

在伊奥尼亚群岛的7个岛屿中，有6个面向希腊的西海岸；第七座岛屿塞西拉（Cythera）位于伯罗奔尼撒半岛的南端。虽然该地区频繁的地震已经摧毁了许多古代建筑，但威尼斯共和国的遗迹依然顽强地保留了不少。这座商贸城邦在14世纪至18世纪统治了岛屿，并在许多城镇和村庄留下了深刻的威尼斯印记。

从克基拉（Kerkyra）出发，在帕克索斯岛（Paxos）上短暂停留，继续前往勒夫卡斯岛（Levkas）。岛上保留了一些过去的痕迹，例如古代城市柳卡斯的遗址，该遗址由科林斯人于公元前640年在该岛的北端建立，距离现代城市2.4千米。这里出土的文物同岛上其他地方的文物一起，在勒夫卡达（Lefkada）展出【考古博物馆，法内罗梅尼斯街（Phanèromènis）21号】。

P454：戈耳贡女妖，装饰屋瓦，现存克基拉博物馆

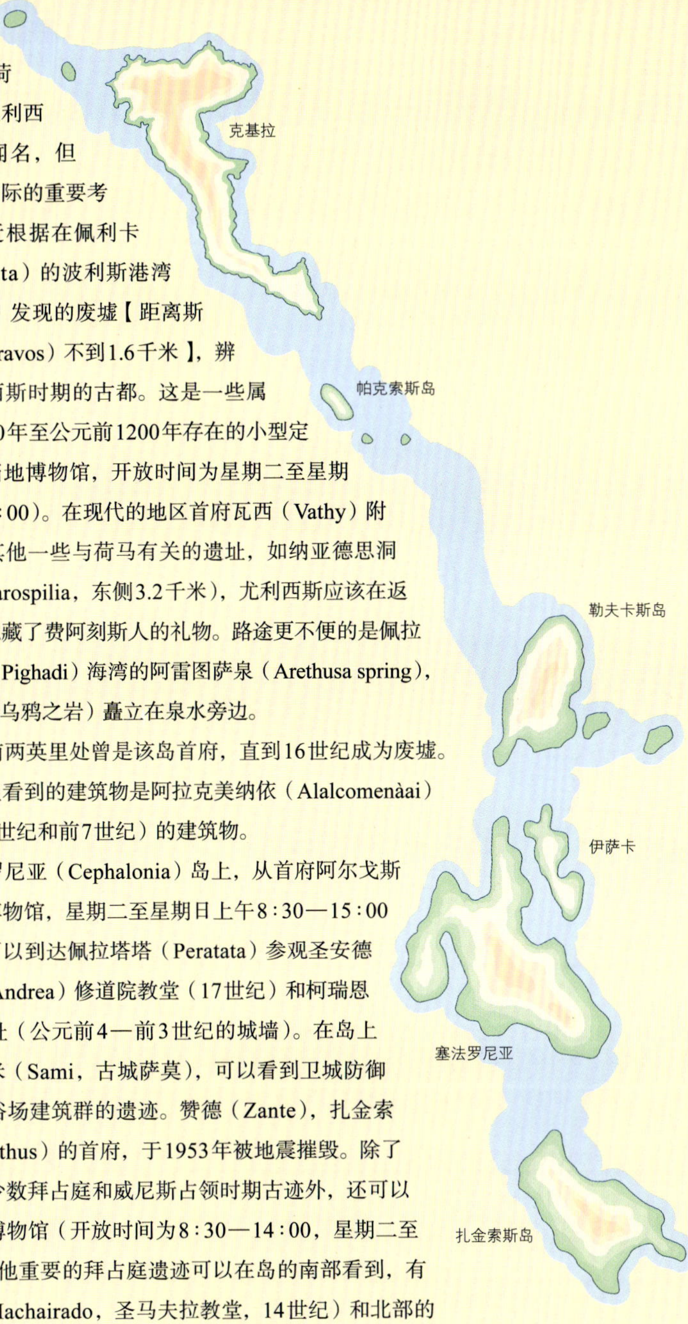

伊萨卡（Ithaca）因荷马将其作为尤利西斯的故乡而闻名，但并没有什么实际的重要考古遗址。最近根据在佩利卡塔山（Pelikata）的波利斯港湾（Porto Polis）发现的废墟【距离斯特拉沃斯（Stravos）不到1.6千米】，辨认出了尤利西斯时期的古都。这是一些属于公元前2200年至公元前1200年存在的小型定居点（参见当地博物馆，开放时间为星期二至星期日9:00—15:00）。在现代的地区首府瓦西（Vathy）附近还发现了其他一些与荷马有关的遗址，如纳亚德思洞穴（或Marmarospilia，东侧3.2千米），尤利西斯应该在返回伊萨卡时隐藏了费阿刻斯人的礼物。路途更不便的是佩拉皮加迪（Pera Pighadi）海湾的阿雷图萨泉（Arethusa spring），高大的岩壁（乌鸦之岩）矗立在泉水旁边。

瓦西以南两英里处曾是该岛首府，直到16世纪成为废墟。在埃托斯山上看到的建筑物是阿拉克美纳依（Alalcomenàai）市（公元前8世纪和前7世纪）的建筑物。

在塞法罗尼亚（Cephalonia）岛上，从首府阿尔戈斯托利（考古博物馆，星期二至星期日上午8:30—15:00开放）出发可以到达佩拉塔塔（Peratata）参观圣安德烈（Aghios Andrea）修道院教堂（17世纪）和柯瑞恩（Krane）遗址（公元前4—前3世纪的城墙）。在岛上东海岸的塞米（Sami，古城萨莫），可以看到卫城防御工事和罗马浴场建筑群的遗迹。赞德（Zante），扎金索斯岛（Zakynthus）的首府，于1953年被地震摧毁。除了幸存下来的少数拜占庭和威尼斯占领时期古迹外，还可以参观拜占庭博物馆（开放时间为8:30—14:00，星期二至星期日）。其他重要的拜占庭遗迹可以在岛的南部看到，有马卡拉多（Machairado，圣马夫拉教堂，14世纪）和北部的阿娜弗尼特里亚（Anaphonitria，15世纪的修道院）。

克基拉

即使在古代，克基拉也被认定为就是斯刻里亚岛（Scherìa），尤利西斯在那里被带去阿尔喀诺俄斯（Alcinous）的王宫。最初来自伊利里亚的利伯尼人在此居住，公元前8世纪上半叶被来自埃莱特里亚的殖民者所占据，似乎是他们给这个岛屿起了最初的名字：德雷帕尼（Drepàne，意为“镰刀”）。公元前734年，埃莱特里亚人被来自科林斯的殖民者驱赶，科林斯人由刻西克拉提斯（Chersicrates）领导，他在地峡上建立了柯西拉（Corcyra）市，将军事港口赫莱克和西边的阿尔喀诺俄斯商业港口（现已被埋葬）分隔开来。

克基拉的位置使其成为通往伊奥尼亚海、第勒尼安海和亚得里亚海的贸易路线的必经之地，由此这个科林斯殖民地迅速繁荣，后与其母城发生冲突。在公元前664年，在修昔底德记录为希腊世界的第一次海战的战斗中克基拉击败了科林斯，后宣称了自身的独立。但在该世纪末，佩里安德重新将其置于科林斯的控制之下。在完成了几次殖民远征之后，公元前435年柯西拉在留基姆海角（Cape Leukimme）再次击败科林斯舰队，并在雅典的帮助下于公元前433在希伯塔（Sybota）第三次击败科林斯。随后在亲斯巴达贵族和亲雅典民主派之间发生了长达八十年的内战。在公元前3世纪初，该岛支持叙拉古和皮拉斯的阿加索克利斯统一大希腊地区的企图。公元前229年柯西拉归属罗马控制，以抵御伊利里亚人以及后来法罗斯的德米特里乌斯构成的威胁。

在罗马和早期的基督教时代，柯西拉经历了巨大的繁荣，但在6世纪中叶被哥特人摧毁。为了能够更好地保护自己，城镇人口转移到了威尼斯人在11世纪建造的堡垒之内，北面是一个小地峡。在13世纪柯西拉又先后归顺了威尼斯共和国（1204年）的统治和伊庇鲁斯的专政君主（1210年）的控制。再次回到威尼斯人手中后，在塞雷尼西玛（Serenissima）控制之下长达4个世纪（1388—1797年），成为阻止奥斯曼帝国在西方扩张的堡垒。拿破仑占领威尼斯共和国后，该岛首先被俄罗斯人控制，然后是法国人（1807—1815年）。后来威尼斯共和国议会将克基拉岛置于英国保护之下。1864年转予丹麦的乔治王子，他同年受邀成为希腊国王。

P456上图：阿尔忒弥斯神庙山墙雕塑细节

P457：戈耳贡女妖；来自阿尔忒弥斯山墙

参观指南

虽然1940年意大利和德国的轰炸严重破坏了克基拉市的面貌，但仍然有许多不同历史阶段的建筑得以幸存，这些建筑令人愉悦和谐地混在一起。

斯比亚纳达（Spianada）曾经是威尼斯军队的操练之地，位于旧堡和现代市中心之间。

旧堡（星期二至星期五8:30—18:30；星期六至星期日8:30—15:00。付费参观。）建在2座山头上（岛上现代名称的来源：polis tôn Koryfôn）；防御工事由拜占庭人建造，后来由威尼斯人加固。其中一个堡垒建于1550年，与大陆相隔一道堤坝，可由

P458上图：斯皮亚纳达的小庙

P458—459：科夫镇的俯瞰视角

P459上图：费戈瑞图地区发现的山墙碎片，现存考古博物馆

P459下图：女性雕像，现存考古博物馆

活动的木桥到达，木桥由两座小堡垒守护着。

旧堡通过两组墙与新堡相连，这两面墙也保护着居住区。坚固的防御使得这座城市能够抵御土耳其人的袭击，特

别是1571年苏莱曼大帝的攻击。

斯比亚纳达（Spianada）西侧是利斯顿街（Liston），这是法国占领期间由马修·德·乐赛普斯（Matthieu de Lesseps）建造的拱廊房屋街道，他还设计了巴黎的Rue de Rivoli街。

在北侧矗立着壮观的圣迈克尔和圣乔治宫（Palace of St. Michael and St. George，星期二至星期六，8:00—15:00；星期日9:30—14:30。付费参观。），由英国建筑师G. Whitmore于1819年至1823年间建造，作为英国总督的住所。1864年这里成为皇家宫殿之一，1913年起成为市立图书馆（它还设有中国和日本艺术博物馆，早期基督教和拜占庭圣像的马赛克画）。步行穿过城市进入市政厅（杰出的威尼斯建筑之一），这座建于1661年至1693年的建筑是贵族会议（Loggia Nobilei）的场所，以及建于1590年的圣斯皮里东（Aghios Spyridon）教堂，拥有独特的钟楼。

博物馆

星期二至星期六8:30—15:00开放；星期日9:30—14:30。付费参观。

该博物馆有许多重要的展品，从史前时期到罗马时期均有涉及。古风时期的展品有特别的意义，它们代表了岛上重要的经济和文化发展时期。阿尔忒弥斯神庙（6号展厅）西立面的山墙是现存最古老的石头山墙，画面中心绘制了巨型戈耳贡女妖应该是为了抵御邪恶。在女妖旁边的是飞马帕加索斯（Pegasus）和克律萨俄耳（Chrysaor），当戈耳贡被珀尔修斯斩首时，他们是从戈耳贡的血液中诞生的。这组画面边缘由2只黑豹构成，对神圣建筑具有保护作用；山墙画面的角落是两幅神话场景：右边是无须的宙斯用闪电攻击泰坦；在左边是普利阿摩司受到尼奥普托列墨斯（Neoptolemus）的攻击（也有人认为是瑞亚或者克罗诺斯受到波塞冬的威胁）。这幅雕刻很可能是出自科林斯的艺术家之手（历史资料显示他们是山墙装饰的发明者）；一些刻画细节比如戈耳贡和黑豹的形象，以及非常优雅的装饰表面处理证明了这种推测。

另一件有趣的展品是一块公元前500年的山墙碎片（8号展厅），在费戈瑞图地区发现。画面绘制了狄俄尼索斯和一个年轻人躺在一张长凳上，长凳前面有一张小桌子，桌下有狮子在伸展四肢；角落有一条大狗和一个喷口瓶（饮水杯）。来自蒙瑞珀斯（Mon Repos）地区的文物在同一个房间展出，其中一些可以追溯到早期殖民地建立的时期。

卡诺尼半岛

自古风时期以来，古老的克基拉镇一直存在于该半岛上。该镇中心位于阿尔克诺俄斯港口（现代的帕莱奥波利斯）附近，而住宅区则位于半岛的西部。东边是神庙区域。该市的西北部分是为贸易商和工匠的区域，斯特拉迪亚（Stratià）发掘出的商店和青铜器陶器工作坊就是证明。梅内克拉特纪念碑（a）是一个公元前600年的墓葬纪念碑，献给“梅内克拉特，提斯亚的儿子，柯西拉商人的代理人”的铭文刻在圆形底座上，是同类中最早出现的铭文之一。在附近发现了一只石狮（现存博物馆），如果它是葬礼纪念碑的一部分，那将是出现在坟墓上的最古老的动物形象。继续沿着大海前行，将来到阿尼摩米罗斯区（Anemòmilos，以风车磨坊命名），其中一座塔（b）保留在墙壁上，保护着阿尔克诺尔斯港口的东侧堤岸（现埋在地下）。

然后来到帕莱奥波利斯，那里是市集（c）的废墟。在5世纪上半叶，这个区域有一个巴西利卡大教堂，建有一个正厅和4座耳堂。这座教堂曾在8世纪重建，只有2个耳堂；然后在12世纪再次重建时

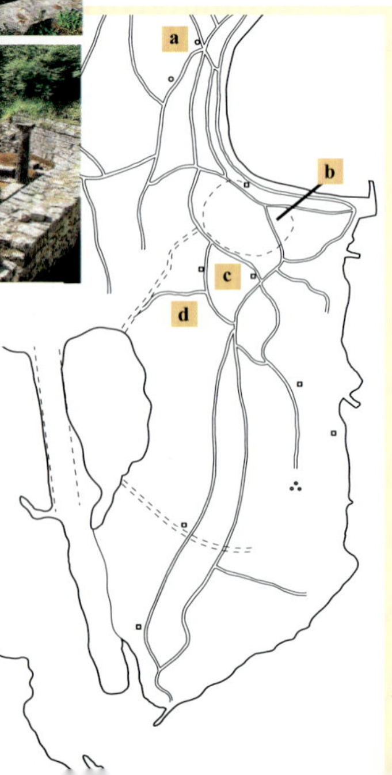

克基拉镇

- a 梅内克拉特纪念碑
- b 塔
- c 市集
- d 阿尔忒弥斯神庙

P460上图：梅内克拉特墓葬的狮子，考古博物馆

P460中图：梅内克拉特墓葬石碑

P460下图：帕莱奥波利斯的阿波罗神庙

P460—461：阿喀琉斯神庙前厅

P461：垂死的阿喀琉斯雕像，阿齐莱昂

只剩教堂正厅。北墙有121个大理石狮子头水槽，最初来自一座古老的寺庙。双前厅通过三拱门（tribelon）与中厅相同，额枋上的铭文记录了主教尤维亚努斯“在希腊化时期的寺庙和祭坛被毁之后”建造大教堂的过程。（d）位于帕莱奥波利斯以西，建于公元前590年至前580年之间，是古风时期第一个伟大的石头建筑；即使建造时间如此久远，它也充分展现了多利克建筑风格的所有元素。

阿喀琉斯神庙（ACHILLEION）

（克基拉镇以南11千米；8:45—15:30开放。付费参观。）

这座别墅是1890年至1891年由那不勒斯建筑师拉斐尔·卡迪塔和安东尼奥·兰迪为奥地利伊丽莎白皇后建造的，皇后以她最喜欢的英雄阿喀琉斯为其命名。（克里斯蒂娜·特罗索）

7

东爱琴海群岛

从地理位置上看，东爱琴海的7个岛屿与对面的大陆紧密相连，这一事实毫无疑问地影响了岛上政治、经济和文化发展。最北部的岛屿萨索斯（Thasos）和萨摩色雷斯（Samothrace）在历史上分别由马其顿和色雷斯管理，而其他岛屿则距离安纳托利亚海岸不远。紧邻达达尼尔海峡的莱姆诺斯岛（Lemnos）在青铜时代早期已经在爱琴海世界中占有重要地位。波利奥克尼（Poliochni，星期二至星期日，9:00—15:30）基于对高加索地区进口的金属加工行业，在公元前2900年至公元前2100年蓬勃发展。在克劳伊（Chloi，星期二至星期日，9:00—15:00），有一个专门为卡比利（赫菲斯托斯的儿子们）建造的神庙，他们被视为冶金之神和水手的守护者。

另一个被发现的神庙是在赫法伊斯提亚岛（Hephaistìa，公元前7—前6世纪）。岛上的考古发现在米利纳（Myrina）博物馆展出（星期二至星期日，8:30—15:00）。

在勒斯波斯（Lesbos）参观米蒂利尼（Mytilene）镇之后，沿着东海岸继续前往塞勒米（Thermì，安纳托利亚人建于公元前3400年前后的定居点遗址）。莫利沃斯（Molyvos）位于岛的北侧，是古代麦西姆那（Methymna）的遗址（公元前2800年至罗马时代；考古博物馆星期二至星期日8:30—15:00开放）。从安提萨（Antissa）出发可以到达同名的古城遗址（公元前7世纪—公元前167年）和石化森林的废墟（每天9:00—17:00开放；第三纪时期被火山灰埋葬的树干）。在斯卡拉埃莱索（Skala Eressou）的南部海岸有古老的埃莱索遗址，这里是莎乎（译注：公元前6世纪前后的希腊女诗人）的出生地，还有一个小博物馆（开放时间为8:00—15:00，星期二至星期日）。

从这里可以游览卡洛尼（Kalloni），参观古老的阿里斯比（阿里斯韦附近），阿波罗·纳帕伊奥斯（公元前530年）神庙遗址。然后继续前往迈萨（Mèssa），那里曾是勒斯波斯联盟神庙的所在地（公元前4世纪的寺庙遗址）。在伊卡里亚岛当地首府圣基利克斯（Aghios Kyrikos），可以参观小型考古博物馆（9:00—14:30，星期二至星期日）。在距离瑟玛疗愈温泉不远的卡塔菲吉昂（Kataphyghion），是一处古代卫城的废墟。在西海岸，坎波斯（Kampos，古

P463：柏拉图雕像；希腊化时期的原件复制品，来自萨索斯考古博物馆

萨索斯岛—萨摩色雷斯岛—勒斯波斯岛—开俄斯岛（Chios）—萨摩斯岛

代厄伊洛埃Oinoe）保留了中世纪的痕迹（博物馆开放时间为9：00—15：00，星期二至星期日）。在亚美尼斯蒂斯（Armenistis）附近，可以看到阿尔忒弥斯·塔罗波洛斯神庙遗址。

萨索斯岛

“驴骨上堆积着野树枝；这显然不是一个亲切可爱的景点，就像西利河流过的地方。”

阿基洛科斯（Archilocus，译注：古希腊诗人，著有《诗歌集》）

萨索斯岛最初由色雷斯人居住，但在公元前7世纪初被帕罗斯人殖民。公元前6世纪，由于拥有丰富的金属、宝石、大理石、木材和葡萄酒资源，萨索斯经历了快速和非凡的发展。公元前463年，雅典的实力超越了萨索斯，并对位于色雷斯海岸潘加尤斯（Pangaeus）地区的金矿产生了兴趣，金矿的位置恰好就在萨索斯对面。

随后萨索斯卷入了内战，战争于公元前405年以莱山德对亲雅典民主派的屠杀而告终。该岛在公元前4世纪享有一定的独立，更重要的是由于大理石和葡萄酒贸易带来的经济繁荣。罗马时期继续蓬勃发展，并成为一个重要主教中心。公元前618年，萨索斯因斯拉夫人的入侵而毁灭。

参观指南

这座古城遗址被一条长约4千米的坚固城墙环绕。城墙建于公元前6世纪和前7世纪初，同时保护着军事港口（现在是渔港）和相邻的商业港口。公元前5世纪城墙经历了几次重建，在公元前3世纪初用塔楼加固。出于祈求神灵保护的目的，这里的城门是希腊唯一一处用神灵浮雕进行装饰的。

参观可以从商业港口开始，这里有雕刻着赫尔墨斯和美惠三女神的大门。在门后面是城镇的北段（a）。道路右侧的第一和第二街区建于公元前6世纪，并在前5世纪再次重建，当时在路的左侧增加了第三和第四街区。向西来到一扇大门，门上雕刻着阿尔忒弥斯或赫拉·埃皮里莫尼亚站在一辆二马战车上，也许是由赫尔墨斯驾驶的。这个大门是军港的主要入口。

P464：热那亚堡垒

P465：头像，来自狄俄尼索斯神庙

一条路将城门与公元前4世纪的波塞冬神庙（b）连接起来，这座神庙由米洛斯的儿子色诺芬尼建造（双重入口的南门地基上刻着两篇铭文）。一个圆形的祭坛也许是专门献给安菲特律特（波塞冬之妻）的，另一个是Π形状的祭坛和一个小神庙是献给庭院内某位神灵的。在围栏的北侧有一个门廊，另一侧的6个房间用于船东们的宴会，它们被称为波塞冬尼斯泰（Poseidoniastài）。

朝着集市走，来到狄俄尼索斯神庙（c），在通往剧院和卫城的路边。神庙围墙的历史可以追溯到公元前4世纪，还有2座古老的祭坛（在台阶的左边）：第一个带半圆形的炉膛，献给阿格忒斯·岱蒙（Agathòs Dàimon）；另一个献给阿格塞·提喀（Agathè Tyche）。同一时期的多利克巨型纪念碑——前柱式四柱式建筑——建在一个高台上，需要走上一段台阶才能到达。在平台后半部分的中心是狄俄尼索斯雕像的半圆形底座，以及各种文学形式的人物化：悲剧、喜剧和赞美诗（现存萨索斯博物馆）。

市集（d）的现代入口在博物馆前面。继续沿着连接港口和广场的古老道路走，将在右侧看到建造在罗马时期仓库上的早期基督教遗迹。左边是一个公元1世纪的庭院（A），里面有一个献给奥古斯都的妻子利维娅的半圆形谈话间。今天看到的大广场的时间可以追溯到公元前3世纪初期，在克罗迪奥王朝时期进行了改建。双柱式朝门（B）经过六阶的平台（1世纪）进入33根多利克柱的门廊（C）。门廊背后是一个长方

萨索斯岛

- a 北部区域
- b 波塞冬神庙
- c 狄俄尼索斯神庙
- d 市集
- e 阿尔忒弥斯神庙
- f 百石板庭院
- g 莱蒙尼达斯谈话间
- h 室内剧场
- i 拱门
- j 赫拉克勒斯神庙
- k 塞西洛克斯神庙
- l 阿库达神庙
- m 雅典娜·波利奥乔斯神庙
- n 阶梯看台
- o 阿波罗神庙
- p 露天剧场

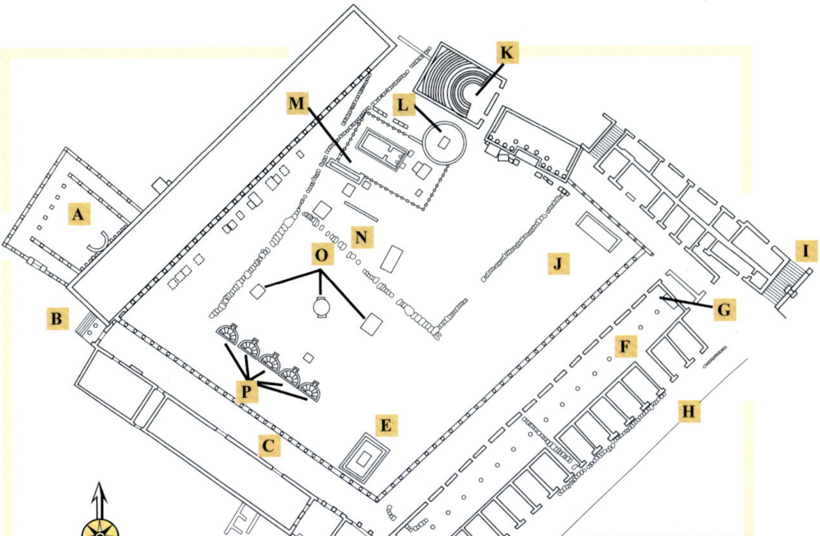

形的房间，朝门让广场与一个长方形的百石板庭院（f）和一个献给哈德良皇帝的半圆形房间（D）相通。这个房间可能是为庆祝皇帝在124年访问萨索斯镇而建的，在博物馆还展出了一尊皇帝的雕像。与朝门（B）对齐的是公元前3世纪的大理石祭坛（E），是广场上最大的。广场的东侧延伸到一个门廊为止，门廊有31根多利克柱（公元前1世纪），它位于一个多柱式画廊（F）前面，由16根柱子分为2个通道。门廊的东北端将格劳科斯（Glaukos）纪念碑（G）围住，他是阿基洛克斯的朋友，也是一位将军，公元前650年在与色雷斯的战斗中牺牲（铭文现存博物馆）。这是广场上最古老的纪念碑（公元前7世纪）；旁边的长底座原本支撑着一块石碑，周围是进行英雄崇拜祭祀的地方。

市集

- **A** 庭院
- **B** 朝门
- **C** 门廊
- **D** 半圆形房间
- **E** 大理石祭坛
- **F** 多柱式画廊
- **G** 格劳科斯纪念碑
- **H** 商店
- **I** 萨索斯总督通道
- **J** 船首形底座
- **K** 议事厅
- **L** 瑟罗斯圆墓
- **M** 宙斯·阿戈拉伊奥斯·萨西奥斯
- **N** 托格涅斯神庙
- **O** 祭坛
- **P** 半圆形谈话间

P467上图：市集的地基

P467下图：市集，南部视角

P468上图：市集一处额枋细节

P468下图：市集景观

P469左图：赫拉克勒斯神庙的祭坛遗址

P469右图：市集的多利克柱

仓库和商店（H）建在城市的主要道路上，这条路将狄俄尼索斯神庙（c）与赫拉克勒斯神庙（j）连接起来。主路还与萨索斯总督通道（I）相交，这是希腊世界中独一无二的以总督（Theoròi）命名的道路。从公元前4世纪下半叶到

罗马帝国晚期，总督们的名字刻在街道两侧的墙壁上。这些墙壁是在公元前4世纪初用当地大理石扩建市集时精心建造的，墙上有两个大型浮雕（这些浮雕于1863年被带到了卢浮宫）。曾经在东墙上的壁龛内有一个祭坛，两侧排列着美惠三女神（左）和赫尔墨斯的浮雕，还有一个女性形象，双手伸向三女神（右）。旁边有一条神圣法律铭文写着向女神献祭的条件。在另一边的一块平板上，中间有一座神龛，我们看到阿波罗手持竖琴被一位女性形象加冕（左），三女神为他献上水果和蔬菜（右）。在这里也有一条神圣法律铭文，上面写明了哪些动物可以献给神灵。在东墙上的三女神的浮雕之下，曾经有一个大理石献祭炉膛（bothros）献给赫斯提亚。在同一面墙的北端有献给雅典娜·普罗皮拉亚的神龛。该地区崇拜的很多神灵——都具有保护功能——强调了这段圣道的重要性，被认为是第一个定居点（公元前7世纪）或第一个集市（公元前7世纪—公元前6世纪初）的入口。从公元前4世纪下半叶开始在这里用雕刻形式公布最重要的行政官名单，进一步强调了这条路的神圣性和官方性。

第三条柱廊（公元前1世纪）标志出广场东北侧的界限，后面是更多的仓

库和商店（公元前2世纪修建）。一个船首形底座（J）在柱廊之前，支撑着长方形谈话间（公元前2世纪）内的航海纪念碑。旁边是一座侧翼凸出的门廊，修建于公元前4世纪，执政官名单也雕刻在墙的内部。柱廊后面是一座早期基督教巴西利卡教堂的废墟（公元5世纪），建在之前的围柱式庭院之上（公元前4世纪）。城区的范围到西侧的议事厅（K）位置，议事厅建于公元前3至前2世纪。瑟罗斯圆墓（L）建于同一时期，也是在早先的建筑基础上，很有可能是献给女神赫斯提亚·博拉伊亚，后来变成了向奥古斯都皇帝致敬的地方。

赫斯提亚崇拜与宙斯·阿戈拉伊奥斯·萨西奥斯有关，崇拜活动在一座带祭坛的小型多利克神庙（M）内进行，周围环绕着大理石柱子。神庙建于公元前6世纪，并在二百年后重建。在广场中间，泰美诺斯南部是托格涅斯神庙（N），这位伟大的运动员在三十年间赢得了1400次胜利，包括摔跤比赛和竞技比赛（糅合拳击和摔跤的古代希腊竞技）。一座英雄的雕像——被认为有治愈发热的能力——立在圆形大理石台边，那里是进行献祭的地方。石台的一根支撑柱上的铁圈是拴住献祭牲畜的地方。还有一个圆柱体也用于摆放祭品，公元前2世纪的铭文指明了献祭品应达到的最低价值。【1波罗=1/6 德拉马克的价值（an obolo = 1/6 of a drachma）】

奥古斯都的孙子和后继者盖尤斯和卢修斯·恺撒祭坛的地基可以在神庙的东面看到。这两人都在年轻时死亡（分别在2年和4年）。这对兄弟的雕像在祭坛附近，今天只有几处地基可见。广场的中心区域还有其他祭坛的底座（O），南面有5个对齐的半圆形谈话间（P）面向南柱廊。

广场的西侧是一条公元前3世纪的柱廊，有35根多利克柱。至少13尊荣誉雕像矗立在走廊的外立面上。回到萨索

斯总督通道，向东北方向走。穿过一个广场，广场上的大水池分成四个部分，再来到阿尔忒弥斯神庙（e），最古老的献祭品来自殖民地的建立时期（公元前7世纪）。神庙是献给生育之神阿尔忒弥斯·波罗斯的，两层地台有台阶相连。

一个大祭坛（公元前5世纪）建在低层地台上，一堵围墙在高层地台上。在高层地台的东南区域原本陈列着从希腊化时期起的贵族成员雕像，以纪念他们在各种建筑项目中的慷慨捐助（现存伊斯坦布尔博物馆）。

从萨索斯总督通道向东，走到百石板庭院（f）。这是以哈德良皇帝统治期间建造的伊奥尼亚围柱式庭院内石板的数量而命名的。前面是莱蒙尼达斯谈话间（G）的遗迹，他是这座纪念碑的雕刻者，还有提比略·克劳迪乌斯·卡德摩斯（公元1世纪上半叶）家族的雕像，更远处是室内剧场（h）的半圆形谈话间。

向东沿着德维贝兹街（Odos Devambez）走，会来到三穹窿拱门（i）遗址，为纪念卡拉卡拉皇帝及其被神化的父母而建（213—217年）。上方的雕塑群展示出卡拉卡拉以赫拉克勒斯的装束即将杀死尼米亚的狮子。

这处拱门与邻近的赫拉克勒斯神庙（j）——萨索斯的保护者——的联系是显而易见的。赫拉克勒斯的形象雕刻在当地的硬币和双耳椭圆罐手柄上。参观者通过一个带有双廊道（相对式多利克柱）的朝门进入围墙内，这座朝门在一段楼梯的中心。献给赫拉克勒斯的祭坛矗立在宽阔的铺砌区域前，构成了神庙最初的核心部分（公元前7世纪）。右边是公元前5世纪的一座建筑，有5个房间，前有门廊，应该是一处神圣宴会厅。东边第二个房间在一个小礼拜堂上方，在它的中心有一个矩形的炉膛，可以追溯到崇拜活动开始的最早阶段（公元前6世纪）。在这组建筑后面有一个三角形的庭院，内有一座功能尚未确定的圆形建筑。

西侧有一个画廊（公元前5世纪初），前面有7个入口。从雕塑装饰（帕伽索斯雕像的上半身现存萨索斯博物馆）可以看出这是神庙中最宏伟、最精致的建筑。北段（公元前5世纪早期）被一座比例异乎寻常的神庙占据：内殿有一圈近似方形的6×8根围柱，这些柱可能是后来建的。再往前走一点会看到路另一边的塞西洛克斯神庙（k）。这座正方形建筑的内部有5×5根柱子，前有门廊，是公元前4世纪末献给塞西洛克斯的。路尽头通过一段楼梯到达宙斯和赫拉大门（公元前5世纪末），这段楼梯曾属于一座更古老的大门（公元前6世纪末）。在右边门柱上立着一只鹰的神龛内，赫拉在她的信使艾瑞斯的陪同下，右手拿着权杖坐在王位上。宙斯在一个类似的位置，赫尔墨斯的形象出现在另一个门柱上（雕塑碎片现在博物馆）。跟随城墙向南走到赫拉克勒斯和狄俄尼索斯大门（这些宙斯的儿子都被看作是萨索斯的守护者）。大门有两个凹槽（公元前5世纪开始）和一个赫拉克勒斯浮雕（现存伊斯坦布尔博物馆），位于东门柱铭文上方。浮雕中的英雄穿披狮子皮，正在屈膝跪地射箭。对面的门柱展示的是狄俄尼索斯和酒神侍女米娜德斯（现已丢失）。

西勒诺斯大门建于公元前5世纪上半叶，旁边有希腊化时期的塔楼加固。左边门柱有西勒诺斯的裸体雕像，手持康塔罗斯杯。两处住宅区的废墟就在墙的背面。

从西勒诺斯大门，沿路来到阿库达神庙（1），可能是献给狄俄尼索斯的，因为有一些献给这位神灵的古风时期的庙宇和祭坛的遗址。沿着城墙继续向卫城走会来到帕门农之门，这是唯一有横梁的门。帕门农是生活在大约公元前500年的一名工匠，他把自己的名字留在了附近围墙内部的一块砖石上。

在上坡路的右边会看到一块从墙上掉下来的石块，上面刻着一双大眼睛和一个鼻子，用来挡住邪恶的目光。在卫城上，穿过地台上的朝门，来到雅典娜·波利奥乔斯（m）神庙，该庙建于公元前5世纪，有前廊和后廊但没有围柱。在一座低处的小山上，有一处祭祀潘神的洞穴（n，公元前4世纪）。卫城上的第三座献给阿波罗的神庙（o）已经全无痕迹，现在在那里建起了一座中世纪的小教堂。

从卫城下来朝港口的方向走，会看到建于古典时期的露天剧场（p），并于2世纪重建。大理石舞台周围有12根多利克柱，带有三竖线装饰的额枋和平滑的柱间壁可追溯到公元前3世纪。柱间壁在罗马修复时期有过装饰，那时剧场被改造成进行角斗和斗兽表演的地方。阶梯看台下的小台阶已经没有了，乐池周围环绕着栏杆。沿着防御工事的北面，来到埃夫罗卡斯特罗（Evreòkastro）海角，那里发现的许多献给刻尔的铭文表明曾经有神庙（Thesmophòrion）的存在，露台北侧的挡土墙和门廊原本是属于该神庙。

P470：卫城一瞥

P471上图：露天剧场景观

P471下图：雅典娜·波利奥乔斯神庙

THASOS

博物馆

星期二至星期六，8:45—15:00；星期六及假日，9:00—14:00。付费参观。

博物馆展出了在岛上发现的文物。在古风时期的展品中，注意那尊未完成的巨型男立像，曾被重复利用在卫城城墙边；还有一些赫拉克勒斯神庙的建筑构件（帕加索斯的上半身躯干，似乎受阿克梅尼德王朝金属浮雕工艺启发）。古典时期的文物包括在狄俄尼索斯神庙（公元前4世纪中期）发现的雕像，以及许多高质量的献祭品和墓葬浮雕。（克里斯蒂娜·特罗索）

P472上图：博物馆花园中的鸟形雕塑

P472—473：海豚上的阿芙洛狄忒与厄洛斯

P473上图：柏勒洛丰骑着帕加索斯，考古博物馆

P473下图：亚历山大大帝头像

萨摩色雷斯

根据荷马的说法，波塞冬在爱琴海的最高峰上观察着希腊人和特洛伊人之间的战斗，这座山叫作芬加里山（Fengari），位于萨摩色雷斯地区的中心。公元前4世纪，也就是铁器时代早期，色雷斯人经常来到萨摩色雷斯地区；公元前700年前后，来自勒斯波斯的埃托利亚人也经常到这一区域活动，他们创立了帕莱奥波利斯（Paleopolis）。位于往来达达尼尔海峡的路线上的优越位置使这座城市很快繁荣起来，公元前6世纪规模达到最大。在这段时期，防御工事建造起来（山的西侧，神庙上方的多边形墙），铸造银币进行流通，众神庙（Great Gods）得以进行了修复和美化装饰。

从公元前425年至公元前340年，萨摩色雷斯受雅典人的控制。公元前340年，马其顿的腓力二世（在众神庙举行神秘仪式时遇到了他的妻子奥林匹娅）宣布萨摩色雷斯为“圣岛”。马其顿统治者的宽宏大量让这座城市及其神庙经历了新的繁荣发展。公元前166年该地的人民被宣布为自由民（civitas libera）；公元前84年城市被海盗洗劫，在罗马统治初期又遭遇了地震。

在罗马时期和早期基督教时期萨摩色雷斯仍然非常繁荣，但8世纪开始衰落，一直持续到15世纪热那亚的加蒂鲁西家族从拜占庭手中购买了这座岛屿。

众神庙

萨摩色雷斯岛尤以古老的众神庙以及神秘的祭祀仪式出名，每个人都可以启蒙参加仪式。

众神庙由埃托利亚的殖民者建立，但吸收了之前早已存在的围绕自然女神阿克谢罗斯（Axieros）进行的崇拜和祭祀；希腊人认为这位女神就是得墨忒耳，而色雷斯人认为是西布莉。这位女神被认为与卡德米卢斯（Cadmilus，即赫尔墨斯）有关，还与冥府的神明阿克西奥克索斯（Axiokersos，即哈德斯）和 阿克西奥克萨（Axiokersa，即珀耳塞福涅）有关。大母神（Mother Goddess）的仆女是卡比莉，她的形象与狄俄斯库里结合在一起，被希腊人认为是出海人的保护神。

最早的祭祀建筑可追溯到公元前7世纪，但对其地位的重视主要是在公元前4世纪到前3世纪。马其顿国王和其继承者们之后将此处作为庆祝帝国胜利荣耀的地方。

P475：萨摩色雷斯的胜利女神，卢浮宫

参观指南

参观从西侧开始。右边是米勒西亚建筑（a），是由一位来自米勒图斯（公元前3世纪下半叶）的女子奉献的。西边大部分被拜占庭堡垒的墙壁覆盖，坐落着一座长方形建筑（b）的废墟，工程开始于公元前400年前后但从未完工。这个建筑可能被设计成一个房间，用来举行启蒙仪式。在房间的西边有3个希腊化时期的宝库（c）。尼奥里昂（Neorion，d）位于这些建筑物的南面。这是一座长方形希腊化时期的建筑，由一排5根柱子划分为2条侧廊，里面有一艘战舰，停在两排大理石块上。旁边是雄伟的门廊（e），外立面上有35根多利克柱，内侧有16根伊奥尼亚柱。这条柱廊公元前3世纪上半叶由安提戈努斯·贡纳塔斯（Antigonus Gonatas）出资建造，封住神庙的西侧边缘。门廊前有各种纪念碑的底座。沿着这条路走下去，你会看到右边的神圣宴会厅（f）的遗迹；它有3间正方形的房间，最初在前面有一个门廊（公元前4世纪）。门廊地台的结构墙（g）上有祭祀用神龛（h）。墙旁边是两个房间（i，j，用途未知）和露天剧场（k）。萨摩色雷斯的胜利女神（l）被发现的地点在露天剧场的南面。这尊胜利女神像是罗德岛人为庆祝他们与帕加马人和罗马人联盟，在赛德（公元前

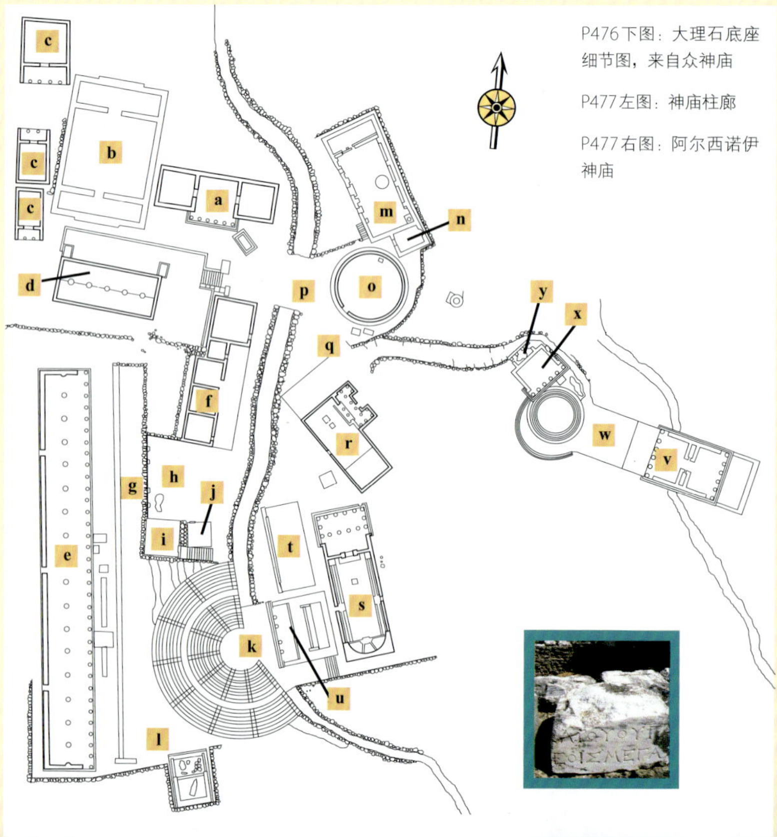

P476下图：大理石底座细节图，来自众神庙

P477左图：神庙柱廊

P477右图：阿尔西诺伊神庙

191年）和迈昂尼苏斯（公元前190年）击败叙利亚的安条克三世（Antiochus III）的胜利。这尊纪念雕像是典型罗德岛风格，结合了建筑、雕塑和自然特征。胜利女神（现存卢浮宫，“带翼的胜利女神”）似乎展翅欲飞，在船头昂首挺胸，整体原本放置在一个水池上。在这个水池的下面和前面是第二个水池，围绕着原本就在那里的一圈石块。

现在来到神庙的中心部分，是阿纳克托伦神殿（m）。这座建筑被用来举行第一阶段的启蒙仪式。神殿呈长方形，东墙有三个入口，东侧的地板和北侧一个凸起的部分提供给信徒休息。长墙上的壁柱支撑着走廊。一口圣井在东南角，里面有一个圣盘在地底。房间的中心是圆形表演台，启蒙者在其上表演仪式舞蹈。当前可见的遗迹来自罗马帝国早期。隔壁矗立着圣屋（n），墙上刻着参加启蒙者的名单。紧靠着是一座圆形的建筑，阿尔西诺伊神庙（o）。一组由萨索斯大理石制成的等距底座上有44根多利克柱，支撑着横梁，其上是圆锥形屋顶。内部有科林斯半柱及护墙，雕刻着牛头装饰。

像建筑上的铭文所刻，这座建筑建于公元前288年至公元前281年，由托勒密一世·索特的女儿阿尔西诺伊二世所建，她也是色雷斯国王利西马库斯的妻子。这座大楼的功能尚不能确认，但一定在神秘仪式中扮演了特殊的角色：里面是一个斑岩祭坛，通过台阶连接到类似于表演台的物体上（公元前7或前6世纪）。那里有一个公元前4世纪早期的地基，分为3个部分，在东侧有一个凸起的平台，应该都与神秘仪式有关。这就是所谓的立石碑建筑（“Orthostat Building”）。

萨摩色雷斯

a	米勒西亚建筑
b	启蒙仪式房间（？）
c	宝库
d	尼奥里昂
e	门廊
f	宴会厅
g	结构墙
h	祭祀神龛
i,j	房间
k	露天剧场
l	萨摩色雷斯的胜利女神
m	阿纳克托伦神殿
n	圣屋
o	阿尔西诺伊神庙
p	圣岩
q	石质祭坛
r	泰美诺斯
s	神殿核心
t	祭品室
u	祭坛庭院
v	托勒密神庙
w	露天剧场区域
x	六柱式建筑
y	门廊

P478上图：神殿核心细节图

P478中图：神殿核心多利克式柱廊

P478下图：泰美诺斯修复图

P479：露天剧场区域，在阿尔西诺伊神庙与托勒密神庙之间

在这些建筑之上，矗立着阿纳克托伦神殿（公元前290—前280年）、圣屋和阿尔西诺伊圆形神庙，也许神殿是大母神自己的“住所”，一般在启蒙仪式结束时在那里举行宴会。最后一个建筑阶段发生在罗马帝国早期，重建了在地震期间被毁的阿那克托伦神殿和圣屋，修缮了阿尔西诺伊神庙。

入口处的圣岩（p）证实了阿尔西诺伊神庙的神性。这是由两组斑岩构成，周围有一个铺砌的区域（公元前4世纪上半叶）和供奉赫卡特·泽伦西亚（公元前350—前325年）的石质祭坛（q），在靠近泉水的平台上。

另一座来自同一时代的建筑是泰美诺斯（r，公元前340年），是马其顿的腓力二世建造的一个长方形的围墙，用来容纳一个炉膛和一个取代了两口古井的圣井（公元前7世纪）。后面是一座优雅的伊奥尼亚式柱廊，凸出的侧翼与井对齐，也许是由斯科帕斯设计的，作为朝门之用。中央的柱子支撑着横梁，额枋上的雕刻装饰为一群跳舞，唱歌，演奏竖琴、鼓和长笛的女孩。这可能是参考了神话中卡德摩斯和哈尔梅尼（Cadmus and Harmony）的婚礼，曾经作为庆祝活动的一部分在这座神殿举行。浮雕的古风风格（希腊古风风格的最早实例）显示了这些古迹的久远。一些雕塑半身像（现存萨摩色雷斯博物馆）放在天花板的藻井中。

神殿核心（Hieron，s）遗迹在

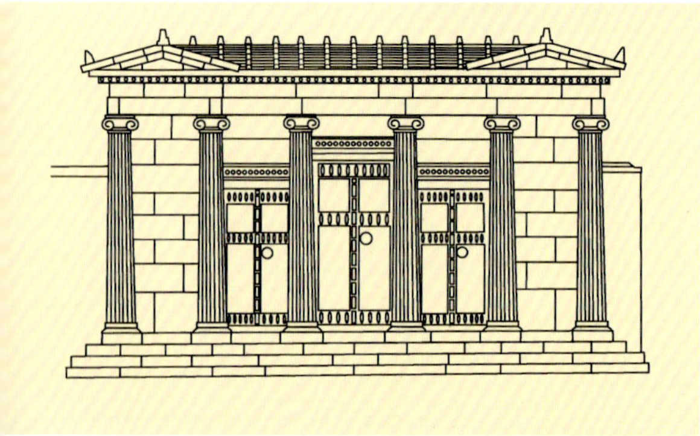

围墙南面。这里是举行最高级的神秘启蒙仪式（Epopteia）的地方。建于公元前325年，内部有一个很大的房间，沿墙有大理石长椅，中间有一个长方形的炉膛。后壁上一处宽阔的凸起被窗帘状的天花板所覆盖，其目的是再现“大母神”的祭祀洞穴：在这里，女祭司向启蒙者展示圣物。

在半圆形后室的地板下面还发现了更早的半圆形建筑（古风时期和公元前5世纪）的痕迹。房间的墙壁是用灰泥装饰的，模仿伪等高线结构，有凸出的多利克半柱。木制天花板是用青铜藻井装饰。

紧邻这座建筑的西侧是祭品室（t），有木柱支撑的门廊（公元前540）和祭坛庭院（u）。庭院前方有4根相对式柱子，中心有一座大祭坛，是在公元前323至公元前317年腓力三世阿尔希达伊乌斯（Philip III Arrhidaius）献给众神的。这座纪念建筑与前方的露天剧场相连，阶梯看台与祭坛对齐。

托勒密神庙（v）遗址位于东边的小山上。这座朝门是献给埃及法老托勒密二世菲拉戴尔弗斯，他也是阿尔西诺伊二世的兄弟和第三任丈夫。这座建筑建于公元前285年至公元前280年，是从城市一侧进入神庙的入口，同时也是一座横跨河流的桥梁（这条河在的一条敞开的通道流过）。朝门为双柱廊结构，东侧有6根伊奥尼亚式柱，西侧有6根科林斯柱（一些柱头可以在萨摩色雷斯博物馆看到）。门上的开孔两边用壁端柱围起来。

继续朝神庙的中心走，会来到露天剧场区域（w）。公元前4世纪，两座方形建筑建在剧场的西面，但后来被六柱式建筑（x）所取代，这是一个立面有6根柱子的长方形房间，由腓力三世阿瑞希达乌斯和亚历山大四世在他们共同统治时期（公元前323—前317年）敬献，他们分别是亚历山大大帝的同父异母兄弟和儿子。从此处到朝门的路上，圣道通过台阶连接到阿尔西诺伊神庙：那里一个小的门廊（y），立面为四柱式（公元前400年）。

勒斯波斯

"他们推举出身低微的皮塔库斯（Pittacus）作为这个荒凉弱小城市的君主，并向他喝彩……"

——阿尔凯奥斯（Alcaeus，译注：希腊诗人，以首创阿尔凯奥斯四行诗而享有盛誉）

最先踏足这座岛的是来自小亚细亚的殖民者，然后是来自塞萨利的埃托利亚人（公元前12—前10世纪），他们先后建立了6座城邦：米蒂利尼（Mytilene），皮拉（Pyrrha），阿里斯比（Arisbe），麦西姆那（Methymna），安提萨和埃莱索斯。米蒂利尼经历了君主和城市贵族之间的斗争（在阿尔凯奥斯和莎孚的抒情诗中可以看到相关内容），公元前6世纪在皮塔库斯（Pittacus，公元前589—前579年）的领导下达到了繁盛的顶点。皮塔库斯被认为是希腊七贤之一，他重建了和平并带来了岛屿的迅速发展，勒斯波斯的音乐流派和抒情诗派都得到了重视和鼓励。公元前499年伊奥尼亚起义失败后，勒斯波斯不得不屈服于波斯人，并于公元前477年加入提洛同盟。公元前428年，岛上的城市试图围绕米蒂利尼建立一个邦联，但雅典人终止了这一企图。公元前406年被斯巴达人解放后，米蒂利尼仍旧受到雅典的影响，而岛上其他城市则受到亲波斯派的控制。公元前338年，米蒂利尼参加了反波斯的希腊化联盟，在腓力二世的领导之下，5年之后再次被门农率领的波斯舰队袭击和围攻。被亚历山大大帝解救后，勒斯波斯归顺于托勒密王朝，但当罗马人接管时，该岛因支持米特拉达梯一世（Mithradates）对罗马的战争而受到惩罚（公

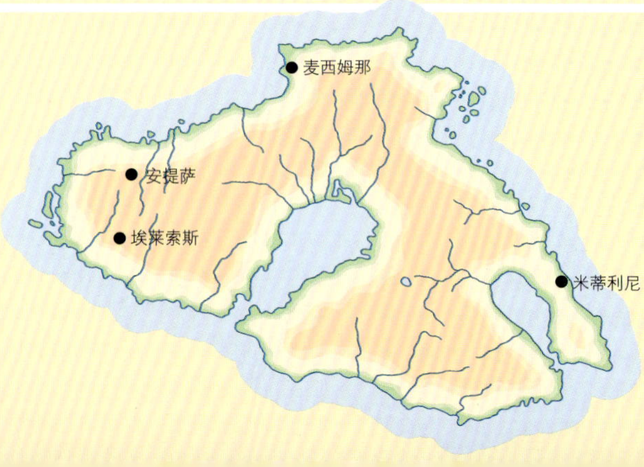

元前88—前79年）。在庞培的支持下，公元前66年，米蒂利尼被宣布为罗马的盟友。从那时起直到4世纪，这座城市享受一段经济和文化蓬勃发展的和平时期。

参观指南

米蒂利尼位于一个名为尼西（Nisi）的小岛上，与大陆隔着一条海峡（今天海峡已经被填上，厄莫路正是从上面经过）。在公元前4世纪末，当时米蒂利尼准备成为勒斯波斯联盟的领导城市，计划在海峡和港口的另一边扩大城市规模；在波斯人的打击到来之前这个计划只完成了一部分。在希腊化时代和罗马时代，大陆部分建造了带有马赛克装饰的豪华住宅。

P480上图：伊欧里斯式柱头，现存米蒂利尼新博物馆

P480—481：米南德之家的马赛克画，现存新博物馆

LESBOS

P482上图和下图：米蒂利尼城堡和细节图

P482中图：米蒂利尼露天剧场

P483左图：旧博物花园中的大理石狮子

这座古城的遗迹很少，且都在城市原有的网格格局上。现在可以看到的是城墙（a）的某些部分（公元前5世纪，重建于4世纪和希腊化时代）。其次是露天剧场（b）的废墟（公元前3世纪），根据普卢塔克的说法，这是庞培于公元前55年在罗马的战神广场建造的露天剧场的模仿原形。“米南德之家”（c）实际上是一个向狄俄尼索斯致敬的艺术家协会的办公室；包含有公元前3世纪末的一套精美的马赛克画（现在博物馆里）。阿波罗·马洛埃伊斯神庙（e）在商业港口（d）附近，还有一座附属建筑和一间在自然洞穴中的存放花瓶的房间，可追溯到公元前10世纪。从米蒂利尼出发，对勒斯波斯的参观遵循逆时针方向的循环路线，可以探访到沿路最重要的考古遗址。

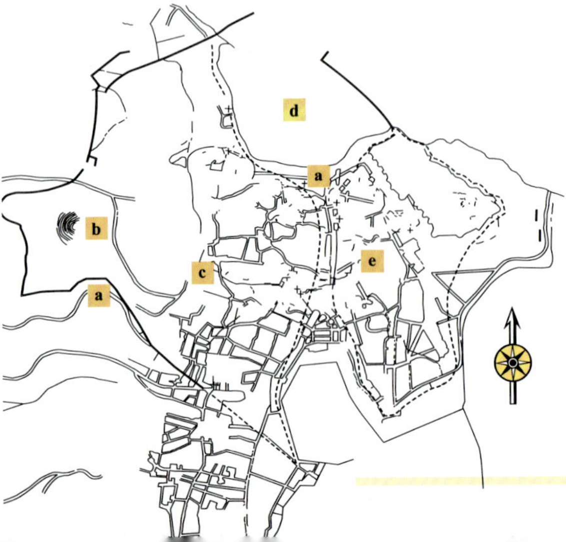

米蒂利尼

- **a** 城墙
- **b** 露天剧场
- **c** 米南德之家
- **d** 商业港口
- **e** 阿波罗·马洛埃伊斯神庙

博物馆

除星期一每日开放，8:30—15:00，付费参观。

第一展厅内有“米南德之家”的马赛克画（公元前3世纪）：米南德的肖像（在房间的另一端），他所撰写的喜剧插图，苏格拉底和两名门徒，欧菲斯和动物，还有戏剧面具。楼上有在岛上不同地点发现的不同时代的文物。

P483上图：旧博物馆对面的考古公园

P483中图：对考古发现进行的重建，以及马赛克画，在米蒂利尼新博物馆

P483下图：马赛克画，米蒂利尼新博物馆

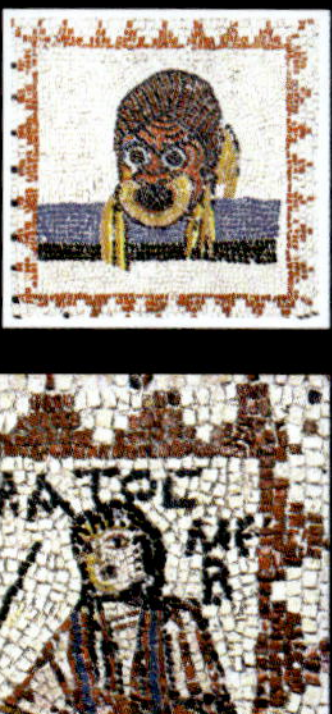

开俄斯

该岛从新石器时代开始有人居住，大约在公元前1世纪被来自塞萨利（Thessaly）和彼奥提亚（Boeotia）的殖民者占领。由于土壤肥沃，居民擅长商贸，该岛很快变得非常繁荣。根据历史传说，开俄斯是第一个买卖奴隶的城市，在公元前7世纪末，城市流通的银币上就印上了狮身人面像。公元前6世纪初，开俄斯建立了民主政体。古风时期是文化和艺术蓬勃发展的时期，以其雕塑流派而闻名，文献资料中还提到了格劳科斯，他是一名将领及金属雕塑家，为吕底亚王国的阿律阿特斯二世（Alyattes II of Lydia）制作了一个银制喷口瓶以进献到德尔斐。这一切随着公元前545年波斯人的入侵而终结，即使开俄斯试图与米蒂利尼（Mytilene）结盟，但仍然在公元前494年的拉德（Lade）战役中被波斯击败。

开俄斯在公元前477年至公元前412年加入了提洛同盟，后来转而支持斯巴达；但最终被迫回到雅典势力范围内。接下来统治的是马其顿人，在公元前2世纪初，开俄斯与罗马结盟反对叙利亚的安条克三世。盖乌斯·维尔斯（Gaius Verres）洗劫了城市的财富，但开俄斯设法保持了独立地位，直到罗马帝国时期维斯帕斯皇帝（Emperor Vespasian）将其归属于到群岛行省为止。开俄斯在1172年被威尼斯人占领，后又归属热那亚人（1261—1566年），在这一时期获得了巨大的经济发展；岛上的农业发展，丝绸和乳香贸易得到加强。成为奥斯曼帝国的一部分后，开俄斯于1822年试图反抗帝国统治遭到镇压，其主要城镇和40个村庄被摧毁，2.5万名居民被杀，5万人沦为奴隶。博物馆保存着岛上各处遗址的文物，尤

其是来自恩波利奥斯（Emporios）的遗迹。在陶瓷作品中，请注意彩绘“开俄斯高脚杯”；两尊男立像躯干，展示了本地雕刻流派的工艺水平。

恩波利奥斯

开俄斯岛东南端史前定居点（公元前2200—前1600年）和迈锡尼人定居点（公元前1400年）的遗址，约公元前1000年前后被毁。在公元前8世纪至前6世纪之间，先知以利亚山（hill of the Prophet Elijah）上出现了一个新的定居点，分布在4层地台上。在最高层的围墙内（公元前7世纪初），是一座带有内部柱子支撑的长中央大厅式建筑，被认为是当地国王的住所，也是雅典娜神殿的所在地（公元前6世纪中叶），与更早的祭坛（公元前7世纪）结合在一起。建筑物之间的开放区域可能用于公共集会。

居住区位于下层地台，既有小房屋，也有中央大厅式 的住宅。后者的布局以中央房间为中心，由一排支柱分成两部分。港口附近建造了一个古风时期和古典时期的神庙，但是发掘出的献祭品显示该遗址从公元前8世纪就被用于祭祀目的。第一座宗教建筑始建于公元前6世纪，但将近一个世纪后被一个伊奥尼亚风格的半圆形神殿取代，四柱式和前柱式建造，并在门框和门脚饰以造型精美的狮爪。爪子似乎是当地建筑流派所特有的装饰。在祭祀庙宇上方还建造了其他希腊和罗马建筑，并在公元6世纪建造了一座带有前厅和后室的巴西利卡大教堂。

在恩波利奥斯还可以前往参观马斯蒂科科里亚（Mastichochoria）地区（那一地区擅长从乳香树的林中提取出一种树脂，用于制药和油漆）。还有几个村庄例如皮尔吉（Pyrghi）和梅斯塔（Mesta），在那里可以看到保存极好的中世纪建筑。

P484左上图：开俄斯村庄的磨坊

P484右上图：开俄斯的拜占庭博物馆

P484下图：阿纳瓦托斯废弃的村庄

P485上图：尼阿莫尼修道院

P485下图：尼阿莫尼教堂圆顶的马赛克

萨摩斯

自新石器时代以来该岛一直由卡利安人居住，在文化上与安纳托利亚人（定居在蒂加尼的卡斯特罗山）息息相关。在公元前11世纪，萨摩斯岛被来自埃皮达鲁斯地区以普洛克尔斯为首的的伊奥尼亚人殖民，其后裔一直掌权直到公元前680年。

土地贵族的政治势力上升标志着该岛经济繁荣的开始，体现在萨摩斯在整个地中海地区的开展的广泛贸易中。公元前650年，科拉尤斯（Kolaios）穿过赫拉克勒斯之柱（Pillars of Hercules，直布罗陀海峡），并在西班牙南部的塔特索斯王国发现了黄金。在阿艾克司和他的儿子波利克拉特斯（Polycrates）的统治下，萨摩斯岛成为爱琴海领先的文化和经济中心之一。凭借其强大的舰队，波利克拉特斯控制了爱琴海区域和小亚细亚沿岸各岛屿。王国积累的巨大财富使人们得以建造大型公共作品，并支持艺术、抒情诗和哲学的发展。萨摩斯岛成为伊奥尼亚风格的建筑和雕塑发展的主要中心之一。

在公元前5世纪上半叶，萨摩斯加入提洛同盟，但雅典多次对该岛进行整治干预以支持反对寡头政党的民主派。萨摩斯在公元前322年至公元前205年拥有自治地位，后被马其顿的腓力五世征服，罗马帝国时期又被赐给帕加马国王。在公元前129年，萨摩斯被划为亚洲罗马省的一部分。本都斯国王米特拉达梯占领之后，公元前80年被盖乌斯·维尔斯（Gaius Verres）洗劫，但在西塞罗（Cicero）统治时期（公元前62年）恢复了繁荣。在罗马帝国时代成为度假胜地。拜占庭人统治时期该岛开始衰落，1453年被土耳其人占领，但由于当地人口稀少，阿尔巴尼亚人和其他民族被迁居于此。

P486上图：罗马浴室，细节图

P486下图：古风时期男立像，考古博物馆

P487：浮雕细节图，考古博物馆

EASTERN AEGEAN ISLANDS

毕达哥拉斯神庙（PYTHAGOREION）

这个村庄直到1955年都被称为蒂加尼（Tigani），现在该村庄以其杰出的公民之一——数学思想的创始人、哲学家毕达哥拉斯的名字来命名。此地并没有最早阶段的人类遗迹。公元前8世纪的希腊人定居点已经远远超出了卡斯特罗山（a），在那里建造了第一批定居点和卫城。西墓地（b）位于山的西部约823米。

在古风时期，这座城市被长6.4千米的城墙（c）环绕，沿西侧有塔楼，秘密入口和堤防。在城市北侧的安佩罗斯山（d）的山脊上可以看到许多防御工事，在公元前300年以及公元前2世纪初多次重修。防御工事还包围住了大型港口（e）的军事段和商业段。当前的南码头建在一个较早的废墟上，由波利克拉特斯建造，曾在希罗多德的书中提及。波利克拉特斯的住所位于卡斯特罗山上。今天仍可以看到具有双重围柱庭院的希腊化风格的别墅遗迹，在罗马时代这里可能是皇家住所。一座早期的基督教教堂（5世纪下半叶）部分建在别墅废墟上。

参观指南

在该遗址的西南地区有几座公共建筑，希腊式健身室（公元前3—前1世纪）和宏伟的罗马浴场（f，1—4世纪），拜占庭时期修建了修道院。安佩洛斯山的南坡是露天剧场（g）所在地（目前正在修复）；西侧是水槽（h）的入口（4月至10月的星期二至星期四，9：00—14：00，付费参观）由麦加拉的尤帕利诺斯建造，为城市供水之用，这是希罗多德记录的波利克拉特斯兴建的另一个项目。来自阿加德斯的泉水通过1051米长的隧道引入，该隧道在安佩洛斯山下方流

P488上图：两段希腊化时期的城墙

P488下图：毕达哥拉斯神庙，浴室遗迹

P489中图：尤帕利诺斯的水道

P489下图：城墙塔楼入口

毕达哥拉斯神庙

a	卡斯特罗城堡	**e**	港口
b	西墓地	**f**	浴室建筑
c	城墙	**g**	露天剧场
d	安培罗斯山	**h**	水道入口

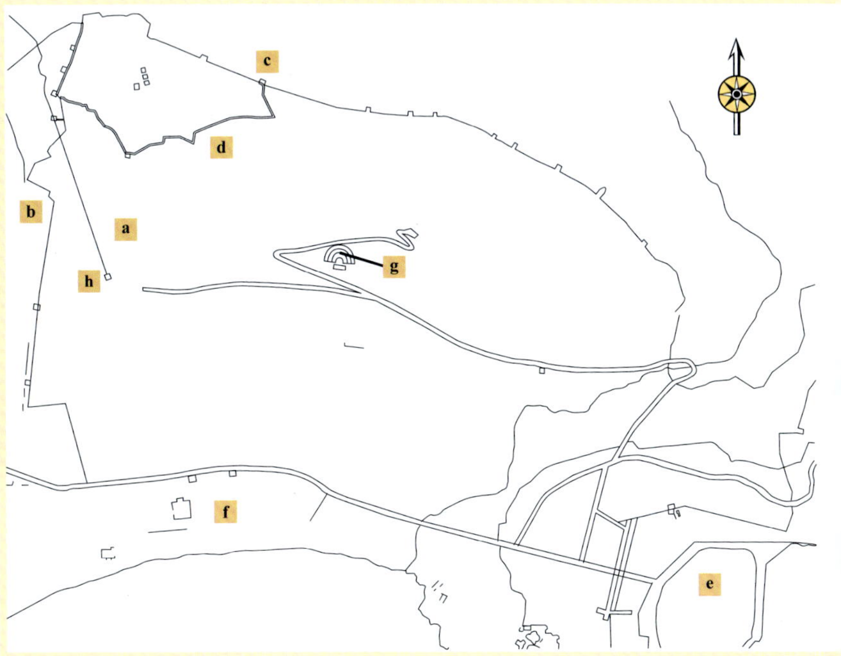

过，然后到达市中心的一个集水箱。隧道是从两端同时开挖，由一条黏土水管和一条地面上的人行道组成。

博物馆

星期二至星期四，9:00—14:00；星期五及星期六，12:00—14:00开放。

这是一个仅有一间展厅的博物馆。厅内展示了来自古代萨摩斯和赫拉神庙的文物（一尊古代男立像碎片，墓葬和献祭浮雕，罗马帝国时期的大理石雕像和肖像雕像），包括一尊女性的坐像，由波利克拉特斯的父亲阿艾克司献给赫拉（公元前540年）。

SAMOS

P490上图：赫拉神庙伊奥尼亚柱头残片

P490—491：赫拉神庙空中视角

赫拉神庙

a	赫拉神殿	i	相对式庙宇	q	神庙D
b	赫拉神庙三期	j	科林斯	r	神庙A
c	围墙	k	浴场	s	神庙B
d	赫拉神庙一期	l	西塞罗谈话间	t	神庙E
e	祭坛	m	门廊	u	神庙C
f	祭坛	n	喷泉	v	神庙
g	圣池	o	寺庙	w	门廊
h	赫拉神庙五期	p	献祭船底座	x	献祭品底座

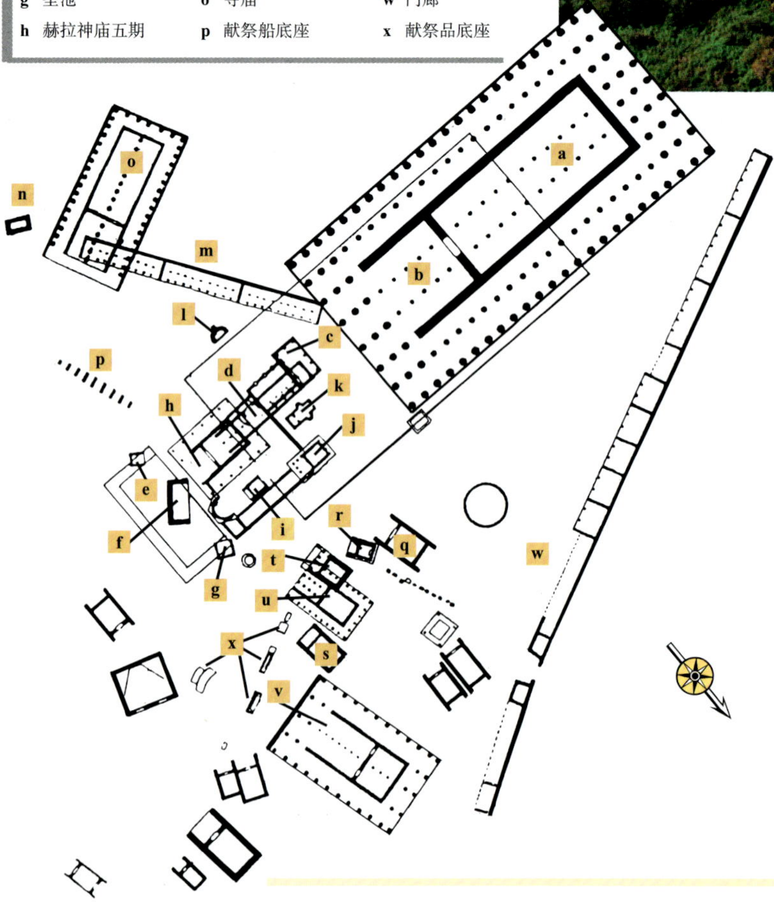

赫拉神庙

位于毕达哥拉斯神庙西南；星期二至星期日，8:30—15:00。付费参观。

神庙坐落在因布拉索斯河（Imbrasos）支流左岸的沼泽地，根据传说女神赫拉在这里出生并出嫁。在这里发现了保存在神庙中的非常古老的赫拉形象。

公元前3世纪初，该地区建起一个带有防御墙和中央大厅的定居点，但在公元前2世纪初被废弃。公元前13世纪有崇拜祭祀类的活动（发现了陶罐、陶土小雕像和陶器等）。赫拉崇拜是公元前11世纪至公元前10世纪由阿尔戈利斯来的伊奥尼亚殖民者，融合希腊化时期对一位自然女神的崇拜而来的。最早的祭祀建筑可追溯到公元前9和前8世纪，几何陶末期的献祭品揭示了本遗址与古代埃及、腓尼基、叙利亚、弗里贾、吕底亚和塞浦路斯之间的联系。

参观指南

赫拉神庙（a）耸立着仅剩的唯一一根柱子，也是希腊有史以来最大的寺庙柱子。建于公元前538年至公元前522年波利克拉特斯统治期间（赫拉神庙四期），这是一个巨大的伊奥尼亚风格庙宇。外立面有双重围柱和第三排柱。较深的前廊和内殿（没有后廊）被2行柱子分成3条侧廊。所有的柱子和柱头都由大理石制成，具有木质横梁和石灰石构件。

由于工程巨大，整体建筑从未完成，施工曾在公元前522年中止，但在公元前5世纪和前3世纪重启。建筑使用了先前神庙（b，赫拉神庙三期）的圆柱基础，建造始于公元前570年至公元前560年，由萨摩斯建筑师罗伊科斯

（Rhoikos）和塞奥多罗斯（Theòdoros）负责。这是一座巨大的双列柱廊式伊奥尼亚神庙，因其数不清的柱子在古代文献中被称为“迷宫”。

祭祀雕像底座来自最古老的赫拉神庙赫卡托佩顿（Hekatòmpedon）。在原建筑物被地震摧毁后，新神庙的平台建起了一个矩形围墙（c），以支撑底座上的华盖。首座赫卡托佩顿（d，赫拉神庙一期）建于公元前8世纪初，狭窄的内殿长100希腊英尺（约32米），沿中轴有一排柱子支撑屋顶。大约在公元前7世纪中叶，这座神庙被一栋新建筑取代（赫卡托佩顿二期，赫拉神庙二期），环绕6×18根木制圆柱。外立面柱子排列成2行，每行4个，构成了前廊。内殿中轴无柱，因其会遮挡祭祀雕像，取而代之的是一系列靠墙的壁柱。祭坛（e）也建于祭祀最早开始的时期，实际上在墓穴下方还发现了其他7个罗伊科斯建造的叠加祭坛（f），与神殿对齐。祭坛历史可以追溯到公元前9至前7世纪，朝向与赫卡托佩顿不同的方向。在这些祭坛周围是由因布拉索斯河引流供水的几个圣池（g）。每年信众将穿着精美材质的衣物的女神木像浸入水池，然后再带回庙里。一座献给赫拉（赫拉神庙五期）的多利克围柱式神庙（h）建在祭坛前，并与罗马时代的波利克拉特斯所建的赫拉神庙对齐。在相邻的相对式庙宇（i，1—2世纪）的废墟上的建有一座巴西利卡教堂，带有中殿和两个耳堂。然后在16世纪建造了一座小教堂，包括了科林斯神庙（j）的前部在高平台上的部分（2世纪下半叶）。同样在罗马时代（3世纪），在庙宇的南部建造了一个浴场（k）。西塞罗家族谈话间（l）在祭坛的南边。这座纪念建筑是由萨摩斯人奉献的，纪念演说家西塞罗在维尔斯（Verres）的审判中为他们所做的辩护；维尔斯在公元前80年洗劫了神庙。谈话间后方发掘出的建筑物已经被再次埋葬了。门廊（m）在神庙的南侧，这里还有公元前7世纪的纪念喷泉（n）。在门廊的最南端，有一座大寺庙（o）建于公元前6世纪中期至该世纪末，也许是献给阿芙洛狄忒和赫尔墨斯的。在这组建筑物前面的区域中，发现了公元前7世纪的一艘献祭船的底座（p），但在后一个世纪被一幢矩形建筑物所覆盖。神庙的北部包含一系列祭祀建筑，祭品和城市宝库，沿着圣道两侧排列。一些之前被认为是寺庙的建筑有最近被确定为是城市宝库。这些是神庙D（q）；带有相对式前廊和内殿的神庙A（r）；而同一时期的伊奥尼亚神庙B（s），则在公元前2或1世纪扩建，几乎成了正方形。神庙E（t，3世纪，晚于主神庙）是科林斯式的建筑，高高的平台上衬有大理石，在建造时拆除借用了神庙C（u）的部分材料，后者在3个侧面（前侧缺失）上有伊奥尼亚式围柱（11×6根），内殿和前廊被两列柱子分为三条侧廊。它建于公元前6世纪下半叶，并于1世纪重建。在附近还有一座大寺庙（v），现已被遮盖住了，罗伊科斯曾对该庙进行大规模改建。它最初具有内殿和密室，具有轴向柱廊，但到同世纪末出现了6×11根围柱，短边柱子数量增加了一倍。在这组建筑物的后面是长门廊（w，公元前6世纪中叶），也用作神庙北侧围墙。沿着圣道可以看到献给赫拉的各种祭品底座（x）；其中一个是男立像（公元前6世纪中叶），旁边是杰内来奥斯（Gheneleos）的底座，以签署在该雕塑上的雕刻家的名字命名（公元前560—前540年）。这是女祭司菲莱娅（Phileia）家族的雕塑（现存瓦西博物馆）。

P492上图：罗马浴场大门

P492下图：罗马浴场的热水管

P493左图：基督教巴西利卡教堂废墟

P493右图：杰内来奥斯群雕复制品；赫拉神庙

SAMOS

博物馆

P494：来自赫拉神庙的无头男立像，考古博物馆

P495上图：格里芬兽头的普罗托马斯

P495中图：考古博物馆的两个展厅

P495下图：罗马时期雕像，考古博物馆

除星期一每日开放，8:30—15:00，付费参观。

大展厅（右侧后方）：来自赫拉神庙的古风时期雕塑，包括利乌齐奥斯献给阿波罗的无头男立像，以及凯拉米耶斯献给赫拉的少女像（公元前570年—前560年），与卢浮宫收藏的凯拉米耶斯家族群雕出自同一作者。

靠近右墙你可以看到6座杰内来奥斯群雕中的3个底座，其中一个是母亲菲莱娅的坐像，还有4个女儿中的2个费利佩和奥尼赛（这是原本存放在柏林培格曼博物馆雕塑的一部分），她们的父亲则躺在宴会桌边。

另外一间展厅摆放着巨型男立像，在圣道下面被发掘，当时呈破碎状态。

8

多德卡尼斯群岛

“多德卡尼斯”这个名字代表1908年的12个岛屿，它们组成一个自治省来捍卫土耳其帝国赋予的特权。如今的多德卡尼斯群岛包括许多岛屿，有些无人居住，但保留着完好的考古遗迹和一些可追溯至罗德岛圣约翰善堂骑士团占领时期（1306—1522年）的优秀建筑。从罗德岛（Rhodes）出发，前往塞米（Simi）；首府乔拉（Chora，考古博物馆，星期二至星期五10：00—14：00开放）占据着这座古城的卫城，并通过阶梯连接着希腊美丽的港口之一基亚洛斯（Ghialos）。罗德岛骑士城堡使用古老的建筑材料建造而成，并将一座献给雅典娜的神庙遗迹包围在内。塔西亚奇·米凯莱·潘诺米蒂斯（Taxiarch Michele Panormitis）修道院（18世纪）坐落在同名的海湾上，拥有重要的壁画和圣像。

在尼西罗斯岛（Nisyros）港口附近，有上古时代因火山物质形成着色的斑岩，还可以参观公元前5世纪的卫城遗址。经过科斯（Cos）之后可以在卡利姆诺斯（Kalymnos）稍作休息。在首府波西亚（Pothia），有希腊化时期的神庙遗迹和一个罗马时期的蓄水池（考古博物馆，星期二至星期五，10：00—14：00开放）。一座献给耶路撒冷基督的6世纪大教堂的废墟耸立在原阿波罗神庙（公元前4—前3世纪）的废墟上，该神庙曾将阿波罗与阿斯克勒庇俄斯一起祭祀。阿斯克勒庇俄斯神庙位于附近的圣索菲亚教堂下方。泰伦多斯岛（Telendos）以前一直与海岸相连，直到535年地震后断裂分开。岛上有一个浴场建筑，一个剧院和两座早期基督教巴西利卡大教堂的废墟。在附近的勒罗斯（Leros）仅有几处考古遗迹（港口附近是古典时代城市的废墟），在帕台尼（Parthèni）有阿尔忒弥斯·帕台诺斯神庙。

在阿斯蒂帕莱亚（Astipalea），建筑风格让人联想到邻近的基克拉泽斯（Cyclades）群岛，也有威尼斯占领期间的痕迹（1207年至1522年属威尼斯人）。瓦西（Vathi）除了早期基克拉泽斯村庄外几乎没有什么古迹，阿尔梅诺克利（Armenochori）也只有西海岸的迈锡尼墓地（一些文物发现在考古博物馆，每天8：30—19：00开放）。

帕特摩斯—科斯—罗德岛

P497：克里托斯和提马利斯塔的
古典墓葬石碑，罗德岛博物馆

帕特摩斯

卡斯特利山（Kastelli hill）上的一些防御工事（公元前4—前3世纪）都是多利安人建立的古城的遗迹。在多米蒂安皇帝统治期间，福音传教士圣约翰被流放到该岛，并将启示录（Revelation）写在他作为隐士居住的洞穴中。这处洞穴后来变成了一个小教堂，并被划入启示录修道院（Monastery of the Apocalypse）。由于撒拉逊人的袭击，该岛被遗弃一直到11世纪，在1088年拜占庭皇帝亚历克修斯·科穆宁（Alexius Comnenus）将这座岛交给克里斯托多洛斯·拉特里诺斯（Christodoulos Latrinos），他在阿尔忒弥斯的祭坛遗址上建立了福音传教士圣约翰修道院。修道院像一座堡垒，并拥有一个重要的图书馆，藏有3,000件古代文物和1,000份手稿。修道院下方的村庄乔拉，由希望住在修道院附近的普通人于13世纪创立。（克里斯蒂娜·特罗索）

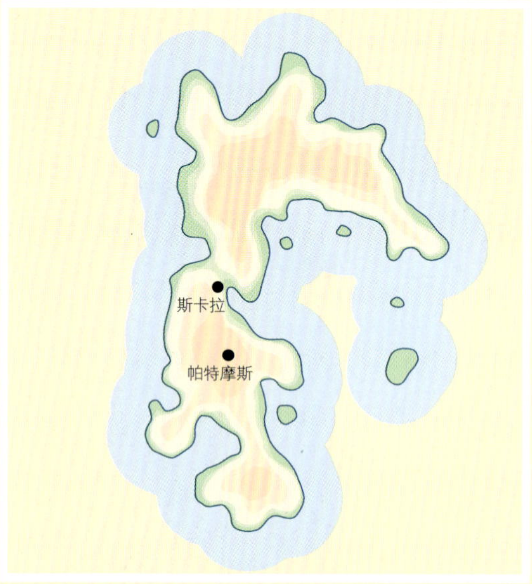

P498上图：木雕板；启示录修道院

P499左上图：启示录修道院外墙

P499中上图：壁画，启示录修道院

P499右上图：木雕板；启示录修道院

P499中图：修道院及乔拉的村庄景观

P498—499：福音传教士图，阿卡德修道院

科斯

塞拉吉利奥山上的定居点表明，现代科斯城市范围内早在青铜时代末期就已有人居住。公元前1600年曾出现了一个相当规模的米诺安文明的村庄，其后是约公元前1350年迈锡尼统治者将塞萨利和阿尔戈利斯的人们移居于此。

在原几何陶时代和几何陶时代（公元前10—前8世纪），来自埃皮达鲁斯的多利安人建造了墓地；他们还在山顶上为自己建造了一个新的定居点。在几何陶末期大墓地被废弃了，并转移到马尔马洛托（Marmarotò）的墓地——塞拉吉利奥山西南502米——与历史记载中科斯麦洛皮斯的城市范围重合。

古典和古风时期的建筑现只有得墨忒耳神庙被探明，位于田径场西侧。这座建在迈锡尼时期遗址之上的大型寺庙，是在古典时代开始采用椭圆形时期的建筑，证明了该地从几何陶时代到罗马统治时期都是用于祭祀崇拜的场所。公元前366年同一地点兴起了一座新城市，斯特拉波（Strabo）记录该城市为“虽然不大，但建筑上令人赏心悦目”。狄奥多罗斯·西库斯（Diodorus

Siculus）用类似的语气写道：“他们出色地完成了这座建筑，许多居民聚集在这里，还矗立着壮丽的墙壁和宏伟的港口。”港口建在网格状的布局上，被长度超过3.2千米的墙壁包围着。该港口因城墙2个延伸部分和位置上靠近一个小岛而十分安全，该小岛只能通过两扇门通向大海。城市内部有许多由石灰华（travertine）建成的宏伟建筑，直到公元前3世纪末迪奥楚斯山（Mount Diocheus）开放采石场生产大理石。葡萄酒的成功出口以及某种特别精美的布料贸易（一种被紫色和金丝编织的丝质纱布）迅速带动了该岛的繁荣，并将其变成了地区的文化中心。

得益于其亲罗马政策，科斯在海上贸易中仍保持着举足轻重的地位，即使在公元前167年提洛岛自由港成立之后也是如此。142年发生灾难性地震，岛上居民努力重建，并在469年和554年地震之后多次重建。654年阿拉伯人的突袭标志着科斯衰落的开始，直到罗德岛善堂骑士团（1303—1522年）的时代。

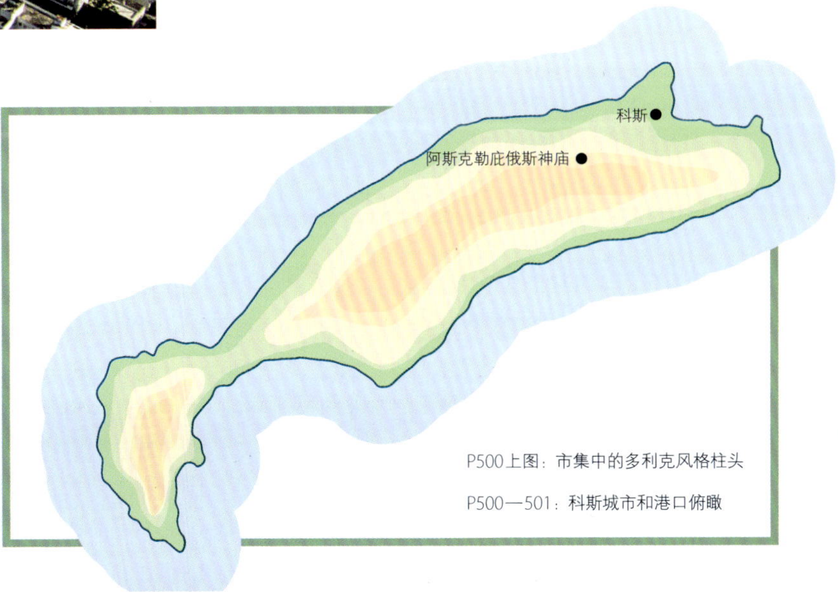

P500上图：市集中的多利克风格柱头

P500—501：科斯城市和港口俯瞰

参观指南

科斯

- A 市集
- b 狄奥尼索斯神庙
- c 德库马努斯·马克西姆斯主路
- d 浴场
- e 罗马房屋
- f 住宅区
- g 卡杜斯·马克西姆斯
- h 室内剧场
- i 浴场建筑
- j 帕里斯的审判之家
- k 公厕
- l 健身室
- m 田径场
- n 浴室建筑

1933年，地震摧毁了市中心的大部分希腊人和犹太人居住区之后，意大利考古学家发掘了这座古老的城市，这处遗址因此而闻名。不幸的是，许多的古代建筑碎片由于屡次地震后的重建，从罗马时期开始就逐渐遗失了。骑士团在集市和港口地区建造了一座城堡（1436—1441年），也就是今天的普拉塔努广场（以“希波克拉底的梧桐树”而命名，实际上只有几百年的历史），造成了进一步的损失。

在洛加清真寺（Loggia Mosque）后面可以看到在港口地区进行的发掘。北段被阿芙洛狄忒·潘德莫斯（Aphrhodeste Pandemos）和彭提亚（Pontia，分别是村社和水手的保护神）的神庙所占据，但在5和6世纪被掠走了大量建筑材料以建造一座基督教巴西利卡教堂。该教堂有两个耳堂，一个中殿，一个前厅和洗礼池。今天可以看到的废墟可以追溯到公元前2世纪上半叶，当时该建筑群是带有2根前柱的门廊式围墙，四柱式多利克

庙宇并排而立；外墙装饰有交替的多利克式半柱和窗户。

每个神庙都建在一个高大的带台阶的平台上，前置有朝北的祭坛和科林斯四柱式朝门。

由于这些是罗马时期的神庙（其平台具有时代特色），因此该建筑群可能是由当时的意大利贸易商人以与罗马屠牛广场的财富神殿和生育之神神殿为原型模仿建造的。与该地区的其他神殿不同，该神殿面向港口的入口，那些从海上乘船到此的人立即可见。

同时期的赫拉克勒斯神庙，内殿在高台之上，位于前一神庙的东部。在2和3世纪，神庙被四面的围廊所封闭。两座围墙之间的区域含有一个小庙宇的废墟，也是罗马时代的，献给一个未知的神。广场东侧由公元前4世纪和前3世纪的大型石灰华门廊封闭，曾在罗马时期重建，但在5世纪的巴西利卡教堂兴建时拆用了建筑材料，并将其掩盖了（广场地基包含8条带有科林斯式柱头的大理石纹柱，可追溯到公元前3世纪）。大教堂的南部是方形的洗礼池，中间有一个圆形的房间，内有十字形圣洗池。神庙以南的地区是居住区，其东南侧以公元前4世纪的隔离墙为界。从南北向延伸的道路两侧在公元2至4世纪建造了许多房屋。

市集（a）位于该地区的西南角，即圣康斯坦丁教堂区域。这个大广场被门廊所环绕。最早在公元前3世纪初由石灰华建造，但在2世纪上半叶改建为大理石。北侧的城墙用作围墙。

P503：城堡和罗马遗址

今天看到的废墟可以追溯到142年地震之后的重建；唯一的原始部分是门廊的茎状花序和由等距方石块制成的东墙的一部分。同时，在部分拆除的墙壁上方建了一个三跨的纪念性入口。这个入口由科林斯式柱子围着，上面覆盖着装饰有灰泥的桶形拱顶，并通过宽阔的台阶与港口广场相连。圣托夫罗（Panaghia tou Phorou）教堂（在1933年地震中被毁）的名称和当前市场的大门托夫罗门（Porta tou Phorou）相同，表明建于罗马时代的论坛已经占据了希腊市集的空间。

狄俄尼索斯神庙（b）在集市的南侧，其历史可以追溯到公元前2世纪初，内部有一座多利克式神殿，以狄俄尼索斯的故事浮雕装饰的平台上有一个科林斯式柱式的大祭坛。

神庙南侧是德库马努斯·马克西姆斯主路（c，以下简称“主路”），宽32米，沿线门廊和商店林立。在这条街的另一边是一座建于3世纪的巨大浴场（d），在其西侧是一幢建在希腊化时期住宅遗址上的大房屋（e）。房间围绕着三个围柱式庭院布置（其中一个围柱式的一侧比其他围廊更高且更豪华），装饰有马赛克地板、壁画和彩色大理石饰面。沿着德库马努斯·马克西姆斯主路【现在是莱奥弗洛斯·格里戈里奥路（Leoforos Grigoriou）】向西走，会来到卫城山脚下住宅区（f）的发掘遗址。此处包含3座希腊化风格的房屋，在142年的地震后进行了重建，并在3世纪初再次得到了修复。第一个街区主要被“诱拐欧罗巴之屋”占据，这是以其中一个房间的马赛克地板命名的。除了拥有出色的壁画外，这所房子还包含一组非常精美的雕塑（神像和肖像，现在科斯博物馆中）。

从第一街区向港口的方向上发掘出了卡杜斯·马克西姆斯路（cardus maximus，g，以下简称“卡杜斯路”）的一段。室内剧场（h）在主路与卡杜斯路交界处的南部；剧场内有大理石座椅，乐池地板上铺满了大理石花纹。一栋大型的3世纪浴场建筑（i）建在卡杜斯路边上，但在之后469年地震中被摧毁，又被两座巴西利卡教堂取代。左侧的第一个大教堂占据了原本热水池的空间（一个大房间，短边有半圆室，南侧有一个水箱），而第二个大教堂位于北部，覆盖了原本温水池和冷水池的位置。

浴场及大教堂的遗迹（“镊子”形平面上的一长栋建筑物）位于一条走廊的后面，这条走廊从卡杜斯路通往田径场。在更北的几米处会看到“帕里斯的审判之家”(j)的遗迹，2世纪建于希腊化时期的住宅旧址上，并于公元3世纪重修。该房屋名称取自主屋镶嵌马赛克画上所示的场景，马赛克画面对着围柱式庭院。

在庭院中心，有一副描绘半人马的圆形浮雕；西面板（东侧失踪）浮雕描绘了“帕里斯的审判”场景，阿波罗和缪斯女神在两侧。在卡杜斯路的另一侧是浴池公厕（k，开挖后重建）。这是一幢华丽的建筑，有中央庭院，门廊的3面均铺有马赛克。健身室（l）在浴场的西

该建筑只在东边有一个看台，沿塞拉吉奥山（Serraglio Hill）的山坡铺设了石灰华式座椅。西看台是在罗马时期建造的，由塔架支撑着拱顶。公元前2世纪的大理石起跑线保存完好，还有一套保证运动员同时启动的复杂机制。

另一座浴室建筑（n）的废墟在田径场北侧。从仅剩的建筑碎片来看这座田径场修建的异常豪华，但是仍难辨认整个建筑的布局。城市中还有一座建于公元前3世纪的剧院。阶梯看台由大理石制成，舞台也装饰着大理石板。

P504左图：室内剧场　P504右图：早期基督教巴西利卡教堂及洗礼池废墟　P505：西侧健身室

边，建于公元前2世纪上半叶，是带围柱式庭院的长方形建筑（199×120米）。东柱廊有81根多利克柱，用作冬季训练的带顶跑道（xystòs）。沿着圣萨尔达里路（Odos Panaghia Tsaldari）朝港口前进——也就是卡杜斯路——会在左边看到公元前4世纪的田径场（m）的废墟。最初，

博物馆

除星期一每日开放，8:30—15:00。付费参观。

博物馆保存了岛上各个考古遗址的发现。

西展厅：在室内剧场发现的雕像（公元前2世纪—1世纪）；赫拉克勒斯的巨大头像，它是利西普斯（Lysippus）原作的后期复制品。

北展厅：大量的雕像。

东展厅：罗马时代的雕像，包括赫尔墨斯坐像（2世纪）和玛西亚之死。

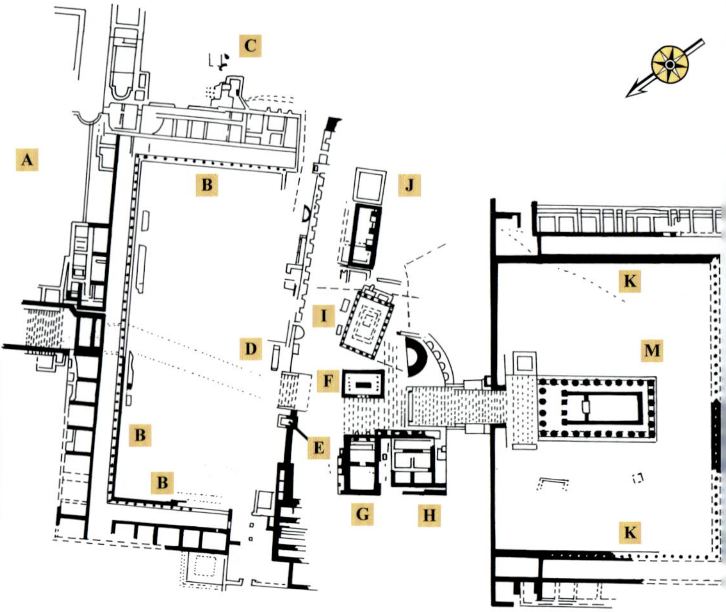

P506上图：安东尼努斯·皮乌斯皇帝神殿柱子细节；阿斯克勒庇俄斯神庙

P506中图：地台II挡土墙；阿斯克勒皮俄斯神庙

P506下图：阿斯克勒庇俄斯的伊奥尼亚神殿

P507：神庙区域的柱子

阿斯克勒皮俄斯神庙

除星期一每天开放，冬季8：30—15：00；夏季8：30—19：00。付费参观。位于通往普拉塔尼（Platani）的路上西南4.8千米。

塞萨利的迈锡尼人将阿斯克勒庇俄斯崇拜带到科斯。当地人在神圣的柏树树林中敬拜这位神灵以及阿波罗。

希波克拉底建立医学院时，这座神庙开始享誉世界。该事件标志着基于对患者的临床观察进行合理药物治疗的开始。希波克拉底于公元前375年去世后，原本简陋的庙宇和祭坛进行了增建，以欢迎造访该岛的朝圣者。这些朝圣者都遵循者希波克拉底所推荐的治疗。公元前2世纪上半叶，在4层地台上对神庙古迹进行了大修，这些露台由位于中央的台阶相连。最低的露台（IV）带有浴室建筑（A）的遗迹，以及带有多利克风格朝门的楼梯，通往第二个也是最大的露台（III）。广场三面都有多利克门廊（B）；东侧面后是一栋罗马浴场建筑（C），病人可以在那里接受治疗。所用的硫和铁质水来自一处泉水，泉水流入水箱（D），位于高层地台的

阿斯克勒庇俄斯神庙

A 浴场建筑	**D** 水池	**G** 阿斯克勒庇俄斯神殿	**I** 上层露台	**L** 木柱柱廊
B 多利克门廊	**E** 伊奥尼亚式神庙	**H** 祭司的住所	**J** 会议室	**M** 阿斯克勒庇俄斯新神殿
C 浴场	**F** 阿斯克勒庇俄斯祭坛		**K** 多利克柱廊	

挡土墙上（II）。这层地台是最古老的建筑。楼梯的右边是伊奥尼亚式神庙（E）的小片废墟，是克劳迪乌斯皇帝时期的哲学家色诺芬献给尼禄的。

楼梯通向阿斯克勒庇俄斯祭坛（F）的地基，楼梯上建有伊奥尼亚柱廊，装饰着阿斯克勒庇俄斯家族的场景，是由普拉克西特利斯的儿子们敬献的。在右边，有2根来自阿斯克勒皮俄斯神庙（G）的正面的柱子，是伊奥尼亚相对式的（公元前300—前270年）。内殿中有一道地槽被大理石平板掩盖，是朝圣者开始治疗之前敬献祭品的地方。旁边的庙里耸立着一座公元前2世纪的建筑，可能是祭司的住所（H）。

庙宇的左侧是一座由白色大理石制成的科林斯神殿（I），于2世纪或3世纪用于帝国崇拜。这座殿的朝向与神庙中其他建筑物的方向不同，可能是由于早期在此处有一座公元前5世纪被毁的多利克式神庙。相邻建筑物（公元前4—前3世纪）的功能尚不清楚，但可能是一间会议室（J）。经过3级台阶来到了公元前2世纪初建造的上层露台（I）；这座新的多利克六柱式庙宇也是阿斯克勒庇俄斯神庙（M），内殿建在抬高的台阶上。该寺庙在5世纪转变为教堂。

广场在东侧和西侧各有一条多利克柱廊（K）为界，南侧的门廊（L）带有木柱。一小段台阶从南部的门廊通往柏树林。在神庙以南约30分钟处是岛上最早的崇拜场所沃瑞纳泉（Vourinna Spring），早在迈锡尼时期就存在了（在罗马时代重建）。（克里斯蒂娜·特罗索）

罗德岛

罗德岛是爱琴海区域最大的岛屿。该岛在东西方之间运输路线上的重要位置以及岛上的肥沃土壤，吸引着人们自新石器时代以来就在此定居。罗德岛最初的居民是米诺斯人和迈锡尼人，公元前1100至公元前1000年前后多利安人来到岛上并在此定居，建起了3个城邦：林多斯、卡米罗斯和伊阿利索斯。

公元前407年，多利安贵族倡导3个城邦之间进行联合，在北部海角上建

立了一座新城市。这座新城由亲斯巴达派的寡头统治到公元前396年，然后根据雅典模式制定了民主宪法，该宪法一直持续到公元前356年，卡里亚总督马乌索鲁斯建立了城防军队。

公元前305年，该城被“攻城者”德米特里乌斯（Demetrius Poliorcetes）包围，但尽管拥有异常强大的军队，但仅在一年后便被迫撤离。

接下来的一个世纪是罗德岛发展最辉煌的时期，成为地中海的贸易中心和重要的银行中心。在马其顿的腓力五世统治扩张时期，罗德岛选择与罗马结盟，在对帕加马的安条克王朝（公元前191—前190年）的战争中也是如此。作为表现忠诚的回报，罗马将利西亚（Lycia）和卡里亚（Caria）给了罗德岛。然而当试图在马其顿的珀尔修斯与罗马人之间进行调停时，罗德岛付出了沉重的代价。珀尔修斯在公元前168年战败后，罗马在提洛岛设立了自由港（公元前166年），原来大部分经过罗德岛的航运贸易都转移走了。卡西乌斯在罗马内战期间（公元前44年）洗劫了这座城市。在基督教早期，这座城市仍然保持繁荣，但在7世纪又被入侵者洗劫过几次。

1309年，善堂骑士团（Knights Hospitalers of St. John）夺取了该岛的控制权。骑士团兴建了大量建筑工程，改善了城市的面貌，同时也使得几乎所有古代时期的建筑都消失了。200年来骑士团成功击败了土耳其人的袭击，但1522年苏莱曼大帝（Suleiman the Magnificent）在围攻6个月后占领了这座城市，于是罗德岛归属土耳其治下400年。1912年意大利征服了该岛，直到1947年回归希腊王国。

意大利的统治时期从某些角度来说对罗德岛是有利的，那一时期对岛屿进行了全面调查，编制古迹清单。1914年意大利考古队在罗德岛成立，其任务是建立博物馆。1924年考古队成为古迹的监察和发掘者，考古范围也不仅限于罗德岛，还对多德卡尼斯群岛其他岛屿的古迹进行了认真的考古研究发掘，进行了一些大型修复项目。

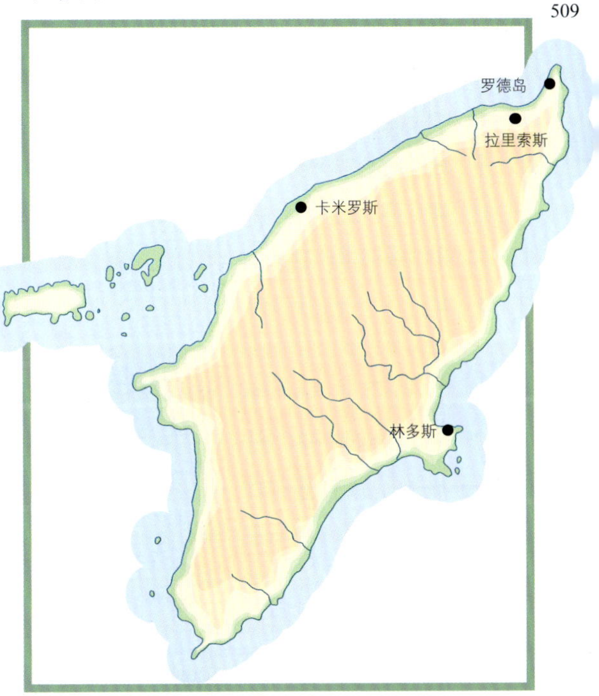

P508上图：大师宫的罗马时期雕塑，细节图

P508左下图：考古博物馆的赫利奥斯头像

P508右下图：罗德岛的阿芙洛狄忒

参观指南

这座城市大部分是在善堂骑士团于1303年至1522年占领期间重建的。古籍中提到该岛的古希腊城市以其众多的建筑而闻名，如今已所剩无几。希腊时期的城市在其建立之时的规整布局是众所周知的，可能是在米利都的希波达穆斯（Hippodamus of Miletus）帮助下规划的，但斯特拉波提供的这些信息片段因年代久远而难以确认。

沿着圣斯提芬山（St. Stephen's Hill）卫城的西坡有一系列地台的布局很吸引人，地形向东靠近海岸线，规划中还有两条很宽的南北道路，这条路连接了西港和南门，以及最东端的港口（乌卡迪亚港）和南港口。这两条道路被12米宽的东西向道路以直角切

罗德岛	
a 阿芙洛狄忒神殿	f 阿波罗·皮提奥斯神殿
b 拱门	g 田径场
c 神庙	h 健身室
d 门廊	i 室内剧场
e 宙斯神庙	

P510：槽柱，阿芙洛狄忒神殿

P510—511：俯瞰港口和罗德岛城市

入，大路两侧有7～9米宽的街道，南北和东西双向都有，逐渐形成了住宅区。然后这些街区被进一步划分为街道，仅有5米宽。市集的遗址地点尚未确定，但很可能位于市中心靠近大港口（也许靠近伊波奎特广场）。市集建有一座托勒密神庙，是罗德岛人献给托勒密二世的，他在公元前227年地震后为该市的重建做出了贡献。现在在神庙的北侧、东侧和南侧发现了神庙围墙的许多残留部分。

古典时期的城墙是在公元前305年被德米特里乌斯围攻后重建的，在旧墙的外围。然而在公元前227年地震后也需要再次重建。通过自由之门进入城市（1924年由意大利人打开），在西米斯广场的远端可以看到阿芙洛狄忒神殿（a）的废墟，建于公元前3或前2世纪，有双柱式前廊和相对式后廊。

阿吉罗克斯图广场（伊奥尼亚河岸后面）上矗立着一个立方体状的四面科林斯式的拱门（b）的遗迹。这是在严谨时期之初建造的，在与希腊化时期两条街道交界处作为入城的仪门。一条街道向西，并沿台阶而上通往卫城；另一条街两边是门廊和商店，向南边通向市集。四拱门修建在希腊化时期的军港南部的武器库上（今天的曼德勒基），就在干船坞的一个区域内（北侧仍然可见的一个货运斜坡），这个区域一直延伸到阿芙罗狄特神庙。

在卫城脚下的城市西侧发现了一个神庙（c），地基上刻有赫利奥斯（罗德岛最伟大的神）的祭司的名字，对于这个地点的辨认一再引起争论。这就是利西普斯所作的四马二轮战车雕塑曾经放置的地方，旁边是站立的神灵，也是卡西乌斯洗劫这座城市时留下的唯一件艺术品；以及著名的罗德岛巨像，一尊巨大的赫利奥斯青铜雕像（约33米），由利西普斯的学生林多斯的卡莱斯于公元前304年至公元前293年制作。这尊巨像在公元前228年的地震中倒塌并一直

P512上图："仙女"神庙

P512—513：阿波罗·皮提奥斯神庙

留在原地，直到653年被阿拉伯人卖给一名犹太商人，后者将遗迹运到了叙利亚。稍向东南方，另外一座神庙遗址和两个用来浇铸青铜巨像的槽被发现了。这些发现是这座希腊化城市因艺术而闻名的重要证据。古城保存最好的部分是卫城（史密斯山，以19世纪初将总部设置于此的英国海军上将的名字命名）。卫城上面两层地台由矩形石块制成的大型干墙支撑，那里有一处门廊（d）和雅典娜·波利阿斯和宙斯·波利乌斯的多利克式神庙（e）。在这片神圣区域中还曾立着“水仙女”（nymphaea）的雕像；在现实中，这些洞穴——部分是自然的，部分是用祭品和神龛装饰的——都是水神被崇拜的地方。较低的露台被阿波罗·皮提奥斯（f）的神庙所占据，这里有多利克六柱式神庙（公元前3世纪）和较低地台上的科林斯式阿尔忒弥斯神庙。1924年至1929年，意大利人主要修复了室内剧场（i），田径场（g）和健身室（h），这些建筑也矗立在山坡上。

P513上图：修复后的露天剧场阶梯看台

P513下图：“水仙女”神庙，入口的走廊

中世纪

规模最大，保存最完好的中世纪时期建筑是城市的防御工事，大型堤防和几处土方工程（星期二和星期五向游客开放，14:45从大皇宫庭院出发。付费参观。）。

14世纪初城墙（大约4千米）被建得更高以取代拜占庭时期的城墙。1481年地震后进行了重建，并在15世纪末至16世纪初用塔楼进行了加固，使其厚度达到了11米。

在围墙内，保留给善堂骑士团医院（Collachio）的街区有另一套防御工事保护

P514左上图：科斯基努门上的装饰

P514右上图：骑士大街上的建筑装饰

P514中图：大师宫门廊上的罗马时期雕塑

P514—515：安布西门附近的圆塔。大师宫在背景中。

P514下图：慈善骑士建筑走廊

着，里面还包含大教堂、骑士团的主要建筑以及代表骑士来自各个国家的方言旅店（Inns of the Tongues）。方言旅店（15至16世纪）排列在骑士街（希波顿）上，是老城中心最吸引人的街道。在这条街的东端是骑士团医院（现为考古博物馆），这座宏伟的建筑始建于1440年，由大师皮埃尔·达布松（Pierre d'Aubusson，1476—1505年）完成。在土耳其的统治期间这里曾经是接待朝圣者和医治病人的地方，后来变成了驻军营地，但意大利人到来后（1913—1918年）恢复了这里原来的面貌。

在这一街区的西端是大师宫（开放时间为星期二至星期五，8:00—19:00；星期六星期日，8:30—15:00。付费参观）。这座宫殿建于14世纪，塔楼和锯齿状墙壁使它看起来像一座堡垒。这里曾被土耳其人变成一所监狱，并在1856年被火药仓库的爆炸所摧毁。在意大利占领期间大师宫进行了重建（1939—1945年），并接待了墨索里尼和维克多·伊曼纽尔二世的正式访问。重建期间院子的西侧竖立了4尊希腊化时期的雕像，但安装了与原作无关的罗马时期的头像。描绘不同花饰的罗马时期马赛克重复使用在上层房间的地板上。公元2世纪和3世纪马赛克大多来自科斯岛本岛。

地下室展示了许多考古发现（新石器时代和古风时期陶瓷制品，家居摆设，奢侈品和日常用品，大理石和赤陶雕塑等）。

P515左图：大师宫宫殿内部　　P515右图：海防大门

P516上图：博物馆雕塑放大图

P516—517：苏莱曼大帝清真寺

P516下图：墓碑石上的浅浮雕；考古博物馆

P517上图：帕拉蒂亚和卡斯特拉尼亚的哥特式喷泉

P517下图：考古博物馆庭院

土耳其时代

在奥斯曼帝国统治期间，只有土耳其人和犹太人允许住在城墙内。土耳其区占据了旧城区的中心，迷宫般的小巷至今仍然遍布清真寺（几乎都是由14和15世纪的拜占庭教堂变化而来）、宣礼塔、可兰经学校、带有门廊露台的房屋和浴室（通常是18世纪建造的，至今仍在使用）。

博物馆

星期二至星期五，8：00—19：00；星期六星期日，8：30—15：00。付费参观。

博物馆庭院中摆放着一头大理石狮子，石棺（公元前1世纪）和铭文。1号展厅（楼上）：医务人员的墓碑和皮埃尔·德·科尼尔兰（Pierre de Corneillan）大师的大理石石棺。

2号展厅（餐室）：希腊化时期和罗马时代的浮雕和丧葬石碑。

3号展厅（厨房）：古风和古典雕塑，特别是一只由3位站立在狮子上的女性雕像支撑的大圆盘（perirrhanterion）；公元前6世纪下半叶的2尊男立像；公元前5世纪末的石碑。

4号，5号和6号展厅：罗德岛希腊化时期雕塑（公元前3世纪的阿芙洛狄忒）和罗德岛的阿芙洛狄忒（公元前1世纪早期）。

卡米罗斯

在神话传说中，卡米罗斯的创始人是米诺斯的孙子阿尔萨梅尼斯，这一传说在卡拉瓦达（Kalavarda）墓地中发现的米诺安墓葬品中得到支持（尽管那里也发现了迈锡尼时期的文物）。

卡拉瓦达墓地还展示了公元前7世纪和前6世纪居民点的情况。这座古风和古典时期的城市在很大程度上被公元前226年的地震摧毁。当前可见的废墟是希腊化时期的城市（公元前3世纪和2世纪），按照网格模式在阿克拉米特山山坡上的2个人造地台上发展而来的。下层地台被一个设有两座神庙的神圣区域占据；中心地区是居住区，雅典娜·卡梅拉斯 的神庙坐落在山顶上。这座城市在公元前142年的地震中第二次被摧毁后被废弃。

参观指南

参观者可以从下层地台的西侧进入考古区。在这里将看到卡米罗斯英雄祠（A）的废墟，外国游客可以在这里献祭；这是公元前3世纪的矩形围墙，内有献给赫利奥斯的大祭坛。在更高的地台上，有一排9个祭坛是以卡洛米斯的神灵命名。

阿波罗·皮提奥斯的多利克神庙（B）在该层地台中央，带有双柱式前廊和相对式后廊。在寺庙的西北角附近有一个伊奥尼亚式露天神殿，可以从北侧进入。东边是阿波罗泰美诺斯（C），这是一个长方形的围墙，其北立面以多利克半柱为特征。沿着北侧和东侧的台阶可以到达带有大祭坛的神圣区域。围墙的南侧是某种神圣市集，其中纪念性喷泉（D）起着重要的祭祀作用，并且可能被用于神谕仪式。建于公元前4世纪下半叶，外立面有多利克式半立柱，靠在由挡墙隔开的柱子上。在公元前3世纪喷泉被改造成一个门廊，大厅继续发挥重要的宗教功能，市政官员的名字也刻在柱子上。此外，通往雅典娜神庙的上层地台的台阶正好位于门廊立面的中央柱子之间。在公元前2世纪上半叶，一条铺整过的道路将门廊立面与泰美诺斯中央的纪念性入口连接起来。

上下地台之间的道路两旁排布着一些房屋。为了美化城市的上层地台，在公元前3世纪末建造了一个大型柱廊（E），两翼伸展长201米，并饰有87根多利克式立柱。在门廊的后面（覆盖了在公元前6至公元前5世纪使用的一个大水池）布置了一系列46间房间，可能是为了容纳朝圣者。每个房间都有一个小水池来收集从屋顶流下的水。水还通过从岩石中挖出的水槽和蓄水池输送到居民区。这座山顶上保留着公元前6世纪至公元前5世纪的雅典娜神庙（F）的一些遗迹。这是一栋多利克六柱式围墙建筑，带有双柱式前廊和相对式后廊，可追溯到公元前8世纪的祭品证实了这处宗教建筑的古老。在山的更高处有一处露天神庙，也许是献给宙斯·波利乌斯的，但今天已消失了。

P518：卡米罗斯，北侧空中视角

P519：卡米罗斯英雄祠雕像底座

卡米罗斯

A 卡米罗斯英雄祠

B,C 阿波罗·皮提奥斯神庙和泰美诺斯

D 喷泉

E 柱廊

F 雅典娜神庙

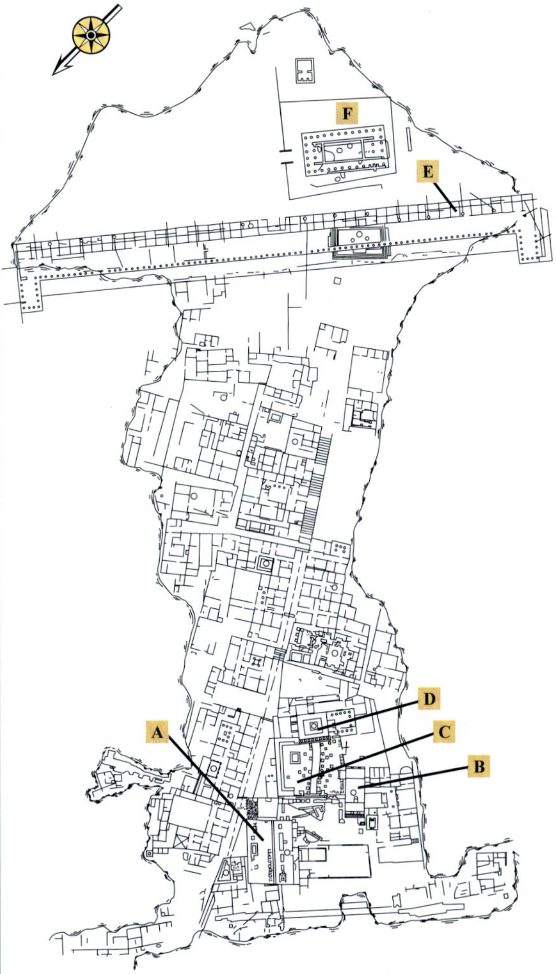

P520—521：卫城空中俯瞰

P520下图：去往堡垒的缓坡通道

林多斯

直到公元前407年的村社联合之前，林多斯一直是罗德岛上最重要的城市，尤其是在希腊七贤之一的克利奥布卢斯（Cleobulus）当政时期。

罗德斯市成立后，林多斯以雅典娜·林迪亚神庙而闻名，从很早开始就有一众名人来此拜访：提马奇达斯（Timachìdas）在公元前99年撰写的《林多斯纪事》中列出了分别献给卡德摩斯，米诺斯，赫拉克勒斯，梅内劳斯和海伦的礼物。据说卫城中的雅典娜崇拜与达瑙斯（Danaus）有关，后者被驱逐出埃及，与他的50个女儿躲在林多斯（Lindos），并将木像奉献给女神。该崇拜的最初发源地可能是高原东南端下方的一个洞穴。除此之外，在公元前8世纪至公元前7世纪可能建造过一座小型木庙。大约在公元前6世纪中叶，克利奥布卢斯在同一地点建造了一座石头的四柱式多利克神庙，该庙是通过高原中心的阶梯到达。公元前340年大火过后，神殿的重建是公元前3世纪上半叶开始的对整个神庙进行统一改造的一部分。现在可见的这座寺庙是在公元前3世纪初重新建造的，公元前275年至公元前250年，在两个地台之间建立了上层建筑和纪念性楼梯。公元前210年至公元前200年修建的低柱廊标志着重建计划的完成。

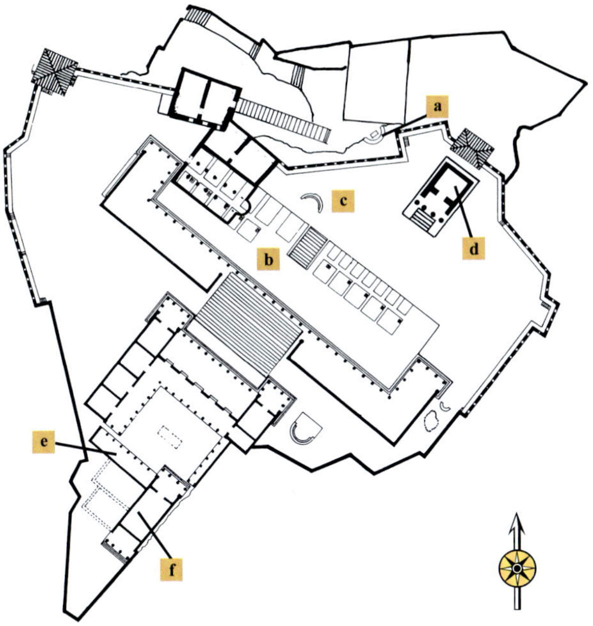

林多斯

- a 阿杰桑德鲁斯浮雕
- b 低柱廊
- c 半圆形谈话间
- d 罗马帝国崇拜神殿
- e 高柱廊
- f 雅典娜神庙

P521下图：刻画罗德岛战舰的浮雕

参观指南

星期一开放，12:30—18:45；星期二至星期五，8:30—18:45；星期日，8:30—14:45。付费参观。

离开神庙，伴随着拜占庭（13世纪）和中世纪（15世纪）时期的城墙穿越城镇，会欣赏到许多精美的房屋（15—18世纪）和用黑白鹅卵石铺成的庭院。进入要塞城堡后，阶梯将引领参观者到小广场，那里有第二组楼梯通向上层入口。在楼梯脚下的岩壁上会看到罗德岛军舰浮雕（a），此处原是海军将领阿杰桑德鲁斯（Agesandrus）铜像。浮雕是在公元前180年前后雕刻的，是著名的萨摩色

雷斯胜利女神的雕刻家皮索克利图斯（Pythocritus）的作品。

然后来到低柱廊广场（b），这是一个大型门廊，由2组17根多利克柱组成的凸出部分构成，位于通往上层地台的巨大楼梯的两侧。两翼由8根至今完全可见的多利克立柱连接在中央。右翼前是祭司一家（公元前3世纪下半叶）敬献的半圆形谈话间（c），在纪念柱的尽头还有圣约阿尼斯（Aghios Ioannis）教堂（13世纪），使用下面蓄水池的屋顶作为地板。

罗马帝国崇拜神殿（d）的废墟位于广场的北边缘，巨大的楼梯（宽21米）可以到达高层柱廊（e），外立面有10个多利克立柱，两端各有2个带顶的凸出翼，与低柱廊相似。五扇门通向被门廊包围的庭院；神圣宴会厅位于西翼后面。

双拜式（译注：前后有柱而两侧无柱）雅典娜神庙（f）位于神圣洞穴上方地台，向东南方向偏离的位置。请注意卫城山坡上露天剧场的废墟；现在所看到的是从岩石中直接挖出的结构，原本舞台上使用的砖块已被重新用于在村中建造房屋。

四柱廊广场（tetrastoon）有一个

中央围柱式庭院（公元前3—前2世纪）在剧院前面，上方则是一块音乐指挥纪念碑。

克拉纳山上的墓地有一些精美的丧葬纪念碑，例如纪念祭司大公家族（公元前225年）的纪念碑：2列在岩石中切割而出的10根多利克半柱，墓室的前面是一个横向的前庭，每面墙壁上都有6个墓室，还有一个带台阶的大祭坛。（克里斯蒂娜·特罗索）

P522—523：修复后的高柱廊凸出翼

P522左下图：低柱廊，西北视角

P522右下图：卫城入口

P523左下图：谈话间与朝门，高柱廊前面的广场

P523右下图：克拉纳山上的墓地

9

基克拉泽斯群岛

这个被法国人称为“希腊波利尼西亚”的群岛由39个岛屿组成，其中24个有人居住，其余数百个小岛更像是露出海平面的岩石，暴露在炽烈的阳光和强劲的海风之中。群岛得名于围绕着提洛岛这座神圣的阿波罗之岛来分布的地理特点，形成大致的圆形图案（kyklos）。几十年来，基克拉泽斯群岛一直受到游客追捧，但旅游业除了振兴当地经济之外，也危及了岛屿原本自由逍遥的感觉（从毕达哥拉斯起一直与“岛屿”概念联系在一起？）。该岛的位置近似于欧洲和亚洲之间的桥梁，岛上肥沃的土壤和温和的气候使基克拉泽斯成了杰出的原始文化发源地，约起源于青铜时代早期（公元前3000—前2000年）。岛民的历史可追溯到新石器时代，火山岩黑曜石在当时被开采为在整个地中海东部使用的切割工具【萨利阿戈斯文化，始于公元前4900年，以帕罗斯岛和安提帕罗斯岛之间的岛屿命名；凯法拉文化，公元前3500年，以凯奥斯岛（Keos）上的凯法拉（Kephala）命名】。青铜时代的基克拉泽斯文化是在安纳托利亚人的帮助下创建的，他们在公元前3世纪开始时就来到这里，其文化具有独特的航海和商业特征。最近在帕罗斯岛（菲拉科比Phylakopi）和圣托里尼岛（阿克罗蒂里Akrotiri）——最知名的两处遗址——发现的反映基克拉泽斯式服装和生活方式、社会结构、艺术文化等的文物也具有同样的重要性。当时人们的城市生活遗留了丰富的印记，丧葬的相关历史遗迹也同样可观（大墓地），除了人偶、壁画和陶器以外还有其他艺术遗存，最重要的文物目前都在雅典展出。基克拉泽斯群岛在拜占庭修道院，威尼斯要塞和新古典主义建筑等领域有重要参考价值，极具特色的白色房屋装饰着色彩鲜艳的门、窗户和花盆。游览群岛可以从距雅典很近的凯奥斯岛开始，然后经过基斯诺斯岛（Kythnos）、塞里福斯岛（Seriphos）、斯弗诺斯岛、米洛斯岛、福莱安德罗斯岛（Pholegandros）、圣托里尼岛、伊奥斯岛、帕罗斯岛、纳克索斯岛和阿莫尔戈斯岛（Amorgos），最后到靠近埃维亚岛的米克诺斯岛（Mykonos）、提洛岛、蒂诺斯岛（Tenos）、锡罗斯岛（Syros）和安德罗斯岛（Andros）。（斯特凡诺·马吉）

P525：圣托里尼岛壁画细节，米诺安文明时期

蒂诺斯岛—提洛岛—帕罗斯岛—纳克索斯岛—米洛斯岛—圣托里尼岛

蒂诺斯岛

蒂诺斯岛的历史少有人知，该岛也是基克拉泽斯群岛中游客较少的岛之一。在当地博物馆中可以看到可追溯到公元前3000年的文明遗迹；还有几座几何陶时期和古风时期的墓葬，历史资料中也提到该岛在古典时期的繁荣（每年为提洛同盟贡献10名人才）。希腊化时代的蒂诺斯岛是一个重要的岛屿，群岛联盟的神庙就在这里建立。该神庙的遗迹（除星期一每天开放，8:30—14:30）位于希奥尼亚平原乔拉（Chora）西北3.2千米处。这座神庙献给波塞冬和其妻安菲特律特，它是由“攻城者”德米特里乌斯于公元前300年前后建立的，由他的儿子安提戈努斯·贡纳塔斯于公元前270年前后完成。神庙包括一个相对柱式多利克神庙（a），喷泉（b）和祭祀炉膛（c），供崇拜祭祀使用，也许与安菲特律特姐姐特提斯的儿子阿喀琉斯有关。大约公元前180年，联盟新领袖罗德岛人以更宏伟的形式（多利克双拜式）重建了这座神庙。建筑的第三阶段发生在公元前2世纪末至公元前1世纪初。一个铺整过的广场中央建起了巨大的祭坛（d），以及一个巨大的门廊（e），门廊两侧立面均有73根多利克柱。门廊被一堵墙分成两个部分，两端各有一条通道。门廊的长度大约相当于一般田径场的长度，这表明它曾被用作带顶棚跑道（xystòs），与传说中阿喀琉斯在沙滩上进行的比赛有关。在同一阶段，炉膛被“丰碑化”并建起一圈大型围墙。在罗马皇帝朱利奥·克劳迪乌斯时代，围墙内竖起了一系列雕像，以庆祝他收养了年轻的尼禄。其他建筑的修建使神庙更加完善：有供朝圣者住宿的旅舍（f），还有一个神圣宴会厅（g），在图拉真时代被一间匿名寺庙形式（h）建造的浴场破坏。

19世纪的天使报

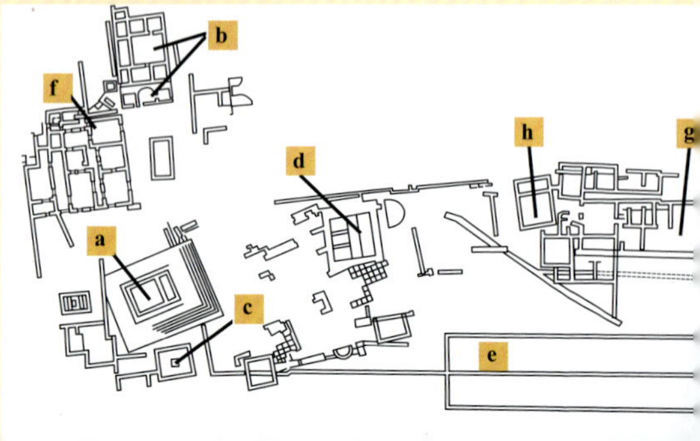

喜（Panagia Evangelistrìa）教堂在建造中使用了不少古代材料。去往保存完好的典型基克拉泽斯文化村庄的路上，可以尽享乡村美景和一些建筑遗珍，比如离乔拉11千米处的凯克洛沃尼（Kechrovouni）修道院，修建于13世纪，外观看起来像一座小别墅（7:00—13:00，14:30—19:00开放）。

P526上图：海豚头部，考古博物馆

P526中图及下图：波塞冬神庙，炉膛及谈话间地基

P527上图：法拉塔多斯（PHALATADOS）

P527左下图：天使报喜教堂景观

P527右下图：罗马时期的无头雕像

博物馆

乔拉博物馆（除星期一每日开放，8:30—15:00）有一些神庙遗存的建筑碎片，以及埃克索布尔格（Exoburgo）发掘出的几何陶时期和东方化时期的陶器。（斯特凡诺·马吉）

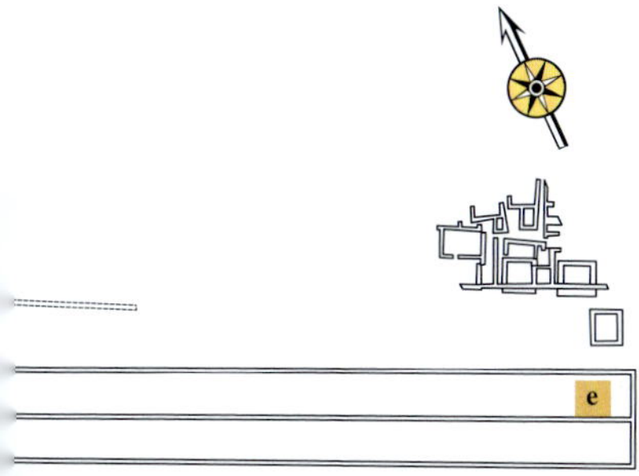

波塞冬与安菲特律特神庙

a 神庙
b 喷泉
c 炉膛
d 大型祭坛
e 门廊
f 旅舍
g 神圣宴会厅
h 类似神庙的建筑

提洛岛

历史

提洛岛，“岛屿中的第一座”（卡利马库斯，《提洛岛赞美诗》，第16节），根据传说是宙斯和女神勒托之子阿波罗的诞生地，阿波罗还是艺术之神（竖琴）和死亡之神（弓）。岛上的神话围绕着阿波罗和他的双胞胎姐姐阿尔忒弥斯的诞生而展开。阿尔忒弥斯掌管的领域模糊而广泛，她是动物的保护者，同时是女猎手；她是处女，但又是生育的守护神。天后赫拉在得知勒托怀孕后，出于嫉妒和报复而使得即将生产的勒托无处安身，直到那块看不见（adelos）的岩石从海中出现并变得可见（dèlos）。在岛上的一棵棕榈树脚下，勒托生下了双胞胎。忒修斯从迷宫返回时去了提洛岛，在那里他向阿波罗献上祭品，在海滩上竖起了阿芙洛狄忒的雕像，并与他的同伴一起跳起了模仿鹤的舞蹈。从最早的时候开始，提洛岛就是小亚细亚中部海岸的所有民族，包括伊奥尼亚人、雅典人、附近其他岛民和居民举办盛大节日的地点，而在这些节日庆祝中，盖拉诺斯（gèranos，鹤舞）便是最有特色的庆祝形式。最早的定居点在肯索斯山（Mount Kynthos）上，可追溯到希腊化以前的时代，此地出土的陶器表明在公元前3世纪下半叶曾经十分兴盛。在迈锡尼时代，一个大型定居点建立在后来的阿波罗神庙位置上，并成为与航海相关的祭祀崇拜场所（公元前14至前12世纪）。经过一段时间的停滞后，伊奥尼亚人在公元前9世纪中叶的到来开启了又一段繁荣时期。在古风时代开始后，提洛岛成为爱琴海的真正“中心”，神庙成功地凝聚了伊奥尼亚地区的利益，同时也成为获取利益的工具，首先掌握在纳克索斯岛手中（公元前650年—前550年），然后被雅典人攫取。在萨拉米斯战役中击败埃及人之后，该岛成为提洛同盟大本营所在地，阿波罗神庙也成为雅典人管理下的联盟金库。由于雅典在联盟中的主导地位，金库的宝藏在公元前454年被转移到雅典。公元前426年整个岛通过移除所有坟墓而被完全净化（庇西特拉图统治时期，神庙区域首先被净化了）。死者及坟墓被重新安置在附近的雷纳亚岛（Rhenea）的一条大沟中。从那时起，根据法令，分娩的妇女和垂死的人都要被运送到

雷纳亚，提洛岛上不再允许死亡和分娩。从公元前4世纪至公元前166年（罗马征服的那一年），马其顿的安提柯王朝和埃及的托勒密王朝相互竞争，都想夺取提洛岛，也因此这是该岛相对独立的时期之一。公元前3世纪初，该岛发展成为东地中海的大型商业和银行中心，亚历山大大帝将其统一进版图范围。罗马帝国时期进一步得到支持，罗马参议院宣布提洛岛为自由港并将其管理权交给雅典人。以前曾通过罗德岛进行的密集海上运输向提洛岛转移，该地的人口达到25,000人。正是在这种情况下，岛上最大的一批贸易公司联合成立了“管理委员会”。意大利公司在其中脱颖而出。布匿战争之后意大利半岛上发生了深刻的社会变化。有实力的商人所拥有的大庄园对奴隶产生了巨大的需求，罗马则通过提洛岛来满足这一需求。斯特拉波的记载表明，该岛上的奴隶贸易每天涉及10,000人。短时期内实现的繁荣在公元前88年遭到本都斯国王米特拉达梯的掠夺。一年后（公元前87年），罗马大将苏拉夺回了该岛，并恢复了昔日的光彩，但后来又被海盗进犯。东方与罗马之间直接往来的增加导致了该岛的衰落，提洛同盟也逐渐销声匿迹了。

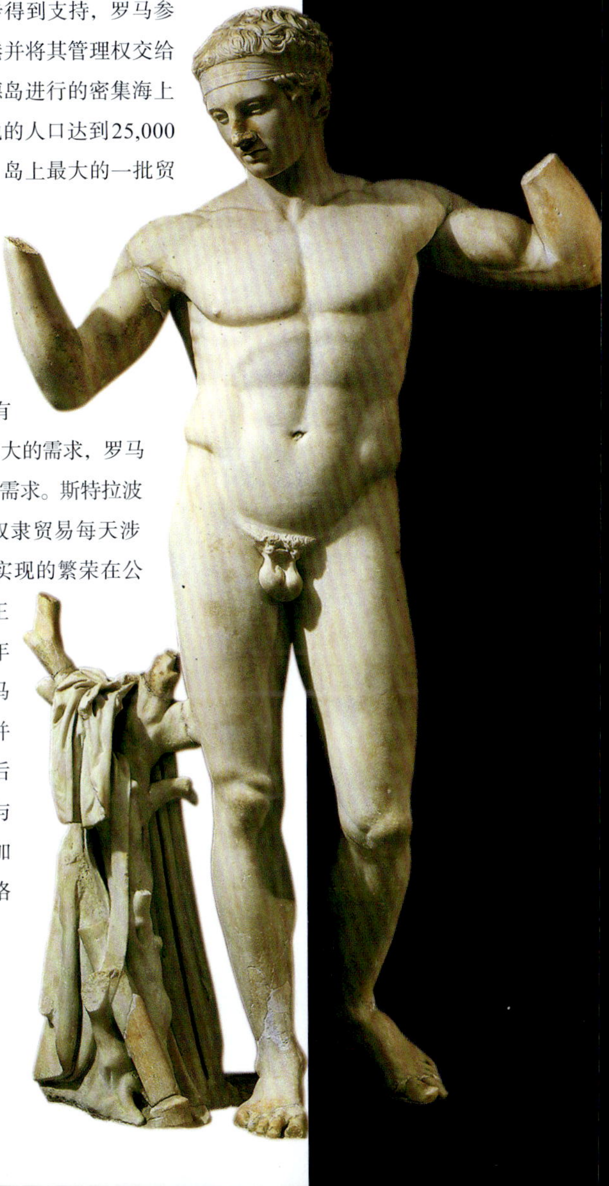

P528上图：狮子地台，雕塑细节图

P529：波利克利图斯的迪亚杜梅努斯，罗马时期复制品

发掘工作

尽管是一个海风劲吹阳光刺眼的荒岛，今天的提洛岛仍持续吸引着游客前来，这一成功并不完全是大众旅游推广的结果。岛上的考古遗迹庞大广泛，历史悠久。有关该岛及其遗址的最早信息可追溯到公元前15世纪，这主要归功于安科纳的西利亚库斯（Cyriacus of Ancona，1391—1452年）所做的研究。在16和17世纪，该岛和基克拉泽斯群岛整体上接待了许多游客，包括一批当时的地理学家、植物学家和艺术家。17世纪末，侯爵诺因特尔·J. 斯庞（Nointel J. Spon）和M. 维勒（M. Wheeler）仍然参观了该岛。1753年，斯图尔特（J. Stuart）和雷维特（N.Revett）确认了土耳其人从古代遗址中大量拆除材料以建造自己的房屋或雕刻成土耳其风格墓碑的史实。1829年进行过一次科学考察，然后1872年雅典的法国考古学校开始进行系统的挖掘，首先由A. 勒贝格（A. Lebègue）带领下在肯索斯山上进行，然后由霍莫勒（T. Homolle）带领下在海岸线附近的马尔马利亚区（“大理石”）进行。由于对历史资料充满信心，霍莫勒成功地找到了神庙遗址所在。发掘范围迅速扩展到阿波罗神庙的外围，到达圣湖区（那时湖面已经缩小，并最终在1925年被排干）。第一次世界大战之后，发掘工作继续在肯索斯山坡上的居民区进行；在第二次世界大战造成的中断之后，这项工作再次启动并一直持续到今天。

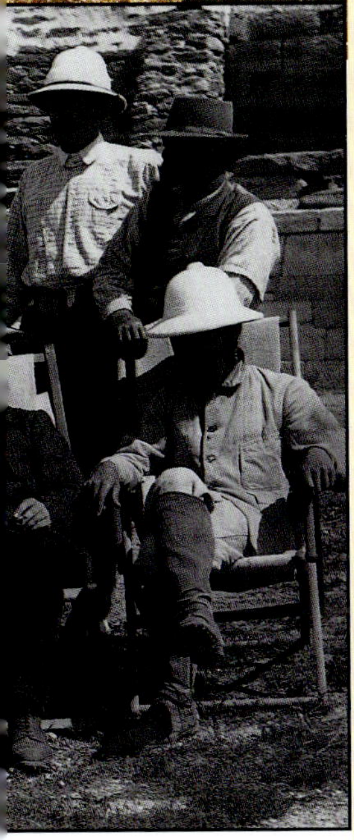

DELOS

参观指南

从米克诺斯岛乘渡轮可到达该岛（旅游旺季每30分钟有一班船驶出，用时30分钟）。前往提洛岛的组团徒步也可从其他岛屿出发。整个游览时间为5～6小时（基本上是整个挖掘现场开放时间）除星期一外每天开放，时间为8:30—15:00。

遗址可以参观的部分区域：从阿波罗神庙开始，向北前往圣湖，然后前往田径场。在博物馆停靠时还可以在咖啡馆来杯咖啡，然后可以参观肯索斯山，剧院和南部地区。

请务必牢记（在一般性被长期使用或居住古代遗址中）该地方的发掘通过“选择性”的展现提供了有些虚假和不符合历史的画面。在这里看到的是约公元前100年的提洛神庙，即在其辉煌时期，但还有其他建筑遗址不属于公元前100年这一时期。

P530上图：多利克式门廊

P530—531：法国考古队在提洛岛，1910年

P531左上图：古风时期的狮子，狮子地台

P531右上图：海豚与锚，海豚之家的马赛克画

P532：小祭坛底座上的牛头雕刻

提洛岛

A 圣港	8 半圆形纪念碑	17 建筑22
B 大神殿	9 42号建筑物	18 安提戈努斯门廊
1 意大利商贸市集	10 纳克索斯人门廊	19 米诺斯喷泉
2 腓力五世门廊	11 南建筑	20 勒托神庙
3 南门廊	12 六边形纪念碑	21 意大利人市集
4 提洛同盟市集	13 阿尔忒弥斯神庙	22 多德卡尼斯神庙
5 朝门建筑	14 公民大会会场	23 多柱式房间
6 纳克索斯人家庭房屋	15 宝库	24 圣湖
7 庙宇	16 建筑（议事厅）	25 狮子地台

26 贝利图斯的波塞冬之家
27 迪亚杜梅努斯之家
28 演员之家
29 海豹之家
30 阿尼努斯神庙
31 健身室
32 田径场
33 跑道
34 狄俄尼索斯小神庙
35 特里普特纪念碑
36 阿芙洛狄忒神庙
37 赫尔墨斯之家
38 塞拉皮斯神庙
39 塞拉皮斯神庙B
40 塞拉皮斯神庙C
41 萨摩色雷斯神庙
42 叙利亚众神神庙
43 赫拉神庙
44 提喀女神神庙
45 圣洞
46 肯索昂神庙
47 海豚之家
48 面具之家

DELOS

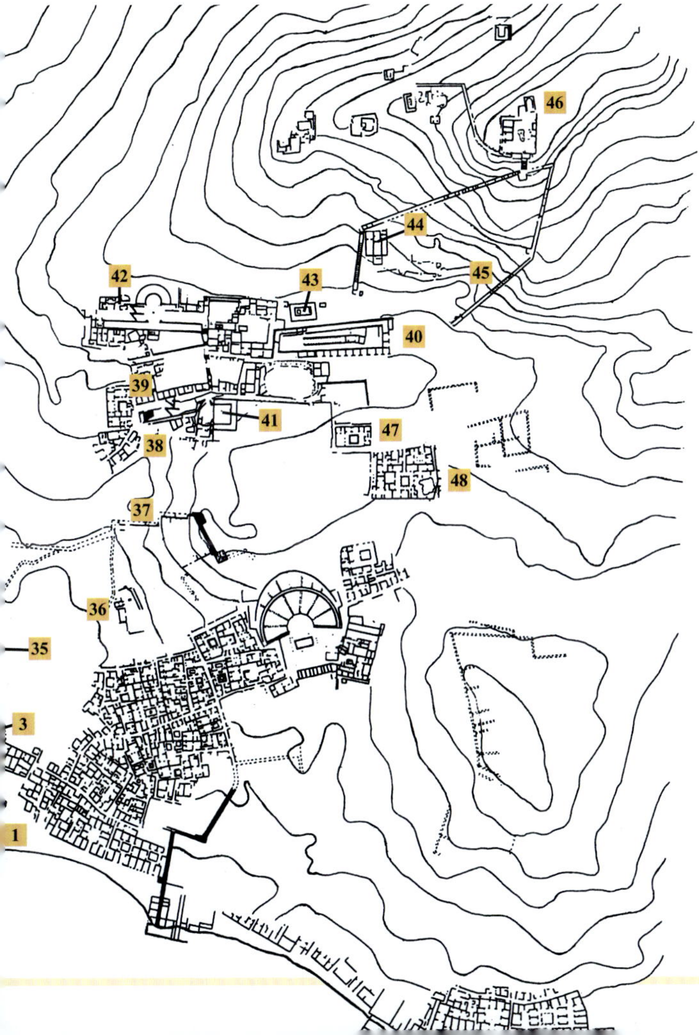

现代码头由法国人在20世纪初期建造，使用的是文物发掘现场清出的泥土。码头清楚地将北部的神圣港口（A，早在公元前6世纪就已经存在）与南部的第二个海湾分隔开来，后者正对着意大利商贸市集（1）或称赫米亚斯市集。市集名称来自两家意大利半岛的贸易公司，在该遗址的铭文中多次被提及。这处遗址包含罗马共和国时代（公元前130年）的两座小型神圣建筑的遗迹；一座长方形的献给赫尔墨斯和玛雅（公司的守护神），另一个圆形不知名的（Vesta，罗马？）安置在四边形墙内。

第三神龛形式的小庙献给拉瑞斯·康皮塔莱斯（Lares Compitales，连接和边界之神），位于腓力五世门廊（2）侧壁上。该建筑物和南门廊（3）构成了通往阿波罗泰美诺斯的大路（入口走廊）。此布局形成于公元前3世纪，需要进行大型填海工程，以便使神庙具有一个符合希腊文化要求的重要登陆点建筑。根据历史资料，第一个门廊（约在公元前230年，公元前180年增建第二个门廊在西边建造，以库存附近港口的货物）的修建作为马其顿在爱琴海的霸权宣言，同时用以纪念安提戈努斯·贡纳塔斯和德米特里乌斯。与此形成鲜明对比的是另一处门廊，由帕加马王朝于更早时间建造，他们当时是马其顿扩张的主要对手。南部的门廊中有商店，并有一个中央入口进入提洛同盟市集（4）。这处建筑由于其近乎规则的四边形状也被称为“四边形”，这是公元前3世纪的城市规划与两扇门廊的建造（公元前2世纪初）相结合的结果（在北侧和东侧）。门廊有两种建筑风格，上方是伊奥尼亚式，下方是多利克式，后面是主要用于银行业务的店面。在哈德良统治时期，在谈话间附近建造了一个浴场。回到大路 上，会在右边看到迪安德里达（Theandridai）的村庄

P534：狮子地台雕像

P534—535：南侧视角看遗址

P535上图：市集内的纪念碑性地基

额吉阿斯泰利亚（ergasteria，这是古风时期的一个多利安部落）。穿过具有纪念意义的多利克朝门（5）——南侧为四柱式，北侧为双柱式（公元前2世纪，在以前的建筑遗址之上建造）——圣道开始了。这条路将阿波罗神庙与阿尔忒弥斯泰美诺斯及其他重要建筑物分开。

朝门后面有纳克索斯人的家庭房屋（6）。目前可见的遗迹来自最后一个阶段（公元前6世纪中期），但更古老的建筑可追溯到前7世纪下半叶。在北侧和东侧各有一个入口，还有一个带西侧密室的内殿，双排木制支撑架支撑着平屋顶。大约在公元前575年前后，建筑改变了朝向，密室的位置变成了相对式双柱式前廊，中心竖起细长的伊奥尼亚式大理石柱以支撑双斜屋顶。此处是希腊世界第一次使用大理石横梁和瓦片。大约在公元前550年，东侧建造了一个门廊（prostòon）四柱式神庙，一些学者认为该建筑用于会议或行政管理。纳克索斯人巨像在港口建设的后期阶段树立起来；该雕像比真人大四倍，是一个裸露的阿波罗雕像，手持弓箭和箭袋（在阿尔忒弥斯神庙中可以看到雕像躯干)。地基东侧的古风时期铭文强调了雕像的重要性,两个世纪后又在西侧的重塑雕像,表达纳克索斯人的虔诚之意。

庙宇G(7)的废墟位于东面。从几何陶时代(公元前9—前8世纪)开始,这就是一座献给阿波罗的最早的祭祀寺庙。伊奥尼亚式多孔神殿(大概是四柱式)是石灰石地基(因此得名),在公元前540—前530年取代了之前的纳克索斯家庭房屋,后者被改造成存放祭品的"仓库"。实际上这座寺庙的建造可能与庇西特拉图开始掌权有关,标志着雅典霸权时代的来临。大神殿(B)位于两座建筑之间。该庙在公元前475年后不久就开始用于存放提洛同盟的宝藏,在某种程度上使多孔神殿黯然失色。当宝藏在前454年移交给雅典时,神殿仍未完工。提洛岛上从雅典人手上解放后不久,工程终于在公元前280年完成。这座建筑成为该岛独立的标志。雅典人在提洛岛的存在的另一标志可以在大神殿和多孔神殿之间找到,即修建于公元前425年至公元前420年,并于公元前417年启用的六柱式多利克神殿。该建筑被建造的目的是在伯罗奔尼撒战争期间重申该岛在爱琴海的地位。建筑展示出许多优雅的设计,显然是在帕特农神庙和该时期发生的其他伟大建筑创新之后实施的。公元前6世纪中叶,泰克泰奥斯(Tektaios)和安杰利昂(Angelion)制作的阿波罗祭祀雕像被放置在内殿马蹄形底座的中央。这座雕像最初计划放置在多孔神殿 中,后来被转移到大神殿安放;阿波罗左手持弓,美惠三女神在他的右侧。在提洛岛博物馆中可以看到两个小巧的山尖形装饰。这尊纪念物是公元前3世纪由某位索斯克拉特献给帕加马王国阿塔利德王朝建立者菲莱泰罗斯(Phileterus)的,就立在寺庙的前面。不同寻常的是所有寺庙的朝向朝西,因为那里有著名的羊角祭坛(keraton)。根据神话传说,阿波罗使用的正是阿尔忒弥斯在肯索斯山猎杀的野山羊的角。它本来应该是由瓦片和华盖保护的,但尚未确定。最公认的假设是"华盖"是与"42号建筑物"(9)紧密相关的"半圆纪念碑"(8),只有底座保留下来。前者建于公元前5世纪,并于前4世纪下半叶重建。形状非常适合用作祭坛的围墙,并且与忒修斯和盖拉诺斯舞蹈的神话有关(鹤舞)。后者矩形平面尺寸约为22×17米,带有伊奥尼亚式前廊和类似于telsteria的内殿。舞蹈开始时,宽敞的房间可能用来欢迎参加盖拉诺斯的参与者。

P536:第四座阿波罗神庙的梯形底座

P537:装饰着公牛头和花环的小祭坛

向南一点是纳克索斯人的L形门廊（10），建于前6世纪末，使面对港口的神庙外墙变得整齐。尼西亚斯（Nicias）于公元前417年奉献的青铜棕榈树的底座位于西南角。在门廊的北端，立有功能不明的“南方建筑”（11）和“六边形纪念碑”（12），得名于大理石纪念碑的蜂窝状装饰，这些石块曾用于神庙管理处（hieropoìon）。然后是阿尔忒弥斯的泰美诺斯，公元前166年以后的某个时候建造的3柱门廊封闭了面向大海的前部，还有一个小房间（内有苏拉奉献的祭品），被认为是阿芙洛狄忒的露天小神庙。显然，阿尔忒弥斯神庙（13）也是分阶段建造的。迈锡尼时代的建筑带有丰富的祭品。神庙内部有希腊化时期（公元前2世纪下半叶）的六柱式寺庙，之前是古风时期的寺庙（公元前7世纪），这里出土了一尊著名的男立像（Nikander，现存希腊国家考古博物馆，雅典）。公元前2世纪，神庙的重新布局也导致了L形的门廊的建造，其北侧是提洛岛居民的公民大会会场（14），旁边是一栋中央围柱式建筑和两个宴会厅房间（公元前5世纪中叶）。向东，半圆形的塞玛（Sèma）从岩石上凿出，里面是知名的迈锡尼墓穴“罗迪克与希波洛克之墓”（Laodike和Hyperoche），这两名年轻的女子是从北方乐土来此向阿波罗进献礼物的。

返回阿波罗泰美诺斯的途中将遇到一系列宝库（15）。第一座是被确认为卡里斯托斯的家庭房屋，然后是那些联盟和城市献祭的宝库，但具体对应关系尚未确定。接下来是提洛岛的公共建筑：建筑物（16）是议事厅，而建筑物22（17）带有执政院（prytaneion）的性质。神灵祭坛位于西部，其中唯一能被确认的是献给雅典娜和阿波罗·派翁的祭坛。东侧是风格恢宏的“公牛纪念碑”底座，大概是由“攻城者”德米特里乌斯为庆祝公元前306年在萨拉米斯战胜托勒密一世的海军而建造的，由他的儿子安提戈努斯·贡纳塔斯完成。南部的前廊开向一个长长的走廊，与北部海湾相连，走廊上有饰以公牛头的半支柱。绘制有仙女涅瑞德和海马形象的柱间壁，最初在画廊的上方，但现在可以在前立面看到。所有这些建筑装饰均用于安提戈努斯的主建筑，这座号称献给阿波罗的建筑其实是为纪念公元前255年在科斯岛外的水域中对托勒密的又一次伟大胜利而建造的。同样由安提戈努斯负责修建的还有北侧包围神庙围墙的大型门廊（18），建于公元前275年至公元前250年——外侧是多利克风格，内部是伊奥尼亚风格——横梁的柱间壁上装饰着公牛的头。王朝庆祝活动的另一个例子是普罗戈内（Progonoi）纪念碑，上面有安提戈努斯祖先的青铜雕像；以及欧皮斯和阿尔杰之墓（Opis和Arge），这座半圆形的迈锡尼墓丧葬纪念碑传说

P538上图：意大利市集

P538下图：尼奥里昂景观

P539上图：狮子地台

P539下图：赫尔墨斯之家

中属于另一对来自北方乐土的少女。

在建筑群的北面有一些建筑物：米诺安喷泉（19，以一幅希腊化时期的米尼特仙女壁画命名）是神庙唯一的一处泉水；希腊化风格的商店；勒托神庙（20），这是一座建于公元前540年前后的大理石建筑，为阿波罗和阿尔忒弥斯之母勒托所建。这里出现的六边形装饰一般认为与神庙管理处有关。

在更北的地方是著名的“意大利市集”（21）。这个占地面积颇大的市集最初可能附属于勒托神庙。由于市集只有两个入口（在东南和西南角），公认的假设是这个集市是奴隶市场，而不是意大利商人的聚会场所。建于公元前2世纪末，这座建筑有一个双重门廊（下层是多利克式，上面是伊奥尼亚式），其后是东侧和南侧封闭的神龛。在未铺砌的广场上发现了献祭的纪念碑和名誉雕像。在市集的西侧是“花岗岩纪念碑”的废墟，这可能是意大利商业协会的所在地。市集的西南角是多德卡尼斯神庙（22）的遗址，它是由“攻城者”德米特里乌斯在公元前4世纪末或前3世纪初建造的六柱式多利克式神庙。附近的港口广场是雅典的西奥弗拉斯托斯（Theophrastos）在公元前126年至公元前125年铺成的。在北侧有一个用于存放谷物的多柱式房间（23，公元前3世纪末）。在市集最北面是圣湖（24），相传女神勒托在那里生下了阿波罗和阿尔忒弥斯。该区域主要被狮子地台（25）占据，地台上有一系列守卫泰美诺斯 的古风时期狮子雕像（公元前7世纪下半叶）。再往北会来到一个在公元前120年至公元前90年的城市发展过程中创建的居住区，呈惯常的网格布局。值得一提的是，在希腊化时代，提洛岛的新布局是相当随机的结果：市集数量成倍增加，港口周围建有许多仓库，剧院周围建有密集的住宅，富人的大房子建在圣湖附近和肯索斯山的山坡上，与人口稠密的地区隔离开来。一些公司的世界主义和个人利益阻碍了对城市进行整体精心组织，同时经济繁荣又在没有精确的发展规划的情况下加速建筑的发展，结果就是大片空地只能被私人无序占用。

在贝利图斯的波塞冬之家（26，贝利图斯即现代贝鲁特）——这是一个自

身室和田径场，路过阿尼努斯神庙（Archegesion，30），这是献给英雄阿尼努斯（Anius）的，相传他是阿波罗崇拜的创始人（archigetes）。健身室（31）建于前3世纪初，靠近田径场（32），并设有遮盖的跑道（33）。田径场东侧有一个住宅区，附近有散居的犹太人建造的较早犹太教堂的遗迹。从博物馆下到安提戈努斯门廊的东角，那里有一个狄俄尼索斯小神庙（34），在两侧有有关狄俄尼索斯的浮雕（公元前4世纪至前3世纪初）。从这里出发，向南走到特里普特（Tritopater）

称在海神波塞冬和罗马女神的保护下的商人和船东协会——会看到一些漂亮的围柱式房屋（insulae）。请特别注意迪亚杜梅努斯（Diadumenus）之家（27）内的雕塑，例如现存雅典的著名的波利克利图斯作品“伪运动员”，和迪亚杜梅努斯雕像的复制品。演员之家（28）内有着海洋场景的精美马赛克。在“海豹之屋”（29）中至少发现了15,000个黏土海豹，这些海豹被用来固定船东档案中的纸莎草纸卷，房屋所有者很可能是富有的银行家或商人。

返回到意大利市集，参观者会在这里看到博物馆。从此处可以攀登到健

纪念碑（35），是为纪念雅典皮拉基德（Pyrrakides）家族祖先而建造的。一条小路通往阿芙洛狄忒神庙（36），这是公元前4世纪末的一个小型私人神庙。

在斜坡上会看到赫尔墨斯之家（37），是一座希腊化时期沿坡而上的三层围柱式建筑。继续向上爬到较早的提

洛岛塞拉皮斯神庙（38）：埃及塞拉皮斯崇拜的主要特点是与尼罗河有关，在这里被因诺普斯河所代替。上坡还有另外两个塞拉皮斯神庙（39，40），其中第二个较为宏伟。

然后来到在两层地台上献给萨摩色雷斯诸位神灵的萨摩色雷斯神庙（41）。叙利亚诸神庙（42）塞拉皮斯神庙是东方商人涌入提洛岛（公元前128—前111年）带来的艺术影响的重要例子。

P540上图：房屋

P540下图：克里奥佩特拉和迪亚斯库里斯；克里奥佩特拉之家的多利克围柱式庭院

该建筑的祭祀区域位于一个方形庭院中，该庭院的南侧有礼拜堂，北侧和东侧都有服务房间。向北延伸有一个露台，西侧是一个门廊，另一侧是一个三层门廊内的洞穴。这种设计后来被应用于意大利半岛拉齐奥和坎帕尼亚地区的许多神庙中。

赫拉神庙（43）在塞拉皮斯神庙C（40）的东边；目前可见的遗迹是公元前6世纪的多利克相对柱式神庙，内殿中有一些更早的建筑遗迹（公元前7世纪）。

一段陡峭的台阶通往肯索斯山顶部。一路上会看到提喀神庙（44），以及右侧的圣格罗多神庙（45），此处被认为是希腊化时期献给赫拉克勒斯的神庙。自最早以来，山顶就是保留给宙斯和雅典娜的祭祀场所，在希腊化时代被转移到公元前3世纪的肯索昂神庙（46）。其他东方神灵也在该地点得到祭祀。下山后，可以继续参观提洛岛上最著名的两栋房屋：海豚之屋（47）和面具之屋（48）；名称都取自于屋内马赛克地板的装饰图案。路过客栈之后来到从山坡上挖出的露天剧场阶梯看台。看台有26层，在低处（ima Cavea）分为7个部分，在高处（summa Cavea）分为8个部分。舞台建筑的三个侧面都被门廊所围绕，前面有一系列多利克式半

P541 左上图：赫拉神庙景观

P541 右上图：特里同与厄洛斯；特里同之家马赛克

P541 下图：剧院景观

柱，柱间壁上有类似于牛头盖骨的装饰（公元前3世纪）。一座大蓄水池位于剧院西侧。希腊化时期（公元前3—前1世纪）建造的另一个大型居民区，许多上流社会的房屋沿着一条铺砌的道路（称为“剧院之路”）排列，包括三叉戟房屋，克里奥佩特拉房屋（以其富有的雅典主人的名字命名）和狄俄尼索斯房屋。

提洛岛博物馆

尽管在挖掘中发现的最杰出的作品已被带到雅典，这个小型博物馆仍然陈列着一些古风时期，古典时期和希腊化时期的重要文物。

1—4号展厅内有一些献祭雕塑，包括公元前6世纪的几座男立像和女立像，以及在帕罗斯岛（公元前6世纪）制成的精美的狮身人面像。

第3号展厅保留了公元前5世纪的阿波罗神庙的雕塑装饰，包括山尖形装饰群雕“博瑞亚斯诱拐欧列图雅”（abduction of Oreithyia by Boreas）的场景（公元前425—前420年）的碎片。

第4号展厅有希腊化时代的作品（阿芙洛狄忒和鹿），第5、6和7号展厅则有一些来自私人住宅的高质量马赛克画和壁画。一系列日常物品提供了这个往昔的大型希腊文化商业中心交易的场景，其中包括金、银、青铜、铁、玻璃和骨头制成的物品。还有一些迈锡尼时代的象牙和骨制品。

8号展厅收藏了陶器和考古遗址模型。（斯特凡诺·马吉）

帕罗斯岛

在早期基克拉泽斯文化时期，帕罗斯岛曾有一些原始的城市定居点。先是受到克里特岛的影响，然后受迈锡尼岛的影响，随着大约1000名伊奥尼亚定居者的到来，帕罗斯岛的人口规模不断扩大。岛上著名的大理石远距离出口，尤其是出口到了腓尼基海岸。在公元前7世纪初，殖民者从新城市帕里基亚（Parikìa）出发［而不是北部库库纳瑞斯（Koukounariès）］去建立新的定居点，例如公元前680年前后的萨索斯岛。到了公元前6世纪末，帕罗斯战胜了邻邦纳克索斯，得以控制爱琴海的海上交通。但后来在与雅典的竞争中屈服，并加入提洛同盟，成功地保持了繁荣。然而与其他岛屿一样，帕罗斯岛后来被托勒密王朝，安提柯王朝和罗德岛所统治。在热爱希腊的哈德良皇帝的统治下，罗马将岛上著名的大理石矿直接控制，从而一度恢复了该岛的威望。帕罗斯岛后来成为爱琴海最大的基督教中心之一。在帕里基亚能看到的该岛繁盛时期的遗迹很少。反复使用旧建筑材料的做法一直保持着。例如卫城上威尼斯人堡垒的

CYCLADES

P542上图：浅浮雕瓦片，考古博物馆

P542中图：哈耳庇厄像，考古博物馆

P542下图：东方化风格的格里芬兽首瓶

P543：希腊化时期的白色大理石女头像

PAROS

P544上图：圣埃卡托姆毕拉尼教堂（百门教堂）

建造，使用的大理石来自一座献给雅典娜·波利奥乔斯（庙宇A，公元前6世纪末）的六柱式伊奥尼亚神庙，以及第二座神圣建筑即相对柱式神庙（庙宇B，公元前6世纪末）。这第二座建筑物可能是一个得墨忒耳及女儿们的神庙。

下城的卡托波里亚尼（Katopolianì）大教堂建于6世纪（开放时间为8:00—13:00，16:00—21:00），位于4世纪的一栋建筑物原址上，该建筑物传统上与君士坦丁皇帝的母亲海伦娜有关。早前建筑内的马赛克画现存帕罗斯考古博物馆，画面展示了赫拉克勒斯的功绩。该祭坛是重复利用古建筑材料修建的（或者是某个雅典娜神庙的入口的一部分），合唱团的几个大理石座椅来自某个露天剧场（尚未确定）。一个小型的拜占庭博物馆设在大楼的一个房间中（开放时间为9:00—13:00，17:00—21:00）。

考古博物馆（除星期一每天开放，8:30—14:30）有公元前7世纪的花瓶，雅典娜神庙的山尖形装饰上的胜利女神像（公元前470年），还有一个古风时期山尖形装饰上的戈耳贡雕像。最近离博物馆不远的地方发掘出一个住宅区，以及靠近海岸的公元前7至前2世纪的大墓地。

瑙萨（Naussa）位于帕里基亚（Parikìa）东北9.6千米处，是一个美丽的村庄，有小港口和威尼斯堡垒。17世纪的罗格瓦尔达修道院坐落在通往村庄的路上（9:30—12:00，仅对男性开放）。在瑙萨前面海湾的考利姆毕瑞思（Kolymbithrès）海滩附近，您可以看到考考纳瑞斯（Koukounariès）遗址，那里发掘出迈锡尼城墙之间的一系列地台，以及从迈锡尼时期一直持续到公元前7世纪末居民迁居帕里基亚的史实。（斯特凡诺·马吉）

在圣安娜小教堂附近，在两个独立的地台上有献给阿波罗·皮提奥斯的神殿废墟。那里还有一处六柱式多利克式神庙（约公元前400年）和附属于公元前4世纪早期神庙的阿斯克勒庇俄斯神殿。

在德里昂（Dèlion）以北4.8千米处还有另一个阿波罗神庙（Apollo）。方形露台上的一块圣石用作神的象征，被一圈小墙包围着（公元前5世纪初）。该遗址的北部立有一座供奉阿尔忒弥斯的多利克式小神庙，庙中的祭祀雕像现在博物馆内。一个祭坛和一个宴会厅（用于举行神圣宴会的房间）也是该建筑群的一部分。人们在献祭品仓库中发现包含有几何陶时代的物品，这是崇拜（在户外庆祝）的起始时期。

P544下图：圣埃卡托姆毕拉尼教堂立面

P545中图：考古博物馆庭院

P545上图：浅浮雕瓷片，考古博物馆内部

P545下图：考古博物馆内部

纳克索斯岛

纳克索斯岛是基克拉泽斯群岛上面积最大，土壤最肥沃的岛屿，是天选之岛（“uneîleoùil fait bonflàner”），同时岛上也有丰富的考古资源。该岛在基克拉泽斯文明初期（“格罗塔-帕罗斯文化”，公元前3300—前2500年）已经发展起来，在米诺斯人的影响下，一个大的定居点在迈锡尼时代日益繁盛，并在大陆“宫殿坍塌”（“collapse of the palaces”）时期幸存。在公元前9世纪定居点从格罗塔（Grotta）移到卡斯特罗（Kastro）山坡上。在农业的成功推动下，贸易在古风时期繁荣起来。

随着力量日益发展壮大，纳克索斯岛与卡尔基季人一起在基克拉泽斯群岛中建立了霸权；公元前735年至公元前734年，纳克索斯人甚至在西西里岛也建立了一个殖民地，也称纳克索斯岛。吕格达米斯（Lygdamis）的专政（公元前550—前524年）代表了该岛最辉煌的时期，他们为大型的泛希腊神殿送去令人印象深刻的礼物，例如献给德尔斐的狮身人面像和献给提洛岛的阿波罗雕像。

公元前490年波斯入侵后，纳克索斯归入雅典的势力范围并开始衰落。古风时期的卫城位于马可·桑努多（Marco Sanudo）于1207年建造的威尼斯城堡附近，一直延伸到海中（格罗塔的所在地）。今天几乎看不到什么遗迹了：希腊化时代的市集（公元前3世纪）普拉提亚·米特罗波利斯（Platìa Mitropòlis），曾经被一个三层门廊包围着（参见雕像和商业建筑的地基）。一座大型庙宇（可能是献给阿波罗的）的内殿入口位于港口入口处。伊奥尼亚神庙（6×12根列柱，正面有一个双柱廊，内殿中有3条侧廊）是根据吕格达米斯的意愿建造的，但到他被驱逐时仍未

P546：上图和P546—547：阿波罗神庙和入口细节

P547上图：纳克索斯教堂

P547中图：阿波罗纳斯洞穴，未完工的雕像

P547下图：纳克索斯，考古博物馆内部

完成。在5世纪或6世纪，这座未完工的建筑变成了基督教大教堂。

耶稣会学校的一个小博物馆（除星期一每天开放，8:00—15:00），收藏了史前人偶、迈锡尼文物、希腊化时期葬礼石碑、罗马硬币和玻璃器皿等。在伊里亚的一个大型的狄俄尼索斯神庙中，阿里阿德涅在忒修斯返回克里特岛时被抛弃的神话情节在这里再现。这里有四柱式伊奥尼亚神庙，内殿有三条侧廊和一个可以追溯到公元前6世纪上半叶的密室。这座神庙取代了早前的建筑（公元前7世纪），而该建筑又取代了几何陶时代的开放崇拜区域。另一座非常有趣的建筑是公元前6世纪在内陆发现的泰勒斯台里昂神庙，这是一个举行神秘仪式的庙宇，献给得墨忒耳和刻尔（译注：即珀耳塞福涅）。宽阔的横向房间分为两条侧廊，两侧外立面上各有五根相对式伊奥尼亚柱，完全由大理石和瓦片制成的屋顶缝隙将光线引入。岛上的内陆地区值得参观的还有一些拜占庭修道院，因为这些修道院的存在，特拉盖的高原曾被称为“小米斯特拉斯”（Little Mistrà）。最重要的是位于乔拉以东19千米的德罗萨尼修道院（Drossiani，10:00—13:00，16:00—19:00开放）。风景如画的阿皮兰索斯（Apèiranthos，位于乔拉以东25千米）被称为“大理石之乡”，所产大理石广泛用于建筑装饰和铺路。最后在阿波罗纳斯（Apòllonas）处有一个巨大的雕像，是一个蓄须的狄俄尼索斯雕像，但已经几乎完全损毁了。在山洞下坡处发现了第二个巨大的雕像。（斯特凡诺·马吉）

米洛斯岛

这个拥有一些白色村庄和几处小海滩的火山岛仍然堪称荒凉，其成名应归功于岛上出土的著名的阿芙洛狄忒雕像，一般被称为“米洛斯的维纳斯”。公元前2世纪的这件作品是在1820年偶然发现的，并由法国驻伊斯坦布尔的大使购得，作为献给路易十八的礼物，自1821年起一直在卢浮宫展出。这座雕像中女神柔软的躯体，包裹的衣褶以及整体的曲线体现出极高的艺术水平，被认为是普拉克西特利斯的作品。

由于公元前3世纪繁盛的黑曜石出口贸易而兴盛，米洛斯岛在爱琴海文化史上占据着重要地位（请参阅位于普拉卡以北9.6千米的菲拉科皮phylakopi的发掘）。此处曾有一个中等大小的定居点（菲拉科皮1期）被公元前2000年地震摧毁。在此之上，建造了新的有规划的定居点，其中包括直行道路和带壁画的房屋（菲拉科皮2期，约公元前2000—前1650年）；在西北部分（约公元前1600年）也有米诺斯风格的富丽堂皇的住所。一场大火烧毁了村庄后，大约在公元前1500年，一座新城（菲拉科皮3期）建立起来，修建了双层防御墙。迈锡尼人的到来（约公元前1400年）导致“宫殿”转变为中央大厅式，并建造了“西方式露天神庙”（约公元前1300年），随后建造了“东方修道院”。一座大墓地分布在附近的山丘。多利安人

到来（大约公元前1100年）后整个建筑群都被摧毁了。今天的废墟可见菲拉科皮3期。位于岛首府米洛斯或普拉卡的小型考古博物馆，拥有大量的在菲拉科皮遗址上发现的物品，例如赤陶俑、陶罐、大理石人偶以及古风时期、古典时期和希腊化时期的雕塑和陶瓷文物（除星期一每天开放，8:30—15:00）。

在特里皮第（Trypiti）村附近（公共汽车从普拉卡出发）可以探访早期基督教时代的地下墓穴（除星期一，8:30—15:00开放）。这是罗马以外最广泛的地下墓穴，时间跨度在3世纪晚期至5世纪。继续向前到达克利马（Klima）小港口，那里有古风时期的城市遗迹。参观者可以看到以下内容：带有圆塔的墙壁（公元前6—前5世纪）；市集（出土阿芙洛狄忒雕像的地方），公元前3世纪的剧院，后来的室内剧场以及附近的健身室，与狄俄尼索斯崇拜相关的建筑（罗马帝国时期的精美狄俄尼索斯马赛克画）。

（斯特凡诺·马吉）

P548上图：米洛斯村庄的景观

P548中图：特里皮第露天剧场

P548下图：特里皮第地下墓穴

P549：米洛斯的维纳斯

圣托里尼岛

抛开旅游业对待圣托里尼岛的肤浅宣传，例如赋予其“失落的亚特兰蒂斯”和“爱琴海的庞贝城”之类的噱头，该岛其实是一个奇迹般的保存了大约4000年前生命遗迹的地方。

这座岛的起源、景观的变化和岛上的人类历史都与火山运动息息相关，而岛上的火山是爱琴海唯一仍在活动的火山。整个岛的月牙形（延续到塞拉西亚和阿斯普罗尼西的小岛）外缘是火山口的轮廓，在一系列喷发后几乎全部坍塌了。海湾中的小岛——帕莱亚卡梅尼（Palea Kameni）、米可利卡梅尼（Mikrì Kameni）和尼阿卡梅尼（Nea Kameni）——是1711年最近一次火山活动的结果。

圣托里尼岛由黑色、灰色、微红色和白色的熔岩形成。覆盖在其上的浮石和火山灰层在某些地方深达48米，这是该岛土壤异常肥沃的原因。沿着悬崖很容易提取易于生产水泥的泥土，其独特的化学成分使水泥质量十分优异，曾在苏伊士运河的建设中大量使用。也就是在上述项目挖土过程中，首次发现了这

里埋藏的古老历史的证据。

1866年在塞拉西亚岛上发现的一些物质引起了化学家克里斯托马诺斯（M. Christomanos）的注意。不久之后，矿物学家阿拉夫索斯（M. Alafousos）发掘出一座非常古老且完整的房子。法国火山学家福克（M.Fouqué）也在这里继续发扬探索精神，并同时在圣托里尼岛上发掘。1870年，雅典法国考古学校决定介入更多的常规挖掘工作，但使用

P550上图：锡拉村庄景观

P550—551和P551下图：海战胜利的壁画，来自阿克罗蒂里；现存雅典国家博物馆

P551上图：在阿克罗蒂里进行发掘，1967年

的方法基本类似，并没有惊人的发现。随后又过了许多年，人们才对该岛的文物宝藏刷新了认知，这要归功于希腊考古学家斯皮里东·马力诺托斯（Spyridon Marinatos）。1962年，马力诺托斯对圣托里尼岛开始了一系列研究，并于1967年至1973年在阿克罗蒂里附近成功进行了7次挖掘。随着挖掘工作的进行，人们发现了一个大的建筑区域的部分，

直到今天，这里仍然是能够反映青铜时代最后阶段爱琴海地区生活场景的较完整遗址的之一。

尽管受米诺斯文化的影响深刻，但圣托里尼并不是克里特岛的殖民地，而是海上贸易中的自治者和参与者（已发现许多铅配重和马镫形的安法拉罐，用于盛放油料和葡萄酒）。由于该岛的经济是建立在商业中介基础上的，似乎因此阻止了财富和权力集中到少数人手中。这一事实带来的是集体政府体制的建立，且并无修建富丽堂皇的住所。

神话传说

古籍资料中并没有直接提及锡拉的灾难，但在柏拉图的某些对话中可能会找到模糊的线索。在提摩俄斯和克里蒂亚斯 的对话中柏拉图提到，索伦在前往埃及的旅途中得知存在于大力神支柱（Pillars of Hercules，因此在大西洋）旁边的一个岛屿，一旦获得强大的力量就会塌进海底。尽管今天这个故事基本被认为是一个传说，但考虑到克里特岛掌握海洋霸权和锡拉灾难的史实，这个故事的历史基础难以被否认。

参观指南

阿克罗蒂里距锡拉约12千米，可乘巴士到达（除星期一每天开放，8:30—15:00）。始建于公元前2000年至公元前1900年，这座城市围绕着南北向的街道布局，至少有3种不同类型的多层房屋：豪华住宅，独立建筑群和房屋社区。那时的建筑技术似乎已经相当精湛：宽阔的地基沟渠底部填满了火山岩块，地面铺的是未烧砖。木制框架很普遍，这在地震风险高的地区是一种有效的措施，有的门窗带有石块加固。墙壁内外两侧均有灰泥涂层，内部饰有壁画。整片区域似乎都利用了高度发达的排水系统。

在凹凸墙面建筑（a，挖掘的西南区域）可以看到豪华房屋。在西侧，楼上设有私人公寓，楼下设有服务间。东侧是一个附属的家庭神龛。3号厅（b）设有多个入口，其下半部分用于庆祝与死亡和重生有关的仪式，墙上的壁画也反映这些主题。穿过房屋G和B（c，d）的街区会到达"磨坊广场"[e，以磨坊命名的Δ 15（f）房间]。在建筑群Δ（g）中，2号房间（h，可能用作神殿）是著名的"百合壁画"所在地，这是个关于自然的寓言（现存雅典国家考古博物馆中）。

然后到达定居点中心的"三角广场"（i），这里差不多是一个集市。对面是"西屋"（j），被认为是执政官的住所，墙壁上是"渔民"的壁画，以及反映两次海军胜利和庆祝活动的柱间壁。在这所房子里还发现了一些带有色彩痕迹的杯子和花瓶。似乎是在公元前1500年前后，多次地震发生后进行了排水系统修复。但这项工作又被一次大的火山喷发打断了，喷发造成了足有3米深的沉积，随后又一次沉积，在整个喷发阶段共积累到53米深的灰烬。正是这场巨大的地壳变动使火山锥的上部沉入了海底。

专家们将这次喷发造成的破坏与1883年克拉卡托火山在印度尼西亚群岛喷发时造成的破坏进行了比较。宾夕法尼亚大学对灾难发生时当地的一棵小树进行了碳元素测定，认为可追溯到公元前1559年，因此这次灾难发生在公元前

SANTORINI

P552：阿克罗蒂里废墟，进行遮盖免受恶劣天气影响

P553：阿克罗蒂里壁画中的春天，现存雅典国家考古博物馆

1600年至公元前1520年。对所发现的陶器进行的测定分析往往会使时间推定延后几十年，但今天公认的观点是，火山在公元前1520年至公元前1450年喷发。人体骨骼遗迹的缺少表明居民可能在震前得到某种形式的警告后得以自救。

晚些时期的妇女之家（k）——以1号房间（l）的壁画命名——也有一个祭祀某位女神的家庭神龛；建筑的主房间似乎是著名的“纸莎草壁画”，是自然主义的婚姻隐喻。

发掘区域的东北面有一个房间，称为“北库房”（m），陶制大罐（pithoi）用于存放西侧的磨粉机制得的面粉。

在主城镇东南方11千米处是迈萨沃诺（Mesa Vouno）和锡拉城（Thira）旧址所在地（除星期一外每天开放，8∶30—15∶00）。在荒废了较长一段时间后，约在公元前10世纪初期这里成为斯巴达的殖民地（根据一些历史

阿克罗蒂里

- **a** 凹凸墙面建筑3
- **b** 3号房间
- **cd** 住宅区
- **e** 磨坊广场
- **f** Δ15房间
- **g** 建筑群Δ
- **h** 2号房间
- **i** 三角广场
- **j** 西屋
- **k** 妇女之家
- **l** 1号房间
- **m** 北库房

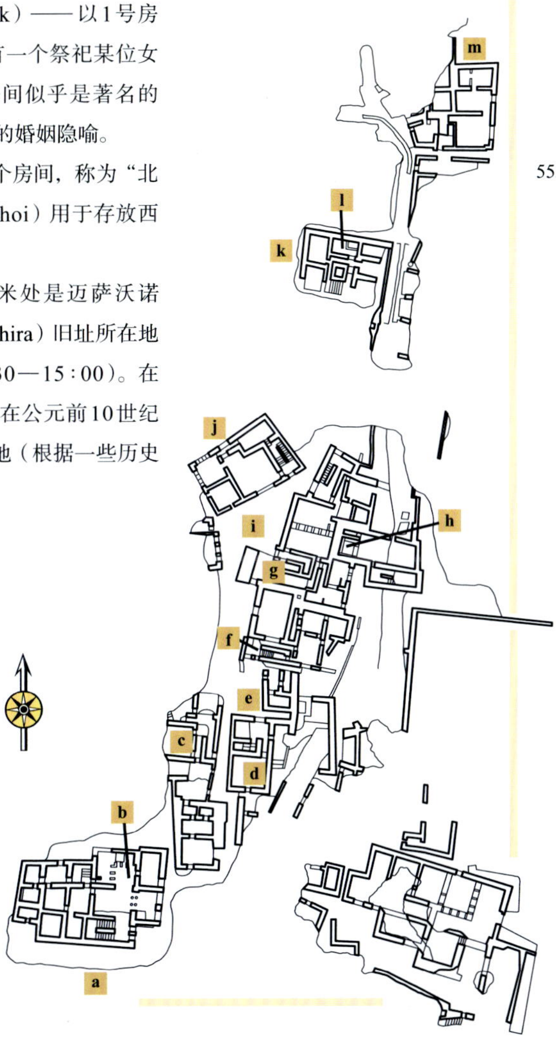

资料）。曾有资料称这里也是腓尼基人的“前殖民地”，但尚未得到考古研究的支持。直到公元前3世纪上半叶，埃及托勒密王朝在此重建定居点，并建立海军基地作为爱琴海的前哨，后来该岛又转到了罗马人手中。今天可见的遗迹都属于希腊化时期（德国考古队在19世纪下半叶进行了第一次发掘）。

爬上陡峭的台阶，并经过拜占庭式的大教堂，然后看到来自神殿的岩石浮雕——这座神殿是由托勒密海军上将阿尔特米多罗斯（Artemidorus）献给各种神灵的（鹰象征宙斯，狮子象征阿波罗，海豚象征波塞冬等）。托勒密海军营地（a）后面是一座健身室（b）和“宫殿”（c），这些可能曾是执政官的住所。经过“狄俄尼索斯神殿”（d）式样的入口到达大型集市，这座神殿实际上是献给女神提喀的。这是一个四柱式和前柱式的多利克神庙，在奥古斯都时代被改

P554左图：希腊化时期的露天剧场遗址，锡拉

P554右上图：有关锡拉斯的宗教建筑

P554右下图：市集

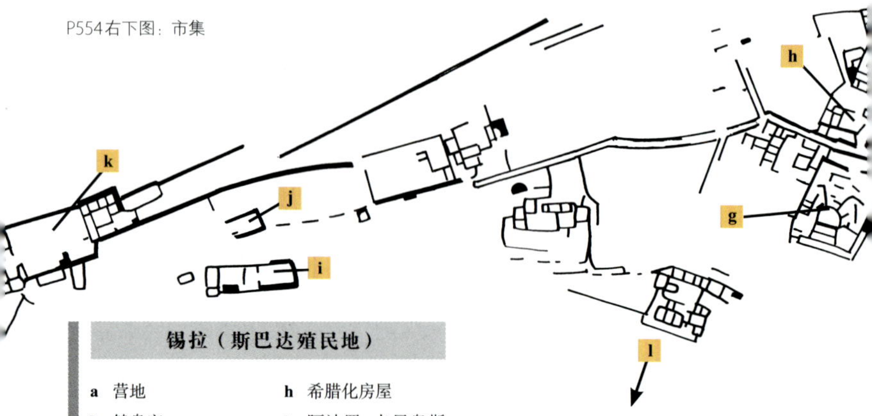

锡拉（斯巴达殖民地）

a 营地	**h** 希腊化房屋
b 健身室	**i** 阿波罗·卡尼奥斯神殿
c 宫殿	**j** 英雄神殿
d 狄俄尼索斯神殿	**k** 男青年健身室
e 提喀神殿	**l** 埃及众神殿
fg 露天剧场	

P555左图：象征宙斯的鹰和象征阿波罗的狮子，阿尔特米多罗斯神庙泰美诺斯

P555上图右：蓄水池顶盖及支撑柱

P555下图右：锡拉的拱廊

建为帝王神殿（kaisareion），也就是帝王崇拜的地方。实际上祭祀狄俄尼索斯的神殿位于剧院北面，但被错误地命名为提喀神庙（e）。广场主要被大型门廊（basilikèstoa，f，托勒密王朝的文化崇拜管理机构Basilistài）占据。这是一座公元前2世纪的建筑，在安东尼时期修复并改建成了一座更宏伟的帝王神殿。

公元前2世纪露天剧场（g）的阶梯看台被一组方形墙围绕。礼堂是由卡利古拉皇帝（将其家人雕像放置在那里）重建的。剧场西边是一栋漂亮的希腊化房屋（h）。沿着圣道来到阿波罗·卡尼奥斯（i）神殿，这里的阿波罗是斯巴达人的部落神。这座神殿有一个较长的建筑平面，有深窄的前廊和内殿，两个从岩石上凿出的后室作为密室，但没有围柱。神殿可能建于公元前7世纪。附近的矩形建筑被认为是创始人锡拉斯（Theras）的英雄祠（j，建筑时间未知）。下方是希腊化时代的男青年（ephebi）健身室（k）。

对这处遗址的参观到拜占庭教堂前的埃及众神殿（l，伊西斯，塞拉皮斯和阿努比斯）为止。锡拉的考古博物馆（除星期一每天开放，8:30—15:00）收藏有基克拉泽斯群岛人偶，来自阿克罗蒂里的青铜时代陶器以及来自锡拉的几何陶时期、东方化时期和古风时期陶器。在小镇以南约8千米处可以参观先知以利亚修道院（除星期日每天开放，8:00—13:00，14:30至黄昏），于18世纪建在较早的两个礼拜堂遗址之上。在不远处的迈萨戈尼亚（Mesa Gonia）附近有圣艾比斯科比教堂（Panagia Episkopi），内有精巧的12世纪壁画，由亚历克修斯·科穆宁皇帝于1115年修建。（斯特凡诺·马吉）

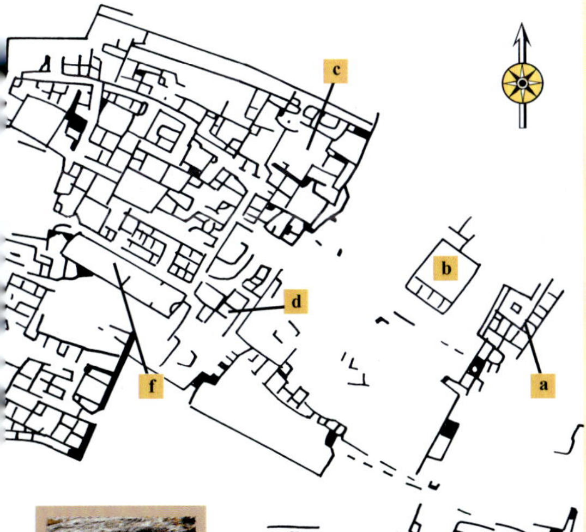

10 克里特岛

米诺安文明的宫殿建于克里特岛最辉煌的时期，也是吸引游客们前来参观这座被古人视为宙斯出生之岛的最大动力。除此之外，该岛还拥有许多拜占庭式和威尼斯式的建筑，以及秀丽的自然风光。

线路1

伊拉克利翁（Iraklion）—克诺索斯—阿卡尼斯

从伊拉克利翁出发沿99号路线前往克诺索斯，然后继续前往阿诺阿卡尼斯（Ano Archanes）。回到主路上可到达瓦西佩特罗（Vathipetro，公元前1600—前1450年居住区遗迹，开放时间为星期二至星期日8:00—15:00）。

线路2

马利亚—德雷洛斯（Dreros）—戈尔尼亚（Gournia）—卡托扎克罗斯-哥提那（Gortyna）—菲斯托斯（Phaestos）—圣特里亚达（Aghia Triada）

离开伊拉克利翁，沿着E75号公路往圣尼克拉奥斯方向去参观阿姆尼索斯（Amnisos，在公元前1450年前后的地震中被毁的房屋遗迹）和尼罗卡尼（Nirou Chani）的别墅。在马利亚的宫殿停留后，继续前往圣尼克拉奥斯（考古博物馆，星期二至星期日8:00—15:00开放，付费参观）。经过拉托城（Lato）废墟（公元前7—前3世纪）可以到达伊罗达（Elounda）。

在伊罗达西北25千米处是德雷洛斯古城废墟。返回海岸公路，继续朝戈尔尼亚方向行驶。来到锡蒂亚（考古博物馆，星期二至星期日8:00—15:00开放）时，可以游览伊塔诺斯遗址（几何陶时期至希腊化时期的居住区；有2个早期基督教大教堂的遗迹），以及帕莱卡斯特罗（Palekastro，一座大型米诺安文

P557：复原的宗教游行主题壁画细节，来自克诺索斯

明的城市遗址，公元前1900—前1100年）和卡托扎克罗斯。返回帕卡莫斯（Pachammos），继续向前可以到达岛南侧的耶拉派特拉（Ierapetra，考古博物馆，星期二至星期日8:00—15:00开放）和哥提那，从那里可以去参观伦达斯角（Cape Lendas）附近的阿斯克勒庇俄斯神庙。从伊拉克利翁出发沿着穿过梅萨拉（Messara，97）的道路也可以到达该地点。

沿着这条路线前往圣瓦尔瓦拉（Aghia Varvara），在那里可以参观普利尼亚斯（Prinias）遗址，公元前1190年至公元前1170年和公元前4世纪中叶都有人类居住（目前可见的有公元前7世纪后期的两个寺庙和一些住宅区）。继续前往哥提那，然后前往菲斯托斯和圣特里亚达。沿着海岸路行驶可以参观普利维利（Moni Previli）修道院，位于科塔利奥提科（Kourtaliotiko）峡谷的山口（9:00—18:30开放）的绝妙位置。

P558—559：蓝衣女子；克诺索斯宫殿壁画

P559上图和右图：克诺索斯王后宫壁画细节

自古以来，克里特岛位于地中海中部的紧要位置就使其成为海上主要航路的交汇点，并且是与近东通商途中必不可少的补给基地。在发现克诺索斯的宫殿之前，我们对岛上公元前两千年蓬勃灿烂的文明的了解仅限于神话范畴。美丽的少女欧罗巴被宙斯伪装成的白牛从腓尼基海岸拐走，生下了儿子米诺斯（Minos）。后来米诺斯许诺会向波塞冬献祭一头威风的公牛，并在波塞冬的帮助下称王。但称王后的米诺斯没有遵守承诺，只是献祭了一只普通的牛。被激怒的波塞冬为了报复，使米诺斯的妻子帕西菲（Pasiphaë）爱上了牛并生下了人头牛身的怪物米诺陶（Minotaur）。这只牛头怪被锁在了由代达罗斯（Daedalus）专门建造的迷宫中。雅典人每年必须献上七对童男童女给牛头怪作为祭品，直到忒修斯成功杀死了这只怪物，并在米诺斯王的女儿阿里阿德涅的帮助下借助线团逃离了迷宫。

修昔底德认为，米诺斯是真实的历史人物："他属于最古老的那段历史，根据记载我们知道他拥有船队，统治着现在称为希腊海的大部分地区，他驱赶了卡利安人，统治了基克拉泽斯群岛并在其中许多岛上殖民，并把自己的儿子立为统治者。而且米诺斯尽其所能的清除海盗，因此各部落的贡品可以更容易的送达克里特岛。"尽管米诺安文明（以米诺斯王命名）的遗迹是克里特岛上最重要的参观目的地，其实后来的各个历史时期在岛上均留下了令人印象深刻的考古实例。但在罗马帝国时期克里特岛与昔兰尼加（在北非）组成行省，却几乎没有遗迹留存，尽管当时的行省总督就居住在哥提那。

罗马帝国分裂为东西两部分后，克

里特岛被移交给拜占庭帝国（395年）一直到阿拉伯人824年征服该岛。阿拉伯人在岛上建立了坎达克（Khandaq，今为伊拉克利翁）。尼基弗鲁斯·福卡斯（Nicephorus Phocas）皇帝重新占领了该岛，克里特岛仍属拜占庭帝国，直到1204年秋天君士坦丁堡陷落。

接下来威尼斯人的长期占领（1210—1669年）在克里特岛上留下许多古迹。那一时期刺激了文化发展，尤其是艺术的发展。著名的克里特画派包括画家多米尼克斯·希奥托科普罗斯（Dominikos Théotokopoulos），也被人们称为埃尔·格列柯（El Greco，“希腊人”，1541—1614年）。随后两个世纪的土耳其统治时期的情况截然不同，虽然克里特人几次试图反抗，直到1898年在英国的协助下才成功。宣布独立后，该岛于1913年加入希腊王国。

克里特岛的发掘工作

海因里希·施利曼在特洛伊和迈锡尼的重大考古发现，无疑使亚瑟·伊文思（Arthur Evans，1851—1941年）对克里特岛曾经繁荣的文明倍感兴趣。意大利语言学家和碑文学家费德里克·霍尔伯赫尔（Federico Halbherr，1857—1930年）所做的工作（于1884年开始调查该岛以寻找古代铭文）也为伊文思后来的发掘做出了毫无疑问的贡献。1889年克里特岛宣布独立后，伊文思购买了凯夫拉（Kefalà）一带的山丘，因为几年前米诺斯·卡罗凯利诺斯（Minos Kalokairinos）曾在那里确定了克诺索斯宫的所在地。伊文思于次年开始发掘并一直持续到1932年，其研究结果发表为四卷本的《米诺斯宫殿》。这次发掘不仅重现了宏伟的建筑群，同时也发现了灿烂的前希腊化时期的文明，

伊文思将其称为米诺安文明（以米诺斯命名）。但发掘方法因缺乏科学严谨性而受到批评，急于使用混凝土对整个建筑进行重建也导致了部分考古数据的丢失。伊文思则辩解为在开挖期间防止土层塌陷而不得不进行该工程。

从1899年开始，由霍尔伯赫尔成立的意大利考古团队在岛上工作。霍尔伯赫尔本人在搜寻铭文的过程中发现了许多定居点的遗迹。意大利学者的工作（现在仍在进行中）集中在梅萨

拉中部和南部地区，对我们了解米诺安文明和直到威尼斯人占领时期的历史都做出了重要贡献。在克里特岛一位杰出的公民约瑟夫·查齐达基斯（Joseph Chatzidakis，医生，学者和伊拉克利翁博物馆的创始人）的大力倡导下通过了一项法令，鼓励外国考古学家的到来；他还富有远见的与支持希腊独立的国家达成协议。他本人在1909年至1913年发现了蒂里索斯（Tylissòs）的住宅区遗址，并于1915年在马利亚进行了研究。查齐达基斯还发现了米诺斯宫殿的一部分，但由于健康问题和经济困难不得不将这些发现移交给雅典法国考古学校继续研究。除了雅典的意大利考古学校（由霍尔伯赫尔考古队改组）之外，现在还有其他一些欧美考古学校与希腊考古局合作，在克里特岛继续进行发掘。（克里斯蒂娜·特罗索）

P560—561：大楼梯的发掘现场，1905年伊文思考古队

P560下图：亚瑟·伊文思及其助手在黏土文物旁边，克诺索斯，1905年

P561上图：格里芬兽，王座厅壁画细节

P561下图：斗牛壁画（TAUROKATHAPSIA），克诺索斯宫城东侧，现存伊拉克利翁博物馆

10.1 线路1 伊拉克利翁

伊拉克利翁几乎没有保留下来太多历史，但却拥有仅次于雅典的重要考古博物馆。这座城市最早由阿拉伯人创建并命名为坎达克，在威尼斯占领期间繁荣发展，更名为甘地亚（Candia），成为克里特岛的首府和岛上的主要防卫地点。1648年开始被土耳其人围困，但该城足足抵抗了21年。土耳其的最终占领标志着城市衰落的开始。16世纪和17世纪的防御工事和巨大的喷泉由威尼斯人弗朗切斯科·莫罗西尼（Francesco Morosini）于1628年修建。喷泉有8个装饰有浮雕的水盆，再向上是一个由4头狮子支撑的小水池（14世纪）。

博物馆

锡安索迪杜路（Odos Xanthoudidou），除星期一每日开放，8:00—19:00，付费参观。

博物馆中的米诺安文明藏品提供了研究该文明各个阶段的最完整的资料。在希腊考古学会的推动下，博物馆始建于始1887年，第一批藏品是在圣米纳斯（Aghios Minas）教堂的附属建筑中展出的。克里特岛宣布独立后开始筹建新的场所，以容纳亚瑟·伊文思以及法国和意大利考古队越来越多的发现。1937年建造的博物馆在1941年遭到轰炸袭击而被摧毁。目前的新大楼于1952年开放。

1号展厅：新石器时代（公元前5000—前2600年）至米诺斯早期（公元前2900—前1900年）的文物发现：陶器，石头花瓶（7展窗），大理石雕像，象牙和赤陶雕刻，武器，珠宝，印章（16展窗，主要来自梅萨拉墓地。大部分产自克里特岛，但也有些是从埃及和美索不达米亚进口的）。

2号展厅：古罗马时期（公元前1900—前1650年）的文物：小雕像，陶器（第23、27和29展窗；卡马雷斯风格的花瓶，以发现的首例所在的伊达山洞穴命名）。

3号展厅：卡马雷斯风格的最佳文物实例（展窗31—36和43）。展窗41的菲斯托斯赤陶盘（公元前1700—前1600年），印有242个象形文字。

4号展厅：新宫殿时期（公元前1650—前1400年）克诺索斯宫的文物（50展窗，持蛇的女神彩釉陶雕像和象牙杂技演员雕像；51展窗，牛头形角状杯，饰有硬质水晶，碧玉和珍珠母贝，

P562上图：圣特里亚达的石棺细节

P562下图：伊拉克利翁博物馆内部

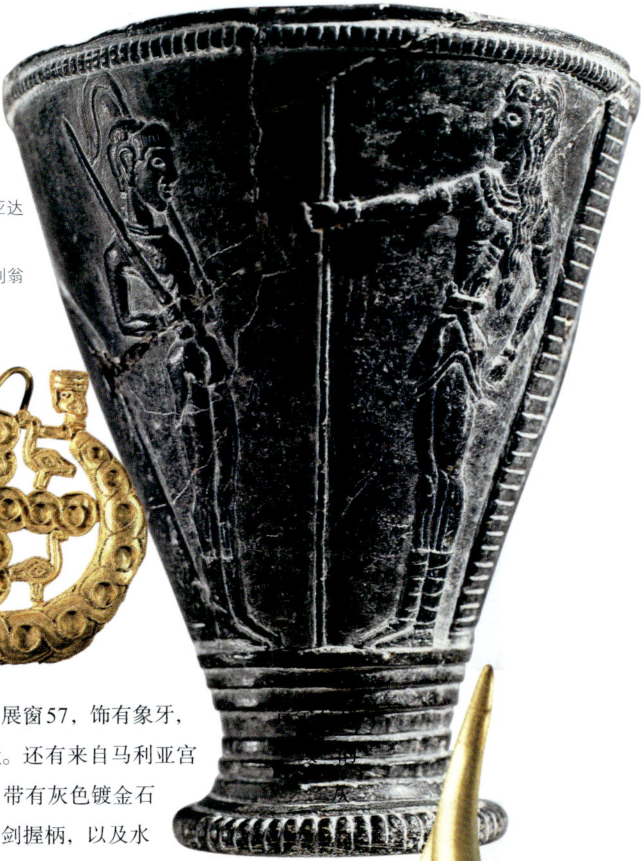

公元前16世纪；展窗57，饰有象牙、无色水晶的棋盘。还有来自马利亚宫物件；展窗52，带有灰色镀金石石制成的皇家宝剑握柄，以及水晶马鞍）。

5号展厅：新宫殿末期（公元前1450—前1400年）的克诺索斯文物。

6号展厅：来自从新宫殿末期到后宫殿时期初始阶段（公元前1400—前1350年），在克诺索斯和梅萨拉周围大墓地的墓葬物品。

7号展厅：发现于新宫殿时期（公元前1650—1400年）希腊中部的遗址文物。这里有来自圣特里亚达的一系列精巧的滑石花瓶（第94展窗，祭司带领的音乐家和收割者游行队伍的角状杯；第95展窗，王子花瓶；第96展窗，展现斗牛和体育比赛的角状杯）和珠宝（第101展窗）。

P563左上图：金佩环，来自克诺索斯2号墓

P563右上图：滑石制作的王子杯，来自圣特里亚达

P563下图：牛头形角状杯，由滑石和硬水晶制作，发现于克诺索斯

8号展厅：卡托扎克罗斯宫殿（公元前1650—前1400年）的文物；硬水晶花瓶带有由水晶珠饰制成的提手（展窗109），绿色石头制成的角状杯，绘有山中神殿的金盘（展窗111）。

9号展厅：新宫殿时期来自克里特岛东部遗址的文物；花瓶，朝拜者雕像，印章，武器和工具。

10号展厅：后宫殿时期（公元前1400—前1170年）的文物，特别是祭祀物品（偶像和信徒的雕像）。

11号展厅：发现于亚米诺安和原几何陶时代（公元前1100—前800年）的文物，尤其是来自拉西锡地区的举起双手的神灵雕像，当地人在多利安人入侵时曾到拉西锡避难。

12号展厅：几何陶和东方化时期的文物（公元前800—前650年）。

13号展厅：赤陶米诺安石棺。

二楼

14号展厅：主要为新宫殿时期的壁画（公元前1650—前1450年）。来自克诺索斯的有：游行壁画的碎片（展窗

34—37），游行队伍中有男性和女性人物，音乐家，抬祭品者，祭司和女祭司（公元前1400年）；百合花王子（第6展窗）；王座厅中的“蓝衣女子”（公元前1600年）；斗牛图和海豚（公元前1600年）。来自圣特里亚达的有：祭酒游行（27展窗），在房间的中央绘有葬礼场面的石棺（公元前1400年）。

15号展厅：来自克诺索斯宫殿的壁画（三柱式神殿，展窗10）；“祭司”（实际上是女祭司，12展窗）。

16号展厅：来自克诺索斯宫的壁画“藏红花采集者”（实际上是一只狗头的猴子，20展窗）；和黑衣守卫的长官壁画（22展窗）。

17号展厅：吉马拉基斯（Giamalakis）出土文物中的米诺斯和希腊文物（珠宝，印章，武器和陶器）。

18号展厅：来自不同时代的工艺品文物。

19号展厅（入口大厅）：古风时期的代达罗斯雕塑：普利尼亚斯神庙立面雕刻有骑兵形象的柱间壁（公元前650—前625年）；一扇经过重修的门，与20号展厅中的一段通道来自同一建筑。20号窗中有罕见的青铜木芯雕塑（sphyrélata）实例：雕塑人物是阿波罗，阿尔忒弥斯和勒托，这是在德雷洛斯神庙中尊崇的三座神。在伊达山的山洞中发现的青铜献祭盾牌（展窗208、

P564—565：献给死者的祭品；圣特里亚达石棺

P564下图：游行壁画；克诺索斯宫的米诺安壁画细节

P565下图：百合花王子；克诺索斯宫的米诺安壁画细节

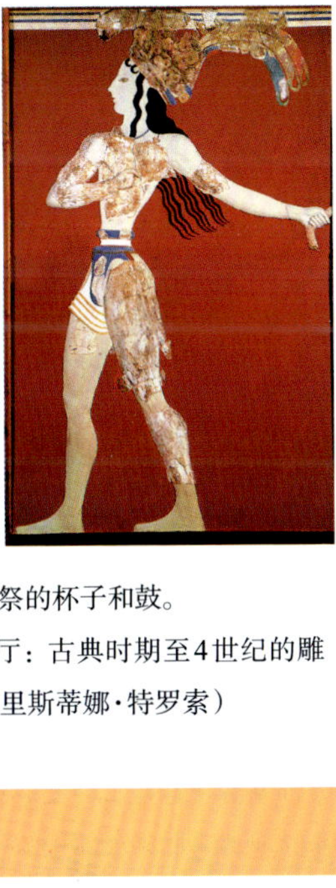

209）还有献祭的杯子和鼓。

20号展厅：古典时期至4世纪的雕塑文物。（克里斯蒂娜·特罗索）

克诺索斯

P566上图：王座厅柱间壁细节

P566下图：空中俯瞰克诺索斯遗址

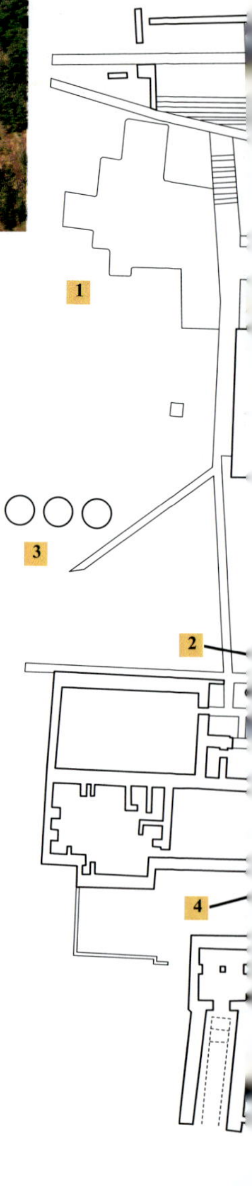

从新石器时代（公元前6000年）开始，克诺索斯就一直有人类居住。最早的住宅区出现在大约米诺安文明二期的早期（公元前2900—前2300年），在后来宫殿的西侧庭院位置。紧随其后出现了一座宏伟的建筑（公元前2300—前2025年，米诺安文明三期早期）。第一座宫殿建于米诺安文明中期（约公元前2000年），与东北（马克里提科斯村）和南部区域同时建造。这座宫殿在一场大火中被毁，后被按照类似的建筑平面重建，并在公元前1650年的地震之后再次被烧毁。公元前1625年（米诺安文明三期B）宫殿重建后遭遇地震，至今仍能看到那一时期的一些宫殿废墟。周围房屋也于公元前1500年被毁。公元前1400年一场大火后，宫殿再次被重建并延续到公元前1190年。此时，在宫殿以西的地区出现了一个新的定居点，大墓地的发掘工作表明该定居点的繁荣持续到公元前7世纪末。这座城市在希腊化时期之前的考古遗迹较少，但发掘出的铭文和铸币给予了一些佐证。那时克诺索斯经常与其他城市发生冲突，在公元前220年击败哥提那后成为克里特岛最重要的中心。罗马人征服克里特岛之后建立了坎帕尼亚殖民地，但在阿拉伯人征服之后这座城市被完全荒弃了。

克诺索斯

a 走廊
b 纪念性楼梯
c 前厅
1 西庭院
2 朝门
3 圆井
4 游行走廊
5 南朝门
6 王座厅
7 净化池
8 三神神庙
9 高酒罐房间
10 神庙储藏室
11 带柱地下室
12 储藏间
13 藏红花采集者房间
14 马镫形罐房间
15 监狱
16 大楼梯
17 柱廊庭院
18 双面斧房间
19 公寓
20 王后浴室
21 双面斧神庙
22，23 石刻工坊
24 石头喷泉庭院
25 大酒罐储藏室
26 坡道
27 中央庭院
28 多柱厅
29 北入口
30 皇家之路
31 净化池
32 剧场区域

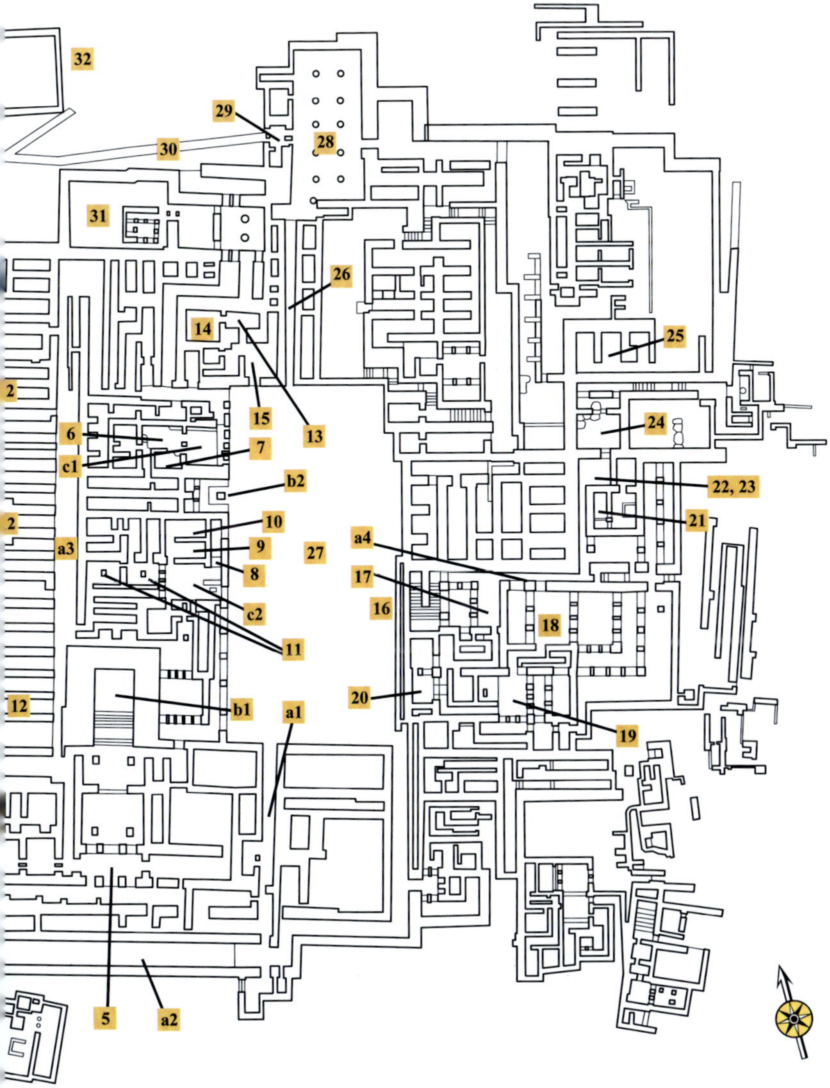

每天8:00—19:00开放。付费参观。

宫殿可通过西庭院（1），也就是三个主要入口之一到达。西墙立面因一系列凹凸设计看上去比第一座宫殿的墙面要靠后，旧宫殿的范围以从剧场区域（32）延伸出的人行道左侧为止。往朝门（2）方向走将看到3个用于保存谷物的圆井（3）。朝门通向一处东南角带通道的庭院，就是游行走廊（4）的起始处。这条走廊以绘有约500位人物的游行壁画而得名，这些人物聚集在女祭司身边，抬着赠予国王的礼物（原件在伊拉克利翁考古博物馆中）。走廊右转向东，然后从南朝门（5）出来。

王子走廊（a1）以墙上的“百合花王子”壁画命名（原件在伊拉克利翁考古博物馆）并从宫殿的南入口通向中央庭院（27）。庭院还通过西南入口处的走廊（a2，已不复存在）与凯拉托斯山谷的坡道相连。一座纪念性楼梯（b1）从入口通往西翼的二楼，那里的朝门后面是由走廊隔开的2个前厅，然后进入“三柱式神庙”（A）。这是一个带有两排支撑柱（3根柱子同时还有3根装饰柱）的房间，通过东南角的一扇门连接到“宝库”（B）。北侧的楼梯到达上层，西侧的长长的走廊将这一区域与储藏室（C）和“神庙厅”（D）隔开。这个厅由一个具有2列柱子的大型前厅（D1）和一个具有2排3列柱子的矩形房间（D2）组成。从这里可以进入“王座厅”（6）的前厅（c1）。这个房间得名于高靠背的雪花石膏座位，靠背在北墙上（斑岩花瓶来自北侧的走廊，被伊文思放在王座旁边）。一条石凳沿着墙壁设置，柱间壁上的形象是格里芬兽，其中两只协助构筑了王座。旁室中有一个“净化池”（7），侧面证实了这个房间可能是献给米诺斯大母神（Great Goddess）的朝拜场所的推测，王座也应该是献给女神的。

另一个宗教崇拜区域位于纪念性楼梯的南部，该楼梯从中央庭院通往二楼。

一楼

A 三柱式神庙

B 宝库

C 储藏室

D 神庙厅

D1 前厅

D2 房间

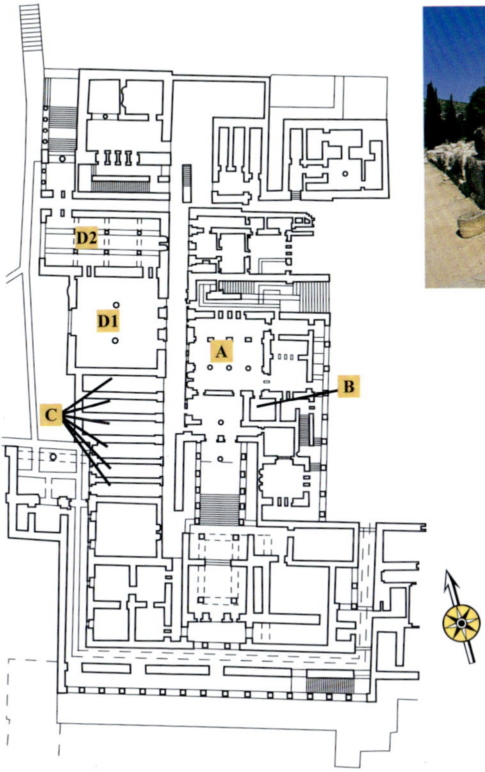

P569上图：王座厅内部

P569中图：城墙景观

P569下图：三个大酒罐和经过伊文思修整过的南朝门一段

P568上图：皇家之路铺整的路面

P568下图：王座厅入口，庭院东侧视角

宗教区的一部分是一个三神神庙（8），朝向带有5柱立面的庭院，其中一个大柱位于中央通道的入口处，而两个小柱位于侧通道的前面。带有大理石长椅的前厅（c2）通往“高酒罐房间”（9）和神庙储藏室（10），这间储藏室因在其地下发现了2个重要的宗教物品而得名（包括彩釉陶持蛇女神雕像，现存伊拉克利翁考古博物馆）。在前厅的西侧是“带柱的地下室”（11），一个矩形的房间分成两部分，每个部分由刻有深色双面斧的支柱支撑。靠近的储藏室（12）表明这里很可能是用来举行促进农业丰产仪式的。只有从此处才能到达走廊（a3），这条走廊长达50米，走廊一侧的储藏室内用巨大的酒罐（大约2米高）用来盛放葡萄酒，油和谷物。

宫殿的这一部分与北部通过走廊相连。那里的两个房间因其壁画主题被称为“藏红花采集者”房间（13）和“马

P570左上图：持蛇女神的彩釉陶雕像

P570中上图：牛角盾牌装饰细节

P570右上图：木制王座厅

P570下图：警卫室

P571上图：王后大厅，海豚房间

P571下图：贵族楼层，带围柱的采光井

镫形罐房间”（14）。在这里发现了线性文字B，在附近地区发现了带有线性文字B和米诺斯象形文字的泥板。这两个房间的下方是“监狱”（15）。实际上，这是一间谷物储藏室，其历史可以追溯到米诺安文明三期初期。

接下来越过中央庭院参观宫殿的东翼（也是保存最完好的部分），其中包含私人公寓。侧翼部分的布局是十分新颖的，充分利用了地形高低的差异。大楼梯（16）通向一口采光井，并将比庭院低的两层楼与两层高楼相连。楼梯向下先到达“皇家警卫室”，该室装饰有巨大的双叶盾牌。一楼北侧的“柱廊庭院”（17）通过走廊（a4）到达“双面斧房间”（18），该房间以采光井后墙上许多雕刻线条命名。

P572左图：通向贵族楼层的楼梯 P573右上图：宫殿北入口

P572右图：公牛壁画，北入口立面 P573左下图：宫殿东段景观

国王对观众进行演讲的大房间被一个带有4个门道的隔门分成了两个部分。西侧有采光井，东侧向南和向东各有一个L形带门槛的隔门，有柱廊的阳台上可以俯瞰花园。大厅的北墙发现了木制王座和华盖的遗迹，一条弧形的走廊将该厅与王后公寓（19）连接起来，公寓东侧也有一口采光井，西侧与中央大厅巧妙相连。这里曾出土了一个陶土花瓶。墙壁上壁画着海豚和跳舞的女孩（原件现存伊拉克利翁考古博物馆）。房间南侧的走廊通向“王后浴室”（20），北侧有采光井提供照明。浴室内长椅沿墙壁修筑，而水管则在东侧取水。国王和王后的房间之间的狭窄楼梯通向上层，王室其他成员的私人公寓也按照类似的布局布置。

西南部分包含一个祭祀场所——“双面斧神庙”（21）——这是一间方形小房间，里面摆放了女性人偶，供桌和一个公元前13世纪的祭祀兽角，表明了这座宫殿一直到迈锡尼时期都在持续使用。回到柱廊庭院，通过走廊（a4）到宫殿的东北段，工匠在那里为王室生产物品。走廊将切石工工坊（22）与陶工工坊（23）和“石头喷泉庭院”（24）相连。庭院的西侧是“大酒罐储藏室”（25），在那里发现了4个旧宫殿时期的巨大酒罐。西段区域被储藏室和行政管理房间所占据。北段部分围绕将中央庭院（27）连接到多柱厅（28，称为“海关”）的坡道（26）进行组织，多柱厅被2列5根支柱分为3条侧廊。这个房间通向北入口（29），皇家之路（30）到此结束，这条路是从港口延伸而来的一条铺整过的路。

离开宫殿时会在左侧看到一个入口神殿，通过门廊与“净化池”（31）和“剧院区域”（32）相通。这是一个巨大的广场，东侧和南侧有宏伟的台阶，东南角有一块方形地基，也许曾是一个舞台。国王的高级公务人员过去住在宫殿附近的所谓的“别墅”中，目前无法参观（卡拉瓦塞拉别墅，皇家别墅和小宫殿）。（克里斯蒂娜·特罗索）

P573中图：储藏室中的大酒罐

P573右下图：铺砌的台阶

KNOSSOS

阿卡尼斯

自新石器时代以来（公元前6000年）起就有人类居住在阿卡尼斯。公元前1900年前后，一座宫殿在埃帕诺阿卡尼斯（Epano Archanes）建造起来，尽管两次遭到地震破坏（公元前1700年和公元前700年），这座宫殿却被两次重建，在公元前1450年再次被毁。繁荣的迈锡尼时代宫殿也曾被使用。最后一次破坏后，这里的定居者生活一直持续到拜占庭时代。

参观指南

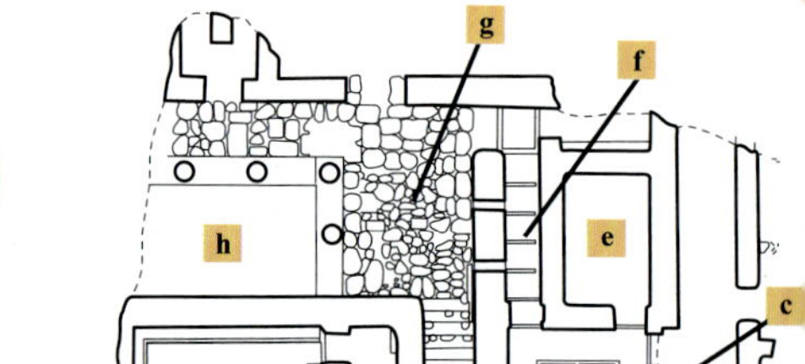

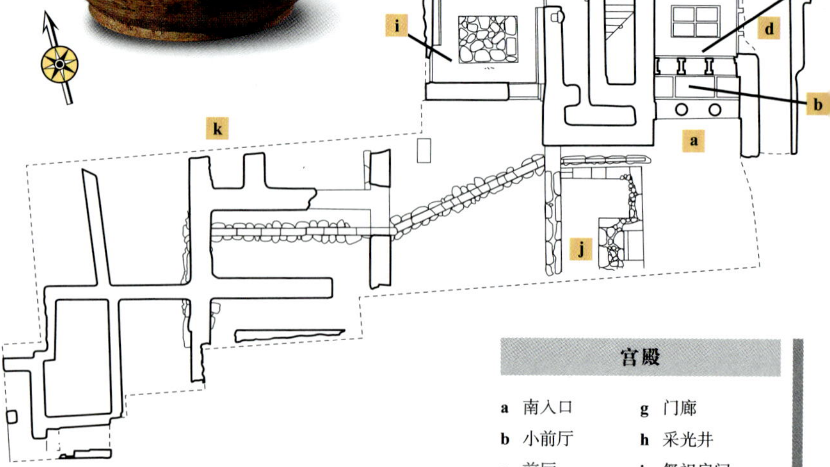

P574上图和P575：阿里阿德涅与忒修斯；阿卡尼斯宫殿柱间壁细节

P574中图：古风时期的酒罐及装饰，来自宫殿

宫殿

- **a** 南入口
- **b** 小前厅
- **c** 前厅
- **d** 走廊
- **e** 房间
- **f** 走廊
- **g** 门廊
- **h** 采光井
- **i** 祭祀房间
- **j** 平台
- **k** 储藏室或工坊

这座宫殿的遗迹在现代小镇图科耶伊托尼亚（Tourkoyeitonia）地区被发现，也因此只能进行非常有限的发掘。但发掘出的建筑中所用材料的质量，以及壁画和灰泥浮雕的碎片展现了当时建筑及其装饰的精致程度。到目前为止，发掘工作发现了以下成果：南入口（a），这是一个双柱式朝门，两侧有四个弧形的祭坛，穿过小前厅（b）进入了一个更宽阔的前厅（c）通向东方到走廊（d），向北到房间（e）。

房间西侧的走廊（f）进入门廊（g），门廊朝着采光井（h）延伸，经东南角的台阶可以到上层。南侧的房间是宫殿中最重要的部分，研究发现这是一个被用作祭祀礼堂（i，在此发现了一个装有贝壳，青铜手术刀和大理石石头花瓶）的地方。在宫殿南侧前面的庭院中竖立的“平台”（j）也具有宗教功能。东南角的标记区域可能是放置双面斧的地方，矩形的石头祭坛则位于北部的边缘。

院子西侧的一系列房间仅被部分发掘。这些房间可能是储藏室或工匠作坊（k）。居住区的常见组成部分——大墓地，在福尔尼（Phourni）北面1.6千米处（约8:00—12:00开放，免费）。这是目前发现的爱琴海史前时代中最大的一块墓地，大约公元前2400年至公元前1200年使用；在这里发现的重要坟墓物品（现存伊拉克利翁考古博物馆）提供了有关定居点的大量信息。大墓地内有不同种类的坟墓，其中有些是克里特岛和整个爱琴海所独有的。最早的坟墓（E和G型瑟罗斯圆墓）是在南片地区发现的。墓葬中的物品包括珠宝，贵重物品，工具，石花瓶，小型基克拉泽斯大理石雕像和黑曜石片，所有这些都可以确认当时克里特岛与基克拉泽斯群岛进行的贸易往来。

米诺安文化中期建造了独特的丧葬纪念碑（瑟罗斯圆墓B）。直到迈锡尼时代，这块墓地一直被用作皇室的埋葬和祭祀场所。一栋有两个侧翼的大型建筑来自后面一个时期（米诺安文明晚期）。迈锡尼时代的两座瑟罗斯圆墓是为上层阶级人士所建。

尤科塔斯山北坡上的阿奈摩斯皮里亚（Anemospilia）也是阿卡尼斯古代居民较重要的宗教场所之一。这是一幢有3个房间和一条长走廊的建筑物，围在一圈围墙之内。中央房间包含一个原始神像（Xoanon）带有2个黏土支脚，东侧房间的石头和黏土花瓶则被放在带台阶的祭坛上供奉。西侧房间内的发现更令人惊讶：两具骨架分别为男性和女性，公元前1700年地震（神庙也被毁）屋顶坍塌时，男人和女人的骨头均被压扁。第三具骨架是一个小男孩，躺在一个低矮的祭坛上，胸前放置了一把青铜刀。这显然是当时人们为免于地震灾害而做出的牺牲（克里斯蒂娜·特罗索）。

线路2

马利亚

马利亚的宫殿坐落在大海和拉西锡山之间的肥沃平原上，周围是一个城镇。这座城池的古名不详，但该遗址在前古典时期就有人类活动了（宫殿西立面下方有那时的房屋遗迹）。本地第一座宫殿和这座城市是在公元前2000年前后建造的，但在公元前1650年前后的大地震中被摧毁。此后不久便进行了重建，但在公元前1450年前后便完全废弃。

参观指南

第二座宫殿的尺寸约为126×89米，并以南北朝向的大庭院（A）为中心。开阔的三角形区域在西立面前方，该立面的建筑特色是其一系列的凹进和凸出。南北向穿越空地的路通往8个圆形筒仓（1），在道路两侧用于存储谷物。每个筒仓都有一个支撑顶盖的中央支柱。沿着宫殿的南立面继续前进，将到达只能通过狭窄入口进入，且与建筑物内部不连通的区域。此处发现的许多宗教物品表明这是一个供居民使用的小型神庙（2）。

主入口（3）铺设在该立面上，并通过宽阔的前厅通向大庭院（A）。前厅的三扇门向右开，朝向一个房间布局复杂的区域（称为“迷宫”）；另一扇向左敞开的门通向上层有楼梯的区域，那里有制造石头花瓶的工坊（4）和装有大酒罐的储藏室（5）。

进入通向地台（6）的前厅，地台上可以看到圆形白色石灰石大桌子，桌子中央有一个孔，边缘有33个凹槽。这被用于献祭当年生产的第一批水果或蔬菜的仪式，或者根据另一种假设，用于类似于轮盘的游戏。

地台侧面的纪念性楼梯（7）仅剩4个台阶；每一个台阶大约8米，高度78～99厘米，台阶上可以俯瞰进行斗牛的整个大庭院（A）。庭院中心的一口献祭井被低矮的黏土墙所围住，墙有4个角柱，这些柱子原本可能支撑着祭坛。在庭院的东南角有奢侈品储藏室（8），此处发现了很多黄金碎片。经过宫殿的东入口后，会发现一系列食品储藏室（9），这些矩形储藏室通过走廊相连。东翼的尽头可能是一个厨房（10），包含了大量的生活用品。

宫殿

A 大庭院
1 筒仓
2 神庙
3 主入口
4 工坊
5 大酒罐储藏室
6 地台
7 纪念性楼梯
8 奢侈品储藏室
9 储藏室
10 厨房
11 楼梯
12 国王演讲厅
13 装饰柱厅
14 储藏室
15 走廊
16 凉廊
17 猎豹房间
18 多柱厅
19 北庭院
20 长方形建筑
21 较为精致的社区
22 中央大厅
23 档案室
24 净化室

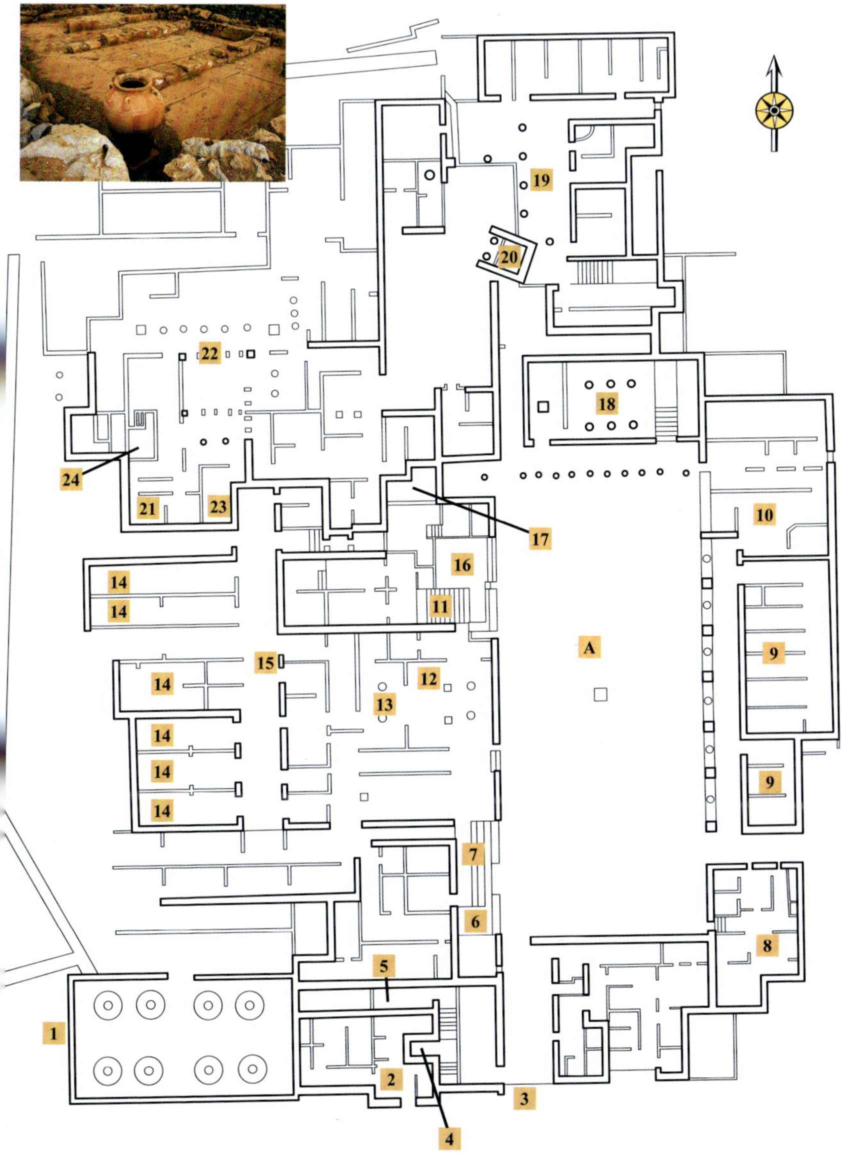

P576—577：祭品桌及储藏室景观

再次越过庭院参观宫殿的西翼，两翼中的较大一侧。通往上层私人住宅区的楼梯（11）特别令人印象深刻。楼梯在庭院起始的地方最初是关在一扇门内的（这是米诺斯宫殿中唯一的一处）。楼梯的前两阶连着一个平台，从该平台可以进入主要居住区，居住区的前厅通向一个分成3个部分的大房间。这是国王演讲厅（12），从东到西是一个小庭院，一个带有两根柱子的门廊，以及一个墙面有灰泥涂层的房间；在南墙是一个短凳。西墙的一扇门通向多柱厅（13），中央有与房间（12）对齐的装饰柱。地面铺的大石板进行了精确地切割和拼接。宫殿西端有许多商店（14），所有商店都向开放式走廊（15）的一侧开放。沿走廊可以到达一系列围绕“凉廊”（16）布置的小房间，这些凉廊可能是用来庆祝国王和祭司举行的公共仪式的。注意“猎豹房间”（17），这一名称来自用片岩制成的仪式用斧，手柄形状是一只猎豹（现存伊拉克利翁考古博物馆）；发现的文物中还有类似的青铜匕首，带有硬水晶手柄的青铜剑，在这个房间里还发现了一个臂章。朝北的房间在北墙有一条排水道，用于存放可能用于宗教洗礼的水。继续朝宫殿的北翼走，首先是一个有11根柱的门廊（现在只有柱底座），后接一个大型多柱房间（18）的前厅。这是宫殿中最大的多柱房间，有6根柱子支撑天花板，但房间的功能尚不清楚。可能是一个接待室，通过相邻的台阶连接到二楼的一个大宴会厅。一条走廊从中央庭院通往北庭院（19），但这条通道被一座矩形建筑物（20）阻挡了大部分，而且这座建筑物的朝向与宫殿的其余部分不同。

西北部分包含宫殿的较为精致的区域（21）。这部分宫室向北可以眺望花园。宫殿的中央大厅（22）在南侧有多个开口，面对一个被采光井照亮的前庭。前厅通向一个小房间，里面存放着宫殿的档案（23），并沿着走廊向下与另一个净化室（24）相通。然后回到北边的庭院，两旁是储藏室和服务室，可以从北门离开宫殿。沿着铺好的道路将来到广阔的矩形城市。在南侧（一处华盖下面）可以看到拱顶的遗迹，很可能是为市议会保留的公共建筑。（克里斯蒂娜·特罗索）

P578左：大型多柱厅内的柱底座

P578右：从南侧视角看纪念性楼梯

德雷洛斯

德雷洛斯的多利克城市是建在亚米诺斯文化的一个居民点原址上，山北侧的墓地属于居民区，但该地的历史几乎是完全未知的状态。在希腊化时代，德雷洛斯曾与克诺索斯结盟，共同抗击利托斯（Lyttos），但在公元前3世纪末屈服于敌人。

现在发掘出土的考古遗址位于两个卫城之间的平坦区域，即圣安东尼山的两个山峰之间。水手的守护神阿波罗·德尔斐尼奥斯神庙（a）位于西南角；建于公元前8世纪，由中央带矩形炉膛（b）的内殿和侧面2个南北向圆柱组成。在这里还发现了阿尔忒弥斯和勒托的小雕像，使用青铜木芯雕像技术制成的，即将青铜片锤打在一个木制模型上（现存伊拉克利翁考古博物馆）。寺庙的东侧是一个大水池（c，公元前3—前2世纪），在该水箱中发现了刻有公元前7世纪城市宪法的石块，该石块曾固定在寺庙的墙壁上。（克里斯蒂娜·特罗索）

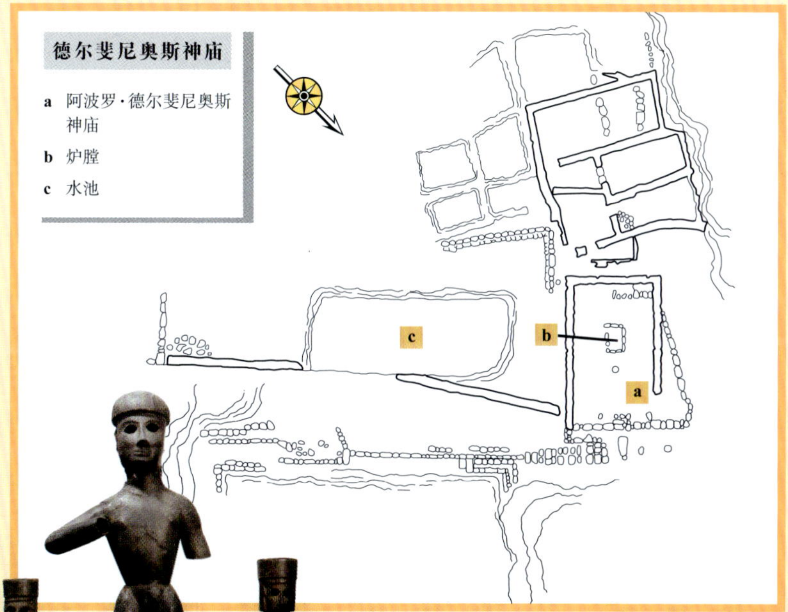

P579：阿波罗，阿尔忒弥斯和勒托雕像，均为青铜木芯，现存伊拉克利翁考古博物馆

戈尔尼亚

这里是米诺安文明时期唯一已知的村庄遗址。村庄的历史可以追溯到公元前1550年，大约一个世纪后被摧毁。村庄坐落在小山上，可以俯瞰马利亚和卡托扎克罗斯之间的沿海公路。村庄是在一座宫殿外围逐渐发展壮大的，宫殿分为6个单独的区域，分别由铺整的道路和一些小路划分。在迈锡尼时期，这座村庄重新有人类活动。

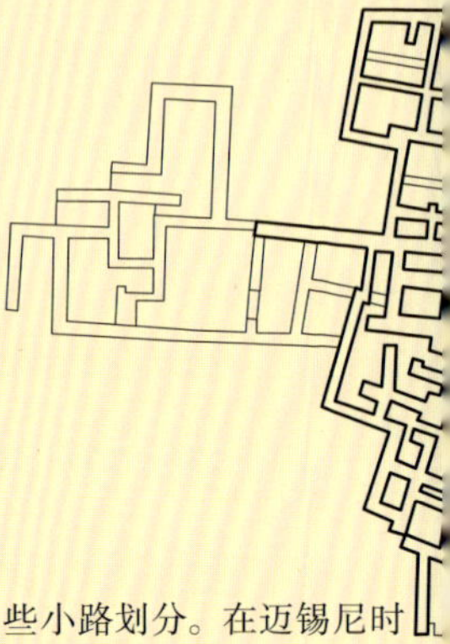

参观指南

除星期一，每天9：00—15：00开放。付费参观。

沿着道路B（2）到达保存完好的房屋（a1）之一，然后继续在房屋南侧的交叉路口到达露天小神庙（b）。神庙南侧有一个长凳，在那里发现了迈锡尼时期的宗教物品。沿着道路A（1）在右边会看到“木匠”房屋（a2）的遗迹。向南走将到达宫殿（c）的西立面，该立面的入口两侧都有大型神龛。宫殿规模很小（仅是克诺索斯宫殿大小的1/10），因为这里只是下属于克诺索斯的长官官邸（应该是耶拉派特拉地峡的总督），但宫殿的布局与克诺索斯十分相似，庭院也很宏伟，西侧是储藏室，北侧是私人公寓。

大广场（d）南北朝向，这是克里特岛大型宫殿中特有的，并直接布置在住宅南侧。一个L形楼梯（e）在广场的西北角，并通过弯曲的走廊与宫殿庭院相连。楼梯西南有一个带有立柱的露天小神庙，在广场的南边缘建有迈锡尼时期的一些房屋。（克里斯蒂娜·特罗索）

戈尔尼亚

- **1** 道路A
- **2** 道路B
- **a** 房屋
- **b** 露天小神庙
- **c** 宫殿
- **d** 广场
- **e** L形楼梯

P580上图：废墟景观

P580中图和P581下图：道路A景观

卡托扎克罗斯

卡托扎克罗斯宫殿所在的海湾是从东方（塞浦路斯，叙利亚和巴勒斯坦）来的船只进入克里特岛的入口。该区域自公元前2100年以来一直有人居住，今天可见的废墟属于建造于公元前1600年前后的宫殿，但在公元前1450年前后被强烈地震摧毁。到目前为止此处是克里特岛发掘出的唯一完整的宫殿遗址，因此在内部发现了大量保存完好的文物。

P582左上图：宫殿区域的墙体细节

P582下图：宫殿水池

参观指南

除星期一每天开放，8∶30—15∶00。付费参观。

沿着铺整的道路（a）从东北方向进入宫殿。在左侧将看到旧宫殿时代的一处锻造工坊遗址。穿过庭院（b），在西北角的华盖下是一个净化池（c），来到大型中央庭院（d）。在东侧有2个房间，前面有一个门廊：这曾经是皇家住所（e，f）。位于其后并与其相连的是一个围墙（g），其中央有一个大型地下水池，向下延伸并与泉水间（h）及巨大的喷泉相连。在中央庭院的另一侧是宫殿的西侧，那里是储藏室和宗教祭祀区。入口在立面的北部。一条走廊穿过前厅（i）到达大“仪式厅”（j）；由于在此处发现了宗教用物品得名的（文物现存伊拉克利翁考古博物馆）。宴会厅（k）位于南侧，西侧后面的一系列厅室在某种程度上与宗教活动有关。位于建筑群中心的露天小神庙（l）连接到一个净化池（m）。该建筑群的南部被石匠工坊（n），宝库（o）和仪式花瓶所占据，还有一个宗教仪式物品仓库（p）。在书房的西侧有档案室（q），在其中发现了13片线性文字B的泥板。另一方面，储藏室（r）内发现6个来自塞浦路斯的青铜锭和从叙利亚进口的象牙。北翼有食品储藏室和一个大房

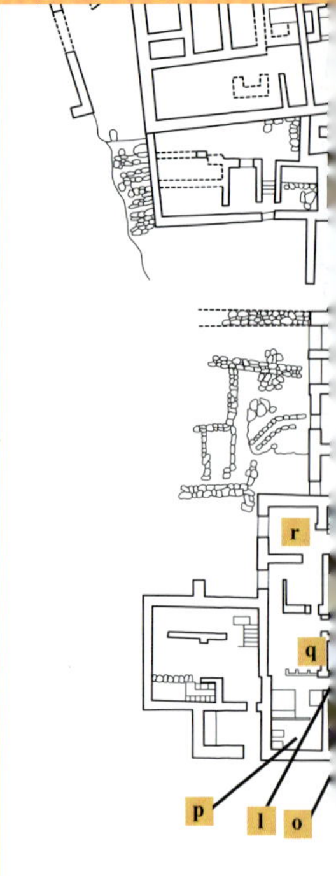

卡托扎克罗斯

a	铺整的路（入口）	k	宴会厅
b	庭院	l	露天小神庙
c	净化池	m	净化池
d	中央庭院	n	石匠工坊
ef	皇家住所	o	宝库
g	围墙	p	宗教物品仓库
h	泉水间	q	档案室
i	前厅	r	储藏室
j	仪式厅		

P583左上图：硬水晶角状杯，伊拉克利翁博物馆

P583右上图：宫殿核心住宅区

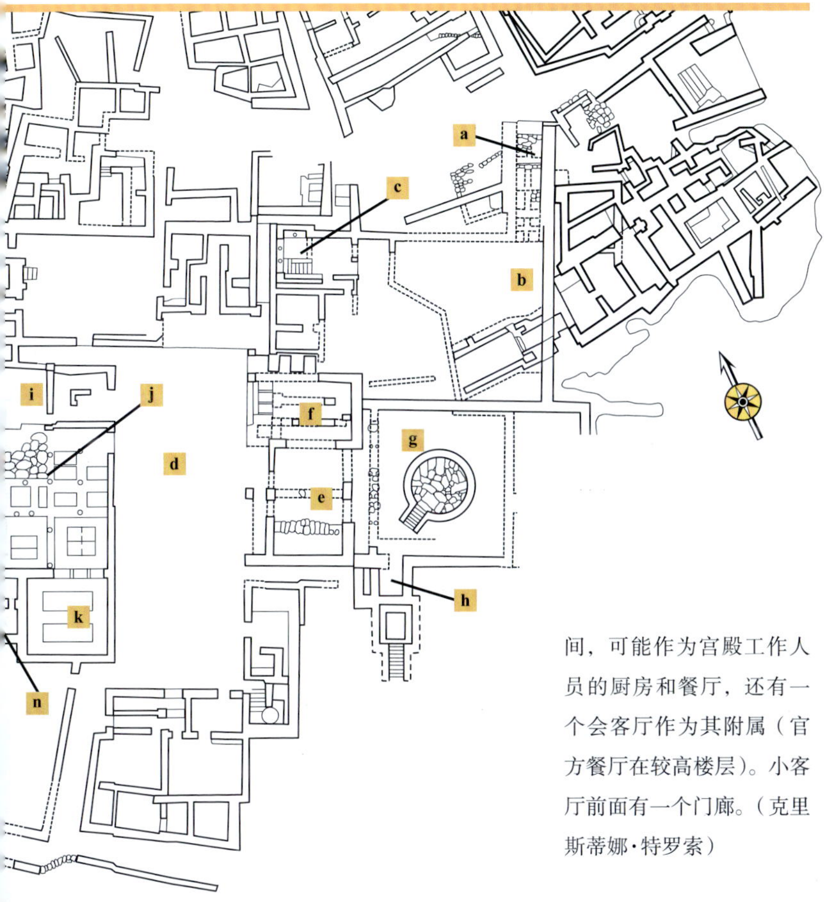

间，可能作为宫殿工作人员的厨房和餐厅，还有一个会客厅作为其附属（官方餐厅在较高楼层）。小客厅前面有一个门廊。（克里斯蒂娜·特罗索）

哥提那

尚未有足够的证据证明哥提那从米诺斯时代开始持续有人定居，但有亚迈锡尼时代卫城的考古证据表明，从迈锡尼时代起的定居活动一直持续到公元前7世纪，这段时期也是一贯认为的泰吉阿（或者根据另一种版本，来自拉科尼亚的阿米克莱的亚该亚人）建立哥提那的时期，以及几何陶时代周围山丘上的小定居中心进行联合的时期。在此期间哥提那统治着周围的平原，远至菲斯托斯，并在克里特岛代达罗斯风格雕塑的发展中发挥了重要作用。这是因为哥提那是迪波伊诺斯（Dipoinos）和斯基里斯（Skyllis，公元前7世纪至公元前6世纪初）的故乡，他们都是在伯罗奔尼撒工作的代达罗斯的学生。从公元前4世纪开始，哥提那经常与岛上的其他中心发生冲突，特别是与克诺索斯，后者在利托斯（Lytos）战争（公元前221—前219年）中被击败，公元前2世纪中叶左右菲斯托斯也臣服于哥提那。公元前3世纪这座城市开始在北侧筑起防御墙，尽管这算是托勒密四世费洛佩特送给哥提那的礼物，但最终仍未完工。公元前85年至公元前82年之间建造了带有塔楼的更高大的新墙，地震后的公元前31年被废弃。公元前67年被罗马人征服后，哥提那成为克里特岛和昔兰尼加的首府。城市在公元46年的一次地震中遭到破坏，由于从图拉真到塞普蒂米乌斯·塞弗勒斯皇帝期间一直向罗马出口谷物，因此这座城市得以重建并享受了一段繁荣时期。随着基督教的到来，哥提那成为重要的宗教中心，并且可能是克里特岛大主教所在地。在两次地震中受到破坏，城市人口在824年阿拉伯人占领克里特岛后减少。

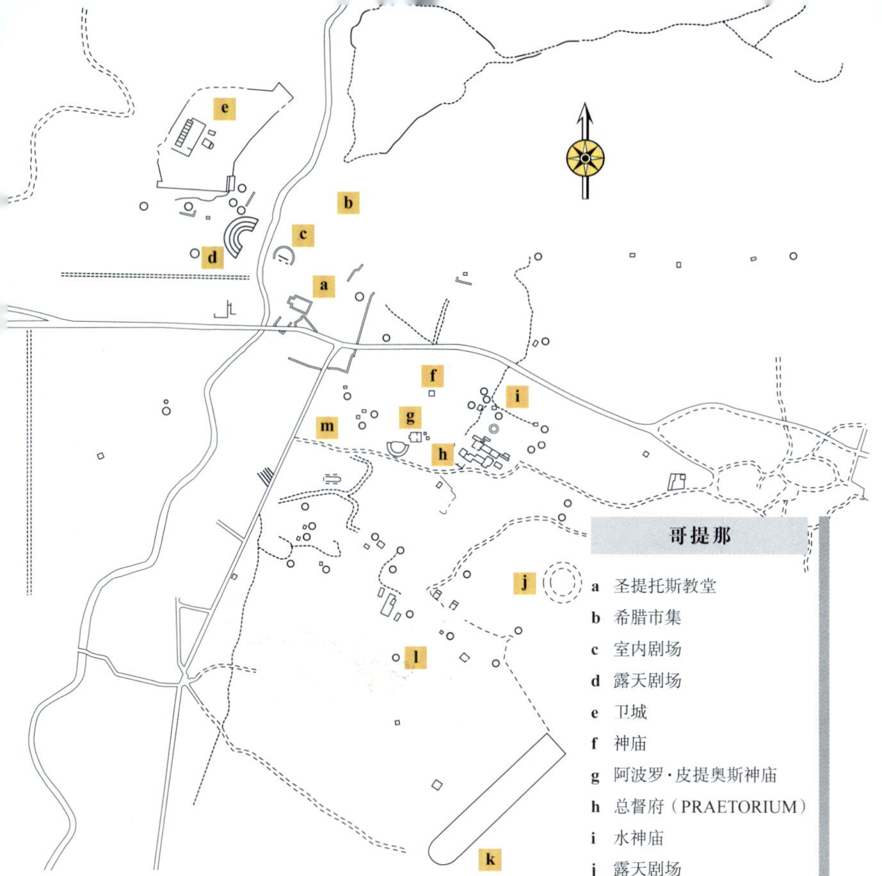

哥提那

- **a** 圣提托斯教堂
- **b** 希腊市集
- **c** 室内剧场
- **d** 露天剧场
- **e** 卫城
- **f** 神庙
- **g** 阿波罗·皮提奥斯神庙
- **h** 总督府（PRAETORIUM）
- **i** 水神庙
- **j** 露天剧场
- **k** 圆形
- **l** 浴场
- **m** 大巴西利卡教堂

P584上图：巴西利卡教堂内部

P584左下图：室内剧场

P584右下图：伊西斯、阿努比斯和塞拉皮斯，来自修建于罗马时代的伊西斯神庙，伊拉克利翁博物馆

参观指南

星期一至星期五，9:00—19:00；星期六至星期日，9:00—15:00。付费参观。

经过献给圣提托斯（Aghios Titos，a）教堂之后，来到希腊市集（b），在那里可以看到公元前2世纪初期的室内剧场（c）的废墟。在西北部的四排弧形的砖块上刻有一个标题为“铭文之后”的文字，它代表了希腊立法机构幸存下来的最早文字记录（公元前5世纪上半叶）。这些砖块来自古风时期希腊圆形公共建筑的墙，该建筑在希腊化时期被拆除，并作为新的圆形建筑的一部分进行了重建。然后，这些材料再次用于1世纪的室内剧场，建在一座矩形建筑物原址上，其功能尚不清楚。图拉真皇帝在地震后对剧场进行重建，并在3世纪至4世纪进行了修复。碑文用古风时期的希腊文字和多利克方言刻在12根柱子上，内容包含了一系列与公共和私人权利有关的法律。

两条门廊分别位于室内剧场的西侧和南侧，分别与舞台建筑相连。南部的建筑利用了原本希腊门廊的柱底座，该门廊朝北，曾是市集的一部分。勒泰奥斯河（Lethaeos，今天的米特罗波利阿诺斯河）在旁边流过，公元前6世纪曾有一座桥连接着市集与卫城。在图拉真统治期间，河被部分覆盖并变成了道路，以便与露天剧场（d）相连建立公共空间。剧场阶梯看台位于由砾岩制成的拱形结构上，台阶前侧装饰有浮雕，雕刻有《诱拐欧罗巴》场景的一幅浮雕现存大英博物馆。赫拉克里乌斯皇帝（610—641年）在卫城（e）上修建了堡垒，40条喷泉-水箱以及连接的3条大水管。在堡垒内发现了雅典娜·波利奥乔斯神庙（公元前7世纪中叶）的遗迹。在前廊中发现了描绘神圣的三神会合场景的浮雕碎片和巨大的女性雕像，这尊雕像是代达罗斯风格的重要范例（现存伊拉克利翁考古博物馆）。在出土的祭品中，发现了几何陶和东方化时期的有趣的泥塑，其中最著名的一尊被称为哥提那的帕拉第奥（伊拉克利翁考古博物馆）。在这条路的另一边，有一条小路通向埃及众神殿（f）。这是一个附带有水池和洗礼池的露天小神庙，可能在祭祀仪式（2世纪）中使用过。在内殿发现了塞拉皮斯、伊西斯和阿努比斯（伊拉克利翁博物馆）的雕像。

在建筑区的边缘，就在南部，是这座城市中最重要的阿波罗·皮提奥斯神庙（g）的遗迹。

神庙最早的部分（公元前7世纪）建在一座米诺安时期建筑物的原址上；内殿横向比纵向更长，而且在东北角有一个宝库。在希腊化时代，神庙立面用6根多利克半柱建造前廊，并用石灰石板铺地。罗马人到来后（2世纪）进行了整修，通过2列4根科林斯式柱子（柱底座得以幸存）将内殿分为3条侧廊；地板上铺着大理石板，后面建了半圆形后殿以放置演奏竖琴的阿波罗雕像（雕像头部现存伊拉克里翁博物馆）。一排石板铺地，连接到神庙前的祭坛。今天还可以看到的是祭坛的四级台阶和圆形支柱。

克里特岛和昔兰尼加的总督府（h）在神庙东侧，位于希腊化晚期的城市（46年毁灭）和新的罗马城市的交汇处。该建筑群由2世纪初的各种建筑物组成，建在地震摧毁的前一个总督府原址上。在重建过程又遭遇了公元365年的地震，这座“新总督府”或“大教堂”建有一座类似教堂的大厅，其南侧的后殿向西敞开着，建有宏伟的南北廊道。

现在村庄的房屋利用了剧场的北墙。剧场内曾有10个烈士被杀害，也就是村庄得名的原因。献给烈士的教堂在竞技场的主轴上，其中殿与原始圆形剧场的地面处于同一水平。

圆形建筑（k）位于剧院的南部，其阶梯被下方拱顶和东北向的柱梁支撑，直到6世纪仍在使用。向西行驶会经过2世纪大型浴场（l）的遗迹，然后到达大巴西利卡大教堂（m）废墟。从其建造规模和使用的材料可以推测出这里曾是岛上最重要的教堂之一。最初是在查

继续向后是一座浴场，在东端远处的高台上的神庙用于帝王崇拜，还有一个大的四边形门廊。寺庙的北立面有巨大的花岗岩大柱廊。总督府北面有一个小巧的2世纪晚期的水神庙（i），在拜占庭人的统治时期（6—7世纪）变成了水箱和公共喷泉。矩形的水池靠墙修建，装饰着小壁柱和伊奥尼亚柱。

朝着圣德卡（Aghii Deka）的方向行驶，沿着向右的一条小路来到露天剧场（j），始建于2世纪末，其外墙的延伸部分仍然保留着两种不同风格的56个拱。真正的圆形剧场位于圣德卡村内部，

士丁尼时代晚期建造的，在618年至620年地震后进行了重建，但在670年的另一场地震中再次被摧毁。

P586上图和P587：阿波罗·皮提奥斯神庙景观

P586下图：女性雕像

菲斯托斯

菲斯托斯的米诺斯时期定居点横跨河左岸的山丘，在梅萨拉山谷上方占据着有利位置。自公元前3世纪以来此地一直有人居住。第一座宫殿建于公元前19世纪，但在随后的世纪被地震两次摧毁，然而每次当地人都对宫殿进行重建，在碎瓦砾上用土层覆盖以封闭前个建筑阶段。最后一次地震发生后，大约在公元前1650年一座新宫殿（II）建造起来，在公元前1400年前后在大火中被永久性地摧毁。在此期间，菲斯托斯似乎是圣特里亚达的从属角色，如圣特里亚达“别墅”中发现的线形文字A的泥板书所显示的。这个定居点在克诺索斯衰败之后享受了一段繁荣时期并保持着重要的地位，直到公元前2世纪上半叶被哥提那摧毁。罗马或拜占庭时期（当时菲斯托斯基本上无人居住）的遗迹较少。

参观指南

每天8:00—19:00开放。付费参观。

废墟大部分来自第二座宫殿，部分被掩盖，部分与早期建筑物（最后阶段）的遗迹混杂在一起。从高层广场（1，可以俯瞰整个发掘现场）向下转到西广场（2），由于由北侧的台阶（3）也被称为“剧院”；从这里居民们可以观看在空地上举行的宗教和民间仪式。台阶和广场的建设都可以追溯到第一个宫殿的历史时期。立面的石灰石底座，台阶拐角处的三个石灰石小房间——连同附属物组成了一个露天小神庙（4）——以及人行道（5）都曾是宫殿的一部分。人行道沿对角线向南越过广场，并向左转至第一座宫殿的西朝门（5b）。后来通过将第二座宫殿的前部向后移动，广场得以扩大。宫殿的入口位于一个纪念性楼梯（6）的顶部，在那里一个大型的朝门构成了米诺安文明建筑最原始的范例之一：一个前庭（7），两扇门之间的立柱通向第二个前庭（7b），然后是3柱门廊（8）。通道的轴向延伸到庭院（9）中结束，该院子在东南角有一个出口。门廊（8）有2个侧面出口，向北通向私人区域，向南通向西储藏室和中央庭院。可以通过从庭院（9）的楼梯（10）到达上述区域。向左转进入一个围柱厅（11），里面有一座在宫殿之前遗留的房屋废墟。在北侧通过一扇隔门可以到达阳台（12）。东北角的楼梯通向右侧的“王后厅”（13），向左通向“国王厅”（13b）。王后厅是一个分为三部分的大型房间，带有2列圆柱，中间有一口采光井。在地板下面发现的一条地槽已被确定为是先前宫殿的部分。换句话说，这是一个私人祭祀场所，通过西侧的楼梯与上方的楼层相连。同样，国王大厅也由隔门分成了三部分。这个大厅还带有私人小神庙，7扇隔门朝向北侧的阳台，从阳台上可以看到伊达山。走廊将大厅与一系列房间相连，这些房间被认为与宗教活动有关，洗礼池的出现也证明了这一点。

向东继续前进，会看到曾属于第一座宫殿的一组建筑，其中一些建筑平面在第二个宫殿的建造中继续被采用，例如，通过坡道连接着的多柱厅（14）与东入口旁边的庭院（15）。在该区域的一栋建筑中发现了著名的带有象形文字的赤陶盘（伊拉克利翁考古博物馆）。这个区域与王室公寓之间由宽阔的走廊（16）隔开，该走廊从北入口开始一直通向庭院（17）；然后从那里另一条走廊（18）向东通向工匠社区（19），特别是金属车间（洗槽和锻造间）。

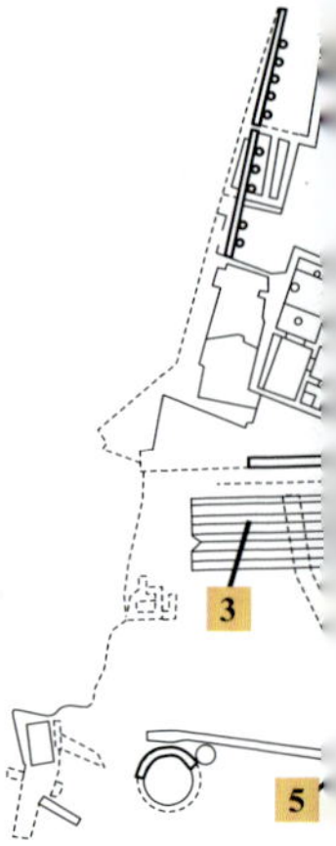

从庭院（17）经过走廊（20）通向大型中央庭院（21），左右两侧的房间可能是厨房和宴会厅。中央庭院也是第一座宫殿的一部分。在第二个宫殿时期，庭院的东、西，甚至南侧都有带有柱子和装饰柱的门廊。在大型节日期间这里会举行斗牛活动。在东北角，两级台阶被斗牛者用作跳板。站在庭院中央可以欣赏西翼的立面，门口与两根半柱对齐，墙上有神龛。

庭院的东侧有一条走廊（22）和住宅区（23，被称为“王子的公寓”），其中大部分已经坍塌。从大庭院沿着走廊（24）到达储藏室。另一条走廊（25）附近的房间是行政管理厅（26），执行宫殿的行政和管理职能。储藏室（27）的北部包括一系列的房间，从房间（28）开始沿着一条走廊相连。房间（28）也许是“办公室”，在屋子中心有2根柱子，墙壁上有雪花石膏涂层，可以看向中央庭院。这间屋子中发现装有超过6,500个用于密封门的黏土封条。走廊外还有一个谈话间（29），长椅沿墙壁设置；一个地窖在南侧，有2根支柱朝向庭院。

有两个房间只能从西广场到达，这可能是该城市居民祭祀的地方。从这里还可以看到可追溯到第一个宫殿时期的储藏室，西侧被几何陶时代建造的房屋所封闭。（克里斯蒂娜·特罗索）

P590：朝门和纪念性楼梯

P591上图：王后大厅，雪花石膏铺墙

P591下图：带有象形文字的赤陶盘

菲斯托斯

1	高层广场	11	围柱厅	20	走廊
2	西广场	12	阳台	21	中央庭院
3	阶梯看台	13	王后大厅	22	走廊
4	露天小神庙	13b	国王大厅	23	住宅区
5	人行道	14	多柱厅	24，25	走廊
5b	西朝门	15	庭院	26	行政管理厅
6	纪念性大楼梯	15b	建筑	27	储藏室
7	前厅	16	走廊	28	房间
8	门廊	17	庭院	29	谈话间
9	庭院	18	走廊		
10	楼梯	19	工匠社区		

圣特里亚达

该地在米诺安文明时期建立的古村庄名字不详，因与菲斯托斯在地理上接近或许曾属于其势力范围内。现在的地名圣特里亚达取自于14世纪威尼斯人建造的圣三一教堂，距古城遗址不到1.6千米。该遗址在米诺斯早期曾有一个大的定居点，但像克里特岛上的许多地方一样，该定居点在公元前1650年前后的地震中被摧毁。

大约在公元前1600年，一座大型贵族住所（“别墅”）在这里建造起来，周围村庄也逐渐发展。接下来是一段繁荣时期，在此期间出现了一些新建筑，出现了市区和居民区（从东西向穿过整个建成区的锯齿状墙），但这一切在公元前1450年全部被大火烧毁。

公元前14世纪是又一个密集建设的时期，并形成了这座新城市。别墅地区成为政治和宗教活动区，住宅和商业区形成在北部。这座城市在公元前1190年前后被彻底摧毁，但直到几何陶时代仍然有居民因祭祀目的在“萨切利广场”进行活动。

公元前2世纪修建了一座献给“韦尔查诺斯”（宙斯的本地化身）的小神庙，但在罗马时期被一座乡间别墅覆盖了。

圣特里亚达

1	海边缓坡	14	采光井
2	庭院	15	陶器储藏室
3	房间	16	陶匠工坊
4	门廊	17	仆人房间
5	小庭院	18	采光井
6	门廊	19	隔间
7	房间	20	储藏室
8	隔间	21	房间
9	隔间	22,23	底层储藏室
10	壁画房间	24	隔间
11	小门廊	25	隔间
12	房间	26	房间
13	房间	27	隔间

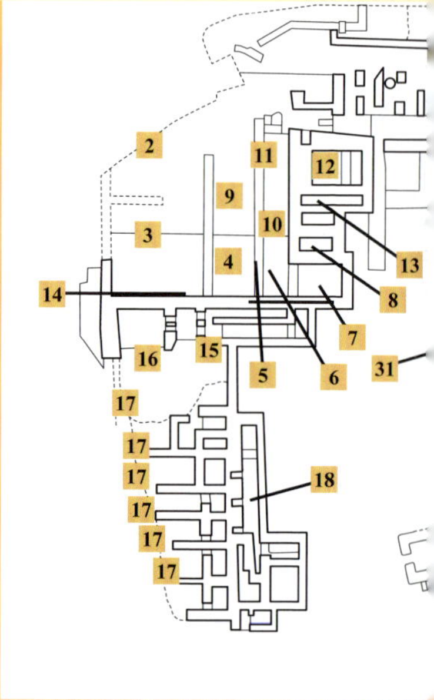

P592和P593：圣特里亚达石棺细节，伊拉克利翁博物馆

28 神庙广场
29 建筑ABCD
30 凉廊
31 门廊I
32 门廊FG
33 露天神庙H
34 米诺安文明晚期房屋
35 楼梯
36 北广场
37 门廊
38 棱堡
39 市集
40 拱廊

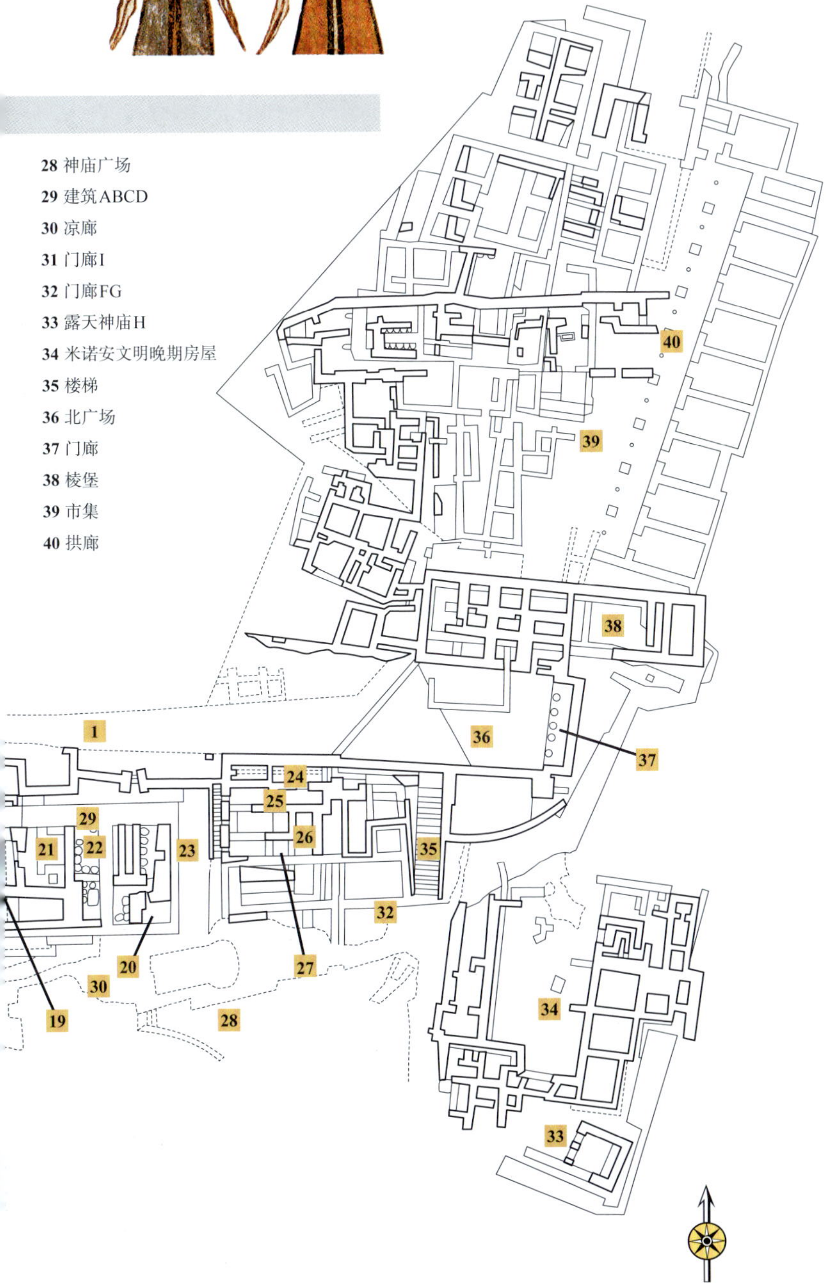

星期一至星期六，8:45—15:00；星期日9:30—14:30。付费参观。

参观可以从别墅开始。别墅由2个正方形的部分组成，侧面是开放的广场。北部还有第二个广场将别墅与村庄隔开。可以从“海边缓坡”（1）拾级而上到达别墅北翼。西北部分的主人公寓虽然不大，但经过了精心而优雅的装饰。公寓围绕的庭院（2），两侧各有一个门廊，可欣赏迪巴基海湾和杰罗伯塔摩斯（Geropotamos）山谷的景色，山谷向北被伊达山山脉截断。穿过一个6扇隔门进入了一个房间（3），该房间东侧开向一个双柱式门廊（4），房间通过两个分别朝向小庭院（5）和第二个门廊（6）的窗户进行采光。继续进入房间（7），该房间的长椅上和墙壁两旁都衬着大石膏板。左侧的门通向隔间（8），这个隔间原本朝向门廊（6）。继续向北从门廊（4）进入位于南侧的隔间（9），那里有6个锯齿状的石头底座。两个底座曾用于大门，其余（用石膏板封闭在侧面）用作盛放档案材料的抽屉柜。这个房间最初与东部2个隔间相连，其中一个是壁画房间（10，现存伊拉克利翁博物馆，壁画残片可以看到一个女人坐在花园里，一只野猫正在追逐鸡）。在北侧有一小段阶梯下到一个小门廊（11），在其东侧是只能从上层进入的房间（12）；在房间（13）中发现了十九个双面斧头样式的铜锭。回到门廊（4），继续向南参观仆人房间和服务室。门外一段石膏台阶楼梯被采光井（14）照亮，并通向上层的陶器储藏室（15）。旁边的房间可能是陶匠工坊（16）。从这里进入一系列可能用作仆人房间（17）的隔间。隔间只能是从西侧或上层到达，并有采光井（18）进行照明。

回到庭院（2），可以参观北翼中部的食品储藏室。隔间（19）的建造特别工整，在中心处有一个支柱，围绕该支柱铺着一些石膏板，这些石膏板略微抬起以便放置较大的酒罐，这些酒罐在储

P594：“海边缓坡”，通向“别墅”的台阶　　P595：“市集”的门廊

藏室（20）是靠墙放置的。房间（21）的墙壁上还覆盖着用来支撑大型储藏罐的石膏板；平板上有一个小的圆形凹槽，放置用于排出多余液体的壶嘴。从这里下到低层储藏室（22、23）。

继续向东进入另一组主人公寓，其中3个房间最初是由隔门连接的。隔间（24）有一扇大窗户，可通向海面坡道并与隔间（25）连通，而隔间（25）又通向门廊并与房间（26）连接。相邻的隔间（27）通向上层楼梯。继续爬上“神庙广场”（28，以其中发现的献祭隔间的名字命名），最早应该是住宅区一部分。在公元前1450年至前1400年之间，广场被扩展并进行铺整。同时建造的还有一个大型矩形建筑物（ABCD建筑物，29），分为三个部分，是典型大陆式迈锡尼建筑。前面南侧是一个小型凉廊（30）。该建筑群的其他部分是门廊I（31）和门廊FG（32，一个宗教祭祀地点），以及露天小神庙H（33），灰泥地板上绘有章鱼和海豚的形象（伊拉克利翁博物馆）。广场的东侧是一条通往菲斯托斯的道路。在路的一边有米诺斯晚期的房屋（34）废墟（公元前1600—前1425年）。沿着楼梯（35）向下到达海边缓坡（1），然后到达北广场（36），该广场在东侧被门廊（37）封闭。堡垒（38，米诺安文明一期晚期，公元前1600年至前1425年）位于北侧，在公元前1400年前后得到过加固，当时堡垒北侧的楼梯可以通往市集（39）。在市集的东侧是一个拱廊（40），有8个矩形隔间并铺整过地板，用作储藏室或商店，这是希腊化时期商业发展的时代先驱。在左侧看到的房屋废墟基本可以追溯到定居点的最后一次重建（米诺安文明晚期，公元前1390—前1170年）。在该村的东北部，有两个圆形墓葬遗址，可追溯至米诺斯早期和中期（墓葬品现存伊拉克利翁博物馆）。（克里斯蒂娜·特罗索）

术语表

阿克罗里图斯雕像：木制雕像，覆盖着织物或金属片，头部和裸露部分由大理石或石头制成
阿拉拜罗香油壶：一种小型的圆形或卵形瓶，瓶颈短而狭窄，瓶嘴平而宽，用来盛油料或香水
奥帕壶：带柄陶罐；一种宽瓶缘的水壶
奥伊诺丘壶：单柄浇口水壶，通常有一个三叶形的壶嘴，用于汲取和倒酒
宝库：在神庙中由各个城市捐建，装有用于宗教仪式和献祭的礼物
宝石雕刻术：用于雕刻宝石的技术
贝玛：拜占庭教堂内大院子
壁端柱：内殿墙体的延伸，顶部为壁柱形式
表示与基督的属性相关；“世界的主”（Pantokrator）
表示与神圣处女的属性相关；“世界女王”（Pantanassa）

表示与神圣处女属性相关；“最纯真”（Panagia）
表示与神圣处女有关的名字，“给予安慰的人”（Parigoritissa）
表示与神圣处女有关的名字，“杰出的”（Peribleptos）
表示与神圣处女有关的名字，“引导的人”“指示道路的人”（Odigiria）
彩釉陶器：一种以石英为主、类似陶器质地的物质在高温中煅烧后，覆上一层有光泽的、玻璃状的釉；覆有不透明漆的软陶制品
长斗篷：过肩的斗篷，身体前后都垂下去
长内衣：一种轻便、单层的衣物，女式百褶长衣
朝门：一个通往圣地或其他复杂建筑的巨型入口；巨大的大门或入口建筑
赤陶造型艺术
大饮杯：一种双耳大饮杯，带水平手柄
地道：通往地下坟墓的走道。
法院：城市最高行政法院（prytanis）的所在地
拱顶廊：带顶的拱廊，用于比赛和训练；在花园里可作荫凉散步的门廊
哈德利亚罐：盛水的大瓶。类似于油罐，但有3个手柄、2个水平手柄和1个垂直手柄。
赫卡托佩顿：100希腊英尺长的神圣建筑
后廊：内殿后方的门廊，与前廊呈对称结构
厚石板：一块垂直的厚石板，构成墙体低处的建筑元素
会议厅：带门廊的公共房间，用于举行会议或提供庇护
祭品间：包含在早期基督教教堂中或附属于基督教教堂的房间，以接收附近居民奉献祭品。后来也被专门用作圣物间，档案馆或图书馆
建筑构件：巴西利卡式教堂中，在中殿和后殿之间的横向部分
建筑样式：希腊建筑中柱子的样式与比例，横梁结构等
建筑元素：壁柱的一部分，装饰有柱底座和柱头，一般不会从墙面凸出来。用于装饰目的或分隔空间。
建筑装饰：植物，人类或怪兽形象的建筑装饰元素，位于屋顶外排瓦片的末端
建筑装饰：科林斯式柱头的中部，或以女像柱头上的篮子形元素
建筑装饰：立柱顶部的细长成型
建筑装饰：饰有戈耳贡头部形状的装饰图案（神话中的有翼怪兽，熊的牙齿和蛇形头发）
健身室：用于体育锻炼的建筑物。在古典时代也通常是会面场所和教学区
角状杯：动物或者动物角的形状；花瓶或者饮酒用
教堂备餐间：早期基督教或拜占庭式教堂的房间，准备并保存圣餐面包和葡萄酒
剧院座位：剧院中的座位，通常为半圆形，沿山体自然坡度建造
卡里亚国王马乌索罗斯（卒于公元前350年）之墓被认为是世界七大奇观之一。现在该术语已被用来泛指墓葬纪念建筑。
卡索利康：拜占庭修道院中的教堂，通常位于庭院中心
克莱皮斯：表示地基，台阶，栏杆或平台的建筑术语
克洛伊索：蜂窝状空间填充玻璃状物质。类似的，克洛伊索墙上指的是小块石头砌成，外围有水平或垂直地由一两排砖框起来
拉夫拉：修道院的房间或者洞穴
莱基索斯瓶：钟形嘴和长身的窄颈花瓶。用于盛放香水，与墓葬相关
乐池通道：露天剧场中，从舞台侧通向乐池的入口
利比特瓶：大型无柄容器，放在三脚架或支

撑架上；用来储存水，作为比赛的奖品或墓葬用品
两向拜式：前后设置立柱的数量相等的神庙，前面和后面均设有立柱，但两侧都没有
梅花式：数学符号类似于模具上数字5的图案，因此该名称用于一种建筑形式，由九个向外凸出的部分组成，较大的中央部分为正方形，并由四柱支撑的圆顶覆盖；四个较小的突出部分也被圆顶覆盖，其余四个矩形凸出被桶形穹顶覆盖
密室：教堂后部的一部分或教堂内单独的房间，放置祭祀雕像并用于特定的仪式
木雕像：早期的古代木制雕像，具有极高的神圣感
男立像：古风时期的男性雕像
男子专用房间：私宅中男性专用宴会厅
内殿：希腊神庙的主间，祭祀雕像树立的地方
宁芙喷泉：献给仙女宁芙的喷泉，围绕着建筑物。
女立像：古风时期的女性雕像
女式长外衣：女式单层衣物，无袖，在肩膀处用别针或带子固定，在腰部进行折叠
女像柱：雕刻的女性形象以代替支柱，支撑建筑柱顶盘
前廊：希腊神庙的前门廊
前厅：教堂的横向前厅；它可以位于中殿之前（内前厅），也可以立于立面之外（外前厅）
前柱式构造：只有前立面有柱子的结构
嵌线：连接建筑结构或装饰的两个部分的轮廓和装饰元素；不间断的装饰性花边
软石灰石：易碎的软石灰石
三槽板：与多利克式中楣的柱间壁交替的装饰元素，有凸起的三竖条的垂直凹槽板，一般认为代表着雕刻木工原型在石制材料上的转变
瑟罗斯：圆形的史前起源建筑，由带有假圆顶覆盖物的石块制成；典型的迈锡尼丧葬建筑。在古典建筑中，同一术语用于表示带有或不带有周围圆柱的圆形建筑物
山尖形装饰：山墙饰顶部的元素（或沿着建筑物的倾斜屋顶）
山墙：希腊神庙的立面上方由三角墙组成的三角形空间
神庙层：立柱立于其上的石砌层，神庙所在的平台
神职座位：在拜占庭教堂中神职人员专用的座位或长凳。一般放置在半圆后殿中，或将其沿直线放置在庭院两侧的
圣障：拜占庭教堂中装饰有圣像的屏，将教堂中殿和其他部分分开
市集：希腊城市的主广场，一个城市的商业和行政中心
双耳喷口瓶：宽嘴大瓶；有不同手柄形状（圆柱状，蜗壳状）或瓶身形状（圣杯，钟形）主要用于将水与葡萄酒混合
双围柱式神庙
双柱式：庙前有双柱的建筑样式
寺庙围墙：寺庙周围的围墙或庭院；围墙
泰美诺斯：宗教场所的神圣围墙
谈话间：半圆形或弧形部分（有时甚至是矩形），通常带围柱，为房间增加了额外空间
微型神龛：像微型寺庙一样建造的献祭或陪葬神龛
围廊：围绕寺庙内殿的柱廊
围柱式寺庙：四边有柱的寺庙
围柱庭院：被柱子和柱廊环绕的庭院
舞台侧面：剧院舞台的侧面部分，装饰有柱子或圆柱，并带有通向舞台的开口
小神龛：用来放置雕像
议事厅：立法会议成员集会的场地；举行市议会会议的建筑物
英雄祠：英雄或被神化者的葬礼纪念碑，坟墓或庙宇
与神圣处女有关的名字：“上帝之母”（Theotokos）
圆庙：内殿被一圈单柱围绕的庙宇，或者更常见的是无内殿的圆庙，其屋顶由圆形柱廊支撑
钟形圆饰：多利克柱头的组成部分，在柱顶盘下方和柱身顶部之间；在伊奥尼亚式柱中位于涡卷花纹下方
柱顶板：四边形建筑元素，古典柱头顶部的石板紧挨横梁的下方，构成柱头的顶端
柱间壁：位于两块三垅板之间的空间，有时上面会填上一块带有浮雕的石块。方形，光滑或带装饰的建筑元素，构成了多利克楣梁
柱廊：一座长的、呈矩形、带有列柱的建筑，一侧敞开，常见于圣地和广场

主要参考文献

古代艺术:

H. van Effenterre, *Les Egéens. Aux origines de la Grèce, Chypre, Cyclades, Crète et Mycènes*, Paris 1986

P.M. Warren, *The Aegean Civilization*, Oxford 1989

M. Robertson, *A History of Greek Art*, I-II, Cambridge 1975

A. Giuliano, *Storia dell'arte greca,* Rome 1989

Lexicon iconographicum mythologiae classicae, I-...., Zurigo-Munich 1981-...

J. Overbech, *Die antiken Schriftquellen zur Geschichte der bildenden Künst bei den Griechen,* Leipzig 1868

建筑:

J.J. Coulton, *Greek Architects at Work,* London 1971

M.C. Hellmann, *L'architecture grecque. 1. Les principes de la construction*, Paris 2002

雕塑:

A. Stewart, *Greek Sculpture. An Exploration*, London 1990

P. Moreno, *Scultura ellenistica*, 2 vols., Rome 1994

诗歌:

J. Boardman, *The History of Greek Vases,* London 2001

古代史:

N.G.L. Hammond, *A History of Greece,* Oxford 1973

D. Musti, *Storia greca,* Bari 1999

拜占庭艺术:

M. Chatzidakis, *Byzantine Art in Greece*, 2 vols., Athens 1980

拜占庭建筑:

R. Krautheimer, *Early Christian and Byzantine Architecture,* Harmondsworth 1965

现代史:

R. Clogg, *A Concise History of Greece,* Cambridge 2002

地名索引

nn = dedicated chapter

c = caption m = map

A

主要博物馆及引用艺术品索引

摄影版权

Agenzia Luisa Ricciarini: pages 23 left, 92 left, 157 bottom.
AKG Photo: pages 1, 420, 445.
Alamy: page 513 top.
Antonio Attini/Archivio White Star: pages 134 top, 528 top, 530, 531 left, 534, 538 bottom, 539 top, 539 bottom, 540 top, 541 top left, 541 top right, 541 bottom, 558-559, 568 bottom, 569 center right, 569 bottom, 570 top left, 573 top, 590.
Archivio Iconografico, S.A./ Corbis/Contrasto: pages 35, 115 bottom left, 248-249, 302 bottom, 361 center.
Archivio Scala: pages 17, 27, 60 bottom, 101 top, 101 bottom right, 103 right, 110 top, 112 left, 136, 202 top, 203 bottom, 209 bottom left, 219, 296, 310-311, 312 top.
Archivio White Star: pages 18-19, 50, 52, 53 bottom, 348-349, 364 bottom, 370 left, 377 bottom, 423, 433 bottom, 448 bottom, 490 bottom, 506 top right, 521 top, 532-533, 553 bottom, 554-555, 567, 577 bottom, 581 top, 590-591, 592-593.
Marcello Bertinetti/Archivio White Star: pages 56, 350 top, 350 bottom, 352, 353 bottom, 354 bottom, 360 top, 361 top.
Yann Arthus-Bertrand/ Corbis/Contrasto: pages 54-55, 151 bottom, 213, 217 top, 222-223, 282-283, 286-287, 322 bottom, 351 top, 352-353, 358 bottom, 359 bottom, 360 bottom, 362 right, 362-363, 363 left, 363 right, 399 top, 424-425, 432-433, 458-459, 490-491, 500-501, 504 left, 504 right, 505, 507, 510-511, 518, 520-521, 534-535, 546-547, 566 bottom, 588-589.
Bettmann/Corbis/Contrasto: page 551 top.
Bibliotèque Nationale de France: pages 180 top, 417 left.
Livio Bourbon/Archivio White Star: pages 53 top, 57 top, 62 bottom, 65 bottom left, 72 top, 75 center, 80, 81 top, 81 bottom left, 81 bottom right, 82, 83 bottom, 87 top, 87 top center, 87 bottom, 88 top, 89 bottom, 94, 95 top left, 95 top right, 95 bottom left, 95 bottom right, 96-97, 97 left, 97 center, 97 right, 183 top, 183 bottom, 184 left, 184 right, 184 bottom, 186 top, 187 top, 188 bottom, 190 top, 191 right, 192 top right, 192 bottom left, 192 bottom right, 194 left, 194 right, 194-195, 195, 196 top, 196 center, 196 bottom right, 197 top, 570 top center
Gary Braasch/ Corbis/ Contrasto: page 397 bottom right.
Chuzeville/Photo RMN: page 148.
Elio Ciol/Corbis/Contrasto: pages 168-169.
Gerard Clyde/Barnaby's Picture Library: page 63 top.
Corbis/Contrasto: page 239 top right.
Angelo Colombo/Archivio White Star drawings: pages 4 top, 65 bottom right, 75 bottom, 86, 95 center, 99 right, 118, 119 top, 120 bottom, 124 bottom, 125 bottom, 127 bottom left, 132-133 bottom, 134 bottom, 141, 150 left, 153 top, 153 bottom, 156, 157 top, 160-161, 167 bottom, 171 bottom, 172-173, 176 bottom, 182-183, 188 top, 190 bottom, 193 top, 196 bottom left, 199 bottom, 208 bottom, 204-205, 210-211, 212-213, 220-221, 222 top and bottom, 224-225, 228 bottom, 231 bottom, 233 bottom, 234, 239 center right, 246-247, 258 top, 259 bottom, 264-265, 273 bottom, 282, 293 top, 297, 306-307, 308 bottom, 312 bottom, 314, 314-315, 316, 320 center, 321 left, 323 top, 328 bottom, 333 right, 334 bottom, 346-347, 377 center right, 382 bottom, 383 bottom, 386, 388 bottom, 393 center, 394 bottom, 401 bottom, 402 bottom, 407 bottom, 442 bottom, 444, 444-445, 446 bottom, 451 top, 454 top, 454-455, 456 bottom, 462, 463 left, 464 bottom, 466, 467 top left, 474 bottom, 476 bottom left, 480 bottom, 484 bottom left, 486 bottom a sinitra, 496, 497 top, 498 bottom, 501, 502, 509, 510 right, 524, 525 top, 526 bottom, 526-527, 528 bottom, 542 bottom left, 546 bottom, 548 bottom, 550 bottom, 556, 556-557, 582-583.
Gianni Dagli Orti/Corbis/ Contrasto: pages 5, 99 top left, 99 bottom left, 111, 138 bottom, 266, 343 top, 344 bottom, 438 bottom, 443 bottom, 525 bottom, 562 top, 564-565, 591 bottom, 592, 593.
Giovanni Dagli Orti: pages 2, 4 bottom, 5, 6 left, 6 right, 10, 11, 12, 13, 15, 16, 20, 23 right, 28, 40 top, 44, 67 top, 68 top, 68 bottom, 69, 71, 92 center, 92 right, 104, 107 top,110 bottom right, 114 top, 114 bottom, 115 top, 115 bottom right, 116, 117 top, 119 bottom, 152 bottom, 158 top, 158 bottom, 159 left, 159 right, 169 top, 169 bottom, 178, 186 center, 186 bottom left, 186 bottom right, 202 bottom, 203 top, 209 top, 209 bottom right, 217 bottom left, 270-271, 281, 300 top, 331, 342-343, 343 bottom, 344 top, 374 bottom, 374-375, 400-401, 401 top, 407 center, 408-409, 409, 410-411, 420-421, 430-431, 434, 439 center, 440 top,

440 bottom, 443 top left, 443 top right, 463 right, 465, 473 top, 473 bottom, 474 top, 475, 508 bottom right, 529, 543, 549, 563 top left, 563 top right, 563 bottom, 564, 553 top, 565, 570 bottom, 571 top, 574 top, 574 bottom left, 575, 579 top, 579 bottom, 583 left, 584 bottom right, 591 top.

Araldo De Luca: pages 5, 101 bottom left, 102, 107 bottom, 109 top left, 109 top right, 301 left, 301 bottom, 302 top, 435 top, 435 center, 435 bottom, 438 top, 441 top, 441 bottom, 454 bottom, 456 top, 457, 460 top.

Deutsches Archäolagisches Institut, Athens: pages 181, 256 bottom, 262-263, 263, 278 top, 278 bottom, 279 top, 279 center.

Ecole Française d'Athenes: pages 416-417, 418 top, 418 bottom, 418-419, 530-531.

Ecole Nationale Superieure Des Beaux Arts: pages 40-41, 42.

John Elk III/Lonely Planet Images: pages 428-429, 460-461.

Mary Evans Picture Library: page 47.

Kevin Fleming/Corbis/ Contrasto: page 189.

Alfio Garozzo/Archivio White Star: pages 30, 31 bottom, 31 top, 57 center, 62 center, 64, 65 top, 66, 70 top, 70 bottom, 72 center, 73 top, 73 bottom left, 73 bottom right, 74, 75 top, 76, 77, 78, 78-79, 79 top, 79 center, 79 bottom, 83 center, 84 top, 84 bottom, 85 top, 85 center, 85 bottom left, 85 bottom right, 87 center bottom, 88 bottom, 89 top, 91 top, 91 center, 91 bottom right. 113 left, 113 right, 117 bottom, 120 top, 121, 122, 123 top left, 123 top right, 123 bottom left, 123 top right, 125 top left, 125 top center, 125 top right, 126 top, 126 bottom, 128, 128-129, 129 top, 129 bottom, 130 top, 130 bottom, 131 top, 132-133 top, 135 top, 137 top, 138 top, 139, 140, 142 top, 142 bottom, 143 top, 143 bottom, 144-145, 145 top, 146, 149 top, 153 center, 160 left, 161, 162-163, 163 left, 163 right, 165 top, 165 center, 167 top, 168, 169 center, 170 top, 170 bottom, 171 top, 172 top, 172 bottom, 174-175, 174 center left, 174 center right, 174 bottom, 175 top left, 175 top right, 175 bottom, 176 top, 176 center, 177 top, 177 center left, 177 center right, 182, 184-185, 192 top left, 193 bottom, 199 center, 200 left, 200 right, 201 top, 201 center, 201 bottom, 206, 206-207, 207 top, 207 bottom, 212, 214 left, 215, 216 top, 216 bottom, 217 bottom right, 220, 221, 225, 228 top, 229 right, 232-233, 233 top, 236 bottom, 237, 238, 239 top left, 239 center left, 239 bottom, 240 top right, 240 bottom, 242 top, 242 bottom, 243 left, 243 right, 244-245, 245 top, 245 bottom, 247 top, 247 center bottom, 247 bottom, 249 top, 251 top, 251 center left, 251 center right, 252 top, 252 bottom, 252-253, 253 top left, 253 top right, 253 bottom, 254 top, 254 center, 254 bottom, 255 top, 255 bottom, 257 left, 257 center, 257 right, 258 bottom, 259 top, 260 top, 260 center, 260 bottom, 261, 262, 267 left, 267 right, 268-269, 269 top, 269 center, 269 bottom, 284 top, 284-285, 286, 287, 288, 293 bottom, 298, 299, 308 top, 308-309, 309 top, 309 bottom, 313 bottom, 318 top, 318 bottom, 319 left, 319 center, 319 right, 320 top, 320 bottom, 321 right, 322 top, 323 center, 323 bottom, 324 top, 324 bottom, 325 top, 325 bottom, 326 top left, 326 top right, 326 bottom, 326-327, 329 left, 330 top, 332 left, 332 right, 333 left, 334 top left, 334 top right, 335 top, 335 bottom, 338 top, 338 center, 338 bottom, 339 top, 339 bottom, 340 top, 340 bottom, 341 top, 341 bottom left, 341 bottom right, 345 top, 345 bottom, 346 top, 346 bottom, 347 top, 347 bottom, 364 top, 365, 366 left, 366 right, 367 left, 367 right, 368 top, 368-369, 370 right, 371 left, 372 bottom, 373 top, 373 bottom, 376, 379, 380, 380-381, 381 top, 381 bottom, 385 bottom, 387, 389, 390 left, 390 right, 392 top, 392 bottom, 393 top, 394 top, 395, 396, 397 bottom left, 398 top, 398 bottom, 400, 401 center, 402 top, 403 top left, 403 top right, 403 bottom, 404, 405, 407 top, 410, 411 top, 411 bottom, 412 top, 413, 414 top left, 414 top center, 414 top right, 414 bottom, 415 top, 415 bottom left, 415 bottom right, 416, 422 bottom, 426, 427, 429 bottom, 437 bottom, 446 top, 447, 450, 451 bottom, 452 top, 452 bottom, 453, 458, 459 top, 459 bottom, 460 center, 460 bottom left, 464 top, 467 top right, 467 bottom, 468 top, 468 bottom, 469 left, 469 right, 470, 471 top, 471 bottom, 472, 476 bottom right, 477 left, 477 right, 478 top, 478 center, 480 top, 482 top, 482 top center, 482 center bottom, 483 right top, 483 right center, 483 right bottom, 483 left, 484 top left, 484 top right, 484 bottom right, 485 top, 485 bottom left, 485 bottom right, 486 top, 486 bottom right, 487, 488 top, 488 bottom, 489 center, 489 bottom, 490 top, 492 top, 492 bottom, 493 left, 493 in destra, 495 top center, 495 center bottom, 495 bottom, 498 top, 498-499, 499 top left, 499 top center, 499 top right, 499 bottom, 508 top, 508 bottom left, 510 left, 512, 512-513, 513 bottom, 514 top left, 514 top right, 514 center left, 514 center center, 514 center right, 514 bottom, 514-515, 515 bottom left, 515 bottom right, 516 top, 516 center, 516 bottom, 516-517, 517 top, 517 bottom left, 517 bottom right, 519 top, 520, 522 bottom left, 522 bottom right, 522-523, 523 top, 523 bottom left, 523 bottom right, 526 top, 526 top center, 526 center bottom, 527 top, 527 bottom left, 527 bottom right, 535, 536, 540 bottom, 542 top, 542 center, 544 top, 544 bottom, 545 top, 545 center, 545 bottom, 546 top, 547 top, 547 center, 547 bottom, 548 top, 548 top center, 548 center bottom, 550 top, 552 left, 552 right, 554 left, 554 top right, 554 bottom right, 555 left, 555 top right, 555 bottom right, 557 top right, 559 top, 559 bottom, 561 top, 562 bottom, 566 top, 568 top, 570 top right, 572 left, 572 right, 573 bottom left, 573 bottom right top, 573 bottom right bottom, 576, 577 top, 578 left, 578 right, 580 top, 580 bottom, 581 bottom, 582 top, 582 bottom, 583 right, 584 top, 584 bottom left, 586 top, 586 bottom, 587, 588.

Chris Hellier/Corbis/ Contrasto: pages 336 top, 354 top, 359 top, 361 bottom, 399 bottom.

John Heseltine/Corbis/ Contrasto: page 388 top.

John Hios: pages 5, 131 bottom, 150 right, 151 top, 198, 199 top, 224, 226-227, 227, 249 center, 249 bottom, 251 bottom, 280 left, 280 right, 300 bottom, 336 bottom, 538 top.

Eric and David Hosking/ Corbis/Contrasto: pages 137 bottom, 368 bottom.

Hulton Archive/Laura Ronchi: pages 46-47, 48-49.

Wolfgang Kaehler/Corbis/ Contrasto: pages 98 top, 497 bottom.

Studio Kontos/Photostock: pages 5, 90, 91 bottom left, 105, 147 right, 205 bottom, 210, 211, 241 bottom, 276 top, 279 bottom, 290-291 top, 303, 315, 330, 337 top, 337 bottom, 353 top, 355, 356 top, 356 bottom, 357 top, 357 bottom, 358 top, 358 center, 362 left, 384, 448 top, 472-473, 480-481, 483 bottom (2 pictures), 494, 495 top.

Studio Koppermann/ Staatliche Antikensammlungen and Glyptothek München: page 154-155.

Erich Lessing/Contrasto: pages 6 center, 32-33, 100, 102-103, 103 left, 109 bottom, 110 bottom left, 112 right, 135 bottom, 147 left, 295, 301 right, 304-305, 305 left, 305 right, 422 top, 422 center, 425, 436 top left, 436 top right, 436 bottom, 437 top, 531 right, 532, 537, 550-551, 551 bottom.

Jurgen Liepe: page 24.

Cristiano Luparia/Archivio White Star drawings: pages 57 bottom, 62 top, 348, 349, 460 bottom right, 478 bottom, 482 bottom, 489 top, 519 bottom, 569 center left, 574 bottom right, 579 center, 585.

Buddy Mays/Corbis/ Contrasto: page 164 bottom.

Gail Mooney/Corbis/ Contrasto: page 569 top.

Simona Musso/Archivio White Star drawings: pages 58-59, 60-61, 294-295 top, 296-297 top, 319 top, 351 bottom, 372 top, 428, 429 top.

Photo Nimatallah/Agenzia Luisa Ricciarini: pages 9, 98 bottom, 178-179, 181 top, 232, 235.

Francesca Piscitello/Archivio White Star drawings: page 408

Hans Georg Roth/Corbis/ Contrasto: page 503.

Hubert Stadler/Corbis/ Contrasto: page 521 bottom.

The Artarchive: page 180 bottom.

The Ashmolean Museum, Oxford: page 560, 560-561.

The Bridgeman Art Library/ Alinari: pages 61 top, 236 top, 241 top , 276 bottom, 276-277, 277, 383 top.

The British Museum: pages 51 58 bottom, 59 top, 59 bottom, 60 top, 61 bottom, 63 bottom, 272 top, 273 top, 274-275 top, 274-275 bottom, 417 right, 542 bottom right.

Gustavo Tomsich/Corbis/ Contrasto: page 561 bottom.

Vanni Archive/Corbis/ Contrasto: pages 29, 67 bottom, 108, 109 top center, 164 top, 165 bottom, 166 bottom, 170 center, 208 center, 244, 290-291 bottom, 296-297 bottom, 317, 327 right, 371 right, 391 top, 397 top, 412-413, 434-435, 439 top, 449.

Gian Berto Vanni/Corbis/ Contrasto: page 247 top center.

Ruggero Vanni/Corbis/ Contrasto: pages 284 bottom, 327 left, 412 bottom.

Sandro Vannini/Corbis/ Contrasto: page 461.

Giulio Veggi/Archivio White Star: pages 72 bottom, 83 top, 124 top, 127 top, 127 right top, 127 right bottom, 149 bottom, 152 top, 160 right, 171 center, 173, 187 bottom, 191 left, 197 bottom, 205 top, 208 top, 214 right, 229 left, 230, 230-231, 231 top, 231 center, 240 top left, 256 top, 272 bottom, 294-295 bottom, 312-313, 313 top left, 313 top right, 313 center, 328 top, 329 right, 374 top, 375, 377 top, 377 center left, 378 left, 378 right, 382 top, 393 bottom, 426-427, 431 top, 431 bottom left, 431 bottom right, 433 top, 442 top, 443 center, 500, 506 top left, 506 center, 506 bottom.

Roger Wood/Corbis/ Contrasto: pages 145 bottom, 166 top, 250, 363 bottom, 571 bottom.

Drawings on pages 76-77, 288-289 and 385 by Elisabetta Ferrero/Archivio White Star

图书在版编目（CIP）数据

希腊的瑰宝／（意）斯特凡诺·马吉（Stefano Maggi）著；孙超群译.
—武汉：华中科技大学出版社，2020.6
（游历古文明）
ISBN 978-7-5680-6117-9

Ⅰ.①希… Ⅱ.①斯… ②孙… Ⅲ.①历史文物－希腊－图集 Ⅳ.①K885.450.2

中国版本图书馆CIP数据核字（2020）第066160号

WHITE STAR PUBLISHERS

希腊的瑰宝
Xila de Guibao

［意］斯特凡诺·马吉 著
孙超群 译

出版发行：华中科技大学出版社（中国·武汉） 电话：(027) 81321913
北京有书至美文化传媒有限公司 电话：(010) 67326910-6023
出 版 人：阮海洪

责任编辑：莽 昱 康 晨
责任监印：徐 露 郑红红 封面设计：邱 宏

制 作：北京博逸文化传播有限公司
印 刷：北京汇瑞嘉合文化发展有限公司
开 本：787mm × 1194mm 1/32
印 张：19
字 数：300千字
版 次：2020年6月第1版第1次印刷
定 价：168.00元

華中出版
本书若有印装质量问题，请向出版社营销中心调换
全国免费服务热线：400-6679-118 竭诚为您服务